天堂城堡中的音乐
巴赫传

◆

〔英〕**约翰·艾略特·加德纳** 著

王隽妮 译 马慧元 校

献给同行于巴赫胜境的旅伴们

目录

关于本书的说明.................................i

地图...iii

序言...1

第一章　在乐长的注视下.......................13

第二章　启蒙运动前夕的德意志.................33

第三章　巴赫基因.............................69

第四章　1685年团体..........................115

第五章　信仰的机制..........................153

第六章　无可救药的乐长......................189

第七章　工作台边的巴赫......................241

第八章　康塔塔还是咖啡？....................281

第九章　轮回与节期..........................325

第十章　首部受难曲..........................389

第十一章　伟大的受难曲......................447

第十二章　碰撞与共谋........................487

第十三章　完美的习惯........................535

第十四章　"老巴赫"..........................585

致谢..621

编年表......................................625

术语表......................................639

索引..649

太阳铜版画——被认为是美德和完美的化身——巴赫位居中心，其他德国作曲家作为"射线"围绕着他，由英国管风琴家奥古斯都·弗雷德里克·克里斯托弗·柯曼（Augustus Frederick Christopher Kollmann）设计，出版于1799年的《普通音乐期刊》第一卷。据说海顿"并未因为自己紧邻亨德尔（Handel）与格劳恩（Graun）而见怪，亦认可巴赫处于太阳的中心，因而是一切真正音乐智慧的源头"。

关于本书的说明

出于简洁的目的，教会年历中的主日将采用如下缩写：Epiphany + 4（主显节后第四主日）。

作者录制的巴赫作品唱片可从 Soli Deo Gloria（www.monteverdi.co.uk）以及 Deutsche Grammophon（www.deutschegrammophon.com）网站上购买。

巴赫康塔塔的完整文本和翻译可从 www.bach-cantatas.com 以及理查德·斯托克斯的《约翰·塞巴斯蒂安·巴赫：宗教及世俗康塔塔全集》(*Johann Sebastian Bach: The Complete Church and Secular Cantatas*) 中获取。

货币单位：

1 pf. (pfennig)　　　　　　1 芬尼

1 gr. (groschen) = 12 pf.　　1 格罗申 = 12 芬尼

1 fl. (florin or gulden) = 21 gr.　　1 弗洛林（或基尔德）= 21 格罗申

1 tlf (thaler) = 24 gr. (or 1 fl. + 3 gr.)　　1 塔勒 = 24 格罗申（或 1 弗洛林 + 3 格罗申）

1 dukat = 72 gr. (or 3 tlr).　　1 达克特 = 72 格罗申（或 3 塔勒）

地图

■ 巴赫生活和工作过的地方
爱森纳赫 1685–1695　　米尔豪森 1707–1708
奥尔德鲁夫 1695–1700　　魏玛 1708–1717
吕讷堡 1700–1702　　　　科滕 1717–1723
魏玛 1703　　　　　　　　莱比锡 1723–1750
阿恩施塔特 1703–1707

□ 巴赫到访的地方
○ 其他作为参考的地点

北

吕贝克
汉堡
吕讷堡
易北河
威悉河
斯勒河
勃兰登堡
柏林
汉诺威
马格德堡
采尔布斯特
科滕
哥廷根
桑格豪森
哈雷
卡塞尔
莱比锡
米尔豪森
瑞姆堡
魏森费尔斯
萨克森
爱森纳赫
埃尔福特
魏玛
蔡茨
阿尔滕堡
德累斯顿
奥尔德鲁夫
阿恩施塔特
耶拿
格拉
罗内堡
图林根
格伦
施利茨
卡尔斯巴德

50 miles
50 km

巴赫在德国北部和中部的活动范围。

序言

作为音乐家，巴赫是深不可测的天才；作为普通人，巴赫显然有太多缺点，平凡得令人失望，并且对我们来说，他的许多方面依然不为人知。事实上，我们对他私人生活的了解似乎比过去400年间任何其他重要作曲家的了解都要少。比如，不像蒙特威尔第（Monteverdi），巴赫没有留下私密的家族通信，并且除轶事以外，没有流传下来太多东西，能让我们为他描绘出一幅更有个性的肖像，或让我们一窥他作为儿子、情人、丈夫和父亲的不同侧面。或许他从根本上就不愿意拉开幕布显露自己。不像同时代的大多数人，当有机会交出关于自己的生活和事业的文字记述时，他拒绝了。留给我们的是那个内容有限、几经涂改的版本，由他自己编写，传给他的孩子们。常有人断言巴赫其人相当无趣，对此我们并不感到意外。

巴赫的传记作者从一开始就为一种看法所迷惑，他们认为，巴赫其人和他的音乐存在明显错位，而这背后潜藏着一个更为有趣的人格。然而事实如何至今没有定论。但不管怎样，我们真的需要认识一个人才能欣赏和理解他的音乐吗？有人会说不，可并不是很多人都乐于听从阿尔伯特·爱因斯坦简明的建议："关于巴赫的毕生作品，我想说的是：聆听、演奏、热爱、崇敬——但是别出声。"[1] 然而，我们大多数人都有一种天然的好奇心，想要认识那个用音乐深深吸引住我们

---

[1] 爱因斯坦1928年3月24日在 *Reclams Universum*（一份带插图的月刊）编辑来信的页边空白处涂写的字句，后转载于 *The Einstein Scrapbook*, Ze'ev Rosenkranz (ed.) (2002), p. 143。

的人。我们渴望知道,什么样的人可以写出如此复杂的音乐,令我们深感迷惑,其中一些时刻富有难以抗拒的节奏感,令我们不禁想随之起舞,另一些时刻则充满深沉情感,直指我们的灵魂。巴赫作为作曲家的地位让人惊叹,许多方面他都超越了普通人所能达到的成就,所以我们倾向于神化他,或推崇他为超人之人。很少有人能够抵制住诱惑,不去触摸天才的衣裳繸子[1]——并且,作为音乐家,我们想要站到屋顶上高呼[2]他的过人之处。

然而关于巴赫其人,我们从编年表(见625页)可以看到,将他视为天才的观点背后,缺乏足够可靠的事实支撑。我们似乎得对那寥寥几封平淡笨拙的通信感到知足,因为它们是唯一表露了他的思维方式、他作为个体和有家室之人的感受的地方。他的很多文字都平淡无奇又意味不明,其中有他对教堂管风琴运转情况的详尽报告,以及他为学生写的推荐信,还有便是就工作条件向市政机关提出申诉,抱怨薪酬,无休无止。另外是一些烦躁不安的自我辩解,以及对王室要人的奉承,他的眼睛总是毫不掩饰地盯着有利之机。我们能感受到他强硬的态度,却几乎感受不到一颗跳动的心。即使是论战也是经由中间人进行的。没有证据表明他与同行交换过意见,尽管我们可以推断出他不时会这么做(见83页)。这其中也鲜有能启发我们了解他的作曲方法、他对于工作和生活总体态度的内容。[3]每当被问到是如何在音

---

1 出自《路加福音》8:44,患血漏病12年的犹太女子,"她来到耶稣背后,摸他的衣裳繸子,血漏立刻就止住了"。——译注(凡《圣经》译文皆引自和合本)

2 出自《马太福音》10:27:"我在暗中告诉你们的,你们要在明处说出来;你们耳中所听的,要在房上宣扬出来。"——译注

3 在纪念巴赫逝世200周年的讲话中,保罗·欣德米特(Paul Hindemith)提及巴赫"对于自己作品缄默不语",与我们了解的贝多芬或瓦格纳对自己作品的态度极为不同。正如欣德米特所言,"这样一个身穿长礼服,永远戴着假发的毫无新意的形象,横亘在我们眼前,也遮蔽了我们的视野,我们看不到巴赫本人及其作品真正的高度"。(Hindemith, J. S. Bach. Ein verpflichtendes Erbe–Festrede am 12 September 1950 auf dem Bachfest in Hamburg. 英译本:J. S. Bach: Heritage and Obligation, 1952)。

乐艺术上达到如此高的造诣时，巴赫一贯的回答（如他的第一位传记作者约翰·尼古拉斯·福克尔 [Johann Nikolaus Forkel] 所述)，坦率却也意义不大："我要求自己勤奋刻苦，任何同等勤勉的人，都会有同样的成功。"[1]

面对材料的不足，从福克尔（1802）、卡尔·赫尔曼·比特尔（Carl Hermann Bitter, 1865）和菲利普·施比塔（Philipp Spitta, 1873）开始，巴赫的传记作者都会追溯《悼词》（Nekrolog）——1754年由巴赫次子卡尔·菲利普·埃玛努埃尔·巴赫（Carl Philipp Emanuel Bach）及学生约翰·弗里德里希·阿格里科拉（Johann Friedrich Agricola）仓促写就，其中记述了巴赫的其他儿子、学生及同时代人的见证，在交织成网的轶事中，一些也许经过巴赫自己的渲染。即使用了这些材料，拼凑出来的图景依然在很大程度上是官方且平面化的：一个强调自己无师自通的音乐家，一个以超然的正直履行自己职责的人，一个全心沉浸于音乐创作的人。当他的目光偶尔从谱页间移开时，我们看到了其中闪现的愤怒——艺术家被雇主的心胸狭窄和愚蠢弄得心烦意乱，被迫生活在"几乎是持续不断的烦恼、妒忌和迫害中"（借用他自己的话）[2]。他的生活竟还有这样的片段，这为揣测的洪流打开了闸门——传记作者们相继提出独到见解。原始资料既已分析殆尽，那些断层般的缺口，他们便使用猜想和推断来填补。神话就此生根——巴赫被视为一个可为榜样的条顿人、工人阶级的英雄匠人、第五福音传教士，或是艾萨克·牛顿那种级别的知识分子。我们似乎不仅要与19世纪的圣徒崇拜的倾向对抗，更要与20世纪受政治影响的意识形态之下，那些高唱反调的声音交锋。

我越发觉得，可能许多被巴赫震撼和眩惑的作者，依然默认巴赫

1　J. N. Forkel, *Ueber Johann Sebastian Bachs Leben, Kunst und Kunstwerke* (1802), p. 82; NBR, p. 459.
2　BD I, No. 23/NBR, p. 152.

极大的天赋与他个人的境界有着直接关联——这令人不安。他们会因此对他的缺点异常容忍,这些缺点有目共睹:易怒、乖张、自大,羞于接受智性的挑战,对于皇室成员和政府,他既有怀疑,也同时为自己谋利。然而为何要认定伟大的音乐源自伟大的人呢?音乐能够启示和提升我们,但未必是因为创作者善于启发别人(创作者只是自己受到了启发)。在某些情况下,也许会有这样的联系,但这并非唯一可能。也许,"讲故事的人相比故事本身,或者无足轻重,或者缺乏吸引力"。[1]巴赫的作品是由伟大心灵的卓越才华构成,但这并没有给我们提供任何探寻其人格的直接线索。事实上,对某事物的了解,可能会引致对另一事物的认知错位。至少他绝不会像许多伟大的浪漫主义者(我能立刻想到的有拜伦、柏辽兹和海涅)那样被我们过度挖掘,或像瓦格纳那样,被推断出创造力与病态之间令人不适的关联。

我认为,我们没有必要美化巴赫的形象,也没有必要无视可能存在的阴暗面。一些新近的传记试图对他的人格乐观想象,从积极的角度诠释一切,而这点也已经被现存的原始资料拆穿。巴赫这一生与其说是孜孜不倦地用功,不如说是一直对智识上不如自己的人摧眉折腰,这可能会对他思想状态和幸福安宁带来心理负担,却被这些作者低估了。任何加之于巴赫的近乎于神的形象,都蒙蔽了我们的双眼:看不见他艺术上的艰难探索,也渐渐不再将他视作出类拔萃的音乐匠人。正如我们习惯于将勃拉姆斯看成一个蓄须的发福老人,忘记了他曾经年轻又风度翩翩——如同舒曼在他们首次会面后所描述的"来自北方的幼鹰"。同样,我们印象中的巴赫,是个德国宫廷老乐长,头戴假发,长着双下巴,这一形象又被投射到他的音乐上,尽管他的音乐经常洋溢着朝气和无比丰沛的活力。假定我们换一种思路,把他看

---

[1] George Steiner, *Grammars of Creation* (2001), p. 308.

成不那么讨喜的反叛者："他破坏（音乐上）广受赞誉的原则，瓦解严密守护的观念"。对于这一观点，劳伦斯·德雷福斯（Laurence Dreyfus）非常赞同，他指出："因为它允许我们怀抱早期的敬畏感，那种我们很多人一听到巴赫作品就产生的感觉，并将其转化成对作曲家勇气和胆识的想象，从而让我们对他的音乐有新的体验……巴赫与他的开拓性，可能是其成就的诀窍。他的成就，如同所有伟大的艺术一样，与对人类经验最微妙的操控和重铸一致。"[1]德雷福斯对古老的圣徒崇拜的纠正令人耳目一新又具说服力，与我在本书的核心章节中将要追寻的主线完美吻合。

这还只是硬币的一面。尽管近年涌现出不少学术作品，探讨巴赫音乐中的人格侧面，对于过去是如何演奏、由谁演奏巴赫，也产生激烈的争论，我们还是触及不到作为人（Mensch）的巴赫。把沙堆般的传记筛上无数遍后，我们很容易认定已经淘尽潜在的有价值信息，但我并不同意。2000年，美国的巴赫研究学者罗伯特·马歇尔（Robert L. Marshall）感到对巴赫生活和作品做再度、全面的诠释已经耽搁太久，并表示他和同行们"心知肚明，大家都在回避这一挑战"。他确信，"现存的文献虽然棘手，乍看之下可能没多少价值，实际上为了解巴赫其人提供的线索，比我们想象得多"。[2]后来众多出色的"侦探"在莱比锡巴赫档案馆里孜孜不倦地考据，发现了激动人心的新证据，尽管至今尚未被完全接受，但也证明了马歇尔是正确的。正如此项研究的负责人彼得·沃尔尼（Peter Wollny）向我描述的，这个进程"就像从一尊雕塑脚下捡起零碎的大理石残片，你并不知道它们来自手臂、手肘还是膝盖骨，但既然是属于巴赫的，你就需要根据新的证据来调

---

[1] Laurence Dreyfus, "Bach the Subversive", Lufthansa Lecture, 14 May 2011.
[2] Robert L. Marshall, "Toward a Twenty-First-Century Bach Biography", MQ, Vol. 84, No. 3 (Fall 2000), p. 500.

整对整个雕像的想象"。那么，这些档案是否仍潜藏着更多无价的金子呢？从前的东方集团的图书馆重新开放，网络资源也突如雪崩般涌现，如今获得新发现的可能性比过去五十年里任何时候都要高。[1]

也可能我们一直只关注那些熟悉的原始资料，努力补充，始终都在一个方向寻找，却忽略了近在眼前的最能揭示真相的证据：音乐自身的证据。这是我们可以一次又一次回归的支柱，也是我们用以验证或驳斥关于其创作者的任何结论的首要方法。不言而喻，作为聆听者从外部越仔细审视音乐，作为演奏者从内部越深刻理解音乐，才越有可能揭示其中的奇迹，洞悉其创造者。在巴赫最为不朽、最为壮丽的作品中——比如《赋格的艺术》(The Art of Fugue) 或《音乐的奉献》(The Musical Offering) 里的十首卡农——我们遇到了难以穿透的隔膜，哪怕是对巴赫面貌最执着的探寻，也会受到阻碍。相对于巴赫那些有文本的音乐，他的键盘作品在形式（我们也许会将其描述为冷静、严峻、坚定、狭窄、复杂……不一而足）与内容（激情或强烈）间更明显地维持着一种张力，这源自对自设规则的约束与服从。[2]我们当中的许多人只得惊叹，节节败退，臣服于其超然的精神性中奔涌的思想之流，那比在任何其他类型的音乐中都更为深刻、永恒。

一涉及语词，人们的注意力就会偏离形式，而投向意义和解读。在本书中，我的目标之一，便是揭示巴赫在他的康塔塔、经文歌、清

1　例如，莱比锡的巴赫档案馆（由德国科学基金会资助，与柏林国家图书馆、莱比锡大学计算中心等多方合作）正在进行一项名为"数字化巴赫"的项目，目标是"将世界上现存的所有巴赫手稿数字化，创建文化上最有价值的巴赫资料库，让更大范围的用户可以使用"。

2　然而，如罗伯特·昆尼（Robert Quinney）向我指出，键盘乐器是巴赫的主业，他为管风琴和键盘乐器而作的音乐能为我们提供一个独特的视角，让我们洞察他的思维方式。如同所有专业的即兴演奏者，巴赫的大脑和手指瞬间相连，火花四溅（二者共同作用，随性发挥——这也是即兴演奏这个词的字面意思）；我们可以认为键盘音乐保留有这种"实时"创作的因子，未经痛苦的创作进程干扰（不少作曲家都遭受过），尽管巴赫有修订作品的习惯。而无论是在由前奏曲扩展而来的众赞歌，还是有着神秘演说般轮廓的众多赋格主题，文本从来不曾远离他的管风琴作品。

唱剧、弥撒曲及受难曲中采用的技法，如何清晰地显露了他工作中的想法、性情偏好（包括对这个文本而非那个文本的选择），以及他广泛的哲学观。巴赫的康塔塔当然不是简单的日记，尽管他明显采取了一种私人的叙事。缠绕在音乐中、处于这些作品形式之下的，是他极度隐密但多面的个性——时而虔诚，时而反叛，大多数时候深思而严肃，偶尔也有幽默和同情闪现。他的音乐里，以及更重要的，在他个人演奏风格嵌入音乐的方式里，有时候能够听到巴赫的声音。这是与自然周期和季节更替相协调的人的语调，这是对生命原始的肉身敏感的人的语调。同时，他也被某种景象鼓舞：自己的来生会有天使与天使般的音乐家相伴。正是这一点引出了本书的标题，它既描述了物理实体——魏玛的"天空城堡（Himmelsburg）"[1]，这是巴赫在性格形成时期里工作了九年的地方；也为神启音乐之场所提供了一个隐喻（见217、341—342、511—512及616页）。音乐投射的光线使我们洞悉他作为一个孤儿、一个孤独的少年、一个悲伤的丈夫和父亲曾有过的悲痛经历。音乐向我们展现出他对伪善的深恶痛绝，他对任何形式的弄虚作假的厌烦，同时也向我们显露了他对悲伤的人、受苦的人，以及在良心和信仰中挣扎的人的深刻同情。他的音乐诠释了这点，这是他的音乐既存了"真"又有巨大力量的原因之一。然而最重要的是，我们听到了他在赞美宇宙之奇迹和存在之神秘时，表达出的欢乐和喜悦，这种情感也充斥于他那富有创造力的纯熟技巧所带来的战栗里。只需听一部圣诞康塔塔，就可以体会到规模空前的节日狂喜和欢腾，这一点超越其他所有作曲家。

---

[1] 加德纳爵士此书标题中，"The Castle of Heaven"即为德文"Himmelsburg"的英译。在与音乐监制汤姆·休伊曾加（Tom Huizenga）的访谈中，加德纳说："这是历任魏玛公爵居住的红城堡中的小教堂，巴赫曾在此演奏（他在顶上一个光亮的阁楼里演奏，音乐通过一个大孔传下来），公爵和会众看不到他，只听到乐声缓缓下临。"——译注

***

这本书与传统的传记不同，它旨在"认识这个创作中的人"（rencontrer l'homme en sa création）¹，为读者带来真实感受，体会巴赫的音乐创作过程，使读者身临其境，获得同样的经纬和感受。在这点上，我并非要提出作品与人格之间的直接关联，而是倾向于认为，音乐能够折射出广泛的人生经历（很多在本质上与我们自身的经历相似），这和生平与作品间的惯常关联有所不同。巴赫的人格由他的音乐思想发展、磨砺而来，他的行为方式也由此衍生而来，在某些情况下，可以被解读为他作为音乐家的生活和日常家庭生活间失衡的结果。将目光投向巴赫创作和演奏的双重历程，我们会松一口气——这位作曲家无疑有人性化的一面，这个印象如今只能通过重新创作和重新演奏的体验来强化。

作为一个站在声乐与器乐合奏组前的演奏者和指挥，我试图表达从这种位置接近巴赫的感受，正如他自己也习惯站在这一位置。当然，我知道这是一个危险的立足点，由此得到的任何"证据"都会轻易被驳斥为主观和站不住脚的，它只是"音乐即自传这种浪漫想法的又一新论"，且以"不可能的权威"为推测背书。²相信在音乐唤起的情感影响下，作曲家的意图能够被捕捉，这当然是一种诱人的想法——虽然事实可能根本不是这样³——但这并不意味着主体性本身

---

1 Gilles Cantagrel, *Le Moulin et la rivière: air et variations sur Bach* (1998), p. 8.

2 Rebecca Lloyd, *Bach among the Conservatives* (2006), p. 120.

3 彼得·威廉姆斯（Peter Williams）是近来最独具慧眼的巴赫传记作家之一，他警告说，"精致的想象世界会被任何强大的音乐打开这个观点，本身就是成问题的，因为它诱使听者将音乐唤起的感觉化为文字，进而设想出对作曲家最重要的事，甚至其人格。对那些演奏、演唱、聆听或将巴赫作品作为写作对象的人来说，每个人无疑都对他有特别的理解，或私密的联系，这对他们自己来说是独一无二的，但这些究其根源是他们对音乐是什么和有什么作用的想法。那与作曲家的观点也许是非常不同的。"(Peter Williams, *The Life of Bach*

与更为客观的事实相悖，或者会毁坏其结论。也许除了那些数学上的真理，一切真理在根本上都有着不同程度的主观性。过去的巴赫研究常是主体（作者）和客体（作曲家）相疏离，有时候主体甚至被移除。然而，一旦作者的主观性几近抹除，或者不被承认，就会造成探寻巴赫人格多面性之路的封塞。在序言里，我解释了我个人独特的主观性的背景与属性。如果我因此激励他人去分析自己对巴赫的主观回应，并且去细思这种回应在多大程度上影响了我们对他的感知，我希望这种做法能够得到谅解。

本书历经数年的写作过程，意味着对学术与演奏的协作及二者结合之路的探寻。这要求我必须深究那些能使我们对巴赫的背景有新认识的证据，拼起那些传记性的碎片，重新审视他作为孤儿的经历，他求学的环境带来的影响，检视他的音乐，时刻关注演奏期间他的个性隐约从乐谱结构中浮现的那些时刻。尽管本书得益于许多专家学者的指引，他们可能助我避开了歧途，这里呈现的内容很大程度上却是我个人的观点。我试着提供一个明确的结构，尽管不总是严格按时间顺序：十四种不同的方式，十四条轮辐，全部连接到同一个核心——作为人和音乐家的巴赫。每条轮辐，尽管与相邻和相对者都有关联，但也意在以特定的主题引导读者神游。每一个"星丛"（借用瓦尔特·本雅明对此类事物的描述）都探索了巴赫性格的一面，都提供了观察巴赫其人和音乐的新的有利视角。

与此相对，本着传记作家理查德·福尔摩斯（Richard Holmes）的精神，我附加了一系列脚注："作为类似舞台前部的声音，在行动发展时进行反思，通过出现的某些有关自传的关键性问题，提出研究进路。"[1]然而，我并不是要面面俱到，绝非如此。如果你想寻找对巴赫不朽的键盘和管风琴作品、独奏器乐作品的分析，在这里是找不到

[2004], p. 1)毫无疑问他是正确的。

1　Richard Holmes, *Coleridge: Early Visions* (1989), p. xvi.

的：与声乐作品一起，它们得不到全面透彻的研究，需要专论。[1] 我只讨论自己最熟知的音乐——与文字相关联的音乐。我希望能够表明，由于它们与语言和文本的联系，在巴赫的康塔塔、经文歌、受难曲和弥撒曲这些不可超越的作品中，存在着此前未曾有人尝试或者敢于表达，或说能够用声音表达的东西。我发现这种实践上的熟悉为我们打开了一扇大门，使我们能够在新的视角下看待特定的作品，它们为何以及如何演变，如何缝接在一起，以及那些它们似乎要讲述的关于作曲家的事。对我而言，从初次遇到这些作品，到这些年不断的排练与演出，我度过了心无旁骛的岁月，激动的火焰愈燃愈烈。这个丰盈、雄浑的世界，和作为一位指挥以及终生的巴赫门徒在其中领受的喜悦，正是我最想传达的。

听者、批评家或学者通常有时间衡量和反思自己对于巴赫音乐的回应。音乐结构分析有其作用，但只能引领到半途：它标识出机械部件，描述构件的工作原理，但却无法告诉你发动机是如何运转的。相较于廓清或洞察他创造性的构想，追溯他精心设计和变换素材的技艺工序更为容易——这与很多作曲家的情况一样，而在巴赫这里尤为明显。在过去的一个世纪，我们分析音乐时惯于运用音乐分析法，它引我们深入理解巴赫的技艺，但当音乐与语言表达相关时，这种方法则用处不大。我们需要一套不同的工具。

另一方面，演奏是不能骑墙观望的，你必须选定一种观点以及对于作品的一种诠释，这样才能以完整的理念和信念来展现作品。我试图展现演奏是一种什么样的感觉。在演奏中，你和音乐的动力相连，

1　此处涉及的文献很广泛，其中有代表性的是劳伦斯·德雷福斯的《巴赫与创意曲的模式》(*Bach and the Patterns of Invention*, 1996)、大卫·舒伦贝格 (David Schulenberg) 的《巴赫的键盘音乐》(*The Keyboard Music of J. S. Bach*, 1992) 以及彼得·威廉姆斯的《巴赫的管风琴音乐》(*The Organ Music of J. S. Bach*, second edition, 2003)。

和舞蹈节奏相连，卷入复杂而和谐的曲调编排，卷入它们的空间关系中，也被带入人声、乐声交织的五光十色的万花筒中（有一枝独秀，有百花齐放，也有争奇斗艳）。如果我们在屏幕上看不到传输回地球的月球图像，宇航员要面对的描述难题大概与此类似；又或像是服用了致幻剂的人，脱离了那光怪陆离（我猜）的梦幻世界后，吃力地描述幻觉中的平行世界是何景象。

想象站在齐胸深的海水中等待潜水的感觉。你看到的是寥寥几种肉眼可见的自然景物：海岸、地平线、洋面，也许有一两只船，也许还有水面下鱼或珊瑚褪色的轮廓，但仅此而已。然后你戴上面罩潜入水中。忽然间，你进入了自成一体的奇妙世界。这里有着无数瑰丽色彩，身边鱼群轻轻游动，海葵和珊瑚摇摆起伏——这是栩栩如生又完全不同的现实。对我而言，这类似于演奏巴赫音乐的体验和冲击——那种向你展示灿烂的七彩光谱的方式、锐利的轮廓、奥妙的和声，还有乐章中必不可少的流动性和潜在的韵律。水面之上是乏味的日常喧哗，水面以下是巴赫的奇妙世界。然而即使当演奏结束，音乐消散，一切归于最初的寂静，我们依然处于那种令人激动的冲击下，那感受仍萦绕在记忆中。还有一种强烈的感觉，像是在这音乐的创作者面前竖起了一面镜子，他复杂又粗犷的个性，他想要同听众交流和分享他对世界看法的强烈欲望，以及他在作曲中注入无限创意、智慧、风趣和人性的独特能力，都生动地映在上面。

可以断言，巴赫这个人并不无趣。

第一章

在乐长的注视下

1936年秋，一位来自下西里西亚省（Lower Silesia）拜德沃尔姆布鲁恩（Bad Warmbrunn）的三十岁的音乐教师，突然出现在多塞特郡（Dorset）的一个村庄，行李中带着两件东西：一把吉他，还有一幅巴赫的油画肖像。如同巴赫家族的先祖老维特·巴赫（Veit Bach）在将近四个世纪前作为宗教难民从东欧逃亡一样，当犹太人被禁止从事某些行业时，瓦尔特·延克（Walter Jenke）离开了德国。他在多塞特郡北部定居并有了工作，同一位英国姑娘结了婚。由于战争迫在眉睫，他要为那幅画像寻找安全的家。在19世纪20年代，他的曾祖父在一家古玩店里以极低的价格买到一幅巴赫画像。毫无疑问，他当时并不知道那曾是（现在依旧是）现存最为重要的巴赫画像。[1] 如果延克把这幅画和他母亲一同留在了拜德沃尔姆布鲁恩，在炮火轰炸下，或在德国人面对进逼的苏联红军而从西里西亚撤离时，可以肯定它几乎是无法幸免于难的。

---

[1] 这是埃利亚斯·戈特洛布·豪斯曼（Elias Gottlob Haussmann）两幅巴赫肖像画（1746年及1748年，见图18、19）中较晚且保存较好的一幅，画中，戴假发的作曲家手持一份六部卡农（BWV 1076，见608页）。1950年起，这幅画被保存在新泽西州普林斯顿的沙伊德图书馆（William H. Scheide Library）。

我是在这位乐长的注视下长大的。战争期间,豪斯曼那幅著名的巴赫肖像画[1]被交予我的父母保管,它在多塞特一间老磨坊(我的出生地)的一层楼梯平台安身。每晚睡觉经过,我总是试图躲开那令人生畏的注视。我的童年享受双重的幸运:我在农场,而且在一个重视音乐的家庭里长大。在这里,唱歌被视为完全正常的事——在拖拉机上或是马背上(我父亲),在餐桌前(整个家庭在进餐时间唱谢恩祷告),或者在周末聚会上,父母有的是机会尽情享受声乐。

在整个战争年代,每个周日早晨,他们都会和一些本地的朋友聚在一起唱威廉·伯德(William Byrd)的《四声部弥撒》(*Mass for Four Voices*)。在孩童时代,我的哥哥、姐姐和我在成长中了解到庞杂的无伴奏合唱音乐——从若斯坎(Josquin)到帕莱斯特里纳(Palestrina),从塔利斯(Tallis)到普赛尔(Purcell),从蒙特威尔第到许茨(Schütz),最后,是巴赫。与早期复调音乐相比,我们发现巴赫的经文歌在技术上困难得多——那些长长的乐句,没有地方换气。但我记得我喜欢声部间的互动,那么多内容同时涌出,底部脉动的韵律使得一切漂浮不定。到了十二岁,我几乎已经将巴赫六部经文歌的高音部分熟记于心。它们成为我大脑中主要经验的一部分(跟民歌、多塞特方言的粗野诗歌一起,都存储于我的记忆中),从未离开。

而后,青少年时期,我开始了解他的一些器乐作品:《勃兰登堡协奏曲》、小提琴奏鸣曲和协奏曲(九到十八岁期间,因为小提琴技艺平平,演奏这些作品时,我时常在勉力挣扎,并且总是迷失其中,正是在这一阶段我转攻中提琴)、一些键盘作品,以及几首写给女低音的康塔塔咏叹调(我母亲非常喜欢)。即使现在,我一听到《颂扬我主》("Gelobet sei der Herr, mein Gott")或者《我对世界一无所求》

---

[1] Hans Raupach, *Das wahre Bildnis des Johann Sebastian Bach* (1983).

("Von der Welt verlang ich nichts")就会感觉喉头哽咽,想起母亲的声音从磨坊穿过庭院飘来的场景。然而我最初拜于巴赫门下,和他的音乐终生相伴,渴望了解楼梯顶上这位严厉的乐长,这一切应该感谢四位杰出的老师——三位女士和一位男士,他们帮助我决定,我将要成为什么样的音乐家。

那位男士是威尔弗雷德·布朗(Wilfred Brown),一位伟大的英国男高音。我十四岁时他到访过我们学校,在巴赫的《约翰受难曲》(*John Passion*)中演唱了福音传教士和男高音咏叹调。我太入迷了,身为第二小提琴首席,我一度停止了演奏,直直地盯着他看,简直不可原谅。作为巴赫的福音传教士诠释者,布朗无可匹敌。他的演唱以非凡精妙的抑扬变化和历历如绘[1]为特征,伴着一种与他的贵格会(Quaker)信仰不可分割的哀婉气质,还有相伴而生的谦逊,有时我能在母亲那贵格会的教养中辨出这点。后来,他提出为我上歌唱课,从我十六岁教到了二十二岁,有时他要到剑桥来教,并且总是不肯收费。

伊莫琴·霍尔斯特(Imogen Holst)是古斯塔夫(Gustav Holst)的女儿,也是本杰明·布里顿(Benjamin Britten)的文书助手。她经常来看我父母,有时会指挥他们的周末合唱,还教我和我姐姐歌唱。我想,在我早期接触到的音乐家当中,她比任何人都更强调舞蹈在巴洛克音乐中的重要性。这一点在她自己诠释和指挥巴赫的方式中清晰可见,有人就专门拍摄过她在指挥《B 小调弥撒》(*B minor Mass*)时腰部以下的动作。感谢伊莫琴,直到今日,我觉得在诠释巴赫时最严重的、到现在还经常有人犯下的错误就是拖着沉重的脚步,否认或者抵制他音乐中带有节奏的弹性和轻快飞扬的底色,导致其精神完全偏离了原作,令人痛心。她在谈起她父亲时,强调音乐是何等必要,那是

---

[1] 原文为"word-painting",指音乐术语中的"绘词法",以音乐对一个词或一个句子进行音画式的表现的谱曲方法。——译注

生命的一部分，"不可或缺"，让人动容。

让巴赫舞蹈是我熟稔于心的一课，另一课是要让他"歌唱"。这点听起来理所应当，实践起来远没那么简单。巴赫的旋律并非都易于歌唱或是悦耳，不像普赛尔或舒伯特的作品。巴赫的旋律经常是生硬的，乐句长得令人不适，点缀着小小的卷曲的装饰音，这需要强大的意志和坚定的呼吸控制来支撑，才能真正地唱起来。不仅声乐如此，器乐部分也一样。我从我的小提琴老师西比尔·伊顿（Sybil Eaton）那里学到了这点，她师从希腊著名小提琴家和音乐学家米诺斯·都尼亚斯（Minos Dounias）。西比尔演奏小提琴时，当然是在"歌唱"，而通过她启发性的教学，和对巴赫纯粹的热爱，她也能帮助学生戴上旋律的翅膀——无论我们是在演奏协奏曲、无伴奏小提琴组曲，或是受难曲与康塔塔中咏叹调的伴奏部分。

帮我明确了这些观念的人，是娜迪亚·布朗热（Nadia Boulanger），她被认为是20世纪最负盛名的作曲教师，而且名副其实。1967年，她在巴黎收我为徒，当时她八十岁，虽然半失明了，但身体依旧健朗。她教授和声的方式建立在巴赫的众赞歌的基础上，并视其为创作出色的复调音乐的范本。当中每个声部都被给予同样的重要性，同时又在四向对话中扮演不同的角色，时而前进，时而后退——换句话说，就是以对位法来构思和声。她强调，无论是作曲家、指挥家还是演奏家，若要在音乐中自由地表达自己，就需要遵循某些规则，并且要有无懈可击的技巧。她最喜欢的一句话就是：缺乏天赋的才能（我想她指的是技巧）没有多大价值，而缺乏才能的天赋也不值一提。

两年间，在一成不变的大量和声与对位练习里，以及视唱那特别令人厌恶但又有效的法式视唱练耳体系中，我像困兽一样又踢又抓，挣扎不已。好几次心烦意乱的时候，欣德米特的《音乐家的基本训练》（Elementary Training for Musicians）就会躺在排水沟里——它被我从

4

第四区的卧室扔到了窗外。但我从她那里获益良多。她有办法挑战每一种先入之见，也有毫不留情地揭露他人缺点的本事，无论这缺点是技术上的还是其他方面。她在我身上发现了连我自己都不曾发觉的东西。直到我离开了布朗热之后，才意识到当时看似的折磨其实是一种善意之举，使我在未来避免落入某些专业上的尴尬境地。她尽管严厉，却极为慷慨，甚至将她收藏的独一无二的文艺复兴及巴洛克音乐（从蒙特威尔第到拉莫 [Rameau]）抄本遗赠给我，里面有她最喜欢的巴赫康塔塔的总谱和分谱（全都带有一丝不苟的注解）——这也是我最珍视的私藏之一。[1]

当我站立在合唱团和管弦乐团面前时，如何将这份艰难习来的理论和听觉训练转换为实际的声音？幸运的是，在1967—1968年这一时期，还是巴黎和枫丹白露地区学生的我，可以偶尔用一用伦敦的一件"乐器"——蒙特威尔第合唱团。这一切还要从1964年说起，那时我在剑桥大学读三年级。我的导师、社会人类学家埃德蒙·利奇（Edmund Leach）准许我暂停一年历史学课业，好让我选择人生可能的方向，最重要的，看看自己到底是不是全职音乐家的料。表面上看，我读的是古阿拉伯语及中世纪西班牙语；实际上，我为自己设定的课题是演出蒙特威尔第的《圣母晚祷》（1610 Vespers）。这部作品我在孩提时就听过，但仍然鲜为人知，并且从未在剑桥演出过。尽管面临着双重障碍：指挥经验相对欠缺，正规的音乐训练也几乎没有，我却打定主意要指挥合唱曲目中最具挑战的一部作品。那一年最好的时光，我都用来研究缩微胶片上的分谱原件，并在音乐系教授瑟斯顿·达特（Thurston Dart）的鼓励下，准备着新的演出乐谱。从组织并训练合唱团和管弦乐团，到印刷入场券和摆椅子——到最后，我参与了筹备国

---

[1] 这些和其他很多总谱及分谱，由娜迪亚·布朗热抄写，并且在她的遗嘱中留给了我，如今永久地借给了伦敦皇家音乐学院。

王学院礼拜堂公演的全部事务。

在我看来，色彩的强烈对比和充满激情的朗诵是这类音乐的标志。对我的考验就是，能否在一群完全在另一种传统下接受训练的学生演唱者中，激发这种活力和激情。某种程度上，蒙特威尔第合唱团是从反合唱开始其生涯的——也就是对有教养的悦耳与调和之音的反击。而这正是当时著名的国王学院合唱团的特质，他们的格言就是"音过响则不悦耳"。我是在一次演出中体会到他们的风格的。在鲍里斯·奥德（Boris Ord）的悼念仪式上，他们演出了《耶稣，我的欢乐》（Jesu, meine Freude）——巴赫最长、诠释难度最大的经文歌。他们虚弱无力、拘谨地蠕动嘴唇，用英语唱出："耶稣（Jesu）……"（发音如 Jeez-ewe），接着是长长的停顿，再意味深长地吸了一口气，方唱道："……无价之宝（priceless treasure）"（发音如 trez-ewer）。我听得怒火中烧。我打小就熟知的洋溢着欢乐的美妙音乐，怎么会被演绎得如此矫揉造作、苍白乏力？这不就像是给严厉阴沉的老乐长肖像扑上一层粉、点上几颗美人痣吗？

1964年3月，与其中几位一起，我首次尝试演出蒙特威尔第的杰作。当时离我预期的理想状态有很大差距，然而听众却对我们大加鼓励，甚至充满热情。对我而言，这不仅是一次技艺的试练，更是我所寻求的顿悟。我做出决定：宁可追随势不可挡的激情（即使需要多年的学习和实践，还不一定能保证成功），也不愿继续更保险的职业道路（虽然在这条道路上我可能已经有了基本的技术资格）。我既然受了鼓舞，便继续对抗维多利亚式演绎的遗风，并为蒙特威尔第合唱团寻求一个更为永久的根基。我的出发点，过去是，现在也是，为巴洛克的声乐作品注入激情和表现力，并且适度地彰显作曲家的国籍、时代和个性。在一套典型的节目中，比如1965年在剑桥节上，致力于演绎蒙特威尔第、许茨和普赛尔的音乐时，我们努力使听众欣赏到原文演唱所传达的每位大师别具一格的方式，追随每位作曲家基于在数字低音上铺陈的音乐实验，以及在新的表现范围中透出的迷醉。这令人陶醉，而我们的努力无疑是粗糙、夸张的；但至少它们听起来不会不靠谱，也不会和湿漉漉的11月晚祷中透出的英国国教的虔诚毫无区别。

我极度缺乏可以效仿的榜样。娜迪亚·布朗热已经不做指挥了。瑟斯顿·达特来到伦敦国王学院之后，我曾在研究生阶段师从于他。在他那夏洛克·福尔摩斯式的音乐学方法中，我受益良多，但他也不做指挥了。然而，我有幸观摩了卓越的键盘演奏家和指挥家乔治·马尔科姆（George Malcolm）。乔治懂得如何从威斯敏斯特大教堂的唱诗班中激发英国人罕见的热情，奉献令人倾倒的演出。惊奇的是，他还不辞辛苦前往剑桥，聆听我的《圣母晚祷》首演。他是一位真正的大师，跟我志趣相投，他的认可和鼓励那时对我起着决定作用，虽然他实际上已经放弃指挥合唱。

此后，应朋友之邀，我在1967年去听了卡尔·李希特（Karl Richter）指挥慕尼黑巴赫合唱团。李希特被誉为当时巴赫合唱音乐最为重要的倡导者，然而即使是他那强有力的康塔塔黑胶录音，也没有让我有充足的心理准备，迎接圣马可教堂七十个精力旺盛的巴伐利亚人演唱经文歌《为上帝歌唱》（*Singet dem Herrn*）所带来的排山倒海的音浪和赤裸的侵略性。这与国王合唱团装腔作势的"圣哉，圣哉"演绎不同，也和伦敦的巴赫合唱团每年耶稣受难日在皇家节日音乐厅演出《马太受难曲》（*Matthew Passion*）有天壤之别，虽然一样乏善可陈。第二天在音乐学院（Musikhochschule，希特勒故居），李希特在一架改装过的纽珀特（Neupert）羽管键琴上对《哥德堡变奏曲》（*Goldberg Variations*）那飓风般的演绎，也没能让我重拾对他的信心。在这里，如同我听过的大多数现场演出和唱片一样，巴赫再度以严厉、阴沉、一本正经的面孔出现，缺乏精神、幽默感和人的气息。这浸透了舞蹈性的音乐中节庆般的欢乐和热情去哪了？几年后，我听了本杰明·布里顿指挥的《约翰受难曲》，听得出来，这位杰出的指挥家梳理出了巴赫精心设计的对位中独立的旋律，从内部展现了作品的戏剧性。然而，即便如此，对我而言听起来还是"英式"得致命。我感受到了1958年首次在萨尔茨堡和维也纳听到演奏莫扎特时那种类似的失望：优雅的表面似乎覆盖并掩饰了音乐之中情感汹涌的内在生命力。

我的音乐生涯起初并不顺利。1967年炎热的夏天，当娜迪亚·布朗热作曲班大部分学生离开巴黎前往枫丹白露宫，与来自茱莉亚和柯蒂斯音乐学院的精英分子会合时，她决定是时候让我在她的监督下指挥些什么了。她为我选择了巴赫那部具有挑战性的《请和我们在一起》（*Bleib bei uns*）。这首感人的复活节康塔塔（BWV 6），描述了两个信徒在去往以马忤斯（Emmaus）的路上遇到了他们复活了的主的故事。枫丹白露的美国音乐学院可不像剑桥大学，没有后者那样数量可观的合唱学者和热切的学生歌手。除了一位有天赋的女中音，根本就没有其他歌手——只有一群执拗的钢琴家[1]（他们习惯这样自称）。我不得不在其中进行招募、劝诱，将其改造为四声部的合唱组，使他们胜任巴赫那奇妙的黄昏开场合唱，这样才能向老师证明我作为指挥的资质。到那时为止，小姐——人人都这么称呼娜迪亚·布朗热——还从未听过或者看过我指挥，但是她抓住一切机会提醒我，我的和声和对位练习是"一场无名的悲剧"。如果你曾听过一群美国钢琴家（他们无疑都能将肖邦的练习曲或是李斯特的前奏曲弹得游刃有余）尝试用德语演唱四声部作品，你就会明白我和他们曾经遭受的折磨。整个"管弦乐团"只有一个人——我的同学和同乡斯蒂芬·希

1　原文为"peenist"，是作者对于美式口音里"pianist"（钢琴家）一词的调侃。——译注

克斯（Stephen Hicks），他弹奏一架走音的管风琴（在小姐的课上，初次见面，他介绍自己为"斯蒂芬尼克斯"，是西莫尔西[West Molesey]最棒的管风琴师）。我既要指挥这混杂的集体，又要演唱男高音宣叙调，还得在女低音咏叹调中演奏中提琴伴奏部分。斯蒂芬则充满男子气概地用管风琴填充其余部分。那一天终于到来了，国立网球场现代美术馆坐满忍受着酷热天气的学生。几位年长的女士身着黑衣坐在前排，我那可敬的老师坐在他们中间。演出开始了，我那可敬的老师一下子陷入了熟睡。事实上，我怀疑她也许一个音符都没听到，不过从各方面考虑，或许这样也好。

尽管我充满了感激之情，但在布朗热门下的生活实在是令人窒息，我渴望能有机会将这严谨的理论和训练全都应用到现实的专业音乐世界里，应用到实际的指挥经历中。她希望我像她的美国学生一样，至少再跟随她学习五年提奥多·杜布瓦（Théodore Dubois）的《和声理论》（*Traité d'harmonie*），而我却申请了在曼彻斯特的BBC北部交响乐团的学徒指挥职位，这让小姐十分反感。这是一支深有造诣而又有些冷酷（因历经风雨）的乐团，显然，初出茅庐就能站在他们面前是何等幸运：你不能期许任何帮助，要么失败，要么成功。我主要的实习工作，是在每套节目开始时指挥相应的音乐会序曲。假如那支曲子有十二分钟长，在直播前我最多能分到九分钟来排练。与具有如此惊人的视奏能力的乐团一起演出，诀窍在于要分清轻重缓急，知道应该何时插手，而哪些应该靠运气，或者靠录音的红灯亮起时激起的肾上腺素和专注精神。这是很有价值的训练场，初步教会了我如何最大限度地利用宝贵的排练时间。

回到伦敦，我与蒙特威尔第合唱团一起继续发展。我们的演奏曲目向近代扩展，曲目作家的地域也向北推移：从威尼斯（加布里埃利家族[Gabrielis]及蒙特威尔第）到德国（许茨和布克斯特胡德[Buxtehude]），再到英国复辟时期（布洛 [Blow]、汉弗莱 [Humfrey] 和普赛尔）。我们随之无可避免地迎来了两大巨人，亨德尔（Handel）和巴赫。接下来的十年里（1968—1978），我非常幸运能够招募到出众的现代室内乐团和合唱团一道工作，组成了蒙特威尔第管弦乐团，其中包含了在伦敦能够找到的最好的自由职业的室内乐音乐家。这些演奏家给予了我百分百的信任。他们愿意进行实验，毅然穿行在巴洛克艺术的荒芜海岸上，尝试当时鲜为人知的清唱剧和歌剧，还进行了风格上的探索，包括使用向外弯曲的巴洛克弓子，运用不平均音符（notes inégales）、波音、逆波音、滑音（coulés）以及各种各样的装饰性奏法。

但忽然间我们就碰壁了。这既不是他们的错，也不是我的错，而在于我们使用的乐器——和过去150年间其他人使用的并无二致。无论我们的演奏多么风格化，也无法掩饰一个事实，即它们是为一种完全不同的音响所设计和改造的，是与19世纪晚期和20世纪早期（因而时间错位了）的演绎方式密切相关的。由于金属弦线或用金属包覆的弦线，音效实在过于强力，然而要去缩小规模，并对音乐有所压抑，又与这类如萌芽抽枝般的生机勃勃及其音乐所要求的表现范围背道而驰。若想要解密巴洛克大师的音乐语言，拉近他们与我们的距离，释放他们富于创意的幻想源泉，就要打造一种完全不同的音响。只有一个方法：脱胎换骨，使用巴洛克乐器原件（或复制品）。就像是学习一门全新的语言，或是学一种新乐器，而实际上并没有人指导你演奏。这带来了怎样的争吵、失望和兴奋，难以言尽。有些人觉得这是一种可怕的背叛；对另一些人，包括蒙特威尔第合唱团的大多数歌手而言，这是一种莫名其妙的倒退。但有一些勇敢的灵魂和我一同投身于此：他们或买，或乞求，或借来了巴洛克乐器，于是我们摇身一变，组成了英国巴洛克独奏家乐团。

那是1978年。当然，更多无畏的先驱者在我们之前就迈出了这一步。自己当时或许感觉很孤立，但并非只有我发出了这种声音。在与我同时代的剑桥人中，有克里斯托弗·霍格伍德（Christopher Hogwood），他后来被视为推崇"本真演奏"（authentic performance）古乐运动中最有影响力的倡导者之一，还有魅力四射的"花衣魔笛手"（Pied Piper）大卫·门罗（David Munrow），他的职业生涯仅有短短十年，却在英国普及古乐方面比任何人贡献都要大。和著名的羽管键琴演奏家特雷沃·平诺克（Trevor Pinnock）一道，他们也组建了自己的古乐团——英国协奏团（1972）和古乐学会乐团（1973）。事实上真正的阿蒙森式[1]的探险家是荷兰人、奥地利人和佛兰德斯人——比如古斯塔夫·莱昂哈特（Gustav Leonhardt）、尼古劳斯·哈农库特（Nikolaus Harnoncourt）和库依肯（Kuijken）兄弟，他们之前就已经在演奏古乐器的实验性道路上践行多年，随之唤起了一批英国自由职业音乐家，这些人是世上最灵活又最务实的，他们看到了机会，接着便学习起来。

仅仅是学习风格，而没有足够的技术——这一缺陷，让一些因循守旧的老前辈抓住了把柄。那些老前辈，特别是交响乐团的那些人，开始觉察到一缕挑战他们独占地位的寒风。这时候找到一个容易批评的目标，也就颇为得意。然而人们很快意识到，在演奏中，致力于重新制作音乐并使其焕发生机的人，和一心本着高效和技术演奏音乐的人之间确实是有差别的。起初，如同所有变旧革新的运动一样，先锋领导者很多都无师自通，容易夸大其辞，并放任误导性的观念悬荡在空中，即认为使用了正确的乐器，就获取了音乐的"真谛"。这一次，问题还是出在这些做榜样的人身上，又或者说是缺少真正的榜样。这是个令人兴奋的时代，空气中弥漫着争论的硝烟，群雄舌战，纷纷为自己辩护。没有人确知这些古乐器应该有怎样的声响。从前，重在实

1　指挪威极地探险家罗尔德·阿蒙森（Roald Amundsen），他创造了两个历史"第一"：第一个到达南极点，第一个航行于西北水道。——编者注

践的音乐家从不需要如此博学。然而现在,即便是同一份18世纪的小提琴演奏指南或者论文,不同的演奏者研读后,仍然会就如何诠释产生巨大的分歧。这恰恰表明对演奏实践的研究与演奏本身是极为不同的。理查德·塔鲁斯金(Richard Taruskin)也随即指出,声学研究并不一定能产生好的音乐制作。[1]不可避免地,出现了很多模仿和驳斥:大胆创新的实验可能轻易被一些人贬损,也可能被另一些人奉为福音。那时风格主义盛行,正病态地膨胀蔓延,在弦乐演奏者中尤为明显。这常常让我想起,以前布朗热小姐听到有个学生总是分句分得很夸张,她又惊讶又不解,于是问道:"亲爱的,你为何要在吊床上演奏音乐啊?"

那几年时间,大多数时候我都感到非常焦虑。那时,我会怀念我那已经解散的蒙特威尔第管弦乐团,他们技艺娴熟,发挥稳定,乐手也心态开放。对于这些新的"古老"乐器技术上的不可靠,我感到沮丧。对于所有人来说,古乐器都是极难掌控的。各种吱吱嘎嘎声随处可闻,空气中还充斥着易受潮的E弦羊肠线断裂的声音。突然间,指挥他们就像是驾驶一辆刹车和转向都不可靠的老爷车。然而这些乐器慢慢开始对乐手展露它们的秘密,引领我们通往新的富有表现力的姿态和声音之路。一些观察者倾向于盲目崇拜这些乐器,仿佛单凭它们就能赢得"本真演奏"这一圣杯,并且只有它们才能确保胜利。但新的表现潜力缤纷多彩,在感到喜悦的同时,我永远也不会忘记,我

---

[1] 有段时间,"诠释不足"的好处在英国某些古乐践行者那里开始风行。塔鲁斯金也是最早提出质疑的人之一,他质疑这种"天真的想法,以为重现原初演奏时所有的外部条件就能重现作曲家的内在体验,就能够'为自己发言',免遭卑劣的侵扰,即演奏者的主观影响"。他还指出将"忠实演绎"(Werktreue)这一概念奉为圭臬会有危险,因为会招致"令人窒息的管制,导致演奏和作曲两种职责之间原先灵活可变、可轻松跨越的边界逐渐僵化,过度管控"。(Richard Taruskin, *Text and Act* [1995], pp. 93, 10.) 不久前,约翰·巴特(John Butt)就演奏与研究这两个领域写了一篇精彩的专题论文:*Playing with History: The Historical Approach to Musical Performance* (2002)。

们使用它们，只是作为一种手段而不是目的，我们只是借此更加接近巴洛克作曲家那透明的声音世界，以及，用音乐批评家喜爱到滥用的比喻来说，移除那长年累月堆积的层层灰尘和矫饰。

无论如何，正是和这支初出茅庐、未经试练的合奏团一起，我接受了人生中首次邀请，在1979年安斯巴赫（Ansbach）的巴赫音乐节上演出。对于在欧洲的巴赫音乐演奏来说，那里在当时被视作麦加或是拜罗伊特（Bayreuth）。那里曾是卡尔·李希特在南德的起点，如今这一平台提供给了未经试练的英国人和他的团队。我们的方式被看作"迥异的"，引起了很大争议。自19世纪起，巴赫在德国被尊为第五福音传教士，他的教堂音乐在现代路德宗的支持下被归集起来。听了我们的演奏，那些守卫着很大程度上是虚构出的、自我吹捧的巴赫演奏传统的保守卫士发觉，这些"古老的"乐器对他们的体验而言很陌生——这自然是意料之中，也是我们在接下来的二十年里慢慢习以为常的反应。或许更使他们惊奇的是，我们对于文本发音和表达的全神投入——我们想要呈现出德语语句的修辞和戏剧性——以及某些听众在我们的演出中解读出的仪式感。在巴赫的出生地，能够以一种积极的方式为解密巴赫的形象做出贡献，这种感觉很好。我们立即被邀请在1981年重返安斯巴赫的巴赫音乐周举办五场音乐会，随后为德国顶尖的厂牌——德意志唱片公司（Deutsche Grammophon），录制了巴赫所有重要的合唱作品。

大约与此同时，我们开始进行雄心勃勃的十年任务，它源于哥廷根音乐节的年度访问，而我被任命为音乐节艺术总监。这项任务是重新上演亨德尔那些激动人心的清唱剧和歌剧，他的音乐此前数年遭到了比巴赫更为严重、令人震惊的肆意删除，甚至在20世纪30年代被纳粹部分挪用为爱国的宣传工具，如今迫切需要重新评定。在这里，我们一开始也遭到了温和的质疑，但很快，我们发现德国人对于亨德

[12]

尔的态度不像在他的移居国家英国那么根深蒂固（也不像他们对巴赫的态度那样顽固）。逐渐地，我们对这些壮丽而又不为人熟知的作品的演绎，得到了更为包容的回应，这回应混合了惊奇和国家自豪。伴随着这些欧洲音乐会舞台上的亮相，我们录制了一系列作品，既有经久不衰之作，如《弥赛亚》（Messiah）和《圣诞清唱剧》（Christmas Oratorio），也有被遗忘的杰作，如拉莫的《北方人》（Les Boréades）和勒克莱尔（Leclair）的《西拉与格劳库斯》（Scylla et Glaucus）。我们赢得了听众，并且开始获得国际认可。

***

尽管越来越忙于歌剧院客座指挥之务，常跟交响乐团在一起，但我发现在我回到自己的家乡时，依然怀着新的热情。因为英国巴洛克独奏家乐团提供了现场演奏实验室，可供检验新的理论，交流观点，讨论方法；同时显露出一种意愿，要在逐渐失去活力的古乐器演奏风格的正统观念之外另辟蹊径。忽然间，你能听见音乐从幽禁它的牢笼里一跃而出。一旦这些老乐器被自由地用于演绎专属于缩小比例的现代交响乐团的音乐，那多年来似乎古旧和遥远的音乐如今听来便成了崭新的。对于我们都十分在意的音乐，如果能够有所发现并分享新的见解，哪怕会触及一些人的逆鳞，那也无妨。

20世纪80年代起，我们的演出曲目就处于持续扩展中。法国大革命200周年之际，革命与浪漫管弦乐团诞生了，很多乐手来自英国巴洛克独奏家乐团，乐器却是用世纪之交的乐器。我们共同前行——从海顿、莫扎特、贝多芬，到韦伯、柏辽兹、舒伯特、门德尔松、舒曼、勃拉姆斯，甚至到威尔第、德彪西和斯特拉文斯基。这是一个摄人心魄的重新发现过程，驳斥了西方古典音乐有着单一不可动摇的发展传统的这一古老观念，也驳斥了20世纪中期那萎靡不振的倾向：用同样的"乐器",即标准现代交响乐团,来演奏所有音乐,这么做消除了作曲家气质和风格上的关键差异。那时,我们的目标一直是要剥除演奏实践中的共生性,展现每位作曲家,以及他们的每一部重要作品中各自独特的多彩羽衣,检验这些"古老的"音乐在我们这个时代的生命力。当时的探索(现在也是)是找到"古老"音乐核心中鲜亮而生动的色彩,并且重新发现至今仍吸引我们的那种生命力(élan vital)[1]。时常令人惊奇的是,几个世纪以前的音乐反而比上一个百年里整整一代的音乐都感觉更现代。

不过,有无数次,我发现自己像被磁石吸引一般,回到巴赫的音乐中。正如先前我所发现的,为了理解音乐与文字在任何形式的戏剧性音乐中的结合,认真对待蒙特威尔第是非常有价值的,现在我逐渐意识到作为指挥要有所前进,我首先需要研究并学习演奏巴赫的音乐,因为它正是我们所泛称的古典音乐的基石。如果不能理解他,在诠释海顿、莫扎特、贝多芬及他们的浪漫主义后继者时,我就会永远都在黑暗中摸索,因为他们中很少有人能抗拒巴赫的影响。尽管我已经仔细琢磨了很多年,但直到1987年秋天我才有机会(和勇气)首次指挥《马太受难曲》。那是在东柏林,观众席中,那些德意志民主共和国的士兵们当众落泪了。或许在柏林墙的这一侧,这部最为普遍的音乐作品已经在某些规定的(并且很大程度上是虚假的)当地传统中变得僵化。通过重新处理,我们摆脱了仪式化的陈词滥调,无意间打开了情感回应的闸门。

但这一切不都是单向的:两年以前,当我与蒙特威尔第合唱团在莱比锡的圣托马斯教堂西楼座为亨德尔《以色列人在埃及》(*Israel in Egypt*)做准备时,莱比锡广播合唱团出席了排练。于是两支合唱团

---

[1] 法国哲学家亨利·伯格森(Henri Bergson)于 1907 年在其哲学著作《创造进化论》(*L'Évolution créatrice*)中首次提出这一概念。——编者注

共同歌唱，即兴演出巴赫的经文歌《为上帝歌唱》，给所有参与者留下了长久印象。后来，1987年，在日本进行的《B 小调弥撒》巡演，观众大部分是佛教徒和神道教徒，他们却听得全神贯注，令人难忘。

但我渐渐发觉，在巴赫其人与他那深不可测的音乐如何联结这一点上，我的理解是不完整的。巴赫主要的几部合唱作品伴随我多年，但关键的那几块拼图依然缺失。如果我是才华横溢的键盘演奏家，也许我就能在浩瀚无际的迷人曲目中，包括《哥德堡变奏曲》和《平均律键盘曲集》（Well-Tempered Clavier），找到我所寻求的东西。然而，作为一个参加合唱并且一直受文字感染的人，我感到对我而言，线索一定埋藏在那近两百部现存的教会康塔塔中。我确信其中包含着独特信息，像松露一般深藏树底，尽管我只发掘了其中很少一部分。想要明白康塔塔在巴赫儿子和学生心目中的重要性，只需看看他讣告中未发表的作品列表：他们将"第一号：五套完整年度周期的教会音乐，为所有的礼拜日和瞻礼日而作"几乎放在了作品列表开始的头号大标题上。这使我质疑巴赫为何倾注了这么多的时间和精力，为何在最初两年狂热喷薄的创作中，他在莱比锡写了超过一百部康塔塔，却固执地拒绝与他人分担这种劳心伤神、每周一次的创作重负。考虑到它们是用狄更斯般的每周连载方式写就，人们想知道它们在整体质量上具有多大的一致性：假使正如西奥多·阿多诺（Theodor Adorno）所言，"巴赫是第一个成功实践了理性建构作品这一理念的人"，[1] 那么他的康塔塔合格么？它们真的有重大意义么？它们能否跳开原初文字和宗教礼仪上的起源和局限，在他与我们的文化之间弥合差距？这让我想弄明白如今演奏它们最有效的方式是什么：如何一面从19世纪到20世纪早期路德宗的魔爪之下、一面从典型的音乐厅票价造就的世俗性虔

---

[1] Theodor Adorno, 'Bach Defended against His Devotees' (essay) (1951) in *Prisms,* S. and S. Weber (trs.) (1981), p. 139.

诚中将其解救出来。

我很难精确指出何时第一次产生了巴赫康塔塔朝圣的想法。起初只是一种直觉，源自对巴赫的毕生迷恋，后来逐渐地获得了形体和实质，最终变成了条理分明的实际努力[1]。之前似乎没有人尝试过一年之内，从年初到年尾，并且是在最初礼拜仪式的确切时间点上，演出所有的康塔塔。2000年时，我们将纪念世界最伟大的一支宗教的创始人诞辰，以及巴赫逝世250周年。在一年时间里，集中演出其音乐上最伟大的拥护者的完整康塔塔曲目，还有比这更为恰当的纪念方式么？巴赫的路德宗信仰，就封存在这种卓越的音乐里。它传播着普世的希望，能够打动任何人，不分文化背景、宗教派别或是音乐素养。它源自人类的心智深处，而不是什么一时一地的信条。

或许，通过复制巴赫自己的演出节奏，我们可以获得一些洞见。我们着手构建一次理论上巴赫本人可能进行过的旅行（尽管他现实中比亨德尔这些人旅行要少得多）。这次旅行应该从图林根（Thuringia）和萨克森（Saxony）开始，巴赫的职业生涯就在这里度过，还有就是那些我们知道他曾演唱过、演奏过以及工作过的场所和教堂，然后向北、向西、向东进发，追随宗教改革的传播道路，追溯商业冒险者和汉萨同盟[2]的古老贸易线路。出于这种选择，我们诞生了一个念头，只在有特别的建筑之美的教堂演出，而这些教堂通常不在主流演出地点之列；同时将音乐带给对巴赫尤为热情的群体，我们可以通过邀请他们演唱康塔塔结尾的众赞歌来与之建立联系。通过拜访欧洲一些最古老的宗教场所——比如苏格兰西海岸的爱欧娜修道院，或是西班牙

1　诱因也许是偶然读到的某本唱片杂志，里面称我会为德意志唱片公司录制整整两百部康塔塔。那时我大概一年才录一张康塔塔唱片，算起来，如果每张唱片里有三部康塔塔，按照这个速度，等到我变成一百二十岁的老骨头，这项工作才能完成。
2　13世至17世纪间，德意志北部沿海城市为保护其贸易利益而结成的商业同盟。——译注

北部的圣地亚哥-德孔波斯特拉,或是位于罗马、曾经是异教神殿的神庙遗址圣母堂,这样的旅程可以被看作一次音乐朝圣。

于是,巴赫康塔塔朝圣最终诞生了。虽然源自早些时候同蒙特威尔第合唱团的巡演,并且依据同样的观念模式,巴赫康塔塔朝圣与我们——或许是与任何其他音乐组织——之前从事的活动都不可相提并论。无论规模还是方式,都打破了音乐会巡演组织的所有惯常规则。这是一次宏大的尝试,从一开始就饱受后勤问题和财务限制困扰,然而随着一年时间推移,这旅程似乎越来越与参与者们的构想产生共振。在我们当中,过去没有人曾在长达一年的旅程中,或是在一项音乐事业中固守于一位作曲家。这是一种全新的体验,我们将全部的思想与努力倾注到旅程的实施中,并且受其前行的动力指引。跟随巴赫在整整一年中对于康塔塔季节性和周期性的安排,我们可以看到一幅旋转的时间之轮的音乐图景,我们每个人都缚于其中。最终,巴赫音乐充满活力与想象的谜题找到了一种出口,答案从那张冷酷面孔的乐长的假发下浮现出来,而这幅肖像自我孩提时就主宰了我对他的看法。

自从完成了巴赫康塔塔朝圣,由于深深沉浸在康塔塔中,我对于巴赫更为著名的合唱作品(两部受难曲,《圣诞清唱剧》和《B小调弥撒》)的指挥方式受到了影响。自从我把这些伟大作品视作和康塔塔同属一个世界,源于同一个有创造力的头脑之后,它们便不再那么令人生畏,并且开始更多地展露其创造者的个性。通过我自己对它们看法的改变,以及作为音乐家的提升,我和巴赫的联结更深了,那种依恋,和我为准备这本书所作的独立研究并行发展。在过去的二十年里,自从原德意志民主共和国档案馆的开放,我一直在吸收那些能获取的最新的激动人心的材料,运用这些丰富的发现,我继续钻研巴赫音乐形成的起源和历史背景。

巴赫康塔塔朝圣的一个潜在前提是一种感觉,我发觉它为我和其他一些音乐家所共有：我们如今研究、聆听并解读巴赫音乐的需求也许比过去任何时候都要强烈。我们中很多人还希望，强调我们共同的文化遗产中这种独特的表现，可以提升那些前来聆听我们演奏的人的精神境界，无论他们的聆听和我们的演奏是第一次、第二次还是第二十二次。

米兰·昆德拉（Milan Kundera）曾描述过当下时刻内在的难以捉摸：

> 似乎没有什么比当下这一刻更为明显，更为真实，更可触知。然而我们还是全然不解。生命所有的悲哀都在于此。在一秒之间，我们的视觉、听觉、嗅觉，都（或有意识，或无意识地）记录了大量的事件，一系列感觉和念头通过我们的头脑。每一刻都代表了一个小的宇宙，在下一刻无可挽回地被忘却。[1]

音乐的魔力在于，它能使我们顷刻之间避开昆德拉的时间易逝感。一部像巴赫康塔塔这样的音乐作品，明白无误地是一次从开端，经中部，到结尾的旅程，并且最后，在对此前逝去的一切的记忆中，它投下的光创造出一种感觉，即我们始终处于一种到达状态——它让我们意识到，进而珍视我们自己的感觉，当下的以及过去的感觉。而且，如果我们承认人类心灵的一部分在寻求精神的出口（实际上也寻求精神的输入），那么无论我们的社会变得如何物欲横流，时代精神是如何地奉行不可知论，对于那些愿意聆听的人来说，巴赫那充满信心和无法抵挡的积极的音乐，能在满足这一需求上起重要作用。自1700年以来，巴赫始终位于作曲家的最前列。他的全部作品都以某种方式指向精神性和形而上学，他既歌颂生，也对死亡友好相待，消除

---

[1] Milan Kundera, *The Art of the Novel* (1986), p. 25.

恐惧。他将音乐的本质和实践都看作是虔诚的,并且明白,在概念上和演出中越是完美地呈示作品,上帝就越是在音乐里无处不在。巴赫在他那本亚伯拉罕·卡洛夫(Abraham Calov)评注版《圣经》[1]的页边上写道:"注意:虔诚的音乐所在之处,神和他的恩泽永远同在。"[2](见图13)这句话打动了我,也成为一个信条,一个我们作为音乐家自然而然赞成并追求的信条,无论我们何时演奏音乐,也无论我们恰好信仰什么样的"神"。

因此,在教堂对西方人早已失去吸引力的年代,我们选择在教堂演奏巴赫的康塔塔只是强调了这种音乐曾经存在的环境。巴赫康塔塔朝圣的历程,是关于另一个时代和另一个地方的故事。但在那一年的历程里,我们多次自问,巴赫最初的目的(也许还有其效果),除了急需获取灵感和慰藉,是否也为了让初听者从他们自满的状态中觉醒,注意到他们生活和举止的华而不实之处。巴赫,这位至高无上的艺术家,由于缺少大学教育而被莱比锡的知识圈所鄙视,他自知在家族历史中的位置,因而磨砺自己的技术,为他的技艺、他富于想象的天赋,以及他的充满人性的同情之间找到一个完美的平衡点。其余的,就交给上帝。

---

[1] 17世纪《圣经》德文版,由马丁·路德(Martin Luther)翻译并评注,附有路德宗神学家亚伯拉罕·卡洛夫的评注。如今,该版本因其与巴赫的联系而知名。——译注
[2] NBR, p. 161.

第二章

启蒙运动前夕的德意志

> 如果没有语言,我们就没有理性;没有理性就没有信仰;没有我们天性中这三个至关重要的方面,既不会有思想,也不会有社会纽带。
>
> ——约翰·格奥尔格·哈曼[1]

在巴赫诞生的1685年,"德意志"是一幅特殊的政治拼图——有许多独立的公国、侯国以及帝国的"自由"市。如果把拼图一块一块翻到空白面,你大概也很容易把它们重新拼起来,因为单个国家(Länder)的规模非常随机,地理轮廓也非常古怪。由于在领土上和结构上的分割,神圣罗马帝国在过去的一个世纪里已收缩成了其前身的小小影子。莱比锡的奥尔巴赫酒馆里,流传着这样的歌谣:

> 巍巍罗马,神之所嘉。吾心悦之,唯其无瑕。
> 将倾如瓦,吾心如麻。何以系之,徒闻寒鸦![2]

1　Johann Georg Hamann, *Sämtliche Werke*, Josef Nadler (ed.) (1949–1957), Vol. 3, p. 231.
2　歌德《浮士德》首稿中的弗洛希之歌(作于18世纪70年代初),转引自蒂姆·布兰宁

德国法理学家和政治哲学家塞缪尔·冯·普芬道夫曾在1667年嘲讽地说,这既不是"常规的王国"也不是共和国,"因此我们只好称这个像怪物一般没有规则可循的(政治)体为'德国'"。[1] 巴赫可曾首先把自己看作一个德国人,而不是图林根人或是萨克森人? 他出生于爱森纳赫(Eisenach), 图林根森林的核心地带, 是镇上风琴师的幼子。对于与他同时代的亨德尔来说, 巴赫的口音重得或许像外国人, 虽然亨德尔的出生地在仅仅40英里以外, 一个从前属于萨克森而新近划归了普鲁士的角落。因此, 这两位未来的音乐巨人, 都不像会被普芬道夫说的怪物烦扰或恐吓。

在他们出生时,萨克森选区依然是北德的主导力量,这要归功于其财富,及其选帝侯作为新教团体福音派协会领袖的地位。[2] 但是当弗里德里希·威廉(Friedrich Wilhelm)于1640年继任为勃兰登堡选帝侯和普鲁士公爵时,王朝权力开始不可阻挡地从奥地利和波希米亚的哈布斯堡家族,转移到更北方的霍亨索伦家族(Hohenzollerns),当威廉的儿子弗里德里希三世驳回了他最亲密的顾问的建议,1701年威廉自己加冕为普鲁士国王腓特烈一世时,这一形势再次巩固。同时,尽管具有明显的荒谬性和异质性,神圣罗马帝国还是存活了下来,多亏哈布斯堡家族在各个邦国和民间群体之间斡旋的技巧,把德语世界的多个国家都拉进了政治进程中。

和皇帝有着直接关联的是"帝国骑士"——他们统辖大约350个

(Tim Blanning)《追寻荣耀:1648—1815年的欧洲》(*The Pursuit of Glory: Europe 1648-1815*), 2007年, 第275页。

1 Samuel von Pufendorf, *De statu imperii germanici liber unus* (1667), Vol. 6, p. 9.

2 协会正式成立于1653年,为德国新教徒提供事务管理和安全维护。即使在奥古斯特二世为了成为波兰国王而在1697年改信天主教后,协会也依然永久地附属于萨克森。在后世看来,奥古斯特的决定是一个可怕的错误。然而在当时,很多人都认为,以波兰的体量加上萨克森的能力,似乎能确立后者作为哈布斯堡家族首要竞争对手的地位。

贵族地主家庭，而这些家庭又负责管理大约1500片庄园，占地近5000平方英里。然而更有权势并且颇不顺从的，是拥有土地的城镇精英，他们横贯帝国，通过在立法机关即帝国议会的交涉，为自己赢得了发言权。普芬道夫评论道："德国社会各阶层……对于其子民有着相当大的统治权……这也是皇帝确立绝对权力的主要障碍。"双层的制度限制了皇帝原本不受任何约束的最高统治权，这双层制度包括自1663年起就在雷根斯堡（Regensburg）处于永久会议的帝国议会本身，以及大约300个帝国政治体，也就是在帝国议会中有着直接或间接投票权的公国。他们最有力的宪法武器是被称为"选帝约"的选举条约，每个选帝侯在加冕之前都要宣誓遵守，并且必须作为选举条件签署。

帝国各阶层中第二层权力则是邦国阶层（Landstände）[1]，而邦国各阶层都有着被称为 *Landschaft* 的当地立法机构，以繁文缛节著称。普芬道夫总结道："可以确定，德国自身内部是如此强大，如果它的实力能够很好地联合起来并正确利用，将会令所有邻国敬畏；然而这一强大的整体也有其虚弱的一面，使其实力削弱，活力松懈，这种不规则的政府结构成为其病症的主要诱因。"造成其虚弱的原因之一是，地方议会在许多派系和团体之间的活动是由书信来沟通的，这是一种行政上的障碍。在选帝侯的萨克森，正是这种"不规则的结构"，以及两股势力之间持续的张力——一派忠于选帝侯（即掌权者或独裁党），另一派是贵族及城市中产阶级市民，为限制选帝侯的权力结成的松散的同盟（即等级党）——作为一种长久的影响因素贯穿了巴赫在莱比锡的生活。

皇权被大约五十个自由市（或帝国自由市）进一步削弱。其中最

---

[1] 例如，巴伐利亚选帝侯领地是一个帝国政治体，而在其领土内部有着邦国政治体，代表着教会及贵族。在不同帝国政治体中有着不同情况：有些没有代表教会，有些没有代表贵族。

富有的那些城市（包括汉堡和美茵河畔的法兰克福）形成了自治飞地，完全不受外来干预，并且全权掌控自身的贸易。二十岁出头的时候，巴赫曾作为城市音乐家在其中一个自由市米尔豪森（Mühlhausen）工作，也造访了其他城市。与此同时，一个复杂的帝国法律规则体系已存在了多个世纪，如果算不上使其瘫痪，至少也压制了贸易渠道和物质交流（例如莱茵河上的驳船，平均每6英里就要支付边境通行费）。经过这些公国的行政管理和交互作用，德国官僚主义就此诞生，随之而来的是合乎身份和阶层的繁文缛节，这伴随了巴赫的一生，并成为他和雇主争论的焦点。[1]

***

想象我们可以穿越回那个年代，来到巴赫降生时这古怪拼图所构成的德国。带给我们最强烈冲击的会是什么？充满活力的城市重建迹象，占主导地位的乡村社会开始复苏的迹象，还是依然可见的战争伤痕？三十年战争是德国土地上发生过的最漫长、最血腥、最具破坏力的战争，这一名声一直持续到20世纪晚期。西里西亚诗人安德烈亚斯·格吕菲乌斯（Andreas Gryphius）亲眼目睹了整场战争，并描述了人类存在的无意义。他作于1656年的《墓地所思》（*Kirchhofs-Gedanken*）中的一首十四行诗《人类的苦难》（'Menschliches Elende'），是这样开头的：

---

[1] 巧合的是，在巴赫出生那年，路易十四撤销了《南特敕令》(Edict of Nantes, 1598)，这限制了法国新教徒的信仰自由。突然出现了大批胡格诺教派难民，他们向北涌入荷兰和英格兰，向东跨过了莱茵河。勃兰登堡选帝侯腓特烈·威廉收容了其中约14000人在他的领土上定居，他开的这个头，引发了那些因信仰而逃难的人进一步的移民浪潮。这些来自波希米亚、奥地利、法国的难民所引致的人口政策很快就帮助疫情严重的乡村地区恢复人口，扩大城镇技术型劳动力，进而使得遵从这一政策的普鲁士及其他紧跟其后的政体相比于旧帝国有了显著的经济优势。

> 那么人是什么？一所写满痛苦的房屋，
> 一场希望成空的舞会，一场现世的疯狂，
> 一出怖惧得苦涩、悲凉得彻骨的戏剧，
> 一片转瞬融化的雪，一支燃尽的蜡烛。[1]

自《威斯特伐利亚和约》（Peace of Westphalia, 1648）签订，战争结束算起，40年过去了，战争的恐惧依然盘桓在每个人的记忆里。

我们所能接触到最接近于战时日记的，是格里梅尔斯豪森（Hans Jakob Christoffel von Grimmelshausen）的两部小说——《痴儿西木传》（1669）和《单纯的蔑视》（1670），充满了暴行和骇人的细节，后者是"对于骗子和变节者库拉舍详尽又不可思议的描述"。他在帝国军队中做过马童，后来又当过团书记员，基于这些亲身体验，这两部小说展示了肆意谋杀、强奸和同类相食等一系列暴行。这种报道激发了19和20世纪早期的德国历史学家对这场战争长久而感伤的描述，然而即使考虑到报道的虚构程度，战争给人的总体印象仍然是凄凉的：无数村庄农舍被入侵的大军铲平，德国的中世纪城镇被洗劫、烧毁至面目全非，整片区域因军事行动而人口骤减，大量家庭被屠杀，幸存者的生活也天翻地覆。乡村不可避免地比大多数城镇遭受了更多打击，因为战事发生在乡村，而图林根是受到最大影响的地区之一。华伦斯坦（Wallenstein）以及入侵的丹麦和瑞典军队，主要沿着联结商业城镇的旧贸易路线行进，所到之处，经济恢复的进程缓慢得令人痛苦。

一波又一波瘟疫的浪潮随着战争尾声袭来。人们挨着饿，身体虚弱，为军队传来的病菌提供了温床。瘟疫造成的死亡人数比战争

---

[1] 原文为德语。——编者注

本身还要多。差不多萨克森三分之一的人口、图林根一半的人口都消失了。但我们应该谨慎：这些统计学上的人口损失，无论是出于杀戮、营养不良还是疾病，都可能在尚存的资料中被夸大了。[1] 当地官员爱将数字改得更高，以期获得税收减免或者政府重建基金的增加。以重要的商业中心，如莱比锡为例。战争期间，这里分别在1626年、1636年及1643年遭受了三次瘟疫，却仍旧保持着两年一次的商品交易会。然而，在战争结束三十多年之后，在这座城市稳步踏向复苏之时，1680年又爆发了一次新的瘟疫，使得城市又一次大受打击。据托马修斯（Jakob Thomasius）的日记记述，这场瘟疫在5个月中夺去了2200条生命，远比之前疫病造成的死亡总数要多，并且占到市民总数的10%以上。[2]

从21世纪的视角出发，很容易对三十年战争带给德国的整体影响夸大其词和过度呈现，一个原因是这场旷日持久的冲突带来的影响多样且具地方性。德国历史学家们过去倾向于将经济萎靡归咎于这场战争，然而如今，这可以看作是多年前就已开始的一场持久的整体衰退与贸易模式转换的一部分。与意大利之间利润丰厚的贸易，过去由像奥格斯堡的富格家族（The Fuggers of Augsburg）这样的大企业家垄断，此时衰减为涓滴细流。[3] 欧洲的人口重心向北迁移，同时其商业前景却指向大西洋沿岸的汉萨同盟港口。贸易和制造业的重振总体上要比人口缓慢，城镇的复苏较为迅速，乡村则逐步渐进。不难想象，为了满足源源不断、像蝗虫一般四处劫掠为生的军队，需耗费巨量的

1　Joachim Whaley, *Germany and the Holy Roman Empire* (2012), Vol. 1, p. 633.
2　然而，在17世纪30年代，正当饥荒和疾病摧毁了萨克森乡村时，莱比锡的人口竟在很短的时间内增长了三分之一多（见 Geoffrey Parker [ed.], *The Thirty Years' War* [second edition, 1997], p. 189）。
3　不久前的气候变化使得阿尔卑斯山隘口更加陡峭，然而德国旅客却依然如飞蛾趋火般被吸引至意大利，与其说进行贸易，不如说是仰慕意大利过去的艺术以及当时的音乐。

谷物和牛肉。乡村社会在饥饿的折磨中痛苦生存，像格里梅尔斯豪森所说的"陌生的流浪汉"那样，以荞麦、山毛榉坚果、橡子、青蛙、蜗牛以及任何可搜刮的蔬菜为生[1]。一切正在恢复正常，然而还要再过90年，那位"开明的暴君"腓特烈大帝才认识到，"农业在人类活动中位于首位。没有农业，就没有商业，就没有廷臣，没有国王，没有诗人，更没有哲学家。真正的财富唯有那土壤出产之物"。[2]

一直以来，对于战备食物供给问题都有一个现成的解决方案：土豆。土豆来源于安第斯山脉（现秘鲁或玻利维亚境内），自16世纪晚期起为欧洲所知，且欧洲人认为它具有引起性欲的特性，其流行缓慢得令人费解。每个种植者都知道，土豆是神奇的块茎，易于种植，生长迅速，也易于凋萎，而在适当条件下能够形成十分可观的产量——达到其他欧洲农作物的5倍、小麦的10倍（黑麦略少于10倍），这完全能够补偿热值低的缺点。至关重要的是，军队可以整个夏天都驻扎在土豆田里，不会毁坏秋季的收成。在七年战争期间被普鲁士监禁时，安托万·帕门蒂埃（Antoine-Augustin Parmentier）为法国人发现了土豆，然而直到18世纪70年代土豆才作为农作物在德国广泛种植。即便在当时，科尔贝格的市民还向腓特烈大帝抱怨道："这东西既闻不出也尝不到味道，连狗也不愿意吃，对我们来说这算什么呢？"但最终土豆狂热占据了主导，所以亨利·梅修（Henry Mayhew）夫妇在图林根待了一年时间（1864）之后，他们在巴赫的出生地发现：

> 爱森纳赫人的土豆消耗量大得难以置信，这也是蓄肥遍及全城

1　H. J. C. von Grimmelshausen, *The Adventures of A Simpleton*, W. Wallich (trs.) (1962), p. 19.
2　Tim Blanning, *The Pursuit of Glory: Europe 1648–1815* (2007), p. 187. 农民们一直都懂得这一点，也是他们最早认识到并抱怨作物种植是一项冒险的事业，常被反复无常的天气和共同放牧权所困扰。对于其他人来说，农业的中心地位完全被视为理所当然——因而也就被无视了，无论在1685年还是往后的日子。

启蒙运动前夕的德意志

的原因。半英亩土豆田平均产出为36到40麻袋,每袋超过100磅,或者说一共约3600至4000磅,这也是爱森纳赫每个家庭每年用于养猪以及自己食用的土豆需求量。事实上,很多现代萨克森人除了土豆以外不知道有其他食物,甚至比我们国家最穷的爱尔兰人过得还要艰难。一个家庭一年中食用的土豆不少于2000磅,也就是每天超过5磅。[1]

可以断定,土豆从来不是巴赫主食的重要组成部分,但是,虽然他明显没有遭受过营养不良的折磨,他的几代祖先们有过,我们也只能哀叹他们没有渠道获取普普通通的土豆。

***

巴赫出生时,一个地球物理要素占据了主要地位:森林[2]。图林根森林曾经只是乡下的景观,它辐射到村落和聚居点(没有在战争中消失的那些)的边缘,甚至到了爱森纳赫这样规模相当大的城镇,当时那里大约有6000名居民。比战争对于下层林木的活立木和生物多样性带来更大损害的,是实用造林技术的失传——也就是森林的养护和补充。更糟的是,高贵的地主们开始关心他们森林的管理方式,将训练有素的护林员比了下去(正如雉鸡和猎场看守人如今比真正的樵夫影响力更大)。自从战争结束,德国各地森林被砍伐的速度之快,日

---

[1] Henry Mayhew, *German Life and Manners as Seen in Saxony at the Present Day* (1864), Vol. 1, p. 178.

[2] 8世纪时,圣波尼法爵从英格兰南部的威塞克斯王国(现在的多塞特郡)来此,穿过一个崇拜状若巨大橡树的挪威神的图林根部落。传说他脱下衬衣,抓起斧头,一语不发砍倒了6英尺宽的木神。波尼法爵随即站在树干上,挑战部落首领:"你们的神现在要如何站起来?我的神要比他强大得多!"人群反应不一,然而转变已经开始。最初进展十分缓慢,直到12世纪西多会加快了这一进程。僧侣们凭直觉了解到,能够使林木如此繁茂的土壤,同样也适于种植本土作物。于是自力更生的阶段开始了,最终形成了我们今天在图林根看到的耕地与林地相嵌的独特风貌。

后已难以为继，更何况没有人进行养护、修复或者补植。不过，多是山毛榉的图林根森林似乎逃过了因海军木材需求而进行的贪婪砍伐，因为山毛榉作为木材不能满足造船的需求。到了1700年，以厄尔士山脉（Erzgebirge，意为"矿山"）为中心的萨克森矿业消耗了大片森林，由于木材严重缺乏，成千上万的人生计受到威胁。开发无道，林地便渐渐消失。等到资源稀缺，危机四伏，才冒出可持续发展的观念来。当时是这样，现在也是这样。这一观念的倡导者是来自萨克森中部弗莱贝格的税务会计及矿业管理者汉斯·卡尔·冯·卡洛维茨（Hans Carl von Carlowitz）。他第一个对林业的可持续性概念进行了清晰阐述：在灌木林作业周期中如何促进自然再生，从采种树收集种子，在裸地上准备种植用土壤，照料幼苗和幼树，维护多样而脆弱的矮林生态系统（他没有用"生态系统"这个词）。[1] 卡洛维茨的影响——贵族土地所有者在多大程度上、以何种步调遵从了他的建议——是难以估量的。有迹象表明，在巴赫生活的时代，森林管理的恢复进程缓慢而艰难。[2]

***

"这里阴森可怖！"在《威斯特伐利亚和约》签订后的好几代人之中，这似乎是对于德国中部战争过后满目疮痍的风景最常见的反应。空荡荡的原始森林，回荡着由漫长战争所释放出的恶魔的力量那低沉的声音。人们有理由相信这至少延伸到了浪漫主义时期的开端，在韦伯的伟大歌剧《魔弹射手》（*Der Freischütz*, 1821）的核心场景里达到了顶

---

[1] Hans Carl von Carlowitz, *Sylvicultura oeconomica, oder haußwirthliche Nachricht und Naturmäßige Anweisung zur wilden Baum-Zucht* (1713).

[2] Karl Hasel and Ekkehard Schwartz, *Forstgeschichte: Ein Grundriss für Studium und Praxis* (2006), pp. 62, 318–9.

峰——其塑造的"可怕的狼谷",是"原始森林"深处的传奇深渊,在那里潜伏着一切卑鄙、恐怖和邪恶的事物。[1]人们得出这样的观点:不仅风景外观遭到持久损害,集体心理也印上深深的烙印——仿佛当地人在重建生活时除了要忍受房屋、财产的毁坏,还得忍受精神环境的微妙损伤。作为物理位置与当地居民思想和潜意识的交互作用的复杂产物,每个人又都有着自己的一套信仰、仪式与迷信,这当然是无法精确描述的。[2]我们现代人思考、观察、倾听,往往都分门别类,因此可能看不到过去的内在运作机理。但对于这些心理领域的认知探索和概览——意在辨认与风景中和创伤一起留下的过去的意识特征——有助于我们更深入地了解巴赫诞生时的文化和心理背景。事实上,有详细的证据表明,在入侵的大军从血腥的宗教战争撤离后的很长时间里,德国的中心地带仍处于创伤状态。像图林根这样乡村化程度较高的地区,其景观极具考古价值——圣迹、河流、森林、山丘,都自甘于维持乡野原貌。与外部世界相隔离,远离我们现在称为"启蒙时代"的文学和科学运动,图林根似乎在等待着经济和精神的重生。

正是那位公爵领地的林务官,约翰·格奥尔格·科赫(Johann Georg Koch),巴赫的两位教父之一,作为代表站在受洗池旁边出席了他的受洗仪式。少年时的巴赫只需要走出位于弗莱诗尔巷(Fleischgasse)的家,穿过人群,穿过猪群、家禽和牛群,就能到达一片茂密林地,林地围绕着瓦尔特堡,城堡坐落在山顶上,俯瞰着镇子。森林神话和异教仪式(比如丰产节日仲夏庆典,通常在复活节前的第三

---

1 Richard Wagner, *Gazette Musicale*, 23 and 30 May 1841.
2 据彼得·威尔森(Peter H. Wilson)所言,"无论如何战争使人们遭受了精神创伤。尽管零星,仍有证据指向我们今天所称的'创伤后应激障碍'"(*Europe's Tragedy* [2009], p. 849);同时他还强调,路德宗对于战争的天启般的回应中蕴含着忏悔和虔诚(Thomas Kaufmann, *Dreißigjähriger Krieg und Westfälischer Friede. Kirchengeschichtliche Studien zur lutherischen Konfessionskultur* [1998], pp. 34–6, 76, 101, 106)。

17世纪爱森纳赫版画,远处是瓦尔特堡。

个星期日举行)无法被轻易压制,对于图林根人来说,森林是主持部落的神灵之家,保有荒野的魔幻氛围,并且是"自然"天气现象的根源——比如猛烈的暴风雨,显然使路德(Luther)受到了惊吓,认定它们来自魔鬼。因此他们在教堂中祷告,高歌赞美诗,敲响教堂的钟以抵挡飓风和暴风雨,并在战时到林中避难。

尽管当地居民的生活处于新教神学的强大保护层之下,森林仍然是神秘和险恶之地,在路德的朋友卢卡斯·克拉纳赫(Lucas Cranach)的油画,和阿尔布雷希特·丢勒(Albrecht Dürer)的木版画中,可以看到对那吞噬一切的繁茂的突出表现,这在阿尔布雷希特·阿尔特多费(Albrecht Altdorfer)的风景画中也有所体现。音乐用以提供力量,同时也用来安抚森林的守护神。在盛产集体音乐的土地上,竟有如此多的林地主题民歌得以留存,这肯定不是巧合。这种歌曲的力量或许与澳大利亚土著民的有所不同——对后者而言,那是划分领地和组织社会生活的主要方式,但也差距不大,在歌曲、创世神话、风景、疆界之间仅隔毫厘。我们可以勾画出这样一幅图景,一天,十五岁的巴赫第一次和他的同伴格奥尔格·埃德曼(Georg Erdmann)离开图林

27

启蒙运动前夕的德意志

根的故乡，两个男孩一路歌唱，振作精神，沿着车辙向北远行 200 英里，去往吕讷堡（Lüneburg）。对于初露头角的唱诗班歌手，歌唱既是他们的通行证，也是谋生的饭碗。[1]

***

在巴赫诞生的年代，这种迷信意识的痕迹在图林根依然常见，同时伴随着路德宗充满活力的重生，以及随之而来的宗教音乐。在埃尔福特（Erfurt）上大学时，路德喜爱一些世俗歌谣，并且用鲁特琴伴奏过，这些歌谣逐渐地在他的教堂大力推行，不过换上了体面的新歌词：原文中丰富的想象和露骨的暗示，以及异教传说和民间记忆的基质，已经被坚定的方言赞美诗所升华，这些赞美诗巴赫在孩提时就唱过并熟记于心。路德决心要通过口语化、清晰且韵律优美的语言，带给他的德国同胞们生动的宗教体验。这种语言有时能够通过突如其来的迫切词句抵达情绪顶点，但同时也能强化共同身份，吸收基于共同过去的丰富神话。他一直关心的是，在参与到礼拜音乐中时，人们的

---

[1] 我们想知道，在巴赫的时代，"Laub"一词在保有"树叶"这一含义的同时，是否仍保留着 16 世纪作为会幕或圣殿的内涵（Simon Schama, *Landscape and Memory* [1995], p. 585, n. 61）。固然，图林根的树林对他而言可能仅仅是童年场景的固定设施，其存在无可争辩，寻常无奇，几乎不被注意。然而我表示怀疑。无论如何，依我直觉，除了森林可能依然残留的宗教联想以外，巴赫通过观察树木，观察森林，看到它们的生命和时间与人类整齐划一的模式不同，他可能会对自身人性的局限和偏见有所感悟。也许他还认识到了野性对于人类心灵的重要性，用以对抗他所受到的严格而纪律性强的路德宗教育。当回顾自己在亚马逊的旅行中目睹的伐木公司对雨林的毁坏时，杰伊·格里菲斯（Jay Griffiths）哀叹道，"如果将人们从他们的土地上赶走，也就剥夺了他们的意义，拔掉了他们的语言之根。失去了野生地带，也就遗失了那些从精神和自然的相互作用中产生的隐喻、典故和诗意"（*Wild* [2007], pp. 25–7）。我们当然无法得知巴赫是否意识到——遑论是否受到启发——森林自身更新的"漫长的周期性韵律"，是否意识到那些关心森林生存的人和在开放地带放牧而获益的人（换句话说，有公地使用权的人）之间的矛盾。理查德·玛贝（Richard Mabey）告诉我们，一英亩的古老林地，假设包含着 30 棵 300 年树龄的山毛榉，只需每 100 年补充 10 棵成年期的苗木，就可以更新（*Beechcombings* [2008], p. 84）。

心灵与思想应该与他们口中所表达的相一致："我们必须要当心……以免人们在歌唱时只是动动嘴唇，就像发声的箫或琴那样（《哥林多前书》14∶7），而不理解其含义。"[1]1524年首次付印的24首赞美诗中，有16首他亲自撰写了新的德文唱词。其中最为激动人心的一首——《我们的上帝是坚固的堡垒》——曲和词都由路德所作，以让人难以抗拒的方式表达了自己在内心同撒旦搏斗时，从上帝的保护中寻得的信念和坚定。在教堂、家中用本国语言唱这些众赞歌和诗篇，已成为像巴赫家族这样的路德宗新教徒的标志，教徒在炽热的同伴情谊中团结起来——颇像今日足球场看台上的合唱所起的作用。据哲学家约翰·戈特弗里德·赫尔德（Johann Gottfried Herder）称，这些众赞歌保留着道德效用（他称之为"生命的宝藏"），这在德国民间诗歌和歌谣中一度有过，而在他的时代已经不复可寻。[2]

在路德逝世一个世纪之后，他留下的影响痕迹在图林根随处可见，且不仅仅局限于音乐生活（见第五章）。即使是最小的教区教堂，也很快拥有值得夸耀的管风琴，那里通常有着特别装饰的窗扉，以及弧形的唱诗班楼座，一群当地的工匠和农场工人在礼拜仪式中站在那里歌唱。[3]尽管根基深厚，尽管在音乐、语言和对圣言的布道之

1　WA, Vol. 12, p. 219.
2　赫尔德对他所见的语言和音乐的分离表示痛惜——诗人"缓缓地，为了被读懂"而开始写作的时刻，艺术上或许获胜了，但却失去了魔力，失去了"奇迹般的力量"（*Herder's Sämmtliche Werke*, Bernhard Suphan [ed.] [1877-1913], Vol. 8, pp. 412, 390）。他谈到语言的僵化，以及这是如何发生的，用以赛亚·伯林（Isaiah Berlin）的话来说就是，"写作无法表现不断地适应和改变的鲜活过程，也无法持续表达实际体验中那不可解析和不可捕捉之流，而语言，如果要充分进行表达，是必须拥有这种能力。语言本身使得体验成为可能，但也使其僵化。"（Isaiah Berlin, *Three Critics of the Enlightenment* [2000], p. 194）贯穿本书的一个主题是，巴赫的声乐作品恰恰拥有这种"鲜活的过程"，以及对"真实体验之流"的持续和本质性的表达。据赫尔德所说，这是语言本身所缺乏和僵化了的。
3　他们现在依然这样做。2000年复活节，我们在爱森纳赫举办康塔塔音乐会前，圣乔治教堂的牧师邀请我和我的合唱团与管弦乐团成员，在礼拜仪式上指挥合唱。弥撒中途，风琴席中突然有一群当地农民加入了我们，他们用图林根方言唱了一段短小的祷文，然后

间新缔造的联结深植于图林根人心中,三十年战争那急剧上升的暴力还是严重损害了整个过程。对生活本身的恐惧敌得上对死亡的恐惧,因为生也遭到了战争、营养不良和疾病带来的持续痛苦的侵蚀。平均寿命下降到三十岁,葬礼上的词句"生命之中,死亡同在"从未如此沉痛。神职人员灌输了这样的信息,认为战争是上帝对负罪之族的严惩,让许多幸存者觉得上帝真的抛弃了他们。[1]中世纪晚期的死亡之舞(Totentanz)的古老意象,裸体女人被猥亵放荡的骷髅掌控——这些骇人的绘画出现在很多德国教堂的墙上(至少在那些未在宗教改革中用灰浆刷白的墙上,比如伯恩特·诺特克[Bernt Notke]在吕贝克的圣母教堂的绘画,巴赫在二十岁时曾经到此参观过)——获得了另一种怪诞的共鸣。战争期间出现的很多音乐(包括巴赫的直系祖先所创作的那些),对于人类存在的虚无进行了相似的强调。而且,家庭与教区音乐创作可能秘密留存了下来,而更为成熟和革新的、基于乐团的城镇音乐和宫廷音乐遭受了重创。当时德国教会乐师,约翰·斐尔当克(Johann Vierdanck),波罗的海沿岸城市施特拉尔松德(Stralsund)的管风琴师,哀叹道,战争导致在成千上万的地方"能听到的只有哭泣声、哀号声",取代了通常的宗教音乐。[2]他的想法也代表了当时很多乐师。

这种萎靡不振最明显的证据,来自当时德国最重要的音乐家,海因里希·许茨。他在威尼斯进行了两轮学习,起先跟随乔万尼·加布里埃利学习,后来投至克劳迪奥·蒙特威尔第门下,在战争的风暴中,他担任宫廷乐长,将生命中第三十三至六十三个年头奉献给了德

离开了。

1　Thomas Kaufmann, *Dreißigjähriger Krieg und westfälischer Friede. Kirchengeschichtliche Studien zur lutherischen Konfessionskultur* (1998), pp. 34–6, 124.

2　*Geistliche Concerten* (1643).

累斯顿宫廷（见图4）。他的书信勾勒了一幅普遍的劫掠和堕落的图景，同时也表达了在如此困苦的环境中坚守个人信仰所需的巨大勇气，或者所需的任何艺术表达。然而他在这种充满压力的环境下，谱写了具有劝导力和抚慰深度的音乐。许茨效忠多年的德累斯顿宫廷，有几年违背了关于音乐家薪酬的合约，他将此视为对他个人的侮辱。在他们的工资被冻结的情况下，许茨用自己的钱付给他们300塔勒，这是他变卖自己的"证券、油画和银器"得来的。他最喜欢的男低音格奥尔格·凯泽尔（Georg Kaiser）的境况尤其让他心痛。在1652年5月写给选帝侯本人的信中，许茨报告道，凯泽尔"像猪圈中的母猪一样，无床可用，睡在稻草上；出于贫穷，他最近典当了自己的外套和夹克，现在正像林中野兽一般，在自己房子里踱来踱去……他绝不应被放弃……再也找不到像他一样的"。许茨的愤慨在这种侮辱下达到了顶点："在这样高度受人尊敬的土地上，连十几个音乐家都供养不起，或不愿供养，这既不值得赞美，也不是基督徒的行为。我怀着最崇高的希望，愿选帝侯殿下改变心意。"[1]

图林根再往西，相似的命运原本也可能降临到巴赫家族。当时，他们尚不确定能否凭自己选定的职业生存到新世纪。手艺人，包括音乐家的状况岌岌可危。他们重度依赖于赞助人的同业公会制度，生活朝不保夕，像许茨这样，有赖雇主的心血来潮，很容易受预算降低困扰，被出价低、自由职业的小酒馆提琴手的非法竞争影响。技艺娴熟的专业人士不得不在为宫廷工作与为市政当局工作之间艰难地维持平衡。每项活动都拥有自己的报酬体系。自1672年起，爱森纳赫成为一个独立公国的中心地，也许比图林根一些城镇更为幸运的是，这里有约翰·格奥尔格公爵（Duke Johann Georg），他是满怀热情的艺术赞

---

[1] Heinrich Schütz, *Gesammelte Briefe und Schriften*, Erich Hermann Müller (ed.) (1976), No. 83, p. 230; *Letters and Documents of Heinrich Schütz*, Gina Spagnoli (ed.) (1990), Docs. 5, 143 and 145.

助人。巴赫的父亲安布罗修斯（Ambrosius）前一刻身着制服在公爵的私人乐团中演奏，可能下一刻就在市政厅阳台露天吹奏塔乐，或者在厅里演奏教堂音乐，为礼拜仪式生色。要经过一代人，这种艺术赞助的益处才开始渗透到城镇社会的各个层面。

有观点认为，图林根在战争结束后迅速发展成为"经济和文化繁荣的地区"，是因其位于"东西向及南北向大陆贸易路线的重要交叉点，使其对外来影响尤为敏感……多元的欧洲风尚（在此）相遇、交融，产生了独特的氛围，在其他任何地方几乎都达不到这种程度"。[1]然而，可惜很少有证据能支持这一点。与此相反，尽管有公爵的赞助，在1700年，大多数市民"境况如此悲惨，很多人家里连每日维生的面包都没有，又羞于去济贫院，对许多寡妇来说尤为如此"。[2]爱森纳赫曾因联结法兰克福、埃尔福特、莱比锡，直至波罗的海港口的蓬勃发展的国内贸易路线而获益，这早已成为过去，而短暂的文化兴盛期却还要在一小段时间之后才出现，到那时，作为宫廷乐长指挥（1709—1712）的泰勒曼（Telemann）对宫廷音乐产生了重大影响。巴赫的整个童年里，爱森纳赫都被封闭在地方性的时代偏见中。

***

要确定巴赫诞生数年前最活跃的德国音乐创作中心，需要关注的不是图林根，而是贸易复兴最快的汉萨同盟和波罗的海港口，或者德国北部戈托尔夫（Gottorf）和沃尔芬比特尔（Wolfenbüttel）的宫廷。矛盾的是，正是在那里，意大利音乐的风尚最为流行。天主教宗教音乐的影响，首先通过威尼斯作曲家蒙特威尔第和格兰迪（Grandi），

---

[1] Claus Oefner, "Eisenach zur Zeit der jungen Bach", BJb (1985), p. 54; and Christoph Wolff, *Johann Sebastian Bach: The Learned Musician* (2000), p. 16.

[2] Eberhard Matthes, *Eisenach zur Zeit von Telemanns Dortigem Wirken 1708-1712* (1974), p. 6.

后来通过罗马的贾科莫·卡里西米（Giacomo Carissimi），如同输血般传给路德教会音乐。这启发了一整代才华横溢的作曲家，他们都诞生于17世纪中期，其中布克斯特胡德就是最为著名的一位。布鲁因斯（Bruhns）、弗池（Förtsch）、梅德尔（Meder）、泰勒（Theile）、盖斯特（Geist）、奥斯特赖克（Österreich）和舒尔曼（Schürmann）这些名字如今少有人知（甚至比上一代的弗尔斯特 [Förster]、韦克曼 [Weckmann]、伯恩哈德 [Bernhard]、克里格 [Krieger]、罗森穆勒 [Rosenmüller] 和唐德尔 [Tunder] 更加鲜为人知），然而他们都曾在意大利求学，或是在北欧工作期间遇到过意大利音乐家，或是在"音乐兄弟会"流通的音乐手稿集中邂逅过意大利音乐。他们的作品中只有极小部分可以在书刊中看到，但这已经足以激起想听更多演奏的兴趣。[1] 这些作曲家为将意大利风格的教会音乐移植到本土根茎上，为融合本国语言慷慨激昂的气势与意大利声响的色彩和激情，提供了新的创造性推动力。考虑到天主教徒和新教徒之间的尖锐对立，以及对意大利文化的腐蚀性力量根深蒂固的德国式恐惧——可以一路经由文艺复兴时的人文主义者康拉德·策尔蒂斯（Conrad Celtis）追溯到塔西陀（Tacitus），这是不同寻常的。[2] 自古至今，富有创造力的音乐家往往是好奇又随和的实用

---

[1] 幸而有像古斯塔夫·迪本(Gustav Düben)和格奥尔格·厄斯特赖希(Georg Österreich)这样不知疲倦的抄写者，他们的音乐得以流传至今。乔弗里·韦伯(Geoffrey Webber)那振奋人心的《布克斯特胡德时代的北德教会音乐》最初激发了我在这未开发的宝藏中挖得更深一点，进而在柏林国家图书馆研究其中所举的样例。

[2] 塔西陀的继承者和拥护者康拉德·策尔蒂斯(1459—1508)敲响了反抗意大利文化的德国战鼓，"我们被意大利耽于感官享受以及榨取不义之财的残酷行为侵蚀到了如此程度"，他坚持道，"过去那种简陋质朴而节制的生活，对我们而言更为圣洁和虔诚，而非引入从来无法满足的肉欲与贪婪，遵从外国习俗(Schama, op. cit., p. 93)。巴赫的生活夹在策尔蒂斯以及另一位狂热的德国民俗记忆守护者约翰·戈特弗里德·赫尔德之间。赫尔德主张"有机地根植于地形、习俗和本地传统的共同体的文化……包括民间传说、民谣、童话故事和流行诗歌"(op. cit., pp. 102–3)。巴赫来自音乐世家，大概本能地拥有赫尔德的观念，明白归属于一个家庭、教派、地方、时代、风格意味着什么，懂得音乐在这一切之中的纽带作用，"他们的歌曲是这个民族的文献，是他们科学和宗教的宝库……是对他们或愉悦或悲

主义，这让他们都希望寻求新的技能，无论其源出何处。这样，从许茨开始，接连三代德国作曲家都把意大利视为"贵族音乐之母"——其中既包括教会音乐，也包括戏剧音乐。这样一种跨越政治和行政边界、跨越宗教划分的交流，使人想起乔治·斯坦纳（George Steiner）所说的"科学的共同体……积极的、有益的、真理的、联合体的典范，超越了宗教、王朝和种族仇恨的血腥而幼稚的冲突……如开普勒（Kepler）所言，在宗教战争的屠杀中，椭圆定律不属于任何个人或国家"[1]。音乐也是一样。

更加引人注目的是，这些作曲家设法绕过了路德宗两大分立的派系——正统派与虔信派——在理念上的分歧。在三十年战争的尾声，后者强有力地形成了一场路德教会精神性重生的运动。他们的音乐显示了充分的雄辩气势，足以赢得正统派神职人员的认可，而他们为祈祷文谱曲，又赢得了一些虔信派教徒的欢心。表面上看，虔信派可被视作"反音乐的"，他们从原则上反对教堂里演奏复调音乐（concerted music）——除了最简单的会众唱诗，以及一种相当平淡而伤感的"灵修歌曲"。即便如此，对于是否仅让能够领会文本中情感要旨的歌手演唱赞美诗，甚至是否在公开集会中取消对基督教歌曲的运用，他们还展开了激烈的争论。[2] 哥达（Gotha）一所学校的校长，戈特弗里

伤的家庭生活的描画，在婚床边、墓地旁……每个人都描绘了自己，且如其所是"（Burton Feldman and Robert D. Richardson [eds.], *The Rise of Modern Mythology 1680–1860* [2000], pp. 229–30）。

1　George Steiner, *Grammars of Creation* (2001), p. 177.
2　这是约翰·阿纳斯塔休斯·腓林豪森（Johann Anastasius Freylinghausen, 1670—1739）于1704 年推行他的《宗教歌曲集》时得出的结论，与此同时他也承认了歌曲有着能够感动罪人的力量。1733 年的一本虔信派赞美诗集的序言，为读者和歌手提供了详细的指导，使他们体验到受启发的赞美诗作者所描述的感情，如此一来，"他汲取所有赞美诗的力量和动机，开始歌唱，仿佛这些歌曲并不陌生，而是他自己所谱写，是由自己内心更深的感觉引致的祈祷"（Wolfgang Schmitt, 'Die Pietistische Kritik der "Künste": Untersuchung über die Entstehung einer neuen Kunstauffassung im 18. Jahrhundert', *Diss. Köln* [1958], p. 54）。这是正统派和虔信派神职人员同样顾虑的一个问题：如果没有所有信徒所经历的内在精神性为基础，礼拜仪式及其音乐

德·福克罗特（Gottfried Vockerodt），概括了他们的立场。他声称最初的基督徒只知道赞美上帝的音乐，并且坚持认为它应该激发信仰，要发自内心演唱，而不是为了世俗的愉悦或卖弄。他以一些耽于酒色的罗马帝国皇帝（尼禄、克劳狄乌斯及卡里古拉）为例，警告说，"对音乐的误用……是最危险的暗礁，使得许多年轻的灵魂，如同被塞壬呼唤……跌入了道德沦丧与不敬虔的深渊"。[1]这是他与一位多产的小说家约翰·贝尔（Johann Beer）之间的小册子论战的一部分，后者是魏森菲尔斯宫廷的乐团首席与图书管理员。他的作品《熊在咆哮》及《熊转变了狐狸》讽刺了福克罗特的观点，贝尔坚持将音乐创作作为纯粹世俗活动以及王子们正当的消遣活动，主张纯粹以音乐上的成就而不是以行为或者宗教信仰来评判音乐家。[2]

每当其影响占据优势时，虔信派教士通常都要驱除一切在美化仪式音乐中使乐器过于突出的新奇尝试。在他们看来，这分散了会众的注意力，使他们不能更深地投入，不能专注于上帝的话语。他们对路德宗的情感核心极度忠诚，而这一核心归根结底还是源自于一位极度神经质的僧侣的心理危机，他向基督交出自己的问题时，找到了内心的平静（"犹大之狮"结束了对全人类所有敌人"胜利的斗争"），使他恢复了自身的人性。路德宗这种心理和情感上的核心，使其不同于加尔文宗，后者起初就是系统和智性的（它的创始人是位律师），而虔信派保持着路德改革时原有的闪亮的天真，使人相信这是正统派所脱离的普通路德信徒的需求。人们也许认为他们喜爱英国清教文学，然而讽刺的是，他们对于礼拜中冥想形式的重视，使他们和拉丁文神

中那种外露的循规蹈矩都会被视为不足。

1　*Missbrauch der freyen Künste, insonderheit der Musik* (1697), pp. 13, 23, quoted by Tanya Kevorkian, *Baroque Piety: Religion, Society, and Music in Leipzig 1650-1750* (2007), p. 137.
2　Stephen Rose in *The Worlds of Johann Sebastian Bach*, Raymond Erickson (ed.) (2009), p. 181, and 'The Bear Growls', *Early Music*, Vol. 33 (Nov. 2005), pp. 700–702.

秘诗歌成为天然盟友，而后者正是由他们的大敌，耶稣会士，在南方反宗教改革的国家里复兴的。如克莱尔沃的圣伯纳德（St Bernard of Clairvaux）和托马斯·肯皮斯（Thomas à Kempis）都是其作者，里面还有《旧约》中充满肉欲的雅歌。依照这种方式，像布克斯特胡德和布鲁因斯这样的作曲家设法让他们为那些宗教文本所谱的、具有强大表现力的曲子——某种程度上说是偷偷混入的——获得了认可。

需要相当大的智慧，才能将虔信派强调的笃信缓和为冷静的精神启迪，始终按照正统派的日程作曲，后者将复调音乐视为礼拜中不可或缺的部分，大力为《奥斯堡信条》的第五条（1530）辩护，此条规定了信仰来自传扬福音与施行圣礼，而不是通过圣灵的独立启示。[12] 在最无望和冷漠的环境里，音乐的巨釜已经加热。仅仅将这些作曲家的音乐成就视为巴赫的前奏，作为目的论的"进步"的一部分，是误导性的，但他们的确构成了巴赫降临北德音乐舞台时的背景幕布。

***

与此同时，德国宗教生活中这种新的生机，与同步诞生并快速发展的现代科学发生的冲突如此剧烈，令人怀疑它们会永久地彼此

1　Robin A. Leaver, 'Bach and Pietism: Similarities Today', *Concordia Theological Quarterly*, Vol. 55 (1991), p. 12.
2　尽管虔信派通常叫嚣着谴责巴洛克文化中奢华和炫耀的特征，以及对于世俗和宗教间界线的模糊，这在他们看来与真正的基督教教义不相容，但他们自身也不是无可指摘的。他们被视为颠覆分子和危险的平等主义者，莱比锡当局在1689—1690年一项官方调查中指出，他们的秘密集会（被称为敬虔团契）存在不法行为：对于经文解释的自由讨论超出了神职人员的掌控范围，打破了标准的社会划分，据称还伴有不正当的性行为。例如，伊丽莎白·卡里希指控一名医学生克里斯蒂安·高里克（Christian Gaulicke）向她和另一名妇女宣扬，"如果她想要被启发，她应该像去睡觉一样脱下衣服，并且试图用《圣经》来向她解释"（Tanya Kevorkian, *Baroque Piety: Religion, Society, and Music in Leipzig 1650-1750* [2007], p. 164）。另有人控诉虔信派鼓励或参与性狂欢，这无疑是诽谤，但却是"重生"的情感失禁的一种推论，如同许多随后的革新运动的成员一样。在这方面，德国虔信派与英国清教徒不同，虽然在其他方面他们有着很多的共同之处。1690年后不久，他们被迫在莱比锡转为秘密活动。

误解——有点像伽利略和他的对手们那样。在《关于两大世界体系的对话》中，伽利略强调了事情如何发生，而他的对手辛普利修（Simplicius）用关于事情为何发生的现成理论进行反击。伽利略最重要的成就，当然是在哥白尼（Copernicus）的发现基础上，详尽论述了太阳是宇宙的中心，而地球和其他行星围绕太阳公转。1633年，7位红衣主教在宗教裁判所组成了审查伽利略的特别法庭，确凿无疑地声明"太阳是世界的中心且不可从现有位置移动这一命题是荒谬的，在哲学层面上是错误的，由于其与《圣经》明显相悖而正式被定为异端邪说"。自此，天主教会成为反对科学研究的堡垒。新教徒同样也强烈谴责哥白尼，这使得伊拉斯谟（Erasmus）评论说，路德宗盛行之处，科学就陷入废墟之中。然而这并不完全公正，新教世界尽管有着各种分歧，却给予了自然哲学一定的运作空间，而这是被天主教会拒绝的。伽利略之后的一代，艾萨克·牛顿仍坚信作为一个英国国教徒，他的发现"表明了上帝的行动"，而戈特弗里德·莱布尼茨（Gottfried Leibniz, 1646—1716）及其学生克里斯蒂安·沃尔夫（Christian Wolff, 1679—1754）却都有力提升了正统路德宗，试图使德国的君主和知识分子们相信，新科学的机械法则，与有意识并始终选择最大程度上完美的上帝"伦理必然性"是相容的。

当我尝试设定巴赫出现在欧洲音乐舞台上的文化和知识背景时，出现的最戏谑的问题是，他以及每一个同时代人，在多大程度上了解17世纪的科学革命。[1] 不过，在巴赫这里，处理抽象概念，从中引出一连串清晰明确的论证的能力，为他那作曲家的想象力提供了跳板。[2]

---

[1] 如果巴赫在学校被灌输了人并非宇宙的中心，以及地球围绕太阳公转的思想，他对路德宗主要教义的笃信是否会遭受凶险的一击？而这些教义正是他后来产量庞大的教会音乐的推动力。

[2] 我们会看到，日后他无疑会与伽利略共同迷恋一种"不可减少而又固执的事实"，会赞同斯宾诺莎（约翰·巴特在他的《剑桥音乐指南——巴赫》第五章中提出了这一点）的信

艾萨克·牛顿出生于伽利略逝世（1642）的第二年，正好是哥白尼的《天体运行论》发表100周年。在此基础上，出现了一个关于科学思想的连贯体系，由数学家构想，并为数学家所用，艾萨克·牛顿是其先锋。在《自然哲学的数学原理》（1687）中，牛顿展示了万有引力定律如何解释了天体及自由落体的运动：任何物体都吸引其他物体，其引力与它们的质量乘积成正比，与它们距离的平方成反比。他为天堂与世间的机械化铺了路，因为尽管上帝在后牛顿的宇宙里可能依然有其位置，但也只是作为机制的初创者，这机制随后被导向单纯的自然法则，不再需要外力持续作用。一开始，牛顿的观念仅仅被知识精英所接受，至少一代之后才得以广泛流传，使得亚历山大·蒲柏（Alexander Pope）为西敏寺的牛顿墓石写出以下墓志铭：

> 自然和自然的法则在暗夜中隐藏；
> 上帝说，让牛顿来吧！于是一切豁然开朗。

在这种机械论的宇宙观下，根本没有迷信的立足之地；然而（有证据表明）欧洲对巫术和魔法的信仰持续了整个中世纪，越过了宗教改革，贯穿17世纪。讽刺的是，尽管牛顿和与他同时代的罗伯特·波义耳（Robert Boyle）那经验主义的科学事业，撼动了巫术及其他形式魔法的基石，他们本人却是炼金术士。牛顿关于神学和炼金术有两百万字著述，并且对占星术有着强烈兴趣。波义耳以出版于1661年的《怀疑派化学家》（*Sceptical Chymist; or, Chymico-Physical Doubts and Paradoxes*）挑战了传统炼金术，但他也从事着炼金活动，并且从未放

念，认为"我们对个别事物了解得越多，就越了解上帝"（*Ethics*, Part V, 24），且会认同莱布尼茨的观点，"以最有秩序的方式获取尽可能广泛的多样性，便是抵达完美的方式"（*Monadology*, paras. 57–8）。

弃对神迹的信仰。尽管经验知识不断传播,直到18世纪,在德国部分地区,巫师依然在遭到控告、折磨后处决。在1650年至1750年间,莱比锡及其周边就有10起关于巫术的审判记录。[1]巴赫本人可能就在1730年见证了一位莱比锡医生指控两名妇女使用江湖医术与巫术的案例。这表明,迷信与启蒙如何在大学城也依然共存,日心的与机械论的宇宙观对普通市民、整个萨克森社会,以及我们即将看到的,对学校教学的影响是何等缓慢。

***

如果我们能够窥见17世纪与18世纪之交图林根一所典型的拉丁学校教室里的情形,并且偷听到教学的方式,我们会注意到什么呢?我们的目光可能首先被钉在墙上的10幅画所吸引,那是包括龙、狮身鹰首兽和刻耳柏洛斯(Cerberus)在内的幻想动物,每种生物都以寓言的方式代表了不同的千年或者世纪,按照字母顺序排列。这不是学校的艺术作品,而是吕讷堡的神学家和教育家约翰内斯·布诺(Johannes Buno, 1617—1697)新近开发的巧妙方法的一部分,通过动物、字母、数字和具体历史人物及时期间同时发生的相互联系,唤醒学生的记忆(见图3b)。接下来,我们不会不为课堂上的大量音乐所震惊。在那首名为"音乐女士"的著名诗歌中,路德将音乐与歌唱拟人化为一位女士,"她带给上帝更多的愉悦与欢笑 / 胜过世间任何乐事"。[2]音乐甚至比"那珍贵的夜莺"更为宝贵,是上帝创造出的真正的歌手和情人,不知疲倦地感谢着他:

---

[1] Manfred Wilde, *Die Zauberei-und Hexenprozesse in Kursachsen* (2003), pp. 535 ff.; and Kevorkian, *Baroque Piety*, pp. 116–17.

[2] Robin A. Leaver, *Luther's Liturgical Music: Principles and Implications* (2007), p. 74.

启蒙运动前夕的德意志

因她整日整夜歌唱舞蹈

孜孜不倦地赞美主。

歌唱，是当时路德教会学校体系中音乐教育的重要元素。学校以集体合唱教义歌曲开始，夏天是早上6点，隆冬季节则为早上7点，六条基本信条分配给一周的六天，由16世纪的作曲家如武尔皮乌斯（Vulpius）、卡尔维西乌斯（Calvisius）、葛修斯（Gesius）及后来莱比锡圣托马斯教堂的合唱指挥约翰·赫尔曼·舍恩（Johann Hermann Schein）谱曲。午餐后第一个小时内（据推测采用了德国医生的建议，他们认为唱歌有助消化）进行小组合唱练习，每周五次。[1]当地的合唱指挥首先被视为学校老师。[2]"音乐是什么？"他或许会这样问聚在一起的学生。"歌唱的科学"是预期中他们要齐声回复的答案。[3]

如路德言："教师必须会唱歌，否则我不会承认他。"[4]除了合唱指挥以外，拉丁学校的其他工作人员也常被要求精通音乐。在新版本的中世纪三学科中，音乐在路德教会学校里被视为语法、逻辑和修辞学的附属品，而唱歌被认为是帮助学生记忆的可靠方法。[5]他们学习音乐的实践基础——谱号、休止与音程的规则，以及视唱与重唱，基本上通过演唱卡农来练习。卡农之美在于其方式的简单。无论是分配

---

1 Georg Schünemann, *Geschichte der Deutschen Schulmusik* (1928), p. 93.

2 早在1528年时，这一职责由路德的门徒约翰内斯·布根哈根（Johannes Bugenhagen）在一条教会条例中规定："这是你的特定职责，要教所有孩子唱歌，无论是年长的还是年幼的，有学问的还是没学问的，教他们在一起用德文及拉丁文唱歌，此外还有复杂的协奏音乐。不仅作为习俗，在将来也要以艺术的方式教他们，这样孩子们就能学着理解这些声部、谱号以及与此音乐相关的一切，学会踏实地纯粹按调子歌唱，等等。"（Georg Schünemann, *Geschichte der Deutschen Schulmusik* [1928], p. 83.）

3 丹尼尔·弗里德里西（Daniel Friderici）的 Musica figuralis (1618) 开头的句子。

4 WA TR, No. 6248; Jan Chiapusso, *Bach's World* (1968), p. 295, n. 9.

5 约翰·罗伊施（Johann Reusch）的《1552年诗篇》（'Psalms of 1552', *Zehen deudscher Psalm Davids* [1553]）序，约翰·巴特在《音乐教育》（*Music Education* [1994], p. 3）中加以引用。

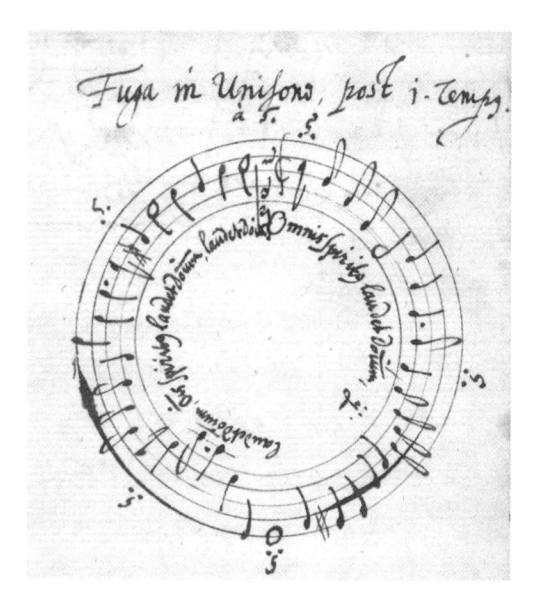

约翰·赫尔曼·舍恩（1586—1630）所作的五声部循环卡农，用以训练学生演唱复调音乐。

给全班还是给老师的，都只是单一的音乐线条。第一个人或者小组首先发声，然后，在指定的时间点，第二声部以同样的旋律进入，以此类推——这足以显露声音线条的独立性，并且通过它们的结合，展现了创作复调音乐的能力。一部和声丰满的作品，由旋律的叠加和分隔组成，奇迹般地浮现出来，巧妙地说明了音乐正如一位17世纪理论家所提出的那样，可以被尊为"一种虔敬的行为……它的歌曲和音调……一种心灵的钟声，能够穿透心脏的每根小静脉及其感觉（无论此人是禁欲主义者还是铁石心肠）"[1]。这也是对于毕达哥拉斯的天体和谐论，以及人类在宇宙中的位置在听觉上的生动复刻。

同样，神学似乎也渗透了每一节课和每一个科目。路德的密切

1　C. Friccius, *Music-Büchlein oder nützlicher Bericht* (1631), p. 90.

41　亚当·古米佩扎梅尔（Adam Gumpelzhaimer, 1559—1625）所作的六部逆行十字卡农，选自《拉丁文及德文音乐集》（*Compendium Musicae Latino-germanicum*, 1625）。

协作者，菲利普·梅兰希通（Philipp Melanchthon）在1522年规定基本课程时警告说："如果神学不是生活的开端、中点和末尾，我们就不再为人——我们会回到动物状态。"[1] 因此一切都被导向"虔诚的实践"，熟记路德教会的官方条款，即所谓的《协和信条》（Formula of Concord）。这些信条要一遍又一遍地背诵，直至毫无出入地记住。路德不断强调身体和精神需要结合在一起。在《桌边谈话》（Table Talk）中（巴赫后来至少有过一本），他说："音乐是上帝给予的引人注目的礼物，（在重要性上）仅次于神学。我不愿放弃我的些微音乐知识去交换巨大的报酬。年轻人应该学习这门艺术，因为它能造就优秀、灵巧的人。"因此，他和梅兰希通非但没有废除他十四到十八岁间在爱森纳赫就读的那种拉丁学校，甚至还重组了它们，把音乐置于课程的核心。路德提出，如果学校教孩子们学习新音乐——他的音乐（以及他的同行约翰·瓦尔特 [Johann Walter][2] 的音乐），配他的歌词——将会以新的赞美诗引导会众，复调形式的旋律与会众齐唱相交替。后人很难确定他在这方面的成就有多广泛。

每周都有长达16小时的课程，来学习胡特尔（Leonhard Hutter）那印得密密麻麻的约200页的《神学纲要》（Compendium locorum theologicorum, 1610），据称它囊括了路德宗神学的精华。精确解释关键教义要点的三十四篇文章，以问答的形式呈现，要学习并烂熟于心。这些文章以难易程度为序调整，从作为真理之源的经文开始，经基督、三位一体、天意、原罪、命定论、自由意志、称义、善行、圣礼的性质，

---

[1] Jan Chiapusso, *Bach's World*, pp. 3–4.

[2] 约翰·瓦尔特1524年的《合唱曲集》（Chorgesangbuch）结合了这些教育和礼仪目标而编纂——路德在他的序言中解释道，歌曲"分四到五个声部，给那些应该不惜任何代价进行音乐以及其他艺术训练的年轻人……我不认为福音应该摧毁或妨害所有艺术，这是某些伪宗教的要求。但我乐于看到所有的艺术，尤其是音乐，为创造和提供它们的上帝效劳。"(LW, Vol. 53, p. 316; WA, Vol. 35, pp. 474–5)

启蒙运动前夕的德意志

最后是最后的审判和永生的概念。音乐再次被用来帮助记住这些重要神学原则以及所谓世界的真相:如果重复唱足够多遍,这些内容就一定会被牢牢记住。引人注目的是,它们的排列何等密切地反映了路德宗礼仪年的结构(见第九章及图14)。巴赫那与之联结的流畅方式、他的康塔塔中潜在的季节性节律,也许在他十岁那年在奥尔德鲁夫的修道院学校开始熟背胡特尔的《神学纲要》时就已根植于心。

由于音乐和神学共同占据了几乎一半的课程,并且由同一位老师教授,我们会毫不意外地发现读、写、算基础教育降至第三位,勉强跟在后头并填满剩余课程的是物理学、拉丁语、希腊语和历史。这是依据安德列斯·莱赫尔(Andreas Reyher),哥达附近文法学校的校长的准则而定,也构成了巴赫在奥尔德鲁夫的课程表。按照莱赫尔的看法,只需要八本教材[1]。至于阅读练习,他的推荐课文是《摩西五经》的第四部以及《马太福音》的第二章。莱赫尔声称,在这里,"一个男孩可以学到所有字母"。学习读写基础技能、逻辑和修辞的同时,也会有精心选择的经典作家的作品,全都展现同样的神学观点,反映了路德那所谓"热情的反理性的态度"。[2] 即便是算术,也借助卡斯帕·赫尼叙(Caspar Heunisch)的《圣约翰启示录解密》(巴赫后来也有一本),与《圣经》结合起来教导。事实上,在过去的200年中,算术课程似乎并没有怎么超出计数、加、减、计算简单分数的基本能力范畴。只要是在教学大纲里以最原始的形式出现的自然科学,都是从秉承前亚里士多德模式的有选择性的路德宗观点出发来教授的。毕达哥拉斯、欧几里得(Euclid)、盖伦(Galen)、托勒密(Ptolemy)和波爱修斯(Boethius)这样的作者,依然被看作宇宙学、物理学和数学

---

[1] 这包括德语基础、阅读启蒙读本、教义问答、教义问答初级读本、福音书、诗篇集、德语歌集和算术。
[2] 同上,4。

方面的权威，即使他们为科学知识奠定的一度稳固的基石此前已被摧毁。

甚至连历史也是以同样有偏向的、狭隘的路德宗观点来教授的。在这方面，推荐课本是《普遍史》（*Historia universalis*, 1672），和我们之前在教室墙上看到的神话中的生物系列图画一样，出自同一位约翰内斯·布诺。[1]布诺极为随意地从古典历史中选取能够轻易对应他那天缘巧合的历史观的部分，而忽略了其余一切。对他而言十分便利的是，詹姆斯·乌雪（James Ussher, 1625年到1656年间的阿马圣公会大主教及全爱尔兰主教长）近来通过中东历史和《圣经》间复杂的相互联系，不容置疑地确定，创世发生在公元前4004年10月23日那个星期日黄昏。[2]亚当活了九百三十岁。布诺直截了当地声称，无论在6世纪还是10世纪，"什么事都没有发生"。历史只是对基督教真理的证明。于是，很自然地，教会历史占据了主导地位：圣徒们——奥古斯丁（Augustine）、巴西流（Basil）、格利高里（Gregory）及安波罗修（Ambrose）——以他们"辉煌的文字"而受崇拜，而罪人们——摩尼教（Manichaeans）、孟他努派（Montanists）、伯拉纠派（Pelagians）和阿派（Arians）——则因其作为异端的"错误"而被公众羞辱，同样的还有先知穆罕默德以及一系列偏离正道的教皇。在布诺于1672年结束对历史的匆匆一掠之前，路易十四这个人物刚来得及登场。

嘲笑布诺所用的方式是容易的，它生动而迷人地在学生脑海中勾勒出形象化的叙述，并将宗教史与世俗史编织在一起。[3]他的天真类

1　Johannes Buno, *Historisches Bilder, darinnen Idea historiae universalis* (1672).
2　James Ussher, *The Annals of the World* (1658), Vol.4.
3　布诺的《历史》中更有独创性的特征是，选取了10幅记忆插图，其模式受到了中世纪晚期关于记忆的小册子影响，都被设计来增强记忆力。布诺通过图表将世界历史划分为基督降生之前、以《圣经》为据的4个千年，以及之后的17个世纪。正如此前看到的，这些画在帆布上的对开本大小的图画展示在教室墙上，每幅被划分成10个更小的框架，前5个

似于笛卡尔也有过的那种，笛卡尔认为历史学研究，如同旅行一般，是一种无害的消遣——由"值得纪念的事"组成，令人信服地"提升思想"或者"帮助形成判断力"，很难被认真追求知识长进的人看作一种职业。[1] 在布诺的故事杂锦中，旅行者的传说和事实都经过精选和调整，以取信于易上当的读者，笛卡尔可不会从中找到连贯一致的方法论。摆在面前的这些温和的废话，当然致力于巩固社会，特别是路德教会的基本制度，没有可以推断出正确结论的明确规则或者前提，没有经得起标准合理的证据检验的材料。

除了布诺以外，当时拉丁学校里教授的少得可怜的古代历史，由弗拉维奥·约瑟夫斯（Flavius Josephus，约37—95）所著，他的希伯来历史和神学被新教教士用作说明耶路撒冷圣殿如耶稣所预言般覆灭的证据。还有少数古典作家被选出来，并不是因其文学上的品质，而是因为他们精通拉丁文语法和句法。其中首屈一指的是西塞罗，他的《论义务》、《论取材》以及反喀提林演说，被选用以磨砺未来的宗教守卫者的辩证智慧。清单上也包括了贺拉斯（Horace）、泰伦提乌斯（Terence）以及维吉尔（Virgil）的作品，还有克鲁维乌斯·鲁福斯（Curtius Rufus）那扣人心弦的亚历山大大帝传记——包括令人垂涎的英雄主义传说、异域情调的东方风情以及浪漫的爱慕。毫不意外地，《新约》被用作学习希腊语的主要教材。

尽管有着这些偶尔出现的奇闻漫谈以及各种音乐消遣，总体上还是能感受到这种课程里持续散发出的不快乐。在那些缺乏想象力且带

需要用"之"字形方式阅读，下一组则需要用倒转过来的"Z"字形方式。基督降生之后的17个世纪分别用图解说明。布诺的技术在德国的学校里一直用到18世纪20年代，先于18世纪晚期的"教育唯实主义"（见图3b）。如另一位同时代人所见，虽然历史学家声称他们的目标是严格追随真理的道路，却时常易于"用应该被埋进永恒的黑夜的、错误的历史记载影响学术界"（J. B. Mencken, *De charlataneria eruditorum* [1715]）。

1　*Œuvres de Descartes*, C. Adam and P. Tannery (eds.) (1897–1909), Vol. 6, p. 5.

学究气的教师的课堂上课,可能如同苦役一般。在其他一些受摩拉维亚改革者约翰·阿摩司·夸美纽斯(John Amos Comenius, 1592—1670)影响的学校,理论上阳光还是可以照射进来的。巴赫在父母过世后离开爱森纳赫,在奥尔德鲁夫的教会学校(从前是一所修道学校)学习了四年半。这里据说正是以采取了夸美纽斯的课程改革而闻名的地方。他的方法强调了培养良好的外部学习环境的重要性,在学习中灌输道德指导的同时激发愉悦感,帮助学生通过具体例子循序渐进地学习——通过对事物(包括歌曲和图画)的理解而不是仅仅通过文字本身进行学习。这是对圣奥古斯丁的观点"欣赏就是固守对事物本身的爱"在当时的重申。此外,夸美纽斯提倡用本国语言教学,比如,他的拉丁文启蒙读本就同时提供德文和拉丁文的训练,分列在并列的两栏里。[1] 所以,他刻意在不同学科当中寻求联结点,并试图将所有学科分支归于"普遍知识"(sapientia universalis)这一连贯的体系中,而不是将其分离开来。

如同几个世纪以来相继出现的教育家们值得称赞的众多努力一样,这在愿望和现实之间有着一道裂缝。即使是部分实施夸美纽斯的改革,也有充分理由怀疑爱森纳赫和奥尔德鲁夫的教室里的条件是否有益于获取"普遍知识",更不必说"启蒙",正如巴赫的很多传记作者想让我们相信的那样。这完全取决于你读到什么样的原始资料。[2] 例如,克里斯托弗·沃尔夫(Christoph Wolff)断言,正是爱森纳

---

[1] John Amos Comenius, *Latinitatis vestibulum sive primi ad Latinam linguam aditus* (1662), cited in Frank Mund, *Lebenskrisen als Raum der Freiheit* (1997), p. 130

[2] 巴赫求学早期那种传统而质朴的形象,有赖于两份具有理想色彩的资料:保利努斯(Paullinus)的 *Annales Isenacenses* (1698) 和约翰·冯·勃艮内尔森(Johann von Bergenelsen)的《1708年——爱森纳赫的生活和未决之事》(*Das im Jahr 1708-lebende und schwebende Eisenach*)。勃艮内尔森通过赞美其和谐融洽结束了对拉丁学校的精彩描述,他声称在老师和模范学生之间观察到了这一点:"因此,似乎所有受到良好教育的基督徒学生都有着健康的世界观,带有明亮的光环。当你走进一间教室,会注意到所有学生都坐在一起,无论富有还是贫穷,无论男

启蒙运动前夕的德意志

赫的拉丁学校"卓越的领导能力和崇高的声望""吸引了来自广泛区域的学生";[1] 马丁·彼得楚尔特（Martin Petzoldt）执意坚称，友善的三巨头，即校长（Rektor）、督学（Ephorus）和合唱指挥（Kantor），确保了巴赫时代"学校基本的稳定性与品质"。[2] 然而，赫尔曼·赫尔姆博尔德（Hermann Helmbold）于20世纪30年代在镇档案馆里开始的研究，以及莱纳·凯泽尔（Rainer Kaiser）在20世纪90年代开始的研究，描绘了非常不同的图景，表明当时爱森纳赫的男孩们是典型的恶棍：吵闹、具破坏性、凶残、嗜啤酒和葡萄酒、追女生，以打破窗户和挥舞匕首而昭著。[3] 问题并不是新出现的。回溯到1678年，格奥尔格·冯·基希贝格（Georg von Kirchberg）就向爱森纳赫宗教法庭报告了全面的"对良好纪律的懈怠和蔑视"。[4] 更加令人不安的是关于"男孩们的暴行"的传言，可作佐证的是很多父母把孩子关在家里——并非因为他们生病了，而是因为担心在学校里或者校外可能出事。这迫使宗教法庭颁布一项规定，强制要求所有五岁以上的孩子在上拉丁学校之前，必须先去八所德国（初级）学校中的其中一所上学。此后，违反规定的父母要面临大笔罚款甚或监禁。巴赫在爱森纳赫的拉丁学校时经常旷课——第一年有96天缺席，第二年有59天，第三年有103

生还是女生。每个人面前都有一本启蒙读本，一个人在拼着字母表，另一个人在学习大写字母，第三个大声朗读，第四个祈祷，第五个进行漂亮的演说，第六个背诵教义问答，一名学校老师照管着所有人。"这看起来就像是现代自由学校（译注：指20世纪美国的自由学校运动，即让学生按自己的节奏自由学习）的宣传材料。

1 Wolff, *Bach: The Learned Musician*, p. 26.
2 "Ut probus et doctus reddar", BJ b (1985), p. 22, im *wesentlichen Stabilität und Qualität der Schule...garantierten*.
3 Rainer Kaiser, 'Neues über Johann Sebastian Bachs Schulzeit in Eisenach von 1693 bis 1695', *Bachfest-Buch* (76, Bachfest der Neuen Bachgesellschaft Eisenach, 2001), pp. 89–98, and 'Johann Sebastian Bach als Schüler einer "deutschen Schule" in Eisenach?', BJb (1994), pp. 177–84.
4 Stadtarchiv Eisenach, *Eisenachsche Stadtraths: Akten die ehmaligen deutschen Schulen 1676-1680 betreffend*, B. XXVII. 1a, pp. 9–10.

天。这通常归因于他母亲的疾病,归因于他作为父亲非正式的学徒,需要在过多的活动中提供协助——从给小提琴换弦、擦亮铜管乐器,到观摩并帮助父亲抄写表亲所作的曲子。此外,他还要参加频繁的、几乎如同行会成员集会般的家庭音乐集会。这几点也不能完全令人信服,可能还有另外更加令人不安的解释。

到了1688年,也就是巴赫降生后的第三年,拉丁学校普遍状况跌入低谷,宗教法庭称学校已陷入了"总体的巨大衰退"。[1]又过了五年,他们才找时间任命了副校长克里斯蒂安·赛德勒(Christian Zeidler),代替生病的校长海因里希·波尔斯特曼(Heinrich Borstelmann),为他改善现状的建议起草备忘录。这恰好是巴赫注册二年级(quinta)的那一年。赛德勒主要的顾虑之一,似乎就是在教室里蔓延开的混乱状态,一开始由缺乏课本造成,后来是由于课本中不同的语法和词汇并行,最后则是由于严重的教室拥挤。情况变得非常严重,在巴赫入学的第二年,学校就招收了339名男孩(显然没有任何运动场用以挥发精力)。在教堂里,男孩们被塞进拥挤的唱诗班阁楼或者坐在用于惩罚的长凳上(Schwitzbäncken)。他们制造了极大骚动,以至于教区信徒抱怨说他们在听布道中被分散了注意力。赛德勒提出了一系列实用但又相当缺乏想象力的补救方法,包括每个老师对自己班级学生在学校和在教堂的行为直接负责的制度。学生被鼓励一起唱他们的赞美诗集中的众赞歌。较年幼的二年级学生被允许在诵读完《福音书》和《使徒书》后离场。他主张扩建唱诗班阁楼,虽然这在后来不得不拖延了多年。为了寻求一种给男孩子的"合适的消遣",在1693年时,他甚至不顾校长的建议,写了一部用于在学校演出的耶稣降生剧的剧本,意欲作为"有教育意味的音乐戏剧"。[2]遗憾的是,这

1　Eisenacher Archiv, Konsistorialsachen Nr. 929, p. 1.

2　Petzoldt, "Ut probus et doctus reddar", p. 22; and Claus Oefner's dissertation 'Das Musiklebe in Eisen-

部剧的音乐部分——可能由合唱指挥狄德金（Dedekind）或者管风琴师约翰·克里斯托弗·巴赫（Johann Christoph Bach）所作——没有留存下来，我们永远也无法知道小塞巴斯蒂安·巴赫是在教堂里参与活动，还是在教堂外和他的伙伴们制造骚动。

***

有一件事我们非常确信：巴赫的课程中，没有任何实证科学探究精神的迹象，也没有哥白尼、开普勒和伽利略已经提出或证实的任何观念。尽管路德宗的教师可能已经打算放弃经文中对地平说的暗示，并接受托勒密的地心体系，我们仍难以确定有多少人了解了开普勒关于行星轨道的研究（1609），正是这项研究相应地引出了牛顿的万有引力定律（1687），也难以知晓有多少人打算放弃对于死板的、旋转的苍穹的观念。牛顿在他的第一运动定律中赋予伽利略的发现以正式的形式："任何物体保持静止或者匀速直线运动，除非有外力改变这种状态。"它的部分结果是，摒弃了过去2000年间限制物理学发展的信仰，而这种信仰还将在巴赫的学生时代在拉丁学校中继续。

17世纪晚期的哲学辩论，提出了宇宙是否由永恒的数学原理支配下的可观察到的现象组成的问题，显然，这类辩论与巴赫所在的学校当时的教学方法相去甚远。抽象思维的极端，以及乔纳森·以色列（Jonathan Israel）所称的那"在每一知识和信仰范畴内都撼动了欧洲文明的基石的巨大湍流"，似乎听任德国大部分地区处于一种昏昏沉沉的冷漠之中。[1] 很难找到证据表明，"欧洲思想的危机"（法国思

---

ach 1650–1750' (Halle), pp. 36, 105.

1　蒂姆·布兰宁在此提出了一种对比，引用了埃德蒙·柏克（Edmund Burke）对在世纪末拥抱法国大革命的英国激进派作出的评论："半打蝗虫藏在羊齿植物下，田间回响着它们纠缠不休的叫声，而成千上万头牛在英国橡树的树荫下休憩，静静地反刍"（*The Pursuit of Glory: Europe 1648–1815* [2007], p. 475）。

想史家保罗·阿扎尔 [Paul Hazard] 著于1935年的书名）为17世纪90年代甚或接下来的50或60年里在德国的教室教授的内容，带来了任何影响。在德国学术界上层，哲学教授克里斯蒂安·沃尔夫（Christian Wolff）在1723年11月被从哈雷大学赶出来，他被同事约阿希姆·朗格（Joachim Lange）指控传授"事物的绝对必然性"学说，类似于斯宾诺莎主义，随后又被约翰·弗兰茨·布多伊斯（Johann Franz Buddeus）指控试图作为数学家来"以机械论方式解释一切"。这被视作意义重大的分水岭，因为"整个德国学术界实际上已滑入激烈的争吵和嘲讽之中"。[1] 但即使如此，在18世纪20年代及30年代，除非你进入大学，否则将对于伽利略、牛顿或者莱布尼茨一无所知，也全然不知才华横溢的那不勒斯修辞学教授詹巴蒂斯塔·维柯（Giambattista Vico, 1668—1744）对于笛卡尔还原论的抨击，维柯的声名直到19世纪20年代反启蒙运动时才传播开来。

总体而言，17、18世纪哲学论述中的活力和动荡，是在知识分子的最高层中出现的，远不能对普通德国市民的生活和看法产生影响。这并不是说，巴赫作为图林根乡下人，就无法形成强有力、有远见的才智；相反，如许多人所称，他的音乐体现了一定程度上的复杂思想，与当时最重要的数学家或哲学家并无二致。这里的关键在于，他后来构建音乐的那种准科学的严谨，不可能是在学生时代被任何理性主义者或者启蒙教育所灌输的。然而，这段时期的情况也许有助于令人信服地解释他后来在作曲中表达的非凡的高度平衡感：正是由于在巴赫的学生时代，算术没有作为独立学科，这使他能够自由地建立某种自发的联系，而一旦孤立地教授，儿童对于数字天生的敏感就会轻易消失。维柯发现了这点，他写道："这种才能是与生俱来的，这种创

---

[1] Jonathan Israel, *Radical Enlightenment* (2001), pp. 20, 544–6.

造性力量，能够识别相似性并且为己所用。我们在儿童身上——他们的天性更为完整，更少受到信念或偏见的侵蚀——看到，最初出现的能力就是发现相似性。"[1] 巴赫或许认为，上帝是在数字中运行的，他可能颇为本能地推断出，音乐追随数学法则的自然表现——这是神的创造性力量的完美范例。启蒙运动的巨擘之一，莱布尼茨有句名言："音乐是隐藏的算术练习，通过潜意识跟数字打交道。"[2][3]

此章的目的并不是嘲弄德国社会的无知，或者拉丁学校体系的落后性，而是强调基督教——以其修正主义者路德宗正统派的形式——依然占据着学校课程的核心，由此预示并影响了绝大多数德国市民的思维方式。正如蒂姆·布兰宁所提出的，18世纪被称作理性的时代，也同样有资格被称作信仰的时代。所有的教堂——天主教、加尔文宗、路德宗（包括正统派和虔信派）——处于欣欣向荣中，公众和私人讨论都处于宗教的支配下（实质上在18世纪前半叶要比后半叶更为明显）。在这方面，音乐扮演着十分活跃的角色，尽管往往是在不信任、不和谐及局部有效的氛围中。这种趋势不是一位天才音乐家就能抵制的。

---

1 Giambattista Vico, *On the Most Ancient Wisdom of the Italians* (1710), L. M. Palmer (trs.) (1988), p. 2–10.

2 Lorenz Mizler, *Musikalische Bibliothek*, Vol. 2, quoting Leibniz.See W. Blankenburg, 'J. S. Bach und die Aufklärung', Bach Gedenkschrift, K. Matthaei (ed.) (1950), p. 26.

3 在给作曲家路德维希·森尔夫（Ludwig Senfl）的信中，路德断言"除了音乐以外，先知们并没有利用任何艺术：他们并未像几何、算术或是天文学那样阐述他们的神学，而是像音乐一样，因此神学和音乐有着最为密切的关联，通过诗篇和歌曲宣告了真理"。当然，没有任何事物能阻止巴赫将这种视音乐为"有声音的神学"的看法，与另一种视之为"有声音的数字"的观念相调和，后者正是莱布尼茨的构想。

第三章

巴赫基因

　　因此，即使是在巴赫家族里，依然有庸人当道。只有很少人取得了非凡的成就……音乐天赋非同寻常地聚集在如此狭窄封闭的地方（无论在家族方面还是在地理上），经历了持续上升然后突然消退的趋势，并在约翰·塞巴斯蒂安这里抵达了制高点。这依然是一个独特的现象。

——克里斯托弗·沃尔夫[1]

　　在意大利，有斯卡拉蒂家族（the Scarlattis）；在法国，有库普兰家族（the Couperins）；在波希米亚，有本达家族（the Bendas）。而在图林根——德国乡村的心脏地带——则有着西方音乐史上职业音乐家所构成的最为广阔的网络：巴赫家族。并行的音乐王朝横贯17世纪晚期的欧洲，这是多么古怪的巧合；也许真的只是巧合而已。例如，在同一时期内，没有关于超过两代以上的文学或美术世系的记录。某种程度上，我们需要在相关行业中追踪工匠艺人的直系血亲，来判断在三十

---

[1] Christoph Wolff, *Bach: Essays on His Life and Music* (1991), p. 15.

年战争末期，地方政治的不稳定性以及生存险境是否造成了大师级技艺在某种程度上秘密的、行会式的传递，由父及子。直到进入18世纪，这依然是这些王朝中大部分音乐家进行学习的最初渠道，他们意识到追求体面的家族事业，日益渴望被尊为"艺术家"。就业和生存是最重要的。如果这意味着背井离乡，那就顺其自然吧，正如波希米亚亚麻织工杨·伊日·本达（Jan Jiří Benda）在1742年和他妻子以及有音乐天赋的孩子们带着所有锅碗瓢盆搬到波茨坦（Potsdam）。他那两个作曲家兼小提琴手的儿子，弗兰茨（Franz）和约翰（Johann，即小杨·伊日 [Jan Jiří Jr.]），已在腓特烈大帝的宫廷乐团里任职，踏上了充满荣耀的职业道路。另两个儿子，格奥尔格（Georg）和约瑟夫（Josef），也将被招收，而最年幼的安娜·法兰西斯卡（Anna Franziska）正在接受成为歌剧名伶的训练。在适当的时候，本达家的男孩都将功成名就：弗兰茨，以及程度稍差一点的杨·伊日，成为小提琴家、教师和作曲家，格奥尔格成为宫廷乐长及德语传奇剧作曲家。本达家族有十二代人进入音乐行业，比巴赫家族更为持久，成为有史以来最长久的职业音乐家王朝。在20世纪中期移居巴西后，他们延续至本世纪。

斯卡拉蒂家族在获得名望的同时，也声名狼藉，但只持续了几代。彼得罗·斯卡拉蒂（Pietro Scarlatti）是1678年左右逝世的西西里人，他在8个孩子中的5个身上发现了音乐才能。深思熟虑之后，他把两个儿子送去那不勒斯学习，无疑为了避免帕勒莫的饥荒和政治动荡。1672年，十二岁的亚历山德罗（Alessandro），和他的两个姐姐，梅尔基奥雷（Melchiorra）及安娜·玛丽亚（Anna Maria）被送去罗马。两个女孩都经过训练，成为颇有成就的歌剧演员，但是她们的各种艳情和轻率行为——和一位神父的秘密婚姻，和宫廷官员的风流韵事——使家族和才华横溢的弟弟的事业遭遇尴尬。很快，亚历山德罗和他的姐姐们不得不离开罗马那些富有的资助人提供的优裕待遇，前往那不勒斯。在那里，作为总督秘书的情妇，梅尔基奥雷在1684年为哥哥赢得了宫廷乐长的职位。总督一听说这桩私通，就开除了他的秘书以及其他两名与他口中的"妓女喜剧演员"有密切关系的官员。亚历山德罗享有多产的歌剧、小夜曲、清唱剧和康塔塔作曲家名望达40年，在那不勒斯和罗马间穿梭往返（对佛罗伦萨和威尼斯的造访则较为短暂并且少有产出），试图满足不同的贵族赞助人，以免自己遭受经济破产并对十个孩子忧心忡忡。在成为音乐家的三人当中，最年幼的多米尼克（Domenico）最有才华，他也是巴赫的同时代人。亚历山德罗认为他是"一只羽翼丰满的鹰，不可在巢中无所事事，我也决不阻碍他展翅高飞"。但他作为西西里家长那过于热切的特质还是使他插手干预了，在多米尼克三十二岁那年，他被迫诉诸法律以确保自己的独立。为了逃离父亲令人窒息的束缚，他辞去了自己在罗马的职位，放弃了歌剧，首先逃到里斯本，后来又去了马德里。这种决裂尽管无情，但却是一场痛快的了结：自由地尝试他谦称的"与艺术间巧妙的玩笑"，开始创作有超过五百首光彩夺目的单乐章作品的键盘奏鸣曲全集，即使在今日的演奏曲目中，它们依然占有一席之地。这些奏鸣曲置身于当时的巴洛克式有序及连贯扩展的观念之外，也是其父的批评鞭长莫及的。

库普兰家族作为风琴演奏家、羽管键琴演奏家、作曲家和教师，在巴黎、凡尔赛及其周边活跃了两个世纪以上（大约从1640至1860年）。他们在自己独特的高卢方式上至为成功，用职业术语来讲，成为了这些巴洛克王朝的典范。他们一跃而拥有显赫声名，在巴黎东南方向一天路程的肖姆教区，他们迅速从雇农成为自耕农。一位当地显要人物偶然的帮助促成了路易·库普兰（Louis Couperin）最初在1653年迁至巴黎的圣杰维教堂，并获取了稳定的管风琴师职位，这项工作保证了免费的住处，并且继任的家庭成员有权继承这一职位及住处——

在图林根的巴赫家族那里，这种先决条件难以再现。这对于从弗朗索瓦·库普兰（François Couperin，被称为"大库普兰"）开始的下一代来说是成功的跳板。他们在皇家教堂和宫廷里攀至高位，获取了印刷和销售乐谱的宝贵皇家特权，[1]甚至还接受了路易十四的授爵，这种荣誉只对那些被体面地雇佣，并且有能力为特权买单的人开放（这是为爵位支付现金的一个早期例子）。库普兰们与精于世故的配偶们结成适宜的婚姻，这些配偶都有着法律或者商界的血统，同时拥有显著的音乐才华。至少六位女性家庭成员获得了公众认可，在巴黎或者宫廷里据有一席之地，比如"法王陛下的宫廷大键琴音乐家"。在法国大革命之前那个世纪，他们能够组成一种家族企业，确保管风琴演奏、教授键盘课程及在教堂音乐会上演唱等多项职责由家族内不同成员承担。[2]

巴赫家族也无疑如此？《悼词》开头说，"约翰·塞巴斯蒂安·巴赫属于这样一个家族，其中所有的成员似乎都有着对于音乐的热爱和天资，这是天赐的礼物"（着重号是我标注的）。如果这是实情，为何在约翰·塞巴斯蒂安编于1735年的族谱记录中列出的53位"音乐家巴赫"无一例外都是男性？母亲们、妻子们还有女儿们无迹可寻，尽管他的母亲玛利亚·伊丽莎白·莱默希特（Maria Elisabeth Lämmerhirt）来自埃尔福特一个富有的家庭，至少和三位作曲家通过婚姻建立了联系；巴赫的两任妻子都是训练有素的歌手；在他的后代中有着精通音乐的女儿们，这包括在他自称的膝下"都是天生的音乐家"中。（路

---

[1] 这和巴赫经过艰难努力使自己的乐谱付印形成了极为强烈的对比。巴赫对库普兰音乐的赞赏是经过充分证实的，虽然他们的往来信件后来据说被用来封果酱罐，传闻如此。

[2] 热尔韦 – 弗朗索瓦（Gervais-François, 1759—1826）几乎是家族中最后的后裔，"出现在最为古怪出格的共和国场景中（1799年11月6日）……在巴黎圣叙尔比斯教堂宏大的管风琴上伴宴演奏，拿破仑和紧张不安的督政官们（三天之后将被他们的贵宾推翻）正在教堂中殿里享用盛宴，胜利女神的雕像（她也将被推翻）注视着他们，这座教堂也成为了她的神殿"（David Fuller in New Grove, Vol. 4, p. 873）。不知何故，我们无法想象任何一位巴赫进行同等的演出，即便是在他们命运的低谷中。

德宗的德国甚至比旧制度下的法国更明显地倾向于男性沙文主义,尽管在曼特农夫人的鼓动下,路易十四在1684年建立了女子寄宿学校,这标志着对待妇女的社会态度的重大转变。)虽然他们选择的女性伴侣都被证实有着音乐血统(在农业圈子里称为"培育"),巴赫们却不愿家里的女人们扮演生理上和操持家务以外的任何角色。尽管许许多多的巴赫夫人们将有音乐天赋的染色体传给后代,撇开她们对于丈夫的支持、鼓励,为其分担责任甚至可能给予灵感不谈,阿尔芒-路易·库普兰(Armand-Louis Couperin)那种平等主义的、合作分工的特质对于巴赫家族来说是不可思议的。

事实上,任何尝试重建巴赫王朝的起源和发展的努力,都无法完全逃脱这种男性偏见和选择性。这经过了塞巴斯蒂安本人赞同和强化,在他五十岁时,动念起草《巴赫音乐家族的起源》的第一稿并编写注释。这份文献由埃玛努埃尔和约翰·洛仑兹·巴赫(Johann Lorenz Bach)在18世纪70年代修正和增补,依然是我们能读到的关于巴赫家族史的最佳原始资料,它本身就是(男性)家族传说和间接证据的产物,其中也有零星的编年史实,同时也是巴赫家族使其他音乐王朝在史书中黯然失色的主要原因。[1]相继而来的学者们试图找出更可信赖的原始资料却收获甚少。结果,200年里六代以上那种不可阻挡的前进感简直无法回避,几乎可列成使徒统绪,到约·塞·巴赫及其子时达到了顶点,及至他的孙辈则开始急剧衰退。直到那时,巴赫家族的每一个男性成员几乎都注定成为训练有素的音乐家,主要活动范围是教堂(有些时候是宫廷)和自治市。1716年埃尔福特议会的会议记录里提到了"当地受尊重的城镇音乐家团体或所谓的巴赫家族"。[2]从一开始,这个家族就看重手艺和自力更生。他们创作音乐的

---

[1] BDI, No. 184/NBR, pp. 283–94.

[2] Erfurt town records, *Ratsprotokolle* of 1 Dec. 1716.

方式，不可避免地带着明显的宗教面貌和目的。

***

在塞巴斯蒂安·巴赫的音乐教育中，最重要的书是一本赞美诗集——《新爱森纳赫歌曲全集》，由约翰·君特·罗尔（Johann Günther Rörer）于1673年编成。在四岁到十岁之间，巴赫一定每天都在教堂或学校唱其中的歌。在这本厚达上千页的有意思的汇编中，你会发现一些众赞歌的曲调将在巴赫的宗教康塔塔中重新出现。他最早的音乐体验因而和音乐在礼拜中的作用密不可分：他唱过或者听过的赞美诗——无论是无伴奏合唱，还是有管风琴或者路德认可的乐器伴奏的——都反映了季节的变换，恰好适合辞旧迎新时的礼典。约翰·大卫·赫里克乌斯（Johann David Herlicius）将12幅铜版画添加到赞美诗集中，用来强化音乐和《圣经》的联系，描绘了巴赫童年时候的自然风景。封面是爱森纳赫城镇的画面；《圣经》中的标题呈现为所罗门王跪在圣坛前，而"歌唱的利未人亚萨（Asaph）、希幔（Heman）、耶杜顿（Jeduthun）和他们的众子、众弟兄……站在坛的东边敲钹、鼓瑟、弹琴，同时有120个祭司吹号"（《历代志下》5∶12）。（见图2a及图2b）可曾有人向他指出，这与他自己那多才多艺的音乐家大家庭在礼拜音乐创作方面有着相通之处？这是巴赫理解自己未来作为教会音乐家这一角色的基础，这也是他日后对于族谱和音乐档案之执念的根源——他对于巴赫族谱的自豪以及"对于根源正统性以及为血统赋权的渴望"，如乔治·斯坦纳所言，激发了如此多的德国思想和政治活动。[1][2]

1　George Steiner, *Grammars of Creation* (2000), pp. 93-4.
2　或许如约翰·巴特所言，对于缺少法国和许多其他国家拥有的那种悠久而牢固的文化腹地（毕竟，德国在1870年左右才成为一个国家），德意志作曲家尤其缺乏安全感。感觉他们一直在为自己寻找根基，在某种程度上，追溯到了《旧约》时代。从这方面来说，在贝多芬的"《新约》"之前，巴赫塑造了令人信服的《旧约》形象。

塞巴斯蒂安·巴赫将第五十个年头作为禧年庆祝，追随了《圣经》中的训谕（《利未记》25：10-13），[1]强化了自己的家族和作为皇家乐长的亚萨所领导的侍奉大卫王与所罗门王的天赋神权的利未音乐家们之间的相似性。在巴赫家族看来，父权价值对于他们的生存来说向来至关重要。这就是《悼词》的作者提及这个家族对于根源与地方的敬意时所说的："如果不清楚这些可敬的图林根人对祖国和自己的身份如此满足，以至于他们根本不会冒险远离它，即使是去追求财富，人们一定会感到惊奇，因为如此优秀的人在他们的国家以外却鲜为人知。"[2] 我们会发现这成为了塞巴斯蒂安·巴赫和他的同侪们（尤其是亨德尔）的一个重要差异，后者倾向于以去往国外颇具声望的城市或宫廷从事卓有成效的工作来衡量地位和成功。相反，巴赫明显的归属感以及属于卓越群体的观念（由家族以及广义的文化元素构成），由"某种难以捉摸的、共同的格式塔"[3]联结，预见了赫尔德在四十多年后才提出的理论。

正是由于这种联系，在《起源》中选择维特（Veit，或 Vitus）·巴赫作为家族祖先，有着特别的意义。这似乎并非因为这位来自维赫玛尔（Wechmar）的磨坊主兼面包师是唯一的候选人，唯一显示出音乐才华的人，也并非由于他有什么地方最早显露出巴赫家族的特点。教区记录展现了遍布图林根的丰饶的巴赫家族聚居地，由在1372年提及的君特·巴赫（Günther Bache）开始，很多人拥有受欢迎的教名约翰内斯（Johannes），或者其昵称汉斯（Hans）及约翰（Johann），这类名字在15、16世纪频繁出现。是否他们不具备使徒传承之首荣耀的资

---

1 《利未记》25：10："第五十年你们要当作圣年，在遍地给一切的居民宣告自由。这年必为你们的禧年……"
2 NBR, p. 298.
3 Isaiah Berlin, *Roots of Romanticism* (2000), p. 61.

格,因为他们大多数是农民或矿工?而我们谈论的究竟是哪一位维特(Veit)呢?维特(Vitus)是维赫玛尔的主保圣人,家族的数个分支在这个地区聚集。第一位维特·巴赫(Veit Bach)出现在1519年的记录中,他住在普雷尔维茨(Presswitz)附近;第二位(1535—1610)离开图林根去了法兰克福(奥得河畔),后来又去了柏林;第三位1579年出生于上卡茨(Oberkatz);第四位在1600年迎娶了玛格丽塔·沃尔斯坦(Margareta Volstein),同年另一位维特·巴赫(Vitus Bach)动身去了梅尔里希施塔特(Mellrichstadt);而第六位(职业不详,在很长时间内被认为是《起源》中最初的维特·巴赫)于1619年逝于维赫玛尔。然而他们中没有一位很符合《起源》描述的人:

> 维特·巴赫,匈牙利一位制作白面包的面包师,由于其路德宗信仰,16世纪时被迫逃离了匈牙利。因此,他尽可能把财产换成现金后,迁往了德国,在图林根为他的路德宗信仰找到了足够的安全感,定居于哥达附近的维赫玛尔,在此继续他的买卖。他常常带着他小小的西特琴[1]去工作,并且在磨坊碾磨(他的面粉)时弹奏,这给他带来最大的愉悦。这两者一定有着相当动听的声音!不管怎样,这能够使他合着节拍,显然这也是音乐最初进入我们家族的方式。[2]

这位维特首先作为暴烈的反宗教改革中的宗教难民而引人注目(正如阿尔布雷希特·丢勒之父),那场反击使得路德宗教徒和重浸派教徒在16世纪中期从神圣罗马帝国遭受驱逐。其次,他决定迁往

---

[1] Cithrinchen,琴身呈钟形,用羽管拨子来演奏四排金属弦。从其在英格兰的流行可见作为磨坊主和面包师的维特·巴赫对这种乐器的喜爱。在英格兰,西特琴传统上由鞋匠、裁缝和理发师演奏。

[2] BD I, No. 184/NBR, p. 283.

图林根——绝佳的巴赫地区——即使（看起来很可能）他最初就来自那里，这仅仅是将自己和直系亲属作为流放者遣返回去。另外，尽管还不是全职的工作，维特对于音乐的热情是有目共睹的。这些不可抗拒的因素叠加起来，促使巴赫选择他的高曾祖父作为巴赫王朝的创始人以及具有典范性的家族族长。

维特之后是三位约翰，都以汉斯这一名字为人所知。最年长的一位，可能是维特的兄弟或堂亲，作为维赫玛尔的城市保卫者出现在1561年的记录中；另一位，可能是侄子，从做木匠起步，后来前往符腾堡（Würtemberg），成为有一定名望的游吟诗人和宫廷弄臣（从两幅令人印象深刻的肖像画可得出判断，一幅为蚀刻画，另一幅是铜版画）；而第三位——维特的儿子——作为面包师来培养，却被音乐所吸引，他也成为了游吟诗人。作为巴赫家族中最早接受基础音乐训练的人，他从职业阶梯的最低一级开始攀登：在生命的最后七年中被迫接管父亲的磨坊之前，作为城镇管乐手，他深受欢迎，代表全图林根的城镇音乐家。这位汉斯，以及维特的另一个儿子——利普斯（Lips），一位地毯制造者——在他们的父亲过世后，都作为户主出现在1577年维赫玛尔的登记簿上。第一位成为全职音乐家的是卡斯帕尔（Caspar，约生于1578年），可能是维特的侄子。作为全职城镇管乐手三重奏组成员，他过着钟楼看守人或者"城堡的鸽子"的生活，先是在哥达，后来在三十年战争爆发两年后，去了阿恩施塔特（Arnstadt），时刻准备去"打点报时，日夜留心骑手和马车，密切监视有两个以上骑手靠近的所有道路，并在观察到附近或远处有火灾时进行汇报"。[1] 阿恩施塔特据说是图林根最古老的城镇，未来80年里，巴赫家族在这里最为活跃。

---

1 Karl Geiringer, *The Bach Family* (1954), p. 10.

接下来是经历了战争带来的真正苦难的第一代人。卡斯帕尔那拥有音乐天赋的儿子，小卡斯帕尔（Caspar Jr.），被阿恩施塔特的施瓦茨堡伯爵（Count Schwarzburg）送往国外学习，之后就在记录中消失了。他有四个兄弟，其中三个都是全职音乐家，第四个是盲人。他们都逝于17世纪30年代。如今到了一个重要关头，在这个时期，维特的三个孙子——约翰（Johann）、克里斯托弗（Christoph）和海因里希（Heinrich）——都设法挺过战争带来的创伤。每一位都将建立一个重要的王朝的分支。到了这一世纪中期，他们都成为全职的职业音乐家，靠微薄的薪水度日：海因里希成为了管风琴师，约翰和克里斯托弗则是当地城镇乐团的负责人。就家族历史而言，这是关键的一代，当生活中满是战争、瘟疫和饥荒带来的压力时，他们显示出了坚毅果敢、勤俭朴素的特质和适应能力。他们都异常坚决地寻找巧妙的方式，从个人那里收取应得的费用补贴微薄的薪水，但不一定总能忍住不去抱怨。连饱受磨难的海因里希（在他被任命为管风琴师三年后）都被迫向施瓦茨堡伯爵指出，他一整年里还没有收到任何酬劳，不得不"几乎要含泪乞求"。[1]直到在阿恩施塔特工作了31年后，他才真正开始争取粮食方面的年度津贴。这让人想起一位更早的作曲家米夏埃尔·普雷托里乌斯（Michael Praetorius）的《心的呐喊》（cri de cœur）："即使在某些著名的城市，技艺精湛的管风琴师的薪水也非常微薄，这实在令人痛惜。这些人只能过着悲惨的生活，有时甚至诅咒他们高贵的艺术，希望他们原本学的是去做牛倌或者某种卑贱的工匠，而不是成为管风琴师。"[2]事实上，这一代巴赫两者兼备：作为小份额的土地所有者，自耕自食（尽管到那时为止还没有土豆，正如我们在第二章中看到的）；作为手工艺人，他们学习制作自己所演奏的乐器的技

---

[1] 同上，21.

[2] M. Praetorius, *Syntagma Musicum* (1618), Vol. 2, p. 89.

艺。他们对配偶的选择是精明的，海因里希和约翰都娶了来自苏尔（Suhl）的城镇管乐手的女儿。海因里希的六个孩子以及约翰的三个儿子都活到了成年，但是不清楚除了"巴赫兄弟三人组——格奥尔格（Georg）、约翰·克里斯托弗（Johann Christoph）和安布罗修斯"这些多才多艺的音乐家以外，克里斯托弗是否还有其他孩子存活下来。

这个家族如今度过了可以想象的最艰难的时代。音乐对他们来说从来不是一个次要问题——他们靠它来生存。[1] 他们因献身于音乐的使命而联合起来，现在是通过才艺和韧性来巩固他们职位的时候了。由性格、脾气以及职业轨迹决定的更为多样的模式，开始出现在第四代人身上，他们都出生于战争接近尾声时，也就是17世纪40年代。在这些人之中，约翰的三个儿子遭遇最惨。他们三人都是埃尔福特的城镇音乐家，最长者和最幼者都死于1682年那场瘟疫，而次子约翰·埃吉迪乌斯（Johann Aegidius），如他的父亲约翰般多才多艺，坚守管风琴师以及城镇乐团成员的位置。他活到了1716年，享年七十一岁。总之，渴望获取地位的巴赫们联合起来，但到那时为止，在那片可能是欧洲管风琴家最密集的地区，还没有取得任何进展。

克里斯托弗的三个儿子在战争中幸存，然而挣扎着渡过难关，他们的寿命与他们的父亲相仿（他在四十八岁时过世，那时他的孩子们只有十几岁）。格奥尔格最初是学校老师，后来在遥远的法兰哥尼亚（Franconia）成为合唱指挥——这是攀登社会阶梯的重要步骤。双胞胎安布罗修斯和克里斯托弗，在他们父母亡故时都只有十六岁。有一封写给施瓦茨堡伯爵的令人同情的信，请求允许他们和残疾的妹妹领取

---

[1] 现代音乐家中，他们的"对等"人物是"蓝色音符"（The Blue Notes）——在南非用他们高度个人化和风格炽烈的爵士乐与种族隔离抗争。我记得莫霍洛（Moholo）说过的一段话，记录如下："当人们受到压迫时，他们歌唱。在全世界都能看到这种现象，贯穿整个历史。他们可能感到悲哀，然而他们歌唱。就像是挤压柠檬——汁液流了出来。"

父亲本季度的薪水,这是这对双胞胎兄弟给人的最初印象。虽然伯爵同意了,但这还是不足以维持他们在阿恩施塔特的生活。被他们在埃尔福特的叔叔收容后,这些男孩进入了他们父亲曾经演奏过的城镇乐团。尽管他们如此亲密和相像(家族传说中坚称他们的妻子无法区分他们),他们很快还是分道扬镳了——克里斯托弗被吸引回到了阿恩施塔特(似乎主要是作为宫廷小提琴手和城镇音乐家),安布罗修斯前往爱森纳赫,成为城镇管乐团负责人以及宫廷号手。

小克里斯托弗在阿恩施塔特的处境一点也不稳定:首先,他的年薪甚至比父亲的还要少,只有三十基尔德,以及一定量的谷物和木柴。接着他和"错误的"女孩订了婚,不得不向魏玛的高级宗教法庭申辩才得以脱身。他的名字也与第一起记录在案的反巴赫态度事件相关。年长的城镇音乐家海因里希·格拉茨(Heinrich Gräser)发起了一场反对克里斯托弗的激烈运动,每当在特殊场合有音乐需求时,伯爵对克里斯托弗以及扩张的巴赫家族的偏宠,使他的愤恨超过了忍耐限度。在阿恩施塔特现有的音乐家完全能够胜任的情况下,伯爵习惯于从埃尔福特召集其他的巴赫,这也使格拉茨感到愤怒。格拉茨的攻击逐渐变得恶毒和偏向人身攻击,瞄向克里斯托弗的傲慢、他"大嚼烟草"的习惯,还有他那俗丽肤浅的小提琴演奏(像是"打苍蝇")。在这种情况下,阿恩施塔特的整个巴赫家族同他们的埃尔福特堂亲们联合起来,要求格拉茨公开道歉。最终老伯爵在1681年把格拉茨和克里斯托弗·巴赫都解雇了,但在一年后伯爵的儿子将后者复职,而格拉茨却·无所有。[1]这引致了该地区为谋生挣扎的音乐家们对于巴赫家族裙带关系的深深愤恨。一位名为托比亚斯·西贝里斯基(Tobias Sebelisky)的埃尔福特市民曾被威胁,如果他在女儿的婚礼上雇佣任

---

[1] Geiringer, *The Bach Family*, pp. 66–7.

何城镇乐团成员以外的人,就要被处以五塔勒的罚款,因为"除了巴赫家族以外……无人有权演奏"。[1]

这对双胞胎需要圆滑机敏地处理人际关系。但是,在安布罗修斯的那幅油画中,这绝非一眼就能看出的特质。他穿着某种宽松的东方斗篷,像一位成功的铜管演奏家一样望向画面之外——胖下巴、大鼻子、无神的眼睛,执拗,显然喜好饮酒。然而,正如在巴赫家族中常见的,他的个性有着硬币的两面。当朋友显得至关重要之时,安布罗修斯的选择似乎极具慧眼。其中一位是爱森纳赫公爵约翰·格奥尔格一世,他在1671年使安布罗修斯成为他的宫廷乐团所属成员。当安布罗修斯在1674年4月设法购置了自己的房子时,公爵还确保那些于1671年10月任命他为首席城镇管乐手的市议员授予了他和家人完全的公民权。他们为之折服的显然并非他那创造性的天赋(他并未作为作曲家为人所知),而是他作为演奏家的精湛技艺,并且信任他是一位有本事的音乐家。"他在自己的职业中展现了如此杰出的资质,"他们注意到,"能够在教堂以及高尚聚会中既担当歌手又担当乐手,我们此前从未见识过这样的表演。"[2] 他们也对他的谦逊印象深刻——他"以一种令人愉快的安静的基督教方式为人处世"。这个特质并未传予他的幼子。

一如既往,在家族传说和社会交往中只有男人的分。在1667年被委派到埃尔福特音乐家协会(compagnie)后不到一年,安布罗修斯·巴赫迎娶了伊丽莎白·莱默希特,埃尔福特一位市议员的女儿。20世纪早期的传记作者们在塞巴斯蒂安·巴赫的直系祖先中寻找贵族和平民血统的有效混合,用来解释他那惊人的天赋,令他们失望的是,莱默希特家族是暴发户,新近在埃尔福特起家的皮货商——

---

1 Erfurt town records, *Ratsprotokolle* of 1682.
2 Stadtarchiv Eisenach, B. XXV, C 1.

约翰·安布罗修斯·巴赫（Johann Ambrosius Bach, 1645—1695）的画像，作为他的崇高地位的标志，由爱森纳赫宫廷委任约翰·大卫·赫里克乌斯创作。

尽管最初他们也来自与巴赫家族相同的图林根农民支系，他们的财产如今合为一体。同样的，他们也是16世纪宗教战争时期的移民，迁至西里西亚，在三十年战争的开端又回到了埃尔福特。伊丽莎白的同父异母姐姐海德薇（Hedwig）嫁给了约翰·巴赫（塞巴斯蒂安父系的伯叔祖父，也是家族中第一位有名望的作曲家），她的兄弟托比亚斯（Tobias）及其妻后来也给他们的外甥塞巴斯蒂安留下了重要的遗产。然而，尽管他们通过婚姻及教父母关系与巴赫家族以及其他职业音乐家们相联结，先前莱默希特家族本身并没有产生任何音乐家，一人除外：著名作曲家及理论家约翰·戈特弗里德·瓦尔特（1684—1748），他与塞巴斯蒂安有着共同的母系外祖父，后来共同在魏玛供职时成为了亲密的同事。[1]

---

[1] 大卫·耶斯利（David Yearsley）指出，"两人之间这种程度的合作，甚至友好的竞争"，"几乎协力"孕育了众赞歌前奏曲、卡农和"精湛对位的秘要"（*Bach and the Meanings of Counter-*

事实证明，自从迁至爱森纳赫，安布罗修斯显然深谙量入为出之道——依照40弗洛林的年薪加上头三年的免费住所。在超过24年的时间里，他和妻子不仅成功地在家中塞满了自己的八个孩子、她的母亲、他那愚笨的姐妹，并且在两三年里收容了一个十一岁的二代堂亲，还养活了两个学徒及两个熟练的助手。在1684年写给爱森纳赫议会的请愿书中，他罗列了自己的各种艰难情况，可以清楚地看出安布罗修斯不是个好说话的人。这一年正是他的幼子塞巴斯蒂安出生的前一年。似乎他太讨雇主的欢心了，在13年完美无缺的服侍之后，他请求迁回埃尔福特的许可遭到断然拒绝（考虑到在埃尔福特极易感染瘟疫，这也许倒也无妨）。在丹尼尔·埃伯林（Daniel Eberlin）重新掌管皇家乐团时，他在爱森纳赫宫廷的处境得以改善，也取消了对他薪水的削减。此外，令他充满作为父亲的满足感的，是见证他的长子约翰·克里斯托弗安全抵达埃尔福特，师从著名的老师约翰·帕赫贝尔（Johann Pachelbel, 1653—1706），以及后来引导（或者至少是见证了）幼子约翰·塞巴斯蒂安在音乐上的启蒙。

安布罗修斯在音乐上的多才多艺、对技艺的专心投入、在技术自我完善历程上的追求，似乎都是巴赫兄弟及堂亲中战后一代的典型特征，兼有狂热的氏族忠诚以及随处维护职业乐师特权的决心。他们的创作天赋展示在《巴赫家族音乐档案》（*Alt-Bachisches Archiv*）中，这是一部由家族多个成员（并不总是清楚区分或者署名）创作的声乐作品集。[1]这为我们提供了由这个家族在17世纪下半叶谱写，并在家族中

---

point [2002], pp. 47–8）。

1　一代又一代，众多家族成员似乎都为誊抄、校订和增补这部非凡的作品集做出了贡献。这部作品集在第二次世界大战结束后50年里被认为散逸，直至重新出现在基辅的乌克兰国家档案馆里。后来的学者认为，这部作品集最初并非作为巴赫家族的文献而被汇编起来，而是出于阿恩施塔特的乐长恩斯特·迪特里希·海因多夫（Ernst Dietrich Heindorff）的使用之便。之后它先是传给了阿恩施塔特的管风琴师约翰·恩斯特·巴赫（Johann

流传的无价珍宝，同时也打开了一扇诱人的窗，展露了巴赫家族的社交生活。例如，其中包含一部由兄长格奥尔格创作的康塔塔，当克里斯托弗和安布罗修斯于1689年来到施韦因富特（Schweinfurt）庆祝他的四十六岁生日时，这部作品为他们三人而作。封面上不仅描绘了三兄弟之间的同心，还描绘了其中的特性：繁荣（florens），形为三叶草；坚固（firma），以一个挂锁锁着三根链条表示；甜蜜（suavis），表现为一个附有三枚叮当作响的指环的三角形。这种三重象征手法与欧几里德叠置三角形的过程并无不同，甚至系统地带进了作曲方式中（见图6）。这部康塔塔为三个声部（两个男高音、一个男低音）及三把维奥尔琴所作，拥有三个巧妙发展的主题，每个主题进入三次，诸如此类——逐渐落入俗套，最终有损于彻底的创造性，不然就会是令人着迷的作品。

安布罗修斯和他的两个兄弟并非主要是作曲家。与此形成鲜明对比的是他们的堂亲，米夏埃尔（Michael, 1648—1694）、克里斯托弗（Christoph, 1642—1703）和君特（Günther, 1653—1683）。这三个男孩都受训于他们的父亲海因里希，据卡尔·菲利普·埃玛努埃尔·巴赫所称，海因里希自己是"优秀的作曲家，并且有着活泼的性情"。而最年轻的君特，"是优秀的音乐家，也是各种新发明乐器的熟练的制造者"，两名较年长的儿子则将作为卓越的作曲家出现。米夏埃尔被他未来的女婿塞巴斯蒂安视为"有能力的"或"得心应手"的作曲家——这一评价在《巴赫家族音乐档案》中保存的协奏形式的经文

Ernst Bach），在他于 1739 年过世后则留给了塞巴斯蒂安（见 Peter Wollny, 'Alte Bach-Funde', BJ b [1998], pp. 137–48）。这并不排除他早已熟悉——可能甚至从很小的时候起——其中很多内容的可能性，尤其是他父亲的堂兄弟米夏埃尔和克里斯托弗的作品，这占据了相当高的比例。归根结底要归功于塞巴斯蒂安，他尊崇先辈的作品，在莱比锡时校订、誊抄和演奏其中一些作品，并将其留给了次子埃玛努埃尔，于是我们从他前辈们的音乐中获得了珍贵的证据，至少使我们得以判断他的音乐中的风格起源。

歌和对歌里得到了证明。这些显示出他拥有可靠的技术掌控力、天生的灵巧性，带着富有特色的意大利风格的流畅和悦耳；在《纽梅斯特作品集》中可以找到他的管风琴众赞歌，与塞巴斯蒂安所作的那些（BWV 1090—1120）有着相似性。然而纯粹出于品质和个性考虑，克里斯托弗·巴赫的声乐作品跳出了《档案》，有着完全不同的编号。[1] 他的音乐中令人印象深刻的，正是画面感，以及他将生动的语言形象与吸引人的声响相匹配的能力，这一点在当时很少有其他作曲家敢于探索。于是，塞巴斯蒂安特意提起克里斯托弗也就不会令人惊讶：他是"一位深刻的作曲家"。埃玛努埃尔还加上了这一断言，"这是一位伟大的、富有表现力的作曲家"。[2] 有了这些收集在《巴赫家族音乐档案》中的作品，我们终于可以有据可依地估量巴赫家族中最初三代人创造性的成果，并且有了评价塞巴斯蒂安作为一位有创造力的艺术家的参照标准。正如研究《巴赫家族音乐档案》的主要学者所推断出的，"它们对（他）来说不仅仅是家族纪念品——显然也帮他建立了自己的历史和艺术地位。他对照它们来评价自己的才能"。[3]

***

找到了到此时为止无疑是家族中最有才华、最受推崇的作曲家，任何人都会受到诱惑，满心欢喜地抓住他的音乐可能对塞巴斯蒂安产生的影响，而不惜忽视其他可能的因素。由福克尔和施比塔开始

---

[1] 约翰·克里斯托弗必定有更多音乐——包括约翰·塞巴斯蒂安·巴赫熟知的那些——因时间、火焰和遗忘的侵蚀而消亡了，我们今天只看到一小部分作品。其中包括两首为四声部而作的分节葬礼"咏叹调"，两者表面的简单性都只是假象，都是"隐藏的"艺术的绝佳例子，韵律与和声中难以察觉的复杂性都在其中发挥出来。我们期待着莱比锡巴赫档案馆出色的音乐学研究者们能够早日找到未发掘的宝藏。

[2] Percy M. Young, *The Bachs 1500-1850* (1970), p. 35.

[3] Peter Wollny, *Altbachisches Archiv* (CD liner notes).

的一连串著名的传记作者,用巴赫的世系来暗示他首先是自己血统的产物;但是问题要比这复杂得多。出生于这一地区最重要的音乐世家,置身于音乐渗入了生活各个方面的社会——在家里、学校里、表演和礼拜中——表面看来巴赫提供了遗传和训练共同作用的显在的例子。然而,让传记作者为难的是,塞巴斯蒂安,家族中公认的音乐天才,并不具有更具创造性的家族分支特别是克里斯托弗的遗传基因(虽然他的两个儿子,威廉·弗里德曼[Wilhelm Friedemann]和卡尔·菲利普·埃玛努埃尔带有这一基因,因为他们的母亲是约翰·米夏埃尔·巴赫[Johann Michael Bach]的女儿)。我们所持有的关于塞巴斯蒂安创造天赋出现的证据是如此微薄,而不确定性以及有关发展顺序的细节极多。我们甚至不能确定在他最早的音乐体验中,他的父母扮演的确切角色——例如,他能记起的第一支曲调是否是他母亲唱给他的,或者,他的父亲,或是伟大的管风琴作曲家克里斯托弗在何种程度上影响了他早期的音乐教育。

最终,孩子的音乐教育问题落在了当地乐长的肩上。他的职责是选择最好的嗓音,教男孩们唱歌,为城中三座主要教堂的主日礼拜做准备。巴赫在三座城镇——爱森纳赫、奥尔德鲁夫、吕讷堡——接受了初步的音乐教育,他遇到了四位合唱指挥。第一位是安德烈亚斯·克里斯蒂安·狄德金,他同时也是巴赫在爱森纳赫的拉丁学校上三年级时的班主任。塞巴斯蒂安可能要在狄德金面前通过一次试唱,才能成为合唱团(成立于1629年,旨在"为拉丁学校的学生提供更好的音乐课程")的成员。[1]爱森纳赫的圣乔治教堂唱诗班的规章要求学生不仅要"懂得谱号、拍号和休止符",也要有能力视唱"赋格、经文歌和协奏曲"。接着,在奥尔德鲁夫,他的合唱指挥是臭名昭著的

1　Stadtarchiv Eisenach, 10–B. XXVI .C. II, Vol. 6, 'Gymnasialmatrikel' (1713).

恶霸约翰·海因里希·阿诺德（Johann Heinrich Arnold）（见第六章），之后是埃利亚斯·赫尔达（Elias Herda），后者作为前唱诗班指挥，可能在1700年帮助巴赫迁至吕讷堡，那里的合唱指挥是奥古斯特·布劳恩（August Braun），我们对他几乎一无所知。布劳恩的晨祷唱诗班是十五人组成的精英室内合唱团，作为其中成员，按要求他应能够流畅地演唱卡农，视谱即唱文艺复兴时期的复调经文歌，以及更为复杂的近代和当代作曲家的作品。[1]然而十五岁的巴赫刚刚到达那里，他"异常漂亮的高音"就劈成两半，"他以这种'新鲜'的声音坚持了八天，在此期间他既不能说也不能唱，除非是降低八度"，才不得不承认失败（以当时的标准来看他的年纪已经不小了）。[2]当他在十八岁掌管他的第一支合唱团，并开始写赋格音乐时，他所接受的所有声乐训练——呼吸控制、演唱快速乐段和颤音的敏捷性，以及分部演唱时的很多要求——具有不可估量的价值。

然而在巴赫早期训练的音乐拼图中依然缺少很多板块。通常认为，巴赫除了在教堂中演唱，像路德一样，也是一个"Currender"（在爱森纳赫、奥尔德鲁夫和吕讷堡为慈善募款的街头卖艺唱诗班成员）；然而他究竟唱些什么，在哪里唱，和谁一起唱——这些问题我

---

[1] 沃尔夫冈·佐伊纳（Wolfgang Zeuner）在1535年前后编纂了《爱森纳赫乐长作品集》，收录了巴赫时代的合唱团的核心曲目，包括若斯坎、奥布雷赫特（Obrecht）、德拉吕（de la Rue）、勒内（Rener）、加尔里库鲁斯（Galliculus）、约翰·瓦尔特（Johann Walter）、施托尔策（Stölzer）、伊萨克（Isaak）、森夫（Senf）、芬克（Finck）、赖因（Rein）和穆萨（Musa）等人的拉丁文经文歌。另一方面，在巴赫1700年抵达吕讷堡时，那里的唱诗班藏书楼被誉为那个时代的北德宗教音乐最全面的汇集地之一。一代又一代的圣米迦勒教堂乐长积累了这些作品，他们渴望获取整个德国范围内、阿尔卑斯山以南流通的最新和最优秀的宗教音乐手稿，抢购任何刚刚出版的新式音乐，于是整个藏书楼涵盖了75位作曲家的超过1100部作品（及一些匿名作品），从旧式的复调经文歌到合奏的诗篇和圣咏，从拉丁文赞美诗到圣经对话或场景剧，以及最新的咏叹调和乐曲（Stücke）——未来的宗教康塔塔的原型。在藏书楼起火时，这一切都失去了（见 *Rekonstruktion der Chorbibliothek von St Michaelis zu Lüneburg*, Friedrich Jekutsch [ed.] [2000], p. 200）。

[2] *Nekrolog*, BD III, No. 666/NBR, p. 299.

们都没有明确的答案。巴赫自己也许愿意使我们相信他几乎在所有方面都是无师自通的。这也是家族内保持的传统，在《悼词》中提到，他的精湛技艺"主要是通过对当时最为著名和在行的作曲家的作品的研习以及自己对这些作品的思考习得"。[1]因此，确认对他整个音乐发展过程可能起着显著影响的三个人物时，我们是在与官方的否认进行抗争：爱森纳赫的约翰·克里斯托弗（Johann Christoph，并未提到任何正式的教师地位）、他的长兄约翰·克里斯托弗（他的指导"仅仅针对管风琴师而设"），[2]还有一位是管风琴师兼作曲家格奥尔格·伯姆（Georg Böhm，谈到他，"他的老师"一词被卡尔·菲利普·埃玛努埃尔·巴赫划掉，他或许想起了父亲的斥责）。[3]学者们追踪这三位当然有段时间了，尤其是伯姆，最易于被认定为与巴赫在风格上有着明显相似之处的可靠的老师和作曲家。迄今为止，为两个约翰·克里斯托弗中任何一位确立教师地位的尝试都是更难达成的——堂伯是由于他处于不同的审美环境，而哥哥则是出于他扮演家长角色时所谓的严厉粗暴。因此我们需要重新审视他们。

***

很有可能，如果他有着巴赫以外的任何姓氏，或者世人从未听说过约翰·塞巴斯蒂安，爱森纳赫的约翰·克里斯托弗的在今天的名望应该是毫无争议的，对他的作品我们也会完全就它本身的特点来评价。克里斯托弗从一个"无可置疑的平庸当道"的音乐家家族中脱颖而出。[4]毫无疑问，在巴赫童年早期的音乐景观中，他是最令人激动

---

[1] 同上，300。
[2] 卡尔·菲利普·埃玛努埃尔·巴赫于1775年1月13日回复福克尔的问题的信件（BD III, No. 803/NBR, p. 398）。
[3] 同上。
[4] Wolff, *Bach: Essays on His Life and Music*, p. 15.

的、最富有革新精神的音乐家，也是最可能给了小巴赫对管风琴音乐的最初印象的人。福克尔告诉我们，"据说他从不在管风琴上演奏少于五个声部的音乐"，[1] 这对于一个学音乐的八九岁孩童来说一定很神奇。[2] 我们可以推测，在他们一起度过的时光里，克里斯托弗试图以圣乔治教堂那架古老的三层键盘的管风琴谋生时，他年幼的堂侄在一旁观看，对教堂管风琴的构成和内部运作的迷恋就产生于此。

从17世纪60年代中期起，在从阿恩施塔特搬到爱森纳赫，演奏并照管主要教堂中的管风琴，并在公爵新组建的宫廷里演奏羽管键琴之后，克里斯托弗·巴赫就在财务困难和健康问题上遭遇了特别的厄运。不同于更为好运的安布罗修斯·巴赫，克里斯托弗和他的家人被迫不停地更换租借的住所，有些人感染了瘟疫，因为这座城镇拒绝为其常驻管风琴师提供房屋。在20年的城镇管风琴师生涯之后，他开始寻求摆脱爱森纳赫的新出路，并且几乎在1686年找到了一条路。在对施韦因富特同一职位的一次有希望的面试之后，他却被一位来自爱森纳赫的成功的同行击败（着实令人难堪），并且由于他的债务，公爵拒绝放他走。此后，他的社会地位逐渐恶化，在幻灭和贫穷中结束了在爱森纳赫度过的三十八年。他最辛酸的信件，写于1694年10月，直接寄给公爵本人："这是我不幸的、可悲的境况，我的家里充满了病人，看上去像是战地医院一样。上帝把沉重的十字架加在我身上，而我没有能力为我生病的妻儿获取必须的食物和药品。极端的贫

---

1   J. N. Forkel, *Ueber Johann Sebastian Bachs Leben, Kunst und Kunstwerke* (1802), p. 17; and NBR, p. 423.
2   这是经由埃玛努埃尔·巴赫证实的，他一定从父亲那里得知了这些（BD III, No. 666/ NBR, p. 298)。理查德·坎贝尔（Richard Campbell）这样写道，"为已有的旋律增加声部（一层层的旋律），构建织体并勾勒和声轮廓，是西方音乐中复调传统的基础，因而理想地创造出的'整体'要大于部分之和——不仅是独立线条的逻辑和美感，还要听出并考虑到其中的关系。即兴演奏五个声部的能力，如果这就是埃玛努埃尔·巴赫所说的'演奏'的意思，是一种极为罕见的技艺，需要付出巨大的努力方能获得"(SDG 715 唱片内页说明文字)。

巴赫基因

穷使我筋疲力尽，榨干了我的每一分钱。于是我被迫在悲惨的境遇中向我的拯救者羽翼下寻求怜悯……我这不幸的仆人乞求，从您至为仁慈的双手中，赐我可怜的妻儿一些谷物，以及殿下您愿意给予我的任何馈赠。"

　　从连续不断的怨言到吝啬而不合作的市议会，后者称他为"易怒的顽固家伙"，我们勾画出关于克里斯托弗·巴赫不变的形象：易怒、好斗、爱发牢骚、缺乏安全感，一大家子人的父亲，遭受持续的家庭剧变、疾病及早期的贫困。然而从他的书信中，也能够读到一位骄傲的音乐家准备投入战斗并坚决捍卫自己的精心策略（在这点上，他非常像我们所知的蒙特威尔第）。这些书信显示出，他愿意最大限度地利用这一系统，并且决不羞于给他的雇主以详细而切实可行的建议，用以纠正他的错误，也不介意让他们彼此相斗。他对悲惨家庭境遇的抱怨，要与另一事实放在一起衡量：他多年间无私而坚韧地为圣乔治教堂获取（最终在死后获得）一架上等的新管风琴而奔走，不厌其烦地为其草拟全面的技术说明，特别是他确保付给管风琴的建造者 G. C. 斯特尔金（G. C. Stertzing）一定的保证金，以便他和工人们在建造期间有足够的生活来源。据推测，克里斯托弗是管风琴资金募集背后主要的推动者，这一数字最终达到了超过3000塔勒，远远超过了实际花费。我们总体的印象是，一心一意完全投入的职业音乐家，执着于他选定的乐器以及作曲技艺。在他的艰难处境中，一种强烈的自我价值感很容易带来受迫害的感觉，如同他年幼的堂侄塞巴斯蒂安在将来一样，不能理解庸俗的当权者愚蠢的态度，他们不能提供与他的专业水准和艺术地位相匹配的报酬。

　　一旦我们撇开那些诉苦的信件（无论它们是否精于世故），并且转向他的音乐，我们看到更为微妙和丰满的画面——一个拥有多种情绪的人。作为声乐作曲家，他的部分独具表现力的法宝，是在同一部作品中复现栩栩如生的情绪变化的技巧，追求情感的真实而舍弃美。一次又一次，我们发现他利用一切可用的要素——人声或器乐的逐渐积聚，音域、和声与节律的突然转换——改变动力，以一种具有说服力的系统方式引向高潮，然后再收回。这种音乐显露了一种充满激情的性格：一个人能够情绪高涨、成熟怡然，也可能厌世，以及有很多微妙的中间状态。他所选取的大部分文本确实与他的书信是完全一致的，用今天的语言来说基本上就是"充满了焦虑"，他的音乐远非仅仅配上诸如"我被深重的苦难压倒""我的身体软弱而受苦""我的年日如日影偏斜"或者"我像野草般枯萎，我的力量也被粉碎"这类词句。克里斯托弗在追求戏剧性的同时，也为哀婉凄美留有余地。他也能以冷静的思考还击悲伤主题的这些变奏，例如 ob's oft geht hart, im Rosengart' kann man nicht allzeit sitzen（大意是"世事艰难，人生不会一帆风顺"）。的确，他的生活充满了辛劳和痛苦（mein Leid ist aus, es ist vollbracht，意为"我的痛苦到了终点，即将结束"），但同时也"给予了我如此多的仁慈"，通向未来的天堂。他显然奋力挣扎着保持燃烧的信仰和鲜活的希望，而绝望一定是看起来更容易，事实上也是无可避免的选择。

在这点上，他强烈地让我想起海因里希·许茨。一旦你开始学习并且陷入克里斯托弗独唱咏叹调和哀歌的魔咒，[1] 一定会注意到它们高度精致的雄辩式风格表达，有着许茨在两代之前就倡导的独特的语音节奏变化，不过这里控制得不那么严格，并且有着更为大胆的和声架构。此外，在经文歌与咏叹调形式、三拍子与四拍子段落（另一个许茨式的特点）、主调与复调之间实现的平衡对比，克里斯托弗显示出一种结构的稳定。的确，许茨式的特点在克里斯托弗的音乐中清

1　录音见 SDG 715。

巴赫基因

楚地随处可闻，并且也是有联系来证明的，尽管相隔一代——克里斯托弗年少时师从约拿斯·德·弗莱丁（Jonas de Fletin），而后者曾在德累斯顿跟随许茨学习。[1]他在那五声部经文歌《不要害怕》感人至深的结尾中，一反惯例，没有将上帝的声音分派给单一声部（或者如许茨作于1623年的《复活清唱剧》中那样给双声部）：以赛亚抚慰人心的消息通过单独的四重奏形式向忏悔者（目前为止是沉默的）布道，显然是在终止的边缘上。[2]这段以"你属于我"结束，开始最为错综复杂的复调音乐。当女高音最终以"耶稣啊，我的拯救"（出自约翰·里斯特 [Johann Rist] 的一段葬礼圣歌）进入时，"你"（*du*）和"我的"（*mein*）两个普通的词之间有着短暂的交织——仿佛两个世界之间刚刚进行了犹疑不决的接触。这在演奏中会是非常触动人心的，特别是女高音的声音从远处传给听者的话（比如从教堂中遥远的唱诗席传来），仿佛她已经开始了最后的旅程。

那么，克里斯托弗是否为早期大师海因里希·许茨与他的堂侄塞巴斯蒂安之间极少数可信的联系渠道之一？德国音乐学者们热衷于建立从一位大师到另一位的德国艺术传承，好几代以来，他们一直在努力"证明"许茨对于约翰·塞巴斯蒂安·巴赫的影响。问题在于，音乐本身讲述了一个不同的故事：人们彻底梳理了巴赫的音乐，却找不

1　1644至1665年间，约拿斯·德·弗莱丁任阿恩施塔特的城镇及宫廷乐长，而约翰·克里斯托弗的父亲海因里希·巴赫则继另一位与许茨有密切关系的音乐家克里斯托弗·克莱姆西（Christoph Klemsee）之后成为阿恩施塔特重要的管风琴师，后者曾在威尼斯作为乔万尼·加布里埃利的学生与许茨一道学习（Hans-Joachim Schulze, *Studien zur Bach-Überlieferung im 18. Jahrhundert* [1984], p. 180）。

2　这与他在对话《求主怜悯》（*Herr, wende dich und sei mir gnädig*）中的做法恰恰相反。在《求主怜悯》中，独唱男低音作为上帝之声（*Vox Dei*）在小提琴和六弦提琴的伴奏下介入，逐渐扩张，形成了四个忏悔的高音声部寻求的上帝之恩泽的幻象，开头疏离，而在表达过程中越发有临场感。这可能一直留存在巴赫的记忆中，多年以后，他在《你要记念耶稣基督》（BWV 67）中采用了与堂亲类似的方式，在第四次尝试缓和门徒的恐惧时，男低音代表了复活的基督，由安详的弦乐和木管进行伴奏（见第九章）。

到有力的证据表明他确实知道许茨，更不用说直接模仿许茨，而那些似乎在塞巴斯蒂安的音乐中再次出现过的，属于克里斯托弗音乐的特点，大体上都不是许茨那种。另一方面，这三者之间可能有着更加微弱的、形而上学的联系：如他之前的许茨和之后的塞巴斯蒂安一样，克里斯托弗似乎被道德难题以及善与恶相抗争的许许多多方式所吸引。这三位作曲家似乎都愿意探查人性中阴暗之处，并且用他们的音乐方式提供慰藉。也许处于这种状况的作曲家们不明白为何需要向听者解释如此简单明了的事实（两位巴赫甚至觉得愤怒），那些听者对眼前的事实视而不见。事实上，这可能是当时作曲家扮演的一种角色：解释不言而喻的东西，并且通过音乐释放生活中折磨人们的骚动情绪，甚至（或者尤其是）在他们试图压制或否认这些情绪之时。三位作曲家截然不同的个性渗透进音乐的缝隙中，我们由此得到的印象，是比充满激愤或恳求的书信中的悲怆哀婉所能传达的更具鲜活的人性。

在这些自我表露的音乐当中，有一个重要的例外：克里斯托弗·巴赫为《启示录》（*Apocalypse*）中的词句创作的二十二个部分的作品《在天上就有了争战》。克里斯托弗描绘了大天使米迦勒和他的天使战队痛击恶龙和平息路西法以及黑暗力量的叛乱的末世之战，用声音创造了宏大的场景。埃玛努埃尔曾告诉福克尔，"先父曾在莱比锡的教堂里演奏过，其效果令所有人震惊。"[1] 然而塞巴斯蒂安是否在孩提时就听过，甚或演唱过这部作品？由于他自己的一部圣米迦勒节康塔塔就以同样的、描述世界之战的词句开始，我们可以对两位最重要的巴赫的作品进行难得的直接对比。两者都有宏大的构想和持续的华美乐段，然而带给听者的体验非常不同。克里斯托弗·巴赫充满戏

---

[1] 卡尔·菲利普·埃玛努埃尔·巴赫于1775年9月20日写给福克尔的信件，BD III, No. 807。

剧性地处理《圣经》中的独立事件，将其扩展到更为广阔的画面，这可能是从许茨那里得来的。他为自己所记录的事件在音乐上找到了极为生动的对应，如埃玛努埃尔后来所言，也没有"对于最纯粹的和声的任何损害"。在家族中，克里斯托弗被尊为"擅用语言表达以及创造美好的想法"，[1]原因在于此。序曲中快乐而安详的弦乐带来的光晕抚慰听者，直到两位独唱男低音出现并且开始歌唱：在集合去战斗时，这些来自前线的报道或者战地报道者是否偷偷记录了他们的评述？他们的交互轮唱变得愈加狂暴，开始像一对耽于酒精的流浪汉一样咆哮。然后鼓声几乎难以察觉地开始敲响了。野地中的四位小号手逐一地吹出告警声，声音开始积聚，而盘旋的天使们打量着恶龙，计划着他们的进攻。很快，两组五声部的合唱团之间拉开了空间——两支充满敌意的军队摆好了战斗的队形，跨越六个八度的声音组成的阵列建了起来。远在这些争斗之上，大天使米迦勒作为首席小号手，在高音小号音域吹响了战斗号令。至此，似乎已经有六十个小节停滞在了 C 大调的同音和弦上——这是最为显眼的迹象，可见克里斯托弗充分地利用了有限的手段（他的号角齐鸣受到了自然小号可以吹奏的音符的限制）。在对明确的胜利者的期望（或者至少是期望有所改变）推向高潮的压力下，和声突然在"诱惑"（*verführet*）一词上转向了降 B 大调：其效果是以头号大标题表明了魔鬼狡诈的"欺骗"。

当我们回头来看塞巴斯蒂安的那部作品时会发现，这部作于1726年的莱比锡康塔塔（BWV 19）描绘同样的场景，却完全缺少随后的胜利庆典。在这里，歌手们如战斗主力般出击，如同疾风迅猛强劲地在数秒内呼啸而过，带着极具挑衅性的趾高气扬，他们将加倍的乐器（弦乐和三支双簧管）引入战斗，并推动着小号在尾部相随。只有

---

1 *Nekrolog*, BD III, No. 666/NBR, p. 298.

当他们在三十七个小节里首次休止时，器乐才真正渐入佳境（在一个四小节的尾声里）。然而这仅仅是一个巨大的返始（da capo）结构的 A 段，是克里斯托弗那代人根本不可能使用过的。B 段由此时占据优势的"狂暴的蛇，地狱的龙"开始，以合唱团为主，用十七个小节表现了"狂暴的复仇"。然后，当歌手们休息片刻时，管弦乐团将故事向前推动。摇摆的具有预示性的五度音程显示出这将是战斗的转折点。合唱团再次进入，只有他们自己，使用了密集和声来宣告米迦勒的胜利，此时通奏低音依然持续进行。然而乐曲并未在此结束。在随后的二十五个小节里，巴赫摇动着万花筒，为我们对战斗的最后部分作了令人兴奋的描述——米迦勒的护卫击败了撒旦最后的攻击，并对撒旦的残忍作了触目惊心的描绘（高音部缓慢、刺耳的半音下行）。然后整个战斗从头重温一遍。我们会感觉到巴赫被他堂伯的大胆所激励，并被他的戏剧感所推动。他也同样被技艺高超的小号手团体所激发，即在"头儿"哥特弗里德·赖歇（Gottfried Reiche）领导下的莱比锡城市管乐手们——正如柏辽兹在大约一个世纪之后在他的《幻想交响曲》中受新近出现的军用有音栓短号（cornets à pistons）激发，以及在创作诗史歌剧《特洛伊人》（*Les Troyens*）时受来自阿道夫·萨克斯（Adolphe Sax）工作坊的萨克斯激发。巴赫将高音铜管用在极具对比性的方式中：一个极端是在开场合唱中，把这些末世对决的规模与重要性强加给听者；另一个极端则是在写给男高音的温柔的 E 小调咏叹调《留下吧，我们的天使》中，当守护天使在高空中盘旋时，令人想起他们永远处于警惕中的保护。

处在 17 世纪末——那个"好战的、变动的和悲剧性的时代"[1]——克里斯托弗比起塞巴斯蒂安更像一位微雕大师。但即便考虑到时代风

---

[1] Abraham Cowley (1618–1667) from preface to *Poems* (1656).

格的显著差异，我们仍会对两位巴赫在见解与气质上基本的相似之处惊叹不已：将生死并置的典型偏好，强烈的主观性与复调距离的微妙混合——这种客观形式是塞巴斯蒂安的标志性风格之一。我们不知道塞巴斯蒂安最初于何时了解到克里斯托弗的音乐，但他可能在很小的时候就被堂伯那通过音乐交流的热望所影响。克里斯托弗可能向他展示过——即使是小规模的——如何使音乐成为倾泻生命中的痛苦、一个人的信仰和激情（在第五章时我们会回到这个主题）的容器，并且作为前浪漫派的个人表达手段。当我们深深意识到在语言作为媒介不足以表达无法言说之物时，两位巴赫都能以自己的方式使我们惊奇，用音乐暗示了更高的意识。

克里斯托弗的音乐中显示出非同寻常的表达深度与对艰难困苦的反复强调，与此形成显著对比的是轻松得惊人的一面。他的婚礼对歌《我心爱的人，你如此美丽》超过六百小节，持续二十分钟以上，这是他最重要的作品，为我们打开了一扇窗，使我们看到游戏中的巴赫家族，并且展露了他们的相互依赖与相互影响。这部作品于1679年写于奥尔德鲁夫，是为了和他同名的堂弟、安布罗修斯的双胞胎兄弟的婚宴而作，流传至今的是主要由安布罗修斯本人所抄写的一系列分谱。此外，同样出于安布罗修斯之手的，是一段对此的冗长评论，滑稽地炫耀着，并且竭力试图将《圣经》中的文字与这对新人的境况相关联。这等同于一个想象中的场面调度（包括着重号和参考文献）。新郎克里斯托弗在三十四岁时（这在巴赫家族晚得不同寻常），迎娶了他追求了一段时间的女孩。由于他从先前的私通以及所谓的婚姻誓言中（见前文）脱身有些困难，才耽搁了时间。这也许可以作为一个原因来解释作品一开始时新郎（男低音）与新娘（女高音）之间的交流采用的偷偷摸摸的声调，他们计划的花园幽会，对保密的重视，尤其还有对《雅歌》中诗句的巧妙选择。相比安布罗修斯那一本正经却可能具有讽刺意味的描述，作曲者克里斯托弗那引人共鸣的音乐暗示了更为色情的相遇。在一段漫长的恰空（ciacona）里，一系列细致勾画前戏的变奏让位于逐渐积聚的明目张胆的性张力。狂欢作乐变得更加明晰，在克里斯托弗要求他的歌手们在极其兴奋的状态下顺利通过快速的装饰性转折处，在独奏小提琴汨汨流淌的六连音，不断重复、嗡嗡作响的低音以及弦乐手在空弦上的齐奏上——此时，由为他们的声乐线条而作的断续歌来看，新娘和新郎毫无疑问都已疲惫不堪。此处的音乐绝不仅仅是生动的：克里斯托弗达成了文字谱曲、歌手与乐手间的相互作用中的微妙变化，也达成了拉伯雷式放荡的不可阻挡的升级。

巴赫家族有着在图林根城镇里举行年度聚会的惯例。一旦聚集起来，他们总是先唱一首众赞歌。"从这个虔诚的开端起，他们进入到反差强烈的笑谈中。"福克尔叙述道。[1]越是吵闹，似乎就越有机会听到即席演唱，所有的兄弟们，管风琴师、合唱指挥和公聘乐师们竞相用流行歌曲增添趣味，将其转变为充满嘲讽和性暗示的集腋曲。塞巴斯蒂安本人就留下了两首——一首作为他的《哥德堡变奏曲》（BWV 988）的最后一个变奏，结合了"我久已未见你"和"只有白菜和萝卜，我要走人了"，另外还有一首"婚礼集腋曲"（BWV 524）的片段，大约作于他自己第一次结婚时（1707），其中第一个词是屁股（Steiß）。

我们当然想知道塞巴斯蒂安第一次发现克里斯托弗的婚礼康塔塔并且为乐谱加上新的扉页之前的反应。这部作品是否曾在家庭婚礼上重获新生（例如在他的兄长约翰·克里斯托弗1694年的婚礼上），是否由他亲自演奏？尽管我们知道塞巴斯蒂安在《咖啡康塔塔》和《农民康塔塔》（BWV 211 和 212）中的戏谑，也写过一些婚礼康塔塔，但

---

[1] Forkel, *Ueber Johann Sebastian Bachs Leben, Kunst und Kunstwerke*, pp. 18–19; and NBR, p. 424.

据我们所知他自己从未写过这么长的婚礼清唱剧，其中《雅歌》的引用几乎忠于原文，贴近主题或是有着诗意的幻想。

在探讨他的康塔塔和受难曲时我们发现，他对文本中明显的情欲意象的配乐总是寓言性的，从属于教会的礼拜仪式。这是一个可以追溯到奥利金（Origen，公元3世纪）的传统，那时教会就已接受将男女情人分别作为耶稣和基督徒个体灵魂的象征。狂喜得神魂颠倒的新娘象征着灵魂急切渴望与基督的神秘结合。《醒来吧，一个声音在呼唤》（BWV 140）中女高音和男低音的二重唱（"我的爱人属于我，我也属于你"），仅仅是巴赫关于这种主题的数首康塔塔中最广为人知的一首，新郎（耶稣）渴望在神秘的结合中得到他的新娘（基督徒的灵魂 [anima]），这从属于一个音乐传统，这个传统可以追溯到帕莱斯特里纳和克莱门斯（Clemens），之后是蒙特威尔第、格兰蒂（Grandi）和许茨。[1] 他第一次尝试为不同的固定低音创作的恰空，出现在 BWV 150，《主啊，我心仰望你》的终曲中，这可能是他的第一部宗教康塔塔。尽管是由米尔豪森市长委约，这部作品有可能作于巴赫仍在阿恩施塔特的时候（见第六章），这里是克里斯托弗的出生地（我们很快可以看到，塞巴斯蒂安的第一份工作就归功于他）。也许这是对他的亲属中最杰出的那一位的含蓄致敬，他的音乐，在巴赫渐渐了解后，便成为了模板，教会巴赫如何平衡复调与和声，如何安排乐段，

---

[1] 神学家约翰·德鲁里（John Drury）提到了巴赫的音乐中很多这样的例子，他认为，"如果要思考关于人类的核心要义，那就是对来自他处——一个人，也可能是一部美术作品或音乐作品——的回应的需求，以及这种需求得到满足时的快乐。这无论在家还是在工作中都同样适用，在我们出生或临终时都迫切需要，并且实际上无所不在：你接受了他人（完全接受，而不仅仅是好的部分），他人也接受了你（你的全部）。宗教，尤其是基督教，深知这一点。献身是巴赫受难曲中福音书文本的核心，也是一种互相交换：超越了道德而进入了'奇异恩典'的领土及其慷慨的交换。巴赫这样的新教徒在这些文本中发现了它——实际上整本《新约》都浸透了这种精神。似乎正是这种对于相互作用的期待（有着情欲的渴望）为生命赋予意义"（私人信件，2013 年 4 月）。

如何在语言和音乐间权衡取舍。这看上去是一个完美的例证，遗传和环境共同引致了如此过人的天资富有成效的萌发。但这要在未来才看得到。

＊＊＊

让我们暂时回到早些时候的画面，约翰·克里斯托弗·巴赫在他年幼的堂侄塞巴斯蒂安的陪伴下，努力修复圣乔治教堂的旧管风琴，那时的塞巴斯蒂安小得足以"在管风琴的立面背后爬行，观察内部发生了什么，在这里他也许看到了金属和木质的音管、风箱、轨杆、人为操作的风囊，以及这件大型机械乐器的其他部件，其复杂性无法被17世纪的任何其他机器超越"。[1]（这纯粹是推测，但至少为他对尼古拉斯·布莱迪 [Nicholas Brady] 所称的那个时代"神奇的机器""其设计和技术的毕生迷恋"的起源提供了合理的解释。）突然间，教堂的西门大开，有人大声宣布了可怕的消息：塞巴斯蒂安的母亲刚刚过世了。"在童年时总有这样一个时刻，门打开了，未来被决定了。"格雷厄姆·格林（Graham Greene）在《权力与荣耀》中这样说，而对巴赫来说，正是他九岁那年。悲剧袭来。在几个月时间里，他先是失去了母亲，然后又失去了父亲。家庭破碎了。如今它已经没有任何遗迹留存下来，无数朝圣者所拜访的爱森纳赫的巴赫故居（Bachhaus）是假的，尽管从2000年起，它已被改造成为引人注目的博物馆。[2] 他和十三岁的哥哥雅各布（Jacob）一起被送往位于东南30英里的奥尔德鲁夫的约翰·克里斯托弗家生活——这不是他那位管风琴师堂亲，而

---

[1] Christoph Wolff, *Johann Sebastian Bach: The Learned Musician* (2000), p. 30.
[2] 安布罗修斯的房子位于现在的路德街35号，有着1500平方英尺的居住空间，能够容纳五到八名家庭成员和两三位帮工，据推测有两位成人和两名年轻学徒，以及至少一个女仆（Ulrich Siegel, '"I had to be industrious": Thoughts about the Relationship between Bach's Social and Musical Character', JRBI, Vol. 22, No. 2 [1991], p. 8）。

是与之同名的哥哥，他几乎不认识。这是一个有关存在的时刻。无论他从前有着什么样直觉的或不假思索的童年行为模式——正如我们将看到的，我们无法确知在这个阶段他是否在性情上更加倾向于勤勉好学，还是兴高采烈和不加约束的喧闹——他受到了残酷的惊骇。三重丧亲之痛。"在充满复杂细节的世界背后，是简单的事实：上帝是善的，成年男子或女子知道所有问题的答案。有这样一种叫做真理的东西，而正义也如时钟一样精确而完美。"[1] 从此，巴赫的世界观会更加谨慎而警惕。

***

1695年的奥尔德鲁夫是一个死气沉沉的乡下小镇，拥有2500位居民以及恶劣的公共卫生记录。这里没有永久法庭，没有公聘管乐师协会，也没有什么能与在爱森纳赫的父母家熙攘的日常活动相比，那里是综合音乐制造行业的枢纽。巴赫的长兄从十九岁起就是圣米迦勒教堂的管风琴师，并且似乎很早就决心避免过分操劳。承认自己"对音乐比学习更为热爱"，[2] 他尽最大努力逃避了城镇管风琴师的非音乐职责。兄弟两人间的关系——分别了十四年——也许从一开始就是紧张的。他们之前从未在一起生活过，并且，如果塞巴斯蒂安对自己的未来有发言权，我猜他可能更愿意待在爱森纳赫，成为老约翰·克里斯托弗的学徒，那是一个熟悉且更有魅力的榜样。[3] 兄弟们首次碰面甚至

---

[1] Graham Greene, *The Ministry of Fear* (1943), Book 1, Chapter 7.
[2] Hans-Joachim Schulze, 'Johann Christoph Bach (1671–1721), "Organist und Schul Collega in Ohrdruf", Johann Sebastian Bachs erster Lehrer', BJb (1985), p. 60.
[3] 然而这不大有现实的可能性，尽管看起来极为迷人。首先，爱森纳赫的约翰·克里斯托弗·巴赫有着一个大家庭，并且状况极不稳定：如我们所见，他不得不带着全家在租来的公寓中搬来搬去。我们想知道，约翰·塞巴斯蒂安何时会发现自己的状况与堂伯的何其相似——尤其是与那些顽固的市议会官员们之间令人筋疲力尽的争斗，以及为了自己的职业而不断为自己辩护的需求。

可能是在1694年10月的奥尔德鲁夫，在长兄的婚礼上——这是巴赫家族传奇性聚会之一，甚至伟大的约翰·帕赫贝尔（新郎跟他学习过三年）也参加了。婚后仅仅一年，约翰·克里斯托弗和他的妻子约翰娜就有了第一个孩子。两人都未曾预料到要承担收留、抚养和教育两位幼弟的职责。然而当时的习俗是，最年长者应当收他们作学徒，为他们提供住所，直到他们十五岁。约翰·雅各布在第二年作为父亲继任者的学徒返回了爱森纳赫，缓解了家庭重担，塞巴斯蒂安则在后来通过与哥哥的两个十几岁的儿子进行互惠教学来偿还哥哥的恩情。无论如何，在十岁的塞巴斯蒂安开始和长兄学习键盘乐器后，人们假定两人之间有过一些摩擦。塞巴斯蒂安的早熟和令人生妒的技术流畅令他的哥哥恼火——还有其他令人不快的人格特质好像砂纸一般，尤其在兄弟同时又是尴尬的师生关系的时候。早在他在奥尔德鲁夫的四年半学习结束之前（据传如此，福克尔是第一位讲述者），塞巴斯蒂安就渴望技术，也渴望创造性的刺激，这些都是他的长兄无法提供的。

一些传记作者在克里斯托弗身上发现了某种严厉的专制主义——意识到扮演着家长角色，他需要尽全力帮助他那有天赋的弟弟——这隐藏在《悼词》中首次记录的著名轶事背后。这轶事讲的是年少的巴赫在月光下偷偷摸摸地抄写弗罗贝格尔（Froberger）、克尔（Kerll）和帕赫贝尔的键盘乐作品，被抓到并且斥责，他艰苦劳动的成果被暴躁的哥哥"无情"没收。这带有传奇的意味——在回忆和重演过程中都加以大量渲染的故事。问问大多数人对童年时的小事能够忆起什么，他们很可能想出一个微妙地调整过、通过不断重述而变得戏剧化的版本——在巴赫这里尤为可能，如果他想要子女知道并理解自己是如何勇敢地克服道路上所有障碍的话。[1]他似乎在十三岁时就已经领悟

---

1 提摩西·贾顿·艾什（Timothy Garton Ash）在论述"个人记忆是如此狡猾"时，引用了尼采的诙谐短诗："'这是我做的。'我的记忆如此说。'这不可能是我做的。'我的自尊态度坚

到，精通音乐的最快捷路线就是，抄录并研究他能接触到的所有最优秀的音乐，无论是否经过允许。[1]通往巴洛克作曲家高超技艺的道路，不是诗意的冥想，也不是等待灵感降临，而是辛勤工作。如约翰·马特松（Johann Mattheson）所言："创造需要激情与勇气，其准备需要秩序与比例；其结果则需要冷静和精心的思考。"[2]据说巴赫本人后来曾解释道："我通过勤奋和练习所取得的，任何人若有过得去的天分和能力，也能取得。"[3]我们当然只能从表面来看这个问题，并且接受这就是巴赫回忆这一事件时真实所想，并且希望他的孩子们了解他是如何战胜了阻力并坚持了下来。这正好也处于他因失去双亲而哀痛的重大过程中：（持续了六个月的）秘密抄写中充满活力的专注，可能是对于哀恸的抵御，他受到的打击不仅出于哥哥的约束（尽管他的父母一定会对他"无辜的诡计"做出同样的反应，这也是出于担心损害视力和缺乏睡眠），以及被剥夺了劳动成果，更因为受到斥责却无人为他辩护。[4]在这浪漫化的场景中，巴赫学会了深藏不露，并且从此完全依靠自己。但我们为何要假定他的哥哥没有助长这种掌握一切音乐的渴望？

决地回应道。最终——记忆屈服了。"贾顿·艾什继续道，"诱惑在于永远想对自己的过去精挑细选，如同为国家所做的那样：铭记莎士比亚和丘吉尔，忘记北爱尔兰。但我们必须接受一切，或者忘记一切，我必须说是'我'应该这样"（*The File* [1997], p. 37）。

1　这是标准的后文艺复兴练习，对规则的学习（Preceptum）、对公认大师的范本进行研究和分析（Exemplum）以及对他们作品的模仿（Imitatio）构成了教育法的核心。1606 年，约阿希姆·布尔迈斯特（Joachim Burmeister）（*Musica poetica*, p. 74）用整整一章来论述模仿，视其为"一种灵巧的追求和尝试，通过分析精巧的范例来思考、效仿并构建一部音乐作品"。

2　Johann Mattheson, *Der vollkommene Capellmeister* (1739), p. 241.

3　BD II, No. 409/NBR, p. 346.

4　在对作家菲利普·普尔曼（Philip Pullman）进行采访时（"Oxford's Rebel Angel" in *Vanity Fair*, Oct. 2002），克里斯托弗·希钦斯（Christopher Hitchens）指出，普尔曼"半是孤儿半是继子的经历没有白费"。他引用了普尔曼的话："孩童时的感觉是会被放大的，因为你还没有任何可供对比的体验……所以任何一丝不公正对待都会促使你想到——这本身是不公平的——'我的生父绝不会这样对我'"。

我们从一开始就在巴赫的案例中看到，许许多多的传记研究都是在一座不完整的雕像脚下筛选证据的碎片。2005年出现了重大突破，在魏玛发现了四本音乐分册，它们不可思议地被归类到神学手稿中，在神的眷顾下，在被前一年的大火严重烧毁的图书馆的保险库里保存了下来。[1]其中两本都是抄本——迅速被确认为巴赫十几岁的笔迹，是用德国管风琴记谱法写下的迪特里克·布克斯特胡德和约翰·亚当·赖因肯（Johann Adam Reincken）作品（见图5a和b）。布克斯特胡德的众赞歌幻想曲《亲爱的信徒，让我们欢喜》写在一张破损的纸上，似乎是巴赫还在奥尔德鲁夫受长兄监护时所抄写的。[2]这全新地扭转了"月光"事件。这推翻了传统的诠释：克里斯托弗给了勤学的弟弟用以学习的音乐，却出于嫉妒禁止他接触自己收藏的那些更具挑战性的作品。新发现的布克斯特胡德抄本表明，这是在克里斯托弗的审慎监管下授权的（"日光下的"）抄写，其中塞巴斯蒂安的字迹看起来甚至像是在模仿哥哥的笔迹。考虑到抄谱的过程仅仅是学习如何演奏的第一阶段，这也表明了在哥哥的指导下，他很可能已经获得了精湛的演奏技艺，程度远比日后他想要自己的儿子们相信的要高得多。[3]除了他在奥尔德鲁夫期间技术上可观的飞跃，此抄本也证明他决心掌握——同样是在他哥哥的帮助下——最为复杂、最有野心的当代北德管风琴音乐著作：它为鉴赏家而作，而非为了成为标准礼拜的一部分。我们现在不得不重新考虑克里斯托弗·巴赫在他幼弟的音乐道路

1　在耗费三年时间爬梳德文档案、寻找关于巴赫的蛛丝马迹之后，莱比锡巴赫档案馆的米夏埃尔·毛尔（Michael Maul）和彼得·沃尔尼发现了这些手稿，它们因藏在安娜·阿玛利亚公爵夫人图书馆的保险库中而逃过大火的劫难。

2　Maul and Wollny, preface to *Weimar Organ Tablatures* (2006).

3　在《悼词》中，埃玛努埃尔对他伯父的"指导"致以敬意，认为他"为他（父亲）的键盘演奏奠定了基础"；然而几年之后他又淡化了这种指导的作用，正如我们之前所见，他对福克尔说，这些指导"仅仅针对管风琴师而设"。这表明巴赫的儿子们很难将证据与他们父亲对自己早期生活的描述拼合起来。

上起到的作用。他在当地的敬称"optimus artifex"——"一个非常有艺术天赋的人"——突然呈现出全然不同的味道。

***

仅仅和哥哥一起居住了四年多之后,后者已经完成了监护职责,巴赫从奥尔德鲁夫唐突的中途离开被正式地记录为"由于无居所而获吕讷堡授权"。学者们为了这个短语的确切含义争论不休,[1]但它实质上表明了富裕的城镇居民赋予他和其他人的免费膳宿的撤销。直至当时,他的食宿费用都由一个信托基金资助,这个信托基金由奥博格赖兴伯爵(Obergleichen,家族中最后一位)于1622年建立,作为一种激励,让当地最优秀的男孩都能上学,以便有资格进入耶拿大学(Jena University)。但我们不清楚为何巴赫的名字没有出现在1699年2月给格拉夫·冯·霍恩洛厄(Graf von Hohenlohe)抱怨基金已枯竭的恳求抗议信下面(这封信有十五个学生签名,包括他的朋友及旅伴格奥尔格·埃德曼)。[2]巴赫离开奥尔德鲁夫,与他的生活津贴的撤销,或者哥哥家庭扩大造成的生活空间持续减少,或是军队驻扎造成的经济形势恶化关系不大,更主要是由于他已经有了其他计划。[3]如今他将近十五岁,已经在学业上具备良好的资质,在班上差不多名列前茅。面临着完全退出学校或是要离家去往别处继续接受高等教育的选择,塞巴斯蒂安似乎下定主意要追随他在奥尔德鲁夫时的合唱指挥埃利亚

---

1 Hans-Joachim Schulze, 'Johann Christoph Bach (1671–1721)', p. 73; Konrad Küster, *Der junge Bach* (1996), pp. 82–109; and Schulze's review in BJb (1997), pp. 203–5.

2 事实上,他们威胁要离开学校,除非恢复资金,为最优秀的十位学生提供食宿费用。资金并未到来,十五名签名成员中的七名高年级学生在一年内离开了学校,有几位记录为"由于缺乏食宿"——校长无疑想用这个说法让伯爵感到羞愧,进而重新考虑他的决定(Michael Maul, *'Ob defectum hospitiorum: Bachs Weggang aus Ohrdruf'* in *Symposium: Die Musikerfamilie Bach in der Stadtkultur des 17. und 18. Jahrhunderts*, Belfast, July 2007)。

3 *Expedition Bach*, Bach-Archiv Leipzig (2006), p. 17.

斯·赫尔达,申请北德的唱诗班奖学金。对申请进入吕讷堡的圣米迦勒学校的应试者来说,有两个先决条件:1. 他们必须是没有其他出路的穷人家的孩子;2. 他们必须有优秀的嗓音,以便在教堂唱诗班中演唱。[1]这两个条件巴赫都符合。我们从《悼词》中得知,他在那个年纪有着"异常漂亮的高音"。传统的叙事将巴赫去往吕讷堡、赫尔达可能的帮助,和图林根男童高音进入圣米迦勒学校的晨祷唱诗班这一渠道相联系,然后到巴赫变声时,一切画上了句号,或者更像是问号。但是现在看来,圣米迦勒学校接收合唱学生的程序要比之前假设的远为复杂和繁琐——仅仅是发放护照和其他旅行手续就占据了数月时间,最终更多地受策勒(Celle)的公爵大法庭而非圣米迦勒学校主管部门掌控。[2]

奥尔德鲁夫学校的记录出现了有趣的差别,记载道,格奥尔格·埃德曼仅仅是离开,巴赫则是在他十五岁生日前一周"请假离开"("获吕讷堡授权")。两个男孩在某种流行病般的剧痛中离开奥尔德鲁夫,向北徒步旅行了200英里。巴赫的布克斯特胡德手抄本上有雨滴的痕迹,表明可能曾在他的背囊中一起旅行过。当时的吕讷堡正值1700年繁忙的圣周和复活节礼拜仪式期间,他们穿过人群沿着西墙来到前本笃会修道院以及14世纪修道院的圣米迦勒教堂。他们及时地在学期开始前被拉丁文法学校录取了。到了1700年棕枝主日(Palm Sunday)前的星期六,两个男孩都已经在圣米迦勒学校的晨祷唱诗班唱歌了。能证明巴赫曾待在吕讷堡的学校里的,只有与1700年街头表演的收入分配相关的两张收据——也就是说他只待了两三个学期。[3]

---

[1] Lüneburg Stadtarchiv, Kloster St Michaelis, F 104 Nr. 1, 'Acta betr. Nachrichten den ehemals auf der Abtei befindlichen Schülertisch 1558–1726'.

[2] Horst Walter, *Musikgeschichte der Stadt Lüneburg* (1967), pp. 81–2.

[3] Küster, *Der junge Bach*, pp. 92–3.

有人认为，他至少作为高年级学生待到了1702年，但是并没有确凿的证据表明这点，同样也没有证据表明当他开始变声时，依然能持有唱诗班奖学金。并不排除这种可能，如同之前的合唱指挥布劳恩一样，他可能被提供了"Positivschläger"的职位（当时间或分派给先前的男童高音的键盘演奏角色），转而为唱诗班的表演伴奏，保留了他在圣米迦勒学校免除学费和膳食费的权利，尽管并不是免费住宿。

考虑到塞巴斯蒂安和他的长兄之间日后的合作和友好关系的程度，幺弟应当在十五岁时离开奥尔德鲁夫去往吕讷堡这个想法，也许是一年甚至两年前就筹划好的。这非常可信。唱诗班奖学金是一个权宜之计——一个附带事件。主要目标是著名的管风琴演奏名家和作曲家格奥尔格·伯姆，他生来是图林根人，[1] 当时是位于城镇另一边的圣约翰教堂的管风琴师。在这一阶段，巴赫也许已经立志成为技艺精湛的管风琴师，希望在哥哥的监护下努力工作以实现抱负。克里斯托弗在青少年时期曾跟随约翰·帕赫贝尔学习，并为自己的家族带回了德国中部管风琴学派的知识和曲目手稿的样本——所以，为克里斯托弗，或者更有可能是安布罗修斯支付过的曲目再付一次钱是毫无意义的。如果塞巴斯蒂安在同样的年纪去吕讷堡跟随格奥尔格·伯姆学习，家族最终就会获得一份全新的有价值的演奏曲目，并且掌握有影响力的北德管风琴学派的作曲技术。

随着已知最早的巴赫手稿在2005年被发现，最早的能追溯到他十三岁时（上面提到的），盘旋在他十几岁的生活上方的疑云，围绕

---

1 他们之间还有着家族纽带：克里斯托弗的岳父伯恩哈德·冯霍夫（Bernhard Vonhof）是奥尔德鲁夫的市议员，他曾和伯姆一起就读于哥达的高级中学以及耶拿大学。作为在哥德巴赫（Goldbach）以及哥达求学的学生，伯姆很可能还跟随巴赫家族成员学习；如果实情如此，收塞巴斯蒂安作学生则算是偿还人情。克里斯托弗曾在埃尔福特跟从帕赫贝尔学习，与此同时约翰·克里斯托弗·格拉夫（Johann Christoph Graf）在1694年来到北方，"这样他就可以和吕讷堡的伯姆先生学习某些作曲方法"（J. G. Walther, *Musicalisches Lexicon* [1732], p. 288）。

在他所生活时代的奥尔德鲁夫和吕讷堡的秘史迷雾终于散去。现在看来，很有可能从他嗓音开始变得嘶哑时起，巴赫就住在了格奥尔格·伯姆家，成为了他的学生，有可能也是他的文书。第二份指法谱抄本以出自伯姆之手的拉丁文铭文结尾——Il Fine à Dom. Georg: Böhme descriptum ao. 1700 Lunaburgi（见图5b，尽管有人也许会争辩说，这本身既不能证明监护也不能证明寄宿）。显然，巴赫是从伯姆的图书馆中，在专为大师保留的荷兰纸上抄下了音乐，在这一阶段，他的笔迹变得和伯姆非常相似。这足以回应那个被神秘地划去的关键句子——"他（在吕讷堡的）老师伯姆"——埃玛努埃尔在给福克尔（我们已经提到过）的信中，出于次子对父亲的忠诚，一口咬定他从来没有过正式的老师，一切都归因于严格计划的自学。

　　基于新的证据，现在看来十五岁的巴赫可能能够演奏当时最为艰难的管风琴曲目，并且伯姆作为有力的支持者，完全能够将他介绍给自己在汉堡的老师赖因肯（Reincken）（见图5b）。[1] 赖因肯的演奏以华丽和激动人心的力量为特征，以陡峭而狂野地飞行的幻想曲为特征，正是这一点将北部音乐传承与帕赫贝尔及图林根管风琴训练风格相区分，后者是巴赫从哥哥那里接收到的。赖因肯的影响渗入了巴赫自己的早期作品，里面赋格写作的严格论说与充满幻想的即兴段落轮番交错，间或出现几乎如同蒙特威尔第和模仿他的德意志音乐家的声乐作品中那样极端的不和谐音。从《悼词》中，我们读到了在二十年之后，巴赫如何重返圣凯瑟琳教堂，连续不断地在赖因肯面前弹奏了两个小时管风琴，后者"在当时将近一百岁"并且"特别高兴地听他演

1　证明这一点的是，他的藏书中有赖因肯的《在巴比伦河边》，巴赫对此进行了复制——这是现存唯一的原始资料。据说，巴赫在吕讷堡的第一年末，曾与他一同就读于奥尔德鲁夫的堂兄约翰·恩斯特"花费巨大代价旅居汉堡半年之久，只为加深对管风琴的了解"。两人是否遍览汉堡地区那十七架宏伟的施尼特格尔（Schnitger）管风琴？如果他依然被马丁唱诗班及其繁重的工作所困，他的时间将会严重受限。

巴赫基因

奏"。[1]巴赫"应在座者的要求",正是选择了年迈大师的《在巴比伦河畔》(*An Wasserflüssen Babylon*)众赞歌变奏曲进行即兴创作,"用了很长的篇幅(几乎有半小时长),采取了不同的方式",这毫无疑问包含了对赖因肯作品的引用和插补。年迈的作曲家因此对他"非常客气"。大师对他说,"我以为这门艺术已经彻底成为了过去,但我看到在你这里它依然有着生命力",[2]这一定深深感动了巴赫。

然而在两人中,伯姆终是那个更有影响力的老师和作曲家。他那本杰出的《充满机智和骄傲的歌曲》(*Geistreicher Lieder*)出版于巴赫开始跟他学习的那年,很多众赞歌都再次出现在塞巴斯蒂安和长兄不久后校订的精选集里。我们可以欣然相信巴赫"热爱并且研究了伯姆的作品",正如卡尔·菲利普·埃玛努埃尔·巴赫在给福克尔的信中所言,例如装饰华丽、充满感情的《我们在天上的父》众赞歌变奏曲这样的作品。[3]在伯姆的引导下,他第一次接触到了音乐中的"法国品味",这是伯姆的专长,也将在巴赫的音乐世界中扮演丰饶多产的角色。后来,巴赫的管风琴演奏以音栓配合的独特方式("用他自己的方式",埃玛努埃尔这样写道,"震惊了其他管风琴师")为特征,也许就来源于法国式的音色意识,加入到可能是伯姆教给他的管风琴音栓组合方式中。在巴赫后来的管风琴众赞歌 BWV 718、1102 和 1114 中可以听出伯姆的影响,如果我们相信众赞歌组曲 BWV 766、767、768 和 770 "可能是在伯姆关注的目光下写于吕讷堡",[4]就可以更清晰地听到

---

[1] Max Seiffert, 'Seb. Bachs Bewerbung um die Organistenstelle an St Jakobi in Hamburg 1720' in *Archiv für Musikwissenschaft*, Vol. 3 (1921), pp. 123–7.

[2] *Nekrolog*, NBR, p. 302.

[3] 卡尔·菲利普·埃玛努埃尔·巴赫于 1775 年 1 月 13 日写给福克尔的信。No. 803/NBR, p. 398. 英文版中遗漏了关键词"热爱并研究"(*geliebt v. studirt*)。

[4] George B. Stauffer, 'Bach the Organist' in Christoph Wolff (ed.), *The World of the Bach Cantatas* (1997), p. 79.

这一点。毫无疑问，正是因为伯姆，巴赫才能在策勒公爵访问吕讷堡时亲身体验到法国风格的管弦乐团。在他离开伯姆家很久之后，两人依然保持着亲密的联系。

＊＊

正规训练的结束对于巴赫来说是一个关键时刻。他没有父母的支持，也没有钱来继续读大学，甚至没办法继续跟伯姆上课。目前为止，他已经迈出大胆的一步，离家两年进行集中学习。现在，十七岁的巴赫面临着关键的选择：踏上一条时髦的道路（有风险但通常利润丰厚），申请加入汉堡歌剧院公司，像亨德尔一样以此作为获得世界声誉的跳板，并且积累更为丰富的经验；或是投入到他受过专业训练的职业中——成为管风琴师及教会音乐家。在这个问题上，伯姆完全适合提供建议，因为他曾定期作为数字低音演奏者供职于汉堡歌剧院管弦乐团，直到1698年，此后则是兼职演奏者。当福克尔问起埃玛努埃尔，他的父亲（1702年）离开吕讷堡去魏玛的原因时，埃玛努埃尔仅仅回答了一句"我不知道"（Nescio）。[1]另一方面，我们知道巴赫在1702年7月成功地申请到了桑格劳森（Sangerhausen）的管风琴师的职位，然而在11月时，魏森菲尔斯公爵驳回了教会官方决定，他青睐另一位更有经验的候选者。等到圣诞节或不久之后，他已经在魏玛，且被列为约翰·恩斯特公爵二世的侍从（有付给"Dem Laquey Baachen"报酬的记录）。这很难说是他所期待的职位，他需要进一步的指导。[2]后来巴赫自己将其职位描述为"宫廷乐师"，更为堂皇的称

---

[1] BD III, No. 803/NBR, p. 398.
[2] 在桑格劳森的惨败之后，似乎是约翰·艾弗勒（Johann Effler）为塞巴斯蒂安谋得了魏玛的职位，使他在短暂停留期间偶尔取代自己的位置。年长的约翰·艾弗勒是魏玛的宫廷管风琴师，巴赫父亲的前同事，在三十多年里与巴赫家族有着密切的职业纽带。当阿恩施塔特的工作机会（见下文）隐约出现时，他可能也曾替巴赫美言，并且为他1708年回到魏

呼是"萨克森－魏玛亲王的宫廷管风琴师"。[1]最适宜提供建议的人应是来自他出生地爱森纳赫的、他父亲的堂兄约翰·克里斯托弗。他刚刚六十岁,如今是巴赫家族非正式的首领。我们不清楚巴赫是否回归了他的图林根本源,但他有足够的理由这样打算。

在供养生病的妻子和七个孩子而挣扎多年之后,克里斯托弗当下的健康状况很差,塞巴斯蒂安应该知道了这点。在吕讷堡的技艺塑造和汉堡的管风琴之旅带来的兴奋之后,塞巴斯蒂安一定按捺不住想要展示他的新技艺、他那即兴创作的才能,也许还有一些他大胆地想要展现给这样"一位深刻的作曲家"的作品。[2,3]在家族的心脏地带,就他的职业前景咨询克里斯托弗对他来说很正常,他要确保对未来任何空缺的候选人身份都没有阻挡兄弟或堂兄弟(他曾与克里斯托弗最小的两个儿子一起在爱森纳赫上学)的野心,或甚至妨碍家族中更资深的成员。这个过去的顽童,如今几乎已是成年人,与他重逢,克里斯托弗一定在他耀眼的才能中感到直接的骄傲和愉悦,并且很高兴能提供建议。

没有人比克里斯托弗·巴赫更有资格评价塞巴斯蒂安的技艺,也没有人比他更适合与塞巴斯蒂安一起计划如何获取职位。正好,克里斯托弗的连襟马丁·费尔德豪斯(Martin Feldhaus)是阿恩施塔特的市长,他负责监督约翰·弗里德里希·文德尔(J. F. Wender)在阿恩施

玛提供了便利(Wollny, op. cit.)。

1　BD II, No. 7/NBR, p. 40.
2　Young, *The Bachs*, p. 35.
3　巴赫一定渴望亲眼目睹他堂亲伟大梦想的实现:圣乔治教堂中崭新而宏大、拥有五十八个音栓、四个键盘并带踏板的管风琴的落成。巴赫从孩童时就认识其建造者 G. C. 斯特尔金,也许可以追溯到斯特尔金和克里斯托弗·巴赫一起修复那架源自 1576 年的古老乐器,而巴赫在管子中间爬来爬去的时候。后来,在奥尔德鲁夫寄居于长兄的屋檐之下时,他很容易就能拜访斯特尔金的工作坊。如今,十七岁的塞巴斯蒂安已经专业得足以评估斯特尔金建造的新乐器,克里斯托弗声称它——更多的是抱着希望而非实际情况——"越来越接近于完成"。这架管风琴直到四年之后才完工,那时克里斯托弗已经过世。

塔特的新教堂建造新管风琴的工作，很快将需要专业的评估。目睹了塞巴斯蒂安作为演奏者的精湛技艺，以及后来他评估爱森纳赫那架未完成的斯特尔金管风琴时表现出的专业技术（还有与他最近在北德听过并且可能演奏过的宏伟的施尼特格尔管风琴的比较），克里斯托弗一定极有信心地将塞巴斯蒂安推荐给阿恩施塔特的这两项工作——作为文德尔的管风琴的"评估者"，以及作为新教堂的管风琴师，因为这个职位依然空缺。除了塞巴斯蒂安以外，大概还有十位巴赫能胜任这一职位，其中四位是克里斯托弗自己的儿子，还有塞巴斯蒂安的亲兄及从前的管风琴老师，奥尔德鲁夫的克里斯托弗，后者可能是最具实力、最有经验的候选者。[1] 于是，塞巴斯蒂安有很好的理由在1702年夏天从爱森纳赫旅行到奥尔德鲁夫。他的长兄很可能立即就表明，他已经在奥尔德鲁夫安定下来，如果塞巴斯蒂安有机会评估新教堂这一崭新的乐器或者成为其专职管风琴师，自己不会妨碍他。[2] 塞巴斯蒂安也能交给哥哥宝贵的键盘乐手稿，其中包括他的老师格奥尔格·伯姆的十一部作品，还有他的前辈克里斯蒂安·弗洛（Christian Flor）的一些作品，以及当时主要法国作曲家的作品——用以回报哥哥早先的音乐教育，以及对他迁往吕讷堡的默许。这只是兄弟两人第一次为合作的两本当代音乐精选集交换手稿，未来还有多次这样的手

---

[1] 自从克里斯托弗为他那疾病缠身的叔公海因里希代职一年（1690）起，他就与阿恩施塔特这个城镇结下了不解之缘。他的教父克里斯托弗·赫特哈姆（Christoph Herthum）接替海因里希·巴赫成为宫廷管风琴师及城镇管风琴师，在新的职位上有着重要的话语权。赫特哈姆也是既得利益者，他的女婿安德烈斯·伯尔纳（Andreas Börner）正在为新教堂的礼拜仪式演奏，因此近水楼台地有着优先权。赫特哈姆通过婚姻与巴赫家族联系在了一起，令已经复杂的情况更为复杂（他的妻子玛丽亚·卡特琳娜 [Maria Catharina] 是爱森纳赫的克里斯托弗的妹妹）。

[2] 多年来，塞巴斯蒂安的长兄似乎已经在奥尔德鲁夫非常安乐地定居下来，他在职业上的决定是在对妻子继承的遗产的确凿预期上做出的。在1696年时，他已经满怀信心地拒绝了哥达附近的重要教堂提供的取代他的老师帕赫贝尔的机会。多亏他的妻子，11年后，他成为了"房屋与花园"的拥有者，带有6片牧场和7英亩土地。

稿交换。[1]

与此同时，塞巴斯蒂安眼前的道路非常清晰，接受阿恩施塔特的兼任市长马丁·费尔德豪斯的邀请，审查和评估新的教堂管风琴。1703年6月的一天，一架私人马车在魏玛的城堡大门前停下，运送公爵的侍从去往位于西南25英里的阿恩施塔特。费尔德豪斯冒险雇用妻子那十八岁的堂亲，去评判投票决定的用于建造新管风琴的800弗洛林花得是否值得。然而，作为最后一步，阿恩施塔特的任何音乐职位的任命权，都在当地的伯爵，施瓦茨堡的安东·君特二世手中。他一再要求找一位巴赫，这下他可以满足了——能找到的最好的、呼声最高的一位，并且费用非常合理。一抵达那里，巴赫立刻就着手工作，在接下来的几天里他被召唤来运用所有的专业技术：测量风压和管壁的厚度（例如检查文德尔是否用了常见的投机取巧方法，在看不见的管子里用铅替换了锡）；评估簧片的发音，尤其是三根巨大的十六英尺音管，以及触感的品质和按键的反应。我们从埃玛努埃尔那里得知，他父亲试用管风琴时的第一件事，就是习惯性地检查它是否有"良好的肺"："为查明这一点，他会拉出每一个能发声的音栓，尽可能用最响亮最饱满的音质来演奏。这时管风琴的建造者通常都会因为害怕而变得苍白失色。"[2] 最终他表达了对这架新乐器的满意，两周之后，巴赫在魏玛收到了作为检查员的全额费用——来自城市的啤酒税，紧随其后的是新教堂管风琴师职位的确认书：一份在8月9日起草并由伯爵签署的合同。不清楚巴赫如何从魏玛的约翰·恩斯特公爵的雇佣中脱身，但他在8月14日向阿恩施塔特宗教法庭递交了他的接受信，并且在阿恩施塔特的新教堂开始履行他的职责。

1　Wolff, *Johann Sebastian Bach: The Learned Musician*, p. 73.
2　BD III, No. 800/NBR, p. 396.

***

在同年早些时候，就在他的十八岁生日之后，家族接二连三地遭受死亡的侵袭，先是玛丽亚·伊丽莎白（Maria Elisabeth），爱森纳赫的克里斯托弗的妻子，两周后则是伟大的克里斯托弗本人。这位在塞巴斯蒂安·巴赫之前最核心的人物没能活着看到他珍爱的管风琴工程完成，也没能看到他年轻的堂侄引人注目的创造性发展——甚至没有看到他的堂侄职业生涯中很有可能是经他培养和指导的最初几步。随着他的逝去，现在是塞巴斯蒂安超越了那些吹毛求疵的挑剔，显示出了自己在这个音乐家族中有着必须认真对待的音乐天赋（某种意义上，阿恩施塔特的任命就是一种证明）。至此，他不仅显示出战胜逆境的强烈本能，还有一心一意的专注。一种普遍观点认为，才能基于天生的能力，这能够确保其拥有者胜出；然而巴赫年轻时的故事显示出，才能的培养多么有赖于机遇和计划。如果没有老克里斯托弗鼓舞人心的出现，塞巴斯蒂安的音乐培养就可能会缺少重要的初始火花，变得乏味许多。如果不是由于父母过世而成为长兄的学徒，他的键盘演奏技能可能会沉睡多年，可能也不会有成熟的技术和足够的信心离开家园，申请第三位导师格奥尔格·伯姆的指导。如果没有伯姆，想要进入汉堡丰富多彩的国际化音乐生活，接触到新的歌剧院和许多上等的教堂管风琴都会难得多。如果不是因为有机会近距离观察伟大的管风琴建造师阿尔普·施尼特格尔，聆听伯姆的老师约翰·亚当·赖因肯演奏这些上等的管风琴，他也许就不会有坚实的才能和资格，能在如此年轻的时候被认真考虑委以阿恩施塔特的职位。这些只是巴赫生活中的既定事件——他童年时和学校教育中可以核实的境遇、他研究和模仿过的作品，以及他自己即将开始谱写的音乐——之间一系列似乎合理的联系中最初的部分。作为孤儿，不得不依靠自己的内在力量度过大部分的青少年时期,又被力图出类拔萃的明显野心和如饥似渴的音乐好奇心推动,在十八岁时,塞巴斯蒂安已经超越了他的同龄人们——出生于1685年或者这一年前不久,有着杰出天分的一群作曲家。

第四章

1685 年团体

只有人是他选择成为的人。他成为自己渴望成为的人，做取悦自己的事。

——詹巴蒂斯塔·维柯，《开学典礼演讲》(Le orazioni inaugurali) 第三篇，那不勒斯，1700[1]

1703年，三位未来将取得巨大成就的音乐家都是十八岁，他们分别是多梅尼科·斯卡拉蒂（Domenico Scarlatti），约翰·塞巴斯蒂安·巴赫以及后来自称为格奥尔格·弗里德里希·亨德尔的那一位。先于他们两年出生的是法国人让－菲利普·拉莫，而这个六人团体里最年长（也是他们时代最著名的）两位，约翰·马特松和格奥尔格·菲利普·泰勒曼则出生于1681年。今天看来，令我们印象深刻的是，其中至少四位对于后来的标准演奏曲目产生了决定性影响，直到今天。这些曲目通往海顿、莫扎特以及后来者，其中前三位在19

---

[1] 身为那不勒斯皇家大学的修辞学教授，维柯还坚称，人类表达的首要途径是歌唱。这种惊人的人类学论断后来受到追捧，这与歌剧的创始者们认为，音乐能够以令人信服的表达力量赋予历史人物或寓言人物以生命的观点形成映照（Scienza nuova [1725], I. 2. lix）。

世纪被赋予了身后不朽的典范地位。当然，在当时别人并不是这样看待他们的；相反，他们作为缺乏经验的音乐家刚刚进入公众审视的目光下，形象各异，状态不同。在斯卡拉蒂和巴赫的音乐中不难分辨出对音乐的遗传倾向性（如我们在第三章中讨论过的），对其他人来说，有意识的选择是必要的，即便有明确迹象显示出早期的天资（如马特松），或者显示出天才与父意的对抗（如泰勒曼），以及程度更轻一些的亨德尔和拉莫。然而，无论如何，十八岁根本不是向世界宣告自己的"作曲家"身份的时候。浪漫主义的陈词滥调一个世纪之后才会出现，人们才会认为作曲家是一个孤立的创造性天才，在孤独的阁楼里与内心的恶魔斗争。

1685年团体本质上是手工艺人，以及多才多艺的全能音乐家。他们同时也是才华夺目、技艺精湛的演奏家。巴赫、亨德尔和斯卡拉蒂近乎被认为是他们时代最重要的键盘大师，其后不久则是拉莫。拥有天赋、多重技能、工匠技艺和键盘专长等诸多特质，他们完全有理由对进入音乐行业信心十足。作曲家和理论家之间的分工不像后来那么严格，划分作曲家和演奏家间的隔膜也不存在。区分1685年团体和上一代人的，既是他们展示出的特殊潜能，也是在他们面前展开的新机会，两者几乎一样多：他们是最早看见持久战争的阴霾渐远，跟自己有一水之隔的那批音乐家，而战争在上世纪大部分时间里摧毁了他们祖辈和父辈通过音乐获得安稳生活的努力。四十年后，在不那么危险的环境中，塞巴斯蒂安·基希迈尔牧师指出，"大部分人只热爱并乐于学习那些装饰并填充钱包的艺术，不然就是那些能够获利的。"[1]

那么，这六位音乐家中，哪一位被作曲形式的权威人士在1703年认为是注定要在未来获得名声和荣耀的领先者呢？泰勒曼是绝对

---

[1] Foreword to Georg Falek, *Idea boni cantoris* (1688), cited in John Butt, *Music Education and the Art of Performance in the German Baroque* (1994), p. 25.

G.利希滕斯特格尔（G. Lichtensteger）所作的格奥尔格·菲利普·泰勒曼（1681—1767）的版画，泰勒曼是巴赫同龄人中最为多产的一位，在当时被尊为18世纪上半叶最重要的德国作曲家。

的宠儿。他二十二岁就已经进入盛期，早早显示出在"形式"上的潜力。作为马格德堡（Magdeburg）一位受过大学教育的教会执事之子（父亲在泰勒曼四岁前就过世了），部分是自学音乐，[1]他称早在十二岁时他就写了第一部歌剧。1701年，他故意把所有音乐材料（乐器和作品）留在家里，只带一部作品，怀着坚定的信念去了莱比锡，开始在保林那大学（Pauliner College），据他说，学习法律。他的室友无意中发现了唯一的那部作品，消息很快传开，说他们当中有一位水平卓越的音乐家。紧接着，我们发现泰勒曼在之后的礼拜天，开始在圣托马

---

[1] 值得一提的是，在他的三部自传中，泰勒曼没有提到马格德堡乐长之外的任何老师，尽管他显然受到采勒菲尔德（Zellerfeld）及希尔德斯海姆（Hildesheim）的校长的鼓励而进行自学。迄今为止，无人能够解释他是如何学到斯特凡尼（Steffani）、罗森穆勒及卡达拉（Caldara）的创作风格，唯一的解释是，"模仿"是当时教育方法中根深蒂固的特征。

1685年团体

斯教堂演奏他根据《诗篇》6所作的音乐作品；接着又被莱比锡市长委任每两周写一首新的宗教康塔塔，在教堂演出，而这令乐长约翰·库瑙（Johann Kuhnau）非常恼火；接着建立了音乐协会——一支颇有造诣的半职业管弦乐团，一度"时常聚集起多达四十名学生"（他显然有着吸收有才华的学生音乐家到自己的圈子并且抓住他们注意力的诀窍）；后被任命为新教堂的第一管风琴师和音乐主管；最终在二十一岁时被提名为莱比锡市民歌剧院的音乐主管。在三年里，他名下至少有四部歌剧。难怪库瑙气急败坏将他贬低为"歌剧音乐家"。[1]

在南面更远处，作曲形式方面的专家们，对血统纯正的那不勒斯人多梅尼科·斯卡拉蒂表现出的前景和丰富的才能充满期待。他无疑出身于音乐世家：在他父亲、杰出的作曲家亚历山德罗身边学习和工作，十六岁之前就被任命为那不勒斯皇家礼拜堂的管风琴师和作曲家；在佛罗伦萨待了四个月之后，十八岁时回到他在那不勒斯的岗位，并且忙于创作他最早两部歌剧。然而，按照亚历山德罗的看法，无论是那不勒斯还是罗马，对他的儿子来说都不够好。很快他就被送往威尼斯，这里仍然是歌剧创作的中心地，如同一百年来一样。出于后见之明以及考虑到多梅尼科后来的名声——并非作为歌剧作曲家，而是作为璀璨夺目、独具创意的键盘奏鸣曲的作曲家闻名于世——他父亲不愿捆住年轻"雄鹰"的誓言，呈现出辛酸和预言性的一面。

让-菲利普·拉莫早年则显得不入流。尽管思维敏捷，但他的学业成绩据说非常糟糕；不过他后来萌生的对歌剧的兴趣，其种子也许就出现于这一阶段，在他的耶稣会会士教师们的奇怪举措下，说教式音乐戏剧成为了教学课程的一部分。拉莫决意要成为音乐家，从

---

[1] 在这种竞争的表象之下，埋藏着大学生与其他临时人员在莱比锡教会礼拜音乐中地位之争的种子。教会工作人员与圣托马斯唱诗班人员不足得到填补，而这种复杂的交换体系也将在未来，为库瑙的继任者约翰·塞巴斯蒂安·巴赫招致烦恼（见第八章）。

他那位管风琴师父亲同意他十八岁时离开第戎（Dijon）去意大利学习音乐起，对于他进入法律行业的愿望就破灭了。在米兰学习了几个月之后，他离开了，作为"最好的小提琴手"加入了巡回剧团的音乐家们，而对于他在意大利的音乐训练的程度和质量，我们一无所知——只知道他曾后悔这段学习太短。回到法国后，他先在阿维尼翁大教堂担任管风琴师一段时间，后来，从1703年开始，在克莱蒙费朗（Clermont-Ferrand）做长期工作，在那里他开始创作出版于1706年的《羽管键琴曲集第一卷》。拉莫后来被公认为当时音乐的科学方面最重要的专家，五十岁时，作为巴洛克晚期最为独特的音乐声音，他将成为法国歌剧史上抒情悲剧（tragédie lyrique）和芭蕾歌剧（opéra-ballet）领域最重要的大师，尽管当时很少有人能预料到这一点。

约翰·马特松是汉堡一位富有的税务员的儿子，他是一个神童。六岁起，他开始接受私人音乐教育，学习键盘、各种乐器和作曲。九岁时他就在各大城市的教堂里用高音演唱自己的作品，自己用管风琴伴奏，那时他甚至还够不着踏板。汉堡的白鹅市场歌剧院作为商业公司创办于1678年，是在意大利以外的第一家公共歌剧院。十五岁时马特松就在这家剧院表演，演唱很多主要的女性角色。十六岁时，他逐渐变为男高音角色，并且开始写歌剧。十八岁时他在自己的《昴宿星，或者七星》（*Die Plejades, oder das Sieben-Gestirne*）中扮演剧名角色。在他极少的谦逊声明中，马特松那时是汉堡歌剧院的首要人物，他在那里一直工作到二十三岁，因为那里能够为作曲提供"最好的机会"——远胜于传统音乐学院所能教给他的。[1] 他在1700年声称，作曲家的目标，是要创作出能引起"特别强烈、重要、持久且深刻的情感"的音乐，尽管他自己的《高尚的波森纳》（*Der edelmüthige*

---

1 Mattheson, *Grundlage einer Ehren-Pforte* (1740), p. 189.

歌唱家、作曲家、评论家和音乐理论家约翰·马特松（1681—1764）的金属版画，据约翰·所罗门·瓦尔（Johann Salomon Wahl）的肖像画所作。

Porsenna, 1702）离他追求的目标还很远。[1] 马特松也许太自作聪明，然而精明的投资者还是把钱投在了这个精于世故又受过教育的博学者身上。后来，他从实践经验的角度论说音乐，不仅作为观察者，同时也作为一个受过训练的专业人士。他认为歌剧院对于市民的自豪感来说必不可少，是一种必需品，如同高效的银行一样："后者提供普遍的安全，前者提供教育和精神恢复……有最好的银行的地方，也要有最好的歌剧院。"他坚持道。[2]

---

[1] 通常认为马特松的音乐在"二战"中汉堡轰炸时被毁，而且无论如何，他的歌剧可能就像是赖因哈德·凯泽尔（Reinhard Keiser）作品的苍白影子。后者的作品有时用本国语写就，有时用意大利语，有时则是德语宣叙调与意大利咏叹调的古怪混合体。然而，2005 年在波士顿对马特松《鲍里斯·戈都诺夫》(*Boris Goudenow*, 1710) 的一次重演，似乎对他作为歌剧作曲家的天赋带来了略为积极的印象。这部作品与其他作品一起，在莫斯科和圣彼得堡重见天日。

[2] Mattheson, *Der musicalische Patriot*, (1728), p. 178.

亨德尔在音乐上的开端几乎同样大有前途。他那上年纪的父亲，曾是哈雷（Halle）的萨克森－魏森菲尔斯公爵的外科医生和侍从，（哈雷在三十年战争中损伤严重，并且刚刚被普鲁士吞并），据称他反对儿子进入音乐行业，视这种职业为"小商贩的吆喝，在其他一切都无望时的廉价推销"。但这很可能是一种讲给家人和学生听的童年轶事，如同我们在巴赫那里遇到的情况一样——为了渲染经历贫穷的童年，下定早期的决心冲破艰难险阻追求选定职业的形象，这是在当时音乐家传记里以及沃尔夫冈·卡斯帕·普林茨（Wolfgang Caspar Printz）的小说中（尤其是《科塔拉：音乐家的烦恼》[1690]）不断出现的主题。事实上，亨德尔在哈雷受到的音乐教育在很多方面都是幸运的。他有幸跟随弗里德里希·威廉·查豪（Friedrich Wilhelm Zachow）学习键盘和作曲，后者是圣母教堂革新的管风琴师，也是当地音乐家唱诗班的总监。除了查豪的私人指导以外，作为补充的有哈雷的副乐长约翰·菲利普·克里格（Johann Philipp Krieger）那富有想象力的德语和拉丁语教会音乐，以及亨德尔在他的意大利旅行中编订的那些作品（在他搬到魏森菲尔斯之前卖给了圣母教堂），[1]还有让亨德尔形成了对德国宫廷歌剧的第一印象的那些戏剧作品。在虔信派教士禁止在哈雷使用拉丁文本的宗教音乐之前，在那里能够接触到各种类型的当代意大利音乐，包括宗教音乐和歌剧音乐，这可能逐渐灌输给年轻的亨德尔一种强烈的欲望，想要追随克里格的脚步，翻越阿尔卑斯山，到它的源头去体验意大利音乐。

这种更具世界性和世俗性的视角，可能使亨德尔在这一阶段比巴赫更有优势，尽管作为绝对的同龄人，他们的基础教育有很多相似

---

[1] 17世纪70年代，克里格曾在威尼斯随约翰·罗森穆勒学习过几年。他继续创作了十八部德文歌剧以及超过二千部宗教康塔塔，其中现存的只有七十六部，但足以判断出他对年轻的亨德尔造成的影响。

之处，并且都灌注着路德宗信仰的世界观。1702年，在他十七岁时，就已经考入了哈雷大学，他"一定在大学意识到了哲学的强烈进步"，这种趋势以克里斯蒂安·托马修斯（Christian Thomasius）和后来（在亨德尔离开后）的克里斯蒂安·沃尔夫为代表，使得哈雷成为"德国启蒙运动的中心之一"[1]——而此时的巴赫在吕讷堡上完学之后，没有相应的经济能力继续他的正式教育。第二年春天，也许出于他的新朋友泰勒曼的建议，亨德尔在音乐上的抱负"驱使他冲出哈雷的狭隘局限，脱离那种琐碎的积怨和贪图利润的自鸣得意"，使得他背起行囊去往汉堡，"他完全依靠自己，抱着追求进步的信念"，正如他的第一位传记作者约翰·梅因沃林（John Mainwaring）所言。[2]幸运的是，在此之后他很快就遇到了（年长他四岁的）马特松，后者声称是他在这座城市的冒险中精于世故的指引者。"亨德尔在1703年夏天来到汉堡，拥有的仅仅是才能和热望，"马特松后来以他自己的经典方式这样写道，"我几乎是他结识的第一个人。我带他参观这里所有的唱诗班和管风琴，使他了解这里的歌剧和音乐会。"[3]8月里，他们一起到吕贝克旅行——充满了友爱之情和吹嘘逞能，"在马车里创作无数的二重赋格"以显示胜过对方的聪明才智——表面上是去竞争布克斯特胡德在圣母教堂的管风琴师职位。然而出现了意外的困难：迎娶即将离职的管风琴师那成熟的女儿显然是交易的一部分，两人都避开了，在那方面都毫无"最轻微的商量余地"。亨德尔也曾有两次机会成为巴赫那样的德国教会音乐家，两次他都拒绝了，他感到——无疑出于马特松的力劝——歌剧的神奇世界有着更强的诱惑。

1　B. Baselt, 'Handel and His Central German Background' in *Handel: Tercentenary Collection*, S. Sadie and A. Hicks (eds.) (1987), p. 49.

2　Newman Flower, *George Frideric Handel: His Personality and His Times* (1923), p. 40; John Mainwaring, *Memoirs of the Life of the Late George Frederic Handel* (1760), p. 28.

3　Mattheson, *Grundlage*, p. 93.

17世纪70年代末,汉堡的白鹅市场歌剧院的开幕对于有野心的北德音乐家来说,如同一块磁石。这是未来职业生涯的基础——风险很高,然而回报丰厚。马特松、亨德尔和泰勒曼在不同的阶段都被吸引到汉堡及其歌剧院,并且前两者都在此成为赖因哈德·凯泽尔的学徒。作为一个才华横溢、作品丰富的作曲家,凯泽尔似乎给人以浮躁和稍许放荡的形象,受到他的同辈席伯(Scheibe)、马特松和哈斯(Hasse)极大的仰慕。在查尔斯·伯尼(Charles Burney)看来,他的重要性在于展示了"多产的创造中的活力和研究与表达的准确性"。巴赫肯定开始了解到他的音乐,也许就是借鉴了凯泽尔的做法,在他的受难曲中以充满戏剧性的方式运用了咏叙调。对于此时的亨德尔来说,我们只知道马特松那不太可信的见证,在他1703年到达汉堡时,"他写了长得要命的咏叹调,还有没完没了的康塔塔,既没有用合适的技术,也不符合合适的品味,尽管在和声上是完整的,然而歌剧高高在上的风气一下把他拖入到不合时宜的境地"。[1]尽管处于危险的负债状态,加上管理上频繁变更,并且极易受到周期性社会动荡的影响,汉堡歌剧院依旧如灯塔般屹立,为初露头角的音乐家提供机遇和就业。遭到警惕的教士(或者"圣经警察",他们偶尔被这样提及)不断攻击,意味着宗教主题有时会作为妥协手段来提供。然而盛行着一种古怪的折衷主义,德语的宣叙调连着华丽的意大利语咏叹调,这为学习并且沉浸于最新的意大利语和法语的习语提供了机会。据马特松所言——他只会想着汉堡——一座市民歌剧院就是一所"音乐大学",一间为演奏者和作曲者提供实验机会的实验室。[2]

---

[1] 同上。
[2] 马特松曾在别处表达过对歌剧内在价值的信念:"一座好的歌剧院简直就是一所艺术大学——建筑学、透视法、绘画、机械、舞蹈、表演、伦理、历史、诗歌,尤其是音乐——一切都立即结合在一起,为了取悦并启迪卓越而聪颖的听众而持续不断地重新试验。然而,没有像歌剧这样设计精良的苗圃……最优秀的音乐和最劣质的音乐终将损毁而消亡。事实上,甚至

1685年团体接近歌剧世界的不同途径，暗示了他们的兴趣、取向和理想的范围。在当时的自传体作品中，强调在旅行中不知疲倦地搜寻歌剧院被视作时尚要务。所以，泰勒曼觉得我们应该知道，仅仅为了亲身体验歌剧，作为一个少年，他一路旅行至布伦瑞克（Brunswick）和柏林，却得以"在朋友们掩护下进去，因为外来者很少能被允许进入"。歌剧"像暴风雨一样"就在他嘴边徘徊，他这样告诉我们。如今他二十一岁，已经自己掌管莱比锡的一家歌剧院。有马特松在身边，亨德尔满怀信心地踏进汉堡白鹅市场歌剧院，在赖因哈德·凯泽尔的管弦乐团里谋得了小提琴手的职位。与此同时，多梅尼科·斯卡拉蒂正在做着相反的事：悄悄挣脱父亲的掌控，并摆脱被塞进歌剧世界的计划。拉莫——从长远来看，他将证明自己是这五人中最具独创性的歌剧作曲家——可能还没有考虑过这个问题。[1]

尽管1685年团体出生在不同的音乐文化中，歌剧给他们提供了共同的美学或习俗框架。巴赫是个例外。如我们早些时候看到的，他在此时有足够的理由被吸引到汉堡。他离开吕讷堡的几次旅行，其动机在本质上与任何年轻的乡村管风琴师，例如约翰·康拉德·罗森布什（Johann Conrad Rosenbusch）在这段时期去往汉堡的目的并无二致——"通过跟随其他著名艺术家学习，以使自己在未来变得技艺娴熟，如果可能的话，碰碰运气"。巴赫作为键盘演奏家的高超技艺，如福克尔所言，可能使他倾向于"尝试去做、去观察和聆听任何在他看来有助于使他得到提高的东西"。[2] 但没有证据表明他将自己的造访局限于

在教堂里都不再有长久的位置。歌剧的衰落导致了音乐之精华的没落。"马特松几乎不假思索地补充道："歌剧是音乐大学，音乐会是文法学校，教堂是其天职所在，而天堂则是其永恒之地，的确如此，可谓其永恒的位置与声音"（*Die neueste Untersuchung der Singspiele* [1744], pp.103–4)。

[1] 合理的假设是，他们都赞同激情或者"情感"的持续用途，用于"强化并延长灵魂中的思想……否则可能会被轻易擦除"（Descartes, *Les Passions de l'âme* [1649])。

[2] NBR, p. 426.

教堂，将歌剧院视作"歌剧这扭曲的毒蛇"的巢穴而故意避开；[1]也没有证据表明，对于亨德尔很快将在其中寻求的机会，巴赫"冷漠地"置之不理。[2]撰写他讣告的人没有提及汉堡歌剧院或者与其中显赫人物赖因哈德·凯泽尔的任何接触，但并不意味着巴赫"那时对歌剧并没有特别的兴趣"。[3]我们之前注意到，他在吕讷堡时的老师格奥尔格·伯姆夏季时在那里弹奏羽管键琴数字低音，[4]他能够接触到赖因哈德·凯泽尔以及白鹅市场歌剧院的全体人员，以及圣凯瑟琳教堂的约翰·亚当·赖因肯，北德管风琴师的元老。赖因肯本人就是歌剧院的合作发起人之一，也是理事会的负责人之一。他们中任何一个都可以轻而易举地陪伴巴赫，写介绍信让他进入凯泽尔的剧院，甚或安排他参与凯泽尔在1700年到1702年间为汉堡写的十二部歌剧中任何一部的演出。我们可以猜想，天生的音乐好奇心会将巴赫作为听众吸引到这个圈子里，即使早期传记作者认定的那种固有的羞怯会阻碍他进入

---

[1] 这是约阿希姆·葛斯登布塔（Joachim Gerstenbüttel）的描述，这位极端保守的音乐指挥掌管着汉堡五座重要教堂（F. Krummacher, *Die Choralbearbeitung in der protestanischer Figuralmusik zwischen Praetorius und Bach* [1978], p. 199）。据巴赫未来在莱比锡的同事约翰·克里斯托弗·戈特舍德（Johann Christoph Gottsched）言，歌剧"通过猥亵的文字、温软的音调以及歌剧男主角和他们的'女神'粗鄙的举动倾泻出毒液"（Philip Marshall Mitchell, *Johann Christoph Gottsched [1700-1766]: Harbinger of German Classicism* [1995], p. 37）。这是在巴赫的传记中往复出现的主题。施比塔称歌剧为"德意志土壤上的外来植株，枝繁叶茂却空洞无果"，他轻蔑地描述"这些华而不实、令人毫无兴趣的幻景"，将歌剧作曲家和"一些富有活力且极具才华的艺术家"相比较，后者"如果被要求挥霍自己的才华，为一群无情的众人提供琐碎的娱乐，他们可能会把整个世界都笑掉了"（*The Life of Bach*, Clara Bell and J. A. Fuller Maitland [trs.] [1899 edn.], Vol. 1, p. 467）。这种道德高地持续到了更晚的作品中，包括马尔科姆·波伊德（Malcolm Boyd）将图林根（暗指巴赫）"对歌剧的抵制"归因于"强烈的路德宗传统"（M. Boyd, *Bach* [1983], p. 27）。这与德国历史学家们不断坚持的德国文化应该抵制外来影响的污染之观念仅一步之遥。

[2] Philipp Spitta, *The Life of Bach*, Clara Bell and J. A. Fuller Maitland (trs.) (1899 edn), Vol. 1, p. 200.

[3] Christoph Wolff, *Johann Sebastian Bach: The Learned Musician* (2000), p. 65.

[4] 从1694年复活节到1695年忏悔星期二，"贝姆"（Behm）这个名字一直出现在歌剧院承租人雅克布·科瑞姆贝尔格（Jakob Kremberg）的债务登记簿上（W. Schulze, *Die Quellen der Hamburger Oper 1678-1738* [1938], p. 158）。这大约是在伯姆于1698年8月被任命为吕讷堡的圣约翰教堂管风琴师之前三年。

1685年团体

人际关系网，这种关系网是在一个压抑的世界里获取成功所必须的，而这个世界的目的就是满足"（其）个体演奏者的虚荣心"。[1]

然而有这种可能，巴赫曾经小心翼翼地伸脚在歌剧世界中试水，然后退缩了——并非出于路德宗的过分拘谨，而仅仅是因为他听到的音乐没有打动他。他也许欣赏并借鉴过凯泽尔对管弦乐色彩和绘词法的运用，[2] 同样，那局促的结构、连贯的调性安排上的缺陷、音乐主题上的持续不足，以及歌剧中易有的回避和妥协，很可能使有着巴赫这样目的严肃的音乐家不抱任何幻想。[3] 结果，他选择远离当时大多数作曲家求之不得的发展道路。至此，巴赫所接受的独特训练，强调全神贯注的路德宗精神，意味着总有一个裂缝分隔着他和同龄人的见解、关注和期望，它最后会变为巨大的鸿沟，因为每个人都固执地坚守着各自的道路。

因此，1703 年的音乐"庄家"们，会觉得巴赫缺少在歌剧方面的

---

[1] Spitta, *The Life of Bach*, Vol. 1, p. 468.
[2] 的确，根据马特松的说法，凯泽尔是最先——当然还有他自己——采用"雄辩而理性的方式为文字谱曲"的作曲家。后来卡尔·菲利普·埃玛努埃尔·巴赫认为凯泽尔在"旋律的美感、新颖性、表现力和令人愉悦的特质上"堪与亨德尔相匹敌，并且将凯泽尔列为他父亲晚年"高度尊重"的十位作曲家之一（NBR, pp. 400, 403）。
[3] 如果接触到的第一部歌剧讲述的是当地两位著名的汉堡海盗那令人毛骨悚然的故事，谁会不反感或是焦躁呢？这正是凯泽尔那部双层歌剧《施多特贝克与约尔格·米夏埃尔斯》(*Störtebecker und Jödge Michaels*)，于 1701 年连续几晚上演。凯泽尔另两部双层歌剧，一部基于尤利西斯的故事，另一部则关于俄尔甫斯的传说，还有《丰饶果树女神的胜利》(*Der Sieg der fruchtbaren Pomona*)，在 1702 年接踵而至，同时出现的还有马特松那部冗长枯燥的《高尚的波塞内》(*Der edelmüthige Porsena*)。凯泽尔在 1703 年的剧作则包括一部聚焦于克劳狄乌斯皇帝之性与国家利益窘境的罗马古装剧，这是汉堡歌剧中第一次融入意大利文咏叹调。此外还有一部依据《圣经》而作的戏剧，刻画所罗门的"智慧战胜生活"，其中八首咏叹调都是舒尔曼所作。总的来说，这些"歌剧"可能就是流行的风格与语言的混合体之典型，成为剧院在一个晚上的节目的一部分。这表明，作为第一座商业歌剧院的负责人，凯泽尔首先仰赖于公众的支持才能清偿债务，他承认不得不将剧院开放给乡巴佬和底层人——但绝不向"没品的人"(*den mauvais goût des Parterre*, 见关于其歌剧 *La fedeltà coronate* [1706] 的通告)屈服，他颇为戒备地说道。

雄心，自然而然地将他视为毫无竞争优势之人。与歌剧赞助人来往通常带来的社交上的推动，失去这些，职业生涯的前景就不会那么光辉灿烂。但这并不意味着巴赫远离了，或者不知道那时已形成的歌剧"这东西"的状况，更不用说在将来当自己需要的时候，仍然不愿意在自己的作品中运用这种技巧。弗里德里希·布鲁姆（Friedrich Blume）半个世纪前得出的结论在今天依然有效："有这样一种可能，年轻的巴赫在这里（汉堡歌剧院）吸收了影响，然而直到后来才结出了果实，由于从1714年起，巴赫在他的康塔塔中展露出高等级戏剧家的水平，而在1702到1714年间他几乎没有任何其他机会熟悉歌剧世界，这个假设属实的可能性更大了。在他的康塔塔中，从很多地方都能看出这个世界对他来说并不陌生。若不是来自他在吕讷堡那段日子以及他到汉堡的旅行，又会是从哪里得来的呢？"[1] 很快我们就会看到，在创作更为戏剧性的宗教康塔塔和受难曲时，巴赫利用了歌剧的一个变种来达到效果。

他的同龄人群体中的其他人，无疑都会承认伯尼后来所假设的基本共识，即歌剧是当时占统治地位的艺术形式，而意大利式歌剧是其唯一正确和纯正的品种。因此，任何有声望的作曲家，若对戏剧有兴趣，迟早都会写一部歌剧。[2] 很多音乐史学家据此推断出，在兴起最初的百年间，歌剧逐渐地"日臻佳境"。相反，在17世纪，叙事连贯

1　F. Blume, 'J. S. Bach's Youth', MQ, Vol. 54, No. 1 (Jan. 1968), p. 7.
2　与此相关的，是科蒂斯·普莱斯（Curtis Price）所称的"可疑的17及18世纪英文音乐戏剧演变史"，以及存在问题的"对意大利风格的歌剧是音乐戏剧的巅峰，而那些歌曲与言语的混合体则必然低劣的论断"（*Henry Purcell and the London Stage* [1984], pp. 357, 3）。加里·汤姆林森（Gary Tomlinson）尽力扭转音乐学家们"对歌剧史进行一般化"的倾向。相反，他察觉到其中"变动不居、微光闪烁的形而上学"，提出"歌剧风格演唱的效果构成了经过强化的表达所带来林林总总的人类体验中的一个亚种……尽管我们习惯性地视其为一个整体的进程，歌剧的历史可能更应被重新看作一系列形形色色的表现，在文化结构的基本层面上、在以更为古老、深刻而广阔的推动力来传达包含了隐形领域的世界的秩序的基本层面上各不相同"（*Metaphysical Song* [1999], pp. 157, 5, 4, 5）。

性的削弱使其苍白乏力，最初由对比产生的充满活力的感觉也减弱了，歌剧实际上日渐衰退。1685年团体出现的直接背景，是另一种有机形式的狂热创造性发展，我们不能将其等同于歌剧，尽管它有着很多相同的特征。17世纪音乐天才的四个代表人物，蒙特威尔第、许茨、夏庞蒂埃（Charpentier）和普赛尔——各自来自不同的国家，都有幸拥有生动的戏剧想象力、对语言的敏锐感知以及非凡的音乐创造力——他们力图掌控涌动的才华，为其寻找新的表达方式。他们的作品赋予诗文以戏剧性生命，不仅在主流形式中，也在变体形式和次要形式中出现：在清唱剧、《圣经》对歌和神迹剧（histoires sacrées）中，也在各种以"戏剧风格"创作的世俗音乐中，这种风格并不一定要用于歌剧舞台。因此，当我们说大约在1700年，歌剧"无处不在"时，意味着两层广泛的含义：一方面，意大利式歌剧发展至此，转向描述道德力量的梅塔斯塔齐奥式（Metastasian）戏剧理想，用诗歌风格适应声乐线条；另一方面，深度探索包含和表达强烈的人类情感的能力的戏剧音乐，已经通向了有着惊人的原创性的创作道路。[1]出于很多原因，后者不需要，或者在某些情况下，实际上是排斥传统戏剧模型中的场景表现。1685年团体正是面对这两极的第一代人，他们要在其中选择或寻求一种结合。我们定义1700年前后的歌剧的方式，不仅有助于我们了解巴赫和他那些才华横溢的同龄人在职业生涯开始时面临的选择，也能说明在18世纪早期的社会中，界定了音乐的地位变迁的文化环境。

1　　这并不意味着意大利诗人彼得罗·梅塔斯塔齐奥（Pietro Metastasio, 1698—1782）不热衷于在他的歌剧脚本中刻画人类的激情。他将激情视为"横渡人生之洋所必须的风"，并且赞同笛卡尔的观点（Les Passions de l'âme），认为所有的激情"本身都是好的"，"除了被邪恶利用或是滥用以外，我们无需逃避"。

***

通往这个定义的道路从16世纪后半叶的某一刻开始，伴随着可识别的"音乐戏剧精神"的出现——有且只有一种表现形式通向通常被归为歌剧的那种形式。将这种体裁的开端追溯至1600年，并将其范围缩小到"宫廷歌剧"，这是很省事的。我们应当记住这一点，无论在任何阶段，其先驱者从未将他们的作品称为"歌剧"，甚至没有称作"音乐戏剧"（drammi per musica）。他们完全陷入了探索所谓"用旋律说话"的博大精深的技巧中，首先考虑的不是表达戏剧动作的音乐手段的一致性。实际上，他们不能为这种新体裁想出一个名称，这暗示了某种程度的不确定性，或者至少是不清楚他们所创造或重新创造的究竟是什么。相应地，我们应该慎将后人关于典型的歌剧的观念——荒谬、豪华，易出现坏脾气的歌剧红伶以及自我放纵——投射到他们的实验性作品上。并不是说佛罗伦萨卡梅拉塔社（Florentine Camerata）能突然把"歌剧"从原生汤（primordial soup）中解救出来：需要一位杰出的音乐家——一位作曲天才——理解这种新体裁中丰富而又粗糙的混合物，并且用令人信服的戏剧线索将它们结合在一起。在世纪之交，并没有足以保持听众注意力的纯粹音乐上的兴趣，也没有足以为文本提供并塑造歌唱旋律的新形式。朱利奥·卡契尼（Giulio Caccini）在《诱拐刻法罗斯》中断送了上好的机会，用绵延不绝的单调的宣叙调烦透了佛罗伦萨的观众。尚没有人想到连贯的音乐风格能够确保音乐的连续性和清晰的结构分段。

令人惊叹的是，克劳迪奥·蒙特威尔第在他为舞台创作的第一部通节歌曲式作品《奥菲欧》（L'Orfeo）里，提供了所有这些缺失的要素。这部作品于1607年在曼图亚宫廷上演。他认识到佛罗伦萨人所称的"新音乐"中尚未开发的潜力，就是允许歌手的声音在器乐低音线上方自由发挥，只要保证有合适的和声支持即可。旋律轮廓和节奏类型不必再被僵硬的复调结构所束缚。在《奥菲欧》之前，无人抓住这种潜在的自由加以操纵，也没有用来为歌手设计富有表现力的旋律起伏，激发自然的活力迸发：急速奔腾、缓缓拖延或剧烈冲撞，和拨弦数字低音乐器有韵律的节奏与规则的琶音形成对比。正是在《奥菲欧》中，蒙特威尔第实现了决定性的创造性飞跃——从一部打算被演唱而非自始至终说话的牧歌剧，升华成为包含着由音乐激发和强化的情感的音乐戏剧。不仅对对白进行了戏剧化处理，歌唱剧的剧本也与音乐的状态相接近。蒙特威尔第窃取了佛罗伦萨卡梅拉塔社的外衣，将最初穿戴者的不足暴露得一览无遗。《奥菲欧》中的激进主义，今天的观众也未必能全然意识到。在这个时代，人类的情感生活成为最有魅力的话题——哲学家和剧作家们试图阐明激情在人类命运中起到的作用，委拉斯开兹（Velázquez）、卡拉瓦乔（Caravaggio）和伦勃朗（Rembrandt）这些风格不同的画家们都致力于描绘男人和女人们的内心世界——蒙特威尔第从同时代作曲家中脱颖而出，始终如一地探索和发展"模仿"与"表现"这样的音乐主题。现在我们把《奥菲欧》称作歌剧，并将其视为这一体裁的开端，但这是因为我们是通过瓦格纳（Wagner）或威尔第的视角回溯。对蒙特威尔第而言，这是"用音乐讲述的故事"。令当时的观众惊奇的是，"所有的演员都是唱出来的"，卡洛·马格诺（Carlo Magno）在1607年这样写道，这表明他不知该如何描述这种新的"歌唱吟诵"风格。[1]的确，蒙特威尔第在以一种全新的音乐视角绘制新的音乐地形图，这种音乐能够追求自身的生命，会影响下个世纪的音乐创作，并且对于巴赫的发展起着间接但决定性的影响。

---

[1] Iain Fenlon, 'Monteverdi's Mantuan Orfeo', *Early Music*, Vol. 12, No. 2 (May 1984), p. 170.

***

在感官由于对视觉、听觉和触觉刺激的感受能力而发生变化和碰撞的方式中，有着某种潜意识的暗示，这可能是那种焦虑产生的根本。1600年教派分裂的双方的神职人员都感觉到，宗教披上了世俗戏剧的外衣。他们因"歌剧的"技巧在自己的院墙内和礼拜仪式中渗透而感到愤怒。正如音乐家一贯的做法，当时的作曲家找到了一种方式，绕过严格的功能性分类，像喜鹊一样，捡取并偷窃吸引他们的东西，在选择表达的框架、构思和方式时，出于礼节保持着最微弱的形式上的粉饰，他们首先选择合适的情感响应，其次才是音乐形式来进行描述——而不是倒过来。蒙特威尔第和许茨可能曾这样推断，他们的观众无论在教堂里还是在剧院里，都会因为音乐的说服力受到叙事的感染。至于叙述故事，《圣经》是公认的巨大宝库，其丰富程度足以与任何古代世俗神话传说或是历史记载相匹敌。一旦听众接受了原本显得荒唐的手法，也就是无论是《圣经》中的人物还是历史人物，都惯于以歌唱而非说话的形式出现，在某种意义上，他们的想法，无论是克里奥佩特拉因失去凯撒的爱情而哀悼，还是抹大拉的玛利亚在圣墓边悲泣，几乎没有太大区别：对听者来说她们都是"歌剧的"角色。决定"歌剧"的，并不是物理空间或演出场所的差别，也不是布景和服装存在与否：决定性的共同特征是，用与诗歌文本相关联的音乐作为传递或表达人类情感的手段，以上百种不同的方式来打动听者的心。[1]

---

[1] 德国神学家戈特弗里德·埃夫莱姆·沙伊贝尔（Gottfried Ephraim Scheibel, 1696—1759）坚持认为，"在歌剧中带给我愉悦感"的乐音"在教堂中也能达到同样效果，只不过有着不同目的……如果当下的宗教音乐能多一点戏剧性，会比教堂中通常演奏的那些生硬作品更为有益"（*Zufällige Gedancken von der Kirchenmusic* [1721]；见 *Bach's Changing World* [2006], pp. 236-8）。这绝非普遍接受的观点。

1685 年团体

最能接受这一点的，是威尼斯人。即使在经济衰退袭来的初期，以及被奥斯曼土耳其人围困之时，在意大利，威尼斯依然是艺术的支柱。在政治和信仰上，威尼斯市民都以他们神话般的共和主义形象以及政治上和神学上与罗马的顽固对立为傲，将他们的教堂视为圣地，在那里，仪式性的音乐和唱诗班的精巧设计——轮唱、雁行式（échelon）或是模仿式排列——与狂喜的、亲密的冥想并存，在声音上借用了早期歌剧那满足感官快感的词汇。蒙特威尔第在他那部伟大的《圣母晚祷》中并用了这些风格，创造了目前为止创作的音乐中最为丰富和最为图案化的镶嵌画——名副其实的演出上的"神圣的作品"——显示出反宗教改革运动在戏剧表现方面对神圣与世俗正式分立的极力主张很有可能失败。非常重要的是，第一部单旋律歌唱剧在1600年于佛罗伦萨演出，正好遇上现存最早的、完全用音乐写就的戏剧，即埃米利奥·德·卡瓦利埃里（Emilio de' Cavalieri）那部神圣的《灵魂与肉体之像》在罗马的克罗齐菲索祈祷房里，在高级教士和贵族面前演出。如果这些都算作"歌剧"——尽管是在这个方向上最初的、有所踌躇的实验，无论是宗教的还是世俗的，我们不应认为朝向莫扎特及其后的作品的目的性进展是顺利的。因为不像诸如协奏曲或交响曲之类的其他新的音乐形式，歌剧不是有机地出现的。最初出现于1600年前后的，是杂乱的线条纠结成的一团乱麻。为了达到以后的连贯性，需要将它们牢固地纺织在一起才能穿过针眼。经过了好几代，这种连贯性都未出现。因此，将音乐戏剧（不与"歌剧"混淆）视为理查德·道金斯（Richard Dawkins）所称的"复制子"（replicator）会更有启发性，即在连续的世代中发生变异的有机体，有时能成功地延续其血脉，在其他时候则作为可牺牲和非再生的而消失。这也许能够解释后来一百多年里许多失败的开端、急促激动的举措、类似的体裁以及不可预知的再现，通常出现在不大可能的情境中。17世纪充满着这种实验性的歌剧式衍生物,其中很多发展成为我们的1685年团体的文化生境。

***

在最初的半个世纪里,音乐戏剧在教堂里与世俗宫廷环境中共存。对于歌唱剧的早期批评之一,包括蒙特威尔第也这样认为,就是它天然地缺乏真实性——这是他决心要纠正的东西,深信在话剧(spoken theatre)无力之处,音乐能让僵硬的英雄悲剧人物变得鲜活。在他的整个职业生涯中,蒙特威尔第一直致力于激发听众的情感,深信只有通过音乐的方式,才能迫使语言撬动通往情感的最深领域的大门。他极为擅长判断通过多变的音乐技巧增加情感热度和叙述强度的方式和时机。当威尼斯在1637年为公众歌剧打开了大门时,蒙特威尔第就已确定,牧歌(madrigal)的旧世界和歌剧的新世界已经在稳固地互相靠近,前者正是他学徒期的领域。当时有评论说,"一般大众"已经学会"欣赏用音乐来表现的所有一切"——换句话说,在极端痛苦的情感中"人们为何歌唱"。[1] 先前的宫廷听众能学会接受诸神、半神或是虚构的田园牧歌式的人物[2]——甚或《圣经》中的人物——突然开始歌唱,而对于一个重商主义的威尼斯听众来说,一对真实的恋人用歌唱来表达他们的渴望和离别时的痛苦并没有不和谐之处。在

---

[1] Anonymous treatise, *Il Corago*, quoted by Lorenzo Bianconi, *Music in the Seventeenth Century*, D. Bryant (trs.)(1987), pp. 170–80, and by Roger Savage and Matteo Sansone, 'Il Corago and the Staging of Early Opera', *Early Music*, Vol. 17, No. 4 (Nov. 1989), pp. 495–511.

[2] 无论是来自于神话还是古代历史,史诗都用以表达那些争议性观点,影射当代生活。西蒙·汤利·沃索恩(Simon Towneley Worsthorne)将其定义为"一种早期的通词;甚至是塔索(Tasso)的《阿明塔》(*Aminta*)(蒙特威尔第曾为1628年的帕尔玛庆典而对其进行谱曲)也以曼图亚宫廷成员的田园式形象出现(正如在蒙特威尔第那部上演于1608年的《忘恩负义的女人们的舞会》一样,尖刻地提到宫廷女子对自己的追求者们冷酷地嗤之以鼻)。观众很容易领会到其中典故,也能轻而易举地理解和欣赏其中象征和意象,整个世界都近在咫尺"(*Venetian Opera in the Seventeenth Century* [1954], pp. 151–2)。

《波佩亚的加冕》（第一幕，第三场）中，蒙特威尔第正是以堪称典范的技巧对两位主要恋人的第一个场景进行了这样的处理。此时他不仅完全掌握了理想的佛罗伦萨歌唱吟诵（recitar cantando），还学会变换这一混合体，通过策略性地安排小咏叹调或二重唱，使得音乐能够通过节奏的柔韧性对每个词语作出敏捷响应。他以引人注目的方式表明，如何在一个形式日渐标准化的时代，仍然不丧失音乐戏剧的流动性和表面的脆弱与微妙。

在这点上，他有着极大的影响力。例如下行四度，通过蒙特威尔第的处理，从那时起就成为表达忧伤、悲痛和悔恨的完善的音乐符号。[1]卡瓦利（Cavalli）在《狄朵内》（Didone）中借此来加剧卡桑德拉的痛苦效果，同样，普赛尔在他那位迦太基女王更为著名的哀歌中运用了相同的手法。不久之后，巴赫会将其用于他的魏玛康塔塔，《哭泣、哀号、悲伤、痛苦》（BWV 12）的开场合唱中，这个段落最后将会发展成为《B小调弥撒》的"十字架上"部分。歌手乔万尼·里加蒂（Giovanni Rigatti）是蒙特威尔第在圣马可教堂的年轻同事，他将其视为诗篇音乐《除了主》（Nisi Dominus）的基础，甚至使蒙特威尔第关于改变节奏以适应氛围和文字所表达情感的说明熠熠生辉。[2]同样，蒙特威尔第也清楚歌曲在何时需要出现——在他最后的歌剧《波佩亚的加冕》中不乏这样的例子——有些悦耳迷人，几乎像是民谣，有些是格调优美的坎佐内塔或小咏叹调（这是威尼斯人的专长，持续到了亨德尔1708年在那里创作《阿格丽品娜》之时），还有一些更为愉悦感官，比如在尼禄和波佩亚的爱情场景中。这里存在一种危险——宣

1　两个更加广为人知的例子是他的《宁芙女神的悲歌》和波佩亚/尼禄（Poppea/Nero）最后的二重唱（假如确为他所作）。见艾伦·罗桑（Ellen Rosand）的文章《下行四度：悲伤的象征》（'The Descending Tetrachord: An Emblem of Lament', MQ, Vol. 65 [1979], pp. 346-59）。

2　"这部作品一开始应当是庄重的，在恰当的位置改变节奏，这一点我已在歌手和乐手的分谱中进行指示，因此文本与情感尽可能地相称"（Rigatti, Messa e salmi [1640]）。

叙调和咏叹调的正式分离。只要有蒙特威尔第技艺精湛的掌控——在某种程度上，这也适用于他的继任者卡瓦利和切斯蒂（Cesti），以及罗马的多米尼克·马佐切（Domenico Mazzocchi）——对剧本作者施加压力以改变诗体，并通过从富有表现力的宣叙到歌唱以及再次返回的流畅转变确保通篇的渐变，这点是可以避免的。然而即使是蒙特威尔第的门徒弗朗切斯科·卡瓦利（Francesco Cavalli），尽管他有着一双对诗歌敏锐的耳朵，尽管他的威尼斯歌剧有着不同的情感基调，也无法克服他的剧本作者提供的六音节诗句中那种乏味的规律性。一旦探索参与者情感反应所具有的魅力占据支配地位，对用纯粹音乐方式来表达剧情的探寻就失落了。蒙特威尔第和卡瓦利所具有的一个显著优势（但下一代的许多作曲家都不具备）在于，允许这种情感反应与剧情融合，并且成为剧情本身，正如不久之后将会在巴赫的许多康塔塔和受难曲中出现的那样。

从17世纪中期起，由于没有同一时期左右巴贝里尼（Barberini）家族在罗马投掷到歌剧制作上的无限资源，威尼斯的剧院在自由市场力量的浪潮和早期的破产威胁中颠簸浮沉。威尼斯的剧团经理们面临着双重压力，一方面是身为衣食父母的大众对于新奇事物以及持续创新的需求，另一方面是支付给领衔歌手的费用迅速增长，他们开始催促作曲家们（他们通常只有歌手一半的收入——是一次性收入，不像歌手每晚都能拿到报酬）扩充咏叹调的数量和长度。在歌手们的巡演中，人们期待他们演唱"便携咏叹调"，完全无视作曲家或者所出自的歌剧。早些时候的例外——暂时停止叙事，为一个次要人物插入一段小咏叹调或是分节式咏叹调——如今已司空见惯。到了1680年，返始咏叹调（da capo aria）已成为占支配地位的形式，十年以后，已完全拥有了统治权。其结果是，音乐戏剧发展成了愈发两步化的东西。在宣叙调乏味的喋喋不休和返始咏叹调那种削弱戏剧性的无病呻吟之间,出现了破坏性的分裂。宣叙调变得越来越敷衍,其乐句越来越可预见地划归音调相近的段落,与分段的衔接或诗歌的结构相似。这是向前推动剧情的主要手段,然而,在需要出现咏叹调的时候,一切戛然而止。

在我们的1685年团体之前的那代人中,一些才华卓著的作曲家,例如亚历山德罗·斯卡拉蒂,与这种形式上的僵化和可预见性抗争,费尽心力做出改变,赋予干宣叙调(secco recitative)尽可能多音乐上的趣味。然而他们的斗争节节败退:宣叙调和咏叹调的组合此时仅用来支撑基于明星的戏剧。大众歌剧已经变得程式化,重复乏味,从音乐戏剧性的角度来看,已是无法辨识。自此,咏叹调为角色提供了跳出逐渐展开的戏剧的片刻:进行思考,以抒情的方式表达某种特定的情绪或"情感",或者去填满放大的时刻。它们越来越多地成为以人声展示优雅、魅力和精湛技艺的机会,但此时是在明确定义的单元中(被音乐学者称为"闭合形式"),就其本质而言并不利于情绪的微妙渐变。那种在小咏叹调和咏叹调中穿梭并回到宣叙调的灵活模式消失了,蒙特威尔第以及后来的普赛尔,以清晰可感的方式探索心理活动所特有的精妙情绪渐变的模式也消失了。对于不得不将所有音乐上的兴趣集中于咏叹调的作曲家来说,有一种解决办法就是设计鲜明的情绪对比:"我心中充满了悲伤"(A)……但是"我将寻求复仇机会"(B)(这部分速度更快并且用了不同调性)……然而(暗示着从头重复乐曲)"我心中(依然)充满了悲伤"(回到A)或是"悲伤变得更为痛苦"(暗示着充满感情的声乐线条装饰)。于是,以损失在音乐中追踪歌剧角色的情绪进展为代价,获得了反映多种程式化的"情感"的结构均衡。

管弦乐团在器乐上的贡献,在卡瓦利的全盛时期(1640—1660)曾经仅限于分节咏叹调中引导性或连接性的间奏,当这被允许遍布整首咏叹调，对于作曲家而言，一种正式且有创造性的新挑战开始出现。[1] 与此并存的，是威尼斯正歌剧中合唱曲目的逐渐消失，因为主要关注点已经不是角色间互相影响的方式，而是他们在重大事件之后如何表达情感体验。合唱的缺失，正是加剧音乐与戏剧之分离进程的关键因素，同时，市场规律越来越多地支配着这一逐渐流行的娱乐形式——一会儿崇高，一会儿又变得庸俗或荒谬。从一次性的宫廷活动到大众歌剧的过渡中，早期佛罗伦萨先驱们所珍视的对于希腊戏剧中音乐理想的最初追求，以及对于诗体文本和亚里士多德三一律的尊重，此时都被遗忘了，因为大众歌剧由剧院经理支配下的商业投资规律所控制。如第一章中所言，这种"作品"的理念几乎不存在。这可能被过度简单化了——但不会完全离谱——表明曾经辉煌的烹饪发明，经过大厨克劳迪奥·蒙特威尔第那令人垂涎的食谱的检验和完善，在他身后几代人后退化成为标准化的"游客"菜单。[2] 计算17世纪那些杰出作曲家的数量是有帮助的，他们是天生的音乐戏剧家，我们痛惜那些错失的机会：蒙特威尔第（三部夭折的歌剧）、卡里西米（仅限于创作小规模的《圣经》清唱剧和康塔塔）、许茨（由于他的乐师们被拖欠工资而不断受挫）、夏庞蒂埃（被吕利压迫）以及普赛尔（深受沙文主义复兴的文化排斥歌唱剧之害）。[3] 令人不禁沉思，如果他们有完全的行动自由（假定他们有这样的概念）来扩张并发展这一体裁，在坚持"模仿"原则同时，将会取得怎样的成就。

1　在18世纪20至30年代，比例优雅的A-B-A结构变得不均衡，A段音乐得到了扩展，第一诗节重复八次，而B段仅仅出现一次。
2　歌剧院的风靡——先是在意大利，17世纪下半叶从南部的巴勒莫延伸到北部的米兰，接着席卷了整个欧洲——与20世纪80年代（从美国开始发展的三十年后）从圣彼得堡到曼彻斯特无所不在的批萨连锁店颇为相似，在里面常驻的面团师傅并不总是意大利本地人。
3　17世纪末的英格兰并非如很多人曾认为的那样是歌剧的沃土，如时人所言，这主要是因为"我们的英国天才不会欣赏那永恒的歌声"（*Gentleman's Journal* [1691/2] 的一位通讯记者，有时被认为是约翰·德莱顿 [John Dryden]）。

1685年团体

然而这只是故事的一部分。另一部分是关于变异型的——也就是这一体裁的那些变体，成为了不可抑制的音乐戏剧冲动的宣泄途径。它们在当时极少获得广泛认同或影响力，并不是主流的一部分，对于21世纪的音乐家而言，将它们从尘封的档案中挖掘出来，是最有意义的活动之一。正如我们将要看到的，最出人意料的是其非常节约的手段：17世纪中期音乐戏剧的最佳例子，与后来的巴洛克歌剧以及通常歌剧的奢华和铺张如此不同，它以表达的简练和强度为特征，通常只需要很少的音符和对不和谐音的精确定位来突出特定的"隐喻"。这些"离经叛道者"中的大多数都与歌剧院无关，无论是宫廷的还是公众的歌剧院。它们不需要舞台拱顶的框架以及乐池的宽度来确保所表现的剧情有别于"真实的"日常生活。它们通常属于教堂和礼拜堂（尤其在信奉天主教的南方——在最终被世俗音乐淹没之前，作为宗教音乐占据主导地位的最后阶段），因此设法避开了明星歌手带来的商业性的扭曲。所谓的宣叙调风格的宗教"牧歌"和对歌，例如乔万尼·弗朗切斯科·阿涅瑞奥（Giovanni Francesco Anerio）为菲利波·内里（Filippo Neri）在罗马的小礼拜堂所作的那些，构成了他所称的"《福音书》和《圣经》的冬季剧院，那里有着对所有圣徒的赞歌（laudi）"。[1] 通过用意大利语演唱对《圣经》经文的诗意释义，阿涅瑞奥的音乐传播给了为数众多的会众，有着与布道相似的批判性阐释手段，以及强调礼拜日历的方式，后者意外地预示了巴赫的路德宗康塔塔套曲。

**

在狂欢节期间对抗世俗歌剧的另一手段，是在每年四旬期的五个

---

[1] 乔万尼·弗朗切斯科·阿涅瑞奥在《灵魂和谐的剧场》（1619）致内里的献辞。

星期五，在罗马连续演出五部拉丁文清唱剧——这很快就成为盛放贾科莫·卡里西米那富有创造力的戏剧想象的容器。在威尼斯开放了第一家用于歌剧演出的著名公共剧院之后仅仅两年，一位巡回演出的法国音乐家从罗马报道说，他在圣十字礼拜堂听到两部《圣经》故事配乐戏剧，"以宗教戏剧的形式演唱《旧约》中的故事，诸如苏撒拿、朱迪斯和霍洛芬斯或是大卫和歌利亚的故事。每一位歌手代表故事中的一个角色，并且表达出了文字的力量……歌手们完美地模仿了福音传教士所提及的不同角色。我的言辞不足以赞美其中宣叙调的音乐，人们必须在场亲耳聆听才能判断其价值。"[1]在罗马贵族和外国权贵位于圣玛策禄堂的高级俱乐部或是在卡里西米任音乐指导的日耳曼学校里，卡里西米后来以适合四旬期冥想的主题创作的迷人历史剧，例如约拿和鲸鱼的故事，耶弗他和他的女儿的故事，以及财主和拉撒路的寓言，都限于非礼拜式的表演。在本质上，这些是微型宗教歌剧，包含着独唱或合唱曲，充满落魄英雄的传奇魅力、生动的戏剧效果（《约拿》中的暴风雨场景和《最后的审判》中的战斗场景或是令人叹息的哀婉（《耶弗他》中的终曲合唱）。[2]

唯一一位坚持以卡里西米风格写了大量拉丁文清唱剧的作曲家，是他的法国学生马克-安东尼·夏庞蒂埃，他也同样致力于运用音乐修辞学和戏剧性手段唤起听者的宗教信仰。夏庞蒂埃现存的36部作品，有着各种不同的名称，对歌（dialogi）、圣歌（cantica）以及神迹剧（从未被称作清唱剧）。这些作品并非为小礼拜堂的集会，而是为了巴黎主要的耶稣会教堂而作，被称为"教堂歌剧"。17世纪后半

---

[1] André Maugars, *Response faite à un curieux* (1639).
[2] 这与意大利文清唱剧之间的对比之强烈简直无以复加。清唱剧在这一世纪的下半叶风靡整个意大利，在整个冬季中的每个主日都有规律地上演。这些作品拥有叙事者以及《圣经》中的文字，对《圣经》作出无趣而伤感的回应，与17世纪早期的意大利宗教音乐以及卡里西米的拉丁文清唱剧中富有想象的神韵和虔诚的热情形成了鲜明的对比。

叶,它们在法国所获得的成功,更多应归因于对于音乐和艺术通常的短暂热情,特别是对意大利的一切的热情,而非对于夏庞蒂埃音乐的内在美的持久回应。他那闪着光泽的声乐作品,是典型的法国巴洛克风格,有着严密咬合的宣叙调(在音调上比卡里西米的更为多变,其特点是宽广的音程和节奏型)、富有表现力的咏叙调和(更为少见的)咏叹调,后者由简单的舞蹈段落或回旋曲构建而成——其中主要的"情感"有着明确的规定,在返回主题或情绪之前分部加以阐述。[1]

除了普赛尔以外(见下文),夏庞蒂埃的神迹剧超越了当时所有人的作品,这却是由于他赋予合唱突出而重要的地位。正如在一个世代之后的巴赫的受难曲中一样,有时他要求合唱起到群众的作用,直接介入剧情,有时则又置身事外:要么提供张力的释放,要么指明道德训诫。如同未来的巴赫,夏庞蒂埃精通自由而绚丽的对位法写作,合唱中常常多达八个声部,并且在独奏(soli)与齐奏(tutti)之间有着协奏曲般的细分,以丰富的不和谐和声建立交错重叠的层次。来自《主的最后审判》的一个生动例子直接指向了莫扎特(《狄托的仁慈》第一幕终场,惊恐的人群围观燃烧的罗马神殿)甚至柏辽兹。这正好出现在被诅咒者的合唱中那句绝望的"如果我们不曾出生该多好"之前。这与"不留下任何东西会更好"的说法有着讽刺意味的相似性,后者是对于夏庞蒂埃音乐的意大利恐惧症式的尖刻批评,认为"公众与时间宣告了其可悲"。[2] 不幸的是,这证实了尽管夏庞蒂埃本人将创造的多样性视作"音乐的最高目标",尽管他展开创造性的想象,赋予《旧约》中的人物约书亚、以斯帖、朱迪斯、扫罗和约拿单以生

---

[1] 在这里,夏庞蒂埃显然避开了意大利式返始咏叹调明显的乏味效果,因为在他的处理中,"唱词的戏剧意味恰恰在于其思想的单一性,既然这种思想在最初的乐句中以最纯粹的情感形式得以表达,这一乐句的复现只能强化唱词的戏剧性力量"(H. Wiley Hitchcock, 'The Latin Oratorios of Marc-Antoine Charpentier', MQ, Vol.41, No.1 [Jan. 1955], p. 50)。

[2] Le Cerf de la Viéville, *Comparaison de la musique italienne et de la musique française* (1704).

命，却未能超越他的女资助人吉斯女公爵及其宾客私底下的保护范围。1702年，在法国高等法院的法律贵族面前呈现他的《所罗门的审判》时，他也许获得了扭曲的满足感。作为在一个失去了政治影响力、仅限于单纯的司法事务的机构面前呈现的主题——所罗门对各自声称是同一个孩子的母亲的两个妓女所作的裁决——它"非同寻常又鬼使神差地恰当"。[1]

尽管德国在三分之一个世纪里都沦为战场，但对于意大利的一切的持久迷恋，为音乐戏剧萌芽的移植提供了沃壤，这点远胜于法国或欧洲任何其他地方。正如我们早些时候看到的，海因里希·许茨曾在意大利两度停留，到此为止，他是德国音乐家中最适于实现此举的，虽然他还没有机会在德累斯顿宫廷演出歌剧。当在1628至1629年第二次到威尼斯旅行时，许茨找到了蒙特威尔第，这样他可能会直接体验到富有表现力的音乐语汇如何得以扩展，使得"音乐已臻终极完美"。[2]他陷入了沉思，告诉萨克森选帝侯，"这种奇特的作曲方式，也就是如何将充满形形色色声音的喜剧转化成慷慨激昂的风格，将其推上舞台，并在歌唱中得以表现"。在这里重要的是，从许茨十五年前第一次到访起，出现了巨大的发展：由于蒙特威尔第的影响，"音乐创作的风格发生了某些变化……为了以新的快感取悦今天的耳朵，旧的法则已经在某种程度上废弃了"。[3]四年之后，暂时逃离德累斯顿那饱受战争摧残的消沉氛围的机会出现了，他受雇指导丹麦王储克里斯蒂安与选帝侯的女儿在哥本哈根的婚礼上的音乐——这是将他在意

---

[1] H. Wiley Hitchcock, 'The Latin Oratorios of Marc-Antoine Charpentier', MQ, Vol. 41, No. 1 (Jan. 1955), p. 45.

[2] 这来自于许茨《神圣交响曲 II》(1647)的序言，而蒙特威尔第在他第八本牧歌(1638)的序言中其实并没有进行此等断言，尽管许茨称他曾这样说过。"许茨可能私下见过某种早期版本，或许他的意大利导师出于谦逊最终没有发表"(Basil Smallman, *Schütz* [2000], p.116)。

[3] 许茨的《神圣交响曲》(*Symphoniae sacrae* [1629])第一卷的拉丁文序言。

大利学到的新的戏剧风格付诸实践的机会,这些技巧"就我所知在德国完全无人知晓"。[1]

和蒙特威尔第、夏庞蒂埃以及普赛尔一样,许茨善于察觉在音乐上对经文中的场景进行戏剧化处理的机会。他把音乐创作的过程描述为"将文本译为音乐的艺术"——这也许是我们对巴赫选择同样道路之目的和他将来的处理进行解读的关键。许茨早期的《大卫诗篇》(1618)中充满了引人注目的例子,显示出他对于德语中的韵律和重音富有想象力的回应,与蒙特威尔第在大约同一时间的作为相类。[2] 一次又一次,他发觉音乐中丰富的和声语汇的感伤有着难以抗拒的力量,而更为势不可挡的是修辞的力量,其音节的重复和韵律的效力所具有的强度。在17世纪的所有音乐里,罕有比许茨对诗文"我因哀叹而心力交瘁"的配乐更为令人心酸的例子,这句出自《诗篇》6(《主啊,不要惩罚我》),体现了一个人在悲伤的阵痛中僵硬而痛苦的举动;另一个例子是许茨通过反复的"使我心碎",出自《以法莲是不是我亲爱的儿子》)表达的极度伤心,用最细微的装饰手法获取了

---

[1] 阿尔布雷希特·丢勒在15世纪末于意大利发展他的制图术,而自海因里希·许茨起的德国音乐家们也跟随他的步伐去注意大利,威尼斯和罗马则是两个磁极。拥有此等好奇心的音乐家们丝毫不在意他们会被指控与魔鬼过从甚密。穿越阿尔卑斯山,尤其是在1618年战争爆发之后,是有着巨大风险的。然而对于无畏者而言,艺术上的回报无疑为面对的危险寻得了正当理由。去往意大利而后返回的人,除了许茨(1628—1629)以外,还包括卡斯帕尔·弗尔斯特(Kaspar Förster, 1633—1636)、约翰·卡斯帕尔·克尔(Johann Caspar Kerll)(1656年以前),克里斯托弗·伯恩哈德(Christoph Bernhard)(1657)以及约翰·菲利普·克里格(1673—1675)。最有才华的作曲家之一,约翰·罗森穆勒被认为有同性恋倾向,他从监狱逃脱,去往威尼斯,他如此喜爱此地,接下来的24年间一直居住于此。这些17世纪的德国作曲家在意大利期间学习并且接受的内容依然有待评估,这取决于现存的破碎而零散的作品,关键还要经过现场演出的试练。一切都影响到新音乐类型的传播。

[2] 许茨的德语音乐为过去及现在的听众带来的独特印象依然有待解释。色拉西布洛斯·乔治亚季斯(Thrasybulos Georgiades)分析了音乐与书面或口头的德文韵律之间密切的共生关系——德文单词(语义起源)的自然重音与它们实际意义之间极为密切的联系,比起拉丁文而言要更加个人化。"(音乐的)重音……不过是有意义的音节的重读(或强音)……(通过这种方式)它(亦即音乐上的重音)传达出了其中意义"(Musik und Sprache [1954], p. 55)。

最大限度的感觉。但若必须从许茨那令人惊喜的天赋中选择唯一的例子，我会选择在他为《诗篇》84的配乐中对于自由节拍合唱吟咏（假低音合唱）的长时间运用，仿佛在一个给定的信号下，全体会众齐齐跪倒，低声吟诵最庄严的祷文："耶和华万军之神啊，求你听我的祷告。雅各的神啊，求你留心听。"尽管这属于《诗篇》配乐而非歌剧，却在将近两百年前预示了贝多芬的歌剧《费德里奥》（*Fidelio*）中集体忏悔的氛围，以及压抑的、喃喃低语的单旋律囚徒大合唱。

然而，这些作品中最有独创性之处，并非为诗文配上恰当的音乐，无论这音乐多么有创造性。真正的独创性，是将神圣的文本转换成令人信服的微型戏剧的能力。在许茨的康塔塔原型中，在严肃的晚期受难曲中，甚至在令人萦绕于心的《耶稣复活的故事》（1623）中，都没有发现这一点。激发他灵感的《圣经》经文，同样也激发了卡里西米（也许赋予了夏庞蒂埃更多灵感），还有诸如卡拉瓦乔和伦勃朗这样的画家——大卫因其子押沙龙之死而悲伤，耶稣和抹大拉的玛利亚在花园中相遇，圣保罗的皈依。这些缩微场景以许茨的《圣经》场景与对歌的形式存在，不仅是他卓越的戏剧天赋的灵光闪现，同样也展现了跳出正轨的歌剧变体所拥有的不可抑制的活力。

处理圣保罗的皈依这一主题，创作《扫罗，扫罗，你为什么逼迫我》（SWV 415）时，许茨所关注的是直接引语。然而，在这部相当令人惊叹的作品中——不足五分钟长的"神圣的交响乐"——有着想象的场面调度：在保罗前往大马士革的路上，"散发着威胁和屠杀主的信徒的气息……突然有一道光从天上照着他：他就扑倒在地，听见有声音对他说，扫罗，扫罗，你为什么逼迫我？"这是许茨的妙举，将他的背景限定在保罗耳中回荡的、隐匿的耶稣所言的十六个单词里。他安排的乐团包括六名独唱（或称"favorite"），两把伴奏小提琴，两个四声部合唱团，以及可选的器乐上的强化，不仅为了形象地描绘

1685 年团体

这一场景，或是通过恰当的修辞手法填补文本间隙，也为了创造出一部压缩至八十个小节的引人入胜的心理剧。其结果是一场惊心动魄的刻画，与卡拉瓦乔在罗马的人民圣母教堂那幅相同主题的祭坛画一样打动人心。然而，尽管卡拉瓦乔捕捉到了那个晴天霹雳般的时刻——来自天上的炫光如战斧一般击倒了扫罗——充分体验了巨大的骏马抬起的前蹄带来的有形威胁，但他并未暴露扫罗的情绪（事实上，扫罗把背部朝向观看者，并且闭上了眼睛）。相比之下，许茨的主要关注点在于探索异象所带来的精神恐慌，以及从扫罗到保罗的个人转变。

在为基督的话语配乐时，许茨忠于过去的实践，让他的声音成对出现。基督的声音以几乎听不见的喃喃自语，从神秘的深处浮现，将扫罗的名字进行了四重反复，经过休止后，移交给下一组呈梯度的声音，分别攀升了一个八度，然后消失在无言的小提琴扩展段中。（或许这象征着让扫罗目眩的神圣的炽热光芒？）良知的声音一开始是平静的责备，现在变成了谴责，那个单音节词在两个合唱团各自的分部中冲撞翻滚——包围着、迷惑着此时变得衰弱的扫罗，之后在令人眩晕的紧缩的节奏型和阶梯状的反复中，加速出现了"你为什么逼迫我"的乐句。许茨的目的是确保听者在整个过程中被牢牢抓住，变得同样头晕目眩。在演出中（尤其是在混响时间长的教堂里，音乐的力量在空间中展开）这会发展成为声音的轰鸣，与刑讯室那种放大的噪音有着令人不安的相似之处，从四面八方袭来，以所有的音高和音量指向攻击对象。

为了满足听者的期待，许茨为扫罗这个称呼以及分为两半的警语（Spruch）设置了看似规律的交替，只是在乐句几近结束时重开火力，带来强烈的冲击。[1] 扭转的压力——既是给扫罗的，也是给听者的——

---

[1] Bettina Varwig, "Seventeenth-Century Music and the Culture of Rhetoric", JRMA (2007).

开始增加,一位男高音从其余人(仍然在咏唱着"你为什么逼迫我")中分离出来,开始以持续而强调的音符三次大声呼喊扫罗的名字,音调不断上升,将整个乐团向上举起。在这一高潮里,所有的十四个声音全力呼喊,之后音乐逐渐减退为低声细语,令主角和听众茫然失措,似乎见证了神的真实声音。许茨在此处的手段让一个特定的词语强烈凸显并骤然携带着深远的意义,为后世作曲家们树立了典范。因而一百年之后,巴赫能够以一声野蛮的叫喊"巴拉巴"(Barrabas)打断彼拉多(Pilate)的盘问。之后再过一百年,威尔第"得以在他的《安魂曲》中以轻声细语的'死亡……死亡……死亡'来扰动充满紧张感的寂静潭水"。[1] 这两部作品中任何一部都不能真正被称为"歌剧"。

***

错失机会之感——关于可能发生的事情——在英国音乐戏剧的恢复中最为显著。在意大利,如我们所见,一旦歌剧进入了公共领域,商业压力使得原始形式的任何有机发展都偏离了轨道;在法国,中央集权的政治权力支配了歌剧的日程;而在德国,大伤元气的战事扼杀了歌剧事业的萌芽。然而在英格兰,允许这种意大利形式成功移植的三个关键要素都已集齐:在戏剧中插入丰富音乐这一悠久的伊丽莎白和詹姆士一世时期音乐传统;带来良好前景的、以英国宫廷假面舞会的形式使音乐融入戏剧性场面的先例;以及在多年清教徒式的简朴之后,即将决堤而出的戏剧活动的洪流。此外,17世纪少有的几位音乐家中一位的出现,确保了天才这一称号:亨利·普赛尔。然而,在英国歌剧似乎终于要形成的时候——尽管更多地出于偶然而非计划——

---

[1] Imogen Holst, *Tune* (1962), p. 97.

普赛尔并未参与其中。

从许茨到更为年轻的普赛尔，给人们留下深刻印象的是英国人的调性语言中，和声中显著的自由与尖锐——那些"粗野而过时的"特点以及和声上的"粗糙性"使得后来的查尔斯·伯尼非常不安，然而那很大程度上正是普赛尔对于其他音乐家的吸引力所在。如同观察工作台前两位高度熟练的工匠，各自以其独特的方式同等熟练自如地工作。两人都热衷于探索从文本中自然延伸出的音乐语言和修辞，为了整体形式而避免过度的画面感带来的干扰，不愿使词句和音乐屈从于戏剧表演的反复无常，从而贬低了渴求达到的效果。然而，我们看到的许茨，是在令人疲倦的战争漩涡中为了保持勇气而作曲，在普赛尔身上，我们感受到不同的态度：总体上更为轻快的心灵对于清教徒政权更迭期的禁欲主义和道德热忱做出反应，此时自由地表达或者说"表演"忏悔的极度悲痛、正义的愤怒或是神圣的狂喜。[1]

早在拉丁经文歌《耶和华啊，我的敌人何其多》(*Jehovah, quam multi sunt hostes*) 以及独角戏《迷乱的贝丝》(*Mad Bess*) 中，普赛尔就已表现出了戏剧天赋——概括情绪，用非凡的技巧配合音乐和文字的能力。人们对他为皇室的生日、归国以及圣塞西莉亚节 (St Cecilia's Day) 所作的宫廷颂歌报以极高的期待。在这些颂词中，有着音乐上的勃勃生机，有着辉煌的合唱段落，体现出调性布局和丰富的独创性，以及征服臃肿陈腐诗文的勇敢尝试；然而他的音乐奉承之意太明显，并且无法掩饰应景 (pièces d'occasion) 的本质。它们是虚假的线索——正如

---

[1] 埃里克·范塔索 (Eric van Tassel) 认为："我们能够想象，在宗教狂热吞噬了很多生命的时期，(圣公会的) 教会容忍甚至鼓励在唱诗席中出现情感的直接表达，这在布道坛上则是不合时宜的。"这也许在一定程度上说明了普赛尔某些赞美诗中狂热而刻意的基调。"仿佛有太多内容要表达，却没有足够的时间或空间：听者被劝诱而卷入涌动的音乐活动之流，比起任何时代的宗教音乐都要多变，甚或有着更加充沛的活力和色彩"(Michael Burden [ed.], *The Purcell Companion* [1995], pp. 101, 169, 174)。

在巴赫的世俗康塔塔中寻找歌剧的萌芽，这些配乐戏剧枉有其名，它们还不如某些宗教康塔塔更具有"歌剧风格"。普赛尔极为擅长德莱顿所界定的"一种优美的发音，比起通常的言语更具音乐性，但不及歌唱"。[1]在他著名的《狄多与埃涅阿斯》《仙后》及《亚瑟王》中，展露出了普赛尔的同代人所称的"表达英语能量的天赋"，[2]但却未能体现出17世纪的音乐革命。[3]

普赛尔最具戏剧性的作品中，有一部与英国舞台毫无关系。面对为了庆祝1690年威廉三世在博因河战役中的胜利而创作的机会，普赛尔经肤浅的匆匆一瞥而选择的文本，与当时的场合以及整个国家由于新近击败天主教复兴的威胁而体验到的解脱感，简直大相径庭。整个17世纪，英格兰的宗教情绪和政治情绪高涨，为当时的英雄和恶魔寻找《圣经》中的对等人物显得不足为奇。在这方面大有希望、能够适应各种不同诠释的一个场景，出自《撒母耳记》，其中失去耶和华宠爱的扫罗王依然泰然自若地与非利士人（The Philistines）作战，寻求女巫的帮助来召唤过去的士师撒母耳。[4]《扫罗和隐多珥的女巫》

1　同上，92.
2　同上，103.
3　伊莫琴·霍尔斯特这样写道："普赛尔不必经历佩里（Peri）在宣叙调需要新的低音支撑时那种艰难的决定过程。实验阶段已经过去了。"她评述道："他的旋律并非为亲昵地配合那些语言自身本已充满音乐性的台词而生。他需要能够撕成碎片且掷入风中的诗文。"当然，这正是他对内厄姆·塔特（Nahum Tate）那拙劣诗文的处理，我们因而得见《狄多与埃涅阿斯》中的角色和谐地交谈，因为这是他们的母语，声音的起伏清晰地表达了他们的情感……这样的宣叙调能够与咏叹调流畅衔接而不会破坏戏剧场景。难怪古斯塔夫·霍尔斯特（据他女儿所言）"在听了普赛尔《狄多》中的宣叙调后……大大觉醒了"。作曲家霍尔斯特曾问，普赛尔是如何"成功地立即创作出英语中唯一真正的音乐语汇？"（Imogen Holst, Tune [1962], pp. 100, 103, 104, 157）。
4　玛丽·陈（Mary Chan）指出，在17世纪50年代，这一文本用于保皇党人的反清教宣传，以大卫（David）影射未来的查理二世（Charles II），那时正被放逐。扫罗可能指代克伦威尔（Cromwell），而撒母耳的鬼魂则是查理一世（Charles I）。然而接着在政治忠诚或同情上出现了一种肖斯塔科维奇式的暧昧，在17世纪70年代时，局面扭转了，反清教的宣传如今剑指所有的天主教徒，扫罗在某种情况下代表着路易十四，而更常见的则是代表约克公

1685年团体

被归类到各种体裁中:《圣经》对歌、宗教康塔塔、微型清唱剧、戏剧性场景或为三个角色而作的对话式作品。这当然是普赛尔之前从未尝试过、以后也不会再尝试的体裁,有趣的是,它显露出与之前探讨过的两部"变体"的共同特征:蒙特威尔第《宁芙女神的悲歌》的三部曲形式,场景(scena)的核心由三声部的合唱来表达;许茨的《扫罗,扫罗》中对于《圣经》历史中一个瞬间的强烈的戏剧性概括。

普赛尔将扫罗的皈依处理为一首慷慨激昂的独唱;而在《隐多珥的女巫》中,他有意安排了三个对比鲜明的声部间的相互影响。[1]与本章中代表性流派(genere rappresentativo)的其他作品一样,普赛尔的这部作品不需借助舞台演出来获得其戏剧性冲击力。它由三个声音的怪诞的半音阶咏唱开始:"在罪恶的夜里,掩藏在虚假的伪装下,被神抛弃的扫罗来到隐多珥呼号。"音乐激起共鸣又令人恐惧,普赛尔决心不遗余力地从文字中汲取哀婉凄怆之感。在他为英文配乐的那种不可模仿的方式中,融入了意大利现代风格(seconda prattica)的技巧,创造出一种辉煌的混合物。在西敏寺听了这部作品后,威廉三世无疑明白了普赛尔的弦外之音——如同大卫一样,掌握着扫罗的性命,却拒绝"伸手害神的受膏者"。于是他驳回了自己的顾问们,决定宽恕他的岳父詹姆斯,不让自己的双手沾上前国王的鲜血。[2]在十小节的尾声中,普赛尔采用了与狄多的"哀歌"中相同的半音进行的

爵詹姆斯,他曾作为天主教徒而被驱逐(Mary Chan, 'The Witch of Endor and Seventeenth-Century Propaganda', Musica Disciplina, Vol. 34 [1980], pp. 205–14)。

1　巴斯尔·斯莫曼(Basil Smallman)指出,17世纪的作曲家们常常选择这种对撒母耳的演绎进行谱曲,普赛尔可能意识到了"通过扫罗和隐多珥的女巫之场景呈现而发展的特殊传统,甚至包括舞台表演和演出服装",尽管普赛尔在西敏寺的演出似乎不大可能需要布景、服装和舞台。斯莫曼追溯到17世纪30年代时小约翰·希尔顿(John Hilton the younger)和罗伯特·拉姆塞(Robert Ramsay)在剑桥三一学院演出的版本,安德鲁·马维尔(Andrew Marvell)曾亲历,后来到了伦敦演出,"获得了极高的声望"(Smallman, 'Endor Revisited', Music & Letters, Vol.46, No. 2 [1965], pp. 137–45)。

2　Franklin B. Zimmerman, Henry Purcell (1967), p. 213.

固定低音:[1]这不仅是普赛尔最著名的固定低音,也是蒙特威尔第式固定低音的副产品,以及17世纪许许多多充满悲痛的音乐的典范。通过极端的简洁性,通过对于巫术的强调,以及历史性的、戏剧化的人物塑造和暗示的姿态,普赛尔的这部小型作品传达了自17世纪"歌剧"的发现以来所释放的全部力量,也总括了他——以及其他一些一流作曲家——拒绝被传统或是歌剧院的限制束缚的态度。正是在这样的瞬间,我们认识到蒙特威尔第真正的继承人不是他的威尼斯接任者,[2]而是许茨、夏庞蒂埃和普赛尔。

***

与大众商业歌剧组织类型的逐渐变化相关的,是音乐的本质在17世纪期间发生的变化。到了我们的1685年团体成年之时,音乐"置身"于被极大地扩展了的世界,这个世界刚开始是由航海商人开拓的,又由地图制作者绘制,像阿姆斯特丹这样的城市已经成为"一切有可能之物的储存仓",存储着"一个人所能希望得到的所有商品和珍奇之物"。[3]对于市民来说,无需付出太多想象力即可看到暴富的道路,而对于艺术家和作家而言,通过其他方式满足此等获取的关键,就是现实主义。音乐已表明,它能够清楚地表达、反映和展现出确定的世俗秩序感——因而引发了关于吕利的宫廷歌剧的专制主义论战——同样也是常常陷入困境的个体的激进感的喉舌。到了1700年,音乐已发展出能够有序划分时间的手段,并且能够保持听众的注意力,这在一个世纪以前是不可能做到的。幸亏有蒙特威尔第和意大利

---

1 这一神圣的场景和《狄多与埃涅阿斯》通过主题与音乐的线索联结在一起——"一位不安的君主与一位女巫纠缠,却发现女巫召来的灵魂仅仅宣告了君主的厄运"(R. Savage in *The Purcell Companion*, op. cit., p. 254)。

2 Ellen Rosand, *Monteverdi's Last Operas* (2007), p. 380.

3 Descartes, *Œuvres: Correspondance* (1969), Vol. 1, p. 204.

的其他挽歌作家、英格兰的玄学诗人和鲁特歌曲作者，以及德意志战争年代那些虔诚的作曲家，由于有了他们的引导，音乐语言才得以扩展，作曲家才得以触及心理抵达语言之前的领域，如我们所见，通过出乎意料的不同方式、结构和语境，对人类的全部情感进行有力而微妙的表达。特别是我们所讨论的实验性戏剧音乐，开启了新的聆听方式和新的知觉类型，借此，音乐体验中的不同要素及其记忆有着通过"时间上的辩证法"[1]产生碰撞、相互作用和相互影响的潜能。这不久将在巴赫的"声音的戏剧"中得以实现，意义深远，比如我们在其中听到的咏叹调，不像歌剧中那样分派给虚构剧本中的人物，而是为经历各种危机的不同的人类代言者而作。巴赫在我们眼前展示了人类的恐慌，假设了一条赎罪之路，然后通过众赞歌的形式把所有的线索联系在一起，把我们带进文化的语境中，这一点歌剧从来没能做到。

我们所探讨的音乐中，究竟有多少是我们的1685年团体真正了解的，这一点我们当然不清楚，也无法证实。这些变异类型对于他们可能是隐而不见的，或者在他们的音乐认知中只是模糊的形象。然而，当涉及职业轨迹以及建立在前一个世纪的成就上的机会时，作为个体作曲家的1685团体被选择的可能性宠坏了。如果选择传统路线——已经适应了1700年的汉堡的意大利歌剧——你可能会成为一位马特松或是泰勒曼，作品轻柔温和，朝18世纪中晚期的华丽风格（galant style）发展。学到正歌剧（opera seria）的显著特征（尤其是返始咏叹调和宣叙调之分），并且使其从本质上沦为不断展开的音乐戏剧的工具，你会取得辉煌的成就，正如亨德尔随时准备去做的一样。他将通过一系列堪称至上佳品的正歌剧逆流而上，其中主要的辉煌之处在于洞悉了角色思想的隐秘之处。后来在他的生涯中，亨德尔将会

1　这是约翰·巴特的措辞。

意识到，合唱队的在场和积极参与十分有益，对于他的表达目的而言甚至必不可少，结果——有了那些于1735至1752年间为英国新教徒而作的无与伦比的英文戏剧性清唱剧和假面剧。[1]

另一方面，你可以将那种吕利式的、高卢式的结构用于表现几乎是通谱体的音乐戏剧，例如拉莫最终的做法，先是推开了半扇门，走向格鲁克（Gluck）的"改革"，接着引出第一部伟大的莫扎特的音乐、戏剧和表演的综合体，《伊多梅纽》(*Idomeneo*, 1781)。在用于宗教康塔塔的纽麦斯特形式中采用这种风格，正是巴赫很快将会采用的做法，最初会侵损流动性和形式上的自然性。对于巴赫而言，表面看来这是对他从家族中的作曲家、从许茨乃至蒙特威尔第那里承袭之物的大加摒弃，但同时也促使他接受了新的创作挑战，迎接崭新而又极为果实累累的巨大机遇。

正如我们所见，在巴赫的创作生涯中，贯穿着一条持久的脉络——与亨德尔类似，和拉莫相比则没有那么明显——也就是向与音乐戏剧看似对立的表现作出让步，并且找到扩展其范围的新方式，同时在本质上忠于那种可以回溯到17世纪早期的精神。这三位十八岁到二十岁之间的年轻人，他们拥有的本事足以重塑巴洛克音乐戏剧。你可能终究会偏爱其中某一位的声音、风格和手法，但几乎无法否认另外两位的才华。他们的音乐戏剧如此有说服力——远远超过同时代的正歌剧——原因在于他们能够对个体信徒、旁观者或听者境况加以内化以及戏剧化。戈特弗里德·埃夫莱姆·沙伊贝尔对此有过反诘式的评论："我不明白何以只有歌剧有权令我们落泪，这为何不能发生

---

[1] 温顿·迪恩（Winton Dean）总结了这种转变以及吉本斯博士（Dr Gibson）禁止对基于《圣经》的作品进行戏剧表演造成的影响："很可能，亨德尔最高最远的戏剧性飞翔……源自对于缺乏视觉上的戏剧性的补偿，而这种缺失使他聚焦于音乐本身的作用"（*Handel's Dramatic Oratorios and Masques* [1959], p. 37）。

在教堂里呢？"[1]对此，巴赫很快将会找到答案。巴赫并未创作过任何歌剧，但他将致力于揭示并释放音乐中的戏剧潜能，这一点超越了所有的同辈，超越了当时最重要的歌剧作曲家，也超越了莫扎特之前的所有其他作曲家。然而在1703年，无人能够认出1685年团体中最终的赢家。

1　G. E.Scheibel, *Zufällige Gedancken von der Kirchen-Music, wie sie heutiges Tages beschaffen ist* (1721), Joyce Irwin (trs.) in *Bach's Changing World*, Carol K. Baron (ed.)(2006), p. 221.

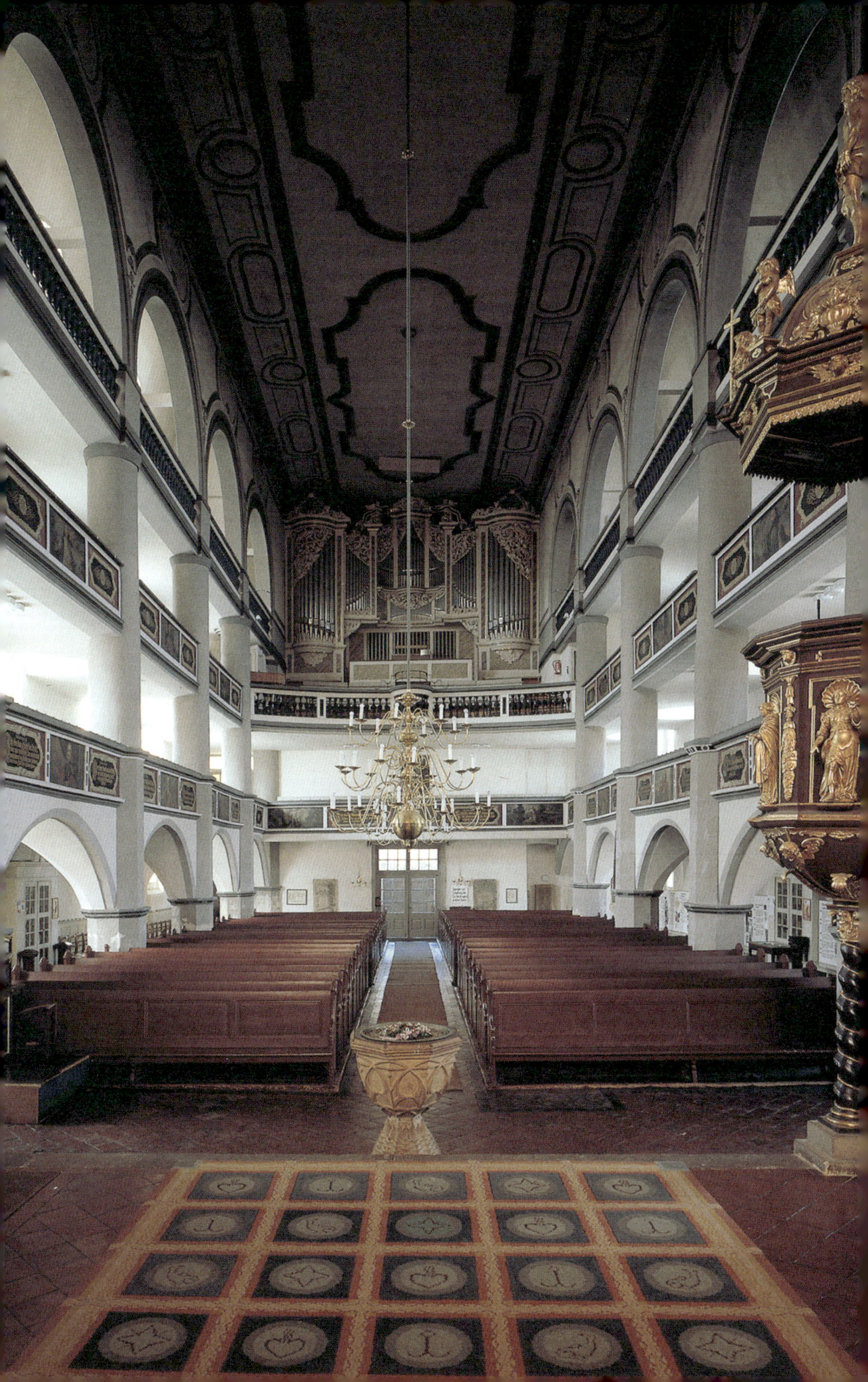

1.（前页）圣乔治教堂，爱森纳赫

圣乔治教堂建于十二世纪末期，在农民战争期间遭受严重损毁，之后得以重建且增加了三个边廊。作为与之相关的拉丁文法学校从前的学生，作为其合唱团成员，马丁·路德和巴赫都与这座教堂有着深远的联系。

2a&b.（左上及右上）爱森纳赫赞美诗集，1673

巴赫从小便接触到这本书中标志性的众赞歌旋律以及对大卫和所罗门的圣殿中音乐家的象征性描绘，这强化了他后来在音乐与神学之间建立的关联，以及古代圣殿中的音乐家（见左侧版画）、巴赫故乡的景观（左图底部）及他所处时代的唱诗班（见右侧版画）之间的联系。

3a.（对页，上图）苜蓿叶上的整个世界

苜蓿叶状的世界地图，出自宾廷（Bünting）的《圣经旅行书》（*Itinerarium Sacræ Scripturæ*，1592）——"覆盖整部圣经的旅行书"。

3b.（对页，下图）布诺之龙

约翰内斯·布诺（Johannes Buno）的《通用历史》（*Idea historiae universalis*，1672）中一幅精巧的插画。龙象征着公元第四个千年，其中包含着让学生们铭记的历史人物和历史事件的小幅图像。

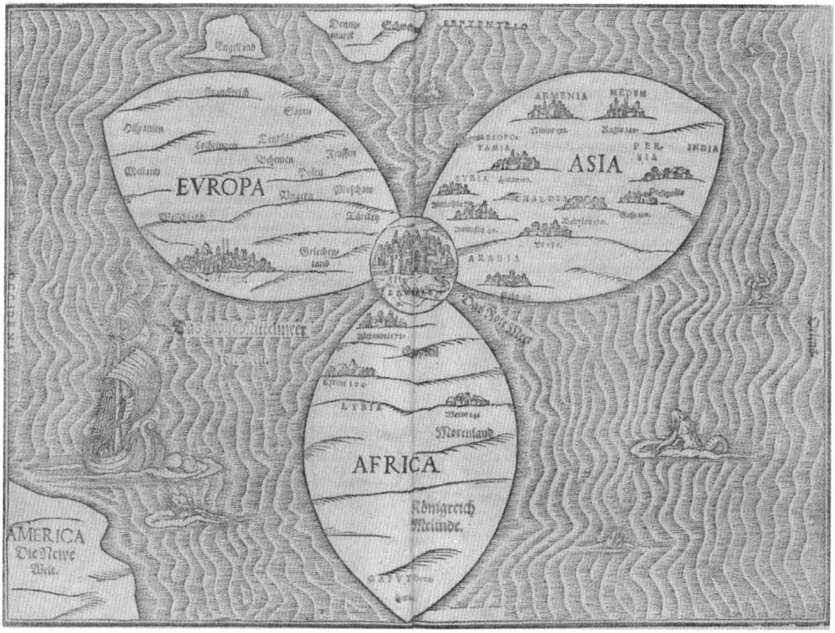
Engelland
SEPTENTRIO
Hispanien
Lothringen
Behemen
Reussen
Meiland
EVROPA
Moschaw
Welschland
Türckey
Griechenland
ARMENIA
MEDEM
ASIA
PERSIA
INDIA
SYRIA
ARABIA
Das Rote Meer
LYBIA
Morenland
AFRICA
Königreich Melinde.
AMERICA
Die Newe Welt.

Das 4te Tausend Jahr. Drache
Sec. 1
Sec. 2
Sec. 3
Sec. 4
Sec. 5
Sec. 6
Sec. 7
Sec. 8
Sec. 10

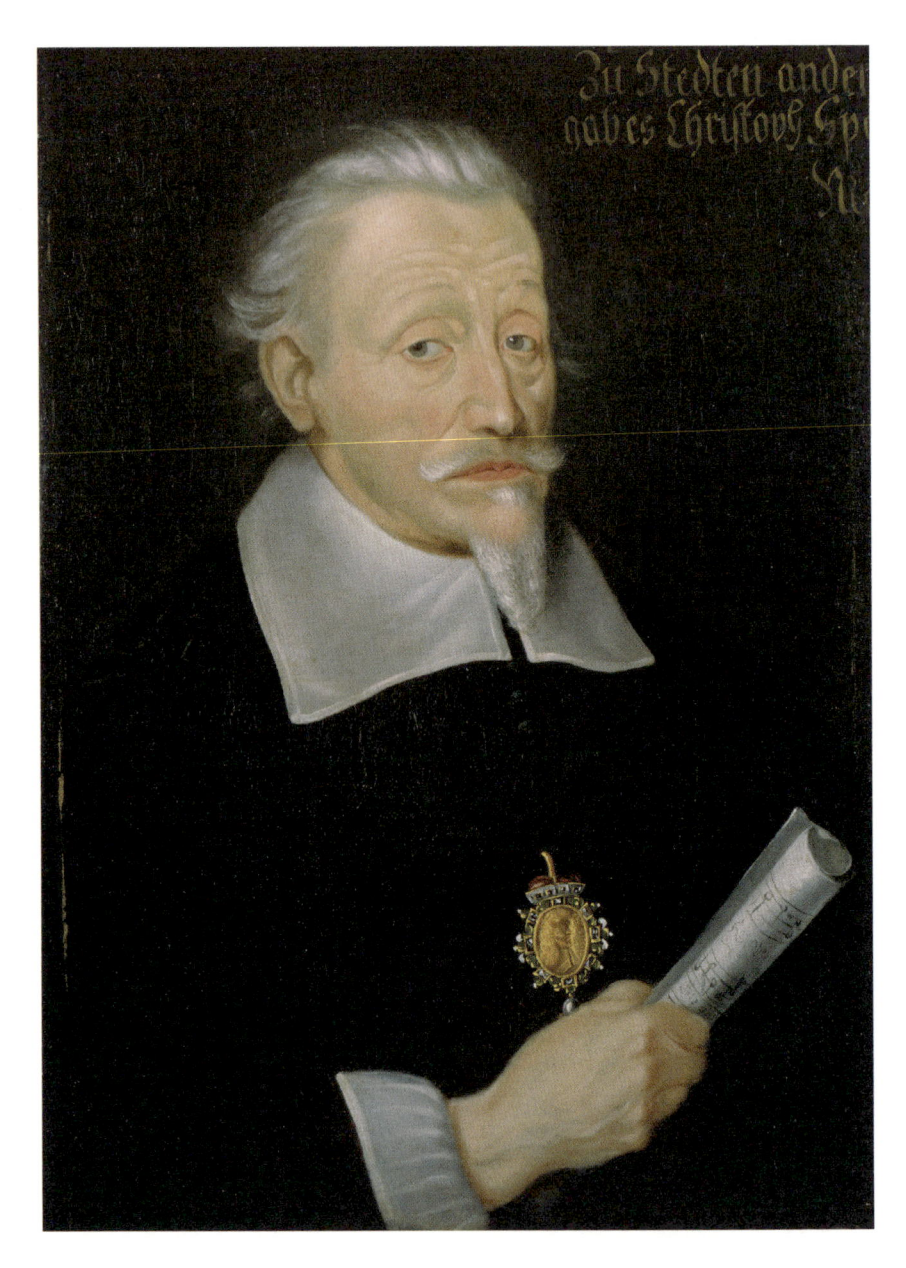

4. 海因里希·许茨（1585—1672）

这幅油画（约 1660 年）由克里斯托弗·斯柏特纳（Christoph Spetner）所作。许茨是巴赫的十七世纪德意志前辈中最有影响力的一位，这位才华横溢的作曲家和语言大师致力于探索用音乐阐释并支撑路德宗教义的方式。

5a&b. 管风琴记谱法抄本

在过去十年中,关于巴赫的最为惊人的发现之一,是少年巴赫抄写布克斯特胡德(《亲爱的信徒,让我们欢喜》,BuxWV 201)及赖因肯(《在巴比伦河边》)最重要的管风琴作品的两份手稿。米夏埃尔·毛尔在魏玛的安娜·阿玛利亚公爵夫人图书馆发现了这些手稿。他与彼得·沃尔尼(著名的巴赫笔迹专家)一起,证实了第一份碎片(下图)由巴赫在十二三岁时抄写于奥尔德鲁夫,那时他还在兄长的监护之下。第二份碎片(右图)的底部有"à Dom. Georg: Böhme descriptum ao. 1700 Lunaburgi"的印记——"1700 年在吕讷堡抄写于格奥尔格·伯姆先生家",当时巴赫刚刚十五岁。

6. 康科迪亚

格奥尔格·克里斯托弗·巴赫所作的一部康塔塔的扉页。这部康塔塔创作于他四十七岁生日之际（1689年9月6日），当时他的两个弟弟（约翰·克里斯托弗与约翰·安布罗修斯）去施韦因富特拜访他。这幅图描绘了三兄弟之间的同心及其特质：繁荣（florens），形为三叶草；坚固（firma），表现为一个挂锁锁着三根链条；甜蜜（suavis），体现为一个附有三枚叮当作响的指环的三角形。

7a&b. 萨克森 - 魏玛公爵

1708 至 1717 年间，巴赫在萨克森 - 魏玛宫廷的雇主为叔侄二人，恩斯特·奥古斯特公爵（1688—1748）（左）和威廉·恩斯特公爵（1662—1728）。作为联合执政者，他们居于不同的宫殿，雇用相同的音乐家，却长期不和。

7c. 威廉堡，魏玛，约 1730 年

这幅威廉堡（年长的那位公爵威廉·恩斯特的居所）的景观，是从红色城堡（他的侄子恩斯特·奥古斯特的居所）的视角绘制的。图中可见城墙、天空城堡的尖塔，以及连接两座宫殿的木质步行桥。

8. 天堂城堡（内景），约 1660 年

这是"Weg zur Himmelsburg"（通往天堂城堡之路）的缩略，指的是威廉堡的教堂中描绘天堂的穹顶画，是威廉·恩斯特公爵信仰的核心。这座教堂与宫廷音乐图书馆一同毁于 1774 年大火之中，其设计非同寻常——高大的三层结构，配有带栏杆的音乐席和管风琴席（13×10 英尺，离地面 65 英尺），"天国般的"声音将飘落在公爵家族、侍臣和宾客身上。

第五章

信仰的机制

人是由其信仰造就的。信之所至,所以为人。

——《薄伽梵歌》[1]

爱森纳赫的洛布歇特(Robscheit)牧师热情欢迎我们来到他的教堂。[2]他坚持认为,爱森纳赫正是"巴赫遇见路德"的地方。路德和巴赫都曾作为男童唱诗班歌手,站在我们作为嘉宾受邀在2000年复活节那个星期天领唱主日礼拜时所在的位置。站在晚期哥特式的圣乔治教堂后方高高的唱诗席上,仿佛置身于一艘三层大帆船上,两处最显著的物理标志一览无遗:马丁·路德在1521年从沃尔姆斯(Worms)归来时曾讲道的布道坛,以及1685年3月23日巴赫曾受洗的洗礼池(见图1)。

对许多人而言,巴赫音乐的标志在于其清晰的结构和完美的数学比例。这使得职业作曲家和演奏家对其充满迷恋,也被公认对于数学

---

[1] *Bhagavad-Gita*, Chapter 17.
[2] 这位牧师说,我们应该在十年前来此;那时他们处于德意志民主共和国统治下,与外界几乎没有接触,他的教区居民了解其他地方巴赫音乐的唯一途径,就是通过收音机或是亲友从边境走私过来的唱片。所幸我们选择了在康塔塔朝圣之旅中的复活节周末在此停留。

家和科学家有吸引力。然而，世俗而又动人的清晰度来自于基本的宗教观点。正如我们所见，不同于他的同龄人，巴赫作品中有很大一部分都是为了教堂会众而非为世俗听众而作。宗教不仅是他成长和教育的中心，也是他的职业以及整个人生观的核心。对他来说，宗教超越了教义，有着实践和精神上的功用，并且有理性的支撑。巴赫信仰的机制——他将宗教应用于工作实践的结构化和系统化的方式——是任何寻求理解他的人所需要探讨的，不管是将他作为一个人还是一位作曲家来看。他将自己的艺术献给上帝的荣耀，不仅限于在他的宗教康塔塔下签着缩写字母"S[oli] D[eo] G[loria]"（只为上帝的荣耀），这一箴言还以同等的力量运用于他的协奏曲、组曲和器乐组曲中。爱森纳赫，他的出生之地，他首次与自己所承继的基督教派别的创始人马丁·路德相遇之地，从这里开始探讨显然很合适。

想象巴赫在这座小城里度过了生命中最初九个半年头。这里是路德宗的摇篮之一，在外观上依然保持着原貌。他和路德来自同一片林木丰茂的地区，就读于同一所拉丁学校，在这座教堂里有着同样的最初音乐体验。路德的存在感，最为强烈地充盈着瓦尔特堡一间天花板高悬的小屋，这座中世纪城堡俯瞰着城镇，周围林木环绕，路德还是小男孩时经常去那里采摘野草莓（见43页插图）。在他对宗教权威的挑战，以及1521年4月在沃尔姆斯议会上的戏剧性登场之后，这个在欧洲成为热门话题的人，习惯于在上帝自己的戏剧中自视为主角的人，已成为了法外之徒。之后的十个月，他孤身一人躲藏于此，陷入困境，并且被严重的便秘所困扰。[1]多年之后，他回忆起在受困期间，被从桌上抢走胡桃，并且整夜向天花板猛掷的促狭鬼撒旦的幻象折磨的事。有一次他发现一条狗在他的床上。他深信这是伪装下的魔鬼，

1　"主让我在排泄处遭受了可怕的痛苦。我的粪便如此坚硬，不得不竭力驱逐它，我大汗淋漓，等待时间越久，它就越发坚硬……我的屁股已毁"（WA BR, Vol. 2, Nos. 333, 334）。

将可怜的动物用力抛向窗外的黑夜中。[1]

路德将瓦尔特堡称作他的帕特莫斯岛（Patmos），据称圣约翰在那个荒岛上写作《启示录》，对撒旦（"兽"）和羔羊间的宇宙战争进行了激动人心的再现。对于这些恐惧，他最初的反应是针对他的敌人写下狂怒的论战式谴责；但他很快就开始着手于对《新约》的有里程碑意义的翻译。以伊拉斯谟的希腊文文本为基础，他开始了狂热的工作，三个月后就完成了初稿。他寻求一种能被不同的德语地区尽可能多的人理解的调子。最终他选择了布拉格和迈森（Meissen）的官方语言作为标准，这种语言他能流畅运用，不过他对其风格作了极大的改变：取代了那种法学家式生硬的白话文，以及用音节堆砌成群的复合名词那种令人困惑的倾向，他使得译文更接近他自己的口语演讲——充满活力、丰富多彩、坦率直接又充满激情——并且更接近处于图林根心脏地带的人们在家里或集市上使用的思维模式和会话方式。[2]

我们将要演唱的复活节赞美诗，正是他用同样坚实的德语散文制成——与至少和圣乔治教堂同样古老的曲调相联结——《基督复活了》以及《基督躺在死亡的枷锁上》，后来由巴赫通过他那令人惊叹的四部和声给予了进一步的转机。复活节作为礼拜年的核心节日之感是不可避免的——从异教的春之祭发源，成为古代犹太人的逾越节和无酵节

---

[1] 在他的改革康塔塔 BWV 79 中，巴赫所选择的不知名诗人唤起了神的保护，作为"我们的太阳和护盾"抵挡"亵渎的狂吠之犬"——这或许出自路德梦魇般的幻象（WA TR, Vol. 5, No. 5, 358b）。

[2] 路德版《圣经》的流传对于之前有着许多地域性方言的德语产生了巨大的影响。路德写道，"迄今我未读到任何妥善运用德语的书或信件。似乎无人充分关注这一点，而每一位牧师都认为自己有权随意更改并发明新术语"（引自 Philip Schaff, *History of the Christian Church* [1910], Vol. VI, pp. 6, 10）——他自己也未免有此倾向。然而通过对萨克森方言的推广及其在神学及宗教中的运用，路德以早期诗人和编年史学家的作品扩充了词汇，将其转化为通用的文学语言，而克洛普施托克（Klopstock）、赫尔德和莱辛（Lessing）等后世作家和诗人风格上的渊源皆可追溯至此。与路德同时代的伊拉斯谟·阿尔伯特（Erasmus Albertus）称他为"德意志的西塞罗"。

仪式，这是希伯来人移居后所采用的迦南农业节庆——都由路德重新植根于这片不变的森林景观中。在这个以歌唱为主的庆典中，牧师和会众以流畅的对话互相应答，我们既是参与者又是旁观者。在仪式中某一处，一群当地人用图林根方言唱着简短的祷文突然加入我们，然后离开了。

很难判断会众对这些16世纪赞美诗的反应，如此平淡而又激动人心，对我们而言出奇地感人。我们唱的曲目都来自1673年的《爱森纳赫赞美诗集》，与巴赫在四岁到九岁间作为唱诗班歌手在此演唱时用的是同一本，其曲调与插图，也许在他心中为这座城镇、他诞生其中的音乐世家，以及在大卫王的圣殿中任职的音乐家王朝之间建立了联系（见第三章及图2a、2b）。在对仪式的敬意中，我们能够瞥见路德——也许其后的巴赫亦然——看待圣餐的方式：在这个仪式中，信徒们如同救赎剧中的角色一样，被要求抛却怀疑，随时准备迎接无处不在的基督的有形形式。在路德看来，圣餐既是物质的也是精神的，洗礼则是有关死亡和复活的有形圣礼（印证了圣洗池在教堂中的中心位置），贯穿于基督徒生命中的恐惧和信仰间的张力借此得到了疏解。

路德和巴赫间虽然隔了近两个世纪，但却有第一手证据表明两者间明显的密切协同。两者间的联结从出生时就已建立：来自地理因素，来自学校教育上的巧合，并且他们同为圣乔治学校唱诗班成员，以及为生存而在课外演唱。[1] 路德的赞美诗和宗教观念彻底浸透了巴赫的学校课程（如我们在第二章中看到的那样），这也强化了两者间的联结：这的确是他吸收消化有关周边世界知识的首要方式。巴赫二十岁出头时，路德的学说在他的音乐训练中变得无孔不入，并且恰好成为他为教会而作的第一部作品的"泥土"。他在米尔豪森那年接连创作了三部非凡的康塔塔，这为他早期的音乐才华及其在工作中

---

1 路德责备那些蔑视街头唱诗班的人，"我也曾是这样一个面包屑收集者……我们在（爱森纳赫周围的）村子里挨家挨户以四声部演唱"（LW, Vol. 46, No. 250; WA, Vol. 30, No. 576）。

的精确运用提供了大致印象，表明他已经开始涉及自己需要阐述和支持的信仰。对它们进行严密的审视，我们会发现巴赫继承了路德的晚期中世纪观念，将漫漫人生视为上帝和撒旦间的日常较量（BWV 4），赞同路德末世论的基本教义（BWV 131）：要好好生活，勇敢地、甚至带着希望和信仰喜悦地面对死亡（BWV 106）。在这些早期作品的每一部中，巴赫提出了新鲜而令人信服的阐述；每部作品都为《圣经》释义提供了具有高度原创性的音乐上的答案。在信仰的机制中，音乐首先被用以赞美上帝，以及反映宇宙的奇迹。

如路德所规定，音乐特有的任务就是表达《圣经》文本并增加其说服力：音符赋予文字生命。[1]作为上帝赋予人类最强大的两份礼物，文字和音乐必须铸成一股不可见也不可分的力量，文字主要吸引理智（但也吸引激情），而音乐则主要针对激情（但也针对理智）。[2,3]路德坚持道，如果没有音乐，人无异于石头；而有了音乐，他就能驱走魔鬼。"它常常使我复苏，并解救我于重担之下。"他承认道。这一信念为巴赫作为音乐家的职责和技艺做了终极辩护，为他的专业身份提供可信性，为他的艺术目标提供慰藉，而他对《圣经》"声乐"化的强调在后来将为他作为教会音乐作曲家提供存在的理由。

人们常说，路德曾问道，为何魔鬼要占有所有好听的音乐？为确保这些曲调不落到魔鬼手中，路德和他的追随者们挪用了所有会众都

---

1 Martin Luther, WA TR, No. 2545 b.

2 Michael Praetorius, preface to *Polyhymnia caduceatrix et panegyrica of 1619*.

3 关于这点，与巴赫同时代的约翰·马特松写道，"一位正直的乐长，通过他神圣的职责，宣扬……上帝之言。上帝之言通过思想、歌唱和演奏得以表达（*Verbum Dei est, sive mente cogitetur, sive canatur, sive pulsu edatur*），殉道者游斯丁（Justin Martyr）这样写道"（*Critica Musica II*, p. 316）。然而罗宾·利弗（Robin A. Leaver）表明，这出于一种误译（*Luther's Liturgical Music* [2007], pp. 287–8）。尽管约瑟夫·科尔曼（Joseph Kerman）警告道，"巴洛克作曲家描述激情，而浪漫时期的作曲家则表达它们"（Joseph Kerman, *The Art of Fugue* [2005], p. 100，着重号是我标的），在我看来，巴赫似乎远非仅仅"描述"激情。

信仰的机制

知道的世俗旋律，将民歌中坦率的质朴和粗俗转移到宗教仪式中，因为他断言"和声的全部目的就是为了上帝的荣耀"，"其余的任何用途都只是撒旦无意义的欺骗"。[1]由此看来，显然，路德将人类情感视作不受约束的情绪，可以渗入到宗教仪式中——无论是正当还是不当的用途。不足为奇的是，他和加尔文（Calvin）或是慈运理（Zwingli）这样的合作改革者没有来往，加尔文禁止在礼拜仪式中使用器乐，慈运理私下里是位有造诣的音乐家，但坚持在私人祈祷中不允许有任何音乐，甚至无伴奏的歌唱也不能出现在教堂中。在一个半世纪之后，路德的理念依然统治着新教的核心地带，可以为证的是巴赫显然熟悉这些众赞歌，我们还会看到，它们将在他的宗教康塔塔中扮演核心角色，还有就是复活节早晨我们在爱森纳赫唱的那些经路德改编的赞美诗。

路德那充满威严的赞美诗《基督躺在死亡的枷锁上》栩栩如生地展现了基督的受难和复活，描绘了为了将人类从原罪的重负下解救出来，基督所要遭受的肉体和精神上的磨难。基督同时被描述为死亡的征服者和献祭的逾越节羔羊。路德展开这一扣人心弦的故事的方式，类似部落传奇，充满了形象的比喻和插曲。如果巴赫在这个季节里于这座教堂第一次听到了这首赞美诗，这是很有可能的，那么关于路德的信仰如何根植于早期基督徒传统，他不会找到比它更清晰的阐述了：《旧约》中将基督描绘成复活节羔羊；早期教会借用了异教仪式，其中生命的本质和化身，与光（太阳）和食物（面包，或圣言）相关

---

[1] 然而，与常见的误解恰恰相反，我们只有一首路德创作的换词歌曲（contrafactum，用宗教文本填入一首世俗歌曲）：他选择了一首世俗"谜语"歌用作圣诞赞美诗"从天堂我来到人世"第一个版本的基础，收录在1535年的《维滕贝格赞美诗集》中。但他对结果不甚满意，决定为其创作新的旋律——自此这一旋律与之不可分离地联系在了一起。罗宾·利弗的研究（op. cit., pp. 88–9）破除了路德所谓的支持在教堂中使用流行音乐的神话。用他自己的话说，路德热衷于"使（年轻人）远离爱情歌谣和世俗歌曲，教给他们有价值之物，以这种方式将益处与愉悦结合起来"（LW, Vol.53, No. 316; WA, Vol. 35, Nos. 474–5）。

联。每个农夫和畜牧者都知道，复活节是一年中的关键时节，此时生与死的边界仅在一线间，对于路德的图林根信徒而言，很容易建立这些联系："（路德的）天才抓住了普通民众在一个充满邪恶与恐怖的世界中的恐惧心理，帮助他的教堂会众用歌声的呼啸驱散恐惧。[1]"

巴赫以这首特别的赞美诗为基础创作了一部庆祝性的教会音乐（BWV 4），这表明了他和路德间的亲缘关系。二十二岁时，巴赫开始了第一次尝试，在他的第二部（或第三部）康塔塔中，用音乐来描绘叙事。这标志着在他的个人发展中一次意义重大的拓展——从他在阿恩施塔特（1703—1707）第一个职位上作为公认的管风琴演奏家，变成了在第二个职位上以惊人的早熟和勇气创作复杂的协奏音乐的作曲家。这很可能是1707年复活节时为关于米尔豪森的管风琴师一职的面试所作，实际上是他为引领该市的音乐生活所作的投标。这不仅仅是妙语（jeu d'esprit），而是一部勇敢无畏、生机勃勃的音乐戏剧。巴赫给路德的七首诗（为所有诗节）逐字配上了音乐并且没有其他附加；他追随包括萨缪尔·沙伊特（Samuel Scheidt）和约翰·舍勒（Johann Schelle）在内的一长串卓越的17世纪作曲家们，将众赞歌曲调用作所有乐章的基础，每个乐章的开始和结尾都用了相同的E小调，然而绝不单调乏味。在叙事的每一阶段，对于路德的赞美诗中每一处细微差别、《圣经》典故、象征和情绪，巴赫都作了小心翼翼的处理。

巴赫利用了目前为止自己的全部学识储备：交流和演奏的习惯、他所熟记的音乐、家族中丰富的经文歌和乐曲储备、他在吕讷堡作为唱诗班歌手时接触的音乐，以及在许多导师的指导下学习或抄写过的作品。他的道路似乎印证了巴伐利亚音乐理论家毛里求斯·约翰·沃格特（Mauritius Johann Vogt, 1669—1730）给初露头角的作曲家的建议：

1　Diarmaid MacCulloch, *A History of Christianity: The First Three Thousand Years* (2009), p. 612.

"成为一个诗人,不仅要懂得诗文的格律,主题也要有创造力,像画家一样,将美丽或骇人的景象通过音乐传神地展现在听者眼前。"[1]他也得益于借自古代修辞艺术的技巧。有一位理论家使得修辞学成为德国音乐诗学(musica poetica)的组成部分,一切致力于抓住并保持听众的注意力,他就是吕讷堡的合唱指挥约阿希姆·布尔迈斯特(Joachim Burmeister, 1564—1629)。[2]对于那些可能不知所措的学生,布尔迈斯特这样建议:研习文本,为其配上合适的音乐技巧,然后"文本自身就会建立规则"。[3]对文本的理念进行生动的表达,一个明确又不可或缺的帮助就是运用"生动的叙述":"当一个人(或)物……以这样的方式通过书面或口头表达被描述,所描述的人仿佛就在眼前,或者亲身经历了这件事。"[4]尽管我们无从知晓巴赫是否熟悉这个术语,这却恰恰是他在《基督躺在死亡的枷锁上》所达到的效果,在他后来的受难曲中也正如此。因此他与宗教改革之前很久就已开始的神学策略建立了联系:通过生动的叙述以及诸如中世纪神秘剧这样的戏剧表演,来使基督教的语言意象人性化。

在原文表达上其次重要的是"激情表示"(pathopoeia),据17世纪英国作家及音乐家亨利·皮坎(Henry Peachum)的说法,是"一种说话的形式","演说者据此打动听者的心,使之产生某些激烈的感情,如愤慨、恐惧、嫉妒、憎恨、希望、愉悦、快乐、欢笑、忧伤或是悲痛"[5],"结果无人不为之动容。"[6]巴赫显示出了将这些与其他修辞及绘

---

1 M. J. Vogt, *Conclave thesauri magnae artis musicae* (1719).

2 John Butt, *Music Education and the Art of Performance in the German Baroque* (1994), p. 47; and Dietrich Bartel, *Musica poetica* (1997), p. 84.

3 Joachim Burmeister, *Musica poetica* (1606), p. 56.

4 Johannes Susenbrotus, *Epitome troporum ac schematum et grammaticorum et rhetorum* (1566).

5 Henry Peachum the Elder, *The Garden of Eloquence* (1593), p. 143.

6 Joachim Burmeister, *Hypomnematum musicae poeticae* (1599), entry on pathopoeia.

画方法融合在一起的才能，后者正是海因里希·许茨的"现代"风格（尽管在巴赫的时代自是已经过时了）的特征，许茨的风格本身就来自蒙特威尔第的"现代风格"，音乐为文字服务（而不是相反），听者受邀体验文字和音乐融合在一起所产生的意象和情感。由此看来，巴赫对于《基督躺在死亡的枷锁上》的音乐处理既有现代性的闪现，也有着对于仪式化戏剧的明显中世纪风味的痕迹。

这对于当今的路德宗听众而言驾轻就熟，然而，对于那些缺乏通过有规律演唱众赞歌才产生的熟悉感，不了解宗教音乐家惯用的众多音乐修辞手法的听众而言并非如此，他或她也许会在尝试理解巴赫涉及的范围以及音乐中微妙的内涵时感到迷茫。人们可能会觉得，巴赫的音乐中的征引如此之多，简直冒着增加距离感、公式化或像教科书般枯燥的风险。[1] 事实上绝非如此。我们在此遇到的，是拒绝困于单一方法论的年轻气盛，无论是形式还是修辞上的方法论。为了在作品中展现自己令人惊叹的即兴演奏技巧，巴赫带我们领略他的世界中独特的声音模式，还有以其强劲的节奏轮廓支撑的音乐表现风格。在他对路德的文本富于想象力的回应中，巴赫使我们了解到音乐不仅自始至终是反映文字的镜子：他证明音乐可以吸引我们的注意，通过闪电般击中我们的隐喻来俘获我们。只要我们愿意放松下来，让他向我们描述他所看到的世界，我们很快就可找到第一个切入点。[2]

路德的叙述从回望基督在死亡的枷锁上开始，并将以欢欣鼓舞的

---

[1] 1708年，在巴赫于米尔豪森面试之后仅仅一年，他的同事及表兄瓦尔特写道，"如今的音乐中征引之多堪与修辞学相比"（*Praecepta der musicalischen Composition*, MS 1708, p. 152），这一说法直接来自于约六十年前的克里斯托弗·伯恩哈德，尽管瓦尔特意指字面还是略带贬损并不明显。

[2] 维莱亚努尔·拉玛钱德兰(V. Ramachandran)研究过人类大脑中相邻区域的交叉激活现象：不仅仅是通感者（他们眼中的字母表达了不同颜色），也包括任何对于隐喻有高度感知并且能在脑中将看似无关的概念联系在一起的正常人（BBC Reith Lectures, 2003）。

信仰的机制

胜利和逾越节羔羊庆典结束。

> 基督躺在死亡的枷锁中，
> 为我们的罪而献身，
> 他复活了，
> 带给我们新的生命；
> 我们当为此欢欣鼓舞……

巴赫音乐中不可阻挡的向前推进引起了如此多的兴奋感，作为听者，我们沉浸于其中的勃勃生机——尤其是当幻想曲开始变成二二拍的时候。还有谁（贝多芬？门德尔松？柏辽兹？斯特拉文斯基？）能想到圆滑过渡到这样一个段落，有着疾速飞驰的卡农，并且以最简单的音调为基础——由五个下行音符形成的切分音的反复段落？

然而，这种肆无忌惮的喜悦情绪是短暂的。路德将我们带回救赎前的时期，提醒我们死亡曾一度将人类俘虏：

> 不再有无罪的人。
> 因此死亡很快就来临了，
> 在我们身上掌权——
> 将我们捆绑至他的国度，
> 哈利路亚！

这是一种冷酷无情的再现，紧扣人心，如同第二章中提到的中世纪晚期"死亡之舞"装饰带，或者，更贴近我们的时代，如同英格玛·伯格曼（Ingmar Bergman）的电影《第七封印》（1957）中世纪骑士和死神的化身间寓言性的对弈。时间框架在此重叠：先是重生之前的人，然后是路德时代和巴赫时代的图林根人，由于瘟疫引发的死亡的定期冲击而留下伤痕。巴赫以分立并有恐怖气息的两个音符一组的片段为单位作半音下行——以此作为女高音和女低音之间充满悲伤、来回摆动的动机的交换，悬浮在有着同样的下行音程然而作了八度换置的通奏低音之上。

这音乐令人着迷。它使人想起被死亡攫住的人类，无助而惊恐，等待路德所称的死亡的"最严肃且最可怕"的惩罚——上帝对原罪的审判。在这荒凉的舞台上，死亡鬼鬼祟祟地靠近，用他长着白骨的双手抓住凡人。巴赫两度使音乐停滞，一次是在"死亡……死亡"处，在女高音与女低音之间来回交换了四次，然后是在"禁锢"一词出现时，歌声锁定在同时出现的 E/F♯ 不和谐音中——尸体开始僵硬之前的受制状态。[1] 出人意料的"哈利路亚"——因过度使用而变得枯燥无味——跟随其后，每一诗节的末尾皆如此，然而总有不同的倾向。这里的情绪是哀痛和未曾减弱的悲伤，仿佛要表达这样的观点，即使在死亡之时，上帝也必须被赞美。最后一个乐句里，在希望最纯粹的闪烁之后，音乐隐退了。

在最为鲜明的情绪对比中，齐奏小提琴传达了基督降临的消息：原罪被消除，死亡的尖刺被拔出。巴赫用小提琴来象征连枷，基督用来向敌人挥砍，废除了死亡的力量。他将反叛的天使发落到地狱中去，同时数字低音线条旋转下降至最低的 E 音，这里有种弥尔顿风格的处理："他直直坠入 / 一万英寻的深处，到此时 / 仍在一直坠

---

[1] 与巴赫反复运用 B/F♯ 来表现死亡的束缚相似的，是一位非此不能揭秘的追随者的音乐——埃克托·柏辽兹在他的《夏夜》中为《在墓地》谱曲（来自泰奥菲尔·戈蒂耶 [Théophile Gautier] 发表于 1838 年的《死亡的喜剧》）：从和声角度看，模糊地由 G 解决到 F♯，又回到 "passe, passe" 上。在为戈蒂耶的文字（*Un air maladivement tendre/À la fois charmant et fatal/Qui vous fait mal*）谱曲时，柏辽兹将死亡描绘成一种带来奇异的感官快感的事件，从光明对抗黑暗、生命对抗死亡之斗争的可怕现实中暂时偏离。

信仰的机制

落……"死亡的力量被折断了。音乐在虚无（nichts）中行至完全的终止，"一切化为乌有"——男高音缓缓地再度出现——"然而死亡仅仅是形式"，死亡如今只是他自己苍白的影子。在引导小提琴重新进入协奏曲之前，巴赫用意清楚地用四个音符刻画出十字架的轮廓：

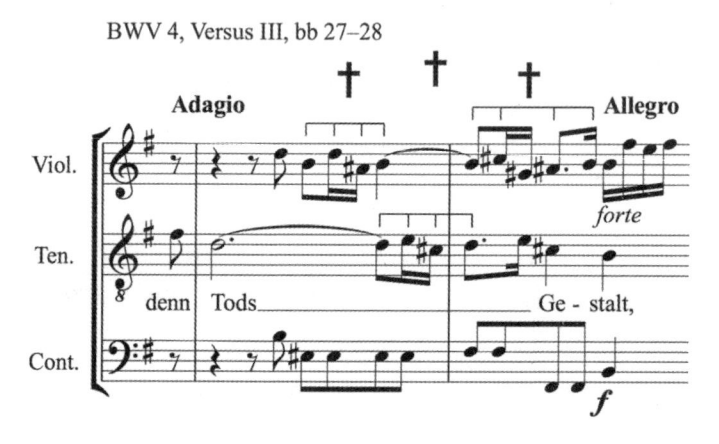

BWV 4, Versus III, bb 27–28

WV 4, Versus III, bb 27–28

至此，音乐变成对英勇威武的节庆式夸耀，加上男高音兴高采烈的"哈利路亚"，预示了胜利的敲击。这段赞美诗的核心是对"奇妙的战争"的再现——在生与死的力量之间、新旧季节之间进行的"奇妙的战争"，春天的谷物即将冲破冬天的地表："这是死亡与生命之间一场不可思议的搏斗。"成群的旁观者对这场决定他们命运的较量表达了他们的反应，此时唯一的器乐支撑来自数字低音。然而他们歌唱时已经知道结局——因为"经文中预言……一种死亡如何吞食了另外一种"，这反映了路德宗的教义，认为基督的复活预示着死亡本身的战败。

这是一幅耶罗尼米斯·博斯式（Hieronymus Bosch-like）的场景，巴赫让四声部中的三个互相紧密追逐，形成相隔一拍进入的赋格形式的叠句，而第四个声部（女低音）大声唱出熟悉的旋律。他们的声音逐一减弱，被吞没了，陷入寂静："死亡变成了一个笑话。"巴赫在最开始时使用过的半音下行再次出现，依然是死亡的象征，人们带着嘲弄尖刻地说出："这种嘲弄！"[1]这里再次出现强烈的弥尔顿式暗示——与撒旦回归万魔殿向他的仆从夸耀他击败人类取得的胜利相类似：

> ……期待着
> 他们全体的鼓掌喝彩声
> 充满他的耳中，然而相反
> 四周无数舌头
> 全都吐出阴郁的嘶嘶声，那声音是
> 公然的嘲弄[2]

所有的四个声部以"哈利路亚"副歌圆满结束了这个场景，每个段落反映战争场景中一个单独的侧面：女高音带着好奇和叹息的倚音——一个哀婉的时刻，使人想起之前死亡造成伤害的力量；女低音则更多地讲述事实（曲调朴素地圆滑过渡）；男高音在欢喜中几乎狂躁（通过参差不齐的断奏式颤音来表达）；而男低音在休止之前下行了将近两个八度。这使人想起了一种舞台指示——退场（exeunt）——解说者走下了舞台。

男低音像复活节弥撒上的司仪神父一般吟咏第五诗节，半音下行的低音线条使人联想起普赛尔为狄多所作的"哀歌"中的庄严感。此时，一种令人紧张的严肃感笼罩了这个场景：感觉像是在先知所预言

---

1 海柯·奥伯曼（Heiko Oberman）认为，路德的语言"如此粗野而世俗，在他充满愤怒的蔑视中，甚至能对魔鬼大放厥词"（WA TR, Vol. 6, No. 6, 817）："你，撒旦，无论反基督者或是教皇，都能指望的臭东西。"因此"一个受人尊敬的形象，无论是魔鬼还是教皇，在脱下裤子时实际上都是毫无遮掩的"（H. Oberman, *Luther: Man between God and the Devil* [1989], pp. 108–9）。

2 John Milton, *Paradise Lost*, Book 10, ll. 504–9.

信仰的机制

的逾越节羔羊与基督的牺牲之间建立了一种神秘的联系。和声进行停止了两个小节，巴赫要求每件乐器都象征性地暂停在一个升半音上（德语中的"Kreuz"，也就是 cross［十字架］一词），此时他再次描绘了十字架的四个顶点：男低音与小提琴之间是平行十度，然后是数字低音，最后又是小提琴——一再描绘信仰依附其上的那个符号（"在炽烈的爱中燃烧"），直到死亡为止——如同康斯坦丁大帝的口号"见此标记，汝必降伏"（*In hoc signo vinces*）。之后，文本又提及了"血标记了我们的门"这种神秘方式。巴赫多次刻画了这个新的记号（正如在埃及被奴役的以色列人门上标记的那样）：四种不同的尝试（数字低音、男低音、弦乐，然后又是男低音），通过大跳跃的花腔来传达对于逃离之路的充满曲折的探求。在信仰遭受最严峻的考验之时，巴赫迫使他的男低音突然冲下减十二度音程，直至低音 E♯。最后，为了再现路德抛给魔鬼（被描述作"再也无法伤害我们的压迫者"）的挑战，巴赫要求他的歌手们[1]在将近十拍中全力维持在高音 D，直至他们的气息耗尽。这音乐是一种华丽的挑战。

这部康塔塔从不使人厌倦，并且，就我们所知，这是巴赫的早期康塔塔中唯一一部被他选中（十八年后在莱比锡）重新上演的。2000 年复活节的星期天，这部作品在爱森纳赫的圣乔治教堂上演，人们强烈感受到两位作者的在场及个性，也对他们的想象力的中世纪音乐根源有了新的认知。他们关于生与死的力量之间的宇宙战争这一观念，不仅和《失乐园》相关联，甚至和诸如 H. G. 威尔斯（H. G. Wells）、查尔斯·威廉斯（Charles Williams）以及菲利普·普尔

---

1 没错，此处是"歌手们"，因为在所有后来的康塔塔中，巴赫没有为一个独唱声部这样创作过。尽管我们无法得知这部作品在米尔豪森首演时他想要的——或是分配给他的——确切人声数目（他可以借此评估新合唱团的能力），那种集体的、赞美诗式的特质以及巴赫对路德在诗文中间描绘的多声部群体的回应，表明每个声部中超过一个人声。每条旋律线上有多个声音也更易于应对其中的挑战。当然，不是所有人都同意这点。

曼[1]这样不同的20世纪作家也产生了联系。这表明路德如何将复杂的神学概念灌输到日常体验中，使它们焕发生机，一下子变得更加容易接受。然后，我们看到巴赫完全忠于路德壮丽的赞美诗中的精神和文字，他做了同样的事情，在这过程中展露了气质上基本的相似性。暴烈的个性给了路德同罗马决裂的勇气，使得他打开了基督教的新视野，在这部作品中，巴赫身上重新燃起了这种个性。[2]在他承受贯穿自己职业生涯的反对和批评的固执的决心中，在他作为莱比锡圣托马斯教堂合唱指挥（1723—1727）奉献了首个四年，不屈不挠地创作以年为周期的整套康塔塔和两部不朽的受难曲之际，我们会看到这种个性重新浮现出来，这些作品记录了他一生的朝圣之旅中充满疑虑和忧惧、信仰和怀疑的坎坷历程。

于是我们发现，对于易受影响的年轻巴赫而言，改革家路德的冲击是巨大的：这塑造了他的世界观，增强了他对于工匠音乐家这一职业的感知，并且使这一职业和宗教仪式紧密相连——比他的德国同龄

1　确实，威尔斯的科幻小说《世界大战》（1898）中正义与邪恶似乎平分秋色，击败火星人并不涉及任何直接的神圣行为（疯狂的牧师试图将入侵行为与《圣经》中的末日之战联系在一起，这似乎只是强调了他的精神错乱），但在查尔斯·威廉姆斯（托尔金 [J. R. R. Tolkien] 及刘易斯 [C. S. Lewis] 的密友）或菲利普·普尔曼的作品中则并非如此。威廉姆斯最著名的三部小说分别是《天堂之战》（1930）、《坠入地狱》（1937）和《万圣夜》（1945）。T. S. 艾略特（T. S. Eliot）曾为其中最后一部写过导言，将威廉姆斯的小说描述为"超自然惊悚小说"，因为它们探索了肉体与精神间神圣的交集，同时也表现了力量——甚至精神力量——能令我们堕落，也能净化我们。普尔曼在《黑暗元素》（*His Dark Materials*, 1995—2000）中用另一种方式讲述了弥尔顿的史诗，并且反转了其结局，他为弥尔顿眼中最具悲剧性的堕落而赞颂了人性。在《失乐园》中，他最欣赏的一点是"弥尔顿宣称要去追求'散文和韵文中皆未尝试之事'的胆量，'为上帝对待人类的方式辩护'"，这不也正像是我们仰慕路德——尤其是巴赫——之处？

2　根据理查德·马里乌斯（Richard Marius）的看法，专业历史学家希望我们相信"路德的洞察力主要来自于才智而非直觉——这种态度与试图仅通过心理学来分析路德的做法一样执迷不悟"（*Martin Luther: The Christian between God and Death* [2000], p. 21）。我觉得这同样适用于那些"实证主义"音乐学者们，他们似乎致力于证明巴赫的音乐来自于惊人的大脑控制，由此无视或贬低对于谱曲所用的虔诚文本作出的情感回应和自发回应。

人泰勒曼、马特松和亨德尔受到的影响要强烈得多。因为，正如我们在上一章所见，尽管塑造了他们的音乐创作的同样是强大的路德宗根基，但对精致的歌剧世界的广泛接触却早早地调和了宗教。另一方面，你会感觉巴赫的情形更像是自然的必然性。意大利哲学家维柯能用他的观点为巴赫辩护："人的天性和潜能，以及支配他的法则，是由造物主赐予他的，以使他能够完成为他选定的目标，而非他自己的选择。"[1] 在生命的这一阶段，他会简单地将自己特定的目标定义为"为了上帝的荣耀而创作井然有序的宗教音乐"（见215页插图）。[2]

巴赫在《基督躺在死亡的枷锁上》中的成就，就是将听众吸引到这部宗教戏剧中，无论他或她有着什么样的宗教信仰——通过学徒式的修辞技巧，通过不可抗拒的早熟的艺术才能，然而最重要的是靠他的方法中基本的诚实。在这里，他还为自己未来在文字和音乐间的调和设立了标记，表明了如何带着最少的批判性重新评价，用音乐来诠释文本，其方式不仅能在神学上遵从路德，还对他产生深切的移情——这一点可以从巴赫对于言辞的悖论及紧迫性的热爱，以及对精神和肉体的人类本性二分法的表现中得到证明。[3]

将这部作品与亨德尔在大约同样年纪时作于罗马的作品——对于《诗篇》110，《上帝如是说》的生动再现——相对比，能够强烈地证明他也是一位发展中的戏剧家。巴赫被路德羁绊着的时候，亨德尔在这个阶段也毫无疑问是属于世俗的，我们看到他如同之前的丢勒和许茨以及之后的歌德一样，被意大利的风景、充满活力和丰富色彩的艺术，当然也被音乐所吸引。我们看到巴赫对生与死之间关键性搏斗

---

[1] Isaiah Berlin, *Three Critics of the Enlightenment* (2000), p. 94.
[2] BDI, No. 1/NBR, p. 57.
[3] 这是巴赫打动人心之能力的早期例证，"于是，听者获得了一段音乐时间，转瞬即逝的叙事时刻延展开来，而整部戏剧由此获得了更为丰富的景深"（John Butt, 'Do Musical Works Contain an Implied Listener?', JRMA, Vol. 135, Special Issue 1 [2010], p. 10）。

的肉体性大为关注，这预示了他那两部伟大的受难曲中的某些合唱，而此时的亨德尔为我们重现了《旧约》中神的愤怒，通过所有人声和器乐对单个字眼（"con-qua-sa-a-a-a-bit"）连续的断奏式反复，对《诗篇》文本（"他要……打破仇敌的头"）作了激烈的形象化表达。在这两部作品中，让我们有"戏剧性"感觉的内容，与剧院没有什么关系。戏剧效果完全是精神上的——运用新的和旧的音乐技巧，实验性地创造出来，在巴赫这里使《圣经》中的事件变得鲜活，在亨德尔那里则展现了《诗篇》文本表面之下翻滚着的原始力量。两部作品都预示着，这些年轻的萨克森人将在变种歌剧的形成和发展中起到深远的创新作用，如第四章中所概述的那样。即使在这个阶段，也能看出这两位巨人未来职业上分异的迹象：爱、愤怒、忠诚和力量（亨德尔）；生命、死亡、上帝和永恒（巴赫）。

＊＊＊

1707年复活节之后一个月，米尔豪森圣布拉修斯教堂的教区委员会开会指定新的管风琴师。市长康拉德·麦克巴赫（Conrad Meckbach）博士问道，"是否应该首先考虑来自阿恩施塔特的帕赫（Pach）（原文如此），此人最近刚完成了复活节试演"。因为没有其他提名，城镇抄写员贝尔斯特（J. H. Bellstedt）受命与候选者进行沟通。巴赫回复说，他需要85弗洛林的薪水——与"他在阿恩施塔特得到的"一样——略微向上取了整数。尽管这比他前任的收入高了20弗洛林，巴赫还约定了相同的实物偿付：五十四蒲式耳[1]谷物，两捆木材（一捆是山毛榉，一捆是其他的）以及六乘六十捆柴薪——全部送到他门

---

[1] 蒲式耳（bushel）是英制的容量及重量单位，主要用于量度干货，尤其是农产品的重量。——编者注

口。[1]他还要求使用四轮马车搬运他在阿恩施塔特的三年积累起的财产——乐器、乐谱、书籍以及衣服和家具。教区委员会没有反对。巴赫要求以书面形式写下约定的条件。第二天（6月15日）他就收到了合同，以一次握手达成协议。

两周前，一次大火横扫了下城区，烧毁了三百六十处住所，教堂也几乎毁于一旦。委员会中的三位代表仍因灾祸而惊惶不已，无法把精神集中在音乐这类事上，[2] 既找不到笔也找不到墨水来签署对巴赫的任命。一旦他们恢复了正常，市长就认可了纪念性的悔罪仪式这一需求，他们很有可能任命了新管风琴师为此创作一部康塔塔。这可能就是 BWV 131，《我们自深处向你求告》（Aus der Tiefe）。从原稿上的亲笔题词可以看出，这部作品不是由巴赫在圣布拉修斯教堂的直接上级弗洛内（Frohne）主管要求的，而是"应牧师艾尔马（Eilmar）的要求而作"，后者是圣母教堂的副主教。[3] 巴赫选择了完整的《诗篇》130，这是请求宽恕罪孽的祈祷文，用了路德的译文来谱曲。[4]

这是本章中我们探索的三部早期康塔塔（BWV 4、131 和 106）中的第二部。这三部作品展示了通往信仰的机制的连续的、相关的三种方法，告诉我们在巴赫二十岁出头时，这些方法如何在他活跃的音乐头脑中运作。这一次，在 BWV 131 中没有简单的结构性技巧可以依赖，没有像《基督躺在死亡的枷锁上》中将七个诗节统一起来的

---

1 BD II, Nos. 19–20/NBR, pp. 49–50.
2 Georg Thiele, 'Die Familie Bach in Mühlhausen', *Mülhäuser Geschichtsblätter*, Vol. 21 (1920/21), pp. 6–5.
3 *Auff Begehren Tit: Herrn D: Georg Christ: Eilmars in die Music gebracht von Joh. Seb. Bach Org. Molhusino.*
4 这里需要加以说明，要考虑到路德作为前奥古斯丁派修士，证明了咏唱《诗篇》歌调的变革力量，称之为"情感"似乎"拨动"了《诗篇》作者的文字之"弦"，令它们颤动并转变为神圣情感的过程。路德声称"声音是圣言的灵魂"：《圣经》对于听者而言是未经"诠释"的文字，通过人体的共振腔而"留存"或"包含"在声音中。有充分理由认为巴赫熟悉路德关于《诗篇》的神学，并且思索如何将其用于为《诗篇》谱写的复杂音乐或合奏音乐中（Bernd Wannenwetsch, '"Take Heed What Ye Hear": Listening as a Moral, Transcendental and Sacramental Act', JRMA, Vol. 135, Special Issue 1 [2010], pp. 91–102）。

无所不在的众赞歌旋律，能够为他的音乐改编提供坚实的基础。《诗篇》文本要求文字与音乐间有更为复杂的吻合，指向风格、形式和表达的流畅性间更为鲜明的对比。巴赫的解决方案，是将八个诗节均衡地分散在有着内部联系的五个乐章中，并且在《诗篇》中掺入两段"修辞性"（troped）的评论。这些插入段，选自巴尔托洛梅乌斯·林沃德（Bartholomäus Ringwaldt）（1588）所作的众赞歌《耶稣基督最善最美》中的两节，密切反映了神学家约翰·戈特弗里德·欧莱里乌斯（Johann Gottfried Olearius, 1611—1684）对认罪和悔改的指示——这位神学家是五卷本《圣经注释》（*Biblische Erklärung*, 1678—1681）的作者，这本书巴赫后来也有[1]——人类应该每天重复这五个词语：

1. 上帝……
2. 显示……
3. 我……
4. 罪人……
5. 仁慈。

这五个词是路德的《教义问答手册》中一部分的开端，在巴赫的五个乐章中几乎全部有所反映。巴赫努力对文本作出最理想的描述，这使他走向一种强有力的、哪怕不够平衡的、雄辩的新音乐。他将三个众赞歌乐章确立为结构的支柱。第一乐章中最引人注目的，在器乐前奏曲与赋格模型上构建的，是巴赫擅自采取的修辞性表达：他在为双簧管与弦乐所作的柔板前奏曲中安置动机关联的微妙方式，预示了后面词句的结构，接着人声与乐器之间以叠句的形式作赋格式的回

---

[1] Johann Gottfried Olearius, Biblische Erklärung (1678–81), Vol. 5, col. 532 b; see also M. Petzoldt, 'Liturgical and Theological Aspects' in *The World of the Bach Cantatas*, Vol. 1 Christoph Wolff (ed.) (1997), p. 113.

应,整体天衣无缝地流畅过渡到第二个诗节,一首标记了"活泼地"(vivace)的合唱赋格曲,以三重反复(f, p, pp)结束,这与亨德尔在《上帝如是说》中对第六乐章的处理极为相似,相应地引起了对其后不停顿地出现的男低音咏叙调动机的期望,以形成包罗万象的整体。

巴赫第一次重拾了路德所说的"悔罪的兴奋"[1]并且加以发展,这一脉络贯穿了德国作曲家为《诗篇》所作的许多作品,这些作曲家要么生活在三十年战争期间,要么遭受了其余波的侵袭。许茨在《大卫诗篇》(1619)为《诗篇》6(《主啊,请不要惩罚我》)和《诗篇》130(《自深处》)所作的配乐,写于战争开始时(和在此期间创作的许多独特的作品一样),都是受到了这种精神的影响。如果说在这部康塔塔的开场有一点矫揉造作,仿佛巴赫在努力获得合适的腔调,这到了核心众赞歌部分就已经完全消失了。这是整部作品中最有说服力的部分,配上的文字是"我等候耶和华,我的心等候,我也仰望他的话"。由密集和声的三次热情洋溢的大声宣告开始,接着是为两个人声所作的短小的装饰乐段,随后扩展成为慢速而大篇幅的赋格。音乐的情感爆发(实际上是悔罪的兴奋)存在于一连串颇具策略性地置于强拍上的减七度、大九度和小九度中,用以强调"等待"或"渴望"的情感。因此相继出现的每一个赋格式进入都增加了辛酸感,强化了表达效果;每一个声音都有自己的音乐人格,并且真的在"歌唱"。

目前为止,一个又一个和弦都能被追溯到诸如格兰蒂、卡里西米、许茨或马蒂亚斯·韦克曼(Matthias Weckmann)这样的17世纪中期作曲家的和声句法;正是其中的器乐结构——巴赫使双簧管和小提琴(后来还有中提琴甚至巴松)交织在一起,与充满激情的合唱领唱形成装饰性对位的方式——赋予了这一乐章独特性。[2]在一个"文字"

---

1 我要感谢乔治·斯坦纳博士对路德《诗篇》译本中这种普遍情绪的表述。
2 这样一些富有表现力的手法,以及这部康塔塔中可察觉的神秘主义,表明其与另外

在各个层次上都占据支配地位的年代，使无言的部分变得富有生气，是一种重要的新策略。这表明，巴赫可能已经凭直觉感知到了器乐的"言语"中存在着更为本真的逻各斯，和与《圣经》或虔诚的语句相关联的音乐以同等的感染力赞美上帝，歌颂他的世界。

《自深处》中一个独创性的特征，与其说是巴赫对文字的绝对忠实，不如说是他始终如一地根据歌词的发音特点、词形变化和标点来调整自己的主题：通过韵律、速度和织体的变化，他能够描绘每一个动词短语，几乎在瞬间改变情绪（Affekt）。因此，在作品结尾那段感人的合唱中，他构建了马赛克式的连续体，由四个不同而又互相咬合的段落组成：

"以色列"	柔板	三组坚定的开放和声
"仰望耶和华"	稍快的快板	有器乐插入的模仿式对位
"因他有慈爱"	柔板	赞美诗般的，有装饰性的双簧管抒情曲
"有丰盛的救恩"	快板	对于对唱人物"啜泣"音型充满活力的模仿处理

接下来不停歇地进入了独立的赋格段落，其主题和对题巧妙地用来反映最后一句中的二重性：

"他必救赎以色列"	快板	"救赎"一词由简短的动机开始，

一部卓越的作品——法国作曲家米歇尔·理查德·德拉兰德（Michel-Richard de Lalande）为《自深处》(*De profundis*) 谱写的音乐，创作于1689年——有着密切关系，如果算不上影响的话。巴赫的版本与拉兰德的版本都有着整体表达上的庄严，特别是在分外澎湃的密集对位之网中，对人声和器乐的排布采用了类似的方式。

| "脱离一切的罪孽" | 快板 | 拖着拉长的花腔式"尾巴" 半音上行的对题 |

在最后这个段落里,以扩大的赋格主题和半音阶的答题告终,巴赫终于和他的祖辈们那种经文歌式的结构拉开了距离,并且表明,尽管他肯定不是现代主义者,却精通由诸如约翰·泰勒(Johann Theile, 1646—1724)、格奥尔格·奥斯特赖克(1664—1735)[1]和格奥尔格·卡斯帕尔·舒尔曼(约1672—1751)[2]这样的北德作曲家大约在这个时期移植过来的意大利最时新的方法。在今天看来,这三位作曲家都是鲜为人知的人物,而他们创作的协奏风格的德语经文歌和康塔塔在风格方面都被认为体现了最高水平,这种风格是由他们的创造性和技艺水平突出的。尽管他们那富有革新性的众赞歌曲目依然在默默无闻中埋没,仍有理由认为,如果没有他们的范例,巴赫的音乐会很不同。这并不是说他们的音乐使他的想象力即刻启程;他们的音乐有可能更像缓释药丸一般,在他成长过程中相继出现的阶段里逐渐发挥影响。值得注意的是,在他最初开始实验性地创作复杂的协奏音乐时,所处的环境接近于北德宫廷那种开明的文雅环境,那里会鼓励这样的作曲家发挥他们的独创性,使他们的音乐试验致力于对信徒的教化。他们选

---

1 奥斯特赖克的经文歌协奏曲《复活在我》创作于1704年,其中最后的赋格段落也采用了类似的方式。巴赫可能在吕讷堡的图书馆中见到过奥斯特赖克的其他乐谱。尽管这些作曲家在今天为人忽视,感谢迪本及吕讷堡的乐长们收集这些作品,感谢包括奥斯特赖克本人在内的孜孜不倦的抄谱员们,才保留下来足够的音乐手稿,令我们得以瞥见其原创性和多样性,还有最重要的——改编意大利天主教音乐用于路德宗礼拜仪式的创造性。

2 在威尼斯求学一年之后,舒尔曼有四年的时间在迈宁根(Meiningen)宫廷任作曲家及乐长,他在那里遇到了巴赫的堂兄约翰·路德维希,后者在1706年成为他的继任者。在那里,他创作出最为迷人的宗教音乐:九部康塔塔,这或许是德国作曲家首次将意大利歌剧中发展出的、标志性的宣叙调和咏叹调的交替——如今包括了返始咏叹调,正如巴赫在十多年后所采用的——用于宗教音乐。每部康塔塔都以一首众赞歌结尾,其变化多端的形式很可能吸引了巴赫的注意力。

来谱曲的文本结合了熟悉的众赞歌与《圣经》中的故事，这预示着一种坚实的新途径，将传统的福音讯息置于当代路德宗礼拜的语境下，通过音乐布道的方式对其进行阐释。这种强烈表达情感的音乐由精妙的赋格式写作来支撑，有着注重音调的主题（通常伴随着半音进行的对题），扩展的对连续和声的发展部分，对于固定低音的明显使用，尤其是"低音群持续复奏"这一类型，以及包含逐级下降的四个音符的类型。他们用《圣经》文本、冥想诗和路德宗众赞歌织就的复杂的音乐作品，挖掘出以个人应唱圣歌作为基督教信仰核心的方式，探索了吸引听众的新方法。

***

后来得到亚伯拉罕·卡洛夫评注版《圣经》后，在思考个人的信仰时，他在书的页边上写下"注意"（Nota bene），并且在两段几乎一样的文字下划了线："我不会放弃你，也不会离开你"和"我不会放弃你，也不会抛弃你"。人们非常想知道他在成为孤儿时已经有几分这样坚定的信心——认为自己不是完全孤独于世的，而十二年后当他坐下来写《悲剧的一幕》（又称《上帝的时间是最好的时间》，BWV 106）时，有多少悲伤再次涌上心头。我们并不知道答案，但这不应该诱使我们用猜测性的后弗洛伊德精神分析框架来评估他的心理状态——假定他有着对父母的怨恨、愤怒、愿望的满足、负罪感、对替代父亲角色者的寻求等等。[1] 用这种方法来衡量巴赫心理创伤（如果真有的话）的永久性，如同把成年人的思维方式回顾性地用于童年一样，是不精确的，也不能反映历史。无可争辩的是，巴赫的一生中，频繁又痛苦地面对死亡，死神的镰刀不断划过他的家人：他的双亲都

1　See Robert L. Marshall, 'Toward a Twenty-First-Century Bach Biography', *MQ*, Vol. 84, No. 3 (Fall 2000), p. 504.

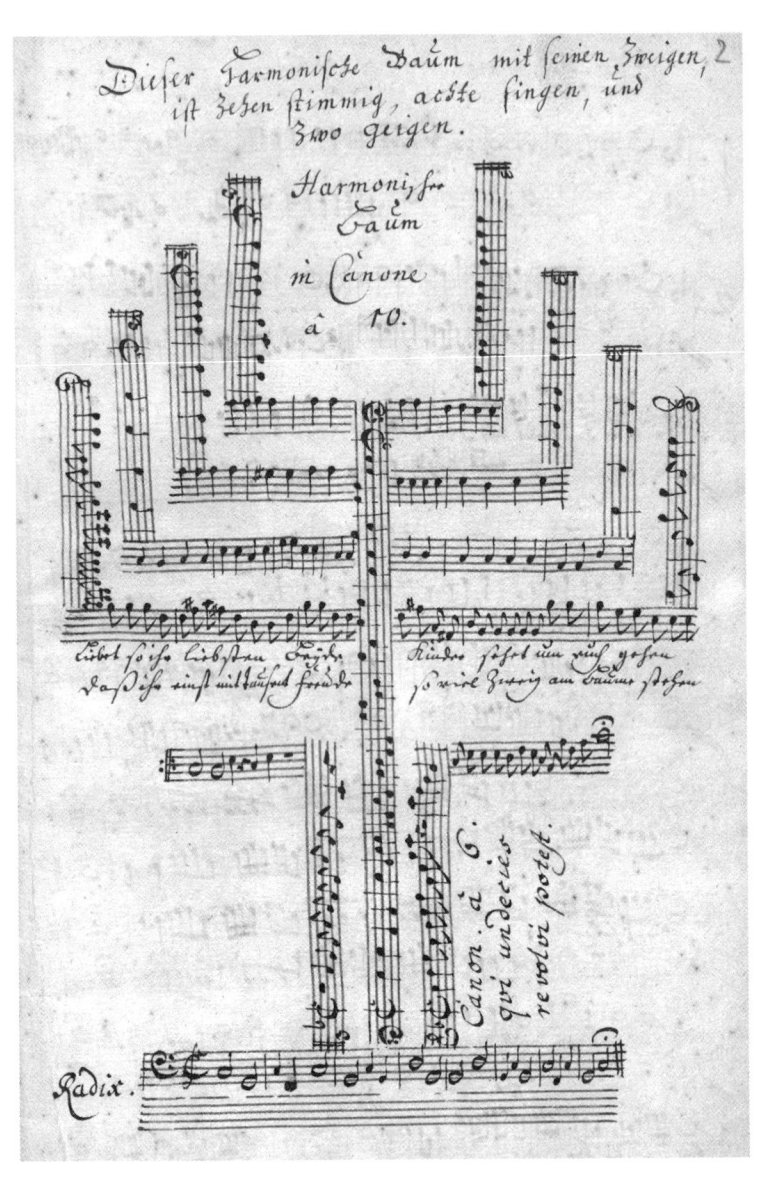

《和声树》，树形的十声部卡农，选自约翰·泰勒（1646—1724）的专著《音乐艺术之书》，他被同时代人称作"对位法之父"。

没能活到五十岁，他自己的二十个孩子中有十二个在三岁前夭折——即使在那个婴儿死亡率很高的年代，也超出了平均值。

巴赫在何种程度上有着路德那种对死亡的强烈恐惧——他的很多追随者以及很多神学家都承认有这种恐惧感——"使得我们比其他造物都更痛苦的那种不幸"？[1] 确切来说，他在多大程度上真的相信基督教教义，尤其是那些强调个人信仰和救赎之回报的信条？如果他真的深信这些，又是自何时开始的？除了他和路德之间因为地理因素、学校教育和环境产生的联系以外，他是否也由于坚定的信仰而受到这位创始人的吸引？[2] 这些问题在史料中都找不到令人信服的答案。我们需要在别处寻找。又一次，巴赫早期的一些作品提供了某些引发丰富想象的证据，而没有比《悲剧的一幕》中更多的了。

即使对那些最热情的仰慕者而言，巴赫也时常显得有些遥远：他那众所周知的音乐家的天赋，对我们大多数人来说太过遥不可及。然而他人性化的一面体现在很多地方：在家庭信件和第一手描述这种琐碎的个人证据中并不多见，更多地存在于他锻造的音乐装甲的裂缝里，从中我们瞥见一个普通人在普通人所有的怀疑、担忧和困惑中挣扎的脆弱性。《悲剧的一幕》就是其中一例。这部葬礼作品可能是在《基督躺在死亡的枷锁上》之后不久创作的，当时巴赫还只有二十二岁，从他成为孤儿算起正好过了十二年，此时正在准备与他未来的妻子建立家庭。

迄今为止，无人能准确指出《悲剧的一幕》究竟是为了什么场合

---

[1] Martin Luther, 'Second Lecture on Psalm 90 [3 June 1535]', LW, Vol. 13, p. 116.

[2] 第一批路德宗信徒将他们的奠基者奉为圣人（Wundermann），蒙神召唤，由神派遣而来。将近两百年后，罗伯特·马歇尔断言，"巴赫无疑是尊敬路德的，对他有强烈的认同感，视他为极为崇高的人物，一位真正的'伟人'，对他的尊崇几乎到了着魔的程度"（*Luther, Bach, and the Early Reformation Chorale* [1995], p. 10）。彼得·威廉姆斯提出了另一位令人关注的模范：路德的亲密同事菲利普·梅兰希通："（十一岁）成为孤儿，对他的祖国和出生之地满怀忠诚，极为固执，孜孜不倦地自学其他人的作品"（*The Life of Bach* [2004], p. 9）。

而作。据推测，有可能是为了他那位逝于1707年8月的叔叔托比亚斯而作。这位叔叔留下了50基尔德的遗产（超过半年薪水），于是巴赫能够和他的堂妹玛丽亚·芭芭拉（Maria Barbara）结婚，婚礼于10月17日在阿恩施塔特城外一英里左右的多尔恩海姆（Dornheim）的乡村教堂举行。另一种可能是，这部作品是为了纪念巴赫的朋友与支持者，米尔豪森的艾尔马牧师的妹妹苏珊·提勒苏斯（Susanne Tilesius）而作。苏珊在三十四岁时离世，留下她的丈夫和四个孩子，正如十二年前巴赫的母亲一样。《悲剧的一幕》会不会在某种意义上是他自己未曾消解的悲伤在音乐中的宣泄？独唱女高音的乞求"来吧，主耶稣"，有可能也是对苏珊和巴赫母亲的唤起和纪念，这一乞求在作品的核心部分一遍又一遍重复。这证明死亡的主题受到全神关注，或者至少它是反复出现的；巴赫长时间积累的专注于路德宗"死亡的艺术"的藏书也印证了这点。[1] 他似乎很早就学会了用音乐中所包含和体现出的信仰的巨大力量来使死亡丧失其威慑力，仿佛赞同蒙田（巴赫当然没有读过他的书）的说法："让我们消除死亡的陌生感：经过练习，让我们习惯于死亡，没有任何东西比死亡更频繁地出现在我们的思想中，让我们在想象中保持着死亡的形象——并且对其一览无遗。"[2] 路德也坚称："我们应该在有生之年熟悉死亡，在它仍然很遥远时，邀请死亡进入我们的存在中。"[3]

他后来的许多作品，包括两部伟大的受难曲，都处理了相同的主题，即苦难的世界和救赎的希望间的二分法——这在当时的宗教信仰中颇为普遍。然而没有比《悲剧的一幕》中更为痛切或更为平静的处

---

1 Robin A. Leaver, *Bach's Theological Library* (1983).
2 Montaigne, *Essais* (1580), M. A. Screech (ed.) (1991), Book I, Section 29, p. 96.
3 Martin Luther, 'A Sermon on Preparing to Die', LW, Vol. 42, p. 101.

《与死神的争战》,出自海因里希·缪勒(Heinrich Müller)《天国的爱之吻》(1732),
巴赫众多大部头藏书中的一本,宣扬对于不可预料的任意死亡时刻做持久的准备和训练。

理了。[1]这部非凡的作品创作于如此年轻之时，却绝非过分感伤、自我沉溺或是病态；相反，它尽管极为严肃，却抚慰人心，并且充满了乐观情绪。与巴赫某些更为复杂的对位式创意曲不同，这部作品有着很好的"外在"吸引力，无疑是出于其音色异常柔和的配器法：只有两支竖笛、一架管风琴和两把古大提琴。在这有限的色彩范围里，巴赫成功地创造了奇迹：开场的小奏鸣曲包含着在他所有作品中最令人心动的二十个小节。从两把大提琴充满渴望的不和谐音，到竖笛声盘绕纠缠和在相邻音符中轮换的那种令人销魂的方式，在齐奏中进进出出，我们听到的音乐足以减轻悲伤。让－菲利普·拉莫曾恳求他的一个学生："我的朋友，让我哭吧！"[2]在巴赫的小奏鸣曲中，我们会明白拉莫所言，并且被感动。整部作品不超过二十分钟，却完美无瑕地数次转换情绪和韵律。优秀的音乐中，常常有着对于寂静的出色运用。在插入了一段对于从这个世界得到解脱的恳求，也就是女高音重复数遍的"来吧，主耶稣！"之后，巴赫确保其他所有人声和乐器都一一退出，剩下她无依无恃的声音在精巧繁复的装饰音中渐渐消散。[3]然后他在一个空白小节中标记了一个延长号。这一主动而神秘的沉寂又正好是全作的中点。

1　我们再次发现，他对待死亡的态度，与他的直系亲属似有不同。这也反映在他早期的合唱音乐中。将生命视为"泪之溪谷"是承袭自17世纪的观念，三十年战争期间海因里希·许茨的作品即为其典范，这种观念在巴赫的堂伯约翰·克里斯托弗·巴赫的作品中重新浮现，他的《自哭泣开始》(1691年于阿恩施塔特首演，其时约翰·塞巴斯蒂安只有六岁)以绝对虚无的方式描述人类的三个年龄段，引导着听者，描绘了人类在青年、中年和老年时的不幸。
2　Jacques Gardien, *Jean-Philippe Rameau* (1949), p. 57.
3　此处与约翰·克里斯托弗·巴赫的五声部经文歌《你不要害怕》那感人至深的结尾有着相似之处：在女高音以"耶稣啊，你是我的拯救"(出自约翰·里斯特的一首葬礼圣歌)进入时，"你"(du)和"我的"(mein)两个普通的词之间有着短暂的交织——仿佛两个世界之间刚刚进行了犹豫不决的接触。这种对《福音书》中的"自由"的表达体现在女高音自由翱翔的旋律中(没有通奏低音的束缚)，与体现律法及其要求的严格赋格呈示形成了鲜明的对比——我们只能认为这是出于有意的神学目的。

这只是巴赫深思熟虑又颇有效果的规划中的一例。潜入表层越深，越能发觉《悲剧的一幕》中的复杂之处——比我们之前研究过的两部康塔塔更为复杂。17世纪70年代起，复合文本开始在北德成为风尚，也就是通过将不同段落并置在同一主题下来阐明和诠释《圣经》。巴赫选用了七段《圣经》引文，与熟悉的路德宗众赞歌交织在一起，他的想法很可能来自我们之前提及的神学家约翰·哥特弗里德·欧莱里乌斯。通过文本中独特的布置和改编，我们看到的是《旧约·律法书》和《新约·福音书》的并置。路德这样说："律法的声音令人惊恐，因为它刺进沾沾自喜的罪人耳中：'在尘世中，死亡的陷阱包围着我们。'而上帝的声音用歌声鼓舞着惊恐的罪人：'在必然降临的死亡中，我们的生命在基督里。'"[1] 任何个体的死亡时间都是上帝的秘密：正是神为人类生命"设定了时间"，根据他自己的日程表制定了秩序。[2] 路德的基本宗旨，是让信徒做好准备"在祝福中死去"，并且用这种观念来安慰那些丧亲者——生命在本质上就是在为死亡做准备：接受这一点，为我们提供了唯一可靠的方法，甘心忍受我们的人性和努力的徒劳无益。欧莱里乌斯在他的《圣经注释》中插入了一幅名为《这就是生命之树》（克里斯蒂安·罗姆斯泰特 [Christian Romstet] 所作）的画作，施洗者圣约翰在天堂大门前，在他身后，耶稣正在照管他的花园（见图17）。在一组被称作"寓意之景"的绘画中，其视觉艺术体现了与巴赫音乐的平行性，将人的年龄与一天的时间、一年中的季节以及《圣经》故事的年代联系起来。[3] 这样的作品被视作人文精神试图与环境（尽管在这一环境中，自然界的荒野已经被驯服和压制了）和谐相处的象征，能够深有寓意地打动观众，使其

---

[1] Martin Luther, LW, Vol. 13, p. 83.

[2] 同上。

[3] See Eric Chafe, *Tonal Allegory in the Vocal Music of J. S. Bach* (1991), p. 52.

沉思"严肃的事情"。在死亡面前，艺术的职责和目的就是向生者描绘新近亡故者，给予悲伤中的人以慰藉，便于就难言之事进行交流和论说。那些引起强烈情感的、复杂的主题依赖于过去和未来、希望和绝望的相互作用，在表达这些主题时，音乐常常要比绘画更为有效。

巴赫使自己的音乐构思和神学原则相适应的方式令人惊叹。正如在《自深处》中那样，他不得不强加上自己的音乐架构。为了反映《律法书》和《福音书》的神学分异，巴赫制定了均衡的方案来排布各个乐章，于是作为听众，我们能够在音乐中追踪信徒的历程，在《旧约》（其中对死亡的必然性进行了毫无掩饰的声明）中沉到了最低谷，然后通过祈祷，再次上升到了一个更为精神化的未来。在分开的两部分中，独唱的进入都是对比性地成对出现的，使得这种首尾呼应的模式以及精心的对比易于理解。因此，男低音的两段独唱中，第一段是《旧约》中威严的命令"你当留遗命与你的家，因为你必死不能活了"。这以十字架上的基督对罪犯的话作答，"你要同我在乐园里了"。与这些独唱中的第二部分交叠的是路德版的西缅之歌，"我将在和平与喜乐中离去……死亡成为了我的睡眠"。如果巴赫在曲中想要对肉体的消亡作出音乐上的表达，必定就是此处，两把古大提琴在众赞歌结尾处逐渐消失，提醒虔诚的听众，死亡的时刻能够强烈地释放出魔鬼的阴谋。似乎这样用音乐来反映《圣经》还不够，巴赫走得更远，通过一系列调性变化有寓意地引导信众理解并接受他的生活模式：从降E（主调）转下降B小调（在五度循环中最远的降号调，后来巴赫曾在《约翰受难曲》中用来描述耶稣被钉死在十字架上），然后又回到降E（见419页插图）。于是我们再次看到了对称性的构思：从降E开始的下降，以C小调和F小调传达《旧约》中那些冷酷的训谕，经过最消沉的寂静到了降B小调，然后上升到《福音书》文本的慰藉，此时用了降A和C小调，然后回到降E。这种模式或许想要促使听众思索基督自身生活中那些连续的阶段，他的出生，被钉上十字架，以及死亡和复活。

巴赫对音乐和神学的融合中最为令人印象深刻的特征，出现在中间那个休止的小节。作为听者，我们不可抗拒地被其吸引。巴赫最终的、精湛的策略——来阐明信徒的信仰危机以及对神之帮助的强烈渴望——就是令女高音前面的音符在音调上捉摸不定——她的声音逐渐消逝成绝望的哭泣。这里的和声没有解决，甚至没有局部的收束能够使得和声进行至稳定的终止式：因此如何诠释随之而来的寂静就取决于我们。如果我们在表面上听到了弱完全终止（F小调的皮卡第三度），将会暗示死亡是一种完全终止。然而我们或许会被轻推着听到在分别作为导音和主音的A和降B之间最终的摆荡，而下一乐章的调性正是降B小调。这样，巴赫传递的是希望的讯息，调性的上升象征着基督的介入确保了死亡只是我们旅程的中间点，是将要来临之事的开端。这种植入的不确定性，更确切地说是矛盾感，并不等同于用一种间断来愚弄我们的期待，巴赫（以及其他许多作曲家）以之在其他情形中保持我们的注意力，为我们留有悬念。

巴赫的《悲剧的一幕》有着非凡的深刻性。它近乎刺穿了分开物质世界与超越其上之物的意识的隔膜，比起在这极为丰饶多产的世纪末产生的任何音乐走得都要远。这里再次有迹象表明他从堂伯克里斯托弗那里学到了什么，后者的某些作品似乎也占据并探索了生与死之间模糊的边缘：一方面极富表现力，另一方面对于迫近的消亡而言太过脆弱。当然我们无法像神经学家区分头脑中的现实与想象带来的刺激那样来明确解释巴赫的音乐给人带来的情感冲击——到底是痛苦还是愉悦。

***

《悲剧的一幕》中均衡的明朗性造成了一种看似简单的感觉，但也同样构成了思想、结构和创意中巨大的复杂性，两者都指向在理解的边缘颤抖的感觉。或许，支撑着大部分音乐的那种不显眼的数学结构上的复杂性吸引了某一类型的头脑，即使他们并不完全清楚发生了什么。对我们其余人而言，音乐中融入的数学只在潜意识层面有吸引力，尽管如此，我们也能满足于声音所提供的抚慰人心之美。

《悲剧的一幕》还提出了宗教信仰的微妙问题——听者拥有不完全的或是绝对的信仰（或全然不信）是否会影响到对音乐的感受性。坚称必须笃信基督教才能欣赏巴赫的宗教音乐，这会招致反感。然而，若是缺乏对于浸透音乐之中的宗教观念的熟知，我们无疑会错过许多微妙之处，甚至无法理解他的晚期音乐何以被视为对基督教神学的批判。对许多人而言，欣赏一部莫扎特的歌剧显然要比巴赫的康塔塔或受难曲顺畅得多，没么困扰：前者有着清晰可辨的人类情感、轻松欢快的故事、壮观的场景、喜剧成分和戏剧效果（尽管其中某些道德上并不光彩的角色引起了令人愉快的窘境）。所有这些元素也都存在于巴赫的作品中，只不过是以一种隐秘的方式。他所选择的唱词并不总能融合为流畅而完整的戏剧形式，如同我们在莫扎特歌剧终曲中感受到的那样。后来的康塔塔往往充斥着可怕的意象——麻风病的深重罪孽、脓肿疖子，与错综复杂的神学观念一起，给外行造成了难以穿透的障碍，以至于巴赫的本意部分地迷失在诠释当中。听者会由于其意象的突兀而产生完全放弃（或者避开）宗教成分的冲动，于是需要揭开其神秘的面纱来让听者不要半途而废，确保其过人的技艺和复杂性是可以被领悟的。为了触及巴赫宗教音乐的人性内核，我认为不必将音乐置于原始的礼拜仪式背景中（选择冰冷的教堂长椅而非有软垫的剧院座椅），尽管这正是整个20世纪中福音派路德宗信徒竭力主张的。然而我们的确需要清楚这些音乐在礼拜仪式中的地位、作曲家以及委约这些作品的教会当权者最初的意图（两者未必是一回事),以及巴赫的音乐和文字之间似乎建有的独特辩证关系(我们将在第十二章中深入探讨这一点)。一旦这些"洋葱皮"一层层揭开,其回报远远超过了我们最初对音乐的肤浅回应。

这算不上新问题。在给欧文·罗德(Erwin Rhode)的一封信中(1870),弗里德里希·尼采(Friedrich Nietzsche)这样写道:"这一周我听了三次《马太受难曲》,每次都充满着无限钦慕之情。完全忘记基督教教义的人也会真切地听到福音。"[1]然而在1878年时,他又抱怨道:"巴赫的音乐中有着太多粗糙的基督教教义、赤裸的德意志精神和未加修饰的经院哲学……在现代欧洲音乐的入口处……他总是在回顾中世纪。"尼采指出了某些人在巴赫宗教音乐中体验到的冲突:尽管对强烈的文字表达有些不适,他们依然深受音乐影响,感动于其中传达对信仰之信心的方式。

在调和这些对立面的过程中,我们通常能够与威廉·詹姆斯(William James)对宗教的观点产生共鸣——用"每一丝才智来为自由意志辩护",以及为他所称的"信仰的权利"辩护。他承认,宗教"如同爱、愤怒、希望、野心和嫉妒一样,如同其他任何本能的渴望和冲动一样……为生命增添了一种魅力,这是无法从其他事物中理性地或是从逻辑上推断出来的"。[2]它能够接纳那些在皈依当中寻得慰藉的"生病的灵魂"的痛苦,例如奥古斯丁、路德和托尔斯泰,同时也能接纳对分裂的自我的迷恋,例如约翰·班扬,甚至还有巴赫。[3]巴赫的音乐激发了一种普遍存在的宗教情感,然而并不限于特定教义。正如巴赫的宗教音乐有着许多非宗教的狂热爱好者,在热爱巴赫的职业音乐家中也存在着无神论者。佐治·库塔(György Kurtág),一位广受尊崇的

1　Quoted in Hannsdieter Wohlfarth, *Johann Sebastian Bach* (1985), p. 96.
2　A. N. Wilson, *God's Funeral* (1999), p. 329.
3　同上。

当代欧洲作曲家，近来坦陈："我当然是无神论者，只是没有大肆声张。因为当我注视着巴赫时，我无法成为无神论者。于是我不得不接受他的信仰。他的音乐从未停止祈祷。如果我作为局外人望向他，又如何能靠近他呢？在字面上，我并不相信《福音书》，但巴赫的赋格里有被钉十字架之事——就像钉子在往里钉。在音乐中，我始终在寻找着对钉子的锤击……这是一种自相矛盾的视角。我的大脑摒弃这一切。但我的大脑无甚价值。"[1]

**

1742年9月，五十七岁的巴赫购入了豪华版马丁·路德作品全集，共七卷。根据他自己手写的简短说明，[2] "这些属于已故的马丁·路德博士的伟大的德语作品"，之前属于两位杰出的神学家卡洛夫和梅耶（Mayer），为此他支付了10个塔勒。在他的书架上已经陈列着十四册巨大的对开本路德作品，包括《桌边谈话》、第二版四开本的《家庭训诫集》，此外还有多卷其他作者的布道文、对《圣经》的评注和虔诚之作，大部分都对路德进行了大量引用。为何又新买了这种呢？仅仅因为这是新的阿尔滕堡（Altenburg）版，而他已有的也许是耶拿版？据估计，巴赫的藏书中包括至少112种不同的神学和训诫典籍，与其说是典型的教会音乐家的藏书，更像是颇具规模的城镇教堂里的藏书，"巴赫时代的许多牧师都会为拥有它们而感到骄傲"。[3] 略蹊跷的是，巴赫为这几卷新书支付的价格似乎被抹除了，并相当拙劣地改为10个塔勒，而实际数字可能是二倍甚至三倍那么多——在同一个

---

1 György Kurtág, *Three Interviews and Ligeti Homages*, Bálint András Varga (ed.) (2009).
2 BDI, No. 123.
3 Leaver, *Bach's Theological Library*, pp. 22–5. See also his 'Luther's Theology of Music in Later Lutheranism' in *Luther's Liturgical Music* (2007).

月中，一位莱比锡书商特奥菲尔·格奥尔格（Theophil Georg）出版了四卷本新版及旧版路德作品目录，其中阿尔滕堡版本的报价为20塔勒。[1]巴赫是不是不好意思向妻子承认自己真正支付的价钱——差不多要半个月的薪水？如果这一小小的欺骗是他中年危机的证据，也并不算严重——他并没有大肆挥霍在禁书上，例如薄伽丘（Boccaccio）的《十日谈》或者斯宾诺莎被认为宣扬无神论的《伦理学》。除了他个人的虔诚、他毕生对路德的尊崇、路德的作品在他的个人及职业才能中的核心地位以外，这还表明"巴赫显然深深地——并且不加批判地——沉浸在至少两百年前的思维模式中"。[2]

在他最初供职于阿恩施塔特和米尔豪森期间，巴赫可能确实创作了更多康塔塔，然而在1723年抵达莱比锡时，他觉得没有必要再保留这些作品，因为它们属于"以前的音乐风格，似乎无法再取悦我们的耳朵"。[3][4]但他可能会赞同勋伯格对自己早期作品的说法，"在我写下这些作品时我是喜欢它们的"——在巴赫四十多岁时写下《基督躺在死亡的枷锁上》（BWV 4）时亦为如此。在那些留存下来的作品中，体现出巴赫为自己的音乐制定的初始路线——表达、支撑以及诠释这些教义立场，但未止于此，他希望确立宗教在日常生活中的位置。在他笔下，音乐不仅是对于隐秘现实的传统模仿，甚至超越了劝导或修辞的工具；它概括了他所理解的宗教体验的作用，在本质上从人性的角度描绘了信仰和怀疑的沉浮起伏，采取戏剧化的方式，将这些张力与日常冲突表现得栩栩如生。这些早期作品表明，他探索着音乐为生命中的艰辛提供可听可感之慰藉的能力，它如同伤口上重新生长的

1　同上，14.
2　John Butt, *Bach's Dialogue with Modernity: Perspectives on the Passions* (2010), p. 53.
3　'Entwurff', BDI, No. 22/NBR, p. 149.
4　巴赫离开米尔豪森后，1709年为米尔豪森而作的第二部议会康塔塔可能就是这样一部作品，它也许如同《神自古以来为我的王》（BWV 71）一样曾经发表，如今已经遗失。

皮肤一般，缓和悲伤的冲击。将他的音乐与路德宗将死亡视为对信仰的奖赏这一观念结合在一起，或许为他提供了将自己悲痛的早年经历纳入其中的方式。正如我们在下一章中将会看到的，音乐所不能实现的，则是他对当权者态度的丝毫缓和。

***

在复活节弥撒结束后，当我们从圣乔治教堂鱼贯而出时，牧师邀请我们参观巴赫从前的学校以及多明我会修道院。我们和他一起经过旧城墙走到称为"上帝之地"的公墓。巴赫父母那没有标记的坟墓就在某处。作为当地唱诗班的成员，巴赫家最年轻的孩子要在父亲的葬礼上演唱，依礼仪要目睹整个仪式：葬礼钟声敲响，牧师、唱诗班、家人和哀悼者组成的队列庄严地走向"上帝之地"。小小的木台那从城墙伸出来的屋檐遮蔽着悲伤的家人，塞巴斯蒂安和其他巴赫家的孤儿们聚在这里。[1] 在墓地中间有一座木屋——几乎就是花园里的棚子——施罗恩（Schrön）牧师站在这里的小讲坛上进行墓前布道。当灵柩降入墓穴时，这位乐长和他的唱诗班歌手们吟咏着中世纪葬礼圣歌的路德版本：《我们在生命之中》。[2]

1　Rainer Kaiser, 'Johann Ambrosius Bachs letztes Eisenacher Lebensjahr', BJb (1995), pp. 177–82.
2　在四百五十英里以西的伦敦西敏寺，另一位音乐家很快将长眠于此。他也曾为同样严肃的葬礼句子谱曲：亨利·普赛尔——"我们生活在死亡之中……主啊，你知道我们心中的秘密。"这些文字出自通用祈祷书中的葬礼仪式，几乎逐字逐句地取自迈尔斯·科弗代尔（Miles Coverdale）的《生命中》(*Media vita*) 译本，不过并非译自拉丁文，而是译自路德的《我们在生命之中》('Mitten wir im Leben sind')。与路德之间的联系强烈得无以复加（见 Robin A. Leaver, '*Goostly Psalmes and Spirituall Songes*': *English and Dutch Metrical Psalms from Coverdale to Utenhove 1535–1566* [Oxford Studies in British Church Music, 1991], p. 133)。这表明了此时可能遍及欧洲的人们的普遍境况，甚至将巴赫（他从未去过国外）与一种现存的英国传统联系在一起。

第六章

无可救药的乐长

> 他对工作几乎没有表现出什么兴趣……他甚至不愿对这一事实作出解释……改变是必须的，破裂即将到来……[1]

——宫廷议员阿德里安·斯特格（Adrian Steger）

1730年8月，巴赫与他在莱比锡的市政雇主间的关系已经无法维系。议会的会议纪要仅仅记录为："他并没有表现出应有的样子。"然而在这一含糊的总结背后，隐藏着一长串的批评和所谓的不端行为，这与将近三十年前摧毁了年轻的巴赫与阿恩施塔特宗教法庭间关系（见208页）的那些行为大同小异，这些使得莱比锡的议员们视为肉中刺。他最近解雇了一个唱诗班男孩，把他遣送回乡下，并且没有告知执政市长。之后他没有请假便离开了——"他必须为此受到责备和警告"，他们指出——正如他二十五年前去吕贝克拜访布克斯特胡德时那意义深远的四个月访问。[2]这位乐长不仅在履行他的教学职责

---

1 BD II, Nos 280–81/NBR, p. 145.
2 1729年2月，他擅自缺席三个星期（NBR, p. 132），可能受命为魏森菲尔斯的克里斯蒂安公爵创作并演出一部生日康塔塔。接下来的那个月，他与安娜·玛格达琳娜（Anna Mag-

时"无所作为",也没有教授应有的歌唱课,而最恼人的是,"他甚至不愿为自己辩解",市长斯特格(见图11C)这样说。这已是巴赫第三次直截了当地拒绝工作,第一次是在阿恩施塔特,第二次是1717年在魏玛,在他作为宫廷乐长遭到无视之后。与此同时,其他的怨言也逐日增加:"改变是必然的,因为事情迟早会到非解决不可的时候,他将不得不接受其他安排。"甚至连巴赫最直言不讳的、长期以来的保护者戈特弗里德·朗格(Gottfried Lange)市长也不得不承认:"对这位乐长不利的一切说法都是真的。"因此议会决意在要害之处打击他:削减他的杂项收入。他们被他的不服从和缄默激怒了。简而言之,他们断定:"这位乐长无可救药。"

事情怎么就到了这一步呢?这是巴赫和议会之间一系列逐渐激烈的争端的一部分,这些争端在过去七年里逐步酝酿。这也是艺术家担任公职时出现冲突的经典例子——人们期待他"既是一个天才也是听话的人"。[1] 一方面是一个性情暴躁的人,激昂地捍卫自己的职业,对眼中的拦路虎怒发冲冠。另一面是世俗力量与宗教力量的可怕联盟,他们制服受雇者的方法经过时间的磨练,在刁难相继而来的乐长方面,他们是专家。这一冲突也表明巴赫的个性中存在深刻的矛盾:对于与他的时代和宗教相伴而来的等级制度默默接受;与此相对,正如我们在本章中探讨的,有迹象表明他本质上有着好斗性,经常拒绝接受权威。为了解释巴赫在1730年的恶劣行为,我们需要追溯到他与权威最初的那些冲突,以此来探究他在职业生涯不同阶段对于权威的总体态度。

---

dalena)和威廉·弗里德曼造访科滕(Cöhen),于3月23至24日在他从前的保护人利奥波德亲王(Prince Leopold)的悼念仪式上演出一部大规模的葬礼颂歌(BWV 244a),其中包含取自《马太受难曲》的七首咏叹调和两首合唱。

1 Martin Geck, *J. S. Bach: Life and Work* (2006), p. 175.

***

首先我们需要审视莱比锡乐长一职的独特境况。在1657年，亚当·克里格（Adam Krieger）和议会之间有过谈判，作为圣尼古拉教堂的管风琴师，他对圣托马斯乐长的职位提出了申请（并未成功）。克里格从一开始就表明了态度：他不应该像从前的任职者那样"既在学校卖力又充当乐长"[1]——"并非出于任何（个人的）野心对学校职位进行诋毁，而是因为伴随着作曲学习而来的工作会繁重得令人难以承担。鉴于在学校尽心竭力工作的人随后不会有创作（教堂中的）复调音乐的欲望，然而如果缺乏作曲的渴望，情况会变得非常不堪"。他补充道，从前那些任职者，肩负着学校职责的重担，"变得易怒而顽固，脾气颇差，健康堪忧"。[2] 由于不愿教授拉丁文，克里格从未与议员们达成和解，后者在当时以及后来许多年内，都拒绝将教学与作曲之职分离。克里格的分析不可思议地预言了七十年后巴赫面临的问题，集中来说是关于乐长职责的履行，谁拥有最终发言权，特别是在招收学生和任命唱诗班班长的问题上，谁划定了他和圣托马斯学校校长间的界限。

赤裸的真相是，1723年巴赫在莱比锡任职时，曾被视作德语区唱诗班学校领导者的圣托马斯学校，其黄金时代早已成为过去。自17世纪70年代，约翰·舍勒担任乐长以来，圣托马斯学校的水准和条件就每况愈下，至少有一个世代了。旧的体制集中资源以造就由城镇音乐家、唱诗班男童、学生和其他音乐爱好者组成的"四十或五十把人

---

[1] 吕贝克的乐长卡斯帕尔·吕茨（Caspar Ruetz）对莱比锡有着某种热望，视其乐长一职为德国少有，"在此仅靠音乐就能过上富足的生活"。他哀叹当时世道："乐长们（困守）在学校里，永远埋头于（堆积如山的）学校工作中"（Michael Maul, 'Director musices'... Zur 'Cantor-Materie' im 18. Jahrhundert [2010], pp. 17–18）。

[2] Arnold Schering, *Musikgeschichte Leipzigs* (1926), Vol. 2, p. 46.

1729年莱比锡大学的学生们在街头演奏音乐的版画。

声的音乐会"，这一体系早已停止运作。从世纪之交起，"Alumnen"，也就是寄宿生的音乐素质出现了显著的下降。此外也缺乏足够的资金吸引大学生音乐家，他们能在歌剧院出色地演出，也就能够填补圣托马斯唱诗班的空缺。看看约翰·库瑙对市议会的请愿，我们就知道巴赫所要面临的问题——招募并培训能够应对他的音乐，并且满足其非凡的技术要求（远超过库瑙的）的演出团体——在他的前辈就任乐长期间（1701—1722），已经困扰着他的音乐理想。[1]

1704年12月4日，库瑙向议会申诉，自从泰勒曼接管了新教堂的音乐事务，圣尼古拉教堂和圣托马斯教堂这两大重要教堂的音乐变得越来越差，"尤其在宗教节庆和（贸易）展览会期间……我本当在此时创作最优秀最有力的音乐"。据库瑙所言，这"造成了最大的危害。因为更为优秀的学生，一旦获得了足够的训练，就会渴望进入歌剧精英圈子，而这训练是以乐长无尽的辛劳为代价的"。他们参加新教堂先锋派的活动，那里的音乐（在这一阶段处于梅尔基奥尔·霍夫曼[Melchior Hoffmann]的指导下）"堕落退化且变得歌剧化，自然使得欣赏并热爱真正的宗教音乐的会众感到震惊"。[2] 所以，新教堂选走了库瑙培养出的最出色的音乐家，只给他留下"在大街上吼叫到嘶哑或是苍白又暴躁（的男孩们），以及一些城镇音乐家、学徒和不太称

---

[1] 库瑙本人可能在无意间促成了这个问题。在库瑙就任乐长之前不久，作为圣托马斯教堂的专员，约翰·亚历山大·克里斯特（Johann Alexander Christ）议员宣布两座主要教堂的资金已无法如之前一样承担宗教音乐方面的学生助手的费用。因此，库瑙承诺（或者说被迫承诺）未来将为学生提供指导，以作为他们参与宗教仪式的回报。换言之，这是一种节约成本的做法。雪上加霜的是，随后数年中莱比锡教堂数量增长了一倍，而学生的音乐才能突然间不再是理所当然的事；此外，新教堂和歌剧院的泰勒曼对学生有着更强的吸引力。最重要的是，库瑙继续创作的这种新形式的康塔塔——巴赫更是如此——需要规模更大的唱诗班和更为多变的管弦乐团。事实上，圣托马斯唱诗班之前的运作方式在1700年已经失灵了。(Michael Maul, 'Dero berühmbter Chor': Die Leipziger Thomasschule und ihre Kantoren 1212–1804 [2012], pp. 97–8, 129–32, 149–50)。

[2] Philipp Spitta, *The Life of Bach*, Clara Bell and J. A. Fuller Maitland (trs.) (1899 edn), Vol. 3, pp. 303–5.

职的临时音乐家"。在库瑙担任乐长期间，情况持续恶化，以至于他无法再演出"声部齐全的音乐"，更不用说为两个或更多唱诗班所作的音乐。他不得不用无伴奏合唱经文歌来对付，因为他无法找到"几个受过良好训练的学生"，在这个城市两座主要教堂的宗教仪式上帮忙。他请求议会重新引入临时雇工（实际上就是四五个额外的学生职位），并且禁止学生在新教堂演唱，然而究竟取得了什么样的结果，我们并不清楚。[1]

库瑙最大的烦恼，无疑是泰勒曼，后者在他的学生时代（如我们在第四章中所见）就已经是反传统文化的典范。因此略带讽刺意味的是，二十年后，他表达出在库瑙之后继任圣托马斯乐长的兴趣。与另外两位受偏爱的候选人克里斯托弗·格劳普涅尔（Christoph Graupner）和约翰·弗里德里希·法施（Johann Friedrich Fasch）（两人在圣托马斯唱诗班的兴盛时期都是其中成员）一起，他直接了解到，穿行于莱比锡的官僚主义泥淖并做出任何有价值的成就是多么困难。从库瑙的任期来看，我们只能推断出，到了18世纪20年代初，乐长一职已经变成了一杯诱人的毒酒。察觉到这一点，在权衡了莱比锡的职位之后，三人都愿意留任他们的现职——这表明18世纪的乐长们常常像如今的足球经理人一样故作姿态：哄骗他们当前的雇主，利用他们的弱点，做出离开的姿态来获得加薪。

巴赫自己也未能免俗，他在1713年拒绝了哈雷的诱人职位，进而在魏玛宫廷（见219页）为自己赢取了收入的增加。然而在十年后，当莱比锡职位的前景摆在眼前时，他首先考虑到的是地位的损失，"将我作为宫廷乐长的职位换成教会乐长似乎根本不合适"，后来他这样认为。[2] 他本身不是圣托马斯唱诗班成员，（据我们所知）也

---

1 Andreas Glöckner, BJb (2001), pp. 131–8.
2 BDI, No. 23/NBR, p. 151.

从未在莱比锡工作过，对于潜在的障碍，除了行业传闻或者流言之外，没有其他渠道获得内部消息。向巴赫暗示了圣托马斯唱诗班的诱人魅力及其音乐制作品质的人，可能是亚当·伊马努埃尔·韦尔迪格（Adam Immanuel Weldig），17世纪80年代时他在舍勒麾下担任班长，当时唱诗班正处于全盛时期。后来他成为巴赫的房东以及在魏玛宫廷的同行。如果事实如此，那么在巴赫和库瑙作为哈雷的新管风琴的联合技术顾问，于1716年4月会面时，这幅充满希望的图景被粉碎了。关于他们在黄金指环酒馆的这顿豪华晚餐，[1] 我们有一份详细的菜单，大快朵颐加上豪饮摆在面前的葡萄酒和啤酒，很可能会让库瑙放松警惕，讲出这份工作的隐患——音乐资源的不足、对他的权威的背后中伤和令人厌烦的挑战。

此外，对莱比锡的造访（1717年12月对于大学教堂中新建成的管风琴进行检查的一项营利性的委托）可能增添了新的印象——多半是讨人喜欢的印象。莱比锡为其市民提供了颇具声望的大学教育，然而对于巴赫而言，最主要的吸引力是其丰富多彩的城市生活——欣欣向荣的图书贸易、印刷厂的存在、国外代理网络，以及由蜂拥而至参与三场年度贸易展览会的游客所带来的国际化氛围。对其他人而言，吸引力则可能是在售物品的新颖性和异国情调：我们听说"游客可以品尝一杯土耳其进口咖啡，或者购买一个来自佛罗伦萨的象牙十字架、一件来自英国的毛衣，甚至来自美洲的烟草。他们也可能会遇到街头音乐家、玩杂耍者、走钢丝者、吞火表演者、巨人和侏儒、耍蛇者和大量的野生动物——大象、猿、热带鸟类等等"。[2] 无怪乎在决

---

1 NBR, p. 77; Max Seiffert, 'Joh. Seb. Bach 1716 in Halle' in *Sammelbände der Internationalen Musikgesellschaft* (July–Sept. 1905); and C. H. Terry, *Bach: A Biography* (1928), pp. 109–10.

2 George B. Stauffer, 'Leipzig: A Cosmopolitan Trade Centre' in The Late Baroque Era: From the 1680s to 1740, George J. Buelow (ed.)(1993), p. 258.

定离开科滕、结束作为利奥波德亲王的宫廷乐长度过的相对平静的五年半之前,巴赫闪烁其辞。从他上一次作为市政雇员算起已有十五年了,离开边远处宫廷生活中受保护的(尽管有时是令人窒息的)环境,再度在公众检视下工作,意味着需要平息对重返市政工作必将带来的问题之深深的恐惧——即使只是预感。"我将自己的决定推迟了一个季度。"后来他对自己学生时代的故友格奥尔格·埃德曼这样说道。[1]将命运投入城市中的工作,意味着如今巴赫要丢弃二十年间穿梭于教堂与宫廷的模式,将贵族们反复无常的不确定性换作收入和地位的降低,以及城市衰退所带来的挫败感。[2]

同时,寻找库瑙的继任者是一个漫长而又(对某些议员来说)令人沮丧过程,这给圣托马斯学校带来了数月的不确定性,并且中断了其音乐职能。在作为乐长第三人选的泰勒曼退出后,巴赫终于决心响应召唤。他这样做的依据是市长戈特弗里德·朗格(见图11b)的保证,后者对他描述的这一职位"条件如此优厚,以至于最终(尤其是

---

[1] NBR, p. 151.

[2] 约翰·贝尔(小说家、魏森菲尔斯宫廷先前的歌手和乐队首席)在他的《论音乐》(*Musicalische Discurse*)中用整整一章来描述当时职业音乐家面对的困境。作为对"在组织优秀的音乐制作方面,共和国或城邦比起宫廷而言有哪些优势"这一问题的答复,贝尔提出了以下观点:

　i. 贵族对于感官愉悦的热爱意味着,在音乐的人员和基础设施方面,宫廷通常能提供比城镇更优越的支持。"众所周知,音乐以其纯粹的形式在宫廷里得到更蓬勃的发展",因此经济上的回报也相应地更好。

　ii. 然而,宫廷生活有其不利之处。比起在宫廷里,许多音乐家更愿意在城市里任职,因为公爵、亲王和伯爵们往往非常任性,一个人的地位也就更不稳定。同时,宫廷生活充满了狂热,一切都致力于令王公得到满足。那些看重稳定性的人会选择在城市里工作,那里盛行着关于荣誉的准则(或许这是巴赫的愿望——并没有实现)。

　iii. 尽管宫廷里的报酬更高,但在城市里更易于为自己的子女寻得薪俸。

　iv. 在宫廷中,音乐家之间的争宠会阻碍双方的进步与职业生涯。对于那些才华卓越的音乐家而言尤为如此。

贝尔的《论音乐》写于1690年,然而直到1719年才发表(再版于他的全集 [*Sämtliche Werke*], Vol. 12, Parts 1 and 2 [2005], pp. 305–6)。

我的儿子们可能打算去［大学］学习）我以上帝的名义将自己的命运抛掷在此，开始了这场莱比锡之旅"。[1] 我们无法确知在那些商讨中都发生了什么。在库瑙去世十个月后，他正式当选了。到他得到任命时，巴赫已经被要求完成了数个先决条件：首先，对这一职位提出正式申请并进行面试（2月7日），然后签署一项在四周内（4月19日）开始工作的保证。他在5月5日当选，三天后即被呈上宗教法庭，并且在13日进行宣誓；薪水的起始日期设在两天后。据报道，他和家人在22日自科滕抵此。据一部莱比锡编年史记载，他于5月30日首次在圣尼古拉教堂演奏音乐，"伴着热烈的掌声"。[2] 这是他正式就职两天前。

真正热爱音乐的市长，以及对巩固圣托马斯唱诗班的音乐水准抱着支持态度的校长，曾允许之前的乐长卡尔维西乌斯、舍恩、克努普费尔（Knüpfer）和舍勒通过音乐入学考试选择最有前途的新成员。巴赫很快发现，这些早已成为过去。在库瑙的时代，情况就已经开始改变了，当时的市议员们在政治态度上发生了分裂，关于学校的运行方式持有相互对立的观点。有时造成冲突的是重要的宗教力量，那些有着虔信派倾向的教士们此时开始质疑音乐在教堂里、在洗礼和葬礼上的作用。[3] 他们收起彼此间分歧的明显迹象最近在一份秘密协定中显露出来，这表明他们曾协力对巴赫隐瞒了他将要应对的运作不正常的真实情况。[4] 在巴赫正式宣誓遵守"有效的或即将生效的学校规章"

---

[1] BD I, No. 23/NBR, p. 152.

[2] BD II, No. 139.

[3] 学校教师们，首先是年长的校长约翰·海因里希·埃内斯蒂（Johann Heinrich Ernesti），由于对拟议新规章的坚决反对，以及校内高级教师与初级教师之间在薪酬分配上的巨大分歧，可能在不经意间造成了更大的损害。这位校长是两位同姓埃内斯蒂的校长中的第一位，他在学校中的权威几乎已丧失殆尽，并且由于他同时在大学担任教职而招致批评，致使其名声进一步受损。

[4] Michael Maul, 'Dero berühmbter Chor': Die Leipziger Thomasschule und ihre Kantoren 1212–1804 (2012).

时,也许他理智地认为自己将投身于古老的规定——"任何没有良好音乐基础或者根本不适合在此接受教育的男孩都不应进入学校,没有知识准备或没有获得尊敬的检查官及指挥许可的情况也是一样"。[1]然而这并非事实,他有充分理由认为自己受到了误导和欺骗。他根本不知道在自己宣誓时,招生过程已经偏离了音乐上的标准,而且身为乐长,他潜在的作为自由职业者的收入也已经被削减了。

这些措施早在1701年就已在议会上讨论过,到1717年任命了一个委员会及工作组来为修改学校规章提供建议时,显然还是悬而未决。尽管他们得出的结论在巴赫被任命时已为议员们所知,但直到1723年11月13日才发布出来——距巴赫宣誓就职已有半年。[2]除了上述问题,为了能追上学术水准更高的、相邻最近的竞争对手圣尼古拉学校,他们还对学校持续施压,强化其作为慈善学校的地位和形象,同时更多地向城市中的弱势阶层及贫民的孩子开放。为了推进这一点,规章中一个关键段落被删掉了,这段里曾明确提出:"一个男孩,无论(他的)出身如何,(他)只有精通音乐,才可以入学并毕业。"[3]圣托马斯学校的音乐水准和声望骤然遭到严重损害。从此,学校里主要由来自莱比锡之外的学生组成的专业音乐团体几乎被视为可有可无的附属物——这是对重视音乐的活动集团的敷衍,也是对学者们的冒犯。这就不可避免地意味着新招收者音乐素质的降低,因为在公共支出中用以支付给额外的学生或临时雇佣者的现金费用削减了,而这些

---

1 BD I, No. 91/NBR, p. 102.
2 我们在这一章的后面部分可以看到,1737年,他与约翰·奥古斯特·埃内斯蒂(圣托马斯学校校长)之间发生争执之时,一切都到了危急关头,当时巴赫直接向宗教法庭申请保护,请求免受1723年学校规定的制约:他认为这些都是无效的,从未被宗教法庭批准,并且为"履行自己的职责以及带来收入"造成了极大的不利(BDI, No. 40/NBR, pp. 194, 192)。
3 Statutes of the Thomasschule (1634), Schulordnung, Para. VII/1, quoted by Michael Maul, *Dero berühmbter Chor*, p. 66, and their dilution from 1723 onwards, pp. 784–91.

人正是常常用来填补圣托马斯学校组织中的空缺的。

表面看来，巴赫与莱比锡议会之间的争端，与之前的乐长们如克里格和库瑙为捍卫自己在音乐上的权威而与同一个市议会间的争斗并无二致，也是德国城市中的乐长或管风琴师与议会间冲突（今天也依然如此）的典型，不同的是这种新的、最初藏而不露的、对于招募新人的阻碍。[1]在这种程度上，与巴赫性格中的任何怪癖都无关。然而越是深究他与莱比锡议会一系列分歧的根本原因，越是清楚地看到，在公爵的宫廷中供职十五年之后，对于创作高水准宗教音乐的才能从根本上受到体制的损害，他已无力应对。尽管如此，他这种不断恶化跟他人关系的倾向可以追溯到他的祖先：在巴赫家族的传统观念中，他们是有着音乐使命的音乐家同业公会，拥有特权，不可触动。巴赫对《圣经》的研读，强化了他的观念，坚信如他被告知的那样，在他自己、他的家族和以亚萨为乐长、在大卫王的圣殿中效力的音乐家们之间，存在经由《圣经》认可的纽带（如我们在第二章和图2a及2b中所见）。这幅圣殿中的音乐图景在现代《圣经》学者眼中是理想化的，也是过时的，然而我们完全有理由相信巴赫视其为真实的历史。[2]他似乎被特定的章节（《历代记上》25）吸引，其中描述了圣殿中音乐的组织方式，音乐家们如何通过行会进行管理，分属不同部门，给予特别分派的角色，如作曲家、歌手和器乐演奏家。在他那本卡洛夫

---

[1] 路德关于音乐和神学的信条，是他和菲利普·梅兰希通的教学理念之核心，在宗教音乐变得更加复杂和专业化时，这种信条已经无以为继，音乐已经不再位于课程的核心位置。裂痕就此产生，作曲家/乐长需要具有漂亮嗓音和全面音乐才能的优秀男童高音歌手，而学术型教师则认为他们在这些男孩的教育上更有话语权。巴赫抵达莱比锡时，认为他（终于）能有一群高水准的男童可供调遣，结果却发现希望落空，而招募过程也暗暗跟他作对。很快地，他发现自己卷入了别人的争执之中——而令人费解的是，那些人（比如约翰·奥古斯特·埃内斯蒂）又恰恰是根本不喜欢音乐的人。正如管风琴师及唱诗班指挥罗伯特·昆尼曾对我说的，这种情况与牛津和剑桥大学的现状有着巧妙的类似，只有在学业上的选录之后才能进行合唱团的选拔。

[2] Howard H. Cox, 'Bach's Conception of His Office', JRBI, Vol. 20, No. 1 (1989), pp. 22–30.

评注版《圣经》的页边上,巴赫写道:"这一章是取悦上帝的所有宗教音乐真正的基础。"据巴赫所言,大卫王并非心血来潮想出了这一方案。在页边上的其他注记中,我们清楚地看到:"注意:除了其他形式的礼拜音乐以外,这是由上帝的圣灵通过大卫王特意安排的一个绝妙例子。"[1] 而当时的议会,"勇敢"地无视巴赫关于他那神启和神赐之职的构想。

我们之前看到,世世代代的巴赫们致力于证明自己是品德高尚的公民,常常与他们的市政雇主意见不合,招致其他音乐家怨恨,被指控任人唯亲。一些人,比如他的父亲安布罗修斯,学会利用这一体系的优势,而其他人,比如爱森纳赫的克里斯托弗就失败了,还有些人,比如奥尔德鲁夫的克里斯托弗在它旁边"蜻蜓点水",在不少年里成功地挣脱了"繁杂的学校职责"。[2] 巴赫的外省出身及其家族的社会地位都是他的优势,然而后来也成了提升社会地位的障碍,这从他在合同谈判中的顽固执拗就可以看出。某种固定的思维框架,甚至天生难以应对当权者这一问题,在多大程度上使他注定要在整个职业生涯里卷入一长串的冲突之中?我们所获得的强烈印象,是一个不断与人或事产生矛盾的人。总之,如果我们发现,巴赫毕生难逃的愤怒以及与当权者的冲突,在他早年学校教育那令人厌恶的氛围和环境中,在童年的创伤中就已开始酝酿,这丝毫不会令人惊奇。

***

从第二章中描述过的爱森纳赫拉丁学校目无法纪的景象里,我们无法确知八岁的巴赫面对的是哪种生活。他是作为模范学生,自知自

---

[1] Howard H. Cox (ed.), *The Calov Bible of Bach* (1985), p. 418.

[2] Hans-Joachim Schulze, 'Johann Sebastian Bach-Thomaskantor: Schwierigkeiten mit einem prominenten Amt', *Bach-Tage Berlin (Festbuch)* (1991), pp. 103–8.

律，孜孜不倦地学习教义问答和音乐基础知识，每天学习十个拉丁新词，自命清高的传奇人物，还是混迹于那些追逐女生的时髦地痞和朝窗户扔砖头的街头恶棍间，喋喋不休地扰乱宗教仪式？这些当然都是虚构的阐释，然而任何一种方式似乎都是合理的。我们不应无视众多曾经困扰爱森纳赫宗教法庭、激起对公共丑闻的担忧的喧嚷和恶行，[1]也不应盲目相信巴赫是品行端正的典范。他的成长过程常被粉饰的那一面，正如《瑞莫斯叔叔》中的兔老弟一样，是他"生养于遍布荆棘的土地上"。[2]

考虑到目前披露的爱森纳赫学校的普遍情况，巴赫逃学次数的统计数字有了不同的意味。面对冯·基希贝格和赛德勒的记录（见第二章）中的确凿证据，我们不得不思考，那些广为流传的骚动，甚至所谓"男孩们的暴行"，是否与这些频繁的逃学事件密切相关。在这种情况下，定期缺课的决定是巴赫还是他的父母做出的呢？目前唯一能够完全肯定的结论是他在爱森纳赫的学习成绩绝对称不上辉煌——第一年里他在九十人里排名第四十七，第二年跻身第十四名（他第二年在二年级），之后在三年级里是六十四人中的第二十三名，比他的哥哥雅各布稍好一些，后者在最后一年里排名比他靠后两名，尽管比他大三岁。后来当被问及"他是如何在自己的领域中成为这样一位大师"时，巴赫笼统地说："我不得不勤奋刻苦，任何人能有同等的勤勉程度也会有同样的成功。"[3]如此含糊的表达依然无法让我们明白为何这般的勤奋——出于责任而训练自己，为了技艺、专业知识和成就而奋斗——的确成为了他的立身之本。

---

1 Rainer Kaiser, 'Neues über Johann Sebastian Bachs Schulzeit in Eisenach von 1693 bis 1695', *Bach-fest-Buch* (76, Bachfest der Neuen Bachgesellschaft Eisenach, 2001), pp. 89–9.

2 Joel Chandler Harris, *Tales from Uncle Remus* (1895), 'How Mr Rabbit was Too Sharp for Mr Fox', p. 11.

3 J. N. Forkel, *Ueber Johann Sebastian Bachs Leben, Kunst und Kunstwerke* (1802), p. 82.

出乎意料地，在父母过世以及搬去奥尔德鲁夫之后，巴赫在学校的表现明显改善了。也许这里少了许多分散注意力的事——当然没有像他孩提时在爱森纳赫时常参加的那些密集纷至的音乐活动。或者，他专注于自身，仅仅做自己需要做的事——勤奋战胜逆境。学校记录显示了优秀的成绩：1695年3月进入三年级，在四、五年级两年时间，1696年排名第四，1697年则是第一名。之后是两年中学，1698年排名第五，1699年第二。奥尔德鲁夫学校被视为本区较好的教育机构之一。然而，仔细观察就会发现，这所学校里的情况——正如在爱森纳赫一样——远非安静或是有利于学习的："在这所教育机构内（存在着）彻头彻尾的动荡和混乱局面，不然它会是受敬重的。"[1] 当时的资料披露出一份关于惩罚的详尽列表，其中既有体罚，也有"永恒的地狱"的威胁，用以处罚被判定行为不端或有着各种恶习的学生，包括恃强凌弱、施虐和鸡奸。这些在当时非常普遍，证实了约翰·海因里希·泽德勒（J. H. Zedler）的《通用词典》（1732—1754）以及同时代的回忆录中关于惩罚的形象描述和具体规则。

这里的反面人物是个名叫约翰·海因里希·阿诺德的人。他是圣米迦勒教堂的乐长，巴赫曾是那里的唱诗班歌手。阿诺德也是巴赫在四、五年级时的年级主任。十二岁的巴赫因此与他有着异乎寻常的亲密接触。尽管受过四五年大学教育，又有着在哥达和埃尔福特的清白的执教记录，然而自抵达奥尔德鲁夫起，阿诺德似乎就成了易怒、暴虐的执行纪律者，惯于实施受到夸美纽斯和莱雅这样的教育改革家谴责的中世纪式的惩罚。[2] 更为糟糕的是，没有任何有效的权力能够约

---

[1] ... ... eine völlig turbulente und ungeordnete Situation dieser sonst sehr angesehenen Bildungsstätte in M. Petzoldt, '"Ut probus et doctus reddar"', BJb (1985), p. 24.

[2] 中世纪神学家们认为孩童在六七岁时能够犯下不可饶恕的罪孽（Steven Ozment, *When Fathers Ruled: Family Life in Reformation Europe* [1983], pp.133, 144, 147, 148）——父亲们需要管束这个年龄的孩子。路德本人曾说，过多的鞭打挫伤孩子的锐气，暗示他的父母几乎就挫伤了

束他，在两年里，他已经设法赶走了三位校长。[1]幸而第四任校长约翰·克里斯蒂安·基塞韦特（Johann Christian Kiesewetter）看起来找到了合适的办法坚持到底。巴赫在奥尔德鲁夫的第一年里，基塞韦特的首要任务之一就是将三名学生从阿诺德暴虐的统治下解救出来，[2]这是极不寻常的程序，然而在他看来是必须的：挑选了巴赫、他那来自阿恩施塔特的堂兄约翰·恩斯特，以及第三位不知名的男孩，撤销了乐长阿诺德对他们施行的"无法承受的惩罚"。[3]

作为一个曾被兄长所谓的独裁主义留下烙印的孤儿，巴赫在阿诺德仗势欺人的监管下度过的日子可能给他留下了持久的伤痕。面对周围所有的混乱，巴赫必须变得极为坚韧。我们唯一确知的是，基塞韦特最终被迫解雇了阿诺德，且将他称为"学校的瘟疫、教会的丑闻和城市的毒瘤"。[4]即便如此，并非学校所有的纪律问题都随着他的解雇而结束，因为我们发现鉴于"频繁而强烈的骚动"，基塞韦特在1698年向宗教法庭恳求在学校设置拘留室。[5]学校环境如此龌龊，显示出任何软弱的迹象都将是灾难性的。在这种情形下，我们完全有理由质疑巴赫在奥尔德鲁夫接受的正规教育是否有任何积极的或有效的结果——四年里换了四任校长——又或是任何对他未来职业中应对当权

他。德国人认为孩童是有待驯服的野兽，无论是在家还是在学校，这都是常见的看法。"有些老师像刽子手一般无情，"他说，"有一次，我在中午之前挨了十五下打，并非出于我的过错，因为他们要求我做出词语的变格，而没有人教过我这个。"然而后来当他一个亲戚的孩子偷了一个小玩意时，路德建议打她到出血为止（Richard Marius, *Martin Luther: The Christian between God and Death* [2000], pp. 22–3）。

1 *Ob turbas, a Domino Cantore Arnoldo excitatas, scholae nostrae valedixerunt*, cited in J. Böttcher, *Die Geschichte Ohrdrufs* (1959), Vol. 3, p. 34.

2 *Ob intolerabilem disciplinam Domini Cantoris Arnoldi in hanc classem translati sunt*, cited in ibid., p. 34.

3 Terry, *Bach: A Biography*, pp. 26–7.

4 Lyceum Matrikel, quoted in F. Thomas, 'Einige Ergebnisse über Johann Sebastian Bachs Ohrdrufer Schulzeit' in *Jahresbericht des Gräflich Gleichenschen Gymnasiums 24 Ohrdruf für das Schuljahr 1899/1900* (1900), p. 9.

5 J. Böttcher, *Die Geschichte Ohrdrufs*, p. 34.

者有利的东西，更不用说培养出很快能够创作出复杂得令人眼花缭乱的创造性作品的头脑。

取代阿诺德就任乐长之职的，是二十三岁的埃利亚斯·赫尔达。[1] 风闻巴赫1700年去往吕讷堡的计划，由于自己的少年时代是在圣米迦勒学校度过的，赫尔达可能（也应该）警告过他，晨祷唱诗班的成员不仅需要进行日常合唱练习并在受保护的环境下演唱激动人心的礼拜用新曲目，很可能还牵涉到通常会引发斗殴的街头卖艺。[2] 在17世纪最后三分之一时间里，吕讷堡两所唱诗班学校间的街头斗殴已经横行无忌，而市民们只能旁观，无能为力地扭绞双手。似乎是唱诗班的班长们计划了这些激战，强行规定了这些酝酿中的喷气帮和鲨鱼帮（Jets and Sharks）或是摩登派和摇滚派（Mods and Rockers）之间的城内禁区以及领地划分。市议会通过了无数的协议和细则，试图为最终演变为帮派冲突、持续八年的"歌手战争"（1655—1663）带来某种

---

1 赫尔达（1674—1728）是哥达附近一位蹄铁匠的儿子，他在当地求学，后作为"因其音乐才能"而被寻求的图林根男孩之一，在北德度过两年时间，进入吕讷堡的圣米迦勒教堂的马丁唱诗班。随后他在耶拿大学接受关于神职的训练，1698 年 1 月，正当他要在哥达受任命之时，收到了奥尔德鲁夫乐长一职的面试通知，接替不光彩的阿诺德。

2 这支规模更大、二十人以上组成的合唱团是吕讷堡仅有的两个频繁进行街头演唱的唱诗班之一（另一个隶属于圣约翰学校），他们在富裕的市民家门前演唱以期获得捐助——如果我们相信一位评论家的话，"依靠窗口扔出的施舍来结束每每令人恼火的噪音"。吕讷堡的街头卖唱最初十分流行——显然在唱诗班歌手中是一种受欢迎的外快——事实上这是额外收入的最佳来源，尽管巴赫本人在 1700 年 5 月时从第 9 位开始，仅仅有 12 个格罗申的收入。起初市民们也乐于接受这种做法。然而两个街头唱诗班之间最初无害的竞赛很快演变成你死我活的争斗。他们争夺地盘，寻求最富裕的街道和获利最为丰厚的大门，以及一天中收入最高的钟点，也为了报酬的分配而争吵。有一次，圣米迦勒教堂的乐长本人也卷入了争斗中，被反对派学生会投掷石头。另一次，参与竞争的圣米迦勒歌手们由一位极为独裁的班长带领，这位名为菲伯（Ferber）的班长似乎禁止某些唱诗班成员在街头演唱，并且连续几个小时从各个方向给予痛击——甚至对他自己的团队也是如此——直至撤退到最近的旅馆或酒馆。然而仅仅数年之后，同一位格奥尔格·菲伯又以令人尊敬的乐长角色在胡苏姆（Husum）和石勒苏益格（Schleswig）重新登场。

秩序。他们甚至一度考虑引入军队来解决问题。[1] 赫尔达无疑强调了唱诗班男孩的标准美德——谦逊、虔诚和勤奋——并建议巴赫远离是非，树立一个好榜样。

然而，正如此前提到的那样，没有理由认为巴赫在其求学生涯的任何阶段是这样一个典范——同样也没有理由认为他的导师埃利亚斯·赫尔达曾是模范学生。在吕讷堡的档案馆里，有一个文件标着"对于男生赫尔达的审查和处罚"，[2] 并且有一位声誉良好的市民提供的宣誓证词为依据。1692年左右，赫尔达被认出带着一名同伙在当地旅馆挑事——"无疑打算挑衅，因为他们彻底喝醉了，将匕首（放）在桌上，争论的全是用（他们的）匕首和猎刀挥砍戳刺"。原告认识赫尔达已有三年，之前对他的印象很好，然而还是被他的反社会行为激怒了。那晚在他回家的路上，赫尔达走上去和他攀谈，称他为"流氓、小偷和猪"，这在德国部分地区是会判处公开致歉和为期六周的监禁的重罪。其时这位市民想要得到校方的妥善处理和正式保证，确保赫尔达因"如此严重而露骨的侮辱"而受到适当的惩罚。这件事揭示了这个曾被描绘成巴赫昔日救世主和非正式教父之人性格中的另一面，他的格言似乎是："照我说的那样去做，而不是像我做的那样。"眼前有了由从前的帮派领袖变成的体面人做榜样，巴赫可能也会追寻相似的道路。无疑有充分的间接证据来破坏巴赫的传统形象，也就是作为青年模范，在龌龊的学校中洁身自好，并成长为"博学的音乐家"。相当可信的是，这位未来戴假发的乐长，正是一连串失职的学校班长中的第三位——一个改造过的青少年恶棍。

1　…… die Soldatesque darzuzihen und den seinigen schutz verschaffen, letter of 3 Dec. 1660, in Horst Walter, *Musikgeschichte der Stadt Lüneburg* (1967), p. 79.

2　'Die Untersuchung und Bestrafung des Schülers Herda', quoted in ibid., p. 81.

***

我们现在来看看几年后巴赫在第一份全职岗位上的一段插曲——抗命不遵的巴松传奇。在少有的几次当中,当巴赫确实遵从宗教法庭的愿望创作复杂的协奏音乐时,他拿出的可能是一部康塔塔(BWV 150)的初稿,至少也是非常相似的作品,其中包括一段高难度的巴松独奏。[1] 把这部作品呈现在他那毫无经验的学生乐团面前时,二十岁的巴赫要么是犯了严重的判断错误,要么是在故意挑衅。巴松演奏者约翰·海因里希·盖耶斯巴赫(Johann Heinrich Geyersbach)是个新手,比他年长三岁。在排练时他显然吹得一塌糊涂,巴赫则表现得非常恼怒。作为市音乐总监的儿子,巴赫应当很熟悉萨克森器乐演奏家的宝贵建议,比如要提防"经验不足的人""惹是生非的人"以及"笨手笨脚的人"。[2] 如果这就是他尽心竭力同一群不守规矩的所谓晚熟学生演奏音乐的结果,这只不过证实了他的所有疑虑。[3] 对于盖

---

[1] 格奥尔格·奥斯特赖克在 1702 年迁往沃尔芬比特尔(位于阿恩施塔特以北 93 英里)的宫廷——那里拥有阿尔卑斯山北部最大的图书馆——之前就已开始创作他所称的"巴松伴奏"中的出色段落。尽管微乎其微,但仍存在这种可能性,即巴赫可能偶然发现了奥斯特赖克的经文歌《主啊,我的神啊》(1695)或是他的《凡人皆有一死》(1701),其中包含了两支助奏巴松的分谱。十有八九,奥斯特赖克想到的是用途广泛、有接口的法国巴松而非德国巴松(Fagott),尽管这两种乐器外形都不像一捆棍棒。巴赫那位演奏巴松的学生盖耶斯巴赫用的可能是最初的原型,更像是文艺复兴低音管(dulcian)——包括一根长长的木柄,有着椭圆型截面,底部以两孔相连,形成连续的锥形管——格调不够文雅,并且难于掌握。

[2] 为了维护职业荣誉与道德,来自萨克森 43 座城市的 107 名器乐演奏者联合起来,在 1653 年组成了自己的行会,器乐演奏者协会,将他们的章程提交斐迪南三世批准,并且印刷出来进行分发(Spitta, *The Life of Bach*, Clara Bell and J. A. Fuller Maitland [trs.] [1899 edn], Vol. 1, pp. 144–153; Stephen Rose, *The Musician in Literature in the Age of Bach* [2011], pp. 79–81)。

[3] 这些学生大多数比巴赫年长一两岁,作为富裕的手艺人及城市商人的儿子,他们可能几乎没有音乐上的动力,与巴赫所熟悉的吕讷堡马丁唱诗班极为不同。当地的档案再次展现出学生中常见的无法无天的行为。1706 年 4 月 16 日,一位议员向宗教法庭投诉,"他们目无师长,甚至当面斗殴,并且以极为无礼的方式回敬老师。他们不仅在街上佩戴轻剑,在学校也一样;他们在宗教仪式和课堂上进行球类活动,并且穿梭于不体面的场所"

耶斯巴赫来说，受到这位以做得极少而又收入极高著称的高傲自大的年轻管风琴师公开谴责，他感到"beleidigt"（这个极为传神的德语单词，既表示气恼，又表示伤心）。巴赫脑中可能曾闪过"Stümpler"这个词，又换了个词，称他为"蠢蛋巴松手"。即使在最近的传记中，这一词语仍被委婉地译作"新手"、"流氓"或是"母山羊巴松手"，然而直译会有更强烈的暗示意味：巴赫曾将盖耶斯巴赫称作"蠢蛋巴松手"。

几周过去了，这一侮辱依然折磨着盖耶斯巴赫，于是他谋划复仇。1705年8月4日晚上，他和五个同伴从一个洗礼仪式归来，喝醉了，坐在集市广场上等待巴赫。巴赫正走在从内德克城堡回家的路上。经过市政厅时，盖耶斯巴赫手里拎着棍棒走上去跟他搭话，要求他为之前的侮辱道歉。巴赫完全措手不及。盖耶斯巴赫主动出击，打在巴赫脸上。巴赫出于自卫拔出了轻剑。局面激化了，由于其他学生的介入而爆发了一场混战。最后，巴赫拍拍身上灰土，继续赶路了。第二天他直接去宗教法庭提起了控诉。据书记员记录，巴赫说既然"他不应该受到如此对待，在街上这么不安全，他谦卑地请求……盖耶斯巴赫受到充分的处罚，而他（巴赫）得到适当的补偿和其他人的尊重，以便从今以后他们不再对他进行侮辱或攻击。"[1] 十天后，盖耶斯巴赫才被传唤来回应这些指控，同行的还有两个同伙。他断然否定袭击了巴赫，声称是巴赫拔剑在先，并且在身后追赶他：盖耶斯巴赫以背心上的洞证明这一点。五天后巴赫被告知必须提供一个证人。同时他因为称盖耶斯巴赫为"蠢蛋巴松手"而受警告。

出乎意料地，宗教法庭转变了策略：巴赫已经有着"难以和学生

（Uhlworm, *Beiträge zur Geschichte des Gymnasiums zu Arnstadt*, Part 3, pp. 7–9, quoted in Spitta, op. cit., Vol. 1, pp. 314–15）。

1   NBR, p. 43, excerpts from the proceedings of the Arnstadt Consistory for 5 Aug. 1705/BD II, No. 14.

相处的名声",他们坚持道,"要求仅仅从事简单的合唱音乐而非复调音乐是错误的,他必须参与所有的音乐制作"。[1]事实上,对于巴赫在盖耶斯巴赫面前成功自辩的惩罚,是命令他与一群不称职的退学生在教堂中演出复调音乐。他的答复很简短——既非断然拒绝,也非对这些学生在音乐上的不足之处不屑一顾的批评:未来"如果有一位音乐总监(在场),他不会拒绝"。也就是说,他打算创作更多的音乐会音乐,但不会指导或指挥,也不会在学校班长的指示下进行演奏。这引发了宗教法庭的训诫:"人必须在不完美中生活;他必须与学生和睦相处,双方不会互相为难。"[2]两天后巴赫的堂妹芭芭拉·卡特琳娜(Barbara Catharina)站在宗教法庭上支持他对于这一事件的说法,但由于既没有监督人也没有神职人员在场,裁决没有做出:盖耶斯巴赫在最不痛不痒的斥责之下离开了。

阿恩施塔特宗教法庭未能公开支持他们年轻的管风琴师。最终的结果对于盖耶斯巴赫及其同伙是一种精神胜利:他们打破了巴赫对他们的权威,并且确信,如果他们再次对他无礼甚至袭击他,也可能会逃脱惩罚。拔剑出鞘,哪怕是自卫,巴赫的行为也比他自知的更为冒险。也许他携带的轻剑更像是象征性的而非危险的武器,然而很显然,他毕竟威胁过要使用它。对此的(后来在1712年形成的)法定惩罚非常严厉:正如我们在赫尔达的案子中看到的,仅仅在语言上侮辱盖耶斯巴赫,巴赫就可能被要求公开道歉且被关进监狱。[3]每周四场礼拜仪式、一支吵闹又难以驾驭的学生唱诗班、宫廷中格格不入的文化环境——这些都不会让巴赫在阿恩施塔特久留。另一方面,还有玛丽亚·芭芭拉的吸引,他们之间最近产生了浪漫之情。她是管风琴师

---

1 BD II, No. 14/NBR, p. 45.
2 同上。
3 J. H. Zedler, *Universal-Lexicon* (1732–54), Sächsisches Duell-Mandat.

及作曲家米夏埃尔·巴赫（巴赫父亲的堂弟）三个女儿中最年轻的一位。由于最近成了孤儿，她住在其教父马丁·费尔德豪斯在阿恩施塔特的一家旅馆中，后者也就是聘用了巴赫、可能还为他提供了住处的那位市长。[1]因此两人甚至可能还生活在同一屋檐下。在有能力结婚之前，巴赫需要寻求一个更为可靠的职位，一个少有恼人事件的职位。

1705年晚秋，他决定申请一个月的假期，并且聘用他的堂兄约翰·恩斯特代理他在新教堂的工作。他向北旅行了260英里来到吕贝克——据《悼词》的说法，（有些不可思议）是"步行"——这里是他心目中当时活跃着的最伟大的音乐家、七十岁高龄的迪特里克·布克斯特胡德的家乡。在这里，他亲耳聆听了规模浩大而辉煌灿烂的复调音乐，以及最为温馨、最为虔诚的小规模室内乐。对于这些音乐的记忆，还有对于布克斯特胡德弹奏管风琴的个人风格的记忆，都将伴随他的一生。当他在1706年2月归来时，他那充满热情的音乐想象对于阿恩施塔特这样小城镇的任何官员来说都是难以理解的。他与阿恩施塔特宗教法庭之间争论的法庭记录，用冠冕堂皇的行业术语写就，卖弄地夹杂着令人费解的拉丁文，连议员自己或是他们忠实的抄写员都未必能准确无误地理解。巴赫的答复既轻蔑又傲慢，几乎是简单又粗鲁的。对于为何擅离职守四个月而不是四周这个完全合理的问题，巴

1　为巴赫争取到30塔勒（等于34弗洛林或盾加6格罗申）额外奖金的是一位富商，费尔德豪斯。这笔用于食宿的现金来自圣乔治医院的资金——他正是这座优裕的老年之家的管理者。医院的账目中显示出每年34弗洛林和6格罗申的生活费用，于1704年和1705年8月1日支付给巴赫；而1706年至1707年，费尔德豪斯意外地提交了同样数目的发票，称其为对巴赫的"饮食和住所"的直接补偿（BD II, No. 26）。巴赫是否从一开始就居住在属于费尔德豪斯的寓所中——将所有的额外津贴交给了房东——还是仅仅在上一年里搬入（他与未婚妻玛丽亚·芭芭拉的关系更加密切了之后），让费尔德豪斯从医院资金中取得全额津贴中饱私囊？时机成熟之时，费尔德豪斯可疑的交易东窗事发，在1709年至1710年，他因"过多错误和贪污"而被传唤复审，降级为镇长，并被剥夺了所有的职务（Andreas Glöckner, 'Stages of Bach's Life and Activities', in *The World of the Bach Cantatas*, Christoph Wolff [ed.] [1997], Vol. 1, p. 52）。

赫尖刻地回应道"为了理解（我的）艺术中很多事情"。[1]教会议会被激怒了，借机堆砌批评指责。巴赫由于"在众赞歌中安排了许多难以理解的变奏，并且混入了很多怪诞的音调"致使会众感到困惑而受到了训斥。将来如果他想要引入"外来的曲调"，就必须使其保持一段时间，不能过于迅速地转变。而迅速变化正是他的习惯，即使在演奏第九调式（出自格利高里圣咏）时也是这样。[2]

想象一下这样的情景：在他一生最为激动人心的职业体验之后，巴赫从吕贝克回来依然兴奋不已，突然被两位可敬的议员教育如何作曲以及如何在管风琴上即兴演奏，而他们从来没有上过一节和声课。他们不顾一切地想要展示自己的学识，实际上却暴露出对音乐理论的基础知识及其术语的无知。他们通过对新教堂中缺少合奏音乐的谴责进一步进行了攻击，把责任归咎于他没有与学生合作。在这个问题上，他们把巴赫逼到无法招架，巴赫申辩道：如果给他提供一个称职的指挥（而不仅仅是教务长），他将"（与学生们一起）出色地演奏"。接下来的事件近乎荒诞。教务长兰巴赫（Rambach）因为学生和管风琴师之间的麻烦而受到了教会议会的指责。兰巴赫进行反击，指控巴赫即兴演奏时间过久，那么一旦纠正过来，走向另一个极端，演奏过短，也就能预料到他们接下来的批评——他在布道中途去了酒馆，使兰巴赫在下一段赞美诗开始前来不及回到自己的位置上，然后通过在诗节间增加了装饰乐段而引起了骚乱。

接下来的六个月里，情况持续恶化。虽然管风琴师常以在赞美诗的诗节间引入怪异的和声将教区的老太太们搞糊涂为乐，和学生唱诗

---

[1] 这也可能是他在教会议会有任何动作之前先发制人的方式，防止他们将他的造访归咎于一个隐秘的动机——取得布克斯特胡德欢心，以成为可能的继任者——考虑到条件是迎娶布克斯特胡德三十岁的女儿安娜·玛格丽塔（Anna Margareta），这是一种不太可能发生的情形。

[2] BD II, No. 16/NBR, p. 46.

班间的僵局则严重得多，如同他在吕贝克擅自延长了未经批准的缺席一样。据记录，巴赫最后的告诫是在 1706 年 11 月 11 日，再次被问及是否愿意遵从命令与学生一起演奏音乐时，他说愿以书面形式答复（可能根本没有出现）。很容易看出为何阿恩施塔特当局被激怒，他的态度对他们而言一定傲慢得不可饶恕。也许他们知道他盯上米尔豪森的职位已经有段时间了，只是公爵下令留住他。

教会议会问他有何权利邀请一位陌生且不知名的未婚年轻女子在风琴台上与他一道演奏音乐。当时女性依然不被允许在教堂中演唱，我们猜测这是一次私密的约会——不过这不可能是他未来的妻子玛丽亚·芭芭拉，因为她在阿恩施塔特很难被视作"陌生人"——还是对当权者的蓄意无视。巴赫隐晦地回答说，他已经"告诉过乌特老师了"。由于被要求提供一部康塔塔，巴赫不得已为独唱女高音（比他分配的学生乐团要容易训练）创作了一首，在风琴台上和她一起排练。这显然招来了不少闲话，但巴赫有着完美的应答："你们想要一部康塔塔，这就是！"

在这片他的祖辈扎根的地方，显然没有他的未来。作为最后一击，他表面上遵从宗教法庭的要求，同时也报复了盖耶斯巴赫。许多学者将 BWV 150《主啊，我心仰望你》看作巴赫现存的宗教康塔塔中的第一部，有三个乐章都以巴松独立部分为重头戏，有一处快速乐段覆盖了两个八度以及一个小三度——称职的专业人士是可以演奏的，由一个学生视谱演奏却做不到，更不用提一个"蠢蛋巴松手"。巴赫是否放置了一块完美的香蕉皮等着对手出丑，安排了最后的摊牌来实施他的惩罚？[1]

---

1 可能因为听到了家族中的传闻（阿恩施塔特的抄写员贝尔施泰特 [Bellstedt] 和巴赫家族有姻亲关系，他有一位兄弟在米尔豪森担任同样的职务），称米尔豪森的圣布拉修斯教堂（病重的管风琴师阿勒 [J. G. Ahle] 不久后在 1706 年 12 月初离世）很快会有一个新

他成年初期逐渐显露出一种模式：从他与盖耶斯巴赫火爆的交战中，从他对草率的音乐制作的零容忍，以及对宗教法庭懒洋洋的回应中（至少是这样记录的），我们发觉巴赫倾向于藐视——或者只是忽视——当权者，并且无视有序的社会规则。在他眼里，无论发生了什么，自己都永远不可能有过失：责任总是别人的。我们可以将这种行为与他难驾驭的性格中其他特性、对来自同龄人压力的敏感、童年经受的欺凌和骚扰，以及相继就读的学校里混乱的生活联系起来。我们注意到他极不情愿迎合奉承（不像1685年团体中其他人，他们有着更为世俗的成功），遇到他认为的愚蠢官员时习惯于生闷气。仿佛他性格中任性的特质试图表现出音乐行业中俗气的一面，这也曾被当时的小说家们如约翰·比尔（Johann Beer）或丹尼尔·斯佩尔（Daniel Speer）幸灾乐祸地加以嘲讽。[1] 在他的雇主们看来，他已经表现出了"不可救药"的迹象。难怪后来在回应他的孩子们的质疑时，他试图淡化这些过失。在给父亲的传记作者约翰·尼古拉斯·福克尔的一封信中，埃玛努埃尔·巴赫写道："他有着许多冒险故事。少数可能是真的，也是派得上用场的玩笑。逝者从来不愿自己被提起，所以请删去这些幽默的事情。"[2] 二十一岁的巴赫似乎有着难以驾驭的才智，走向几乎充满无尽"烦恼与阻碍"（他自己的措词）的生活——如方凿圆枘般格格不入。

的职位空缺，要求候选人提交两部合奏音乐作品（据瓦尔特 [J. G. Walther] 所言，他本人就是候选人之一，后来退出了），巴赫将他在阿恩施塔特最后的几个月用于创作 BWV 150 和 BWV 4。他可能觉得在这些康塔塔的第一部中奉承市长无伤大雅，于是就以离合诗拼出 DOKTOR（第三乐章）、CONRAD（第五乐章）和 MECKBACH（第七乐章）的名字（Hans-Joachim Schulze, 'Rätselhafte Auftragswerke: Johann Sebastian Bachs. Anmerkungen zu einigen Kantatentexten', BJ b [2010], pp. 69–74），在 1707 年复活节的演出之前在阿恩施塔特进行了试演。

1　Stephen Rose, *The Musician in Literature in the Age of Bach* (2011), p. 74.
2　BD III, No. 801/NBR, p. 397.

***

到1707年7月1日，巴赫要负责米尔豪森的圣布拉修斯教堂每周六场宗教仪式的音乐，比在阿恩施塔特时要多两场。他已经从一个小城镇中第三座教堂的管风琴师跻身为规模大一倍的城市中最重要教堂的市管风琴师，而这座城市也是图林根的第二大城市，像吕贝克和汉堡一样，是少数几个"帝国自由城市"之一，议员直接听命于身处维也纳的皇帝而非本地的什么年轻王子。如今他是这里实际的音乐总监，担任与布克斯特胡德在吕贝克时同等的职位。如同在阿恩施塔特一样，他的新合同中并没有提及参与或负责声乐还是合奏音乐，尽管和以前一样，这显然都是要求他做的。然而他在阿恩施塔特已经吸取了教训，并且觉得他在艺术上的重点已经转移了。这次他积极地致力于为人声和器乐所作的标新立异的教会音乐（见第五章），而非把注意力完全集中在管风琴的机械原理及其炫技、即兴演奏和作曲家上。亲眼目睹了像布克斯特胡德这般经验丰富的人在这样的职位上能够实现的大胆的音乐计划，二十二岁的巴赫希望能被授予同样程度的自主权，在米尔豪森追求相似的目标。

一定发生了什么严重的事情让他苦恼，因为在合同满一年之前巴赫就退出了。在这一阶段，他似乎符合丹尼尔·斯佩尔在小说《匈牙利和达契亚的傻大个》(1683) 中描述的典型流浪音乐家，不知何故与充满敌意的社会不和，被迫不断地"违背自己的意愿向前旅行"。[1] 传统的解释是，在路德宗两翼——正统派与虔信派——代表的交锋中巴赫遭受了池鱼之殃，然而在他写给市长及教会理事会请求解除职务的信件中没有提及此事。相反，他的注意力集中在另外两大争议的

---

[1] Rose, *The Musician in Literature in the Age of Bach*, p. 63.

焦点上：报酬和环境。在对市长"允许我在米尔豪森享有更好生活的仁慈"表示感谢之后，他继续表示这根本不够："无论我的生活方式多么节俭"，"考虑到我的租金以及其他必要开支，收入还是不足以维持生活。"在他的职业生涯中，巴赫从不羞于为更高的薪水讨价还价，总是尽可能为自己和家人争取最有利的条件，这既是对必要的经济条件的需求，同样也出于对自我价值的估量。刚刚结婚的巴赫承担着额外的责任，因为玛丽亚·芭芭拉正怀着他们的第一个孩子。魏玛宫廷的下一个职位有着从85弗洛林增至150弗洛林的诱惑，这将为他的经济状况带来了巨大的（百分之七十七！）的提升，对他而言是不可抗拒的。

这只是故事的一部分。另一部分涉及到在米尔豪森的工作条件。在信中他提到了在音乐制作中遇到的"障碍"，但没有提供任何相关细节。在阿恩施塔特受挫之后，巴赫一开始在米尔豪森是抱着美好意愿的，决心提高音乐水准，建立有前瞻性的音乐制度，然而还是挫败了。所有可供他使用的——并且是不定期的——只有"学校唱诗队、非专业帮手、学生演奏者及城镇音乐家组成的不良合体"。[1]这自然是巴赫略为笨拙地向议员们阐明的要点，他"得到尊贵的萨克森魏玛公爵殿下仁慈的许可，进入他的宫廷教堂和室内乐"[2]——这意味着水准更高的演奏者，比他在米尔豪森能找到的要好得多。巴赫忍不住在临别时对议员们施以重击，将圣布拉修斯教堂低劣的音乐制作水准同几乎所有的周围村庄相比较，"那些村庄里宗教音乐欣欣向荣……常常胜过这里的和声"。[3]我们能看出这对于他原本是多么巨大的失望。回顾过去的四五年，他可能会觉得有些讽刺，在阿恩施塔特时（由于资

---

1 Christoph Wolff, *Johann Sebastian Bach: The Learned Musician* (2000), p. 113.
2 BDI, i./NBR, p. 57.
3 同上。

源不足）不愿创作的合奏音乐，在米尔豪森时他乐于甚至渴望谱写并上演——但由于条件限制他却没有完成任何有价值的东西。[1]

在这样的背景下，向圣布拉修斯教堂的教会理事会请求解除职务时，巴赫首次定义了终极目的——"亦即，为了上帝的荣耀，依照自己的意愿所作的规则的或有序的宗教音乐"。

终极目的（由米尔豪森市立档案馆提供，StadtA Mühlhausen 10 /*[Stern] Fach 1 / 2 No 2 a fol. 34）

这种幻想将成为他终生的执念——他声称，即使"没有反对"，这在米尔豪森也是无法实现的。由于要前往魏玛，巴赫对城中的元老们解释道，他希望能追求"最关心的目标，也就是对宗教音乐的改进，同时摆脱在这里遇到的反对和烦恼。"[2] 至少这次，二十三岁的巴赫对雇主表现出了合作和礼貌，而这雇主正是他要以合理条件离开的。"既然无法使他留下，"他们分析道，"无疑必须允许他解职。"[3] 巴赫对创作音乐的自由和收入燃起迅速膨胀的渴望——然而是在有序而规范

---

[1] 或许米尔豪森的情况已经无可弥补。仅仅数年之后，据巴赫的一位学生海因里希·尼古拉斯·葛伯（Heinrich Nikolaus Gerber）称，尽管学校有着高品质的教学，"只有在音乐中，黑暗依然笼罩着大地"（NBR, p. 321）。

[2] Terry's translation, *Bach: A Biography*, p. 83; and NBR, p. 57.

[3] NBR, p. 58.

的条件下，这是他满心期待回到魏玛宫廷所能获得的。他的举动表明了手艺人不可摧毁的自我价值感，以及作为艺术家不断增长的自信。

***

接下来的15年里，巴赫在一种市政权力和教会之手无法触及的文化环境里工作。在保守的德国中部宫廷范围内，在音乐口味反复无常的贵族半封建的雇佣下工作，尽管危险且时常可能引起麻烦，却似乎能满足他——至少在很长时间里都是这样。确实，他放弃了一座"帝国自由城市"市民音乐生活中无可争辩的领导者地位，来到保守落后的魏玛宫廷供职，在那里除了特别优厚的待遇及漂亮的头衔以外——"宫廷乐师及宫廷管风琴师"[1]——他几乎从宫廷乐队职业等级的最低层起步，当时约翰·萨缪尔·德雷泽（Johann Samuel Drese）任乐长，其子约翰·威廉（Johann Wilhelm）为副手。然而从表面判断，有着诸多有利条件——他那新建立的家庭，在写给米尔豪森议会的辞职信中提到的"更好的生活"，两位热爱音乐的公爵的支持和热情，他们对他表现出明显的偏爱，在宫廷乐师严格的尊卑秩序下，为他定期提高薪水并且提供住处。尽管如此，要在这个等级森严、限制严格的环境中为他的音乐活动争取到令人满意的位置，还需要外交才能——尽管这看上去非他所长。至少这符合他内心深处的权威等级：首先是上帝，然后是他在尘世中最亲密的代理人——国王、王子或公爵。

但是如果有两个代理人怎么办？自从1629年一部帝国法律通过后，萨克森-魏玛大公国就在授予两位统治者联合执政权宪法下运转。五年前巴赫在魏玛任职时，直接听命于两兄弟中的弟弟，公爵约翰·恩斯特三世，正是这位公爵在20年前宫廷乐队解散后将他们凑

---

[1] Konrad Küster, *Der junge Bach* (1996), p. 186.

集起来，并且任命了所有重要职位。他已卧病在床两年之久（期间他的哥哥从未看望或是问候过他），据他妻子所说，由于沉溺烟酒而食欲骤减。1707年公爵过世了，这正好是巴赫作为宫廷管风琴师回到魏玛的前一年。那位哥哥威廉·恩斯特（Wilhelm Ernst）对于1708年6月巴赫在试奏时的管风琴演奏有着深刻的印象，正是他（暂时是唯一的统治者）立刻决定聘用巴赫。然而当二十一岁的恩斯特·奥古斯特（Ernst August）作为联合摄政登上舞台并且住进红色城堡（见图7a和b）时，在这种封建体系中，摩擦是不可避免的。他和住在临近的威廉斯堡中的四十五岁的叔叔威廉·恩斯特之间，永远剑拔弩张。这位叔叔拘捕了侄子的顾问们，命令宫廷乐队成员只有在他明确许可下才能在对面红色城堡中演奏音乐，否则就要面临严厉的罚款甚至监禁；他的侄子则威胁说如果他们遵命的话就会遭到报复。

这些服务于两位公爵的"共同的仆人"应该怎么做呢？起初巴赫的处境似乎是安全的，在叔叔和侄子那里他都是明显的宠儿，两者对他的时间和才能有着各自的需求。对于那位叔叔而言，巴赫是一件音乐战利品——他私人的宫廷管风琴师，在"天空城堡"（Himmelsburg）[1]中每周为他演奏两次特别的管风琴独奏，并且出于外交使命要被带到国外炫耀。而对那位侄子而言，他首先是一位室内乐音乐家和最高水准的作曲家，适于陪伴他的同父异母兄弟约翰·恩斯特（他自己就是一位有才华的作曲家）王子，为他传授学识和技艺。他要如何满足两位主人（考虑到他们之前一触即发的紧张关系），在繁缛的宫廷礼仪、严格的尊卑秩序以及勾心斗角中生存，经常有着一旦发现为"错

---

[1] 这是"Weg zur Himmelsburg"（通往天空城堡之路）的缩略，指的是威廉堡的教堂中描绘天堂的穹顶画，是威廉·恩斯特公爵信仰的核心。这座教堂与宫廷音乐图书馆一同毁于1774年大火之中，其设计非同寻常——高大的三层结构，配有带栏杆的音乐席和管风琴席（13×10码，离地面65码），"天国般的"声音将飘落在公爵家族、侍臣和宾客身上（见图8）。在这一地区最近似的对等物或许是魏森菲尔斯的城堡礼拜堂，建于同一时期，规模稍大。

误的"公爵演奏就会被鞭笞的危险——圆号手亚当·安德烈斯·赖夏特（Adam Andreas Reichardt）的命运就是如此，每次请求离职时，就会遭到一百次鞭笞并被处以监禁。这就是挑战所在。赖夏特最终逃走了，恩斯特·奥古斯特公爵将他贬为逃犯，还把一个假人吊起来，用绞刑恐吓想要违背旨意的人。[1]

人们会认为，在接下来丰产的几年里，巴赫所有的音乐活动及其产生的作品取决于两位专制的赞助人的一时兴致以及不同的音乐偏好，某种程度上的确如此。虔诚的威廉·恩斯特为巴赫的宗教音乐提供了郑重且有鉴赏力的支持：据《悼词》记载，"公爵大人对他的演奏很满意，这激励他尝试一切演奏管风琴的艺术。"事实上他资助了现存半数的巴赫管风琴音乐——也就是以书面形式留存下来的那部分（大部分都是从巴赫富有创造力的头脑中流淌出的即兴之作，顷刻间在天空城堡的天际消散）。在红色城堡，则有着其他的优先考虑。年轻的恩斯特·奥古斯特与巴赫间的关系更为亲密，他对新的世俗音乐的热情众所周知，他的弟弟约翰·恩斯特1713年从荷兰带回一整箱科莱利、维瓦尔第等人新作的协奏曲展示给宫廷乐队成员时，他的兴奋足以让人想象出约翰·恩斯特的老师约翰·哥特弗里德·瓦尔特与宫廷键盘手巴赫"迅速坐在谱架前准备演奏"。[2]

王宫被当时的某些评论者视为诡计多端的豺狼出没之地，宫廷仆人的生活如同笼中鸟，然而在这一阶段，巴赫可能会认为他的家人在贵族赞助人保护下要比在市政资助下生活得更好——目前为止确实如此。[3]然而无论两位公爵多么欣赏他的才能，在某一阶段巴赫一定意识到了，他对宫廷音乐全权负责的道路——其组织方式，以及能够给

---

1 Georg Mentz, *Weimarische Staats- und Regentengeschichte* (1936), p. 22.
2 Peter Williams, *The Life of Bach* (2004), p. 55.
3 Johann Beer, *Die kurtzweiligen Sommer-Täge* (1683), pp. 418–19, 510.

予他的创作激情以完全的行动自由——在魏玛被德雷泽父子阻断了。不断奔涌而出的宗教康塔塔，在米尔豪森时曾充满希望地风生水起，如今却被遏止了大约五年，这段时间里他在艺术和风格上的倾向开始转变了。这也能解释1713年时他对于是否要参加为哈雷的圣玛丽教堂管风琴师一职进行的"自我展示"而犹豫不决，而一经当选（在为时两周的访问之后），为何过了那么久才签署合同。令教堂中的长老们非常懊恼的是，他给了他们虚假的信号，最终却令人失望。不出所料，巴赫否认了对于欺诈的指控，把他的决定归咎于他们提供的薪水不具竞争力，这份薪水还要被扣除一些无法预测的杂项费用。但人们不禁会怀疑他有玩弄手段之嫌。

事实上，哈雷为他提供的这个机会——每个月创作并演出一部康塔塔——正是在魏玛所缺乏的，在这里得到了及时的补偿。他被授予"首席"这一新头衔（在他自己"最为谦卑的请求"下），薪水等同于乐队指挥，这标志着宫廷中的势力均衡发生了变化，他的权威提高了，此后"乐队中的音乐家们要听命于他"。[1]但这也不能掩盖德雷泽及其担任副手的儿子的职业地位依然更高的事实，巴赫非常清楚这一点。当老德雷泽在1716年12月1日逝世时，巴赫的第一反应是夺取全权掌控——可能为了争取空缺的职位——奉上为降临节接连三个星期日所作的三部一流的康塔塔（BWV 70a, 186a 及 147a），远远超出了每月一部的契约义务。这些康塔塔中第三部的手稿在中间戛然而止——究竟是出于突然的疾病、恼怒、失落，还是由于小德雷泽的升职（他在1717年10月获准成为宫廷乐长），我们不得而知。[2]

---

[1] BD II, No. 66.
[2] 这正是巴赫在魏玛时期创作的康塔塔所达到的程度。巴赫创作了纪念性的康塔塔，甚至并非出于重要庆典，比如1717年10月31日的宗教改革两百年纪念(威廉·恩斯特公爵生日的第二天，他在那一天宣布为他的宫廷乐队成员提供新的资金)。

无可救药的乐长

当巴赫觉得自己可能会在与更高权威的争论中失利时,他有一种潜在的依靠,就是在自己的音乐中植入一丝温和的颠覆,如果保持相当的微妙,总是可以拒绝承认并且永远无法被证实——既不会被预定的目标证实,当然也不会被我们证实。例如,喋喋不休的牧师就是一个合理的目标。在威廉·恩斯特公爵还是个七岁的男孩时,就施行了他的第一场布道,他还对魏玛宫廷的全体随从进行说教,并对全体人员抽查教义问答,以及进行审问来验证他们是否注意了他说的话。巴赫的康塔塔《仁慈的心永远的爱》(BWV 185)末尾的咏叹调为男低音和弦乐数字低音而作,以"这是基督徒的艺术"开始,然后继续列出他的各种职责和命令。巴赫用巧妙的方式战胜了文本的平庸,模仿典型的矫揉浮夸的牧师那种鼓动性的修辞方式——几乎令人厌烦地重复相同的词句,很少有音乐上的变化。无论这是否是对公爵进行温和讽刺的暧昧之作,他们之间的关系都将迅速恶化。圣诞康塔塔《基督徒铭记这一天》(BWV 63)的末乐章以四支小号和定音鼓那一小节的喧鸣开场——表面上是宣告耶稣在世上降临,其实同样也可以用在对某些权贵的正式迎接中,甚至用于威廉·恩斯特公爵本人。紧随这种别具风格的号角声之后的,是轻浮的碎片状回应——三只双簧管某种不相关的窃笑,然后像私下传话一样传递给弦乐上声部。(他是绊倒了还是假发戴歪了?)[1]这预示了肖斯塔科维奇那种无疑更为复杂和神秘的暧昧不明,他曾经慷慨激昂地呼喊,"我要为在'严肃'音乐中使用笑声的合法权利而战"。[2]巴赫可能会赞同这一点;然而即使他发觉,偶尔把不满情绪发泄给不知情的倒霉蛋能够解郁安神,我们倒也

---

1 在同一乐章的后面部分,巴赫在"quälen"(折磨)一词上插入了基于减七和弦的反常的集体颤音,想要描述撒旦试图折磨我们却徒劳无功,但又足以形象地在熟悉公爵那专制惩罚的听众中引成一阵战栗。

2 Laurel E. Fay, *Shostakovich* (2000), p. 77.

也不能因此认定他就是彻头彻尾的抗上者，在乐谱中隐藏着反主流的要旨。

温和的讽刺是一回事，哗众取宠则是另一回事。1713年2月23日，在魏森菲尔斯的克里斯蒂安公爵的生日庆典上演出的《我最爱做的事，就是快乐的狩猎！》（BWV 208），使得巴赫首次有机会大规模采用意大利歌剧及世俗室内康塔塔中的传统风格，远离当时关于宗教音乐有资格具有多大程度的戏剧性之争。[1] 这是一次以宣叙调做实验而不用担心遭到批评的机会，并且使用了自由风格，远离除了亨德尔以外所有的同时代人的形式主义。在仅仅四小节之后，自由宣叙调的律动变成了在连续的十六分音符数字低音上起伏的咏叹调。巴赫敏锐地接连描绘了飞翔的狄安娜女神（Diana）之箭（以快板暗示），憧憬捕获的短暂快乐（柔板），以及追逐猎物时的轻盈迅捷（急板）。在田园牧歌般的寓言中，展开了十五个基本都很短小的乐章，一瞬间，他能够假装自己是亨德尔或者斯卡拉蒂。这部别致新颖而又富有田园风情的作品，是亨德尔的《阿西斯与加拉蒂亚》的对等物，只不过更生硬一些，少了一些迷人之处。或许这就是近来的评论家将其描述为"开创性的作品"及"巴赫创造性发展的里程碑"时所意指的。[2]

坦率地讲，萨罗摩·法兰克（Salomo Franck）为BWV 208所作的文本是平庸的。他引入的那些古典寓言式人物（除了狄安娜以外还有帕勒斯[Pales]、恩迪弥翁[Endymion]和潘[Pan]），与硬纸板剪下的图案并无二致。"戏剧性的"情节就是简单质朴自身。狄安娜将狩猎誉为神和英雄的运动，这使她的情人恩迪弥翁非常懊恼，极力反对她对

---

[1] 巴赫手抄的威尼斯作曲家安东尼奥·比夫（Antonio Biff）的意大利室内康塔塔的发现，证实了这一点。

[2] Peter Williams, *J. S. Bach: A Life in Music* (2007), p. 108; and Richard D. P. Jones, *The Creative Development of J. S. Bach* (2007), p. 245.

于狩猎的痴迷以及她的同伴们。一旦她对他解释，这一切是出于高尚的动机——庆祝"最受尊敬的克里斯蒂安，林中的潘神"的生日——他同意与她一道向公爵致敬。接下来还有十个乐章，皆为满口恭维的主题。整部作品都是为了赞颂克里斯蒂安公爵伟大统治的假托，本身可能会招致廷臣的窃笑和心照不宣。对热切的统治者献上的奉承的颂词与公爵对于领地的管理不善之间，有着明显的矛盾。这一事实迫使选帝侯建立了皇家委员会以管理他的资金，仅仅数年之后，他就被送上了帝国最高法院。[1]法兰克和巴赫在此时是否嗅到了什么？他们是否暗含讽刺？世俗统治者被视为上帝的总督，以他之名在地上进行统治，在他的恩典下保持真正的信仰。今天在我们看来是谄媚的，在当时却是普遍认可的致敬君主的方式。

1716年初，巴赫为恩斯特·奥古斯特公爵与年轻的安哈特-科滕（Anhalt-Cöthen）王子利奥波德的妹妹缔姻奉上了这部音乐。王子被深深打动了，在某时为巴赫提供了他在威廉堡时恰恰求而不得的东西：宫廷乐长这一令人垂涎的头衔，并且作为"我们的室内乐指挥"，执掌宫廷中所有音乐以及新近遴选出的合奏团，薪水为400塔勒——几乎是他目前收入的两倍，并且会预付50塔勒。巴赫将会发现，作为受到高度重视的艺术家，离开贵族统治者比起离开市议会要艰难得多。他申请哈雷的工作起码增强了他在魏玛的地位，与此不同的是，这次威廉·恩斯特公爵似乎没有任何反应，尽管他确信是他侄子在暗中操纵。[2]

---

[1] 米夏埃尔·毛尔发现的原始资料表明,公爵花销无度,对公国的财政毫无掌控,并且常常酗酒。他的笔迹粗糙得几乎难以辨识。他在音乐上真正投入了多少心思,这实在值得怀疑(私人信件)。

[2] 这确实很有可能,通过(不成功地)诱惑泰勒曼接受三个萨克森-图林根宫廷(魏玛、哥达和爱森纳赫)的"超级乐长"之职,来避免老公爵提拔小德雷泽的意图(Telemann's account of this approach in Mattheson's Grundlage einer Ehren Pforte [1740], p. 364)。

总而言之，1717年在巴赫一生中是混乱动荡的一年。这一年首次有书面证据显示了他的成名，[1]却以在魏玛宫廷中公然受辱结束。其间，他的康塔塔创作似乎停滞了——也许是出于异议的选择，也许是老公爵封杀了他。接着是大量的旅行：去哥达代替一位生病的同事为耶稣受难节作曲；到科滕达成他的新协议；10月去德累斯顿，被安排作为挑战者在一次著名的比赛中（被炒作得厉害，却从来没有被独立地记录过）与法国键盘大师路易·马尚（Louis Marchand）一决高下。对手在最后一刻占了上风。巴赫回到魏玛时情绪低落，尊严受到了冒犯，损失了500塔勒的比赛奖金，这笔钱不知何故从一开始就挪用了。极有可能他的某种攻击行为打破了协议，招致威廉·恩斯特的愤怒。[2]

> （1717年）11月6日，原乐队首席暨宫廷管风琴师巴赫被拘捕，由于顽固的证词，并为促使解决免职事件而拘禁在郡长宅邸，最终于12月2日由法庭书记通知反对其离职，同时得以释放。[3]

为时四周的禁闭或是软禁使人质疑巴赫的道德水平。对德累斯顿的造访是否有着隐而不宣的动机——试图僭越威廉·恩斯特，为他转投恩斯特·奥古斯特门下赢取皇室支持？甚或是为德累斯顿选帝侯宫廷的职位早早作下铺垫？他是否在魏玛雇主那里玩弄手腕，领取了好几个月双倍薪水？[4] 还有关于下落不明的音乐的问题，如果它们曾

1　当时最受欢迎的音乐评论家约翰·马特松声称，他"理解了魏玛著名管风琴师约翰·塞巴斯蒂安·巴赫先生的作品，包括为教会以及为演奏家所作的（即键盘音乐），这些作品当然可被视为杰作，而巴赫也是我们应当极为尊崇之人"（Das beschützte Orchestre [1717], p.222）。

2　Andreas Glöckner, 'Von seinen moralischen Character' in *Über Leben, Kunst und Kunstwerke: Aspekte musikalischer Biographie*, Christoph Wolff (ed.) (1999), pp. 121–32.

3　BD II, No. 84.

4　至少有两个能够减轻罪责的例子，表明威廉·恩斯特的正直以及对资深宫廷音乐家的恻隐之心——约翰·艾弗勒和约翰·萨缪尔·德雷泽 (Andreas Glöckner, 'Von seinen moralischen

无可救药的乐长

经存在过的话——至少有15部以上巴赫在魏玛时按契约要求所作的宗教康塔塔无迹可寻。如果他将它们带去了科滕（然而没有机会在那里上演这些作品），日后在莱比锡一定有办法使其重生或重新加以利用，我们也就会了解到这些作品。或许像他的继任者约翰·费弗（Johann Pfeiffer）以及他在"任期内谱写的音乐"一样，[1]巴赫被要求将所有作品留在天空城堡的风琴台上并且锁起来，将他视为知识产权的东西连同钥匙一并还给公爵。[2]这些事件似乎表明，巴赫在被激怒时失去了分寸感。突然间，那些高踞于头顶的当权者在他眼中仅仅是同等的人，甚或低于他。如果说音乐是上帝的礼物，而他是传递音乐的大师，这就使得他高于其他人。

巴赫在魏玛的最后一年中的危险事件，他与当权者之间纠缠不清的冲突问题，都不再重要了。接下来五年，在信奉加尔文宗的科滕宫廷，他似乎与雇主利奥波德王子间享有一段亲密融洽的关系。这是他一生中首次放下教堂管风琴师的职业，进入一个几乎完全世俗的环境。他可以使用充足的设施实现利奥波德的梦想，也就是让他的宫廷乐队成为当时最为领先的乐团之一。巴赫回报了这种信任，将他的作曲活动主要集中于器乐作品。除了《平均律键盘曲集》第一卷以外，他最著名的一些作品都是六个一组在这里组合起来的：《勃兰登堡协奏曲》《无伴奏小提琴奏鸣曲和组曲》《为小提琴和助奏羽管键琴所作的奏鸣曲》《独奏大提琴组曲》以及四首《管弦乐组曲》。巴赫写了一本《二部和三部创意曲集》给他九岁的儿子威廉·弗里德曼作礼物——简单得足以用来给他消遣，同时每一首都有与众不同的特点，

Character' in *Über Leben, Kunst und Kunstwerke: Aspekte musikalischer Biographie*, Christoph Wolff [ed.] 1999, pp. 124–5)。

1　Staatsarchiv Weimar, akt.B, 26 436, fol. 126 r+v.
2　与此同时，巴赫从前一位学生的儿子葛伯在一份报告中指出，《平均律键盘曲集》是在他监禁期间构思的，当时他极为烦恼并且无法使用任何乐器（BD III, No. 468）。

为进入神秘的对位世界打开了一扇门。

接着袭来的是双重丧亲之痛。巴赫前往柏林为王子家里买一架新的羽管键琴,将结发12年的妻子玛丽亚·芭芭拉留在家中,她正怀着他们第五个孩子。这个出生于1718年11月的男孩以王子的名字利奥波德命名,王子也正是他的教父。他在10个月后夭折了。之后是他少有的几次离开家乡的短途旅行之一,和他的王子一道离开科滕,向南去往130英里以外的温泉镇卡尔斯巴德(Carlsbad)。其后的两个月里,他在这里指挥着音乐娱乐活动,这些活动被令人信服地描述为"最早的夏季表演艺术节"。[1] 在他离家期间,玛丽亚·芭芭拉突然过世,并于7月7日下葬了。他们六岁的儿子卡尔·菲利普·埃玛努埃尔后来这样描述,父亲回到家,"发现她已入土,而在他离开时候她还精力充沛。直到他回到家里才得知她病逝的消息。"就我们所知,他们拥有一段亲密融洽的婚姻(据埃玛努埃尔言,"极为幸福的"),她既是他与先祖的联结,也是他在阿恩施塔特、米尔豪森和魏玛那些动荡不安的年代稳定精神的重要力量。她过世还不到2个月,巴赫已经想要搬去大城市了。位于汉堡的圣雅各教堂的开幕为他提供了乡下狭隘的加尔文宫廷不能相比的挑战。巴赫精明地出牌——成功展示了他的演奏和作曲技术,在九十七岁高龄的大师亚当·赖因肯面前,用他给定的主题进行了巧妙的即兴表演——只是当他意识到作为成功的候选人需要给教堂金库一笔10000马克的秘密贿赂时,才退出了。

由于有四个年幼的孩子要抚养,像他的父亲一样,巴赫毫不拖延,立刻找了一位新的妻子。二十岁的安娜·玛格达琳娜·维尔克(Anna Magdalena Wilcke)是一名专业歌手,受雇于萨克森 - 魏森菲尔斯宫廷,生于音乐世家。他们的婚礼在1721年12月周中,"遵照王子的

1　Wolff, The Learned Musician, pp. 210–1

指示在家中举行",这样一来在豪饮大量美酒之后,音乐家们还可以在周日礼拜仪式中回到自己的岗位。这些酒花费了巴赫近两个月的薪水。安娜·玛格达琳娜喜爱园艺(尤其是黄色康乃馨)和鸟类(尤其是红雀),除此之外我们对她知之甚少。婚礼之后八天,利奥波德王子和安哈特-贝伦堡(Anhalt-Berenburg)的公主也结婚了,这位公主讨厌音乐,后来巴赫提到她时称她为"傻瓜"(amusa)。[1]在科滕的长远前景开始变得不稳固了。有了新的妻子和待教育的孩子,巴赫在寻找着新的机遇。我们又绕回了他的莱比锡职位。

*＊＊

1723年2月15日,汉堡的《联系速递》有这样一条报道:"上周日(2月7日)上午,为了依旧空缺的乐长一职,科滕宫廷乐长巴赫先生在本地(莱比锡)的圣托马斯教堂进行试奏,当时他演奏的音乐得到了评判者的高度赞扬。"[2]大约三个月后,汉堡另一家报纸的特派记者这样报道,"上周日中午,四辆满载家庭用品和家具的马车从科滕抵达此地,这些物品属于那里的前宫廷乐长,如今作为领唱被召唤至莱比锡。下午两点钟,他本人及其家人乘坐的两辆马车到达,他们搬进了托马斯学校新装修的公寓。"[3]最近出现了"毒舌"的口风,表明"特派记者"可能就是巴赫本人。[4]如果事实果真如此,对身份和权力的标志的强调——被"召唤"至莱比锡的职位,运送他的财产和家人所需要的马车数量,对他的住处被新装修过这一事实的自豪——一定使其成为最早有记录的"倾向性报道"。这些都不是微不足道的小事,

---

1　同上,101—2.

2　BD II, No. 124/NBR, p. 101.

3　BD II, No. 138/NBR, p. 106.

4　Williams, *The Life of Bach*, p. 106.

对他来说都是有影响的,而莱比锡作为大学城,提供给他那些成长中的儿子们的机会也同样重要。

巴赫将莱比锡的职位视为制定新的音乐水准的最好机会,他希望其中有秩序井然的城市环境,并使自己在前两个职位中已经习惯的表演水平得以复现。他意欲将一种宗教音乐的新风格带给规模巨大的城市会众,这种风格演化自他在魏玛的岁月,因而比起约翰·库瑙的任何作品都更为现代且精致。表面看来,这是他有过的实现终极目的的最好的机会,过去他曾三度受挫:在米尔豪森(未曾从1707年大火中恢复)、魏玛(被忽视)和科滕(加尔文宫廷中)皆如此。

然而即便此时,面前也绝非坦途。自他抵达莱比锡起,就卷入了议会中敌对政治派系的争端,这也是萨克森内部持续斗争的缩影,德累斯顿的选帝侯想要争取更多的自主权,特别是增加税收以资助他的外交政策,而由贵族和市民组成的议会则决定制止选帝侯。[1]音乐携有文化声望中的重要要素,自然卷入了议会中的市民党派和忠于选帝侯的莱比锡议会专制法院候选人之间的内在矛盾。巴赫一开始是乐长的第六人选,而后成为后者最终的候选人,这一集团由市长戈特弗里德·朗格领导。他们是他天然的盟友,热切地想要为他音乐总监的头衔授予新式乐长的权威,以便实现他们让莱比锡成为国际艺术之城的梦想。他们的对立面则是属于议会中市民党派的议员,他们反对任何在目标和独立方面如此激进的事物。这些议员想要的,是身为学校体系不可分割的一部分的传统乐长,这样他们就可以操控他。只要泰勒曼还有希望获胜,考虑到他的声誉、资历和早期在莱比锡的成功,他

---

[1] Ulrich Siegele, 'Bachs politisches Profl oder Wo bleibt die Musik?' in *Bach Handbuch*, Konrad Küster (ed.) (1999), pp. 5–30; and 'Bach and the Domestic Politics of Electoral Saxony' in *The Cambridge Companion to Bach*, John Butt (ed.) (1997), pp. 17–34.

们就打算在教学职责方面做出妥协。[1]而巴赫则无法期望如此的宠爱,他既没有泰勒曼那样的学历,也没有和大学及教堂的关系。他们坚持主张通过给他的教学义务加上限制性条款来尽可能地限制他作为乐长的角色。巴赫最后做出让步,同意了这样的条款。考虑到他过去的表现,这似乎与他的性格不符,但也许这暗示了巴赫当时颇有些绝望。于此埋下了未来纷争的种子。妥协最终出现了:巴赫被挑选来执行一种专制主义的授权,然而却是在一个试图要求巴赫亦步亦趋的市政体系中。他无法远离当地的政治冲突,尽管朗格可能在私下里单独告诉他,只要他追随宫廷党派的委任,就可以依靠他们的支持,将他从乐长繁重的教学和管理职责中解放出来。[2]

1723年,在拖延了数月之后,全体一致同意他就任,然而在他的正式就职仪式上,协议的不正规好比给争斗的议会和教会议会之间

---

[1] 泰勒曼在1722年11月拒绝莱比锡的职位之前,首先确保自己能够继续担任大学教堂的音乐指导(正如他20年前一样)。那里与音乐协会有着紧密联系,是招收学生音乐家的主要场地。到巴赫被提名之时,那一职位已被占据。

[2] 正当议会的商议升温之时,遗憾的是,在1723年4月,形势突然冷却了下来(BD II, No. 127/NBR, p. 101)。三名最终的决赛选手说都"没有能力教学",等级党的发言人普拉茨(Platz)议员抛出了大肆宣传的言论:"既然无法得到最好的,平庸之辈也可以接受。"比起这种言论,雇佣一位可靠的学校教师作乐长这个紧急权衡之下的尝试,是对于巴赫资质更为糟糕的误判,也让他的传记作者们颇受刺痛。至此,巴赫不愿再错失机会。作为后起之秀,巴赫在2月7日的选拔中给人留下了最好的印象。随着等级党候选者失去了获胜机会,他直接跃入有利位置,并且能够进行谈判。他这么做了么? 我们当然无法确知发生的事。乌尔里希·西格勒(Ulrich Siegele)无疑至一点就暗示了议会中敌对派系之间无法达成的协议:专制党最终得到了他们的人选,却"无法实施对这一职位进行重新定义的公众及法律行为"("'I Had to be Industrious......': Thoughts about the Relationship between Bach's Social and Musical Character'" JRBI, Vol. 22, No. 2 [1991], p. 25)——等级党保守派所付出的高昂代价。巴赫接受了专制的委任,但却困于等级党强加的各种限制条件中。其领袖,上诉法官普拉茨选择了巴赫,"最主要是因为他声称自己愿意对这些男孩进行指导,除了音乐方面,还包括学校里的常规课程"。他还意味深长地加上,"他将如何实现后者,我们拭目以待"(BD II, No. 130)。当巴赫在5月5日向议会宣誓时,他承诺,"忠实地致力于学校的指示,做我适合做的一切;如果我自己无法承担,将会安排其他有能力的人来完成,并且无须最为尊敬而睿智的议会或者学校负担费用"(BDI, No. 92/NBR, p. 105)。

扔了块新骨头：哪一个团体有权任命巴赫为乐长？当时的局面几乎是浪漫和理想化的：老师和学生们来到学校大礼堂，等着向新的乐长致意，观看他的就职典礼，为他唱一首欢迎的歌。通常由首席市政书记员来主持这样的仪式，然而当门泽尔先生（Herr Menser）刚刚"以圣三一之名"宣告巴赫为乐长，并且加上"新的乐长得到告诫要忠实而勤奋地履行职责"时，托马斯大教堂的牧师就开始大声讲话，挥舞着由教会议会颁布的法令，大意是说乐长"被介绍给学校并且就职……告诫乐长忠于职守，并且给予他良好的祝愿"。18世纪的德国极为重视礼仪，这样是极不符合常规的。看起来巴赫似乎被任命了两次。不知何故避免了公开对峙，但此时他如果感到困惑也丝毫不足为奇。他已就合同条款向议会作出妥协，然而又一次卷入了争执中——世俗权威和教会权威优先权的争端。这一次他优雅地做出回应，感谢议会授予他"这一职位，他承诺将以完全的忠诚的热情投入工作"。[1]

巴赫赢取了一项权利：以每年50塔勒的代价将部分教学职责（每周5小时拉丁文语法、路德宗教义以及考迪利乌斯 [Corderius] 的《学生对话》）移交给学校教师。这样一来，他依然有音乐课和个别课要教，还有其他不那么具体的教学任务。托马斯学校里混乱的情况以及违法行为从来就不乏记载。在1723年新的学校纲领中，有着规定（限制乐长出现在剧院和酒吧）和指导原则（关于如何在教师和学生之间分配杂费，会减少他的收入）。乐长的住处正好紧邻校长及55名寄宿生，这些学生属于"为穷人的最大利益而资助的穷人学校"。作为一位教师，巴赫需要如父母般对待学生，对每一名学生都要表现出父亲般的情感、爱和关怀，能宽容他们的错误和弱点，同时依然要求自律、秩序和服从。想一想巴赫在履行这些职责时有怎样的能

---

[1]　BD II, No. 145/NBR, p. 104.

力，我们可以想象，他想到了自己童年时的重要人物，想到了自己曾经受到的对待。奥尔德鲁夫的施虐者阿诺德乐长的阴影是否浮现在了眼前？[1] 我们之前遇到的恃强凌弱的方式无疑延续了下来——多半是小男孩被大些的孩子欺负。1701年，一项针对年长学生的控诉声称，他们在蜡烛上烧老鼠，把残余部分扔到教师的椅子上，他们朝地上和桌上泼水，砸窗子，把黑板从墙上拆下来，还粗暴地对着老师咒骂。[2] 1717年，助教卡尔·弗里德里希·佩措尔德（Carl Friedrich Pezold）曾抱怨大鼠和小鼠光天化日之下在楼梯上窜来窜去。1733年，十六岁的克里斯托弗·尼克尔曼（Christoph Nichelmann）认为，这里的环境对他这种"温柔且爱好和平的天性"而言太过粗鲁，于是离开了托马斯学校，日后成为了受人敬仰的作曲家和羽管键琴演奏家。

在与男生寄宿学校的嘈杂和骚乱比邻而居数周之后，尤其是经历了在科滕那段平静的宫廷生活之后，巴赫很有可能有过同样的倾向。在此工作五年之后，情况进一步恶化了：这所学校被形容为处于"可悲的状况"，"床铺毁坏，学生营养不良"，教师的权威严重受损。进一步的报告与1729年1月施蒂格利茨（Stieglitz）市长被任命为督学这一事件相符，报告中声称发现学校处于"严重的混乱"中，三个班级共用一个餐厅，宿舍中两名男孩共用一张床铺。我们不禁怀疑，在这样的条件下，巴赫要如何为学生树立"谨慎持重的生活"的典范？我们只能去猜想他是如何保护自己的家人（如果他的确有家庭生活的

---

1 多年之后，当巴赫读到亚伯拉罕·卡洛夫圣经评论时，可能想到过阿诺德。巴赫在《申命记》(23:4)中一段文字下面划线进行强调，这段描述了由于亚扪人和摩押人对以色列人的敌意，他们未能被提升到权威位置。卡洛夫从中引申出，任何对他将要统治之人表现出仇恨的人，都不应被提升到权威位置。此外，正如罗伯特·马歇尔所指出的（'Toward a Twenty-First-Century Bach Biography', MQ, Vol. 84, No. 3 [Fall 2000], p. 525），卡洛夫推断道，"没人会接受表现出这种仇恨的人作自己的领导者。"巴赫显然赞同这种观点，他在本质上对权威抱有怀疑。

2 Otto Kaemmel, *Geschichte der Leipziger Schulwesens* (1909), p. 236.

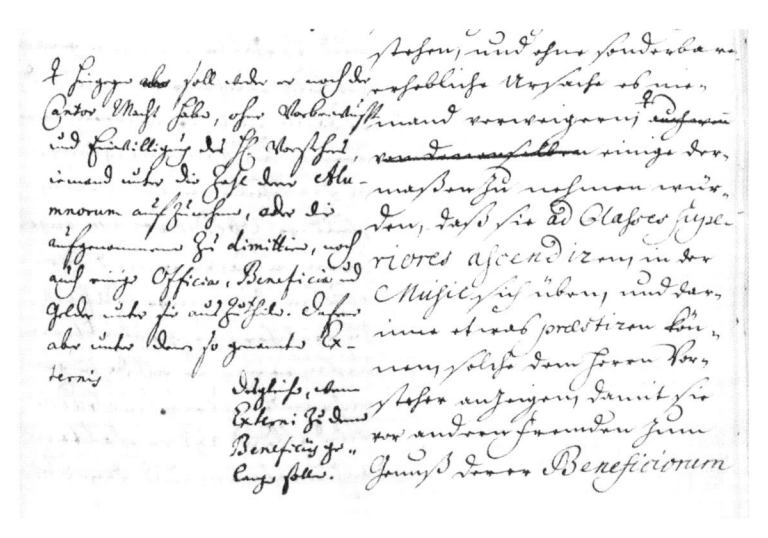

摘自托马斯教堂新校规的第六章，《关于学生的招募和开除》，边上有市议会律师约翰·乔布（Johann Job）的旁注。

话），在学校和镇上的各种职责中，如何有时间平静下来作曲，赶上他自己担当的每周创作康塔塔的速度和强度。

关于终极目的，值得注意的一点是，这是一种理想，而不是一种宣言：在这种理想的框架里，巴赫能够最有效地工作，创作出有序的宗教音乐，这种音乐和大卫王时代神启的圣殿音乐的组织方式相一致。这种有序的框架到目前一直不为他所得——无论在阿恩施塔特（缺乏基本的人力资源）、米尔豪森（有着冲突，并且音乐力量不足胜任）、魏玛（从来不曾获取必要的权力将其实施）还是科滕（没有以音乐为核心的路德宗礼拜仪式）。既然实现这一目的的最好的机会出现在1723年的莱比锡，他表明甘愿牺牲地位、收入、家庭和舒适来获得它。接下来的三年（最多是五年）里，他倾注了自己所有的精力来实现这一梦想。他在这一领域的创造性——体现在他现在谱写的三个周期的康塔塔和两部受难曲中——肆意挥洒，在观念上、结构

无可救药的乐长

上和品质上都远远超过了同时代的任何其他作曲家尝试创作的任何作品。愈加令人惊讶的是，这是在固有的保守主义以及艺术上的冷漠和不和谐氛围中完成的，而他在一个摇摇欲坠的体系中工作，缺乏足够的人力和财力。

然而巴赫从一开始就在莱比锡格格不入。（在第九章和第十二章中）我们会发现，他想要继续创作的那种复调音乐，比起库瑙给予他的会众的音乐要丰富和复杂得多，也需要更高的技术，更不用提他的同龄人所作的悦耳动听的康塔塔，他们正是这份工作的三个强有力竞争者，泰勒曼、格劳普涅尔（Graupner）和法施。巴赫的宗教音乐无论对演奏者还是聆听者而言，都需要高度集中注意力：在演奏或聆听时必须抓住情感，同时引导它、控制它并且释放它。别忘了，所有这些都是由一支拼凑混杂的音乐团体演出的，极少满足他对音乐在技术上和诠释上的需求；据我们所知，这引发了神职人员以及市参议员的惊愕，他们不可救药地缺乏鉴别力。托马斯学校所录取的在音乐上不合格的孩子，其数量从舍勒时代的5%增长到巴赫早年的15%。这是形势恶化的另一项指标。在1730年时，巴赫在他的"概述"中报告说，现有的毕业生中只有17位可用，20位尚不可用，还有另外17位不合格。在如此不堪忍受的现状下，我们不确定在莱比锡能指望谁成为他音乐追求的明确支持者，又能选谁做他的孩子们的教父母，这更为未来蒙上了阴影：资深市长戈特弗里德·朗格，托马斯学校的两位同姓埃内斯蒂的联合校长（年长的一位是约翰·海因里希，另一位则是约翰·奥古斯特，巴赫似乎与后者相处得很好，直到"监牧战争"将他们变成无法和解的敌人），屈斯特纳（C. G. Küstner）市长的夫人，罗马努斯（C. F. Romanus），克里格尔（J. E. Kriegel），以及鲍迪斯（G. L. Baudis）的夫人。这当中又有谁能为他的音乐追求提供可靠而实际的支持，这点值得怀疑。

***

1727年2月的第一周，巴赫的书桌上躺着一部有待谱曲的康塔塔（BWV 84）文本："我满足于我的位置，这是我主赐给我的"。相形之下，在当时的一部小说中，约翰内斯·里默尔（Johannes Riemer）认为，"没有人满足于自己的地位或荣誉：即使是最卑微的人也力求提升自己的位置。"巴赫也不能免俗。作为城市管乐师的儿子，巴赫与当时很多市政音乐家一样专注于身份的问题。在职业生涯的每一个阶段，巴赫在新合同上签名之前总是对于工资非常警觉，即使在签署之后，也抓住一切机会来维护每一项条款。鉴于他对现职时常表现出不满，巴赫没有获得充分的尊重，导致了工资纠纷以及对其权威的难以掩饰的蔑视。他会觉得这部康塔塔文本中的说教难以下咽。据我们所知，他并不经常对有待谱曲的文本进行修改，然而在这部作品中却这样做了：他只是对歌词中的一个词做了改动——从"位置"（Stande）变成了"福分"（Glücke）——然而改变了宣道中整个辩论的要旨，聚焦于"我主赐予我的福分"。[1] 即使重点发生了变化，如果在为独唱女高音、双簧管和弦乐所作的那首漫长的 E 小调开场咏叹调中寻找平和安宁的明确写照，也是低估了音乐这种能够细腻描述情绪的媒介的多义和复杂性——尤其是巴赫的音乐。无论如何，满足都是一种相当稳定的心理状态，然而巴赫的音乐却令人联想到起伏不定的东西。人声与双簧管绚丽地交织在一起，轻快的符点节奏以及富有表现力的切分节奏贯穿始终，开场的器乐回旋曲以不同形象一遍遍复现，而女高音开始演唱新的主题——这一切都促成了音乐的迷人之处和难以捉摸的情绪：渴望的、顺从的，甚至是片刻的哀伤。

---

[1] 当然，巴赫也可能未作修改地直接引用了皮坎德作品的早期版本，早于 1728 或 1729 年的发行版。

从巴赫那陷入困境的乐长任期中，我们能够收集到的一切信息都表明他处于持续不断的挣扎中，一方面是尽己所能认真尽责地完成工作的渴望（为了上帝的荣耀，同时为了造福他人），另一方面不得不容忍"持续的烦恼、嫉妒和迫害"（如他在给一位朋友的信中描述的那样[1]）。从诸如这首咏叹调之类的音乐中，我们得以发现他如何处理这些极端。不同于他的同时代人——尤其是泰勒曼，在获利的需求下能够达到顺风顺水的和解——在某些方面，巴赫在气质上与浪漫主义更为接近。尽管作为盛行的专制主义的产物，并且对于当时的等级制度持默许态度，[2] 巴赫却是天生的抗上者——几乎是贝多芬式叛逆者这一术语出现之前就有的原型。人们想到贝多芬"在泪水和悲痛中"作曲（op. 69），或是柏辽兹的自我描述："我发现只有一条路能完全满足这种对于情感的巨大渴望，那就是音乐……我只为音乐而活，只有音乐能带我越过种种痛苦的深渊。"[3]

在他那本加洛夫版评注中，我们看到路德对不正当的愤怒和有理由的愤怒作区分的一段文字（巴赫对其加了下划线，并且在边上着重标注了"注意"）："当然，如同我们所说过的，愤怒有时是必要和正当的，但要确保正确运用。你们不能为了自己而生气，而是要为了自己的职责以及为了上帝；不可混淆你自身与你的职责这二者。就你自身而言，不可对任何人发怒，无论他怎样伤害了你。而出于你的职责所需时，则必须要发怒，即使对你本人并未造成伤害……但如果你的兄弟反对你且激怒了你，然后请求你的原谅，你的怒气则应该消散。

1　BD I, No. 23/NBR, p. 152.
2　在巴赫的观念里，上帝的权威渗透到世俗权威当中（专制君主是上帝在人间的代理人，《圣诞清唱剧》中的男低音咏叹调"伟大的主宰"就证实了这一点），秩序同时是"自然的"也是"人为的"。专制主义当然是人为的，而在巴赫眼中这也是自然的。
3　Hector Berlioz, *Selected Letters*, Hugh Macdonald (ed.) (1995).

你持续留存心里的那隐秘的怨恨从何而来？"[1]换言之，如果你遭到的攻击出于私人原因，不应由你来报复；但攻击若是针对你的使命或信念，你有责任自卫或寻求他人保护——这正是巴赫的做法，雇佣了伯恩鲍姆（Birnbaum），代表自己来应对和席伯的论战（见第七章）。他最早的传记作者之一，卡尔·路德维希·希尔根费尔特（Carl Ludwig Hilgenfeldt）的记述证实了这一至关重要的区别：

> 无论何时在别人那里遇到不愉快的事，只要仅仅关乎他个人，巴赫总是表现得平和安静、沉着稳重，然而若有任何人以无论任何形式藐视艺术，他就完全变了个人，因为艺术对他而言是神圣的。这种情况时有发生，此时他就披挂上阵，强烈表达自己的愤怒。圣托马斯教堂的管风琴师总体而言是一位受人尊敬的艺术家，在排练一部康塔塔时，他曾由于管风琴上的一个错误严重激怒了巴赫，致使他一把从头上揪下假发扔到这位管风琴师头上，雷霆万钧地大吼："你该去当个鞋匠！"[2]

即使人们从书记员记录的枯燥回应中获得的印象更像是冷漠的傲慢而非暴躁的爆发，我们清楚地看到，在与市政当局打交道时，巴赫往往迅捷地保卫自己的专业权利。此外，如他的一位现代传记作者而言，"正如他那作曲家的大脑从来不会错过的想法，终其一生，他的信仰似乎也对自己的权利及遭受的不公锱铢必较。"[3]人们偶然在康塔塔的个别乐章中发现何种事物引发他的怒气，以及他如何在音乐中处理它们。BWV 178，《如果上帝不与我们同在》就是这样的作品，它在

---

[1] Robin A. Leaver (ed.), *J. S. Bach and Scripture* (1985), pp. 121-2.
[2] Carl Ludwig Hilgenfeldt, *Johann Sebastian Bachs Leben, Wirken und Werke* (1850), p. 172.
[3] Geck, *J. S. Bach: Life and Work*, p. 175.

恐怖的、女巫式的气氛中告诫人们，提防伪君子和预言家（"邪恶之人……以毒蛇的狡诈来构思狡猾的阴谋"）。其中显示出持久的反抗，在人们心中引发了疑问，关于巴赫在充满敌意的环境中的行为，关于他与莱比锡当局从不间断的冲突忽然之间到了爆发点，以及他与当地神职人员之间更为私人化的失和，是否有着不为人知的故事。将这些挫折沮丧与责骂的能量注入音乐中，让它们从唱诗班楼座倾泻到下方选定的目标身上，对他而言是多么满足。这与BWV 179《确保你对上帝的敬虔不是虚伪的》前三个乐章有着同等的激昂——狂暴而压抑——BWV 135中的男低音咏叹调，"退去，所有你们这些恶者"，小提琴像海燕一般穿梭疾行。这段华丽而又愤怒的音乐充满了明显的狂怒，巴赫在其中对屡犯错误的罪人怒目而视。人们可以想象，城中的长老们坐在最好的位置上，聆听这种后三位一体的高谈阔论，各自对号入座，被这些惊人而直接的言辞，以及巴赫那更为刺耳而尖锐的音乐击中要害，如坐针毡。在一部大斋节康塔塔《拿上你的，去罢》（BWV 144）中，巴赫的脚本作者从葡萄园工人的寓言中抽取出道德训诫：接受并安于自己的命运，无论当时看起来多么不公平。巴赫找到了生动但恼人的方式，在听众的心中唤起德国人所说的"低声哀诉和无病呻吟"的危险——心怀不满的工人的抱怨。他们本来会知道，在愤愤不平的葡萄园工人的喃喃抱怨背后，是圣保罗对哥林多人的禁令，"你们也不要发怨言，像他们有发怨言的，就被灭命的所灭"（《哥林多前书》10∶10），以及《旧约》中的上帝对于忘恩负义的以色列人的抱怨忍无可忍，而他们正是在他的带领下安全地逃离了埃及的囚牢："这恶会众向我发怨言，我忍耐他们要到几时呢？"（《民数记》14∶27）。

***

在本章的开头，我们看到当巴赫在1730年未能履行自己的教学职责并服从学校当局时,议员们有多么恼怒。四年后,当约翰·奥古斯特·欧内斯蒂就任学校校长时,情况进一步恶化了。关于这位比巴赫年轻二十二岁的校长,我们所听说的第一件事就是控诉巴赫没有进行足够的排练——新校长仿佛觉得监控礼拜仪式上的音乐水准是他的职责。这两个固执己见的人在各自的领域——音乐和人文——兢兢业业地维护其标准,他们争执的核心是职责范围的界定以及立刻各执一词,而这些争执持续了数月乃至数年,在议会的档案中留下了一长串的书面记录。这些争执以他们关系的彻底破裂告终,并且显露出两人性格中最糟糕的一面:固执、自负、使自己看上去正确的需求高于一切;同时引发了对于不服从命令、说谎、恶意、欺诈以及复仇心的指控。他们持续不断的争端最初是由于对旧的和新的校规中对于学校级长任命权的解读而引发,级长对乐长而言是至关重要的助手,监督排练过程,以及每个周日在不同教堂中出场的三支乐团,或者在他缺席时发挥作用。滑稽的是,两人任命的男孩都叫克劳斯(Krause)——巴赫选择的男孩由于某些不规矩行为而受到惩罚,然后消失了;欧内斯蒂的选择作为替代者在音乐上却是"不能胜任的"。情况逐渐变得越发荒唐(级长在"错误的"教堂中服侍),当巴赫含沙射影地恶意中伤,暗讽校长总是"特别喜欢这位克劳斯"时,[1]形势变得更为公开(无人能胜任宗教法庭上经文歌的领唱)且更为龌龊。这一争端从未完全得到解决。

如我们所见,巴赫的决定性冲动之一,就是对于权威的敬畏(尽管在几秒钟后可能就会消失)。然而如今他开始表现出了媚骨,一种对于王权的令人讨厌的奉承,即使按照当时的标准也是极端的。1737年10月,他利用自己在德累斯顿宫廷的新头衔直接向选帝侯申诉,打出了自己所认为的王牌,利用职权指控欧内斯蒂"放肆"。然而事

---

[1] BDI, No. 34/NBR, p. 175.

关于 1729 年面试的 13 名男童女中音，巴赫这样记录道：其中一名"有着优秀的嗓音，是非常好的级长"；另一名"嗓音尚可，然而作为级长却相当差"；至于其他 11 人则"在音乐方面拿不出手"。

巴赫对 44 名"必需歌手"的分配方案（理论上的最高数目为 55 名毕业生），用以补足五座城市教堂礼拜中所需的四支唱诗班。

与愿违，选帝侯决定将这一争端留给莱比锡当局来解决。与艺术和科学领域古往今来的许多杰出人物一样，巴赫易于在专业领域有着非凡的卓识，而当认为自己受到不公正对待时，在日常的社会和职业关系中却表现得格外小气，为了琐碎的问题而争论，不说服对手决不罢休。考虑到每当他觉得自己作为音乐家及上帝选定的仆人的权威受到挑战时就暴躁易怒，以及那内在的羞怯使他从成功所需的交际中退缩，他能够为了追求自己的艺术目标而在体制中杀出重围简直非同寻常。自彼得·谢弗（Peter Shaffer）的剧本《阿玛迪乌斯》（Amadeus）起，我们已逐渐习惯在不靠谱的青春期小子与我们尊崇为莫扎特的"神圣的"音乐家之间的分离（尽管是凭空臆测）。即使是在作曲家理查德·瓦格纳面前屈膝膜拜的仰慕者们，也早晚有一天不得不面对令人为难的证据，承认他是个令人厌恶的人。同样的，我们应该彻底地破除这种观念：巴赫在个人生活和职业生活中是个典范，是19世纪同胞的第五福音传教士，是强烈的宗教信仰以及他的音乐希望传递的"真正圣体"的鲜活化身。[1] 承认巴赫那些弱点和缺陷——其实远不及莫扎特和瓦格纳可憎，不仅让他作为人而非神话中的典范而变得更为有趣，也使我们看到他的人性渗透到了音乐中，当我们知道作曲者像所有人类一样，直接体验过悲伤、愤怒和怀疑时，音乐会变得更加令人信服。而这正是赋予他的音乐以不断呈现最高启示的特征之一。

1　John Butt, *Introduction to Bach (short biography)* by Martin Geck (2003), p. viii.

第七章

工作台边的巴赫

我亲爱的雅克,

千万不要在一个不如意的周日校对巴赫的有伴奏小提琴奏鸣曲……！我刚刚完成了对它们的修订,顿感心中在下雨……

当这位年迈的撒克逊乐长不知道该写什么时,就会冷酷地从随便什么陈旧的东西开始。事实上他只有令人惊艳之处才让人容忍。嗯,你会说就这一点也相当了不起了。

尽管如此,假如巴赫能有个朋友劝他每周歇上一天——或许是个出版商——那我们就能少看几百页无趣无情又规整的小节,充斥着烦人的"主题"和"对题"。

他有时候(其实是经常)不惜代价地发展平庸的乐思,结果即使是他天才的技巧(其实说到底只是他自己的智力体操)也无法填补其中巨大的空洞。

德彪西（Claude Debussy）致杜兰德（Jacques Durand）
1917年4月15日

在莱比锡的巴赫档案馆里,有一个圣托马斯学校的比例模型,基于约翰·戈特弗里德·克鲁格（Johann Gottfried Krügner）1723年的版画而作。从这个模型可以明显看出，作为乐长的巴赫及其庞大的家庭不得不住得离学校咫尺距离，四层楼中有三层是学校的教室和宿舍，与巴赫家直接相通。巴赫的婚房和其中一间宿舍更是仅有一墙之隔。可以想象这样的环境时常喧闹，即便以他的专注程度，恐怕也难以承受如此的噪音。巴赫生命中最后27年的那些令人惊叹的作品，就是在这样的严酷考验之下创作出来的。最让我们捏把汗的是，在圣托马斯学校1731—1732年翻修之前，在这位鞠躬尽瘁的乐长任职的前三年，他以惊人的速度在里写出了两部受难曲和连续两个年度周期的康塔塔[1]，简直是创造力大爆发。此前的五年半时间，巴赫在死气沉沉的科滕居住，在创作速度方面，和这三年有着巨大的反差。如果巴赫能像浪漫时期作曲家（例如贝多芬）一样有着充裕的时间，就能有机会组织和试验相当多的想法，最终筛选出最好的那些。这些可能性随着巴赫来到莱比锡而消失了，从此他不得不快速实现自己的想法，以至于公式化（巴赫也许会称之为"发明"）。罗伯特·马歇尔在20世纪70年代主导了对巴赫作曲过程的学术研究，他坦率地写道："这样高效的产出显然无法依赖于不可预期的灵感"。[2]

1　巴赫所谓的康塔塔年度周期（Cantata Cycle），即为每个礼拜日和宗教节日创作一部康塔塔，持续一整年。
2　想要精确地对比巴赫在科滕和莱比锡的产出速度是不大可能的，因为他在科滕完成的器乐和室内乐作品，有许多已经丢失，而想要准确地确定未丢失作品的详细创作时间也不那么容易。从现存的少量科滕时代的手稿和原作片段来看，即使是在科滕，巴赫的创作也面临着时间上的压力——或是因为他有把事情拖到最后一刻（活动或是截稿日期即将来临时）的习惯，或是因为他深思熟虑很久才开始动笔。被现代学术界广泛接受的"科滕时期"作品包括下列作品的手稿：为威廉·弗里德曼而作的《键盘音乐》（1720）；《平均律》第一卷（1722）；为安娜·玛格达琳娜而作的《键盘音乐》（1722），最终扩展成为六首法国组曲集（BWV 812—817）；十五首二部创意曲与十五首三部创意曲，被汇总为《真诚的致意》（1723）；以及45首在魏玛时期开始创作的管风琴合唱前奏曲，是未完成的《管风琴小曲集》的一部分。这个列表还可以加入以下独奏和合奏作品：六首无伴奏小提琴奏鸣曲与帕蒂塔，六首无伴奏大提琴组曲和六首勃兰登堡协奏曲。为新年和利奥波德亲王生日应景而

于是可以预期，在他工作室的书架上，我们能够找到小夜曲、生日康塔塔和新年颂歌的乐谱——这些作品能在后来被"窃取"到教会康塔塔中，以"模拟式改编"的形式出现，正是因为巴赫在创作时有着双重的愿景——这些音乐可能会被用在教会或是沙龙上。在这些作品旁边是一叠准备好的空白稿纸：它们要在谱架上立得住，也就比一般的书写纸更重更贵。有时他会先构思好新曲子的布局，以及纸面上大概需要的空间，然后才开始画五线谱。画线是通过一种特殊的有五个尖头的谱笔（rastrum）来完成的，用久了之后笔尖有可能会张开变形，画出的五条线间距不均匀，导致谱子被误读（例如在谱写第五号勃兰登堡协奏曲时，最下方的笔尖实际上已经坏掉了）。就像在这部作品所做的那样，他偶尔会在同一页纸上使用不同尺寸的谱笔，从而额外突出羽管键琴声部。只需瞥一眼巴赫的手稿就能意识到他有多么节约纸张，一切可能的空白处都被塞上了新的乐思。在他的桌子上，墨水瓶里灌有黑色、褐色和红色的染料，还有一些法国的铜墨粉用于加水配制成墨水。正是这些墨水里的酸性导致其逐渐渗过手稿，最终严重损坏了上面的纸张。桌上还有羽毛笔、铅笔、小刀——用来削铅笔，也用来在墨迹已干后修正错误；直尺——誊写乐谱时用它来画小节线。最后是用来吸干墨水的一盒细砂，可以看出巴赫每翻一页纸就必须要稍作等待，然后才能继续作曲。

在巴赫下笔之前，要考虑一系列问题，并且做一些重要的决定。首先是要和文字搭档仔细地协商——一方面这些富有诗意的唱词会通过音乐表现出来；更重要的是，文字中诗的意象也会反过来影响作曲家创造性的想象。然后他需要将自己的选择提交给高阶的神职人员，

作的一批世俗康塔塔中，仅有两部（BWV 134a 和 173a）的手稿，以及一部（BWV 134a）的不完整原稿的片段幸存；其余的残缺不全或遗失了，但后来在他的一系列莱比锡教会康塔塔中以"模拟式改编"的形式重新出现。

得到认可之后的作曲才是合规的。[1]这个过程有相当的不确定性。我们无从得知,巴赫本人是否编写过其中一部分唱词,就像同时代的戈特弗里德·海因里希·施托尔采尔(Gottfried Heinrich Stölzel)那样。后者是一位既有造诣又有格调的德国作曲家,为自己的声乐作品写过不少诗意的文字。我们无法得知,教会议会是否为巴赫建议甚至是指派可能的唱词作家,亦无法得知,假如他对议会的选择提出质疑又将如何。和同一个作家(通常是匿名的)合作若干周,意味着他们能够一起提前计划并按月提交唱词。当唱词被教会认可后,他们会准备唱册的出版,唱册通常会包含六首康塔塔的唱词,出售给教区会众们。

确定了康塔塔的整体结构,巴赫接下来需要决定,是要严格按照唱词作家的建议来分配连续的几个乐章——这里是合唱,那里是宣叙调和咏叹调(或许是返始咏叹调)——还是按照自己设计的结构来。此后至关重要的是众赞歌的布置——通常是在作品的结尾,就像莎士比亚的十四行诗结尾的对句,经过三段抑扬格五音步的四行诗,全诗的重点在结尾被点睛。类似的,巴赫要在教义的呈示和音乐的雄辩之后,赋予集体祷告显著的地位。集体祷告是整个宗教仪式当中极为重要的一步,在布道之前进行。在为自己的观点搭好舞台之后,巴赫将这些要素编织在一起,有力地将他的听众们带入到集体歌唱的当下情境之中,描绘他们共有的存在感与价值观。

巴赫还需要考虑乐团成员的人选,尤其是他们强项与薄弱之处:谁本周刚好生病或者没时间;谁能够胜任某段高难度的独奏或者伴奏——音乐指导经常要面对的窘境——有前途的女低音、长笛手,甚

---

1 无论何时,在康塔塔方面,巴赫只需要和两位神职人员打交道:一位是尼古莱教堂的主管及牧师,萨罗门·戴灵(Salomon Deyling);另一位是克里斯蒂安·魏斯一世(Christian Weiss I),任托马斯教堂的牧师直至 1736 年。此后托马斯教堂按序有四任牧师:舒茨(1737—1739)、西伯(1739—1741)、高德里兹(1741—1745)和提勒(1745—1750)。

至是新发明的乐器高音大提琴的演奏新秀。巴赫总是很清楚节日和礼拜的年历。他很重视跨年时一系列宗教节日，以及三大年度莱比锡商品交易会。交易会期间，他的教区会众的人数因为国际访客的到来而膨胀，访客们则是城市官员们想要渴望取悦的对象。显然，在这些节庆日对演奏小号与鼓这样的乐器的需求是十万火急的。但是想要把城市公会中演奏这些乐器的城市管乐手纳入到他年轻的学生乐团中并不总是那么容易：就像铜管演奏家们，这些乐手的运作方式和其他的音乐家都不一样，他们缴的税不同，行事也独特而神秘。如同现今的足球经理那样，巴赫必须能够预见到，在经历连续的节庆日演出带来的巨大压力后，有哪些歌手或乐手可能需要休息——这个因素使他在某些康塔塔中选择了偏保守的配器和简化的合唱。巴赫之所以这么做，可能是受到了关于学生心理与耐力的教育学观念的影响。这些观念在巴赫之前的一个世纪逐渐变得愈发重要，正是由于像约翰·阿摩司·夸美纽斯（参见第二章）这样的教育改革家。夸美纽斯主张建立一个更加积极鼓励的学习环境，并在多个教育阶段中更加密切地关注学生自我评价的能力。[1]当初可能正是因为采用了这样的策略，使得巴赫对精湛演奏技艺的要求成为可能。[2]

***

想要确知巴赫创作时的一系列构思是不可能的，但通过研习他的乐谱、草稿、以及他儿子和学生对其作曲过程的描述，我们可以获得许多令人鼓舞的信息。深入分析音乐作品的每个组成部分，能让我们

1　John Butt, *Music Education and the Art of Performance in the German Baroque* (1994), pp. 66, 202; J. E. Sadler, J. A. Comenius and the Concept of Universal Education (1966), pp. 196–206.

2　这在托马斯学校 1634 年的规章中有所反映，要求教师们"唤起藏于学习中的愉悦与快乐"，避免不友好和专制的行为——至于加入这条规章是不是老师们严厉教学手法的反映，像是巴赫在奥尔德鲁夫学校的时期所遇到的那样，就不好说了。

工作台边的巴赫

对作曲家工作的过程有更近一步的了解，跟随他做决定的过程，是选择往这边走还是往那边拐？这里有出人意料的元素（因为他可能以你没想到的方式转弯了），也有持续令人惊奇的内容（他是如何从 A 走到 Z 的）。我们循序渐进地尝试解开这个天然神秘而又难以捉摸的过程，更为关键的是，一步步地描述这个过程对我们产生的深远影响。这个过程明显地依赖于巴赫"发明"的能力——捕获创意的闪现，很大程度上决定了一部作品的内容。像他这样天赋异禀且训练有素的人——从小被音乐环绕，经常誊写和演奏作品——对他来说，乐思的迸发只不过是日常经验而已。和莎士比亚类似，他就是为创作而生的。一组歌手和演奏家，一群教区会众或剧院观众，这些都是促使巴赫不断产出的外部因素。亚历山大·杰拉德（Alexander Gerard）在他的《天才论》中确信，"天才完全就是发明的能力"，这个多数人相信的结论。他指的就是我们常说的创造力。杰拉德观念中的"天才"几乎不适于巴赫的背景，而极为重要的"创造力"则与后来的这种模式相称。巴赫间接提到过，创造力是一种"对作品强烈的预先体验"。[1] 他描述的可能是酝酿之中的想法在被记录下之前逐渐在脑海中成型的过程。他的第一个传记作者，福克尔，提到过巴赫是如何要求学生在创作自己的作品之前，必须先掌握数字低音和四声部合唱中的声部进行。埃玛努埃尔·巴赫应该很了解这些，他声称其父亲认为创造力是一种在年轻音乐家的早期培养中往往就会显现出来的天赋："先父从一开始就要求创造乐思的能力，对于缺乏它的人，父亲会建议还是彻底远离作曲比较好。"[2] 有意思的是，创造力，这种触发巴赫想象力并促成创作行为的能力，对他本人来说也并非与生俱来。[3] 对他来说创

---

1 一部键盘作品集 Aufrichtige Anleitung of 1723 (BWV 772—801) 的标题页。
2 BD III, No. 803/NBR, p. 399.
3 在早于莱比锡时期的康塔塔中，巴赫在寻找创造性乐思时几乎毫无问题，对其进

造力就是揭示出已经存在的诸多可能性，而非真正的原创——因此任何人只要足够勤奋，一样能做得好。上帝仍然是唯一的创造者。

就像是在他首个莱比锡时期创作教会康塔塔时那样，当巴赫遭遇巨大压力，需要在一周的最后期限前完成作品时，即使是"大量不凡而又高超的乐思"也会被有限的时间所扼——倒不是说它们缺少幻想性。[1]这是巴赫的发言人约翰·亚伯拉罕·伯恩鲍姆（Johann Abraham Birnbaum）的话，由于他本人并不是音乐家，这言论必定是出自巴赫本人。在莱比锡的前三年，他用音乐填满每个礼拜仪式，为每个节庆日创作康塔塔，这对他来说事关尊严。他所采用的都是极为普通的材料，而他那范围极广的想象力通常掩盖了这一事实。他偶尔也会在刚开始组织乐曲结构时犯错。例如在创作第二部莱比锡康塔塔《可敬的上帝描述天堂》（BWV 76）时，他在草稿最上方两行谱表上写下了对开场利都奈罗（ritornello）的初始构思，但很快就认识到这样的对位模仿音形过于公式化，过于简短（在合唱首次进入前只有六小节长），无法发展。于是他把这个开头划掉，重新开始。这次将赋格化的处理延迟到第二个乐句："任何言语、任何语言，都会被听到。"[2]另一方面，他在和声上的造诣是如此之深，几乎像数学一样精确。他清楚每一个音符和调性如何相互关联，如何处理每一个和弦及和声走向的变化。就像埃玛努埃尔告诉我们的："他将它们完全实现出来，并接合成一个庞大而又美丽、多元而又简洁的整体"。[3]

大部分作曲家都需要草稿本，只为匆匆记下一个旋律，这旋律未

行发展则稍有难度，而在莱比锡时，迫于时间压力，情形则完全相反（Robert L. Marshall, *The Compositional Process of J. S. Bach* [1972], Vol. 1, pp. 237–8）。

1　伯恩鲍姆令人费解地称巴赫的旋律风格"半音化且不和谐"，是他"不和谐的财富"（BD II, Nos. 300, 354/NBR, p. 342）。

2　Robert L. Marshall, *The Compositional Process of J. S. Bach* (1972), Vol. 2, Sketch No. 50.

3　埃玛努埃尔·巴赫的信件，对比了巴赫和亨德尔，27 Feb. 1788, BD III, No. 927/NBR, p. 404。

必是原创，但得是听起来有后续潜力的。[1] 巴赫只有极少数的草稿传世，但是罗伯特·马歇尔，最早梳理了巴赫全部原稿的学者之一，深信他的作品初稿在后来或是丢失，或是损毁了。[2] 对于音乐，我们无法如同光谱图像那样揭示出一部杰作所经历过的早期阶段。幸好我们还有马歇尔所寻回的引人入胜的主题片段：有些用铅笔、有些用墨水撰写，有时为无关联的作品增加标注。这些显示了作品失败的开端，以及巴赫重回正轨的努力。在1724年压力重重的圣诞期准备阶段，关于工作台前的巴赫，有两处有趣的发现。巴赫为圣诞节创作的《颂扬耶稣基督》（BWV 91），其开场的合唱部分进展顺利。作品包含三个分别由圆号、双簧管和弦乐演奏的"合唱"段落。在作品首页下方，巴赫写下了第一、三、五乐章的草稿——显然他从一开始就精心构思了乐章间发展以及作品首尾循环的结构。他决定第三乐章由男高音担纲，并开始草写三拍子和附点节奏下可能的旋律。结果是，这些草稿都没有被用在最终作品里，但出于某种原因，你很难想象他会像舒伯特那样，写下大把的开头却用一个难解的标注把它们全否决：不行（Gilt nicht）。另一次在写作《我因你而欢乐》（BWV 133）的过程中，他意外发现对一个现有的旋律略感新鲜，便把它速记在同是为1724年圣诞节而作的另一作品——《圣哉经》（BWV 232iii）的乐谱底部——他把这些空间当做笔记本来使用，尝试将用于这部康塔塔的赞美诗的文字塞进去（见后页）。在同一页谱子上，就在合唱旋律的上

---

[1] 英国作曲家休·伍德（Hugh Wood）在私人信件里描述当乐思成形时的感觉："你明白这是非常重要的时刻，你感到和这个时刻产生了一种联系；此刻你被赐予了某种东西（donnée）——你并不知道它来自何处。然后工作开始了，但是没有这神赐之物，作品恐怕不会是鲜活的。"

[2] 毫无疑问，对于巴赫最复杂的器乐作品来说确实如此。例如《平均律》《赋格的艺术》等等，这些作品仅有修订拷贝存留。相比之下，巴赫大部分在时间压力下创作的康塔塔是有极少数手稿存留的（Marshall, op. cit., Vol. 1, p. 240）。

巴赫的《圣哉经》手稿（BWV 232iii），带有一段速记下的 BWV 133 中的旋律。

工作台边的巴赫

方,他尝试了另一个主题——这次是《B小调弥撒》中"你的光荣充满天地"的赋格段——在主题的下方(后来添加的)是一个注释,提醒自己需要新写一组声部,因为原作"和波希米亚的康特·史波克(Count Sporck)在一起"。[1]

不管他在纸上速记之前思考了多少,手稿为我们呈现出巴赫在实际作曲时是多么专注与节约。在20世纪的作曲家中,传说中肖斯塔科维奇在创作交响曲时是直接撰写总谱的,甚至连缩编谱都跳过了。因为他没有时间用于犯错:他只是无法承担犯错的代价。巴赫也基本如此。我们可以从他第二套康塔塔中的《主啊我是可怜罪人》(BWV 135)的手稿中看出这一点。他直接在几张折叠的、用尺子比好的纸上写谱子。这时他依然不确定接下来作品将如何发展,或是自己需要多少纸张。现在他面临一个窘境:稿纸如此昂贵,他不能随便地拿起一张来记录下面的乐思,[2] 于是他不得不等待墨迹变干(当时吸墨纸还没有发明,沙子吸墨又不可靠)。要等上五到六分钟才能安全地接着写——或许这段时间长到可以和安娜·玛格达琳娜喝杯咖啡,但也许能让乐思中断。他的解决方式是利用页脚:写上一些符号记谱法的助记符——这里(见右页插图),巴赫将一些助记标识塞入页面的右下角,用来提示他写作中的咏叹调的续篇。

除了管风琴演奏家,没有多少作曲家使用(或懂得使用)符号记谱法;但对于巴赫来说,这是一种有效的速记法,捕捉创造性的想

---

1 Staatsbibliothek zu Berlin, Preußischer Kulturbesitz, Mus. ms. Bach, p. 13, and reproduced in Alfred Dürr, *The Cantatas of J. S. Bach* (2005), p. 127.
2 对于巴赫把写作中的乐谱临时搁置,或是从头再来,罗伯特·马歇尔找到了例子。在这种情况下,某个乐章被摈弃的版本有可能突然出现在手稿的后段(例如 BWV 117i),甚至是出现在另一部作品的手稿中(*The Music of J. S. Bach: The Sources, the Style, the Significance* [1989], p. 111)。这就是巴赫修改的版本和抄好的版本,但多数康塔塔的手稿不是这样写下的——至少莱比锡时期(1723—24)高产的年间不是这样的。这些康塔塔,在他有清晰构思之前,一叠有谱线的纸就准备好了。马歇尔将之称为"印刷式写作"。

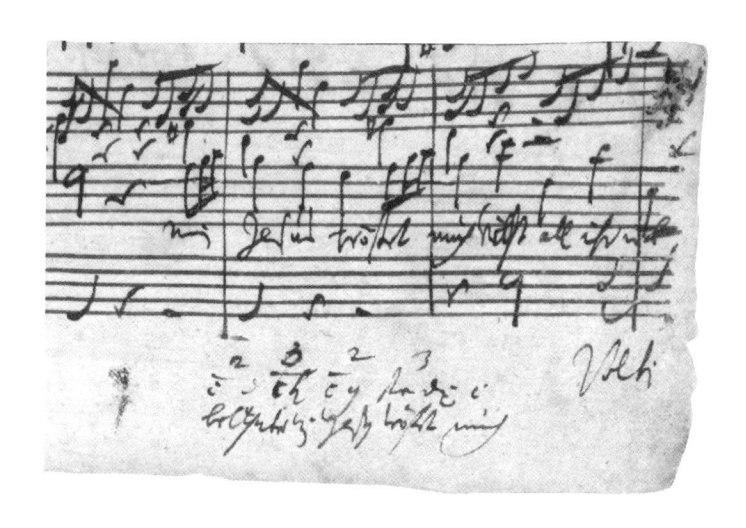

法，不让它们从纸面溜走。[1]

这是一个经典的例子，在这里巴赫沉浸在扩展的过程中，这个过程被克里斯托弗·伯恩哈德定义为使音乐作品变得充实的第二个阶段。伯恩哈德的论文《作曲法则论》(1657)在17世纪的下半叶以手抄本的形式广为流传，他将西塞罗雄辩术的五个部分带至时代前沿，将其应用于音乐，并缩减为三个部分：发明、扩展和执行。首先，巴

1　彼得·沃尔尼引起了我对下述例子的注意，这是巴赫一些康塔塔的首乐章草稿：
  i. 用铅笔：BWV 68 末乐章的一段赋格呈示（女低音、男高音），写于 BWV 59 手稿的最后一页上（上下颠倒）。
  ii. 用铅笔：用于合唱词"我的帮助从造天地的耶和华而来"（Meine Hilfe kommt vom Herrn, der Himmel und Erde gemacht hat）的赋格主题（显然并未实现），写于 BWV 49 手稿上，对开本，第 13 右页。
  iii. 用墨水并写在无关联的作品上：《我们怀着胜利的喜悦歌唱》（BWV 149）开场合唱的开头，一段器乐的利都奈罗（十四小节），以及低音声部刚要进入的部分（仅有一个音符和一个词——"人"），写于 BWV 201 的手稿上。
  iv. 用墨水并写在无关联的作品上：康塔塔 BWV 183 的开头（七个小节，乐器包括两支双簧管、两支狩猎双簧管、数字低音以及男低音独唱）；一段 D 大调 3/8 拍咏叹调的开头（也可能是为 BWV 183 而作），两段均写于 BWV 79 的手稿上。

赫制作出一个可行的想法（发明），从而打开创造性的修饰之门（论述），然后在演奏中试验它（执行）。这些概念互补且不可或缺。前两个步骤需要高度集中的心智活动，但它们有一个关键性的区别：发明是工作，而扩展则是游戏。劳伦斯·德雷福斯详细阐述了这一点："发明需要预见性、计划性、一致性、知识性以及目的的严肃性，而扩展则是优雅的内容、提示关联的逻辑以及对相似性的洞察。"[1]最后一个步骤使得巴赫能够探索作品潜在的特质，而同时代的大部分作曲家都会忽略它们。巴赫在扩展方面的才能，其特点在于所用的技法纷繁复杂且普遍联系，以变奏（variation）和模拟式改编（parody）为例：它们精炼而又独特的程度远超同时代作曲家，而根据德雷福斯的研究，后者在精炼方面则倾向于采取随意的态度。但如果我们预期全部乐思都规整地容纳于一部作品的开头，并在后续的逻辑发展中被详细地论述，我们恐怕是在轻视创造的过程，并且很可能会失望。在某些时候，情况确实如此；但有些时候巴赫会引入新的主题材料，进而抛弃或裁减作品开头的旋律，不过他是如此善于处理材料之间的连接，其过渡是如此自然，令人毫无觉察。德雷福斯指出了一部极受欢迎的作品形式上的怪异之处，在巴赫勃兰登堡协奏曲第二号的首乐章，两个竞奏的利都奈罗旋律在形式上并不完整，在某种意义上甚至是有缺陷的。巴赫似乎承认这一点，他无法在乐章的结尾将两者完整地再现。[2]但听众却不会因为结构上的不合理性而感到困扰，反而因其生动、有趣和卓越而感到愉快。这类处理方式最有价值之处在于，当巴赫手头的材料存在某些方面的不足，或是某些不规则的内容引发了全新的想法时，这些可能是巴赫最具创造力的时刻。德雷福斯在这里展现出的是，作品背后是一个活生生的人在进行智力活动，而非某

---

[1] Laurence Dreyfus, *Bach and the Patterns of Invention* (1996), p. 22.

[2] 同上，78—83；also his 'Bach the Subversive', Lufthansa Lecture, 14 May 2011.

些超然的上帝式人物在创世。[1]

一旦开始作曲，巴赫最为关注的核心部分就是和声了。泽德勒将普遍的和谐（universal harmony）定义为"世间万物，合规和谐，互为因果"。巴赫本人则说："通奏低音是音乐之中最完美的基础……为上帝的荣耀和灵魂的喜悦带来动听的和谐"。埃玛努埃尔·巴赫用类似的术语描述了这一执念：他父亲对于和声的处理，最关键的一点在于其"复调性"——换而言之，其运用对位的方式。这就是问题的关键：声音平面在垂直和水平方向上的交汇。显然，在巴赫之前（在其之后也仅有少数作曲家）没有谁有效地交汇它们：旋律由节奏提供支撑，因对位而更加丰富，汇聚在一起形成和声，即一系列协和音与不协和音的组合，最终进入听者的耳朵。[2]换个角度来看，和声进行似乎承载了旋律乐思的全部内容，这是如此令人惊奇。当然，从神学的观点来看，这一切是高度符号化的，并使我们注意到这一事实：

---

[1]　这不是一个轻松的过程，正如《时间更替，日复一日，年复一年》(BWV 134a) 中的二重唱，我们可以看到巴赫对其做了无数的修改。首先他用二分音符写下开场的利都奈罗（1至19小节），（节拍记号：C。C代表4/4拍——译注），然后勾勒内部的结构。女低音和男高音声部能够自然地流动，这也是努力工作的结果。刚开始女低音以八分音符向前流动（降 E | 降 E–F–G–降 E–F–G–降 E | F–G–降 A–F）。首个高潮出现在第 21—29 小节，此时弦乐组叠加于人声之上，几乎演奏了整个利都奈罗。巴赫实现这一切的方式，是先在乐谱上写下弦乐的部分，然后再添加唱词。巴赫从第 34 小节开始引入了复对位法：从第 29 小节开始简单地将女低音和男高音声部互换（移调了五度），然后以降 B 重新演奏利都奈罗。类似的处理方式可以在第二段人声乐段找到，女低音和男高音在 59 至 65 小节以及 66 至 72 小节再次互换。在这个返回咏叹调的结尾反复部分，开头的利都奈罗对于巴赫来说不再是问题：他只需简单地将其写在乐谱的 74 至 88 小节。将整个利都奈罗插入于 A 部分的两个人声乐段之中，这带来一致性和平衡性，另外，通过复对位法交换两个歌唱声部，这部二重唱达到了一种美妙的均衡。很感谢彼得·沃尔尼，是他引起了我对此作品作曲过程的注意。

[2]　格伦·古尔德（Glenn Gould）是这么说的："复调艺术的先决条件，在巴赫的作品中尤为明显，是一种构思出先验的旋律本体的能力，无论经过移调、倒置、逆行或是变换节奏，都会与最初的主题一同展示出全新而又完全和谐的轮廓。"('So You Want to Write a Fugue', *Glenn Gould Reader*, Tim Page [ed.] [1990], p. 240).

"Vollkommenheit"一词,不仅表示"完美",还表示一种潜流般的"完整性"。这一概念令巴赫最严厉的批评者约翰·阿道夫·席伯不舒服,他认为当代(注:席伯是巴赫同时代人)作曲家的目标"只不过是将伴奏声部置于旋律之下"。[1]对于完美的追求使得巴赫了解到"关于和声最不为人知的秘密"。他酷爱发掘和声的各种可能性,这堪称一种痴迷——并且"没人能像他一样能够从看似枯燥的材料中获取如此多深具创意且不常见的想法"。[2]从埃玛努埃尔·巴赫写作他父亲的诸多文字评论中,可以追溯到巴赫习得这些技艺的步骤。其实埃玛努埃尔对父亲的"发明"阶段,告诉我们的远远不如"扩展"阶段那么多:

1. 本质上他是自学而成的,通过"观察同时代最著名和最娴熟作曲家的作品,模仿他们并得到自己的成果"。
2. "通过学习与模仿,即便在青年时期他已经是一个纯粹而又拿手的赋格作曲家了。"
3. "多亏了他卓越的和声造诣",在视奏时他能够将三声部织体的新作品即兴地改编为完整的四重奏——这一切"基于一个简略的数字低音声部……只是为了幽默一下,想必作曲家并不会见怪"。
4. "当他听一部织体丰富的多声部赋格时,能够很快说出,在主题首次进入之后,有哪些对位手法是可能的,以及作曲家会合理地采用哪个手法,有时候他做出这些猜测时我就站在他旁边,而当猜测正确,他会高兴地用肘轻轻戳我"。[3]

巴赫就像一位象棋大师,能够预测出接下来所有可能的行动。有

---

[1] Christoph Wolff, *Bach: Essays on His Life and Music* (1991), p. 394.
[2] 同上,391—7; and BD III, No. 87.
[3] NBR, pp. 396–400.

人可能会想，对音型和曲式如此熟悉与精准的人，是否会习惯于将这些能力运用到其他方面（例如，他在排列账单和账目时是否也有类似的"和谐"？）。在捕捉难以察觉的灵感方面，巴赫似乎是独一无二的，正如德雷福斯认为，这样的灵感处于音乐与人类经验的核心，而巴赫通过艰苦的努力来追求它们。

和上面的第3条类似，巴赫富于想象力的"扩展"能力，其灵感的另一来源可以追溯到戈特舍德圈子中某个人在1741年的评论（见258页）。西奥多·勒伯莱希特·皮切尔（Theodor Leberecht Pitschel）是这样描述年长的巴赫的："我们镇上享有最高赞誉的名人，在用自己的作品取悦他人时并不会竭尽全力，除非演奏印刷或写在纸上的别人的乐曲，这些作品和他相比虽有所不及，但却激发了他的想象力，导致了他更佳的乐思。"[1]这听起来与亨德尔的习惯类似。两者都会借用其他乐思来激发更好的灵感，但有细微的不同。巴赫虽借用了维瓦尔第对利都奈罗的构思，以及上一代作曲家的赋格主题的各种组合，但他主要还是从自己的作品中借用乐思，进而展开和变换，这一切皆因其对完美的追求。另一方面，亨德尔主要从自己的作品中借用乐思，貌似是为了省时省力。他从其他作曲家的作品中"偷窃"的程度远超巴赫，尤其是从创作中期开始，但他对原作有大胆的偷换，其结果就像是全新的一般。正如威廉·博伊斯（William Boyce）所描述的——亨德尔"取走其他人的鹅卵石并将其打磨为钻石"。[2,3]

1　BD II, No. 499/NBR, pp. 333–4.
2　John H. Roberts, 'Why Did Handel Borrow?' in *Handel Tercentenary Collection*, S. Sadie and A. Hicks (eds.) (1987), pp. 83–92.
3　亨德尔的这一创作习惯，最明显并在某些方面最令人困惑的例子当属他伟大的清唱剧《以色列人在埃及》(1737)。在其39个乐章中至少有16个借用了来自其他四位作曲家的旋律动机——亚历山德罗·斯特拉代拉（Alessandro Stradella）、约翰·卡斯帕·克尔（Johann Kaspar Kerll）以及两位鲜为人知的作曲家，狄奥尼齐·埃尔巴（Dionigi Erba）和弗朗西斯科·安东尼奥·乌里奥（Francesco Antonio Urio）。老实说，他们的乐曲材料有些相当平庸，还有些和

***

每当面对书桌上一份富于诗意的文字，巴赫都需要权衡，将其直接用于音乐结构之中会带来多大的限制，或是直接对其做出一定修改。巴赫并不像约翰·库瑙那样，有语言学的天赋，因此这位前任乐长的建议——当作曲家需要采用一篇无格律的散文时，需要以各种其他语言来考虑其用词，并从中汲取灵感——并不适用于巴赫。[1] 当然，若是他和剧作家对文字有着默契的理解，通常并不会有此类问题。例如，他和年轻却两度丧夫的莱比锡沙龙女诗人克里斯蒂安妮·玛丽安·冯·齐格勒（Christiane Mariane von Ziegler）的合作，密集却并不持久。这可能是因为他为了自己的需要，修改了其中九部康塔塔中的文字（见第九章）。她要回了自己的文字，并于1728年按照原文出版。[2] 到目前为止，巴赫最常合作的文学伙伴是克里斯蒂安·弗里德里希·亨里奇（Christian Friedrich Henrici），主要通过笔名皮坎德（Picander）为人所知。巴赫通常会根据皮坎德的诗节数量来确定曲子有多少乐章，他甚至会愿意由文字的重音规律来决定节拍的选择，让其影响乐曲中主题动机的节奏，并间接地影响其音高、调性，甚至配器。这些决定全都缘于巴赫对文字的解读，并与其保持一致。这些多少和埃玛努埃尔·巴赫对其父亲创作宗教作品时的景象一致："他如

亨德尔的风格存在冲突，但它们似乎起到了导火线的作用，引燃了亨德尔的创造过程。在每一个例子中，他的作品和原作相比都更加丰富更为优秀。整体来讲，在创作于18世纪中叶并保存至今的作品中，这是最具原创性、最扣人心弦的一系列合唱/管弦乐创作。

1 Bettina Varwig, 'One More Time: Bach and Seventeenth-Century Traditions of Rhetoric', *Eighteenth-Century Music*, Vol. 5, No. 2 (Sept. 2008), pp. 179–208.
2 这位莱比锡市长罗马纳斯（Romanus）的聪慧的女儿，被同时代的人这样描述："作为一位年轻的寡妇，出于各种原因，不大会再嫁了。她的举止过于女性化，而她的精神如此地充满活力，以至于不大会屈从男人。她的外表并不丑，但她有偏大的骨架，矮胖的身材，面孔扁平，眉清目秀，她身体健康，皮肤有些偏褐色。"（Christian Gabriel Fischer, quoted by H.-J. Schulze in Christoph Wolff [ed.], *Die Welt der Bach-Kantaten* [1998], Vol. 3, p. 118).

此虔诚地工作，完全被文字的内容所支配，从不曲解一个字，也不为了突出个别词语而牺牲整体含义，他不会用荒唐的想法去取悦那些自以为是鉴赏家的人。"[1]

埃玛努埃尔并未描述的是，有时他父亲会不那么唯唯诺诺。如果他对圣经选段的解读和皮坎德（或任何其他剧作家的诗歌释义与阐述）相左，并且他的想法意味着另一种结构，巴赫并不总是倾向于选择顺从。正是在此时他全面地展现出对音乐的追求：诠释并寻找他的世界的意义。此刻任何作家或剧作家也无法阻止他发挥其天赋，正如伯恩鲍姆的描述，"在俗世的智慧中获得充满想象的洞察"。[2] 此时他的冒险策略可能会使其完全丢弃诗性结构的惯例：规则手册被扔出窗外，掉落在街边。有些批评家会认为这样的行为难以容忍——这显示了他的固执和任性。即使是他最热忱的支持者，也会对这些行为感到不适，因为他们比他更赞同传统观念中的"自然"与"合理"。在埃玛努埃尔的描述中有那么一丝调侃和仰慕，他将其父亲的旋律形容为"奇特但总是多样而富于创造性，不同于其他任何作曲家"。[3]

巴赫自己掌控一切的例子，是所谓的《哀悼颂》（BWV 198）。这是一部有争议的委约作品，为悼念萨克森选帝侯的夫人克里斯蒂安妮·艾伯哈汀（Christiane Eberhardine）的逝世而作。这件事情具有政治上的意义。克里斯蒂安妮王后因其对路德教义的虔诚而在萨克森广

---

[1] BD III, No. 801/NBR, p. 396.

[2] BD II, No. 441.

[3] 埃里克·蔡菲（Eric Chafe）是这样解读的："巴赫作品中的旋律线，通常存在尖突，有时听起来扭曲失真，它们不会像牡蛎那样让人顺顺当当地吞咽，从音乐的角度它们可能会被忽视，表现出某种'自然主义'对其来说最为重要。它们显然是源于和谐，而这样的和谐常被认为比同时代任何作曲家都更复杂，也更具原创性。巴赫对和谐的复杂想法和神学上的想法交汇在一起：他显然乐于展现文字和音乐的相似性，我们几乎能在他的每部作品中找到一系列令人惊叹的例子。"（*J. S. Bach's Johannine Theology: The St John Passion and the Cantatas for Spring 1725*）。

受尊敬。而他已故的丈夫和儿子却转信了天主教，这在当时的许多人看来是为了有权继承波兰王位而打出的一张牌。巴赫谱写的音乐高贵庄严，颇有氛围，极为感人。作品首乐章的风格与情绪和《马太受难曲》开场的合唱具有相似性，后者在几个月前刚首演过。悼念仪式于1727年10月17日在大学教堂举行，可是作品的乐谱直到15日才完成，只留出了两天时间抄写分谱并排练。将作品设定为康塔塔，并构思合唱、咏叹调和宣叙调，巴赫这是在冒险。大学教堂并不是他常去的地方，并且康塔塔的词作者并不是年迈的雇佣文人，而是一位受尊敬的大学教授——约翰·克里斯托夫·戈特舍德，文学改革的主要倡导者，在莱比锡被视为理性文学的代表人物。麻烦在于戈特舍德写出的哀悼颂枯燥无味，混合了单调的伤感与平庸的韵律节奏。巴赫干脆将其抛弃：八行诗的规整结构，常规的押韵方式（A-B-B-A），对乐曲的文字暗示，都被无视了。巴赫主要的罪过并不在于漠视了戈特舍德文字中的高调，而在于遮盖和替代它们的方式。[1] 作为戈特舍德的一位忠心的崇拜者，约翰·阿道夫·席伯告诉我们巴赫应当这样谱写这部作品——避免任何过激的手法，例如转到远关系调上，或使用"无尽的隐喻和音型"。不过，恰恰是这些隐喻和音型使得巴赫的作品如此具有吸引力。有一次戈特舍德给了巴赫一首不平凡的四行诗——"钟声铿锵作响 / 铜体摇摆不定 / 警醒我们那焦虑的灵魂 / 响彻我们的血脉与骨髓"——巴赫的回应是令人难忘的。可以预期，他会模拟丧钟的声音（见515页），而他有绝佳的乐器调色板来做到这一点：成对的长笛、双簧管，在弦乐组和通奏低音之外还（通常有）古大提琴和鲁

1　对劳伦斯·德雷福斯来说，"巴赫的音乐是对诗文原意的粗暴破坏。"实际上，巴赫将戈特舍德的某些诗节划分成两部分，可以说对后者是件好事，因为这掩盖了他九个连续的诗节单调乏味的节奏。这种处理让死盯风格的人愤怒，后者会期待他根据戈特舍德的诗来调整乐曲地旋律，像奴隶一样遵循其分节、轮廓和标点。

特琴。他用这些各异的音色在短短的11小节内达到了令人惊异的效果。首先他逐步建立起声音的轮廓，通过将11个高音旋律逐个引入，分别让人想到不同尺寸的钟——先是最小的钟，以双簧管的嗒嗒声表示，到中等大小的钟，以双簧管和拨弦来代表，再到更大的钟，其低沉浑厚的隆隆声来自于古大提琴和通奏低音的四度和五度音。到目前为止，我们从双簧管的 D 音外加七度之上的 C，也就是一个减七和弦到达 C 小调，也就是 E 音的小九度。之后，在升 C 音上的属七和弦第三转位之后，是一个突如其来的（用当时的标准），低音部在升 E 到 A 之间的摇摆，接下来是铃声以这样的顺序凸显出来。这个调性分析似乎在告诉我们，王后之死使得时间不再规律，而自然界因她的逝去而失衡。

席伯和马特森（Matteson）的评论，无论直接还是间接，虽然会受限于他们的观念，但却提供了一个基准，由此我们可以衡量人们有多么不理解巴赫的音乐：这个家伙怎么能如此顽固，对他们为将合理的作曲风格归类而作出的努力一直视而不见？我们只能想象，若是席伯以他自己那"正确"的方式将这些文字谱写成音乐的话，将是多么单调乏味。[1] 事实是，在这样一个没有能力接受原创性的文化里，风格上的不合常理恰恰是巴赫创作方法的一大特点。正如伯恩鲍姆对席伯的评论，他"试图令敏锐的耳朵对巴赫的作品产生厌恶的情绪"。[2] 巴赫音乐中丰富的想象力，令那个时代的文化价值观一片哗然，并颠覆了被广泛接受的关于得体的观念。

从巴赫的视角来看，席伯和马特森的批评之所以使事情变得更糟糕，是因为两人都是平庸的作曲家。马特森在早期曾显示出一定的潜

---

[1] 例如席伯的圣诞康塔塔《耶和华的使者》，像是对巴赫康塔塔的苍白模仿——一系列残缺不全的乐思，几乎没有向前的动力。给人的感觉就像是笼子里的沙鼠在轮子上喘息。
[2] BD II, No. 409/NBR, p. 345.

工作台边的巴赫

力（见第四章），但很快便从作曲转向了理论写作。虽然他写出了一些精品，有助于我们理解当时的作曲家的工作方式，这却使马特森成了一个拿腔作势、妄自尊大的家伙。另一方面，席伯给人的印象是充满忌妒心、披着怨愤外衣，经常讥讽和指责他的同事。就连马特森，其合作评论家，主张相似的"科学"作曲方式，也难逃被他蔑视的命运。但只要席伯所批判的对象流露出哪怕一丁点兴趣要演奏他的音乐作品，他就会急切地想要撤回之前对他们的评论。[1]这些行为大约出现在导致他失去一只眼睛的意外之后，当时他在和他的父亲（一位莱比锡的管风琴建筑工）一起工作。席伯接受的是音乐家的训练，却始终无法成功地申请到任何管风琴师的职位（包括1731年弗莱堡的申请，那次还得到了巴赫的推荐），[2]于是他决定转写音乐评论并作曲。1737年他发表了一篇文章，抨击巴赫的音乐"华而不实"、"令人困惑"，并轻蔑地称其为"业余音乐家"。

被席伯的评论所中伤的受害者有九位，但巴赫是唯一一个公开回应的，这立刻使他成为了攻击对象。不过，巴赫并未亲自回应，而是选择了学者约翰·亚伯拉罕·伯恩鲍姆，一位修辞学教授，作为代言人。这激怒了席伯，他变本加厉地展开了攻击，指责巴赫"对于博学的作曲家来说所必需的科学，即修辞学和诗学，没有表现出一点特别的兴趣"。[3]他嘲笑巴赫"从未花时间去学习如何写作一封长信。"事实上他的话有一定道理：巴赫花了如此多的精力来构思出组织有序的声音，这使他很容易忘记书面沟通这种更简单的形式。[4]不善社交，

---

[1] 这是米夏埃尔·毛尔一篇论文 'Ob defectum hospitiorum: Bachs Weggang aus Ohrdruf' in Symposium: Die Musikerfamilie Bach in der Stadtkultur des 17. und 18. Jahrhunderts (Belfast, July 2007) 的主题。
[2] BDI, No. 68.
[3] BD II, No. 316.
[4] 对此埃玛努埃尔是这样对福克尔辩解的："由于有如此之多的活动，他几乎没有时间处理哪怕是最为必要的信件，因此也就不会去做冗长的书面交流"（BD III, No. 308/NBR,

以及畏惧音乐途径之外的学术论战，这些持续贯穿了巴赫的一生。

巴赫最终还是将笔落于纸上，这是他1730年提交给市议会的备忘录，内容略显笨拙和刺人，被学者们称为"Entwurff"（"关于考究的宗教音乐的简略但极为必要的草案"）。[1]（见后页）在文中提及"当前的音乐品味"时，他指出了自己和同时代作曲家主要的不同之处。他指的可能是他并不认同的"华丽"风格，但若要以此风格来作曲，显然是毫无困难的。因为根据洛伦兹·米兹勒（Lorenz Mizler）对巴赫的捍卫，他"完全清楚如何迎合他的听众"并且"迎合最新的偏好"。[2] 巴赫在文中只不过是在奉承议员们，使他们自视为文化鉴赏家，能够评价在过去几十年中"品味产生的惊人改变"。同时，他提到了预期在四个城市教堂的礼拜仪式中所使用的音乐材料的缺点，议会当前在资金和人力上的供应不足，以及为了让音乐家们能够"掌握新的音乐，从而公道地对待作曲家及其作品"所需的最低要求。此处的作曲家显然指的是巴赫自己：他告诉议会，他需要高薪的专业演奏家，正如他在科滕时所习惯的那样，或是由选帝侯亲自雇佣的那种炫技名手，因为他的音乐"要复杂精细得多"，对于演奏者来说尤具挑战性：他告诉议会，"人们只需去德累斯顿，看看国王陛下给予音乐家的薪水是多么丰厚。这种做法不会可能不成功，因为音乐家们无需为生活中的各种琐事而顾虑，从而做到心无旁骛，并且他们只需精通一种乐器。"（这听起来像是现代乐团的原型，并且，因为这意味这将多面手音乐家工作专业化——多面恰恰是巴赫成功的原因，所以是有点讽刺。）巴赫的意思很明白：将他合唱团的音乐家们的薪水，恢复到最

---

p. 400）。他最主要的信件，写给了校友格奥尔格·埃德曼（见 196 页），或是涉及到他的三儿子约翰·戈特弗里德·伯恩哈德及其犯的轻罪（见 594 页）。

1　　BDI, No. 22.

2　　BD II, Nos. 420, 336/NBR, pp. 349–50.

巴赫的"Entwurff"首页——写给莱比锡议会的备忘录,言辞激烈而又煞费苦心(1730年)。

高等最明智的议会所支付的水准,他就会立即"将音乐带上一个新台阶"。议会没有遵从,巴赫也未能得偿所愿。事实上,这个辛酸却又坦率、从发表起就引起了如此之多的误解和争议的宣言,却从未得到来自议会收件确认,更没有合乎情理的回复。

这些言论,其目的在于改善他在莱比锡的演出团体的收入和境遇(从而改善质量),在这些言论背后,我们可以感受到演出本身——执行——对于巴赫的重要性。对他的作品进行仔细审视,可能会把我们的注意力从他创造性的一个重要组成部分中分散开:演出深入到作曲行为的方式。让我们以他为独奏小提琴而作的三首奏鸣曲及三首帕蒂塔(BWV 1001—1006)或大提琴组曲(BWV 1007—1012)为例。这种作品形式的限制性是有意的,音乐有很大诠释空间,但却无法包含在乐谱之中。它们天然的骨架性质,意味着音乐并未进行多少和声上的装饰,引发听众来推测它们可能会是什么——换句话说,作曲家到底暗示哪些和弦。为了理解巴赫作品中的和声,演奏者和听众都需要参与其中,从而完成这一创造性行为。从门德尔松开始的19世纪作曲家们,以布索尼(Busoni)为代表,试图通过他们的改编来体现上述内容——强调巴赫的和声进行到底是多么与众不同,多么具有独创性。与此类似的,是贝尼尼(Bernini)那真人大小的大理石雕像《大卫》,位于罗马的贝佳斯别墅。贝尼尼的大卫并不像米开朗基罗(Michelangelo)的英雄以经典方式站定自若,相反看起来就像是在激烈的战斗中雕刻出来的。他就像奥运会中掷铁饼的运动员,身体蜷缩,脸部扭曲,肌肉紧绷,随时将向看不到的对手掷出铁球。作为不知底细的参观者,我们绕着雕像观察大卫扭曲的躯干,被这戏剧性的举动所吸引。站在巨人歌利亚预期会出现的地方,感知大卫掷出弹弓的一刹那,我们就被卷入了战场之中;如此一来,我们以自己的想象力完成了观看雕像这一具有创造性的行为。在两种情形中——巴赫和贝尼尼——听众/观众必须参与，才使作品得以完成——这是巴洛克时期相对较新的事物，且不仅仅等同于"解码"。[1]

***

对于他更大型、涉及多个演出者的合唱作品，他本人在其中扮演双重角色，人们会感觉到作为作曲家的巴赫经常和作为演奏家的巴赫进行对话，并且演出会对创作的过程产生积极影响。并不是每个人都同意这一点。有些最为辛勤的现代学者，他们有着分析与文献考证这样的现代主义方法论工具，却有意避开和演出相关的一切——虽然人们会希望他们和乐迷及音乐演奏家们有着共同的深层信念，那就是演出过程将音乐中深刻的美学体验与价值展现了出来。尽管如此，他们倾向于将演出行为视作可有可无的——易变且不可控，因而具有误导性，对作品本身的完美具有潜在的破坏力，而这种完美在作品的印刷以及巴赫的清稿中得以保留。[2]在巴赫的一生中，他显然被认为是卓越的演奏家，广受赞誉主要是因为在键盘上的精湛技艺和即兴发挥，而不是他的作品。他的作品仅有少量得以出版，或是在有限的地理范围内为人所知晓；而在他早期的键盘幻想曲和托卡塔中明显可以看出源自即兴演奏的痕迹。（重新）演奏的过程，可以帮助我们看到只存在于他脑海中的原作的模样。正如约翰·巴特的表述，演奏可以

---

[1] 这可能正是贝多芬将巴赫称为"和声的先驱"，对约翰·弗里德里希·赖夏特（Johann Friedrich Reichardt）的观点表示赞同时心中所想的，后者认为这些小提琴奏鸣曲，"或许是一切艺术形式中最伟大的范本，显示出一位大师即便带着镣铐也能从容地行走"（Jenaische Allgemeine Literaturzeitung, No. 282 [Nov. 1805]）。

[2] 有人可能会反对这种将乐谱视为作品完美化身的观点，并认为乐谱作为一种静态的物品，从根本上是呆板的——你可以用伯恩鲍姆的话作为合理反驳："确实，人们并不以演奏的印象作为评判一部作品的主要依据。但如果这种方式具有误导性，因而不能被考虑，那么除了阅读作品记录下的音符之外，我不认为还有什么别的评判方式。"（BD II, No. 41, p. 355; and Christoph Wolff, *Bach: Essays on His Life and Music* [1991], p. 397）

被看作是"过去、未来和新完成作品的一部分"。[1] 巴赫在乐谱中采用了大量的复杂音型，这与他作为演奏家的实践经验有关，以最为非凡的方式囊括了他对直白的初始乐思即兴发挥、详尽阐述及改进的不同策略。任何仔细演奏他的音乐的人，若是忽略了作品中创意协同的迹象，都将是愚蠢的。每次在巴赫复杂的曲谱中看到他自己演绎的踪迹，我们都是在丰富自己对他音乐的理解。此外还有他那优雅而又富有表现力的拼写，显示出他体验自己音乐的方式，以及预期的展开方式——音符的形状和姿态暗示了他的分句和速度（见图23）。现在的演奏家们往往倾向于照着他手稿的摹本来演奏，而非印刷出的乐谱那种静态、规整的视觉形象。这点不足为奇。

《音乐的奉献》（BWV 1079）可能是巴赫面对特殊场合，充分利用他全部创造和演绎才智的最著名的例子——从展开到执行。1747年5月，腓特烈大帝给出一个别扭的半音主题（巴赫礼貌地称之为"极好的主题"），请他据此即兴演奏，先是三声部，然后六声部。关于音乐的目的，巴赫和腓特烈大帝的观点或许有着巨大的冲突。离开波茨坦后，这次即兴演奏成了对巴赫技艺的进一步考验，因为他需要重新提交作品。这使他有机会认真琢磨这原本是御前演出的智力游戏，并将改进以及难题记录下来。最终他拿出的是一部难解的大杂烩，包括一部三重奏鸣曲、十部卡农和两部非常不同的赋格（巴赫称之为"利切卡尔"）：一部是三声部自由赋格，另一部是六声部严格赋格。在送呈腓特烈大帝的乐谱内页上，巴赫题写了如下献词："王命之下，歌与一切都融合在卡农的艺术中"。这里"Canonica"一词被巴赫用作双关语（又有"权威"的意思），用来显示出他的"卡农"以"可能有的最佳方式"创作，以满足国王的娱乐。腓特烈是否费心看了它们？他

---

[1] John Butt, *Playing with History* (2002), p. xii.

是否意识到，巴赫献词原文的首字母的拼写刚好是"ricercar(e)"，意为"寻找"，并且巴赫有意未将卡农完整写出，留待他来发现？在经历了令人目眩的高难度即兴表演后，所有人都瞠目结舌，对于国王来说并无足够的动机去仔细阅读巴赫写下的三个主要乐章，或是解出附带的卡农谜题。[1]

***

我们所追寻的关于作曲的各个方面——预作曲、发明、展开、为文字谱曲——当我们从诠释性的角度去观察，它们便汇聚成了一个整体。在巴赫早期的莱比锡康塔塔中，可以找到一个突出的例子:《肤浅无常的人》(BWV 181)。标题意指那些易变且肤浅的人，就像是撒种的比喻（路加福音第8章4至15节）中天上的飞鸟，将"落在路旁"的种子吃尽。这使得他们成为魔鬼的猎物，魔鬼"从他们心里把道夺去，恐怕他们信了得救"。从一开始，巴赫就决定将福音书中的文字谱成男低音咏叹调，而非通常的合唱。他以带有颤音的碎片化旋律线

---

[1] 《音乐的奉献》中的十部卡农，位居巴赫最复杂的创作之列，但其背后的概念是相同的:单个动机与其自身对位，在多个同声声部中共享，共同逐个音符地模仿首个声部，就像轮唱曲那样。为了达到这种效果，每个音符都必须是旋律的一部分，并且和每次旋律的单独出现相协调。最为精巧的例子之一，当属《二声部螺旋卡农》(Canon a 2 per Tonos)，高音旋律线演奏着皇家主题的变体，同时两个低音声部给予第二个动机以卡农化的和声。让这个卡农脱颖而出的，是其在小调间的步进转调:从 C-D-E-F♯-G♯ (= A♭) 直到结尾，一切发生在 49 个小节中。虽然曲子可以在任何一点停止，随着每个声部比它们在开头时高出一个八度，理论上曲子可以无休止地向上转调。这解释了巴赫在空白处写下的注释，"愿国王的荣耀随着音符而上升"。埃里克·蔡菲说:"在这里，巴赫似乎在强调一种巴洛克风格，这种风格被本雅明称之为'[君主]那神授的无限等级尊严与他卑微的人性之间的不相称'"（*Tonal Allegory in the Vocal Music of J. S. Bach* [1991], p. 23; Walter Benjamin, *The Origin of German Tragic Drama* [1977], p. 70)。另一方面，侯世达 (Douglas Richard Hofstadter) 认为这是他称之为"奇异的环"的首个例子。他在荷兰版画艺术家艾舍尔 (Maurits Cornelis Escher, 1898—1972) 的作品中追踪到它的再次出现，强调有限和无限的冲突，以及库尔特·哥德尔 (Kurt Gödel, 1906—1978) 的数学发现——他的不完备定理:"任何具有一致性的公理系统都包含不可证明的命题"。(Douglas R. Hofstadter, *Gödel, Escher, Bach: An Eternal Golden Braid* [1979], pp. 8–17)。自己选吧。

作为开场的利都奈罗，然后以尖角般的音型打破节奏轮廓，这与对称手法相冲突，持续到第一个终止式。通过以活泼的（vivace）速度进行少量的断奏，到第三小节为止他已经在听众的心目中建立了紧张振翼的观念，并创造了捕食动物的翅膀的形象。阿尔伯特·史怀哲（Albert Schweitzer）如此描述这一场景："我们本能地看到一大群乌鸦降落田间，拍打着翅膀，脚掌满满张开"——如此生动的图景，足以令焦虑的农场主失眠。[1] 当巴赫在大约1743—1746年重新演出这部康塔塔时，[2] 添加了长笛和双簧管，和第一小提琴齐声演奏。这看起来似乎只是个小调整，但它们的加入为高音声部带来了一丝鲜活的亮色：这些偷种的鸟在田间贪婪地争抢落下的谷物，它们愣头愣脑的动作得到了增强。

寥寥几笔，巴赫便以拉莫式的奇特方式呈现出法式的雅致，并暗示了当下开始流行的华丽（Galant）风格。直到第35小节，首个旋律主题与如饥似渴的飞鸟终于和"彼列（Belial）与他的子女"联系在了一起。氛围立刻改变了。巴赫不落俗套地将B乐段置于其周围材料的旋律网之中。在它之后出现的返始A乐段，在四个小节之后似乎迷失了方向，突然变为B乐段的变形。这种处理方式不但极为罕见，也会令期待正常返始乐段的听众感到不安。与A-B-A的三段体结构相反，我们得到了一个四段结构：A-B（带有A段的元素）-A（被截断）-B（变形了），并且开场的唱词并没有按预期重现，取而代之的是"彼列与他的子女"，但比之前更加有力。原始剧本留存下来的康塔塔为数甚少，这部就是其中之一。决定这些反常结构的人显然是巴赫，而不是那位匿名的诗人。或许巴赫在一时激动之下，忍不住进一步描绘这个弥尔顿式的黑暗王子，谎言与罪恶的魔鬼。这令他指出，实际上是

---

[1] Albert Schweitzer, *J. S. Bach* (1911), Vol. 2, p. 199.
[2] Yoshitake Kobayashi, 'Zur Chronologie der Spätwerke Johann Sebastian Bachs: Kompositions- und Aufführungstätigkeit von 1736 bis 1750', BJ b (1988), p. 52.

彼列这个堕落天使暗中破坏了上帝令圣言"产生作用"的计划，也令他向所有没能足够专心的人强调，那些如饥似渴的飞鸟正是撒旦及其亲信。就这样，刚开始时带着谐趣气息的作品，其意象和文字上的技巧令人难以抗拒，现在却变得具有希区柯克式的凶险紧张感。[1]若是纯粹作为一部气氛音乐，它是如此有感染力，在另一种情境下甚至可以用作电影配乐，描绘一帮充满幻想、咯咯傻笑的少女被门卫彼列从夜总会赶出来。

故事的寓意就此显露：女高音告诉我们（No. 4），落在石头地上的种子就像冷酷的非信徒，当墓门崩裂坟墓已开之时在地下死去，等待基督临终之言。这首宣叙调在通奏低音戏谑的下行中结束，描述天使在基督的墓碑前轻易地（看呐，没有手！）提出反问，"心呐，你还会更冷酷吗？"一首相对平静的女高音宣叙调将听众的注意力从荒废的种子引向沃土中的种子。在信徒心中备下沃土的，正是圣言。巴赫并未以传统的众赞歌形式对其进行称颂，而是在末乐章中结合了合唱团、长笛、双簧管和弦乐，并且在康塔塔中首次运用了小号。尽管器乐充满了节日氛围，声乐部分却有着牧歌般的轻盈与优雅，与唱词中喜悦的讯息完美契合，使人想到这一乐章或许出自巴赫科滕时期一首已经遗失的世俗颂歌。在这一点上，恰好阐释了路德维希·芬舍尔（Ludwig Finscher）所说的巴赫创作的"多重可能性"，以及"过多"乐思超出了为文本谱曲之需。[2]它们完美地汇集于此，正如在诸多其他康塔塔中一样。巴赫明白，"持续不断的严肃会令灵魂不堪重负；我们必须不时歇息，如同在旅途中需要休息，这样才能更加轻松地继

---

[1] 显然，阿尔弗雷德·希区柯克的恐怖电影《群鸟》(*The Birds*, 1963) 并未包含传统的配乐。平日的音乐搭档伯纳德·赫尔曼（Bernard Herrmann）在本片的制作中仅仅是一位"音响顾问"，他使用了简朴的电子配乐，和有意为之的沉默形成"对位"。

[2] Ludwig Finscher, 'Zum Parodieproblem bei Bach' in *Bach-Interpretationen*, Martin Geck (ed.) (1969), pp. 99 ff.

续前行。"[1] 莎士比亚以及后来的约翰·德莱顿（John Dryden）也深谙此道。正式作品中的技艺程度——在巴赫身上包括职业作曲和演奏家的技艺，往往令人难以理解。在这样一部作品中有着两层时间特异性：它指定了具体的持续时间，同时也包含了节拍、建筑的声学特性、联结作曲家与演奏团体以及听众的复杂网络，以及回忆的要素之间的关系——这种结合在每次演出中都有所不同。

事实上，展开的过程似乎永远没有在巴赫的作品中抵达圆满——他不断寻求完美，然而从未与摆脱与演出的纠葛。彼得·沃尔尼（莱比锡巴赫档案馆手稿与珍本的负责人，自2013年起担任馆长）从巴赫众赞歌康塔塔套曲的分谱手稿中收集的证据表明，在1732年、18世纪40年代早期以及最后在18世纪40年代晚期，巴赫在接连不断的修订中做出了一次又一次改动。难以理解的是，《新巴赫作品集》（Neue Bach-Ausgabe）的各个编者都无视了其中许多修订，这造成了两种可能的结果：要么不加区分，要么归入一种推定的然而往往作者并非巴赫的净版。有一点是清楚的，在巴赫这几十年的工作中没有任何的统一性。这些修订版的存在提出了一些问题，例如，巴赫对文字进行的改变是否出自别人的建议，与启蒙运动牢牢掌控下18世纪40年代的莱比锡宗教文学品味的变化是否有关，抑或完全是他的个人意志。与此相似，我们希望了解他此时引入的发音的变化——先后增加的连奏、断奏模式、装饰音[2]以及力度变化——是出于1724—1725年紧张的排练与演出带来的最初的不满，还是暗示了他在美学口味上的变化，甚或两者兼有。这相应地提出了另一个问题，巴赫最初在演出前

1　*Essay of Dramatic Poesie* (1668).
2　约翰·巴特认为，鉴于巴赫"可能跟上了装饰音的风尚，若非有些滥用"，他似乎"越来越公式化，频繁地在康塔塔的器乐和声乐分谱中增加装饰音"（*The Sacred Choral Music of J. S. Bach: A Handbook* [1997], pp. 52–3）。

甚至演出中，会通过语言或手势传达给合奏团多少演奏指示。基于当时对他活跃的指挥行为的描述，我怀疑这种指示相当多。巴赫设法将这一周期的演出材料交给托马斯学校，我相信这一举动意义深远，表明他视之为自己的核心曲目，代表了他最优秀的康塔塔作品，是与莱比锡礼拜仪式密切相关的音乐（因而不那么适于他处），当地教堂会众在未来可能会以同等或更大的热情作出回应。

***

按照惯例，托马斯教堂乐长在就职伊始会要求议会支付前任乐长遗孀一笔费用，以继续使用他们的作品，巴赫却毫无此意。他以某种方式说服官方，这笔钱用于雇佣两名抄谱员会更加值得——这表明他为教历中所有节日创作自己一部接一部作品的野心。这两位抄谱员，约翰·库瑙（前任乐长之侄）与克里斯蒂安·戈特洛布·迈斯纳（Christian Gottlob Meissner）一定承受着巨大压力，而被迫参与其中的数名学生与家庭成员也压力不轻。[1] 巴赫的作曲工作室并非浪漫主义想象中的象牙塔。库瑙和迈斯纳多半会与大师一起坐在创作间中，在严密的监督下，疯狂誊抄他的总谱。只有这两人获准触碰总谱：一旦他们抄完了单独的分谱，就交给初级抄谱员，后者可能坐在临近的屋子里复制分谱。在这两年半中大部分时间里，一切都进展顺利。尽管迈斯特会有疏忽，但他与大师的笔迹如此相似，足以欺骗后世的分析者。到那时为止，库瑙在两人中表现更为稳定，他有着令人赞叹的清晰字迹。由于与巴赫一道工作，他们能够为视谱演奏者传达即时可

---

1 除了常规抄谱员，巴赫还以一种家庭手工业的方式求助于家人及学徒，而后采用了大量私用雇佣。用托马斯学校的工资来雇佣抄谱员是非法的，所以家人与学生不得不参与其中。以为新年而作的《耶稣，请接受赞美》（BWV 41）为例，一定是由于要出城演出，因而需要另一份分谱。这就解释了为何一份小提琴分谱是安娜·玛格达琳娜的笔迹，而高音大提琴分谱则出自巴赫自己那独一无二的手笔。

读、易于理解的标记——考虑到排练时间的压力（音乐家最喜欢在排练中停下来，对指挥说，"抱歉，我看不出在第27小节里应该演奏降B还是还原B，还有，这是个附点四分音符还是二分音符呢？"），这对巴赫来说是一种巨大的便利。库瑙懂得何时最适于安排翻页——无论有多少演奏者参与，都尽可能与休止符一致，以避免演出中出现尴尬情形。很少有抄谱员（包括今天某些声誉良好的出版商）愿意费这份心思。不过他也并非永不出错。有一次，在着手于《主啊我是可怜罪人》（BWV 135）的标题页时，他一时恍惚将作曲家的名字误拼成了"Bacch"。巴赫显然相当光火，他一定重重捆了这位粗心的抄谱员一巴掌：页面上横着一条黑色污迹——库瑙的笔迹随着这一责罚的重击甩了出去（见后图）。

在1725年末合同到期时，巴赫解雇了库瑙。他一定对这一决定懊悔不已。当巴赫的侄子约翰·海因里希（1707—1783）于1724年2月来到莱比锡时，家族忠诚与职业规范以及抄谱工作的顺利进行发生了冲突。约翰·海因里希是巴赫刚刚辞世的长兄约翰·克里斯托弗的第四子。巴赫为了报答长兄的抚养之恩，接受了十八岁的约翰·海因里希作为住家学徒。不久之后，为了不使侄儿的食宿费用以及学费显得不劳而获，巴赫解雇了他手下最好的抄谱员，让约翰·海因里希取代他的工作。一切顿时急转直下。为复活节后第一个主日而作的康塔塔《那个安息日的晚上》（BWV 42）现存的分谱讲述了一个不难理解的故事。约翰·海因里希得到指示开始誊抄第二小提琴分谱。或许他的进度过慢，难以使这位乐长称心，仅仅三个半小节之后，巴赫便召唤他十四岁的儿子威廉·弗里德曼接手这项工作。弗里德曼准确无误地抄写了整首序曲（包括第二乐章的休止标记）；然而他的速度依然赶不上父亲的要求，后者决定自己接手女低音咏叹调。完毕之后，他又给了约翰·海因里希第二次机会——誊抄最终的众赞歌这项简单的工作。

抄谱员在《主啊我是可怜罪人》(BWV 135)中的失误（由莱比锡巴赫档案馆提供）

这似乎也超出了他的能力：海因里希错误地把第一小提琴旋律插入到了结尾众赞歌中，当意识到自己的错误时划掉了这一部分。精神紧张的海因里希重新开始，这次抄写了正确的第二小提琴分谱。巴赫懊恼地发现他在此处以及其他分谱中犯了类似的错误，就把他推到一边，写下正确的音符。[1]

---

[1]　这件家族轶事有着有趣的后续，证明巴赫持续关注着儿子们的音乐发展甚至他们作为成年作曲家面对的问题。如果我们快进到大约12年以后，走进德累斯顿中部某家旅馆，可能会发现两名成年人在专注地交谈，仔细研读一份音乐文献。这恰好是威廉·弗里德曼·巴赫一首从未完成的三重奏鸣曲的草稿。他此时二十六岁，担任德累斯顿圣索菲亚教堂的管风琴师。这份手稿1999年发现于基辅，其中有第二种笔迹频繁干预的迹象，彼得·沃尔尼鉴定其属于约翰·塞巴斯蒂安·巴赫。这其中的意味，与其说是父亲对儿子的辅导，更像是两位专业同事的对话。两人都被倒影赋格的挑战吸引，以不同的方法寻找答案，写满了三页密实排布着三十行五线谱的稿纸，这可能相当于一整晚的工作量。弗里德曼先向父亲展示了自己的草稿，后者提出了相应的建议，为儿子遇到的问题指出新的解决方案。他们的交流起先以当时的风格进行表达，接着出现了古代风格（stilo antico）的段落，

威廉·弗里德曼在誊抄《耶稣基督真神真人》(BWV 127) 时犯的错误
（由莱比锡巴赫档案馆提供，借自圣托马斯合唱团）

　　早些时候，当神经紧张的威廉·弗里德曼在父亲的监督下誊抄《耶稣基督真神真人》(BWV 127) 时，第一个音符就出错了，他把第一小提琴声部从女高音谱表（最下面那条线上是 C 音）中移到了标准高音谱表中，不过他很快纠正了自己的错误。中提琴声部也出了同样的问题：从中音谱表中移低三度抄到中提琴谱表时，一开始就出错了，不过随后顺利而出色地完成了。与此同时，巴赫决定自行抄写男低音咏叙调的通奏低音分谱。他的时间非常紧迫。这一乐章充满戏剧

而这恰是塞巴斯蒂安当时的关注点（见第十三章）。我们发现他勾勒出不同的模式，弗里德曼竭力想出合意的主题和对题，他的父亲则以堪为典范的备选作出回应，表明如何进行倒影，如何用平行三度进行处理。所有这些交流，加上沃尔尼以现代注记对它们的认识，都发表于《新巴赫作品集》的增补卷中（NBA [BA 5291, 2011], pp. 67–80）。

性，几乎是《马太受难曲》中飓风式合唱（云中的雷霆和闪电都消失了么？）的原型。充满想象的狂乱与兴奋席卷而来，巴赫不得不匆匆结束。他不能拿儿子那蜗牛般的抄谱速度来冒险。管弦乐团或许已经开始调音。他通常用于连接音符的优雅弧线消失了：取而代之的是潦草的竖线，像一丛竹子在八级大风中向前倾斜（见后图）。

几年过去了，我们发现情况并未发生根本变化。杰拉德·赫兹（Gerhard Herz）选择晚期康塔塔《醒来吧，一个声音在呼唤》（BWV 140）来重现这一过程。他认为在这个例子中，巴赫将抄写分谱一事托付给了他最出色的学生之一，约翰·路德维希·克瑞伯斯（Johann Ludwig Krebs）。巴赫甚至在总谱完成之前就指示他开始抄谱，"这样一来歌手们也许就能开始学习漫长的开场合唱"，这或许意味着会有预排练。单独指导当周的独唱者，在周六的通篇排练之前先进行分部排练，乐长们在时间紧迫时采取的任何节省时间的方法都用上了——这一切对于巴赫这样阅历丰富又灵活多变的乐长而言极为明智。眼下他还招募了另外三名抄谱员。在后来由于仓促而出错时，巴赫本人也参与进来。"三号抄谱员决心做的比该做的还要多……没有意识到自己因此将第一小提琴分谱赋予了中提琴演奏者。克瑞伯斯发现了这一错误，划掉了出错的两行（可以想象他嘟囔着什么萨克森粗话），自己抄完了正确的中提琴宣叙调。巴赫似乎被这次争吵吸引了……他夺走了分谱，自己写完了最后的众赞歌，挤在这页底部手画的五线谱上。"[1]（见276页插图）这些例子一同揭示出这种活动的疯狂程度，以及在巴赫康塔塔制作的日常背景下可能存在的错误和紧张形势——与今天电视或电影制作的后台活动并无二致。

---

[1] Bach Cantata No. 140: Wachet auf, ruft uns die Stimme, Gerhard Herz (ed.) (1972), pp. 102–5.

***

除了执教于托马斯学校以及指导这座城市的音乐生活所涉及的多项活动以外,巴赫极有可能将一周中的头四五天投入到了主日康塔塔的创作中。我们已经看到,抄写分谱的工作在他尚在创作之时可能就已开始,无论如何也要在周六之前结束。尽管在重要节日的预备期以及商品交易会期间,学校课程中额外增加了周五的特别排练,正式排练只在周六进行,此时一切都已流畅推进。排练时间如此紧迫,实际上意味着标记中需要包含大量信息,这样一来巴赫的演奏者们才能在视谱时了解所有要素;其余的就只能在演出中通过手势或低语来传达。有一位珍贵的亲历者对巴赫的指挥活动作了描述,他就是在18世纪30年代早期任托马斯学校校长的约翰·马提亚斯·盖斯纳(Johann Matthias Gesner),曾多次近距离观看巴赫指挥。他对比了"管风琴与管风琴师的自给自足以及管弦乐团与合唱团对指挥的强烈依赖,指挥不仅不能把通奏低音的任务推给别人,还要到处补缺,比如歌唱、指示或是演奏误入歧途的乐手漏掉的部分。"[1]

> 如果你能看到巴赫……一边演唱一边弹奏自己的声部,同时兼顾一切,带着30甚或40名乐手找回节拍,对这一位点头,对那一位用脚打拍子,用手指警示第三位,用自己嗓音中的高音来告诉这一位正确的音符,对那一位用低音,对第三位则用中音——他孑然一身包裹在所有乐手制造的巨大嘈杂中,然而扮演着最艰难的角色,随时随处留心错误的出现,将所有人维系在一起,处处防备,时时纠正,他身体的任何部位都充满了节奏感——他一个人用自己敏锐的耳朵捕捉到所有和声,用自己的声音表达出所有音调……[2]

---

[1] D. Yearsley, *Bach's Feet* (2012), p. 264.

[2] BD II, No. 332; NBR, pp. 328-9; 查尔斯·伯尼为他关于巴赫的文章进行的缩写则收在

《醒来吧,一个声音在呼唤》(BWV 140)中的抄写错误
(由莱比锡巴赫档案馆提供,借自圣托马斯合唱团)

盖斯纳的描述曾不时被斥为对同事及朋友的个人颂词。但其合理性得到了18世纪30年代中期的一份手写评论的支持,对于规定乐长在演出中职责的校规,他这样写道:"有时候,乐长有必要授权监牧来掌握节拍,如此一来,他就能在演奏团体中间自由走动,确保一切秩序井然。"这得到了巴赫另一位学生约翰·克里斯蒂安·基特尔(Johann Christian Kittel)的证实,他描述了在演奏羽管键琴通奏低音时,巴赫从身后隐隐出现的不安经历:"你得时刻准备着巴赫的手和指头突然插入(你的)手和指头中间……但不会真碰到你的手指……用大量和声

1819年的《李氏百科全书》中。亦见 BD III, No. 943。

提供伴奏,这些和声比悄悄从背后接近的老师(指巴赫)还令人敬畏。"[1] 巴赫《悼词》的共同执笔者,卡尔·菲利普·埃玛努埃尔·巴赫与约翰·弗里德里希·阿格里科拉参与了巴赫指导的演出,他们也有着类似印象:

> 对复调作品的不断实践令他的眼睛拥有傲人的才能,即便是最大型的总谱,他也能在一瞥之下领会所有同时发声的声部。他的听力极佳,能够在最大型的合奏团中发现最细微的错误。可惜他极少有这种幸运,找到一群能让他免于这种不快发现的演奏者。他的指挥非常精准,对于节奏(他总是很轻快)有绝对的把握。[2]

不知为何,你会期待作为职业批评家的约翰·阿道夫·席伯对那些"令人不适的噪音"加以评论,他声称自己能分辨这些噪音,它们破坏了巴赫的复调作品的演出。但这并非出于作品中的任何"瑕疵",多半只是由于他那缺乏排练的乐团演奏时的错误引起,或是教堂里的背景噪音,或者实际上是席伯本人听错了。伯恩鲍姆对席伯的反驳是,问题出在演出并没有执行得足够好,这种辩护的语气听上去就像是巴赫本人:

> 当一切按照应有之道演出时,其和声无可媲美。然而,如果乐手或歌手的笨拙或疏忽导致了混乱,将此等错误归咎于作曲家是毫无品味可言的。音乐中的一切都取决于演出……假如演奏者不能或不愿履行自己的职责,一部有着最美的和声与旋律之作品也无法令人愉悦。[3]

1　Johann Christian Kittel, *Der angehende praktische Organist* (1808), Vol. 3, p. 33; and NBR, p. 323.
2　BD III, No. 666/NBR, pp. 305–6.
3　BD II, No. 409/NBR, pp. 344–5.

当时的这些记述不仅帮助我们认识到巴赫的多重音乐天赋,我们也领会了当作品的演出中混入错误时他所经历的明显挫折。在另一个阶段,伯恩鲍姆(更确切地说是巴赫借他之口)表达了他的恼怒:"这当然有难度,但并不意味着无法逾越。"一种颇为残酷的罚款制度载入了学校章程——"人人都必须专注于指挥的手势和节拍。在音乐中出小错或明显错误者将被处于1格罗申(相当于4品脱啤酒价格)罚款,故意或恶意出错者将被罚款3格罗申。"[1]

巴赫逝世后,在学校主席卡尔·戈特弗里德·温克勒(Carl Gottfried Winckler)博士主导下,管理者进行了重要讨论,探讨了如何以最佳方式削减过去为了准备"受难节音乐",以及为教历中的节日而作的作品在周五额外分配给乐长的排练时间。这种做法的言外之意非常明显,不再有巴赫对学生合唱团与乐团提出如此集中的音乐需求,对托马斯学校的日常课程进行新的调整是一种合宜的做法,仅仅在周六下午举行一次排练就足以应对平常的主日,就像过去一样。[2] 我们根本不知道巴赫如何利用这"偷来的"排练时间,也不清楚他通常如何克服时间的约束以及表演者的不可靠。一种显而易见的做法就是把主要歌手和乐手集中起来,私下排练最具技术难度的段落,比如带有复杂伴奏的长咏叹调。在这方面,校规除了特别提到强制性的歌唱课以外,并没有更多的信息量。我们只能自己填补这个空白,凭直觉猜测其他音乐总监在类似情形下的做法。

基本上,此排练模式和2000年的巴赫康塔塔朝圣之旅相一致。每周我们都要面对一系列新的康塔塔,并以他的指示演奏,我们不像巴赫的正规军那么熟悉和适应他的音乐风格,它们对于团体的大多数人

1　*Gesetze der Schule zu S. Thomae* (1733), Chapter 6 ('Von der Musik'), Section 3, p. 23.

2　Stadarchir Leipzig, Stift. VIII. B. 10: ACTA(1775-1845), 'Die Abstellung derer allzu vielen Feyertage auf der Schule zu St Thomae alhier betr'.

来说都是从未接触过的全新作品。考虑到要掌握和演出的音乐的数量，尤其是作为权威和源头的作曲家这一中心人物的缺失（虽然他以音乐标记的形式在场），这当然是一项艰巨的任务。我们只有两到三天的时间来排练一套包含三到四部康塔塔的完整节目单，为此我们将乐团分组。排练刚开始时只有独唱歌手、数字低音和伴奏乐器参与，然后是分组排练，先是合唱团，然后是乐团，有时候还需要进一步分组，例如所有小提琴和首席合练。分组排练和玩拼图游戏类似，在将几个部件拼装在一起之前，你需要先将它们排列好：角落部件在这里，边界部件在那里，天蓝色块在这里，草绿色块在那里，以此类推。最终是全奏排练，在合唱团和乐团首次合练时，基本上总会有一种令人激动的气场。之前的分组排练都是独立并行的，现在是测验它们是否有效的时候了。着实令人兴奋的是，此时整体要远大于个体之和。

这是创造性化学反应真正开始的时刻，其过程和烤蛋糕相似。一切从对所有组成元素过筛和称重开始（面粉、黄油、白糖等等）；不过，与它们所对应的人是活的，你需要确保他们之间的有机互动，对各自的角色和任务负起责任。因为每个音乐家主要负责其演奏的单一音乐线条，此时每个人都需要打开自己的听觉雷达，建立横向意识，快速地将自己的线条融入到整个织体当中。从埃玛努埃尔·巴赫的话中我们得知，"他（巴赫）对如何布置乐队有着完美的理解：他充分利用了所有的空间。"[1] 对声乐和器乐要素进行明智的空间安排与设计，极有助于在伴奏乐手与歌手之间，或是小提琴组与女高音组这样较大的单元之间建立听觉上的"细胞单元"，他们之间在装饰线条上的精确咬合至关重要。每一位器乐演奏者都不仅需要知道唱词的意义，也需要清楚确切的声音效果，这样才能在伴奏时配合其轮廓、色彩和抑

---

[1] BD III, No. 801/NBR, p. 396.

扬，或者如德雷福斯指出的利都奈罗对咏叹调的作用："只有当文字被听到……才会有说服力。"[1] 这个过程部分属于智力，部分属于身体和感官，某些方面出于视觉，当然大部分都出于听觉。这是一种"释放"，将眼睛和耳朵从印刷的线条或乐谱中解放出来，得以回应不同的（几乎令人激动的）刺激。

只有到了这一阶段或其前后，才是新过程的开始。首先，之前淡化或是缺乏的特征逐渐变得清晰：音乐与文字的相交与碰撞，气氛的变化，与全然不同的音乐模式短暂相合。这些只有在所有其他要素完全到位时才会出现——节奏、平衡及全体的默契，对文本以及音乐中所有诡秘之处的密切认同。还有另一种神秘的过程，每个人对所有组成要素的感知都变得敏锐（彼此间和而不同的方式），似乎在清晰度与认识上都强化了——或是像菲利普·普尔曼在《黑暗物质三部曲》中描述的那样，"仍不见底，却看清了路途"。这个过程无法勉强，与音乐家赋予音乐并从音乐中获取的平静与专注息息相关。当你领会到所有错综复杂的联系时，所有的意义也都变得明晰。此时你才能对音乐展开方式的自然性和正确性有所领悟。（明天又会截然不同。）这种体验的固有特征之一，当然是人性的：基调与感受由演奏组的不同个性以及影响诠释的各种个体与集体行为激发，因而与音乐的"现场"体验有关（与初始阶段的自学中独立的读谱极为不同，尽管标记符号也能唤起你对过去经历的回忆，有着巴甫洛夫式的效果）。常常会行至一个时刻，潜在的负面氛围立刻变为正面。就像传说中铺下一块卵石就能改变即便最汹涌的河流之流向。如果仅仅在第三阶段（执行）就能感受到与巴赫的音乐如此强烈的联结，那么可以想象，在创作并首次将其实现的人麾下，当是多么极致的体验。

---

1   Dreyfus, *Bach and the Patterns of Invention*, p. 98.

第八章

康塔塔还是咖啡？

> 很遗憾,在如此著名的地方(莱比锡),缪斯已经坐定,却缺乏鉴赏家和爱好者来欣赏真正的音乐。
>
> ——洛仑兹·克里斯托弗·米兹勒(Lorenz Christoph Mizler, 1747)

"真正的快乐是一件严肃的事。"——对德国人而言无疑如此。在巴赫逝世之后30年,莱比锡著名的管弦乐团采用了塞内卡(Seneca)的箴言,并且于1781年格万特豪斯音乐厅落成之时将其印在墙上。音乐厅屡经重建,这句话始终以大写字母留在墙上,提醒听众欣赏音乐需要充分的专注。无论这是否适用于巴赫的时代——足以在一层楼座中的男性听众向下注视着迟到的女士们时,消除他们与生俱来的心猿意马——都无疑反映了城市中世俗与宗教之间错综复杂的啮合。一本出版于1736年的流行歌曲集的卷首插图就反映了这一点。初看之下,《给缪斯的赞歌》描绘了莱比锡全景图中一次优雅的社交聚会,风景沿着主要河流铺展开来,天际线上排布着重要建筑。地点的摇摆不定——咖啡屋、私人沙龙和娱乐花园——无疑是深思熟虑的,为了表明每一处都是恰当而时髦的音乐演出场所,本身就是城市财富

《给缪斯的赞歌》。前景中两个寓言式人物正在全神贯注地共同创作音乐。不远处，一位女士在演奏维金纳琴，而一位绅士似乎在聚精会神地倾听；其他人则在玩纸牌或是桌球。

的标志。我们能够在中景里找到谢尔哈弗酒屋，[1] 一家位于卡特琳恩大街上的高级酒馆，在冬季每周定期举行音乐会，河对面则是阿佩尔（Apel）那奢华的花园，后来曾令歌德为之泼墨（"辉煌……初见时恍若在极乐之地"[2]）。然而最为引人注目的则是耸立的托马斯教堂，它并非城中最重要的教堂（尼古拉教堂才是），但却是路德宗正统派信仰的象征，有着德语世界教堂所能拥有的最为丰富的音乐传统。

---

1 版画师为波爱修斯（1706—1782），作者为诗人约翰·西吉斯蒙德·绍尔策（Johann Sigismund Scholze, 1705—1750），笔名斯佩诺蒂（Sperontes），他在18世纪20年代定居莱比锡，创作戏剧和歌唱剧脚本。另外三卷作品选集在1742—1745年相继出版，包含250首刻画日常生活中的场景和活动的诗歌，都谱成了简单的华丽风格分节歌曲。巴赫贡献了其中两首（某种程度上难以令人信服）："Ich bin nun wie ich bin"及"Dir zu Liebe, wertes Herze"（BWV Anh. ii 40, 41）。

2 W. Goethe, letter to his sister, Dec. 1765.

波爱修斯的全景图描绘了莱比锡音乐制作的三大场所——教堂、咖啡屋和娱乐花园——并且为第四种场所——市集广场和城市中心——留有想象空间。巴赫曾在第四种场所中对选帝侯或皇室成员驾临时的礼仪性音乐进行过宏大展示，引起万人空巷。总而言之，这表明莱比锡的市民像欧洲其他地方一样，用一位社会历史学家的话来说，"徘徊于两极之间，一方面是在新兴的国际化世界中体现出华丽的必要性，另一方面则是依然大力宣扬的旧式观念，认为奢侈享受以及许多世俗活动是会招致上天惩罚的罪行。"[1] 这是新兴中产阶级从事闲暇活动的背景，城市社会正处于重新调整其宗教、思维能力、品味、社会习俗和期望的阵痛中。有人抱怨当下的年轻人对基督教只重形式，在割离了华丽而世俗的形象后无法将传统价值结合起来。[2]

1730年，莱比锡出现了一本叫做《设计精良而简约的家居杂志》的小册子，[3] 致力于为那些渴望改善居住条件，使之符合城中新的文化标准之人提供建议。名为鲍诺曼（Bornemann）的作者从提供奢华美食的礼仪以及饮用咖啡和用烟斗吸烟的餐后仪式开始，进而探讨了适当的家具陈设。他甚至还选择了合适的急救装备。尽管并没打算破旧立新，他又设想了能够满足所有物质与精神需求的图书馆应包含的内容，例如，"出于令人精神焕发的目的"，"为了悔罪、告解和圣餐仪式"，"为了彻底根除一切罪恶并且捍卫真正的信仰"。[4] 推荐书目包括了巴赫藏书中相同作者的许多作品，这表明他在努力与当代文学风尚保持步调一致。在这样的收藏中，严肃著作与消遣性作品摩肩接踵，

1　Tanya Kevorkian, *Baroque Piety: Religion, Society, and Music in Leipzig 1650–1750* (2007), p. 24.

2　Julius Bernhard von Rohr, *Einleitung zur Ceremoniel-Wissenschafft der Privat-Personen* (1728), p. 246.

3　Bornemann, *Das wohlangelegt-und kurtz gefasste Haußhaltungs-Magazin* (1730).

4　Joyce Irwin, 'Bach in the Midst of Religious Transition' in *Bach's Changing World*, Carol K. Baron (ed.) (2006), pp. 110–11, 121.

其中包括巴赫的文学合作伙伴皮坎德所著的《严肃的幽默与讽刺诗》。[1]

在巴赫与市议会的雇主（见第六章）关系恶化的同时，他最重要的音乐活动场所发生了显著转换：从教堂转移到咖啡屋（冬季）和花园（夏季）中。为了理解他在莱比锡的音乐创作的社会、礼仪和演出背景，我们需要探索这两个平行的音乐世界，一个是宗教的，一个是世俗的；以及两种公众集会场所，一种有着超过五百年历史，另一种则相对较新。巴赫对于这些相互矛盾的环境适应得如何，他的音乐获得的反响如何，在甫至莱比锡任职数年之后他的姿态又发生了何等变化？为了回答这些问题，我们需要将启蒙运动的迹象考虑在内。启蒙运动已经渗透到莱比锡的城市知识分子当中，与路德宗正统派新近的汹涌喷薄不期而遇，对社会各个部门都产生了影响。黑格尔可能触及了真相，他评述道，德国的启蒙运动"站在了神学一边"——这当然也适用于表演艺术。[2]在巴赫的时代，人们依旧期望艺术传达出明确的道德、宗教或理性价值。直到那个世纪的下半叶，"优美"（the Beautiful）与"壮美"（the Sublime）这样的美学概念才开始将艺术从科学和道德中分离出来。[3]

音乐轻而易举地跨越了界线，这意味着在莱比锡，音乐能够希求真正的国际性地位，甚至不用在明星演奏家身上投入巨额资金，而这正是德累斯顿宫廷的典型特征（先是倾向于法国，接着由于选帝侯一

---

1 Picander, *Ernst-Schertzhaffte und Satyrische Gedichte*, Heft 1 (1727).

2 Quoted by Tim Blanning in 'The Culture of Feeling and the Culture of Reason', *The Pursuit of Glory: Europe 1648–1815* (2007), p. 500.

3 在克里斯蒂安·加尔夫（Christian Garve）将其翻译成德语之前，埃德蒙·柏克的《源于壮美与优美概念起源的哲学探讨》对德国美学就已产生了直接冲击，影响了莱辛、康德和赫尔德这样的重要思想家。莉迪亚·戈尔（Lydia Goehr）曾指出，美学态度中这些连续的变化导致理论家们"先是放弃了音乐应当服务于超越音乐之上的宗教或社会目的这一观念，取而代之，接受了新的观念——器乐自身就可以是杰出而可敬的自律性艺术"（Lydia Goehr, *The Imaginary Museum of Musical Works* [2007], pp. 146–7）。

时兴起，又在18世纪30年代偏爱意大利式风格）。音乐强化了这座城市作为"普莱瑟河上的雅典"的形象，其声名如"小巴黎"（如歌德所称），甚至如莱辛所言，"在这里能够看到整个世界的缩影"。[1] 这座城市以一间活跃的歌剧院而自豪，这使人们相信这些高雅文化产业的存在理由。然而在1720年歌剧院没落时（归咎于租赁安排的争议以及巨额的经营债务），这类高雅之物又不易说服众人了。尽管德累斯顿宫廷赞同保留歌剧院，大批莱比锡知识分子也持同样态度，其吸引力却不足以挽救它。要做到这一点，莱比锡的金融家们需要聚拢他们的资源，向选帝侯宫廷申请一张许可，克服无尽的官僚障碍，并且任命一位有感召力、有能力吸引学生的音乐指导，例如泰勒曼。[2] 事实上，在18世纪中期，尽管莱比锡有着商业财富和文化抱负，依然无法与德累斯顿、汉堡或伦敦这种热衷歌剧的城市相匹敌。

我们在第六章中看到，由于莱比锡当地政府的独特之处——例如，势必造成接连而至的市长们以及各自政治归属的交替——至少在过去六年中，作为市政公务人员，巴赫不得不在复杂且等级森严的城市环境中工作，努力在繁冗的官僚与教会规章中寻得立身之地。有人将这座城市比作一只章鱼："如果你挣脱了一只触手，又会立即被下一只俘获。"[3] 对巴赫而言，"托马斯教堂乐长"的头衔意味着较低的社会地位，将他在音乐上的职权限制在教堂和学校里。偏爱"莱比锡音乐指导"这一称呼的是他而非市议会。然而直到就职六年之后，巴赫

1　Karl Czok, 'Zur Leipziger Kulturgeschichte des 18. Jahrhunderts' in *J. S. Bach und die Aufklärung*, Reinhard Szeskus (ed.) (1982), p. 26.
2　如果情况略有不同，理论上讲，巴赫可能会成为莱比锡举步维艰的歌剧院的总监。这座歌剧院于1720年关闭，最终于1729年被拆毁。如米夏埃尔·毛尔所言，他对歌剧世界的涉足比许多人猜想的要远为深入（'New Evidence on Thomaskantor Kuhnau's Operatic Activities; or, Could Bach Have Been Allowed to Compose an Opera?', Bach Network UK, 2009）。
3　Martin Geck, *J. S. Bach: Life and Work* (2006), p. 139.

1701年，莱比锡街头安装了七百盏油灯，"许多罪过，尤其是违反了第五、第六和第七诫的，得到了明显的审查和有力的阻止"（J. C. Vogler, 1714）。

才开始行使作为该市音乐活动首要指导的权力。这部分是出于礼节，部分则是迫不得已，因为他将全部精力投入到了宗教康塔塔和受难曲的创作中。1729年，巴赫接管了音乐协会（一个独立组织，而非市政机构），显示出他摆脱市议会掌控，为自己作为该市音乐指导建立稳固的独立基础的意图。咖啡馆和教堂是两座孪生的圣殿，他能够——并且愿意——同时为两者服务。[1]这一变动恰恰出现在他与托马斯教堂的助理执事之间一次激烈争吵之后，这绝非巧合。他们为晚祷中赞美诗的选择权而争吵，而按照惯例这是乐长的特权。我们在第六章中

---

[1] 我们几乎能在一条附言中听到他的释然："又及：亲爱的主为尊敬的（新教堂的前管风琴师）肖特先生提供了新的机会，赐予他哥达乐长一职；因而他将于下周启程，而我愿意接管他的音乐协会"（BD I, No. 20/NBR, p. 132）。

读到过，议员们发出了摊牌的严重警告，因而不难想象他对艺术自主权的要求引起了他们的不悦，以及他们进行的还击。

  当然，如果他们的观念稍有不同，就会承认这座城市将会获得显而易见的益处，也会乐于接受主日礼拜中音乐上的丰富。寻找称职的志愿者乐手来演奏复杂音乐是一个由来已久的问题，这个问题难倒了巴赫之前的乐长们，也令他的继任者们屡屡受挫。根据戈特弗里德·朗格市长在1723年的说法，这座城市最需要的，是一位能够"激励学生们"的音乐名家[1]——换言之，能够吸引技艺精湛的劳动力，使他们愿意在两座主要教堂的主日礼拜仪式上免费演奏。最终，朗格可能会觉得，他的人选无愧于他的支持。为了扩充圣托马斯合唱团与城市管乐手的核心团体，巴赫启用了一些学生或是半专业的器乐演奏者，作为交换，他们会偶尔在教堂中演出，这不正是朗格和他在议会中的支持者们一直希望的吗？在别处，这样一种交换体系理所当然地被接受，二十年前在泰勒曼的时代也曾在莱比锡试行过，然而其成功与否取决于歌剧院、新教堂和音乐协会的有利结盟，而在当时从未给两座教堂带来益处。

  作为音乐协会的新任领导者，巴赫如今有机会扭转乾坤。假如他能提供私人课程来交换在宗教仪式上演奏，或者在他的咖啡屋音乐会上为有抱负的演奏者提供平台，这种安排或许可行，至少可以偶尔为之，因为大学学生参与宗教仪式不会耗尽议会提供的资金。然而问题恶化了。巴赫与议会之间的争端在1729年6月初开始转折。5月24日，他们最终同意录取不懂音乐的男童进入托马斯学校。这样，他们切断了巴赫的合格歌手的来源，自此他不再有足以胜任的合唱团来充分展示错综复杂而华丽的开场合唱曲，而这正是他的头两轮莱比锡康塔塔

---

1 BD II, No. 129.

中最为耀眼的特质。

正当此时,巴赫产生了"抗议康塔塔"的念头,这是在莱比锡以公开可闻的方式改变宗教音乐之根基的时机。1729年圣灵降临节,这位音乐协会的新任领袖确保他最优秀的乐手们全员出现在圣托马斯教堂,在一部新的康塔塔中扮演重要角色。《我全心爱慕至高神》(BWV 174)以他的第三勃兰登堡协奏曲的准管弦乐化及和声扩展版本开始。从现存的演奏材料来看,这完全是仓促之举:他要求抄谱员将原始协奏曲中九把独奏弦乐器(小提琴、中提琴和大提琴各三把)的旋律誊抄到新乐谱中,包括一个主奏乐器组和全新的独立协奏部,后者包括两把圆号、三支双簧管和双倍的弦乐部分。他将最后这些声部直接写进了总谱。即使每个声部只有一件乐器,辅以低音提琴、巴松和键盘通奏低音,巴赫也能够让超过二十名乐手的乐团出演重头戏,展示出辉煌的声音。器乐的色彩和节奏甚至比之前更加鲜明,弦乐在独奏段落中熠熠生辉,巴赫用热情洋溢甚至颇为世俗化的方式,开启了圣灵降临节的庆典,其中没有出现任何歌手。这是在戈特弗里德·朗格市长的首肯之下进行的,巴赫可能已经将他视为自己最重要的支持者。

包括朗格在内的在场听众中,很少有人会怀疑这是一种论战的声明。在富丽堂皇的器乐中,这部康塔塔的序曲令其余乐章相形见绌。这是为了他们的权益而向市议会进行的大胆抗争,除非他们停止那吝啬的拒绝,提供充足的资金来扩充圣托马斯学校,进而为教会的节日增添音乐的光彩。康塔塔的其余乐章中只有两首咏叹调,中间由一首宣叙调来分隔,巴赫在其中强调了人声的质朴性——显然不想为托马斯合唱团中的独唱者带来过重的负担——随后是一首简单的四声部众赞歌,与更为活跃更为精湛的器乐伴奏形成鲜明对比,伴奏部分则由较为年长的音乐协会学生演奏。这是巴赫抗议的第二部分:实际上,他是在告诉议员们,如果你们不再提供有音乐天赋的男孩,我别无选择，只能缩减我对教堂音乐中人声和合唱音乐的贡献。

＊＊＊

如果朗格或是其他议员们在这年秋天来到齐默尔曼咖啡屋，就会发现同样一批乐手们在演奏《旋风啊，你快快来》（BWV 201），巴赫新创作的世俗音乐戏剧，在手稿中命名为"福玻斯与潘"。在这部讽刺短剧中，巴赫用下行一个半八度的驴叫声来嘲讽只会说教而又耳目闭塞的批评家们。从巴赫的角度来看，从一个场合转移到另一个场合，从一种体裁切换到另一种体裁，没有任何不可逾越的障碍，正如我们在他作品标题页中读到的明确表述。基于15世纪理论家约翰内斯·廷克托里斯（Johannes Tinctoris）著名的表述——"为了愉悦上帝，为了润饰对上帝的赞美"——巴赫在他的《管风琴小曲集》中将音乐的目的定义为，"为了荣耀至高的上帝；为了让我的邻人从中获得指引。"[1] 在其华丽的表象之下，我们看到了潜在的教化意图，接近于路德宗传统中音乐的双重目的：为了荣耀上帝（标准正统派态度），以及启迪邻人（虔信派偏爱的观点）[2]。

巴赫在莱比锡甫一站稳脚跟，便开始倾向于更为"开明"的表述方式，例如弗里德里希·埃尔哈特·尼特德（Friedrich Erhard Niedt）这样的音乐家所采用的[3]，同时纳入审美愉悦以及奉献和启迪。我们发现他在1738年的《通奏低音教学》中采用了不同的音乐目的："为了荣耀上帝，也为了灵魂所容许的喜悦"。[4] 他解释道，"因而所有音乐的终极目的或最终意图……都是赞美上帝以及灵魂的娱乐。若不考虑

1　BDI, No. 148/NBR, p. 80.

2　Joachim Meyer, *Unvorgreiffliche Gedancken über die neulich eingerissene theatralische Kirchen-Music* (1726).

3　Friedrich Erhard Niedt, *Musicalische Handleitung, oder gründlicher Unterricht* (1700).

4　Reproduced in supplement to NBA (BA 5291, 2011), pp. 2–36.

这些，就没有真正的音乐，而只是恶魔的喧嚷嚎叫和嗡嗡嘤嘤。"[1]在这些归纳的背后有着一种假设，如果算不上论断的话。站在音乐家和听众的角度，通过献给"上帝的荣耀"，他的音乐将会引向"灵魂所容许的喜悦"——如巴特所言，似乎"在神圣的作曲意图与非宗教的、世俗的效果之间有着客观联系"。[2]这是巴赫用以证实物质与精神本性之间统一性的另一种方式，表明他意识到了公众品味的变化以及愈发多元化的文化，完全不同于他的父辈们所在的时代。

因此，若从巴赫作品中两种全然不同且对比鲜明的风格进行臆断，将会误入歧途。正如《悼词》作者暗示的："他那认真的性情决定了他创作出勤勉、严肃而深刻的音乐，然而若有必要，他也能在轻快而诙谐的方式中如鱼得水，尤其是在演奏的时候。"[3]实际上，这些绝非严格的分类，我们很可能会在巴赫的宗教康塔塔中遇到"轻快而戏谑的方式"，而在他的器乐协奏曲中也能发现"严肃而深刻的"音乐。巴赫在十几岁时就对法国宫廷音乐产生了兴趣，这要感谢吕讷堡的格奥尔格·伯姆。巴赫绝非第一个，也非唯一一个在宗教康塔塔中引入舞曲形式的作曲家——即使是在法国风格舞曲根源深厚的城市，也很可能因此引致激烈的批评。[4]他的音乐协会在齐默尔曼咖啡屋举办的音乐会很有可能会以舞会结束，类似于约翰·戈特利布·格尔内

---

1 Ibid. and BD II, No. 433; English version by John Butt, *The Cambridge Companion to Bach* (1997), p. 53.

2 Butt, *The Cambridge Companion to Bach*, p. 53.

3 Peter Williams, *The Life of Bach* (2004), p. 152; cf. NBR, p. 305.

4 吕贝克的乐长卡斯帕尔·吕茨在1752年"为宗教音乐中运用舞蹈节奏而辩护"，他阐明了这一观点，"如果我们不能在教堂中引入与舞蹈有一丝一缕关联的东西，就不得不把手脚甚至整个身体留在家里。"在他看来，舞池并非不光彩或是充满罪恶之处，而是"教人优雅、礼貌和身体敏捷性的地方"。如果宗教音乐能够激发"正直的基督徒心中的欢欣雀跃"，为何要回避能够产生这种精神愉悦的节奏呢？（Joyce Irwin, 'Bach in the Midst of Religious Transition' in *Bach's Changing World*, Carol K. Baron [ed.] [2006], p. 121）。虔信派无疑会怒不可遏，但巴赫和沙伊贝尔一定会同意这种看法。

1733 年 4 月 20 日至 21 日，萨克森选帝侯弗里德里希·奥古斯特二世在市集广场上接受了莱比锡居民的致意。

(Johann Gottlieb Görner) 在谢尔哈弗的酒馆中进行的竞争性活动。[1] 巴赫并不反对偶尔用新的华丽风格创作，即使其中一种特质——从头至尾保持同样的氛围——与他对于在多样性中表达统一的直觉不符。他也同样乐于提供"一种庄严的音乐，其中采用了小号和定音鼓，为纪念选帝侯的登基，在 1734 年 10 月 5 日于齐默尔曼的花园中演奏"，或是为通往城市广场上人头攒动的庆祝活动的火炬游行演奏。[2]（见上图）

或许《悼词》的作者们无意间暗示了巴赫具有激进或颠覆性的特质——他拒绝被在任何指定体裁中表现恰当情感的成规束缚，而他那两位较为年长的儿子日后正是因此而享有盛名。当我们遇到极度庄严的慢乐章时，正是这些令我们大为惊奇，例如勃兰登堡协奏曲。另一个极端则是棕榈苑式的轻浮，例如我们在第七章中遇到过的《草率轻浮的人啊》（BWV 181）这样的宗教康塔塔。这种讨听者喜欢的"跨界"，在世俗与宗教之间的纵横交错，也许是莱比锡这样的商业城和

1　Heinrich Zernecke, writing of his visit in Leipzig on 17 Sept. 1733.
2　BD II, No. 350/NBR, pp. 163–4.

大学城里巴洛克文化的特质，也成为了巴赫作品中的决定性特征。然而，有人对他在宗教音乐中引入不恰当的戏剧性提出异议，也有人在牌桌上一边啜饮咖啡一边张望，抱怨他的器乐作品中过分的严肃性。他们甚至会认同伏尔泰《老实人》（1759）中的波科居朗特伯爵，"这种噪音能够带来半小时的消遣；但如果再长一点就会令所有人厌烦，尽管无人敢于承认这一点……当下的音乐无非就是演奏艰难乐曲的艺术，而仅仅具有高难度的作品不会带来持久的愉悦。"

***

莱比锡城市音乐会的创办可以回溯到17世纪50年代，一群主要来自大学学生的音乐家开始在约翰·罗森缪勒的指挥下于市议员西吉斯蒙德·芬克豪斯（Sigismund Finckthaus）的宅邸中定期进行非正式的聚会。这些大学生的参与取决于一系列音乐名家——例如首席城市管乐师约翰·克里斯托弗·佩茨尔（Johann Christoph Pezel），或是圣托马斯教堂乐长，例如塞巴斯蒂安·克努普费尔（Sebastian Knüpfer）和约翰·库瑙。库瑙曾夸耀他的乐团为年轻学生提供了机会来"进一步完善他们精湛的艺术，他们从悦耳的和声中学到了如何协作"，还刻薄地加上一句，"尽管他们在其他时候大都不同意对方观点"。[1]

泰勒曼在1701年作为法律学生来到这里，一切都因之而不同。在此之前，音乐一直是热爱音乐的学生中的闲暇活动；而在泰勒曼的庇护下，他的音乐协会成为了莱比锡音乐天空中耀眼的明星。乐团在三个独立的场地中公开演出——约翰·莱曼（Johann Lehmann）的咖啡屋（市集广场上的施拉夫大厦），新教堂（当时也是大学教堂）以及莱比锡歌剧院——并且是成功的专业收费演出。只要有办法进入歌

---

[1] Johann Kuhnau, *Der musicalische Quack-Salber* (1700), Chapter 1.

剧院，热衷于补充预算并获取经验和门路的学生们就以各种方式活跃在这座城市所有的重要音乐活动中。[1]当时有一种惯例，下午在莱曼的咖啡屋中排练当晚要在歌剧院上演的歌剧中的咏叹调——对作曲家的预先宣传，于莱曼而言也有利可图，他除了经营市中心的咖啡馆以外，还拥有在歌剧院提供饮品和小吃的特权。这是由场地和人员联系在一起的多种演出活动的缩影。[2]

在巴赫1717年首次访问莱比锡时，他与音乐协会之间就已经有了来往，当时他依然服务于科滕宫廷。从他在莱比锡任职伊始，这种关系无疑得到了巩固。他先是作为首席客座指挥，[3]之后从1729年开始担任两个音乐协会中较大一个的指挥。然而这两个团体在理念上有着微妙的差异。约翰·戈特利布·格尔内的大学音乐协会致力于培养未来的乐长和管风琴师，巴赫视其为技艺精湛的器乐演奏家组成的精英合奏团，为了公众的消遣和快乐而演奏。[4]在接下来的八年里（1729—1737），巴赫一直掌管着这支乐团；在两年的间隔（在此期间他依然是客座指挥）之后，他又重新恢复了支配权，至少到1741年始终如此。[5]一整年里，乐团在他麾下每周演奏两个小时：夏季时在周三下午

1　即使在泰勒曼1705年离开之后，先是在梅尔基奥尔·霍夫曼（著名小提琴家约翰·格奥尔·皮森德尔［Johann Georg Pisendel］为首席，戈特弗里德·海因里希·施托尔采尔为助理作曲家）麾下，接着在约翰·大卫·海尼兴（Johann David Heinichen）领导下，乐团活动的三角方式稳稳地保留了下来，而约翰·弗里德里希·法施则领导着一支独立的二十人以上的乐团。
2　Michael Maul, *Barockoper in Leipzig 1693–1720* (2009), Vol. 1, pp. 475 ff., 558–9.
3　在莱比锡学术编年史中，1723年1月1日，巴赫不仅作为新任乐长被提及，同时也是"音乐协会指挥"（Acta Lipsiensium academica [1723], Vol. 5, p. 514）。这是由于他也在大学中指导音乐而造成的混淆，还是记录者的笔误？关于他与音乐协会之间的早期关系，近来出现了进一步的证据。第一管弦乐组曲（BWV 1066）原作的分谱开始于1724年，海因里希·尼古拉斯·葛伯记录道，在他1724—1725年间旅居莱比锡的最初六个月里，在私下结识巴赫之前，就不仅听到了杰出的宗教音乐，同时还有"巴赫指挥下的许多音乐会"。
4　同上，211—12.
5　米夏埃尔·毛尔发现的证据表明，这一短暂的空白期并非出于巴赫的意愿。他从前的学生、现在的冤家约翰·阿道夫·席伯当时正忙于自我宣传，把矛头指向了卡尔·戈特赫

4点到6点,在城市东侧格里姆舍·斯坦维格(Grimmischer Steinweg)大街上的戈特弗里德·齐默尔曼咖啡花园中,冬季则是周五晚上8点至10点,在市中心的齐默尔曼咖啡屋(卡特琳恩大街14号)。[1]在三个年度贸易交易会期间,这些演出的频率提高了一倍,分别在每周二和周五晚上8点到10点(每个交易会持续三周时间)。这些咖啡馆的活动,或称常规音乐会,是18世纪公众音乐会的前身,听众能够欣赏到华丽风格的器乐合奏,以及为一架或多架羽管键琴而作的协奏曲,由巴赫和他的儿子们演奏,较为少见的则是巡回演出音乐家表演的世俗意大利康塔塔和歌剧咏叹调。歌剧爱好者们——依然沉浸在1720年歌剧院被关闭的失望当中,哼唱着在那里首次听到的咏叹调片段——不得不耗费一整天的旅行去德累斯顿满足他们的嗜好。

据估算,在至少十年的时间内,巴赫每年指挥音乐协会,共演奏了61场时长两小时的世俗音乐会,总时长超过1200小时,而他作为圣托马斯教堂乐长的二十七年间,用于演奏时长半小时左右的宗教康塔塔的时间总共为800小时。[2]这些数字当然都只是估算,我们没有这些音乐会的详细曲目,也没有关于巴赫在作曲上所作贡献的可靠信息,它们未必反映出巴赫的创作成果在两种类型中分布不均。但它们的确提出了这一问题:在任何指定阶段,巴赫如何对自己的活动作出优先选择——他作为作曲家、演奏家和音乐会主办者的不同角色。他

尔夫·格拉赫(Carl Gotthelf Gerlach),之前曾恶意诋毁他的才能,用公认最不堪的方式指责他不会作曲——"因此他必须一直演奏其他作曲家的音乐,有时还假装是自己创作的。"巴赫似乎卷入了漩涡当中:要么是协会内部出现了一场哗变进而免除了他的职务,要么是他出于彻底不满而自行离开了(BJ b [2010], pp. 153ff)。如果他对周遭境况稍加关注的话,可能就会发现除了格拉赫以外,另外两位同事约翰·戈特利布·格尔内和约翰·施奈德(Johann Schneider)遭到了席伯更为野蛮的攻击——并且指示伯恩鲍姆在他的回击中将他们也包含在内。他的漠然可能意味着他们也对他辞去音乐协会的职务漠不关心。

1 Das jetzt lebende und jetzt f orirende Leipzig (1736), pp. 58–9.
2 George B. Stauffer, 'Music for "Cavaliers et Dames"' in About Bach, Gregory G. Butler et al. (eds.) (2008), pp. 135–56.

附录：莱比锡音乐协会的协议和规则没有保留下来。最为近似的则是出生于莱比锡的约翰·戈特弗里德·多纳蒂（Johann Gottfried Donati）1746 年于格赖茨（Greiz）发现的规则的概括。其中的成员通常都是职业音乐家或是正在为职业生涯接受培训的音乐家、管风琴师、宫廷乐师、听差以及两名学生或学徒。

1. 排练时间为每周三下午 3 点至 5 点（冬季为下午 2 点至 4 点）。需要排练至少五部作品，直至没有错误为止。以一首序曲开始，以一部交响曲结束。
2. 每迟到十五分钟，罚款一个格罗申。
3. 每个人都必须演奏自己的指定乐器，除非有其他指示。
4. 如果成员在一首乐曲中没有需要演奏的部分，应该保持安静，否则罚款一个格罗申。
5. 如果缺席一次排练，将罚款四个格罗申，被召至宫廷演奏或是由于疾病导致的缺席除外。
6. 保持乐器处于良好状态，否则罚款一个格罗申。
7. 打架或是争执将导致两个格罗申的罚款。
8. 以羽管键琴为基准认真调音。
9. 在乐曲间用乐器随意演奏是一种甚为不堪的习惯，在宗教音乐的宣叙调中尤为不堪，会给听者造成混乱感，为他们理解音乐带来极大困扰，如同牙痛或是肋部剧痛一般令人心神不宁。
10. 要特别注意极为重要的弱与强的标记。严格遵照作曲家写下的音符演奏，不可在其中随意增添花哨的琶音。
11. 如果未能记住自己的声部，或是造成了混乱局面，第一次罚款四个格罗申，第二次罚款八个。此后可能就会被开除。
12. 未到许可时间不得饮酒或抽烟，否则罚款一个格罗申。
13. 任何正直的人都可以参加音乐会，不过需要支付两个格罗申。
14. 罚款以及其他费用都将纳入慈善基金。
15. 每年将有一场盛宴来庆祝音乐协会的成立。
16. 音乐协会将会不时购入新乐器。成员不得将它们外借。
17. 所有成员都必须参加宗教仪式。乐团的主要目标是服务于他们的主人和邻人。[1]

---

1 Hans Rudolf Jung, *Musik und Musiker im Reußenland* (reprinted 2007), pp. 122–3.

有可能对音乐协会指挥的声名更为倾心,这为他提供了自主权,带来了与德累斯顿宫廷之间自然而然的联系。这些统计数字至少纠正了19世纪的传记作者们关于巴赫的活动和成果有失偏颇的描述,他们过分强调了他的宗教音乐,而将世俗音乐置于无足轻重的位置。

***

莱比锡一连串咖啡馆中的第一家于1694年在施拉夫大厦开业,临近选帝侯在商业中心的临时居所,然而有人称,九年前它在与称为"咖啡树之家"的对手的竞争中功败垂成,后者在今天依然屹立不倒。咖啡树之家的入口处有一座雕像,丘比特正将一杯咖啡递给慵懒的接受者,一个衣着华丽的莱比锡市民,腰部以下为土耳其风格装束。咖啡馆内部曾经挂着一幅油画,描绘了"一个戴着所有能想象出来的配饰的东方人……据说是来自强力王奥古斯特的礼物,1694年,他在此享用了高品质的咖啡(也有人会说,是女主人的盛情招待)"。[1]这些异国风情的装饰以及这种棕色饮料作为催情剂的盛名,无疑让这座城市中的咖啡消费量急剧增加,也解释了为何数家酒馆改作咖啡馆。这里被视为妓女"立足"的最佳场所,尤其是在交易会期间,市议会两度(分别在1697年和1704年)发布法令禁止所有女性进入咖啡馆,无论她们是从事某种工作还是仅仅为了饮用咖啡。显而易见,这几乎没有效果,当时的词典里提到了常客中的"咖啡荡妇":"在咖啡馆中为男人提供服务的可疑而放荡的女人,为他们提供所有想要的服务"。[2]当尤里乌斯·伯纳德·冯·罗尔(Julius Bernhard von Rohr)建议

---

1 Hans-Joachim Schulze, "'Ey! How sweet the coffee tastes'", JRBI, Vol. 32, No. 2 (2001), p. 3. For the alternative view see Burkhard Schwalbach's review of *The Worlds of J. S. Bach in Early Music*, Vol. 38, No. 4 (4 Nov. 2010), p. 600.

2 This is the Nutzbares, galantes und curiöses Frauenzimmer-Lexicon of 1715 (p. 285) by Gottlieb Siegmund Corvinus, a Leipzig lawyer and dandy, who, according to Katherine R. Goodman, is likely also to have

齐默尔曼咖啡屋，标着"2. Örtelische"，得名于店主西奥多·厄特尔（Theodor Örtel），他在1727年买下了这座大厦。

年轻骑士保持警惕，只光顾大城市里那些有着"良好声誉"的咖啡馆时，这无疑是他脑中所想。[1]

尽管有着对严格管理的呼吁，甚至还有选帝侯禁止新建咖啡馆的命令，到1725年为止，又有七家咖啡馆开门营业。[2] 在丹尼尔·邓

---

attended the salon of Christiane Mariane von Ziegler (*Bach's Changing World*), pp. 204, 217.

1　Von Rohr, *Einleitung zur Ceremoniel-Wissenschafft der Privat-Personen*, p. 515.

2　This information, based on a council memorandum to the Elector (Zucht-Armen-und Waisen-Haus,

肯（Daniel Duncan）一本颇受欢迎的论著《对辛辣和刺激性食物及饮品的滥用》(1707)的卷首插图中，展示了上流社会的妇女大胆地团结在一起，在自己家中组成了"咖啡圈"，确保不受阻碍地享用这种饮料。[1] 邓肯解释道，既然这一性别的人"无所事事，（咖啡）代替了一种活动，女人耽溺于咖啡，正如我们纵情于美酒"。[2] 为了确保所有人都理解这一点，邓肯接着让他书中的女人发言："纵使这种饮料将我们送进坟墓／仍不失为时尚之举"。在他的通用词典中，泽德勒断言咖啡使得头脑更为敏捷，增加（暂时的）活力，并且能够"（从你脑中）驱逐迷雾"。然而他也指出了潜在的危险：它会过度刺激感官，令身体变得虚弱，造成一种黄疸病似的外观。过量摄入会造成男人阳痿、女人流产，降低性吸引力。在伦敦，莎士比亚时代偏执而狂热的清教徒不断重申过量消耗蛋糕和麦芽酒造成的损害；在巴赫时代的莱比锡，虔信派牧师认为过量摄入咖啡与在教堂中"滥用音乐"一样应受谴责。咖啡与宗教音乐这两种恶行令虔信派信徒对世俗文化中盛行的过度纵情退避三舍（见第二章）。

莱比锡人对咖啡的偏好——至少与巴赫同龄，并且似乎要成为上流社会中最受关注的癖好——是适宜进行讽刺创作的主题。巴赫那部所谓《咖啡康塔塔》(BWV 211)创作于1734年——恰在一位植物学教授提交了一篇论述过量饮用咖啡之危险的论文数月之后。巴赫选择的剧作家是皮坎德，他曾创作了《马太受难曲》（见第十一章）以及不计其数的康塔塔的唱词。他手边就有现成的唱词，已经有两位其他

9–10v, 12 Nov. 1701) and Codex Augusteus, oder Neuvermehrtes Corpus Juris Saxonici, Johann Christian Lünig (ed.)(1724), Vol. 1, pp. 1, 857–60, is reported by Tanya Kevorkian, Baroque Piety, p. 212. Criticism of a similar kind came from Johann Kuhnau, Bach's predecessor, in 1709; see Arnold Schering, *Musikgeschichte Leipzigs* (1926), Vol. 2, p. 196.

1   Daniel Duncan, *Von dem Missbrauch heißer und hitziger Speisen und Getränke* (1707).
2   Katherine R. Goodman, 'From Salon to Kaffeekranz' in *Bach's Changing World*, pp. 190–218.

作曲家为之谱过曲。皮坎德有一部出版于1725年的对话式喜剧《女性典范》,"为了振奋和愉悦心灵",引入了两个女性: 河马夫人(Frau Nillhorn),宣称她宁可切断手指也不能没有咖啡;李子干夫人(Frau Ohnesafft),警告说"如果我必须度过没有咖啡的一天,晚上你就会发现怀里抱的是一具尸体"。[1]这些是年轻的丽思根(Liesgen)(抑或是她的姑母)的榜样,她在《咖啡康塔塔》中一心违抗她那脾气暴躁的父亲施连德立安(意思为"懒骨头")的空洞威胁。这部作品对于巴赫与他的音乐协会通常的音乐会场地而言堪称完美,对齐默尔曼先生而言显然也是绝佳的宣传。不必有装扮得像巴洛克皇族一般的神,也不需要用纸板剪出牧羊人或牧羊女:家庭中的过失和烦恼就能提供巴赫所需的素材。首先要吸引听众的注意力——不是通过序曲而是宣叙调中的直接呼吁:"请安静吧,停止闲聊,听一听即将发生的事情。"作为一位疲倦的家长,他了解居住在这样的屋子里——充满牢骚满腹的孩子,喧闹的男生宿舍就在一墙之隔的楼上——(并且必须在其中作曲)的一切烦恼:不断翻滚的十六分音符引入了施连德立安像黑熊一般的咆哮,几乎是他自己被惯例束缚的乐思在萌动,渴望冲破藩篱。甚至是"Hudelei"一词上的——一个结合了"烦恼"和"做得糟糕的工作"两层意思的拟声词("自慰"的俚语)——抑扬顿挫也毫无方向可言。

对于一个惯于在宗教康塔塔中讥刺折磨他的教士并暗嘲地刻画肖像的作曲家而言,这部康塔塔的展示真是极为令人愉快。在这位父亲的另一首咏叹调《顽固的女孩真难对付》中,体现了巴赫出色地将教堂与咖啡馆的世界结合起来:尽管有着各种变形,其中棱角分明的固定低音与他在 BWV 3 的第三首中用于描绘"地狱的痛苦与折磨"的极为相似。在性暗示中获得了一种喜剧效果——这对于一个女孩的诱惑

---

[1] Georg Witkowski, *Geschichte der literarischen Lebens in Leipzig* (1909), p. 355.

甚至超过她对咖啡的癖好。接着，在巴赫赋予丽思根的优美而动人的音乐中，你会感觉他是站在她这一边的。在她那两首咏叹调的第一首中，他在文字的重音上有意地模糊，节奏也在3/4拍和3/8拍之间摇摆不定，仿佛她和伴奏的长笛都在想入非非，（像乔纳森·斯威夫特和他的瓦妮莎一样）渴望着某种超过咖啡的甜蜜。巴赫似乎以某种方式忆起了他的堂亲约翰·克里斯托弗的婚礼康塔塔《我的佳偶啊，你多么美丽》中丰富的潜台词和多重双关语。我们曾在第三章中探讨过这部作品。

在施连德立安威胁禁止女儿结婚而最终迫使她放弃对于咖啡的嗜好之后，我们满以为康塔塔就此结束了。而皮坎德出版的剧本（1732）也正是这样结束的——到目前为止，完全是当时典型的男性视角。然而这并非巴赫的想法。他开始为对开本上的第九诗节谱曲，仿佛指向了另一个更为有趣的方向：他并没有让父亲与女儿在最后的二重唱中得到老套的和解，取而代之的是叙事者的回归——这是巴赫的创意，而非皮坎德的。巴赫最初可能计划完全按照皮坎德为丽思根和施连德立安所写的对话进行谱曲，后来才决定要写一首开场的宣叙调来描述情境，同时引起喝咖啡的人关注。然而从此刻开始，他也决心要写一首最终的宣叙调，以及一首为三个角色所写的合唱，告诉听众，正当施连德立安寻觅一位合适的女婿之时，丽思根已经在城里散布消息说她要坚持"婚前协议"——确保她任何时候都有权饮用咖啡。最初的讽刺此时完全倒过来了。第十诗节带来了某种和解——这场家庭喜剧中一种常规结果与更为激进的结果之间的妥协。在合唱曲中，三个角色（父亲、女儿和叙事者）达成了一致："猫儿不会放过老鼠，姑娘也不会放弃咖啡。"他们回顾了嗜咖啡成瘾的母亲和祖母——那么又何必为女儿担忧呢？这与当时的一句谚语不谋而合："好的咖啡必如少女初吻一般炽热，如她第三日的爱一样甜蜜，又如她那获悉真相的母亲的诅咒一般黑暗。"[1]

***

向前回溯，通过巴赫和他的演奏者们所处的位置，我们能够判断出巴赫作为演奏家兼作曲家所拥有的权限。作为管风琴演奏家、羽管键琴演奏家和指挥家，他要如何通过浩瀚的曲目向听众展示自己？在他的职业生涯当中，创作宗教音乐和世俗音乐的现场发生了相当大的变化。在科滕宫廷镜厅里私密的世俗客厅中，一边弹奏羽管键琴，一边指挥精挑细选的同行是一回事，演奏宗教音乐则又是另一回事，无论他是作为管风琴师还是乐长。视觉效果对他的音乐得到的回应有着可观的影响。教堂的布局各有不同。阿恩施塔特的新教堂有着谷仓一样的构造，他作为管风琴师的职业生涯由此起步。在此他处于人们的视线正中，教堂中全体会众都仰望着他。而在魏玛公爵的私人礼拜堂中，位于楼上的乐师席则拥挤不堪，巴赫和他的小合奏团完全在公爵和他的宾客的视野范围之外。这造成了纵向上的声场，音乐仿佛从天国飘下来——象征着神授之音乐高深莫测的完美，也解释了礼拜堂的名字，"天堂城堡之路"。[2]（见图8）

另一个极端，当巴赫在风琴台上演奏时，十二岁的卡塞尔伯爵近距离观察着他，震惊地发现，"他在踏板上迅速移动……仿佛双脚插

---

[1] 每一个德国孩童都熟知卡尔·戈特利布·黑林（Carl Gottlieb Hering, 1766—1853）的咖啡卡农："C-o-f-f-e-e，别喝太多咖啡。这种土耳其饮料不适合孩童，让你神经虚弱，恹恹苍白。别像穆斯林一样放不下咖啡！"

[2] 天堂城堡的这种布局与克里斯托弗·沃尔夫的描述相符，"由物理现象导致的无形存在这一希伯来观念"（Bach: The Learned Musician [2000], p. 339）。这一概念对巴赫极具吸引力，从他在卡洛夫圣经中关于无形之神的存在所作注释中可见一斑。历代志下第五章十三节以这样的文字作结："吹号、敲钹，用各种乐器，扬声赞美耶和华……耶和华的殿有云充满。"巴赫在此处加上了他著名的评论："注意：虔诚的音乐所在之处，神和他的恩泽永远同在。"（见图13）沃尔夫解释道，"音乐促进了上帝的荣光出现在云中，而云显示出上帝的存在。"

康塔塔还是咖啡？

上了翅膀,令管风琴回荡着如此辉煌的声音,雷霆一般穿透了在场者的双耳……乐音消逝的瞬间,他从手上摘下一枚镶着宝石的戒指送给巴赫"。[1] 在德累斯顿、汉堡、哈雷和波茨坦这样的城市中,人们对巴赫的管风琴演奏似乎抱有同样的热情。大卫·耶斯利认为,巴赫对于自己作为管风琴名家带来的视觉奇观,以及自己的演奏对旁观者造成的冲击心知肚明——令人惊叹的机械装置高踞于教堂中,他在上面进行极为艰深复杂的操纵:"所有的管风琴师在掌控这些巨大的乐器时,都享受着一种超越人类界限的力量感,这种感觉在令人瞠目结舌的景象中得到了放大:手脚并用进行演奏常常是一种有氧运动,需要一系列拉伸、旋转、平衡……在音乐制作中绝无仅有的身体技艺。"[2] 事实上,这成为了一种传奇。恩斯特·路德维希·葛伯(他的父亲曾经在莱比锡跟从巴赫学习)曾惊叹于他那超凡的技艺:

> 他的双脚必须以完美的准确度,在踏板上模仿他的双手弹奏的每一个主题、每一个段落。不能缺少任何倚音、波音或是短颤音,甚至不能有丝毫含混。他惯于用双脚演奏长双颤音,而双手也绝不空闲。[3]

对于莱比锡的爱乐者而言,这并非习见之事。巴赫生命中的最后27年都在此度过,当他与自己的雇主陷入争执时,这种权威性可能会助长他的声势。使他有资格获得乐长一职的,正是他作为管风琴演奏名家的声望,而在教堂中演奏管风琴,为听众留下深刻印象则是其他人的职责。莱比锡人几乎没有听说过巴赫——这位当时最为卓

---

1 BD II, No. 410/NBR, pp. 334–5.
2 David Yearsley, *Bach's Feet* (2012), Chapter 8, pp. 271, 261.
3 E. L. Gerber, *Historisch-biographisches Lexicon der Tonkünstler* (1790), Vol. 1, col. 90.

越的管风琴师，也没有看到他精通于"最能引起共鸣、兼收并蓄、强大而高级的音乐技法……（以这种方式）他能够以精彩的演奏和复调的辉煌来打动远处的听众"。[1]在莱比锡两座主要教堂西侧楼座上指挥唱诗班和乐团，处于四分之三会众的视线之外——除非他们扯着脖子看——则是一种完全不同的任务。作为指挥的巴赫可能对他的演奏团体施加了完整而又过分活跃的命令（正如上一章中格斯纳校长亲历的那样，目击者还有那些坐在靠近唱诗席的保留座位和包厢内的富裕市民和议会成员们）；然而在公众的认知中，巴赫作为合唱指挥的角色比起管风琴演奏名家来，权威性要低得多（光芒也要黯淡得多）。

***

在巴赫的时代，教堂依然是莱比锡社会的焦点所在。对于市民而言，教堂是聚会的场所：与上帝相会，也与他们的邻人相会，每周如此，周而复始。三十年战争之后的三十年里，去教堂的人数急剧增长。莱比锡的两座主要教堂，圣托马斯教堂和圣尼古拉教堂，在主日变得日益拥挤。1694年，市议会授权翻修两座废弃的教堂。改作俗用的赤脚修士教堂重新为路德宗所用，在1699年更名为新教堂，并且很快成为前卫的教堂音乐的中心，十年之后，圣保罗教堂又重新成为典范。圣乔治教堂大约建于同一时期，而15世纪的圣彼得教堂则在1712年得以扩建。至此，如教堂条例中所言，莱比锡成为了"教堂之城"，[2]每周有22场带有布道的路德宗宗教仪式可供选择，还有周中的圣餐仪式，以及更多的祈祷仪式。每个主日，"六座教堂中的六座布道坛"都在进行教义宣讲，[3]在两座最大的教堂以及那些次要的小教

---

1 Yearsley, *Bach's Feet*, pp. 265, 276–7.

2 Leipziger Kirchen-Staat, *Das ist, deutlicher Unterricht vom Gottesdienst in Leipzig* (1710).

3 Anton Weiz, *Verbessertes Leipzig; oder die vornehmsten Dinge...*(1728), pp. 2–3, quoted in Günther Stiller,

堂中有着多种多样的选择。大学教堂则占据了另一个小众市场，倾向于为社会不同阶层提供礼拜仪式。[1]教会议会和市议会几乎在一切事情上进行着漫长的权力之争：争端内容从重要建筑作品到不同礼拜仪式的形式和内容，从他们应该进行布道的会众的天性，到赞美诗的选择以及教义问答的最佳方式。在这种已经错综复杂的形势中，来自德累斯顿的选帝侯的周期性干预使得冲突雪上加霜——标志着世俗范畴的地位、性别和财产已经渗入了宗教领域。

主日礼拜，或称"Hauptgottesdienst"，在圣托马斯教堂和圣尼古拉教堂之间交替进行，构成了一周当中最为重要的宗教及社会事件，从当天早晨七点钟开始，持续四个小时。即使在今天，九千名城市居民（城市总人口约为三万人）在主日礼拜中聚集于两座主要教堂中——一旦满员，就会分散到那些小教堂里，或是被迫参加更晚时候的礼拜仪式——那些场景依然能够打动我们。这为巴赫提供了他曾有过的最大规模的听众——两千五百名会众就坐于长凳上，此外还有能够容纳五百人的加座和站立空间，而"普通妇女"（这里指非贵族妇女）坐在通往包厢或楼座的楼梯上。[2]而即将演奏康塔塔的时候，教堂里实际上又会有多少人呢？我们很快会看到，这正是许多信徒颇有戏剧性派头进场的时间。

莱比锡的两座主要教堂有着歌剧院般的布局，根据社会阶层排列。较为重要的座位（独立的椅子或席位，配有锁和钥匙）呈矩形排布，与简朴的长凳对比鲜明。直到18世纪60年代，根据世俗的继承规则，这些座位在家族中一代代流传下去（与今天重要的意大利歌

J. S. Bach and Liturgical Life in Leipzig, Robin A. Leaver (ed.) (1984), p. 44.

1　Kevorkian, *Baroque Piety*, pp. 198–222.

2　这些数字并不包括仆人以及其他工作人员，他们只能参加简短的正午礼拜，"他们不可参加早晨的礼拜，可能是由于缺少座位或者站立的空间，也可能出于必要而可允许的工作"（Adam Bernd, *Eigene Lebens-Beschreibung* [1738], pp. 96–7）。

剧院、伦敦阿尔伯特音乐厅和温布尔顿的做法相同），可以出租或出售，换取可观金额。这里体现出阶级、职业和性别的分隔——女士坐在一楼，这些最为令人向往的座位离圣坛上的牧师最近，而男士则大多在楼座（与犹太教堂完全相反）。这样一来，那些最为显赫的市民和上流社会的家族就被分开了，散布在整座教堂中；而对于普罗大众，则只有在后面站立的空间。

长椅尽管严格说来是教堂的财产，却被视为地位的象征——住宅所有权是"拥有"长椅的先决条件，有着详细的规章说明，头衔如何从一个持有者移交给下一个持有者。从17世纪60年代起，传统上保留给无产阶层的区域逐渐被市议员们据为己有，他们将现有的长椅封闭起来，构建自己的包厢，通常都有独立的入口，这样一来他们和家人就可以坐在一起而不必与普通教友有任何接触——这违反了路德关于同邻人一起崇拜上帝的训诫。这绝不仅仅是信众的简单聚会，也远非在神面前人人在精神上平等的场合，两座主要教堂的内部设计以及座次安排的社会分化，与路德宗会众为了共同礼拜的唯一目的而聚集在一起的观念公然相悖。每一座重要教堂中都建起了超过三十个包厢，有些配有私人图书馆和火炉，简直就是这些社会精英的第二居所。亚当·贝恩德（Adam Bernd）描述了显赫的市民在他们包厢隐蔽的座位上肆无忌惮地高声交谈甚至放声大笑。想来在康塔塔演奏期间他们也有着同样的表现。在戈特舍德的《理性的女人》（1725）中，一个女性角色这样刻薄地评论另一个角色，"如果没有自己的包厢，我怀疑她根本不会去教堂，因为只有这样才能关上窗户来避开普通人散发的粗俗气息。"[1]

主日礼拜包括了所有传统要点，比如在圣餐仪式上走向祭坛，全

---

[1] Gottsched, No. 9, Feb. 1725, p. 68, quoted in ibid., p. 73.

体起立唱赞美诗的提示,系着铃铛的奉献袋轮流传递——从钱包中获取硬币的一种暗示性方式,可能也很有效。会众合唱众赞歌的水准也有着天壤之别,可能令人惊叹(1629年在乌尔姆),也可能不堪入耳(1637年在包岑)。根据1703年的史料,"这常常是彻底的混乱:有些人唱得快,有些人唱得慢;有些人音调高,有些人则音调低。有人在二度上唱着,其他人却在四度上,这个人在五度上,那个人在八度上,每个人都随心所欲。完全没有秩序,没有节奏,没有和声,没有涵养,大部分时候都是一团糟。"[1] 到了库瑙和巴赫依次在莱比锡掌舵之时,水准可能超出了平均值;然而我们无法确知。虔信派会认为:繁复的华丽音乐将礼拜者拒之千里,使他们成为被动的旁观者,神游于教堂之外,而会众合唱令他们成为积极的参与者,因而更加虔诚?有人甚至寻求圣奥古斯丁的支持:"当一首歌令我快乐的程度超出令我感动的程度时,我就应该受到谴责,宁可从未听过这首歌。"[2] 华丽音乐的现代支持者无法完全驳倒这一点:他们坚持认为它的目的在于"以优雅而宜人的方式指导听众"(博克迈尔[Bokemeyer]),"启发听众"(席伯)以及触动他们的情感(马特松)。1721年,戈特弗里德·埃夫莱姆·沙伊贝尔对风格统一问题作了简洁的说明:"歌剧里令人愉悦的曲调在教堂中也能有同样效果,只不过是另一种目的的快乐"[3]——这绝非普遍认同的观点。绝大多数人都需要被劝进教堂——沙伊贝尔坚持认为这是一种有效的诱导。与流行娱乐相关的音乐风格渗透了教堂,这在整个18世纪20年代不断招致更多的反对。常居于柏林的乐长马

---

1 See BJ b (1988), pp. 7–72, and Peter Wollny's preface to his edition of Version IV of the Johannes passion (2002).

2 St Augustine, *Confessions*, Book 10, quoted by Christian Gerber, *Die unerkanten Sünden der Welt* (1712), Vol. 1, Chapter 81, trs. Herl, *Worship Wars in Early Lutheranism: Choir, Congregation, and Three Centuries of Conflict*, pp. 123, 202.

3 Irwin, 'Bach in the Midst of Religious Transition', pp. 115, 237–8.

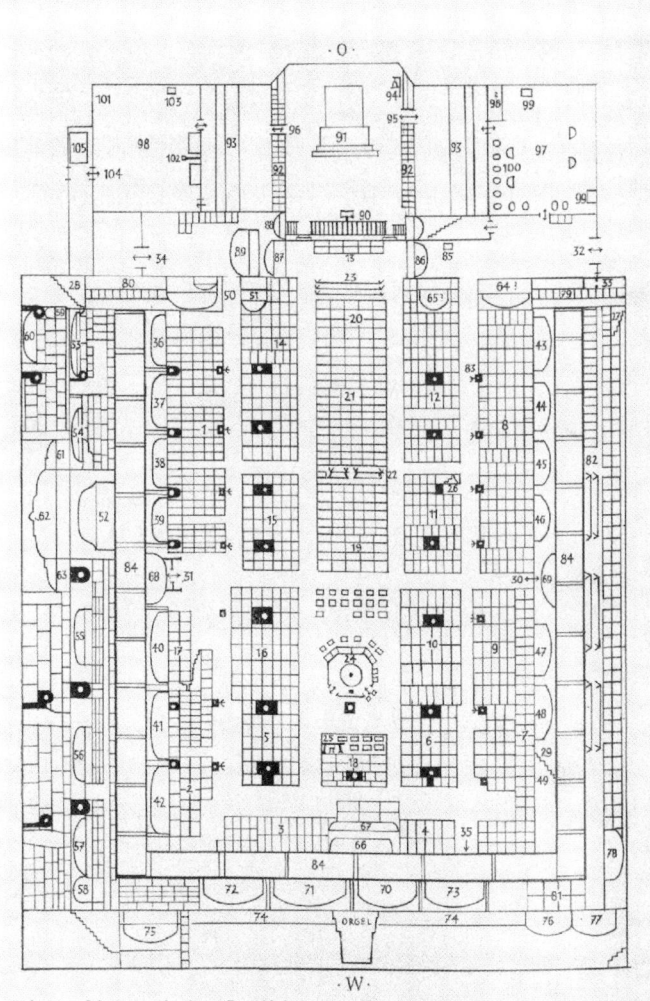

Abb. 11a: Schema nach dem Gestühlplan von 1780. Zeichnung von Lotte Schumann

58

这幅座位排列复原图显示出呈矩形的保留席位以及分配给唱诗班的宽敞的隔间（Nos. 70–73）。
(Arnold Schering, *Johann Sebastian Bachs Leipziger Kirchenmusik, Studien und Wege zu ihrer Erkenntnis*, Breitkopf & Härtel, 1954.)

丁·海因里希·福尔曼（Martin Heinrich Fuhrmann）强烈抨击了"将意大利歌剧式的'轻乳酪'（换言之，无聊的东西）塞进宗教音乐"的作曲家。他将这种作品比作"猪肉和牛肉的串烧"以及"意大利式的灵魂香肠"，充塞着腐烂的驴子或骡子肉，以毒害德国新教教会。[1]

更为严重的问题则是与会信徒普遍迟到早退的习惯。约翰·弗里德里希·莱布尼茨于1694年记录道，在礼拜仪式开始时，莱比锡的教堂里"空空荡荡"，据克里斯蒂安·格伯所言，在将近四十年后，这仍习见于整个萨克森。为了解决这个问题，教会条例发布，它指定了引座员，来防止人们在布道之后"像牲口一样"冲出去；要求牧师劝诫那些不按时进教堂唱赞美诗、在外徘徊到牧师登上布道坛那一刻的人。似乎莱比锡城市精英中越是时髦的人——尤其是女士——越是以姗姗来迟为傲，甚至会晚到一个小时。根据格伯的说法，这是因为他们太懒惰而不想早早起床，这些女士耗费了太多时间在更衣、梳妆和享用咖啡上，而"普通人"则在去教堂之前已经工作了一阵子。[2,3] 她们招摇炫耀地进入教堂，正赶上布道时间，引起楼座上男士们的集体注视，无可避免地造成了随之而来的致意——脱帽、鞠躬、握手等等。与之相伴的喧嚣恰与布道音乐，特别是巴赫的主日康塔塔重合在一起。

戈特舍德讽刺一位年轻女士从她的长椅上将鼻烟递给她的仰慕者，[4]而冯·罗尔则斥责年轻男子们旁若无人的失礼：他们同样迟到、

1　M. H. Fuhrmann, *Die an der Kirchen Gottes gebaute Satans-Capelle* (1729), pp. 41, 45, quoted in Bettina Varwig, 'Seventeenth-Century Music and the Culture of Rhetoric', JRMA (2007), p. 33.

2　Christian Gerber, *Historie der Kirchen-Ceremonien in Sachsen* (1732) pp. 352–3, paraphrased in Kevorkian, *Baroque Piety*, p. 34.

3　Tanya Kevorkian (*Baroque Piety: Religion, Society, and Music in Leipzig 1650-1750* [2007], p. 24) 提到了莱比锡的教堂中这种不合宜的奢华与时尚。1742年时，议员们表达了对于钟形裙的忧虑，过于宽大的裙摆可能会导致女士们在洗礼池旁边的柱基上跌倒而受伤。('Kirche zu St. Nicolaus Verordnungen und Nachrichten...' [1740–83], *Stadtarchiv Leipzig*, Stift. IX.B.4)

4　Kevorkian, *Baroque Piety*, p. 24.

交谈、睡觉，在祈祷中以抱怨和叹息干扰邻人，阅读信件或者报纸——这种行为他们在歌剧院里都会深恶痛绝。[1]会众有着在音乐中交谈的习惯。为数众多的士兵和临时工人站在教堂后方，他们对此负有很大责任（作为"暂居者"，法律禁止他们租用长椅）。在荷兰艺术家的画作中有着视觉艺术上的对等物，例如伊曼纽尔·德·维特（Emanuel de Witte）和亨德里克·凡·瓦利特（Hendrick van Vliet），后者画过在代尔夫特（Delft）重新粉刷过的老教堂中撒尿的狗。在众人瞩目和实况报道的背景下，纸飞镖和其他东西从楼座上扔给楼下的女士，中意的年轻女子暗送秋波，甚至连狗也在教堂里疯狂地奔跑，我们会觉得基本没人听音乐。[2]

巴赫在宗教康塔塔中采用了为数众多的惊人技巧，在听众毫无准备的情况下抓住他们的注意，其中有两个例子脱颖而出。1724年10月15日这个主日见证了《我该飞去哪里？》（BWV 5）的诞生。在坚定的男低音咏叹调中，小号伴奏的难度令人生畏，刻画出驱逐"地狱魔军"的方法。巴赫可能认为，这种对于自由和胜利的断言，伴随着不断重复的命令"请安静"，足以打击任何招摇入场或是在仪式中途问候邻人的迟到者。六个月后，他对末尾进行了更加微妙的变化，使之成为一首双众赞歌赋格，用在圣灵降临节康塔塔《神爱世人爱到极处》（BWV 68）的结尾。圣约翰毫无掩饰地将整个世界划分为信徒和

---

[1] Von Rohr, *Einleitung zur Ceremoniel-Wissenschafft der Privat-Personen*, pp. 258-9, 263.

[2] 1722年颁布的一项选帝侯法令，在第二年里又重新发布了两次，试图翦除"扰乱宗教仪式的行为"造成的威胁，包括"在布道中不合宜的走动以及从楼座向楼下的女士扔东西"（Christoph Ernst Sicul, Annalium Lipsiensium, Sectio XVII [1724], pp. 207–8）。一位虔信派教徒向告解神父写道，"在礼拜仪式中，尤其在圣餐仪式期间，过度奢华的裙子、老式风格和举止、推搡争抢以及这一切所唤起的羡慕和嫉妒会造成公众的耻辱和憎恶"（Johann Christian Lange in Archiv der Franckeschen Stiftungen, Halle, D 57: 42–77, 55 [1695]）。一位议员抱怨"年轻人和其他无用的乌合之众"躲在包厢后制造噪音。这些都是坦雅·凯沃尔基安（Tanya Kevorkian）研究过的关于会众干扰他人的论题的文献。

康塔塔还是咖啡？

怀疑者，与此相随，巴赫的对位方式则充满了被压抑的能量和创造性。在接近结尾处，他突然将第一主题用在新出现的谴责式唱词上："因为他不信神独生子的名"——一次高亢、一次柔和地唱出。这种突兀的结尾似乎蓄意要带给会众强烈的冲击，因为他们期待着传统的众赞歌来圆满结束，在严厉的谴责之后将他们轻松地带回现实。巴赫给人当头棒喝。

***

在当权者看来，在宗教仪式中插入"这种音乐"会有一种风险——如果音乐过长（或者在教士看来太有娱乐性、太过轻浮或是太"歌剧化"），可能会分散对上帝之言的关注，并且为骚乱和各种不守规矩的行为提供托辞。官方命令在所有主日和节日期间，城市大门都要关闭，因此往来车辆都停滞了，步行者的出入也受到了限制，这进一步证明了对于社会秩序崩溃的恐惧。直到1799年，我们还听说，"在礼拜仪式期间，大街小巷中的铁链封锁了教堂的入口以排除一切干扰因素"[1]，然而我们不清楚这是表面上确保礼拜期间安静的氛围，在那些法定的"禁食、忏悔和祈祷的日子里"，"促进虔诚"[2]，还是出于对无法（或者不愿）做礼拜的人造成公众骚乱的恐惧。1728年，巴赫在给市议会的信中这样写道："除了合奏音乐（例如康塔塔）以外，需要演唱冗长的赞美诗，举行神圣的宗教仪式，还要面对各种各样的骚乱"。[3] 他是否狡猾地迎合了他们那众所周知的对于被音乐延长的宗教仪式的反感，还有他们对于聚众骚乱的恐惧？[4]

---

1 F. G. Leonhardi, *Geschichte und Beschreibung der Kreis- und Handelsstadt Leipzig* (1799), pp. 424–5, quoted in Stiller, *J. S. Bach and Liturgical Life in Leipzig*, p. 63.

2 *Leipziger Kirchen-Andachten*, J. F. Leibniz (ed.) (1694), pp. 91–2, reproduced in ibid., p. 63.

3 BDI, No. 19/NBR, p. 138.

4 两个半世纪之后，在1989年10月，700名党员和国家安全局成员全副武装进入圣尼

＊＊＊

关于在音乐厅和宗教仪式中举止得体的现代模式，承袭自19世纪的传统，这对于评估巴赫的音乐在当时引起的反响毫无帮助。它们使我们以错误的视角看待巴赫的莱比锡会众的习俗，守时和安静聆听在当时都未被视为社交礼节的需求。马丁·路德毫不含糊地使聆听过程变得神圣化，他坚持道：上帝之言并不是文本，而是即将听到的声音，或者说歌声：歌声是上帝之言的灵魂。但他惋惜地说，"我们并未用心聆听，即使在整个世界和万物向我们呼唤时，即使在上帝向我们许下神圣的诺言时。"[1] 他还批评了那些仅仅"一起歌唱或诵读诗篇，仿佛这与我们毫无关系的人；我们应该用心诵读和歌唱，让我们因而改善自己，让我们的信仰更加牢固，让我们的良知在一切困难中得到慰藉。"[2] 因此，真正的聆听是一种神圣的活动，令我们触到神的恩典："在聆听一部音乐作品时，我们听到的不仅仅是作曲家的声音，同时也听到了我们自身的共鸣，这是我们向作品的灵魂作出的回应，是对它所主张并且试图用以改变我们的真理的响应。"[3] 我们好奇巴赫时代的神职人员是否同样强调这一主题。对于那些关注康塔塔胜于布道的人，我们怀疑，牧师可能会回敬道，对上帝之言的宣扬是宗教活动的顶峰，而音乐则只是它的（并不总是顺从的）侍女。

为了满足聚精会神的听众，巴赫似乎用尽浑身解数来发挥自己的想象才能。在依靠他们积极参与时，他一定发现了极为令人沮丧的漫

古拉教堂。尽管颇感惊奇，克里斯蒂安·弗瑞尔牧师（Christian Führer）还是将他们迎入了他的教堂，为他们进行了一场关于"登山宝训"（"和平的人有福了"）的动人布道。令国家安全局感到惊讶的，是布道本身还是随后手持蜡烛的和平游行？我们只能猜测。

1　WA, Vol. 46, p. 495.
2　WA, Vol. 5, p. 46.
3　Bernd Wannenwetsch, 'Caritas Fide Formata', *Kerygma und Dogma*, Vol. 45 (2000), pp. 205–24.

不经心的迹象。马特松以亲身经历为素材写道,"大多数听众都是尊重艺术的无知者。当我知道如何将一部艺术作品遮蔽于他们的耳朵,以致当他们听到却甚至根本不知晓时,我立下了多么伟大的功绩!这是何等奇迹!正如一个毫不知情就着酸菜吞下价值六塔勒的烤金丝雀的农夫,事后宁愿自己吃的是满满一肚子烤猪肉!"[1]出于对听众的蔑视而运用各种巧妙手段并非巴赫的风格。和马特松不同,他可能并不在意听众能否领会他的音乐中的复杂性,只要他们不从内容中分神就好。当他想要这么做时,完全有能力为会众提供颇具可听性的音乐,他的康塔塔就是明证。

此处有种怪异的讽刺。我们不由猜想,热切的聆听者、爱乐者以及严肃的信徒,会被礼拜仪式中无时不在的喧嚷激怒,他们对音乐的享受又被虔信派牧师脸上不满的表情压抑了。然而在咖啡馆里,在这种世俗(有人可能会说有道德问题的)环境中,更优秀且更有鉴别力的听众会关注音乐。[2] 咖啡馆音乐会可能也缔造了塞内卡的格言所概括的德国世俗道德的组成部分,这句格言后来被格万特豪斯管弦乐团所用。从附近的代利奇(Delitzsch)的其他音乐协会的音乐会礼仪中,我们看到,听众们应当"记住(而不用特别告诫)良好的举止要求他们停止纸牌游戏,以及其他一切可能会对音乐协会造成干扰的娱乐活动"。[3] 耶拿大学的一位学生对此极为关注,唯恐由于"令我极度厌恶的野蛮的豪饮",而使他的朋友们在当地音乐协会的演奏受到侵损。[4]

---

1   Johann Mattheson, *Critica musica*, Band I (Apr. 1723), p. 347.

2   与在奥格斯堡一样,他们中可能包括教堂会众的成员,觉得自己需要比教堂中更多的音乐(或是更安静的氛围)。克里斯蒂安·加布里埃尔·费舍尔(Christian Gabriel Fischer)在他于 1731 年造访莱比锡之后这样记录道。(Nathanael Iacob Gerlach, Zwölffte Reise durch die mehresten Kreise Teutschlandes...Hoffe durch Christian Gabriel Fischer vom 3 April 1731 bis 12 Octobr 1731)。

3   Winfried Hoffmann, 'Leipzigs Wirkungen auf den Delitzscher Kantor Christoph Gottlieb Fröber', *Beiträge zur Bachforschung* (1982), Vol. 1, pp. 72–3.

4   Johann Christian Edelmann, *Selbstbiographie* (1749–52), facsimile reprinted 1976, p. 41.

9. 托马斯学校和托马斯教堂，1723 年

约翰·戈特弗里德·克鲁格的这幅版画展现了近在咫尺的学校和教堂。巴赫的私人住所距学校建筑仅一箭之遥，后者是他作为乐长的职责之核心所在。然而作为城市的音乐指导，他要兼顾规模更大的尼古拉教堂，这座官方城市教堂在七分钟步行距离以外，此外，他的音乐创作活动同样扩展到了这座城市的城墙内外。

a. 亚伯拉罕·克里斯托弗·普拉茨

（1658—1728）

作为市民党领袖及尼古拉教堂专员，普拉茨从1705年起任市长，直至离世。他反对巴赫作为托马斯教堂乐长的候选人资格，也是托马斯学校的新规章及无视音乐才能招收贫穷孩童之制度的推动力量。

b. 哥特弗里德·朗格

（1672—1748）

朗格是莱比锡专制宫廷党的领袖，自1719年起直至离世一直是托马斯教堂的专员。在普拉茨死后，朗格成为市长。他起初是巴赫坚定的支持者和保护者，是后者生于莱比锡的第一个儿子的教父，然而在患了严重的疾病之后，他不再那么支持巴赫了。

c. 阿德里安·斯特格

（1662—1741）

斯特格比朗格年长十岁，同属专制宫廷党。作为市长，他始终处于朗格的阴影中。他反对巴赫的候选人资格，并且是他最为严厉的批评者，他在1730年预言既然"这位乐长无所作为，破裂即将到来。"

10. 托马斯学校和托马斯教堂，1749 年

这幅彩色版画展现了远处经过翻新和扩建的托马斯学校（1731—1732），恰位于教堂的左侧。

11.（下图）六任莱比锡市长

d. 克里斯蒂安·路德维希·施蒂格利茨（1677—1758）

身为律师的施蒂格利茨在1729年被任命为托马斯学校督学，他促成了学校的入学新规，并且在任命 J.A. 欧内斯蒂（一个亲密盟友，也是他的孩子们的家庭教师）为联合校长而后成为校长上起到了推动作用。他在1741年接替斯特格担任市长。

e. 雅各布·伯恩（1683—1758）

伯恩在1728年接替普拉茨担任市民党领袖以及尼古拉教堂专员。1730年，他领导了一场运动来剪断巴赫自由的羽翼，以巴赫"无心工作"为由恢复他在托马斯学校的教学职责。伯恩于1748年接替朗格担任高级市长。

f. 哥特弗里德·威廉·屈斯特纳（1689—1762）

最初在1741年，屈斯特纳最有希望成为斯特格的继任者，然而他在1749年才成为市长。他成功阻断了施蒂格利茨连任托马斯学校督学。他的妻子是巴赫的女儿伊丽莎白·尤利亚娜·弗里德里卡的教母。

J. N. J.

Die Heilige Bibel

nach S. Herrn D. MARTINI LUTHERI
Deutscher Dolmetschung/ und Erklärung/
vermöge des Heil. Geistes/
im Grund-Text/
Richtiger Anleitung der Cohærentz,
Und der gantzen Handlung eines jeglichen Texts/
Auch Vergleichung der gleichlautenden Sprüche/ enthaltenen
eigenen Sinn und Meinung/
Nechst ordentlicher Eintheilung eines jeden Buches und Capitels/
und Erwegung der nachdrücklichen Wort/ und Redens-Art
in der Heil. Sprache/
sonderlich aber
Der Evangelischen allein seligmachenden Warheit/
gründ- und deutlich erörtert/
und mit Anführung
Herrn LUTHERI deutschen/ und verdeutschten Schrifften/
also abgefasset/
daß der eigentliche Buchstäbliche Verstand/
und gutes Theils auch
der heilsame Gebrauch der Heil. Schrifft
fürgestellet ist/
Mit grossem Fleiß/ und Kosten ausgearbeitet/
und verfasset/
von
D. ABRAHAM CALOVIO,
Im Jahr Christi cIↄ Iↄc XXCI.
welches ist das 1681
5681ste Jahr/ von Erschaffung der Welt.
Zu Wittenberg/
Nicht uns HERR/ nicht uns/ sondern deinem Namen gib Ehre/
umb deiner Gnade und Warheit!

Gedruckt in Wittenberg/ bey Christian Schrödtern/ der Univ. Buchdr.

12.（对页）卡洛夫圣经

著名的十七世纪正统派神学家亚伯拉罕·卡洛夫（1612—1686）是德文版圣经（Die Heilige Bibel）的编者，这部对圣经的详细评注以路德的著作和翻译为依据。目前尚无法确知巴赫获得这本1681年版圣经的确切时间，而这本书是在1934年被重新发现的。扉页右下角的花体字"JSBach1733"可能只表明他对藏书进行重新编目的时间。

13.（下图）虔诚的音乐与上帝的恩典

从巴赫对卡洛夫圣经的这段注释中，可以清楚地看出他选择了能以圣经来为他的职业和音乐艺术辩护的段落。卡洛夫以"神的荣耀出现在美妙的音乐中"来开始历代记下第五章的一个段落，巴赫对此做出回应，评论了音乐创作的形上之维："注意：虔诚的音乐所在之处，神和他的恩泽永远同在。"换言之，音乐创作本身就引出了神的在场，如果它是 andächtig 的——虔诚而投入的。（巴赫对卡洛夫圣经的评注图片由密苏里州圣路易斯肯考迪娅神学院图书馆提供）

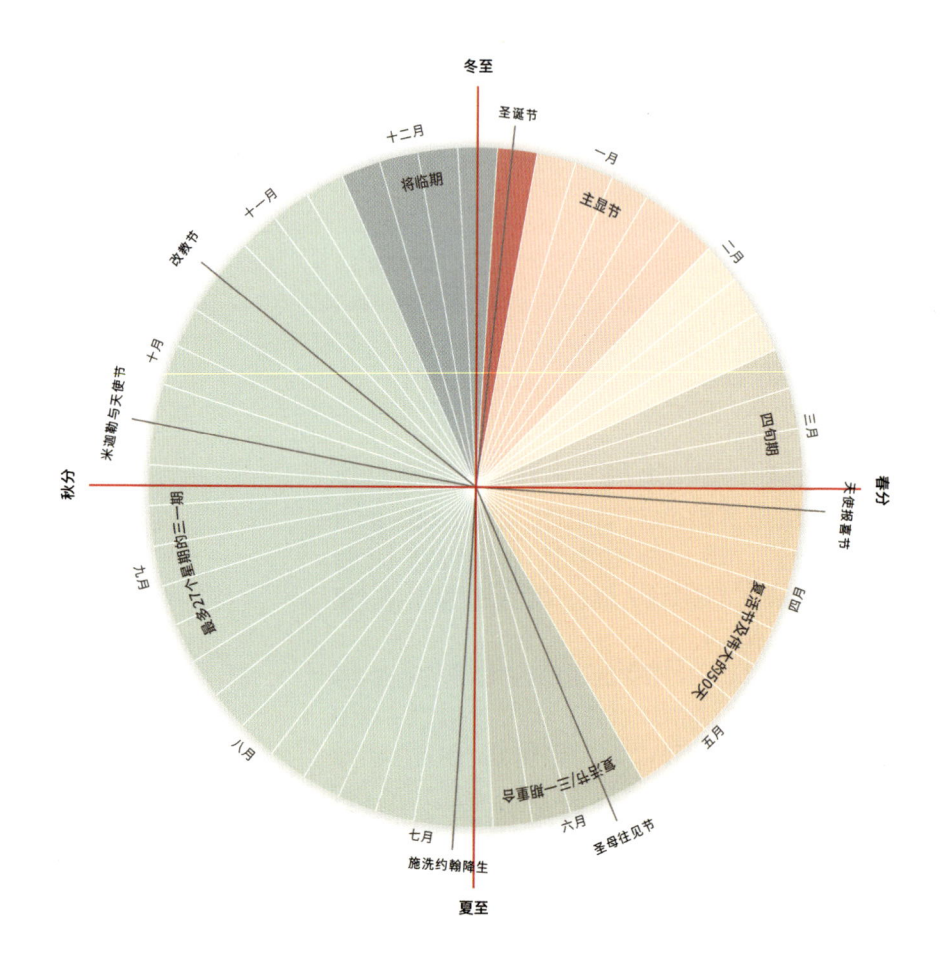

14. 路德宗礼仪年

复活节是春分月圆后的第一个主日。日期可能落在 3 月 22 日至 4 月 25 日之间，继而决定了圣灰星期三、四旬期、圣周、耶稣升天节和圣灵降临节的日期。将临期始于 12 月 25 日之前的第四个主日，包含在 11 月 27 日至 12 月 3 日之间。

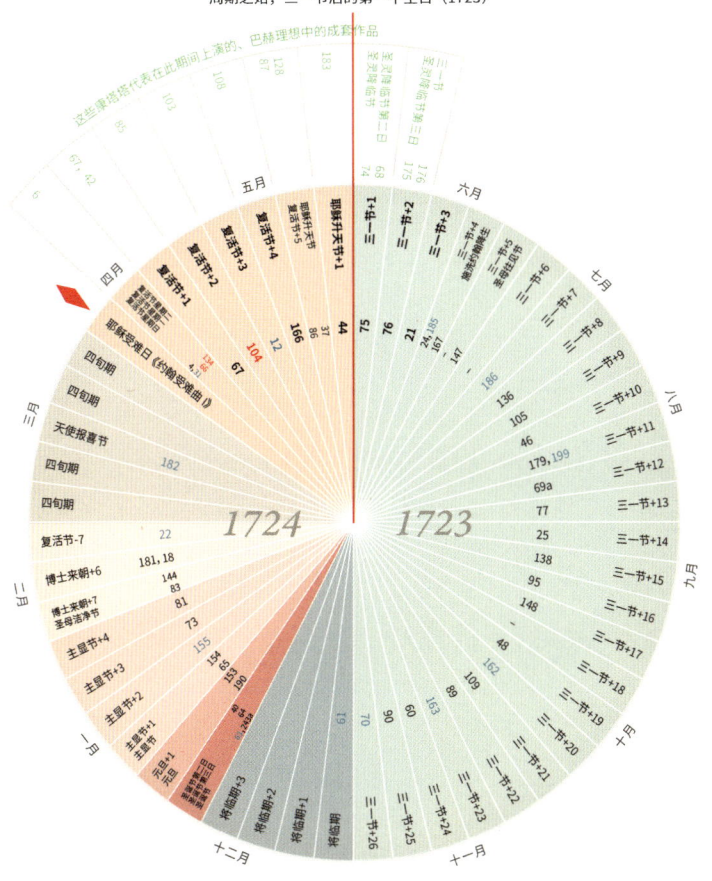

15. 巴赫的第一轮莱比锡康塔塔，1723—1724

1724 年的复活节时间较晚，这意味着圣灵降临节和三一主日与上一年的三一节后第一个及第二个主日时间重叠，于是需要纳入下面这些康塔塔以使周期完整：

圣灵降临节	1724	172, 59
圣灵降临节第二日	1724	173
圣灵降临节第三日	1724	184
三一节	1724	194, 165

第一轮康塔塔在 1724 年复活节前后被打断，外圈绿色部分代表巴赫后来认为归属于（并且完成了）第一个周期的康塔塔。

凡例

作品编号用不同颜色标识：

黑色　新创作的作品
蓝色　早期作品重新上演
红色　科滕时期创作的世俗康塔塔的模拟式改编
绿色　巴赫理想中的成套作品

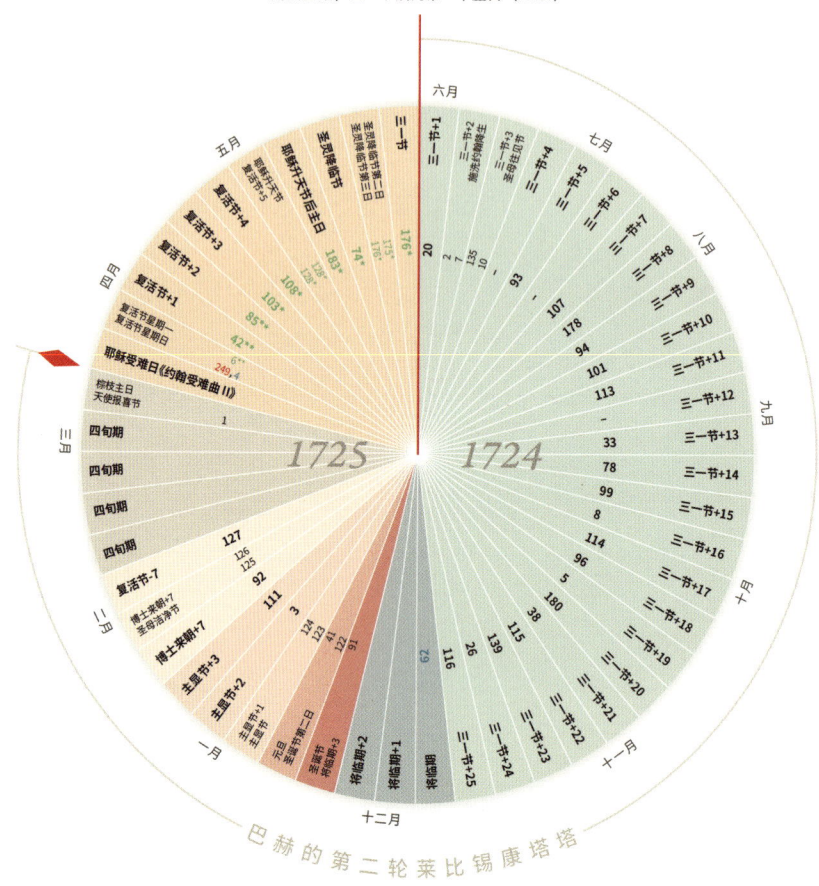

16. 巴赫的第二轮莱比锡康塔塔，1724—1725

凡例

作品编号用不同颜色标识：

黑色　新创作的作品
蓝色　早期作品重新上演
红色　科滕时期创作的世俗康塔塔的模拟式改编
绿色*　由克里斯蒂安娜·玛丽安娜·冯·齐格勒作词的一系列九部康塔塔，很可能计划作为 1724 年复活节后的《约翰受难曲》（第一版）的续篇，然而巴赫直到 1725 年春才完成这些作品
绿色**　与 1724 年同时期的五部康塔塔极为类似的三部新康塔塔，但直至此时才谱好音乐

听众将会经历"最为愉悦的瞬间","音乐在寂静中甜美悦耳。沉默的意志统御于此,静谧无处不在。"[1]另一个讽刺之处在于,巴赫的音乐几乎总是在世俗音乐会环境中演出,然而在他身后却披上了宗教的外衣。这包括19世纪以来的德国听众为巴赫音乐镀上的神圣光环,无论是在教堂之内还是之外(时至今日的管风琴独奏会上亦是如此)。

这显然不仅仅是当时欣赏习惯的区别——"专注"(教堂中)与"消遣"(咖啡馆里)之别,或是漫不经心与全神贯注之异。情感学说沿用已久的观念认为,音乐的作用就是唤起作曲家、演奏者和听众的情感,无关乎场合。[2]出席音乐演出是一种社交行为,但并不意味着这样的聆听就是肤浅的;[3]或者由于很多人都是行家,就会无意识地倾注神圣的高度关注(尽管有人认为这正是恰当的态度)。从约翰·安德烈斯·克拉梅尔(Johann Andreas Cramer)于1743年在莱比锡听完"伟大的音乐会"后的描述,我们可以看出两种原因兼而有之:

> 这个团体在冬天每周聚会一次,夏天则是两周一次。他们聚会场所的室内装饰极有品味,令人赏心悦目而不喧宾夺主,以任何可能的方式确保参与者感到轻松。根据行家的看法,这个团体在成员和曲目的选择上都极有尊严,前者以他们的技艺为群体锦上添花,后者则来自于最为著名、最为伟大的大师。尽管这个组织不允许整个城市都参与他们的活动,却乐于接受良好的举止和礼节,他们允许这些人的参与,既无私又大度。
>
> 在他们的聚会中,贯穿始终的专注值得一提。所有声部都诉诸

---

[1] From a poem by Christian Friedrich Hunold (known as Menantes) on the subject of a collegium musicum performance in 1713 (Christian Friedrich Hunold, *Academische Nebenstunden allerhand neuer Gedichte* [1713], pp. 69–72).

[2] Peter Gay, *The Naked Heart* (1995), p. 13.

[3] Stauffer, 'Music for "Cavaliers et Dames"', p. 137.

于和声的美感，唤起心中种种激情，并且需要绝对的专注，如此一来效果才不会遭到破坏。只有保持演出中的绝对安静，才能满足那些有所追求的听者。对于一个鉴赏家而言，他那训练有素的耳朵不愿错过格拉赫的小提琴上任何一次击弦，任何噪音——无论多么微弱——都是无可忍受的。在一部杰作中，没有任何音调是无足轻重的，漏过任何一个小节都会剥夺作曲家想要赋予我们的很大一部分愉悦。当我专心聆听音乐时，问问题的人令我无比恼怒，仿佛他们在嘲弄我，而我也毫不留情地认定，这些不专心听音乐的人缺乏情感和品味。

对于最近一场音乐会上坐在我近旁的人，我无法掩饰自己的恼怒。尽管他曾在其他场合称赞过我的写作（不过此时他没有认出我），我依然无法原谅他。他在音乐演奏过程中的漫不经心，摧毁了我对他的信心。我正襟危坐，整个灵魂在音乐中找到了秩序，而愉悦感得以找到敞开的路径，钻进我身体中每一条裂隙。兰德福格特先生（Landvogt）的一段长笛独奏，将我带入心灵的狂喜状态，而我也准备好彻底在音乐中沉醉，沉浸于喜悦之中，正当此时，这位自负的邻居突然凑近我的耳边，驱散了温柔而迷人的曲调，问了我一个众所周知的问题："你有没有听说博凯塔（Bochetta）又被攻占了，土耳其人有望再次在欧洲省份集结？"我平静的狂喜遭到打扰，这激起了一阵狂怒，我的回答可能让他觉得我对政治一无所知。我极度急促地对他说："不知道！"[1]

尽管克拉梅尔的描述有着强烈的倾向性，却恰恰是我们所缺乏的资料——关于巴赫的宗教音乐及其在当时激起的反响。这至少提醒我

---

[1] Johann Andreas Cramer, *Der Jüngling, Achtes Stück* (eighth issue) (1747–8), pp. 108–23.

们，音乐从根本上依赖于某种程度的安静以及听者倾听的能力。约翰·巴特将聆听划分为三个密切联系的类型。第一种例证了"几乎所有音乐都面向听者的本质"；第二种体现了"多种特别面向听者的音乐"；第三种则与"在聆听体验中创造了一种独特的自我意识的听众"相关。克拉梅尔显然属于最后一种类型。尽管难于捉摸、颇具争议并且难以界定，第三种类型意味着"'内在的'或者'含蓄的'听者的理念，他们隐伏在音乐似乎已经拼合在一起的道路上"。[1] 对于巴赫以及他为一些听者带来的影响，情况似乎尤为如此。"路德宗崇拜的大部分特征，"巴特坚持道，"目的在于使听众不仅投入到适于当日的圣经事件、故事或教义的直接体验中，也同基督的献身建立了联系并认真对待。"如我们之前所见，音乐似乎"为听者的存在量身定做"。[2]

在巴赫过世多年之后，虔诚地欣赏音乐的习惯才会从教堂（如果它真的在某种程度上一以贯之存在过）渗透到音乐厅里。在歌德以及其他具有良好音乐素养和安静内省习惯的听众出现之前（彼得·盖伊所称的"为了心理上 [有延迟而更高级] 的回报而自我克制的19世纪理想"），格鲁克、莫扎特、罗西尼和施波尔（Spohr）这些风格各异的作曲家们都不得不忍受不断的交谈、纸牌游戏和啜食果汁冰糕的声音，同时还有人们在音乐进行时频繁出入。同时，贵族们对资产阶级热衷音乐活动的习惯大肆奚落，没什么比"像街头小贩或是刚下船的外地人一样听音乐更加可鄙"，当时一位法国作家这样写道。[3] 听音乐

---

[1] 正如我们在下一章里以及巴赫宗教康塔塔语境中将要看到的那样，我们能够与约翰·巴特一道推断出，"音乐只有采取特别的手段，并且与已有叙事的需求背道而驰，才具有独立的叙事功能"(John Butt, 'Do Musical Works Contain An Implied Listener?', JRMA, Vol. 135, Special Issue 1 [2010], pp. 8–10)。

[2] John Butt, 'Do Musical Works Contain An Implied Listener?', JRMA, Vol. 135, Special Issue 1 (2010), pp. 5–18.

[3] Jacques Rochette de La Morlière, *Angola: Histoire indienne* (1746), Vol. 1, p. 69, quoted in Gay, *The Naked Heart*, p. 15.

时正襟危坐完全是自然的，而"安静地专注于音乐表演是对基本的人类冲动的不敬"——"积极参与之冲动"的升华？盖伊坚持认为"聆听唤起了对于标记的节奏、进行曲式声响、激动人心的渐强进行模仿的冲动"。[1]我们完全能想象出巴赫最初的听众内心的各种挣扎，内在冲动产生了激烈的冲突，是专心聆听、交换评论、打节拍、随之哼唱，还是对其完全无视。

***

在过去的半个世纪中，某些评论家称，在1729—1730年前后，巴赫对宗教康塔塔的创作计划不再抱有幻想，可能是才思枯竭甚至遭遇了某种信仰危机。这些断言代表了对阿尔弗雷德·杜尔（Alfred Dürr）和格奥尔格·冯·达德尔森（Georg von Dadelsen）在20世纪50年代进行的取证研究的一种回应，他们基于水印分析，提出了宗教康塔塔创作的全新年表，表明这些作品集中于巴赫在莱比锡担任乐长的最初三年里，在后来的两年里则急转直下。"新的年表引发了一场山崩，"德国新教学者弗里德里希·布鲁姆（Friedrich Blume）在1962年6月对国际巴赫协会这样宣称。他敢于提出质疑，"巴赫是否对宗教作品情有独钟？这是他的精神需求吗？不大可能。至少没有任何证据证明这一点。巴赫被当作至高无上的乐长，为上帝之言的创作而献身的人，虔诚的路德宗信徒的形象，是一个传奇。这将与其他一切传统且受人喜爱的浪漫幻想一同消逝。"[2]布鲁姆的言过其实如今已广为接受，在语境的重构中，在之前章节里我们试图拼合的传记证据的碎片中，这点颇为明显。布鲁姆进行了值得称赞的尝试，依照新的年表重新调整了因袭而来的巴赫形象，并且警告我们不要将观点仅仅建立在幸存于时

---

1 同上，22.
2 Friedrich Blume, 'Outlines of a New Picture of Bach', *Music and Letters*, Vol. 44, No. 3 (1963), pp. 216–18.

间长河中的那些作品之上。他对传统的巴赫形象进行了校正,"他更加务实,更加人性化……每一个细胞都与他所处的时代密切相关,热切地拥抱预示着未来的趋势,当乐长的传统职责落到他肩上时,将自己的一切力量倾注其中:他站在两个时代的边缘上,并且对此心知肚明。"[1] 这一点很难驳倒。而"这位乐长对于教会制度之狭隘性的抵制越发严重"的联想也无可挑剔。但对于巴赫减少康塔塔的写作,在布鲁姆的提出的想法之外,还可能有别的解释。从一开始,在1729—1730年间,当巴赫为莱比锡的教堂提供充足的康塔塔时,他可能就意识到了这一点。

对巴赫在繁重而枯燥的康塔塔创作中采取的策略进行探索,比起布鲁姆,我们在这一点上处于更有利的位置。[2] 18世纪30年代中期,他经常用其他作曲家创作的要求更低的康塔塔作为替代品,例如泰勒曼和他的堂兄约翰·路德维希·巴赫的作品,而在1735—1736年则采用了戈特弗里德·海因里希·施托尔采尔的整个年度周期康塔塔《心弦》,他在1734年就已经演出过后者的受难节清唱剧(《一只羔羊离去,承担了罪责》)。用其他作曲家的作品替代,同时依然履行了乐长的职责,这一定是种解脱;这可能也带有一丝不满,仿佛在向会众宣称,"你们不愿付出努力来听我的音乐,也不愿集中一点点注意力,那就听听其他作曲家的实用音乐,这才符合你们的品味和专注水平。"

即使没有丝毫蔑视,巴赫可能也开始感到,他和他的会众曾经共享的信仰和传统的共同体已经开始发生改变,甚至将要分崩离析。关于音乐自身的神圣本质,可能从来无法达成共识,在莱比锡教士(我们已经看到他们之间的分歧)之间,在他那些来自市议会的雇主之间

---

[1] 同上, 226—7.

[2] Much of this can be found in contributions to the 2008 BJ b by Peter Wollny, Tatjana Schabalina and Marc-Roderich Pfau, and by Andreas Glöckner to the 2009 edition.

（同样有着分歧）皆为如此，纵使那些保守的成员从他的康塔塔风格带来的最初的冲击中恢复过来，巴赫和（部分）会众能够经过协商取得某种摇摇欲坠的共识。巴赫可能对自己创作生涯中期的宗教音乐有着不同看法，它们更多地侧重于技巧和音乐品质，而非其实用性。这使他与理论家、神学家以及偏爱华丽风格的新一代"启蒙的"美学家渐行渐远。

在他于18世纪30年代中晚期为圣诞节、复活节和耶稣升天节所作的清唱剧三部曲中，这种态度的转变可以得到进一步证实。这些作品都源自世俗的音乐戏剧。1725年，巴赫将一部不久前为魏森菲尔斯宫廷创作的音乐戏剧（BWV 249a），仓促改编为复活节康塔塔：他将阿卡迪亚式戏剧场景中的四名牧羊人和牧羊女转变为耶稣的门徒，匆匆赶往空空如也的坟墓。这部作品中没有众赞歌。十年之后，他的清唱剧改编采用了不同色彩，并且背景更为宏大。基于1738年前后的同一部复活节康塔塔，《复活节清唱剧》（BWV 249）诞生了，这是更为精湛的杰作，进行了展开和重新谱曲，在1743年和1746年做了进一步修订（最后一次演出是在1749年4月6日），将开场的二重唱扩展成了一首合唱。更早期的版本中将人声声部指定为两位玛丽、彼得和约翰，此时差不多都清除了。巴赫的目的显然是要剔除粗糙的康塔塔版本中的戏剧性风格，对圣经叙事给予更连贯、发人深省的强调，其中人类对于耶稣复活的情感回应占据了至关重要的位置。

将一部庆祝作为万物之主的基督降生的圣经清唱剧，建立在神话中世上最强壮的人——赫拉克勒斯的故事之基础上，这绝不是万无一失的策略。这同时也是对萨克森王储极尽谄媚的赞颂——这部写于1733年的作品正是为他而作。无论他最初的听众是否发现（也最不关注这一点），他在《圣诞清唱剧》中大规模地重新利用了《十字路口的赫拉克勒斯》（BWV 213）中的材料，巴赫平滑地连接了世俗、神圣以及神话世界，赋予这一移植以现代的准"启蒙"风格，与盛行的时代精神融为一体。

此处存在另一种可能的解释。在这些转折性的年份中，巴赫决定在体裁和活动场所上进行改变，并非由于宗教热情的消减或者失去同听众间的联系，20世纪学者的论断完全不靠谱。与之相反，其原因可能是渴望更好的前程（尽管是在莱比锡城内），以及希望接触到未被教会规章禁锢的新的听众群体。这就是他在1729年获取大学音乐协会掌控权的可靠原因。在这个"实验室"里，他能够有多重收获：加强与大学里的音乐家们之间的联系；为两名年长的儿子以及其他出色的学生在任职前提供平台和宝贵的经验；扩展他为萨克森王室所作的庆典康塔塔，并且成为王室和大学之间的艺术媒介。除此之外，他可以巩固同莱比锡知识界的联系，并且满足他们的某些文化需求。在这种世俗化的城市文化中，巴赫似乎也做出了其他深思熟虑的选择——他旺盛的好奇心以及创作体裁突然转变的典型特征，我们曾在他职业生涯的各个阶段遇到过：了解同时代作曲家，例如本达、格劳恩和泰勒曼的器乐作品；推崇他那两名较年长的儿子的"复杂且流行的风格"的作品；[1]演出精选的意大利康塔塔以及选自波尔波拉（Porpora）、斯卡拉蒂以及亨德尔等歌剧作曲家作品的咏叹调。这些为他提供了关键性的新起点，推动他以当时流行的风格进行创作（BWV 203及209）。

***

在他的整个职业生涯中，巴赫曾为各种各样的听众创作——为了履行他的公职，出于对"邻人"道义上的责任，以及满足自己的创作冲动——尽管他不会这样表达。我们从那些参加过宗教仪式的人的日

---

[1] A. Glöckner, 'Na, die hätten Sie aber auch nur hören sollen', *Bach und Leipzig* (2001), p. 388.

记和信件中寻找一切证据,哪怕只是匆匆提及,用来填补我们对他的音乐在当时引起回应的了解中可悲的空白。在我们的时代,听众狂喜和热烈的回应——清楚地表明巴赫的音乐持续而深刻地影响了来自不同年代、不同宗教和背景的人——却并不能让我们了解同时代人对巴赫演奏自己作品的反应。然而,我确信在未来几年的某一时刻,莱比锡巴赫档案馆那些目光敏锐的侦探们将会发现新的信件,或许是在东德那些不起眼的地方图书馆中,那时我们将会得到求之不得的直接证据。巴赫的音乐无法被冷漠地忽视:喜悦、惊讶、困惑甚至讨厌——这些都可能有,就是不能耸耸肩无视他。[1]

与此同时,将巴赫完全视为服务于教会的作曲家,只是在形势不利于他对礼拜仪式做出创造性贡献时,转向了世俗音乐创作,这是极具误导性的。毫无疑问,他将自己的创作能力视为上帝赐予并保护的,在职业和家世上都是命中注定(正如我们在第三章和第五章中读到的),然而没有理由推测他认为自己的世俗音乐在任何方面次于宗教音乐。即便如此,假如他在特定的心境中,可能会赞同他的前任乐长约翰·库瑙的看法,在宗教音乐中,"神圣的地点和神圣的诗文呼唤着每一种可能的技艺、荣耀、谦逊和忠诚;而在世俗作品中,优秀的作品与拙劣、滑稽、荒谬的作品比邻而居,旋律可能会过度跳跃而违背了艺术准则。"[2]

这或许能解释巴赫对于传统歌剧缺乏热情,以及对他在德累斯顿亲历的"漂亮的小调"轻蔑的(至少是讽刺的)评论,也能解释他为何从未创作过这种体裁。[3]这种自信缺乏也蔓延到了世俗室内康

---

[1] 作为受邀带领一支卓越的英国合唱团以及一组来自各国的器乐家,(名不副实的名称为英国巴洛克独奏家乐团)在巴赫的故乡演出他的宗教音乐的外国指挥家,我不时震惊于德语地区听众那种非凡的专注,无论是在前德意志民主共和国,还是在联邦共和国。

[2] Kuhnau, 'A Treatise on Liturgical Text Settings' (1710), in *Bach's Changing World*, pp. 219–26.

[3] 这出现在第八章中提及福克尔的传记之处,他描述了巴赫与他的长子在访问德累

塔塔和称为"音乐戏剧"的庆祝性颂歌，这些作品（BWV 201，205和207）从他在莱比锡的最初几年中留存下来。这种体裁被戈特舍德描述为"小歌剧或轻歌剧"，不过"难得登上舞台"。意味深长的是，在抱怨诗人和音乐家的坏习惯时，戈特舍德特地称赞了胡尔勒布什（Hurlebusch）和亨德尔，却没有巴赫。[1]

事实上，尽管有着技术上的造诣，巴赫的音乐戏剧比起他的一些宗教康塔塔，戏剧性要弱得多。说来奇怪，尽管信仰极为复杂，重建巴赫庆典音乐的现场，对我们而言比起他的宗教音乐要难得多。它们优美地唤起了对莱比锡田园式近郊的想象，然而没有他将乡村意象自然地转移到冥想性的宗教诗文那么生动。在18世纪的萨克森这种农业占主导的社会，日常生活模式中的季节变化与基督教的重要事件之间有着紧密关联，即使是巴赫的城市听众，在听到用田园音乐作为他们自己那被好牧人耶稣守护的路德宗集体的隐喻时，也不会觉得有任何古怪或陈旧之处。信仰是这种田园音乐的推动力，巴赫的目的就是为了证明，在基督的帮助下，"天堂中的草地"并非失落的阿卡迪亚，而是切实可达的终点。

巴赫在莱比锡时期创作的世俗康塔塔则完全没有这些特征。[2]相反，我们在法国巴洛克艺术中找到了对等物，例如佩特（Pater）和郎克雷（Lancret）努力挣脱形式的惯例，重新塑造他们的大师华托

斯顿歌剧院时受到了礼貌接待："在离开前几日，他常常开玩笑地说，'弗里德曼，我们难道不再去听听那漂亮的小调了吗？'尽管这个玩笑本身是没有恶意的，我确信巴赫只会对他的儿子这样说，而后者当时已经了解了伟大的艺术与漂亮而讨人喜欢的作品之别"（J. N. Forkel, *Ueber Johann Sebastian Bachs Leben, Kunst und Kunstwerke* [1802], p. 86）。

1　Johann Christoph Gottsched, *Critischer Dichtkunst* (1730) Vol. 2, Chapter 13.
2　他显然无法复制魏玛时代创作的《狩猎康塔塔》（BWV 208）中那种真实的田园之美，更不用说以其为基础进行发展，原因何在？在他最为著名的微型田园音诗"Schafe können sicher weiden"（对于英国听众而言是"羊儿可以安全地吃草"[*Sheep May Safely Graze*]）中，他成功地（没有出现丝毫多愁善感）将世俗音乐与宗教音乐结合在一起，在对魏森菲尔斯的克里斯蒂安公爵那仁慈的贵族统治致以谄媚的敬意之外，展现了耶稣与好牧人的意象。

(Watteau)的迷人世界,后者的"风雅聚会"常常暗示出对于遥不可及而又超越信仰之物强烈而天真的渴望。我们会觉得,巴赫在这些作品中正在深入到华丽音乐的世界,这与其说是他自发的倾向,不如说是受儿子们的影响。他的次子卡尔·菲利普·埃玛努埃尔不久后将成为"情感风格"最为著名的支持者,而老巴赫约翰·塞巴斯蒂安同样善于缔造与听众之间直接的情感联系,如果他愿意这么做的话。

***

巴赫在莱比锡的公开音乐活动有着多层的环境,商业、政治、宗教和社会因素都跻身其中。这显示出18世纪中期德国社会中愈演愈烈的世俗化——迅速扩展的城市社会中迫切的社会问题,与理性时代的底层影响密切交织在一起,我们本来容易将这个世纪抽象地归入这个标签下。在市中心进行的公众庆典活动中,巴赫对于音乐风格和文学伙伴的选择有着相对自由的权限,虽然他不得不在选帝侯及其家人(这带来了显赫而令人垂涎的宫廷头衔,对于市议会对他的束缚是一种制衡)造访莱比锡期间采取常规风格。接着,咖啡屋音乐会让他接触到广泛的音乐风格,这使我们想到他多变的性格。他的音乐是易于改变的,华丽风格仅仅是他愿意在自己作品中吸收并接受的许多要素之一,他借此创作出超越所有部分之和的综合体。此外,他还热切地研究其他人的音乐,愿意吸引不同类型的听众,毫无偏见地为(并不一定志趣相投的)其他作曲家和演奏家提供机会。

在咖啡馆的排练和音乐会上,巴赫能够掌握一定程度的自主权,而在教堂里他的回旋余地则小得多。一方面他如履薄冰,唯恐无意间触犯了当地牧师教义上的顾虑,另一方面则要满足他那些市政当局的金主们。对于牧师而言,康塔塔的作用在于激发教堂会众的忠诚,并在平静的氛围中预示主要活动——布道的内容。而市议员们最关心的则是宗教音乐应该避免造成社会骚乱,还要确保享有声望的"表演",让那些参加商品交易会的游客们为之倾倒。巴赫有自己的艺术标准需要维护,常常在面对牧师的干预和议员的反对以及一定程度上公众的冷漠和粗鲁行为时,还要应付心怀不满的前学生的争吵和琐碎的批评。形形色色的会众对宗教音乐的作用有着极为不同的期待,为了便于他们理解,巴赫将康塔塔唱词印制成册出售。即便如此,人们"倾听"他的音乐的能力依然有着显著差异。而席伯这样的专业评论家则声称,"令人不适的噪音"清晰可辨,破坏了巴赫的复调。然而这也可能由巴赫那支缺乏排练的合奏团演奏时的错误引起,或是教堂的环境噪声,甚或是席伯听力上的缺陷,同样有可能是作品自身的不足。归根结底,巴赫的创作目的是赞美上帝,并且激励和吸引听众。[1]他在1723年开始了一项宏伟的计划,创作五个完整的康塔塔周期,每个周期都有一部受难曲像宝石般熠熠生辉。我们即将探索这些成套出现的作品。

---

1 在第六章中,我们看到巴赫被《历代志上》第25章中的文字深深吸引。这段文字详细描述了圣殿中的礼拜仪式上对音乐的运用,视其为"一切取悦上帝的宗教音乐真正的基石"(Robin A. Leaver [ed.], *J. S. Bach and Scripture: Glosses from the Calov Bible Commentary* [1985], pp. 93–6)。

第九章

轮回与节期

> 仪式之于时间,如同居所之于空间。时间的流逝不应将我们消耗殆尽,并像一捧尘土般吹散,而应该使我们更加完美,更加坚定。我们应当将时间视为一种积累。于是我从一个节日走向另一个节日,从一个周年纪念日到另一个周年纪念日,从一场收获到另一场收获,如同我孩提时在我父亲宅邸的高墙内从议事厅走到卧室,每一步都有其意义。
>
> ——安托万·德·圣埃克苏佩里,《要塞》(*Citadelle*, 1948)

表面看来,我们如今几无理由过问巴赫的康塔塔。它们完全为了在冗长的宗教仪式中演出或聆听而生,每周以惊人的速度进行创作(并且排练)来预示主日布道。这种类型本质上是一种混杂而过时的形式,"以多种创作风格胡乱拼凑"。[1] 巴赫为这种形式创作的范例

---

1 约翰·马特松将康塔塔中宣叙调和咏叹调划归为"牧歌风格"(他指的可能是通用的歌剧风格),而将复调的合唱和赋格归为"经文歌风格",伴奏和间奏是"器乐风格",最后,众赞歌则是"花唱风格"(Johann Mattheson, *Der vollkommene Capellmeister* [1739]; Ernest C. Harriss (trs.) [1981], p. 215)。

有着不平衡的结构——通常是一首很长的开场合唱,接着是劝诫性的宣叙调和训斥性的咏叹调成对出现,最后用结束的赞美诗来收尾。它们的唱词(大部分出自不知名作者手笔)几乎都是蹩脚诗文,其潜在的神学思想往往是乏味的——罪恶的人类沉溺于堕落之中,整个世界是一所充满了罪恶灵魂的医院,他们的罪孽像化脓的疖子和黄色的粪便一般溃烂。我们该如何理解一部以这样的句子开场的康塔塔(BWV 199)——"我的心浸在血中,因我丛生的罪孽,在上帝的眼中,我是一头怪兽……我的罪孽是我的刽子手,亚当的种子夺走了我内心平安,我必须隐藏自己,甚至天使在他面前也要隐去面容"?[1]巴赫有生之年只有一部康塔塔得以出版,这或许毫不令人惊奇——《神自古以来为我的王》(BWV 71),1708年为米尔豪森市议会的落成典礼而作——当他过世时,绝大部分康塔塔分属于他的遗孀和四个儿子,然而总谱和分谱分开了。一些康塔塔在他的继任者那里继续演出了一阵子,一些经过删减而重新上演,许多被卖掉了,还有不计其数的康塔塔消失在了教堂图书馆深处,或者永远遗失了。[2]有些甚至沦为引火纸。

那么为何要如此大费周章?如果我们相信已故的查尔斯·罗森(Charles Rosen)的话,"将巴赫的康塔塔视为首要成就的潮流有害无益:这导致对音乐之外的象征意义的过分强调。"作为伟大的钢琴家,罗森无疑觉得,"是时候回到将巴赫的键盘音乐作为核心的古老传统了。"[3]然而他无法解释为何《悼词》的作者将"为所有的主日和节日而作的整整五个年度周期的宗教作品[4]"置于巴赫未发表作品列表之

---

[1] Richard Taruskin, *The Oxford History of Western Music* (2005), Vol. 2, pp. 364, 370.
[2] 克里斯托弗·沃尔夫估计,由于遗产的分割,这些康塔塔中有将近2/5以各种方式遗失了。(*The World of the Bach Cantatas* [1997], Vol. 1 p. 5)。
[3] Charles Rosen, *Critical Entertainments* (2000), p. 26.
[4] 教会作品(Kirchenstück)只是学者与音乐学家简称为"康塔塔"的体裁的诸多名称之

首，如果他们——包括巴赫本人——不认为它们有着巨大的重要性的话。巴赫自认为归属于德国北部和中部管风琴师兼作曲家的传统，这些人视自己为路德宗教会中现代音乐的代理人。轮回是他的康塔塔中关键性因素和永恒的主题，在他的全部作品中贯穿始终。从《管风琴小曲集》起即为如此，这部未完成的作品集收录了经过精心雕琢而适应了整个教会年历节奏的众赞歌前奏曲。对他而言，挑战永远在于让每一部作品本身完整而协调，而在周期轮回中创作，则为他提供了以多种方式表现同一观念的可能性，将表现范围从视线可及之处扩展到当时的任何其他作曲家。安东·韦伯恩（Anton Webern）在1933年时领会了这种意义，他写道，"在巴赫的作品中，你能发现一切：一种周期形式的发展，对调性领域的征服——试图对最高秩序进行概括。"[1] 就宗教音乐而言，周期性创作为他提供了一种诱人的途径，令他使尽浑身解数表现神之造物的完满与和谐，与古老的宇宙观密切相融。如约翰·巴特所言，"时间轮回对于宗教中的礼拜性和仪式性手段而言必不可少，重要事件和重要教义在一个年度周期中得以庆祝。"[2]

当巴赫最终有机会在魏玛宫廷按照月度计划创作宗教康塔塔时，他遇到了挑战，仿佛在为未来更繁复的挑战接受磨砺。如果我们以1714年降临节和圣诞期间的三部康塔塔以及两年后的另一部为例，就会发现它们自然而然地形成了一个合理的微型系列。按照顺序欣赏这几部作品，颇像是推开了一个孩童的降临节纪事的大门：每一部都是灿烂夺目的浮雕，由潜在的隐喻——旧年为以色列人的时代，新年为基督的时代——联系起来。其中的第一部，《来吧，外邦人的救

一。从巴赫为自己早期作品加上的怪异而混杂的描述——《一幕》(BWV 106)，《协奏曲》(BWV 61)，《经文歌》(BWV 71)——来看，康塔塔之称仅加在两部早期作品上，两者都是为独唱声部而作（BWV 52 和 BWV 199），显而易见，这一称呼并不重要。

1　Anton Webern, *Der Weg zur Neuen Musik*, 1933/1960.
2　John Butt, *Bach's Dialogue with Modernity* (2010), p. 103.

主》(BWV 61) 为降临节主日而作，表达了基督教共同体对于作为神的救赎计划开端的耶稣降生，怀着憧憬和恐惧。第二部，《警醒！祈祷！》(BWV 70a) 则关注基督作为世界之审判官的第二次降临，从对警醒和祈祷的敦促开始，影射了以色列人在埃及被囚以及索多玛和蛾摩拉的毁灭；然而，"这是时间的终结"的可怖警告在对最后的解脱与和解的想象中得到了缓和。与此形成对比的是，在《基督徒铭记这一天》(BWV 63) 中，圣诞节被作为漫长等待之后的上帝应许的实现之日，以及以色列人囚禁的终结之日来庆祝。位于这首康塔塔的对称结构中心的，是"恩典"一词——这种恩典来自于基督的降生，将人类从罪孽和死亡中解救出来——正是这个词语使得音乐创作变得神圣："虔诚的音乐所在之处，上帝与他的恩典同在。"[1]

另一个词"石头"，则位于《迈上信仰之路》(BWV 152) 的核心，这部康塔塔为圣诞节后第一个主日而作，象征着上帝道成肉身所铺下的信仰基石，同样也象征着人类的意愿成为救赎之路上的绊脚石。巴赫和他的脚本作者萨罗摩·弗兰克大大发挥了这种二重性——人类最初的堕落以及精神上蒙羞的倾向，信仰的胜利以及灵魂获得象征信仰之路终点的冠冕。在耶稣（男低音）和灵魂（女高音）之间构建了一段寓言式的对话，在这首温馨的室内乐作品中，三种古老的乐器——一支直笛、一把柔音中提琴和一把维奥尔琴——代表着旧的秩序（永

---

[1] 如前所述，这是巴赫在他的亚伯拉罕·卡洛夫版德文圣经页缘写下的注记（图 13，见 *The Calov Bible of J. S. Bach*, Howard H. Cox [ed.] [1985]），这本书于 1733 年进入他的图书编目中。尽管连同其他有同等启发性的个人页边注记一起，这向我们揭示了他作为教会音乐家仰赖的圣经基础，一些学者认为巴赫对卡洛夫评论的了解要早得多——那时他的宗教康塔塔创作处于最旺盛时期。巴赫显然极为重视卡洛夫的评论。1742 年，当他在拍卖会上买到了曾经属于卡洛夫的一套七卷本阿尔滕堡版路德文集时，添上了一条注释说，他觉得卡洛夫可能就是借此来编译了他那伟大的德文圣经（Robin A. Leaver, *Bach's Theological Library* [1983], p. 42）。当他在 1750 年过世时，这三卷卡洛夫作品是最早列在他的遗产清单上的。

久的磐石[1]在"旧式的"对位中得到了更为有效的强化），与一支"现代的"双簧管以及代表着新事物的通奏低音并置在一起。你能感觉到巴赫显然乐于将这些器乐音色交错混杂在一起，直至以最后的融合来象征耶稣与灵魂的合一。这种体裁中残存的缺陷对巴赫而言绝非不可克服，他极少受困于将要运用的文本——即便它沉闷、古怪甚或失当。事实上，这些魏玛时期的作品中有着惊人的多样性和特质，如果巴赫从未创作任何其他的康塔塔——那可是150部左右从他的莱比锡时代留存下来的作品——他依然称得上当时最有革新精神的宗教音乐作曲家。这一时期有22部极为多变的宗教康塔塔留存下来：音乐材料的运用节俭而灵活，对文本的响应生机勃勃而又富有戏剧性。他后来在1717年迁往信奉加尔文宗的科滕宫廷，那里对宗教音乐创作未作太多要求。然而如果接下来的六年形成了路德宗的冬眠期，就颂扬上帝而言，这段时间绝非虚度：他建起了世俗音乐的宝库，这些音乐自身就极为可贵，也有着在日后重用和改编的潜能。

***

重新创作康塔塔的机会，是巴赫在数月跨踏之后申请莱比锡音乐总监一职的主要原因，尽管这比起过去有着更频繁的需求。显然他视其为实现自己的终极目的的机会——"为了上帝的荣耀而创作高度有序的宗教音乐"（见第六章）。实际上，他作为艺术家的渴望似乎浸透了强烈的宗教倾向，必须找到一个直接的宣泄途径：没有其他符合逻辑的解释能够说明他为何在这么短的时间内将全部精力灌注于康塔塔创作，并且几乎放弃了其余一切。从他在1723年夏就任莱比锡圣托马斯教堂乐长起，巴赫开始每周创作宗教康塔塔，这种激烈的

---

[1] 永久的磐石（The Rock of Ages）出自《以赛亚书》26:4：你们当倚靠耶和华直到永远，因为耶和华是永久的磐石。

节奏可能无人——甚至他自己也不能，尽管他有着卓越的创造力和专注力——能持续几年以上（实际上他的确没有）。他仿佛在对自己说："这是我的时代：我能做到。"巴赫持续不断创作的康塔塔绝非从他工作台上落下的刨花，而是重要的独立作品。在他的能力走上巅峰之时，巴赫将他最为惊人的创造力倾注到这些作品的形成、表达和内容中。留给我们的并非应景之作的残存物，等待在偶尔的演出中重新点燃劈啪作响的辉煌火焰，而是一系列拥有惊人价值的音乐作品。

在1723年就任时，巴赫显然下定决心尽快施展自己的创作雄心。他的脑海里可能浮现起职业生涯刚开始时在阿恩施塔特受到教会议会的嘲讽，在那里以及在米尔豪森寻找合格的音乐家时遭受的挫败，接着是在魏玛等待的岁月，直到时机到来，将月度周期的康塔塔连贯在一起。如今，作为新上任的莱比锡托马斯教堂乐监，有机会在教会年历中的每个主日和节日提供华丽音乐，他仿佛迫不及待地要付诸行动。这种激情远远超出了任何契约职责的要求——创作和演奏音乐来装点路德宗教会礼拜仪式。或许没有人期待他为每年60个宗教节日创作新的作品，更不用提那些任命他的持怀疑态度的市长委员会成员（见图11）；这样也就可以理解他偶尔需要采用过去和当代同行的作品的原因。当然，之前没有任何托马斯教堂乐监这样做过，他的同辈中也没有人尝试过这样雄心勃勃又充满压力的事业——至少没有同等的规模或音乐复杂度。然而，后来他向茫然的市议会坚称，"(比起其他作曲家的作品）我的大部分作品都要艰深得多也复杂得多。"[1][2] 它们的

1　BDI, No. 34/NBR, p. 176.
2　这正是席伯之流所深恶痛绝的，他们宣扬新音乐的福音，主张以简单易懂的旋律来代替"匠气十足"的复调音乐。很快地，巴赫被指责成为他那无懈可击的技艺的受害者：他期望年轻的歌手和乐手们重现他在管风琴上制造出的复杂声响；他对最为细微的装饰音也要作出标注的习惯不仅将"和声之美从作品中剥离，更是完全遮蔽了旋律"（BD II, No. 400/NBR, p. 338)。席伯完全误解了。其实避免上述的问题正是对任何巴赫诠释者的试练：技

成功完全取决于技艺精湛的音乐家，是否能够在他的指挥下呈现令人信服的演出。据记载，他曾说过，"无论如何，在音乐中，一切都取决于演出。"[1] 对巴赫而言，很多东西都有很大的风险：在他生命里最为严峻的挑战中，竭力证明自己是有创造力的表演艺术家。

圣徒日与宗教节日需要演出康塔塔，常规的主日也一样，于是这些作品在一年中不均衡地分布在莱比锡的礼拜仪式上。少有的蛰伏期（降临节和四旬斋的所谓"封闭"期，城市教堂中不允许演出华丽音乐）之后是围绕复活节、圣灵降临节和圣诞节的狂热活动。（见图14，路德宗教会年历）跟随巴赫康塔塔系列的时间顺序，正如他的莱比锡听众们一周接一周所欣赏到的那样，我们会惊叹于他丰饶的创造力、非凡的连贯性，以及他在织体、氛围和形式上达到的多样性。此外，按顺序探索巴赫的康塔塔能让我们明白，这些密集的作品如何在头两年里促成了危机——既包括创作也包括反应——尤其是在耶稣受难日的营造中，当有一部受难曲预期要上演时，他的康塔塔系列计划就被中断了。唐纳德·弗朗西斯·托维（Donald Francis Tovey）说，"分析伟大音乐作品的主要收获，就是一种有机统一体的收获"，这在巴赫周期性康塔塔创作中得到了例证，显示出他对于每年形形色色反应的适应性。

从季节性背景中来看他的康塔塔，也能让我们注意到，如同两个世纪之后的亚纳切克（Janacek）一样，巴赫常常会触及前基督教仪式以及被遗忘的联系，其中反映出农业年的季节变换——土地、节律和仪式的确定性，其历法那精准的节奏以及乡村天气的变幻莫测。18

巧在于，赋予独立的线条以审慎的分量，使它们能够平等地对话。巴赫康塔塔的开始部分是进入——并且完成——独立节奏与和声世界的邀请，这个世界复杂而又清晰，一目了然却又极为迷人，想象力纵身跃入这条迷人的河流。

1　BD II, No. 409/NBR, p. 344.

世纪的萨克森依然是以农业为主的社会，这些季节性事件与宗教密切相关——这点提醒了我们，在当今城市占主导的社会中，许多人与农业历法的节奏和模式失去了接触，甚至也无法感知基本的生死轮回，而这是巴赫多部康塔塔中的显著特征。我们发现为每个接连而至的节日而备的沉思性宗教文本以及充满诗意的圣经选文中弥漫着乡村意象。[1] 巴赫提醒莱比锡市民，他们的城市之外的播种与收获的模式绝非不寻常，农耕历法中的节奏和仪式频繁地渗透他的音乐，除了增添田园气息以外，也提供了话题性与流动性。因此，当巴赫在他第一个年度周期中的康塔塔《神啊，求你鉴察我》（BWV 136）中展开了耶稣的登山宝训中的福音——"凭着他们的果子，就可以认出他们来"（《马太福音》7：15-23）——时，他可以期望教堂会众明白，基督的话语指的是《旧约》中可怕的警告，"土地必为你的缘故受咒诅……给你长出荆棘和蒺藜来"（《创世纪》3：17-18）。这只是农人每年此时亘古不变的担忧之一，夏日碾平谷物的暴风雨（BWV 93/v），飞鸟的毁坏（BWV 187/ii），或是对其产生的威胁（BWV 181/i），以及作物欠收（BWV 186/vii）——尽管进行了精心的苗床整理和及时的播种（BWV 185/iii）。在这些瞬间，他似乎忆起了自己童年时的乡村习俗，忆起了靠近图林根森林的生活，正如我们在第二章中所见。他的灵感来自于莱普瑟河边的托马斯学校书房前的景致，来自歌德后来比作极乐世界的游乐花园，除此之外还有星罗棋布的乡间村落、灌木林和农人耕作的田地。

1　路德教徒采用的历史选文集可以追溯到 5 世纪的圣哲罗姆，三百年后由查理曼（Charlemagne）的精神导师阿尔琴（Alcuin）进行了标准化，他缩短了福音读物和使徒书信以便于每周处理一个特定主题。13 世纪时确立三一节主日为教会的重要节日，所谓的"专用弥撒"分配到了全年中。教化式的文本在三一节期间第二部分中占据主导，并且延续到最后——路德教为三一节后的第 25 个和 26 个主日增加了专用弥撒，作为将人类生命之终结与万物之终结联系起来的末世训诫。

逐年对比巴赫的康塔塔，会发现它们与地球物理节奏密切相连。这明显地体现在那些宗教节日如天使报喜节（Annunciation）及棕枝主日与春分相重合（BWV 1 和 BWV 182）的关键点上，或是复活节（BWV 4，BWV 31 和 BWV 249），或是在三位一体期的开始（BWV 75，BWV 20 和 BWV 39）及结束（BWV 60，BWV 26，BWV 90，BWV 116，BWV 70 和 BWV 140）时，最明显的是接近自然年度末尾的冬至（BWV 190，BWV 41，BWV 16 及 BWV 171）。这些转折点形成了巴赫衡量礼仪年历中阴晴圆缺的基本背景，他对两者的结合传达了一个质朴的观念——从始到终进而重新开始的必然发展。希腊文中"时机"（kairos）和"时间"（chronos）的概念对巴赫的时间观念有着直接影响，体现在了他的康塔塔中。[1] 在通用希腊文的《新约全书》中，"chronos"表示一般意义上的时间——既指一段流逝的时间，也指等待的时间（例如"将临期"）。但是，"chronos"表示一段连续的线条，反映了持续的时间，而"Kairos"则表示这条线上的某一点。"en kairo"这一短语指的是"在正确的时间"（譬如维尼熊"吃点点心的时间"）。《新约全书》的"hoi chronoi kai hoi kairoi"（时间与季节）可能是我们理解巴赫的时间观念——他将音乐放置并封存在准确时刻及指定季节的方式——的关键。确定了他的音乐所属的事件和场合，我们会认为他冒着削弱其效果和未来易用性的风险，不过反之亦然——其普适性恰恰在于起源的特殊性。

对于我以及很多在2000年浸淫于周期性接续的巴赫康塔塔的音乐家而言，有一个特征留下了最为强烈的印象：他对于循环往复的观念，对于自始至终的旅程——或者，用当时的神学语言来讲，从阿尔

1　在耶稣时代的圣地，犹太人和希腊人的主要语言是亚拉姆语（Aramaic）和通用希腊语（Koine Greek）（在有限的范围内还有密西拿希伯来语 [Mishnaic Hebrew] 作为口语方言）。那些组合在一起最终形成了《新约》的书最初都是用通用希腊语写成。

法到欧米茄——的周期性强调。通过复现巴赫自己的节奏，通过在指定时间经历整套康塔塔系列，我们在这种季节性的展开中获得了一种"时机"（kairos）之感。我们开始明白音乐与其在周期中所处位置之间密不可分的联系，在连续两周的音乐之间也有千丝万缕的联系，如同圆弧一画再画。我们仿佛与巴赫音乐中隐含的季节交替以及修辞范围重新建立了联系，这种持续展开的节奏模式却往往被人忽视。因此，它能够带我们进入巴赫音乐中的（再）创作过程和积极的启迪。这与我们习惯的音乐厅中的音乐制作惯例明显不同，后者无论多么令人信服，都难免带有与音乐的本质目的毫不相干的回响。

巴赫那些留存下来的宗教康塔塔中，半数以上都是在他作为托马斯教堂乐长的头三年到四年中创作的。莱比锡康塔塔创作是这样分节的：

- 第一年里（1723/4），他新创作了 40 部康塔塔。第一个周期中也包括对 14 部魏玛康塔塔的改编或扩展，以及对 5 部世俗科滕康塔塔的"模拟式改编"，作于 1724 年复活节之后，可能不是他初始计划的一部分。

- 第二年里（1724/5），他新创作了 52 部康塔塔；其中 3 部（BWV 6, 42 及 85）与上一年 2 月创作的康塔塔在结构上完全相同，因此可以视作《约翰受难曲》1724 年 4 月 7 日首演紧张关头下的牺牲品。（见图 15，巴赫第一轮莱比锡周期简图。）

- 他为下一年的耶稣受难节所作的计划遭遇了同等的扰乱，这与他放弃了 1725 年棕枝主日之后的基于众赞歌的康塔塔系列有关，也能解释复活节主日的一部重演（BWV 4）和一部模拟性改编（BWV 249）；这可能也促成了他为复活节与圣灵降临节之间那"伟大的五十天"所创作的新系列。最后这个系列包含 12 部康塔塔：其中 3 部（BWV 6, 42 和 185）的唱词可能来自于最初为第一个周期所保留的作品集，另 9 部（BWV 103, 108, 87, 128, 183, 74, 68, 175 及 176）的唱词则由克里斯蒂安娜·玛丽安娜·冯·齐格勒所作。巴赫似乎计划将这个新系列作为完成第一个周期的方式，这是比起 1724 年春时可能有的更为令人满意的方式。这一次反映了"伟大的五十天"的礼仪特征，由大部分出自约翰福音的文本统一起来。

- 1725—1726 年间，康塔塔的创作速度几乎降低了一半，只有 27 部新作品出现，下一年更甚，只有 5 部作品。这标志着从他可支配的托马斯教堂演奏团体中找到称职的音乐家时遇到的问题不断加剧。这意味着第三轮年度周期最终跨越了两年（1725/7）。
- 这带来了接下来 1728—1729 年间所谓的"皮坎德系列"，巴赫可能本打算在他自己（8 部新作品）、两名年长的儿子和优秀的学生作曲家之间分配。
- 12 部左右"晚期"康塔塔从 18 世纪 30 年代与 40 年代留存了下来。

294

巴赫从一开始就有更大规模的计划，而非仅为单独的作品或是为节日而作，这从他头两轮莱比锡年度周期中为三一节之后的头四个主日所作康塔塔开场的欢呼便可清晰地看出来。与教会年历的真正起点即将临节相比，三一节后的第一个主日似乎不能作为开始新周期的重要日子，然而事实上它标志着圣托马斯学校学年的开始，以及路德宗教会年历的中点：从"基督时代"到"教会时代"（漫长的三位一体期）的转型，以圣灵指引下生活在当下的基督徒的关注为主导。因此巴赫有充分理由强调这一重要的季节变化——恰好与他和家人到达莱比锡的时间重合——并将其作为两套连续的康塔塔系列的踏脚石。第一轮周期在 1723 年 5 月 30 日由《谦卑的人必吃得饱足》（BWV 75）开始，第二轮则在一年后从《啊，永恒，雷鸣的话语》（BWV 20）开始，为一套全新的风格取向和更为激进的方式定下了基调（见357页）。留存下来的第三部为这一节日而作的康塔塔《把你的饼分给饥饿的人》（BWV 39）创作于1726年（见第十二章）。这三部对比鲜明的大规模二部结构作品均为相同的礼仪场合而作，为我们提供了进行比较的基础。

1723年，巴赫在一系列开场作品中，以广泛的音乐风格及无处不在的释经典故，向聚集在莱比锡圣尼古拉教堂和圣托马斯教堂的会众宣告了自己的到来。他初次亮相的两部康塔塔，BWV 75和76，为连续的两个主日（三一节后第一个主日和第二个主日）而作，用14个乐章（以相同的方式对咏叹调和宣叙调进行展开）——7个在布道之前表演，7个在布道之后及发放圣餐时表演——对圣经进行了音乐诠释，其方式如同孪生子一般相似。显然这两部作品的构想——与一位不知名的歌词作者进行讨论，在2月份面试时可能也与莱比锡的牧师代表探讨过——要早于风格、基调和叙事框架的形成。两部作品在主题上的联系经由两套使徒书信所强调——爱上帝（《约翰一书》4：16-21）和爱自己的兄弟（《约翰一书》3：13-18），含蓄地坚持兄弟之爱是信徒尊重上帝的首要方式（BWV 76，第二部分）。对《新约》中两大诫条的双主题的全面阐释——爱上帝和自己的邻人，与巴赫在不同时期对自己的音乐目标（赞美上帝，服务于他的邻人）的规定完美地达到了一致。这是巴赫向他的会众清楚解释自己未来意图的完美时机，在这些连续作品的数个乐章中，运用他自己的标识性数字[1]——14——这可能是巴赫向会众传递个人讯息的象征性方式。[2]作为

1　对于巴赫在作品中频繁运用 B-A-C-H 来表示他的姓氏这一做法，他的表兄约翰·戈特弗里德·瓦尔特（Musicalisches Lexicon [1732], p. 64）是第一位引起公众对此关注的作者。这是对数字和字母的最简单加密用法，用 A 代表 1，以此类推，B 在德文中代表 B♭，而 H 代表 B♮，因此既表示音符（B♭-A-C-B♮）也表示数字 2-1-3-8=14。

2　Eric Chafe, *Tonal Allegory in the Vocal Music of J. S. Bach* (1991), p. 248.

他就职时第一部正式的莱比锡康塔塔，《谦卑的人必吃得饱足》（BWV 75）在他和家人抵达莱比锡8天之后上演，2天后是他正式的就职仪式。[1] 从手稿整洁的外观和并非来自莱比锡的纸张来看，巴赫似乎在科滕时就着手完成这部作品了。（相比之下，其后续作品《诸天述说神的荣耀》[BWV 76]的手稿充斥着多次修改，显然是仓促之作。）贫穷（Armut）和精神财富（Reichtum）之间的对比不仅用作俗世财富之无常的隐喻，也象征直至被信仰充实之前，基督徒的精神贫乏。究其本质，BWV 75传达了如下讯息：

第一部分

1. 表象是具有欺骗性的，然而那些在此世受苦之人，像拉撒路（Lazaru）一样，终有一天会得到补偿（前奏曲与赋格形式的开场合唱）；因为

2. 财富与尘世的欢愉都是过眼烟云（男低音伴奏宣叙调），

3. 而对耶稣毫无保留的信仰（波罗涅兹形式的男高音咏叹调，由双簧管与弦乐伴奏）

4. 能够引向来世的喜乐（男高音宣叙调）。

5. 因此，像拉撒路一样恒久忍耐（小步舞曲形式的女高音咏叹调，由通奏低音伴奏）

6. 你就能问心无愧地生活（女高音宣叙调）；

7. 因为无论神做什么，都是最好的（众赞歌）。

---

[1] 还有另一种可能的情形——巴赫在1723年圣灵降临节（5月16日）向莱比锡公众宣布了他的到来，比记载中抵达这座城市的时间早两周。阿尔弗雷德·杜尔明确断言，《人若爱我，就必须遵守我的道》（BWV 59）的手稿写于1723年圣灵降临节（尽管现存的演奏用分谱来自于下一年）。离开科滕之前，巴赫可能就利用一些早期的材料组合了这部四乐章康塔塔，及时地赶上了1723年在莱比锡大学教堂的首演。这一假说在他写给萨克森国王的一封诉苦信中得到了印证，巴赫在信中声称他"在1723年圣灵降临节担起了（在莱比锡）大学的职责"（The Cantatas of J. S. Bach [2005], p. 350; BDI, No. 12/NBR, p. 124）。

第二部分

8. 序曲（为小号和弦乐而作）
9. 精神的贫乏（女低音伴奏宣叙调）
10. 因耶稣而变得丰盛（帕斯皮耶形式的女低音咏叹调，有着小提琴和通奏低音伴奏）；
11. 因此进行自我否定吧（男低音宣叙调）
12. 你将会被耶稣的火焰温暖（男低音戏剧咏叹调，由小号和弦乐伴奏）；
13. 那么小心不要失去它（男高音宣叙调），
14. 因为无论神做什么，都为最好的结局（众赞歌）。

福音书的"本周主题"——通过财主与拉撒路的寓言（《路加福音》16：19-31）来表达卑微者将进入神的国度这一观念——在激动人心的赞美诗"神做的事都是最好的"中得到总结，结束了巴赫首部康塔塔的两个部分，不是传统的四声部编排，而是以复调方式来松散地组织声乐线条，置于独立的管弦乐结构中：

> 神做的事都是最好的：
> 我当坚信于此
> 尽管道路崎岖
> 遍布灾难、死亡与伤痛。

在巴赫对这些文字所描述原则的赞同中，有着某种深刻而具有预言性的东西——坚定不移地着手一项神圣的工作，为完成它而踏上了艰难道路。巴赫后来向一位朋友抱怨道，他在莱比锡完成自己职责的过程中，几乎没有得到任何官方帮助，他认为这些当权者"古怪且对音乐几乎不感兴趣"。然而当他用把指关节攥白了的劲头投入到工作中时，一切都暂时变得乐观了。

BWV 76 显然不仅仅是上一部主日康塔塔的续篇：它们一起组成了一幅双联画，反映了教会年历中两个部分的二元论，同时确保了两周内主题的连贯性，两部作品的唱词充斥着两套福音书和使徒书信之间的交叉引用。因此，慷慨对待饥饿者这一命令（BWV 75/i）在一周后被"从所有的路上"受邀参加大宴会的寓言（BWV 76/vi）加以平衡。巴赫选来开启后者的诗篇（19：1, 3），75 年前海因里希·许茨就曾为其谱写过令人难忘的音乐，收录在他的《宗教合唱圣乐》（*Geistliche Chormusik*）中，同样为莱比锡托马斯教堂唱诗班而作：

> 诸天述说神的荣耀，
> 苍穹传扬他的手段。
> 无一言语，
> 无一声音未曾听闻。

整个宇宙颂扬神之造物这一观念，对于有着巴赫这样抽象能力的作曲家而言是一种礼赠。这促使他思考并阐释无限性的意义，这是在整个中世纪都极力回避的概念，以及有自我意识的宇宙的意义，还有"自然和恩典如何告诉人们"，表明作为人类，我们能够惊叹于自己的能力。巴赫的想象反映在他对乐器的选择上：第一部分皇家音乐般的小号声用来象征上帝的荣耀；第二部分中，他将维奥尔琴这种古老的乐器用于感情最为强烈处，用来强调人类在信仰和爱中的潜能。对于大多数其他作曲家而言，处理贫穷与富有的对比可能已经足够了。然而，巴赫和他那不知名的歌词作者（会不会是戈特弗里德·朗格？在他担任音乐总监的初期，这位身为市长的诗人几乎就是他的保护人），在寻找充实连接部分的方式。在第一封书信中，约翰专注于对人类之爱的意义——在一首为铜管和小号而作的庄严的咏叹调（BWV 75/xii）中得以表达——然后，在接下来的一周中，则关注作为世俗生活根基的兄弟之爱，人类通过这种方式对主表示尊崇（BWV 76/xi）。

巴赫将他的主题延续到四个连续的主日，他一定在某一刻意识到他的两部魏玛康塔塔（BWV 21 和 185）经过改编后能够多么贴切地使其圆满。通过《我心里多忧多疑》（BWV 21）——已经成为他引人注目的作品之一——的重新上演，巴赫得以丰富对上帝之爱与对邻人之爱的二重性，以对永恒的憧憬作为人类的末世目标。想想《仁慈的心，永恒的爱》（BWV 185）的歌词作者萨洛摩·弗兰克，他曾这样写道，"基督徒之道"就是"认识上帝，认识自己，燃烧着真正的爱，不作不适当的判断，也不破坏他人所为，不忘邻人，宽容大量"。这部审慎的作品为四个人声声部及弦乐而作，仅有一支双簧管和一支单簧管支撑。巴赫发现了对其重新利用的机会。将这两部早期作品列入其中的另一个有利之处，是让他能够在篇幅极为不同的画布上向会众展示广泛的作曲风格。这也是他判断听众偏好的一种手段。

在第一轮莱比锡年度周期（见图 15）中，巴赫的工作就是满足每周的需求。在这个过程中，他创作了 40 部全新的康塔塔，按主题分组来提供连续性和清晰度，同时还想起哪些早期作品能够轻松地织进这张展开的挂毯，并且不会带来风格上的紊乱。抄写分谱，指导他那群缺乏经验的年轻音乐家以极少的排练顺利通过他那惊人而又艰巨的音乐中的危险地带——我们在前一章中已经探讨过这些工作。当那一天到来时，首先是在没有取暖措施的教堂中漫长而冰冷的等待，接着是孤注一掷投向令人生畏的目标。然后，毫不犹豫地进入下一步，维持着一种不间断的节奏。尽管这些最初的作品颇具独创性和新颖性，却缓和了莱比锡当局的恐惧，他们对于在教堂中听到任何"歌剧式"的东西充满疑惧；与他后来的作品相比，这一阶段没有令他们担心之处。

漫长的圣三一节期从5月末持续到11月末，相伴而来的是路德宗圣经选文集中对罪孽及肉体和灵魂之疾病这一主题的持续强调。在《我的肉无一完全》（BWV 25）中，男高音宣称，"整个世界就是一所医院"：亚当的堕落"玷污了我们所有人，令我们染上罪恶的麻风病"。[1]这部康塔塔的唱词中详细描述了疾病、高烧、麻风溃疡和罪孽散发出的"令人作呕的恶臭"，不向听者微妙的感受或可能的不安作出任何让步。尽管这位不知名的歌词作者营造了对"所有人的医治者和帮助者"基督充满激情的乞求，希望他治愈并宽恕人类，但完成我们心灵之旅的则是巴赫的音乐。作为听者，我们有所体会，但是很难解释他如何影响了我们对文字的印象。开场合唱对充满罪恶的世界进行了阴郁的描述："因你的恼怒，我的肉一无完全，因我的罪过，我的骨头也不安宁。"（《诗篇》38：3）。巴赫以他能够想出的所有的支撑性手段（两声部卡农、叹息动机以及向下移调的不稳定和声）来对文字进行强调，我们可能会猜测他耗尽了表达才能，然而并非如此。在这十五个小节中，由三支直笛、一支短号和三支长号组成的分离"合唱团"，一句句咏唱着熟悉的"受难众赞歌"。[2]巴赫加入了自己独立的注脚，逐渐散发出魔力，灌输着希望与慰藉的观念。他把手伸向听众，他的音乐如同一种精神上的输血，这种医治过程的关键力量来自于音乐而非文字。

1　BWV 25 首演于 1723 年 8 月 29 日，是七部连贯而相互关联的康塔塔中最后一部。这七部作品都建立在严厉的说教式训诫的基础上，对圣三一节期头四个主日中已经勾勒出的核心教义进行进一步表现。它们有着同样的基本结构：合唱—宣叙调—咏叹调—宣叙调—咏叹调—众赞歌。

2　由于巴赫在《马太受难曲》中的五次运用而得名。这首由汉斯·利奥·哈斯勒（Hans Leo Hassler, 1564—1612）创作的著名歌曲最初是一首情歌，后来用于几首赞美诗。巴赫心里所想的可能是西里亚库斯·史尼加斯（Cyriacus Schneegass）以《诗篇》6为基础所作的"主啊，我是可怜的罪人"，其中第五诗节清晰表达了希望与解脱。除此之外，巴赫将这首众赞歌置入自己的对位式结构本就是一种技术上的辉煌之举，巧合的是，这也是他唯一一次并非为了给人声提供支撑或是增添色彩而使用长号。

在这些早期莱比锡作品中，我们一次又一次注意到，巴赫最具说服力的康塔塔都致力于帮助听众看清生活中的选择，向他们展示理想典范（"天国"），接着将关注点集中在现实世界以及如何应对上——就态度、习惯和行为而言。这解释了他的康塔塔挣脱了历史和仪式的局限并与我们产生联系的原因。巴赫表达了我们有过的思想和感受，然而比我们所能组织起来的更加坦率，更加清晰。接着，在作品结尾的众赞歌中，他（通常如此，但并非永远这样）将自己为虔诚的主题所作的诠释结合在一起，恰到好处地在情感结构中找准位置。于听者而言，这是一个充满慰藉的时刻，将他们带回当下，带回日常的关注中——带回"清醒的"现在。因为，无论这位新任乐长的康塔塔开始乐章的音乐多么奇特且复杂，众赞歌总是一处熟悉的参照点——回到他们可以随着旋律一同歌唱或是在内心跟随的领域。

一系列忏悔式的康塔塔接踵而至，维持着这场教义问答式狂轰滥炸的季节性战役，在巴赫的音乐中时而强化，时而缓和。我们已经习惯于歌词作者将演员置于信仰与怀疑、罪恶与撒旦的情节之中。令人惊奇的是，所有这些浓重的神学意味，既没有钝化巴赫音乐的勇敢无畏，也没有削弱他对信众那充满人性的同情。尽管巴赫素常被要求处理诸如永恒、罪恶与死亡这样的普适性主题，他仍对一闪而过的怀疑和每个个体日复一日遭受的苦难感兴趣，承认卑微的生活对于生活的主体而言并非无足重轻（正如浸透了托尔斯泰或福楼拜这类小说家的丰富想象和仔细观察之时，生活似乎变得丰盈起来）。他例证了维柯所称的"想象性的理解"（fantasia）：一种富于想象的洞察力或深入了解他人的能力，或是赫尔德日后所称的"移情作用"（Einfühlung）。[1]

这在《主啊，求你不要审问仆人》（BWV 105）中显露出来，忏悔

---

[1] Isaiah Berlin, *The Proper Study of Mankind* (1998), pp. 346, 354–6, 405, 426–8.

的仆人悲叹着"我的（他的）灵魂所犯的错"。巴赫运用了巴洛克时期一种常见的表现焦虑的手法——"震音"（tremolo），这要求弦乐演奏者两个音或四个音一组急速重复（这种技法称为"震弓"）。[1] 他把这种技法活跃地用在这部六乐章康塔塔的三个乐章之中：第一次用于表现紧张等待着的"不义的管家"，知道他由于未能收齐主人的账而即将被辞退（《路加福音》16：1-9），接下来用来表现罪人颤抖的良心，通过两把小提琴持续的十六分音符在听者耳中传达这一观念，八分音符的中提琴旋律则成为无可避免的精神痛苦的象征："罪人的想法 / 在颤抖，在摇荡 / 它们相互指控 / 竟又相互原谅 / 我那痛苦的良心 / 在折磨中撕裂。"这首女高音咏叹调既像水晶般易碎，旋律中又有着片断的抒情性，先是双簧管，接着是人声。它们交换着试探性的提议和谨慎的回撤——两个"声部"在明显自相矛盾的乐思中互相模仿。巴赫避免一切甜俗的戏剧。在其他作曲家可能会抓住机会对"痛苦的良心"进行生动模仿之处，巴赫反而选择了一种微妙且本质上人性化的方式，变换半音阶及全音阶和声来表达犹豫不定的心灵的情绪波动：受到诱惑、抵制、屈服、再次抵制、在最后的终止中得到安宁（即便如此，我们也感觉只是暂时的）。接着，在最后的众赞歌中，为了表达罪人痛苦的良心变得平静，他回到了康塔塔开始乐章中的震音手法。首先，他在器乐线条中布下不断颤动的十六分音符，接着放慢速度变为三连音，然后是八分音符的二连音，再减慢为四分音符的三连音，最终则是普通四分音符的半音阶下行——逐渐减弱，直至人声和通奏低音落入寂静。这种形象而新颖的方式，出色地描绘了灵魂从尘世的束缚中得到解脱。

1　这可能是巴赫从布克斯特胡德那里学到的手法之一，或许来自后者的经文歌《主耶稣的身体》。也可能习自巴赫堂亲约翰·克里斯托弗，在他为男低音所作的哀歌《神啊，你是如何》中曾运用过这一手法。

巴赫布下了我们在生命不同阶段都会面对的各种选择——我们所追逐的绝路，我们受到的诱惑，以及由于跟从或屈服于此而付出的代价，用以宽慰我们饱受折磨的良心的各种手段。我们很容易与这种极度人性化的方式产生共鸣。尽管比起其他几部康塔塔，此处的绘词法较为巧妙，而意象也易于把握（出离寻常的高品质歌词很有助理解），真正的乐趣来自于跟随巴赫惊人的音乐创造力：首先是那些激发他的想象的观念，接着是为了展示和阐述它们而运用的技巧。

这部康塔塔与下一个主日的康塔塔《你们要观看》（BWV 46）之间的关系太过密切，不可能是偶然。不仅仅是因为它们都包含着关于罪孽的警示，都对以神之烈怒形式出现的报复深感恐惧，以及同样的六乐章对称布局（合唱—宣叙调—咏叹调—宣叙调—咏叹调—众赞歌）。例如，两者都运用了小低音（bassetchen）的织体（105/iii, 46/v），两者都有极不寻常的末乐章，其中众赞歌埋藏在独立的管弦乐中，有着为弦乐高音部（105/vi）及两支直笛（46/vi）而作的间奏曲，都没有通奏低音支撑。甚至连作为 BWV 105 显著特征的震音手法也在暴风雨场景的男低音咏叹调（bwv 46/iii）第二部分中重新出现（或许为了唤起听者的短期记忆），氛围也从战争的威胁变为对上帝之复仇的焦急等待——标记为"极弱地"（pianissimo）。最为重要的是，两部康塔塔都在宏大的开场乐章中对整部作品作出了预示，开场乐章以众赞歌前奏曲与赋格的形式构建，与圣经文本中的断句方式形成镜像。

有迹象表明巴赫已经在为耶稣受难节提前构思，两首合唱都表现出让我们联想到《约翰受难曲》（见第十章）开篇场景的特征：在 BWV 46 中，中提琴明显的叹息音型；在 BWV 105 中，哀求的合唱式呼喊"主啊！主啊！"与器乐高音部相似的急促的暂停、颤动的低音线条以及 G 小调的调性产生了关联。BWV 46 以耶利米（Jeremiah）对耶路撒冷毁灭的哀叹（《哀歌》1∶12）开始。当日的福音书（《路加福音》19∶41-48）描述了耶稣对于公元70年罗马毁灭的预言，在这个主日以及耶稣受难节时，莱比锡的教堂里每年都会对罗马历史学家约瑟夫斯关于这一事件的叙述以及圣约翰的受难叙事进行朗诵。通过对此的影射，巴赫的音乐叙事得以跨越分离的历史时期——从《旧约》中先知耶利米的时代到耶稣的时代——将这些连续不断的灾难在信徒心中打上烙印，令它们象征着他独自承受的悲伤，正如他的受难曲中类似的时空跨越。

可能过了九个或十个主日之后，巴赫开始渐入佳境，创作出这些精巧的对位式合唱，然而自此开始便不再有回头路。巴赫已经开始在莱比锡发展一种不同于之前作品的新的康塔塔风格。前几周对四部魏玛康塔塔的重演为他提供了额外的时间来思考并进行详细计划。于是，BWV 105和BWV 46就此出现。对这些令人难忘的康塔塔的偏好是个人选择，不过人们很容易被BWV 46中更为丰富的管弦乐法吸引——常规弦乐演奏组中加入两支直笛、两只柔音双簧管以及一把伸缩小号——第一部分（前奏曲）在《B小调弥撒》的《荣耀经》中配上了"您除去世间的罪"重新出现，表明巴赫对其极为珍视。[1]我们会觉得巴赫想让这两周的康塔塔成为圣三一节期开始部分的高潮。

随着时间推移，由夏入秋，每个主日的指定文本开始关注身处社会中的危险——警告人们远离假先知和伪君子，以及如何在罪孽浸染的世界正直地生活。我们可以选择从第一个周期起始到圣诞节的30部康塔塔中任何一部来说明这种发展。在《让慈爱的神掌权的人》（BWV 93）的中间部分，巴赫让男高音呼喊，"锅中有致死之

---

[1]　在随后的乐章中，竖笛也扮演着重要角色——来描绘基督"泪流成河"，高高盘旋于持续的弦乐之上，在连续的九个小节里没有出现任何公共和弦——在为女低音而作的有狩猎双簧管的"小低音"咏叹调中，也有着重要作用，预示了耶路撒冷的沦陷和基督为保护虔诚者而体现出的仁慈。这种氛围在最后的众赞歌旋律间的插部中得到再现——同样倾注而下的十六分音符以及令人想起开篇合唱的旋律。

物！"——这一典故甚至会令那些熟读圣经的会众感到困惑。（原来这是以利沙在死亡 [指当时的饥荒] 之时，对一道为他准备的无法下咽的菜肴的反应，他以某种方式使之变得"可为人食用"[《列王纪下》4∶40-41]——对巴赫之技艺的一种恰当的隐喻，将这种不堪造就的三一节餐食坚硬的教义外壳变得可口而多变。）巴赫已经掌握了让教义信条变得栩栩如生的诀窍，以及在合适的时候以戏剧性方式进行表达，他开始探索何时以何种方式用抚慰性的音乐来与之平衡，迁就并缓和文本的严酷性而不减弱其效果。我们一次次感受到巴赫与文字的非凡结合，他的音乐超越了逐字的模仿或是对传统符号与象征的标准化运用。（巴赫对文字和音乐的复杂结合将是第十二章的主题，那时我们会遇到他在莱比锡就职时所作的更多康塔塔。）

***

秋去冬来，每周的主题不断变得严酷，催促信徒弃绝这个世界，远离其诱惑和陷阱，转而关注与神的最终结合——或是冒着被永久驱逐的风险。随着天气愈加恶劣，这种二分法似乎愈演愈烈，对罪行与悔恨的强调不断加重。在《主啊！我信！但我信不足！求主帮助！》（BWV 109）中，我们发现，为了表达信仰与怀疑之间内在的冲突，巴赫让同一位歌手演唱两个相对的"声部"，一个标记着"强"，一个为"弱"。（舒曼——弗洛斯坦 [Florestan] 和约瑟比乌斯 [Eusebius] 的创造者，不愿只用一种声音进行表达——该会多么喜欢此处。）《你有个可怕的结局》（BWV 90）中体现了完全相反的另一面，在最后的审判中等待罪人的可怕结果，以及上帝向"他的选民"承诺的保护。巴赫以一首充满不倦能量的"愤怒"的咏叹调开始——充斥着激烈的长篇指责，饰有十四个连续的三十二分音符，有着音域上的剧烈跳进，受限的乐句结尾和单词中的戏剧性停顿（"可……怕的"）。这种极端的戏剧性与听众（和演奏者）自从莱比锡拥有歌剧院起（1693—1720）[1]可能遇到过的能够相比——并非他们通常在教堂会听到的——这也是他第一次冒着公然违背协议的风险。

在三一季（指三一节之后几个主日）的最后一部康塔塔《警醒！祈祷！》（BWV 70）中，除了文字本身的效果，巴赫还额外增加了分量。巴赫为这部早期魏玛康塔塔加入了两翼的伴奏宣叙调，以蒙特威尔第的"激动风格"（stile concitato）奏出反复的十六分音符，预示了多年后亨德尔最为令人生畏的两个女主角内在的歌剧式爆发：《赫拉克勒斯》（Hercules, 1745）中精神错乱的妻子得伊阿尼拉（Dejanira）（"我要飞向哪里？"），和《耶弗他》（Jephtha）中愤怒的母亲（"你第一个去死！"）。然而在这些戏剧性场景中，不仅仅是充满激情的开场需要与这部康塔塔进行对比：巴赫与他的萨克森同龄人在每一步都势均力敌——人声的慷慨激昂，用来描绘世界之灾难性毁灭的管弦乐伴奏，以及当耶稣最终指引他的信徒去往完全的"寂静，去往极乐之地"时，他所实现的天使般的过渡。在这两部结束了三一季的康塔塔中，巴赫似乎——也许是无意地——以同辈意大利歌剧作曲家的姿态出现，并且在他们自己的游戏中完胜。（这是第四章中歌剧变体的部分演化。）在这个过程中，他显然破坏了仅仅六个月前他向市政委员会作出的保证——不创作"太过戏剧性的"作品或是在魏玛时的那种类型。我们很快发现这些（并非一念之差，而是习惯性的）违反很能娱乐会众，尤其会让因寒冷及四个小时坐在坚硬木椅上而麻木的人欣赏。

随着巴赫在莱比锡第一个圣诞期的临近，氛围变得轻松了。在将临期的斋戒之后，是一次集体的放松，接着则是节日音乐的骤

---

[1] Michael Maul, *Barockoper in Leipzig 1693-1720* (2009).

然爆发。一系列全新的作品突然出现在托马斯教堂合唱团的谱架上——有九部重要作品需要掌握,并且要在接下来的16天里在城中的三座教堂里进行演出。巴赫一定将这个周期中的第一次中断视为加快每周创作速度的时间。[1] 在一个月之内,他要完成七个节日的音乐,从圣诞节到主显节之后的第一个主日:六部新的康塔塔——BWV 40, 64, 190, 153, 65和154——以及两部独立的拉丁文作品(以一种不同的风格,但同样有挑战性)——《D大调圣哉经》(BWV 238)以及《降E大调尊主颂》(BWV 243a),后来的D大调版本(BWV 243)更为人所熟知。这两部作品将与他的魏玛康塔塔《基督徒铭记这一天》(BWV 63)在圣诞节当天上演。只需看一眼日程安排,就能明白巴赫为自己和他的演奏团体安排的任务的无限与无情:

---

[1] 从匆忙誊抄的康塔塔分谱中可以看出,巴赫很少能提前完成创作。然而,将临期之前最后的作品是11月14日的BWV 90。后一周的BWV 70是在魏玛就已经谱好的,而BWV 61则在11月28日上演,因而我们可以推断他几乎有六周时间来创作《尊主颂》——目前为止最大规模的声乐作品——以及其他将在第一个圣诞期演奏的作品。

1723年12月25日，圣诞节

上午7点弥撒	圣托马斯教堂	BWV 63	基督徒铭记这一天
		BWV 238	圣哉经
上午9点礼拜	圣保罗教堂	BWV 63	基督徒铭记这一天
下午1点30分晚祷	圣尼古拉教堂	BWV 63	基督徒铭记这一天

12月26日，圣诞节第二天，圣斯蒂芬节

上午7点弥撒	圣尼古拉教堂	BWV 40	神的儿子显现
		BWV 238	圣哉经
下午1点30分晚祷	圣托马斯教堂	BWV 40	神的儿子显现
		BWV 243a	尊主颂

12月27日，圣诞节第三天，圣约翰节

上午7点弥撒	圣托马斯教堂	BWV 64	你看父赐给我们

1724年1月1日，新年，主受割礼日

上午7点弥撒	圣尼古拉教堂	BWV 190	向耶和华唱新歌
下午1点30分晚祷	圣托马斯教堂	BWV 190	向耶和华唱新歌

1月2日，新年后主日

上午7点弥撒	圣托马斯教堂	BWV 153	看呐！主啊！

1月6日，主显节

上午7点弥撒	圣尼古拉教堂	BWV 65	示巴的众人都必来到
下午1点30分晚祷	圣托马斯教堂	BWV 65	示巴的众人都必来到

1月9日，主显节后第一个主日

上午7点弥撒	圣托马斯教堂	BWV 154	亲爱的耶稣走失了

307

我们惊叹于他和他的演奏者们如何满足这些需求。当然，我们永远无法知道他们表现如何，也无法知道在这种压力下音乐演奏得如何。[1]有迹象表明巴赫考虑到了这种渐增的疲劳带来的问题，比如他用"跟随主要声部"的乐器来支撑一些开场合唱的人声线条，而五部康塔塔（BWV 40, 190, 153, 65 和 154）中缺少独唱女高音。随机翻开其中任何一部总谱，或是聆听其中任意一部，你一定会震惊于巴赫采用的惊人规模，以及以极快的速度创作和演奏如此丰饶的圣诞音乐时的技术要求：你会感觉到德雷福斯所说的"初期的敬畏感"。[2]

在这种高度紧张的日程安排中，巴赫需要未雨绸缪，精密计划，争取时间构思并完成他的第一部受难清唱剧。我们已经发现《约翰受难曲》的初步蓝图的迹象，那么在这一阶段究竟完成了多少呢？我们发现他在圣诞期间已经开始让听众为即将到来的震惊做好准备，并且暗示了他们将要遇到之事。例如，他对圣诞节三天中连续的三部作品进行了令人费解且不合时宜的神学扭曲。巴赫没有使用他（后来）的圣诞清唱剧中常见的任何寻常主题：没有圣母之歌，没有牧羊人或天使的音乐，甚至没有常规的圣诞众赞歌。著名的《尊主颂》则是个例外。在其最初的降E大调版本中，巴赫引入了所谓的"颂歌"。这些曲子大多令人愉悦，有时颇为奇特，仅仅作为摇篮曲而言则太过复

---

[1] 学者们迅速指出一些较小规模的作品，例如BWV 153 和 154——以便"不给唱诗班带来过多压力"——仅要求唱诗班演唱简单的四声部众赞歌或是有器乐的加倍（BWV 64）。然而这怎么就成了"对于缺乏排练时间的补偿"呢？（Christoph Wolff, *Bach: The Learned Musician* [2000], p. 264）。根据我的经验，用短号和古长号进行声部加倍，例如巴赫在一些古代风格（stile antico）的开场乐章中运用的，这为歌手提供了一张保护网，同样需要时间来确保平衡和优美的发音。事实上，这一圣诞系列包含了他所有曲目中困难得令人毛发直竖的音乐：接连不断的高难度男高音咏叹调，BWV 63 的中间乐章里速度的变化，BWV 65 中富丽堂皇的管弦乐法，以及《尊主颂》中杂技般的赋格"他施展大能"（Fecit potentiam）等等。

[2] Laurence Dreyfus, 'Bach the Subversive', Lufthansa Lecture, 14 May 2011.

杂，并且显然出于对当地习俗的讨好，由独立的"天使"唱诗班在圣托马斯教堂燕子巢般的唱经楼上演唱。这些曲子夹在圣母之歌中间，形成了对圣诞故事的微型概括。

他在别处为我们展示了约翰对道成肉身的看法——神之血统采取人形来拯救人类，通过击败撒旦而带来欢乐——清晰地预示了他的《约翰受难曲》中的讯息，这部作品几个月后就会出现。在三部激动人心的圣诞节康塔塔——BWV 63，40和64——中，巴赫对于约翰将耶稣刻画为"得胜的基督"[1]进行了自始至终的强调。由于圣诞节的第三天也是圣约翰节，我们明白了巴赫强调"天上的"（充满真理与光明的）世界和"地上的"（充满黑暗、罪恶和混沌的）世界的区分的原因。神以人形显现，拯救世人于罪恶之中，而这从他与撒旦（由一条蛇来表现）第一次相遇起就在毒害着他。人类的强烈愿望就是升华而成为神的儿女。然而在这种升华之前，耶稣必须先经历他的受难过程，接着通过他的复活来击败罪恶、死亡和撒旦。根据文本来描述巴赫的音乐当然是极为简单的，因此容易忘记我们到底为什么对其感兴趣。在BWV 40，64以及十天之后辉煌的主显节康塔塔BWV 65中，许多文字与意象似乎从圣经引文及众赞歌中突然出现，然后与音乐自然融合，足以表明巴赫可能自己写了这些歌词，或者至少对它们的作者有着重要影响。

---

[1] 尽管此处使徒约翰式（Johannine，往往指更具神秘主义和诗意的理解）的倾向可能来自于圣诞福音（《约翰福音》1:1-14)，在巴赫第一轮莱比锡康塔塔中贯穿始终的约翰式强调，不能仅仅归因于福音书的表述，这必定组成了巴赫整体构思的一部分以及让听众为"重大事件"——他创作的受难曲——作好准备的方式。暂且不提受难曲的叙事，有34段来自《马太福音》的福音书经文与21段来自《约翰福音》的，或是来自《马太福音》的319行诗文与来自《约翰福音》的203行诗文。(感谢罗宾·利弗提供了这些数据。)另一方面，《约翰福音》标志着教会年历中关键部分的开始，这也反映在巴赫第一轮康塔塔中，在这40部新创作的作品中，他选用了圣经引文作为其中28部的歌词。

***

309 在巴赫的时代，圣诞节和主显节之间的时期称为"Raunächte"，字面意思为"艰难的夜晚"，是古罗马农神节（Saturnalia）的德意志对等物，并且来自类似的异教传统。然而他并没有喘息的机会：从主显节到四旬期开始有九周时间，需要创作六部新的康塔塔（有三部魏玛时期的作品修订后可供使用），外加一部圣母洁净日（2月2日）的作品。在主显节后第四个主日上演的作品一定算得上巴赫最"歌剧化"的康塔塔：《耶稣睡了，我的希望在哪里》（BWV 81）。他在此预示了，当他的想象力被极为戏剧性的事件点燃时所能带来的迷人音乐。马太描述了耶稣和门徒一同横渡加利利海，遇上几乎打翻船只的风暴，耶稣平息了这次剧烈的风暴，这使得海上航行成为了基督徒生活的隐喻。作品从耶稣在船上熟睡开始，背景是对被遗弃在无神的世界之恐惧的可怕冥想——提示是一对旧式的竖笛进入弦乐伴奏的女低音咏叹调中，巴赫常用这种声音来表达忏悔、恐惧和悲伤。此处他对歌手提出了严肃的技术上的（以及象征性的）耐力考验：在慢速的十个节拍中毫不颤抖地保持低音降 B，接下来要应对一系列（减音程和增音程的）跳进和转折，唤起裂开的死亡之深渊。没有耶稣的生活——在前三首中他一直保持着昏睡的沉默——为他的门徒以及此后的基督徒带来了强烈的痛苦，以及在男高音宣叙调中以错位的不和谐音表现出的疏离感。在夜晚的背景中，我们听到了《诗篇》13中的句子——"耶和华啊，你要忘记我到几时呢？要到永远么？你掩面不顾我要到几时呢？"——也看到了对所有水手和占星家而言极其珍贵的启明星。

突然间风暴袭来。第一小提琴狂暴的三十二分音符形成了持续翻滚的浪花，与其他乐器中毫不减弱的重击形成对比。减七和弦上一连串震耳欲聋的重击表达了"恶魔的河水"撞击小船时的愤怒。类似于亨德尔那种强劲的"愤怒"咏叹调，要求男高音和小提琴以同样精湛的技艺演奏快速的经过段，却浸透了极大的和声张力——如果将《失乐园》谱成歌剧听起来可能正是如此。巴赫三次停下风暴的势头，给予风暴中颠簸的水手两个小节的"特写镜头"。尽管感觉极为真实，暴风雨也象征着亵渎的力量，当孤独的基督徒对抗自己的折磨者时，这种力量威胁着要吞没他。巴赫在仅用弦乐演奏的G大调3/8拍快板中，从一开始就塑造了栩栩如生的场景。此刻耶稣已经醒来（仿佛他原本可能在整骚乱中睡过去），斥责他的门徒缺乏信念。在有简单通奏低音伴奏的咏叙调中——几乎就是一首二部创意曲——独唱男低音代表基督的声音。在先前场景中丰富多彩的戏剧效果之后，音乐中的稀疏性与刻意而为的重复性极为引人注目。我们会好奇此处是否有戏剧现实主义的痕迹，由困倦引致的斥责（重复"为何"一词）甚或温和的讽刺——巴赫借此取笑他那些莱比锡雇主中的某一位。接下来是第二幅海景画，一首为男低音、两支柔音双簧管和弦乐所作的咏叹调，几乎与之前的暴风雨一样引人注目。弦乐固定在八度音高中，象征着秩序，表明在耶稣的命令"静了吧！静了吧！"和"停住吧！"之下，浪潮的澎湃，暗流与波涛的汹涌，瞬间消失无踪。[1]

作为深处内陆的图林根人，巴赫何时目睹过海上风暴？如果有过的话，只可能是1705年在吕贝克短暂停留时在波罗的海上遇到的。然而，他最喜欢的作者之一，17世纪的神学家海因里希·缪勒当然经历过。缪勒住在波罗的海边的罗斯托克（Rostock），他对《马太福音》

---

[1] 巴赫的总谱手稿中以及原始的分谱中都没有包含任何关于分句的指示，这当然没有妨碍它们出现在他的演出中。在试验不同的连线组合以及比自然波峰提前一拍中止的局部渐弱时，我发现这种做法既符合习惯也有画面感，最后的利都奈罗流畅而温和，仿佛遵从了基督的命令。风暴的静止也暗含在女低音的宣叙调和最后的众赞歌中，约翰·弗兰克的赞美诗中第七段"耶稣，我的欢乐"——为这部卓越的作品画上了完美的句号。

中的独特事件有过令人信服的评论。对于真正的信徒而言，在"基督的小船"中旅行，象征着经历人生的颠簸和恶劣天气而安然无恙："动荡中的绝对安宁之悖论"。[1] 缪勒对这一圣经事件——为听者带来精神指引的事件——的比喻性解释，可能催生了巴赫独特的处理，预示了《约翰受难曲》中同样戏剧性的音乐叙事。这无疑激怒了施特格博士（Dr. Steger）这样的莱比锡议员，9个月前他赞同巴赫就任音乐总监时有着明确的条件，"他应当创作不过于戏剧化的作品"。[2] 这样的作品表明，如果巴赫愿意的话，他会成为怎样的歌剧作曲家，因为他的世俗康塔塔中（尽管它们的标题是音乐戏剧），没有任何一部丝毫能及这部康塔塔的惊人戏剧性。

如果巴赫在四旬期之前的诗文和众赞歌的选择中有着支配地位，他似乎在进行周密的准备，让这些很快将出现在他的第一部受难曲中的众赞歌为会众的反应作好准备，也确保在他们心里将男低音与上帝之声音建立联系。这使他得以在四旬期——其40天斋戒期被报喜节（3月25日）中断——按时完成为耶稣受难日（4月7日）而作的《约翰受难曲》。这可能会成为他在这个重要日子的音乐的轮廓、风格和目的中留下自己印记而不受非议的机会。我们能够在议会备忘录的叙述中拼凑出这些联系。在1724年圣周中，巴赫张贴通告，印刷并发布他将要在圣托马斯教堂演出的《约翰受难曲》的唱词。这位新任音乐总监似乎根本无法掌握莱比锡的惯例，这使得一些议会成员深感焦虑。他是否不知道当地的"传统"（形成于三年之前的1721年）是要在两座主要教堂中轮流进行耶稣受难日的礼拜仪式？议会备忘录中记载，这位音乐总监已经提前收到通知，这一年轮到了圣尼古拉教堂。

1　Heinrich Müller, *Der leidende Jesus/nach den vier Evangelisten erkläret und vorgetragen: die erste Passions-Predigt* (1681).

2　BD II, No. 129/NBR, p. 103.

他被传唤到教会议会，要求他解释为何无视他们的指示，并用十分明确的言词告诉他要"多加注意"，并且"在未来更加小心"。书记员的备忘录表明，巴赫的反应（令人惊奇地）慎重而配合："他愿意遵从同样的惯例（换言之，同意将场地切换到圣尼古拉教堂），但又指出小册子已经付印……（并且）他要求至少在唱诗楼中增加一些空间，这样才能布置音乐中所需的人员；还要求修理羽管键琴。""尊敬的以及最为明智的议会"及时地同意了，新印刷的小册子公布了场地的变化。[1] 事情本应就此了结，但显然并非如此：如我们在前一章中所见，还有神职人员要应付。

巴赫最周密的计划似乎就这样偏离了正轨。1724年4月7日《约翰受难曲》的首演，显然扰乱了第一轮康塔塔周期随后的展开，尽管我们只能猜测这是否由于巴赫受到了严厉的神学斥责，或者只是过度工作的结果。在这个周期结束之前，从复活节到圣灵降临节之间"伟大的五十天"中还有15个宗教节日，加上随后而来的三一节主日，还有复活节和圣灵降临节周末密集而至的三天压力。[2] 无论出于什么原因，巴赫未能坚持最初的计划，并且被迫想出权宜之计——用四部之前创作的康塔塔（BWV 31, 12, 172和194）应急，又重新利用科滕时代创作的世俗作品中的材料创作了另外五部（BWV 66, 134, 104, 173和184）。这样一来，到圣灵降临节就只需要创作五部新作品。它们的整体质量一贯很高，而他再一次将它们铸成了一个微型系列。

这个系列中的第一部，《记住耶稣》（BWV 67）尤为引人注目：音

---

[1] BD II, No. 179/NBR, p. 116.
[2] 整个周期中包含着不断重现的正式结构：三位一体期的十部康塔塔都采用了这种模式，用圣经箴言和结尾众赞歌来分隔两组宣叙调／咏叹调组合，圣诞节的方案则在中间插入了第二首众赞歌，而四旬节前的第三部作品与第二部相似，只是去掉了第一首宣叙调。

乐充满了律动的能量和丰富的创造力。此处巴赫的工作就是刻画门徒困惑和动摇的感觉，在耶稣被钉上十字架之后他们的希望破灭了。他传达出托马斯的疑虑以及保持信念的需求（在开场合唱中，圆号在持续的单音上吹奏，命令人们将耶稣留存于心）之间明显的矛盾。随后，在为男高音、双簧管和弦乐而作的沉着而欢快的加沃特中，第二小节突然分化了："我还有什么好怕？"将烦躁不安与积极肯定的情感并置在一起。他成功地捕捉到处境艰难的基督徒紧张不安的心情，独唱女低音劝告合唱团演唱复活节赞美诗"光荣的一天已来临"来打起精神。接着，在这部康塔塔的高潮部分出现了一个戏剧化场景，弦乐激发了一场风暴，表明敌人来势汹汹。代表受挫门徒的三声部合唱团被狂暴的弦乐加强，表达出当前基督徒群体的疏离感。如同电影中的渐隐，巴赫将这一场景与舒缓而轻柔的附点三拍子段落融合起来，后者为三支木管乐器而作，暗示了耶稣突然向挤在上锁的房子里的门徒现身。他们的不安三次被耶稣极乐的话语"愿你们平安"平息。在弦乐第四次也就是最后一次出现时，不再是狂暴的形象，而是象征性地融入了木管安静的节奏中。整个场景平静地结束了，结尾众赞歌承认和平之君是"患难中、生命及死亡之中大能的帮助"。

**

巴赫甚至没有一周的时间进行思考或是审时度势，又从1724年6月11日开始向前推进他的第二轮莱比锡周期（见图16）。他在方法上有了明显转变，然而丝毫没有影响品质。第一轮作品具有大胆的实验性——形式的多样性，多变的管弦乐法以及对巴赫的演出团体提出的巨大挑战——然而第二轮作品则有过之而无不及。新的音乐对乐手与歌手的技巧提出了更高的要求，要求对瞬时的节奏和情绪作出即时响应：歌手要在精准性和敏捷性上与乐器相匹敌；相应地，乐手则要像歌手一样勾勒旋律变化，向听众的顾虑作出的让步也会更少。这在他的第一部康塔塔《啊，永恒，雷鸣的话语》（BWV 20）中便已清晰可见。这部惊人的作品为整个周期定下了基调，总结出我们将要遇到的许多独创特征——一系列新的表达方式，运用歌剧技法来使教义信条和对比强烈的情绪变得鲜活。在这个例子中，巴赫从使徒书信的"在审判的日子坦然无惧"（《约翰一书》4：16-21）中获取了激发想象力和音乐创造力的线索。我们似乎已经处于三一季的临终痛苦中，而非刚刚开始——然而巴赫的时代崇尚末世论，于是这一主题时常意外出现。[1] 尽管会众熟知约翰·瑞斯特（Johann Rist）的赞美诗曲调，巴赫对其进行的处理却是新奇而惊人的。前一年的愿景是 BWV 21 中对于永恒充满信仰的期盼，然而 BWV 20 中的潜在主题是恐惧而非慰藉——对永恒的折磨与痛苦，令人不寒而栗的预示。这是对人类拯救自己灵魂的激励：唯一的救赎之路就是放弃罪恶。赞美诗旋律支配着开场众赞歌幻想曲的三个部分（快—慢—快）。巴赫确保托马斯合唱团高音部专注于不断上升的固定旋律（"啊，永恒"），军用伸缩小号推动三个较低声部紧随其后，直至它们在器乐强烈的附点风格中（"雷鸣的话语"）分裂。男低音在"悲伤"一词上有力的交叉强调，和向上的席卷成为了二重赋格的特征。突然间，乐队尖叫着停在了减七和弦上。只有大胆的戏剧家敢于冒着停下前行动力的风险来表达惊慌失措——个人化的、目瞪口呆的惊恐——巴赫完全有理由对此感到自豪。（任何在此时进场的迟到的礼拜者都会立刻石化，他们亲切的问候也顿时缄默无声。）在紧随而至的静寂之后，短促而棱角分明的

314

---

[1] 只需想一想巴赫失去了多少个襁褓中的孩子，想一想他的双亲五十岁时就已过世，就能领会到人类的必死和终结对他而言都是永恒存在的现实——末世论（eschatology）的重要性也是如此。他的藏书中有一本马丁·盖尔（Martin Geier）的《时间与永恒》，厚重的四开本全年度（1664）福音布道，其中就时间与永恒的意义对每本福音书都进行了阐述，不时地显示出末世论主题遍及全年。

片段在双簧管和弦乐之间摆荡,预示着合唱团重新进入:"我恐惧的心灵在颤抖"——声音中伴随着真实的断裂——"我的舌头粘到上膛。"如此不连贯而且十分激烈的话语在贝多芬之前的世界似乎是不可想象的。巴赫对这种声音的生理机能的理解,远远超过世人的了解,并且使其成为了表达的一部分。突然间,我们意识到他选择法国序曲形式作为这一乐章的基础的原因:[1] 参差的附点节奏和夸张的修辞手法是这种形式的典型特征,然而此处远非传统的对于秩序与庄严的再现,而是刻画了一个瓦解的世界。一旦有了不稳固和声的支撑,就呈现出非凡的效果——当节奏加速到活泼的快板时,效果更为明显。巴赫让我们立刻明白永恒谴责之境将会充斥着魔鬼的残忍爪牙,驱赶着、刺戳着被谴责的灵魂去往地下的畜栏。

这种天启的幻象在开场时长篇演说的末尾也没有消逝。独唱男高音走上前加剧了痛苦:"这种永恒的痛苦没有救赎……残酷的游戏一再继续。"巴赫在这首咏叹调中动用了多种多样的手法——长音符和起伏的颤音意味着永恒,颤音中成对出现的曲折的音程暗示着不安,半音阶和切分音的片段则代表颤动的心,狂乱的花腔唱着"永远燃烧的火焰",突然的沉寂强调了恐惧。这种丰富的戏剧想象完美地融入了他的整体设计中。低音线条中的骚动不安是整部康塔塔中不稳定的特征(我们只需看看最初的通奏低音分谱,就能明白这些手法连在乐谱上都显得那么有棱角)。

男低音回到布道坛,描述了"和魔鬼一起度过十亿年"悲惨的前景。接着,当他从宣叙调进入咏叹调时,突然转换了方式和语调。我们似乎进入了喜歌剧的世界,或是鸭子的世界——三只鸭子(双

---

[1] 回溯到他的魏玛时代,巴赫在他的将临期康塔塔 BWV 61 中就已发现,为众赞歌的固定旋律配上法国序曲会有多么强烈的效果——路易十四的皇家礼仪习俗提供了一种写实主义方式,来宣告基督在世间的降临。

簧管）和一支巴松（公鸭的象征？）——当歌手一再宣称"神是公正的"时，"嘎嘎"叫着表示真诚的赞同。氛围似乎极为令人不安。这难道不是我们刚刚听过的贝多芬的雏形？我们是否被那些地狱磨难误导了？在为饱受挫伤的基督徒灵魂提供一丝希望之前，也许巴赫无法发展永恒的主题。他提醒我们，生命中问题的解决之道如孩童一般天真：所需的一切只是相信上帝。这是为驱散阴郁和紧张刻意而为——如同在充满烟雾的房间中打开一扇窗。空气变得清澈，你几乎可以想象他坐在心爱的椅子里，点燃新的烟斗，心满意足地吐着烟圈。

巴赫对地狱的刻画，比起莫扎特和柏辽兹之前的任何其他作曲家都要更加丰富多变。他的丰富性来自于各种层次的不和谐。[1] 然而他给予我们的抚慰，仅仅是暂时的（毕竟，我们真的想要用鸭子来描绘的宁静的永恒么？）。他所设计的下一首，是为女低音和弦乐而作的古怪的咏叹调——"人啊，拯救你的灵魂，摆脱撒旦的奴役"——呈现出大胆的节奏错位，常规的3/4拍与单重或双重赫米奥拉节奏相交替，象征着撒旦之奴役。更为古怪的，是他仅用管弦乐团重复歌手的第二乐句的方式——出现在沉思的尾声中，这个尾声占了整首咏叹调时长的整整一半。

此时，在一段悲观甚至虚无主义的赞美诗中——"折磨永不止息：人类永受困扰，炎热酷寒，饥饿恐惧，雷电侵袭……当神不再永恒时，这痛苦才会结束"——迎来了随后的布道，因而迅速毁灭了独唱男低音之前所作的修复。牧师能说些什么来为这种音乐轰炸增加一些有意义的东西呢？一种合乎逻辑的主题选择就是唤醒迷失的羊，摆

---

[1] 这唤起了莱布尼茨的"最美好的世界"，这个世界包含着必要而完美平衡的不和谐音，尽管巴赫可能会赞同斯宾诺莎的改动："这并不是所有可能的世界中最好的；这是唯一可能的世界"。莱布尼茨显然认同古罗马剧作家泰伦提乌斯的名言"作为一个人，我熟知人类的一切"。莱布尼茨是一位真正的博学者，而巴赫并不是。这样的例子表明他不仅会赞同泰伦提乌斯的警句，也会将其纳入他的康塔塔和受难曲的视界中。

脱罪恶的羊（《以弗所书》5：14），这也是第二部分开始时有小号及弦乐的激动人心的男低音咏叹调的主题——巴赫对亨德尔《弥赛亚》中"号角将要吹响"的回应——对歌手和小号手而言都是繁重的作品，需要戏剧化的表达及技术性的控制。仿佛这还不够似的，独唱女低音又开始发表抨击世俗世界的长篇大论，简直比牛津街上挂广告牌的人排起的队伍还要长："在为时已晚之前忏悔吧：死亡近了。"[1] 与此同时出现了有意的转折令听者止步："想一想……也许今晚棺材就停在你的门外！"巴赫并不常运用这种耶罗尼米斯·博斯[2]（Hieronymus Bosch）式骇人的写实手法；然而，在随后仿佛由班扬式的天使（女低音和男高音）对犯错的朝圣者进行说教的二重唱中，他向我们展示了"锥心切骨"的可怖浮雕，表现了灵柩在铺有鹅卵石的街道上发出的不祥声响。一系列第一转位和弦位于不连贯的八分音符低音线条之上，人声中的平行三度和六度先是让位于模仿和回答的乐句，接着是痛苦的半音音阶，令人想到潺潺溪流以及焦渴中富人被拒绝的一滴水。两个声部在最后的纷繁的装饰音中交织在一起。我们听到无法得到的水在汩汩作响，通奏低音奏出利都奈罗中最后隐秘的片段。接着，消融……渐隐……陷入静寂。实在令人惊叹。

只有在最后的众赞歌中，巴赫才恢复了教堂会众代言人的角色，表达他们免除生命中的折磨与诱惑、逃离永恒诅咒的乞求。在这幅骇人画面的最后出现了一缕微光，从中能感受到劳伦斯·德雷福斯所称的巴赫的"颠覆性的快乐"。[3] 它们是否为巴赫最初的听众欣赏？我有

---

1 理查德·斯托克斯的译文为："人类啊，拯救你的灵魂／逃离撒旦的奴役／将你从罪中释放／那硫磺火湖／瘟疫的诅咒／永远无法侵蚀你的灵魂／人类啊，拯救你的灵魂"（*J. S. Bach: The Complete Cantatas* [1999], pp. 31–2）。

2 荷兰画家，以风景和宗教绘画著名。

3 音乐的力量，尤其是巴赫的音乐，无疑超越了语言、图画或是姿态的表达范围，这就是为何巴赫用他那颠覆性的快乐诱惑了我们，也用他那独特的洞察力向我们提出了挑战

些怀疑，当他们离开教堂时是否会哼着赞美诗曲调或是巴赫的任何旋律？如果我们能复原表明他的康塔塔在当时所获反响的任何零星证据，就能了解他的会众的反应是否影响到他每周工作的方式。公众意见对他尝试不同方式是否有任何激励作用，或者他完全出于自己想法定下了策略并一意孤行——这周是新潮的意大利协奏曲乐章或者前奏曲与赋格，下周又是时髦的法国舞蹈组曲元素？他是否会像狄更斯写连载小说时那样根据公众反应进行调整？无意中听到会众的一两句反面甚至尖刻的评论，例如在1724年6月11日主日早晨遍布教堂中的那些，会不会刺激了他那招牌式的大胆表达，甚而引致更为大胆的实验？我们无从得知。但我们确知一件事——实际上是一个悖论：巴赫所完成的职责（尽管超过了他的契约要求）唤醒了我们的情感，与他那艺术家式的创作渴望带来的一切同样强烈。正如杰克·韦斯特鲁普（Jack Westrup）所言，"在完成一项注定单调甚至不堪忍受的职责时，巴赫不仅满足了他的时代，他也丰富了我们的时代。"[1]

***

巴赫的第二轮莱比锡周期建立在路德宗众赞歌的基础上，这绝非随心所欲的决定：这是区别于第一轮康塔塔的关键，圣经金句出现在大部分作品的开头处。整个第一年里，巴赫适应了新的会众以及当地根深蒂固的礼拜传统，同时也让新的演奏团体经受了试练。在一定程度上，他必须量入为出。对于他这样有序而系统地思考的人而言，这绝不是他想要的"井然有序的宗教音乐"。他熟知已有的先例，作为一种修正，他可能决定对一种回溯到16世纪的路德维希·森尔夫的惯例进行改进，这种惯例将众赞歌（有时是"为所有诗行而作

（出自2011年5月14日在伦敦汉莎音乐节上的一次演讲）。
1　　J. A. Westrup, *Bach Cantatas* (BBC Music Guides) (1966), p. 60.

的"众赞歌变奏曲）作为"众赞歌布道"的音乐结构。这可能也强化了一种更为晚近的惯例：1714年，圣托马斯教堂的牧师约翰·本尼迪克特·卡普佐夫（Johann Benedikt Carpzov III）进行了一场赞美合奏音乐之优点的非同寻常的布道。当他完成了对"精致而古老的新教及路德宗赞美诗"的阐释，教堂会众就开始演唱。卡普佐夫告诉他们，先前听到的是音乐总监约翰·舍勒"自愿为每首赞美诗谱上的迷人的音乐，使其在布道之前为人听到"。可能正是路德三部赞美诗集的两百周年纪念促使巴赫和萨罗门·戴灵（作为圣尼古拉教堂的管理者，他有责任监督巴赫作为合唱音乐总监的工作）共同协作，恢复了舍勒基于众赞歌的完整周期创作的惯例。[1]

无论如何，以神圣而标志性的路德宗赞美诗为基础构思一整轮康塔塔，是巴赫作为作曲家最为勇敢的决定——在接下来的九个半月里，他以非凡的稳定坚持了下来。将众赞歌用作时长20至30分钟的重要作品中的结构主线这一承诺，意味着一旦灵感变得贫乏，他无法再依靠自己的早期作品来填补空缺——也无法利用其他人的任何作品——因为他所选择的体裁如此独特而明确。上一个圣诞节充满了多种多样的作品，康塔塔和拉丁文颂歌及弥撒接踵而至，而这已无法重现。众赞歌在之前的康塔塔中有着重要地位，对他自己设置的挑战进行持续的确认，甚或通过旋律、和声和配器的结合中所体现出的超越前人的技巧，证明他作为作曲家、演奏家和教师的自我界定。如今，在1724年三一季开始时，众赞歌首次占据了中心位置。在下一年里，巴赫将与这些赞美诗纠缠不休：52部全新的康塔塔将以它们作为起

---

[1] 这一观念也有可能是这位牧师谨慎地暗示甚或强加给巴赫的，目的是为了纠正他的第一轮作品中过度的虔信派倾向。阿尔弗雷德·杜尔不客气地质疑巴赫是否"需要任何特殊的诱导"（op. cit., p. 30）。或许他心里所想的是"Zusatz"——市议会付给之前一位托马斯教堂乐监克努普费尔的额外费用，因为他在1666—1667年创作了一轮众赞歌康塔塔——这当然是巴赫乐于接受的——然而没有证据表明他也获得了类似的奖励。

点，一旦进行了精心阐释，就赋予了它们新的活力。自此，它们变得引人注目，如同有皮革软垫的椅子上那些规则的黄铜饰物闪闪发光。

在第二轮康塔塔的早期作品中，这种纯粹智力上和经验上的活力跃然谱纸之上，带着明显的实体感。如果高音声部所需做的只是在一首复杂的开场合唱中演唱熟悉的旋律（通常由一支圆号、木管号或伸缩小号来加强），他们的排练时间能够减至最低。同时，合唱幻想曲、宣叙调和咏叹调都满足了巴赫对人声和所选伴奏乐器的要求和期望，如他所愿，在新的方向进行新的发展。

前一年里，三一季的前四部康塔塔构成了一个由离散作品构成的迷你组合，尽管有着不同的处理，但通过教义上的线索联系在一起（与他后来的《圣诞清唱剧》中六个组成部分并无二致，都有着"多样化中的统一性"）。每部作品的开始部分都是对不加变化的第一节赞美诗进行的精巧谱曲，这是整部康塔塔的基础。接下来的乐章——宣叙调、咏叹调和二重唱——都是对赞美诗中间诗行的释义，最后，康塔塔在最后诗节的四声部和声配置中结束。四部作品的首乐章都有着引人注目的赞美诗曲调，每周的固定旋律分别属于不同声部：女高音（BWV 20），女低音（BWV 2），男高音（BWV 7）和男低音（BWV 135）。每一部都有着不同的表达风格：法国式序曲（BWV 20），没有独立的伴奏器乐线条的古体经文歌（BWV 2），以独奏小提琴为主角的意大利式协奏曲乐章（BWV 7）或是众赞歌幻想曲（BWV 135）。除了第二部以外，巴赫面对的主要考验都在于将众赞歌旋律与器乐协奏曲或利都奈罗形式相结合。他之前曾将众赞歌植入利都奈罗结构中（如我们在 BWV 74 和 BWV 75 的结尾部分所见），然而比起这些壮观的开篇乐章，规模上要小得多。我们在巴赫现存手稿中发现的校订痕迹，显示出两种不相关的结构之间的冲突以及他所作出的调和——一切都面临着时间上的压力。这比起前一年的鲁比克（Rubik）魔方要复杂得多。我们看到一位处于巅峰状态的伟大作曲家,一周又一周坚守着自行创造的挑战,调整着自己为文本中浮现的每一个潜在主题、每一处象征和每一个隐喻选择的形式、方法和语调。这份工作的重要性以及他的才能的发展速度毋庸置疑。

***

按照线性序列(正如他的莱比锡听众经历的)探索即便像巴赫的第二个年份中那样有整体性的成套作品,也存在一种不利,会将你和同样引人注目的年度联系割裂开来。如同"横向"和"纵向"地品尝上等的葡萄酒和威士忌各有优势,"横向"地比较两个周期,比较巴赫在相同场合和相同经文中采用的不同方法,能使我们一窥他的创作个性——我们这些参与2000年巴赫康塔塔朝圣的人皆有如此感受。突然间,他不再是一个固化的上帝般的人物,仿佛存在于时间之外,而是以灵活的形象浮现,倾向于在每年作出极为不同的回应。主导着BWV 46的是福音书中对耶稣为耶路撒冷哭泣的描述,这是巴赫为三一节后第十个主日而作的第一部康塔塔(见344页),然而在下一年的《我们的主,信实的神》(BWV 101)中却消失无踪。这是由于作为一部众赞歌康塔塔,需要以这个主日最主要的赞美诗为基础,而这部诗文写于瘟疫横行之时,依着路德的德文版主祷文旋律演唱。路德的《我们的父》中那种义无反顾,除了一个乐章之外,众赞歌坚定而可闻地存在于包括宣叙调在内的整部作品中,这一切与巴赫对路德另一首赞美诗的运用旗鼓相当,后者成为一部众赞歌幻想曲的主旨,令教堂会众联想到十诫。罪恶的代价,不可抗拒的报应,落在那些受到诱惑偏离了上帝之路的人身上,促使巴赫令他最初的听众经受了双重的教义冲刷,创作出钢琴家及学者罗伯特·列文(Robert Levin)向我描述的"巴赫职业生涯中最具冲击力的作品"。

这部作品以冥想的方式开始，在独立的通奏低音线条支撑下，双簧管三重奏与弦乐高声部之间轮换着"十诫"主题。然而属持续音上尖锐的不和谐音很快就出现了，先是在一系列敲击中表达了"沉重的惩罚和巨大的痛苦"。[1]这些造就了这首杰出的音诗中的不安氛围，由老式木管号和长号（仿佛巴赫想要重新联系到路德的时代）加倍的人声声部听上去古色古香，却又如此现代，例如令人痛苦的和声只有在对位方面以特定速度转瞬而过时才有意义。（这只是对其进行诠释时的挑战之一。）巴赫精心设计了七个声部的管弦乐织体，接着又扩展到十一个真实的声部。如果没有此等卓越非凡，就无法与众赞歌曲调建立主题上的关联：管弦乐团自始至终独立地扮演着合唱团的角色，仿佛注视着这幅由于战争而伤痕累累的景象。事实上，其影响颠覆了惯例——低音声部时常借用器乐主题来为重新进入赞美诗曲调做准备。一种反复出现的特征就是三个音符的"叹息"音型，在乐器间轮流出现。这些倚音按照常规解决，但从上方和下方以各种准备音程来靠近，而这种音程似乎越来越大，传达出无可避免的惩罚，我们"因着无数罪孽而应得"的命运（确切说来，"不可避免地"一词——由三个较低声部激烈而反复地声明）。在最后的主持续音上，巴赫对"瘟疫，火灾和痛苦"的和声声音表情进行了令人不安的增强。我们感受到巴赫在竭尽全力处理选定的动机，这种特征更容易让我们联想到贝多芬和勃拉姆斯。

神的愤怒和恩慈之间的对比在第四乐章中最为清晰，此处巴赫在众赞歌的每一行间插入了一首为男低音而作的"愤怒"的咏叹调，以

---

[1] 这是对马丁·穆勒（Martin Moller）1584 年所作的众赞歌的匿名改编，听起来像是三十年战争中忏悔的哭喊："保护我们远离战争和饥荒 / 摆脱瘟疫、火灾和痛苦……罪孽侵蚀了我们 / 魔鬼折磨着我们 / 整个世界，我们的血与肉 / 不断让我们迷失 / 主啊，此等痛苦只有您清楚 / 啊，让我们赞美您。"

三种不同速度演奏：活泼的快板—行板—柔板。三支双簧管——此时是三只生气的鸭子，有几分像后世的萨克斯管三重奏。中间有一处足以令听者感到恐惧，在"为何"（Warum）一词上，巴赫突然进行了从E小调到C小调的马勒式转调。即便是酷爱精心策划不和谐音的普赛尔，在他为圣诗"主啊，你要动怒到几时呢？"中同样的文字谱曲时，也无法与之匹敌。将神圣诗文与个人评论加以迅速并置，成为了一种强大的新式辩证武器。

在西西里舞曲节奏的恳求姿态中，狩猎双簧管演奏众赞歌旋律，长笛奏出其对位，随后两者交换。我们想知道，在巴赫心中埋下了《马太受难曲》中女高音咏叹调"爱"之种子的，是否恰是这种伴奏乐器的感人组合，及其与"耶稣痛苦的死亡"时救主向罪人显示的爱与同情的结合。如果事实如此，这首二重唱充当了受难曲的雏形，而这部为1725年的耶稣受难日而作的受难曲作为第二个年度的高潮仍在筹划中（见375页）。

无论如何，BWV 101都是巴赫非常看重的一部康塔塔。在1748年（也可能是1749年）最后一次重演时，他参与了分谱的抄写，浓重笔触显示的压力表明他急切的意图以及衰退的视力。他一定尝试了三四次才到达这种理想状态，此时他极大地减少了文字反复的次数。一系列全新的细微区别的表达和动态标记出现了，使他和后世音乐家意识到，他的想象力中呈现的精准的细微差别。巴赫决定为作为作品高潮的女高音—女中音二重唱创作新的长笛声部，出于像以往一样节约谱纸的习惯，他将新的部分写在了木管号分谱的背面——这表明在最后的重演中，他想要完全废除旧式的木管号／长号对合唱团的跟随——同时增加了连奏和断奏之间的对比。另外还引入了弱音器，低音线条中增加了拨弦标记（这种技术问题在之前的演出中可以用一个简单的动作来指示），甚至连警示性的休止符也经过了校订。不再会有任何的偶然。这些详细指示的作用不仅仅是为了适应18世纪40年代那更为雅致的风格品味，这证明了巴赫对完美、对演奏风格之范式的追寻，在他晚年仍然不倦地为此努力。

***

在为三一节后第21个主日而作的《我从深处向你求告》（BWV 38）中，赋予信仰这一主题在这个季节中又回归了，基于路德对《诗篇》130的释义：他这样描述了"在其不幸中被深深感动的真正悔过的心灵（的呼喊）……我们都处于深重的苦难中而不自知。呼喊只是对于上帝之恩典强烈而真诚的渴望，只有当一个人意识到自己所处之处时才会发出。"[1]巴赫应该知道路德的赞美诗与一首历史悠久的弗里吉亚曲调之间的联系，这首曲调完美地适用于经文歌风格的古式处理，很难想象他以任何其他方式谱曲。在一首艰难的古代风格的开场合唱中，他雕琢着女高音以长音符演唱的旋律，由三个较低声部预先模仿。后来在《键盘练习曲集第三卷》（BWV 686）中为同一首众赞歌而作的六声部管风琴作品，也采用了同样手法。他又一次用长号来加倍四个声部——这种技法更容易让我们联想到许茨甚至布鲁克纳。除了它们独特的温润明亮的声音，这些高贵的乐器还为整体氛围增添了仪式感与庄严感。通过对其采用的教会调式进行突然的半音变化，巴赫似乎决心要让这一乐章超越程式。通过重新安排每个关键时刻的人声进入，巴赫在恳求的声音中有效地唤起了路德宗的"自深处"。

这部康塔塔的最后三个乐章同等严肃而坚定。巴赫在女高音宣叙调中标记了"回到正常速度"——非同寻常地，要以严格的速度演唱——同时通奏低音低沉地奏出之前的旋律，仿佛通过对惯例进行惊

1　LW, Vol. 14, p. 189.

人的颠覆来问信徒，是否有胆量屈服于怀疑，歌手动摇的信念几乎没有时间来表达其脆弱性。神迹和奇迹比比皆是。在女高音宣叙调中，"神迹"一词采用了意味深长而富有象征性的表达——由三个"神迹"组成了减七和弦，一个升音符（F♯），一个降音符（E♭）和一个自然音符（C）。[1] 在第二首咏叹调的位置上，巴赫插入了一首为女高音、女低音和男高音而作的三重唱，描述"慰藉的早晨"将很快接替"这痛苦和恐惧的黑夜"。一连串的延留音促成了向下的调性五度循环（D，G，C，F及B♭大调），而信仰的黎明将这种方向逆转向上，直至痛苦之夜的念头再次将其扭转。尽管最后三个乐章似乎各个不同，但却流畅而连贯。如同在上一年为同一个主日而作的康塔塔中（BWV 109）一样，他将提供的帮助尽可能地拖延到最后一刻。最后的众赞歌中，所有的声部得到了整个管弦乐团的加强（包括那四支长号），这已经不仅仅是令人印象深刻，那种路德宗的狂热甚至有些骇人——尤其是最后的弗里吉亚式终止，其中长号骤然降至最低音 E。

不到一个月之后，痛苦之中对慰藉的需求并未改变，但巴赫的音乐处理却截然不同。《如此短暂，如此渺小》（BWV 26）开场众赞歌幻想曲中的器乐利都奈罗是一份令人惊叹的音乐甜品，描绘了人生之短暂和尘世希望之徒劳。在赞美诗曲调第一次出现之前，巴赫已将人类的生命比作即将消散的薄雾。快速的音阶，交叉与反向交叉，联结与分离，制造出一种幻影般水气的氛围。十年前，当他在魏玛为这首赞美诗的简化版本创作管风琴众赞歌（BWV 644）时，就已有了这种想法。梅尔基奥尔·弗兰克（Melchior Franck，1579—1639）在第二诗节中，

---

[1] 对此已有明确的阐释："既然《约翰福音》被称为'神迹之书'，既然巴赫对《约翰受难曲》的调性设计是以三个音乐神迹的形式构思的（升调、降调和自然调），'我从深处向你求告'中这一重要细节或许有着更广泛的意义，与巴赫的调性寓意建立了联系"(Eric Chafe, *Tonal Allegory in the Vocal Music of J. S. Bach* [1991], p. 320)。

将人的生命比作湍流的河水，从山坡上落下，消失在深渊中。这种意象深受浪漫派诗人偏爱。歌德在18世纪80年代于魏玛写下他那绝妙的"水上精灵之歌"时，是否想到了弗兰克的赞美诗？舒伯特在四种不同场合下为其创作了男声合唱音乐。巴赫将其谱写成为男高音、长笛、小提琴和通奏低音而作的咏叹调，其中似乎有着某种浪漫派原型的完形：每个音乐家的职责都在不断变化——回应、模仿、重复或是互相加强——表现出湍急的水流不可阻挡的前行，以及坠落的雨滴的短暂插曲。人类的生命先被比作薄雾和飞沫，接着是山间溪流；之后，巴赫回到了美如花朵一般凋萎的必然性，以及人类臣服于世俗享乐和"一切化为废墟"的时刻。他用三支双簧管和通奏低音在一首模仿的布列舞曲（bourrée）中支撑独唱男低音，而后发展成阴冷的死亡之舞。我们预期这首双簧管三重奏带来世俗的（甚至狂热的）盛况，然而当歌手进入后，它们的作用迅速变得更有颠覆性和写实性：先是颤动的伴奏，似乎削弱了诱惑人类的"世俗享乐"；接着用参差不齐的音型来代表很快要将一切化为灰烬的火舌；最后在疾驰的十六分音符上的四六和弦中描述要将所有世俗之物撕碎的"布满泡沫的洪流"。

***

要在十二天里为七个节日创作七部新康塔塔和一部圣哉经，1724年的圣诞节在忙乱程度上不亚于上一年。圣诞节当天的庆祝活动以BWV 91开始，这部《赞美你，耶稣基督》是巴赫为路德赞美诗谱写的庄严的曲子，开场的利都奈罗具有巴赫在圣诞模式中标志性的期待感：圆号的喧耀和双簧管吹奏的G大调音阶令人想起天使之舞。在"这是真的"中的自然放任，和切分节奏的"求主垂怜"（让人想起米夏埃尔·普雷托里乌斯的"Zwiegesänge"）中，巴赫根植于17世纪的血统展露无遗，这种氛围萦绕在女高音宣叙调与第二节赞美诗的交织中，贯穿在三支双簧管始终温暖相伴的男高音咏叹调中。然而即使是在圣诞期间，若不提及刚刚现身的基督将要带领我们穿过的"泪之谷"，巴赫就不成其为巴赫。他适时地引入了慢速的半音阶伴奏宣叙调（No. 4），其中男低音和弦乐反向而行，有意让听者停驻片刻。女高音和女低音二重奏假定了上帝来到世间时的贫穷，他将"天上丰富的宝藏"赐给信徒。

当巴赫在18世纪30年代重新修订这部康塔塔时，为了展现人类像天使一样歌唱（以及舞蹈）的渴望，他在声乐线条中加入了与小提琴的附点音型相冲突的轻快的切分音。两者间的对立性通过向上的转调得以强化，一次是升号调（仿佛象征着人类成为天使的渴望），一次是降号调（似乎代表了耶稣的人性）。音乐令人脑海中浮现出波提切利笔下跳舞的天使或是菲利皮诺·利皮（Filippino Lippi）在罗马的神庙遗址圣母堂的卡拉法礼拜堂壁画中所绘的天使乐团。同一部圣诞节弥撒中的圣哉经，无疑是巴赫的D大调合唱中最为壮观的，可能是受到了圣金口约翰的启发，他一定知道——"成千上万的天使长和天使……各有六个翅膀，遍体内外布满眼睛，展翅凌空，歌唱，叫喊，高呼，说着圣哉，圣哉，圣哉，万军之主！你的光荣充满天地！欢呼之声，响彻云霄！"[1]

在下一天相继而来的作品中，巴赫采用了全然不同的方法。在《我们应当赞美基督》（BWV 121）中，我们能感受到比其他任何康塔塔中都更强烈的原始血脉，追溯到早期基督教的圣母文，在巴赫所有康塔塔中散发出最为古老的气息。路德选择并翻译了一首著名的15世纪拉丁文赞美诗，《来自升起的太阳》，曾用于圣诞期间的颂歌，巴赫为开始的诗节谱写了经文歌风格的音乐，在常规的双簧管和弦乐中

---

[1] Wilfrid Mellers, *Bach and the Dance of God* (1980), p. 232.

加入一支木管号和三支长号来加强人声。这首曲调有着某种神秘之处，不仅仅在于以多利亚调式开始、以弗里吉亚调式结束（以调性和声的语言来讲，就是在属调的属调上）的方式。取代舞蹈着的撒拉弗意象的，是15世纪佛兰德斯画家用来描绘凝视着马槽中"圣母玛利亚之子"的牧羊人瘦削而热切的面孔。开场合唱中古色古香的感觉似乎完美地适用于道成肉身的神秘性。

然而，女低音宣叙调（No. 3）结尾处的等音变换——依然是一种象征性的"变化"——毫不含糊地有现代感，描述了童贞女生子的奇迹。这是整部作品调性的转折点，恰到好处地出现在"kehren"（改变或是反转方向）一词上；上帝用"wundervoller"（奇妙的）方式（巴赫对文字的利用提示了"奇妙的"三重调性变化）以人形降临，最后一刻突然转为 C 大调便象征性地表现了这一点。这为男低音咏叹调（No. 4）做了完美的准备，轮廓鲜明的意大利式弦乐和稳定的和声用以描述施洗者约翰"认出了耶稣而欢欣雀跃"。巴赫对这首康塔塔的构思反映了从黑暗到光明的变化，表明基督徒庆祝上帝之光降临于世的时刻与冬至的太阳变化相重合。除此之外，他意在强调道成肉身为人类带来的恩泽，以及加入天使合唱团的至高目标（意味着最高声部领唱要进行高难度试唱，在倒数第二首宣叙调中达到高音 B）。任何其他作曲家都会倾向于将最后的众赞歌置于同样辉煌的音域中；相反，巴赫回到了康塔塔开头的调性（E 大调含糊而不确定地转向升 F 大调），保留木管号和长号的铜质音色来增强合唱的声音，以一种更为微妙的方式走向闪光的结尾。巴赫唤起的，是信徒对来世的希望——而非其确定性。

***

在巴赫的第一个圣诞期里，最为辉煌的荣耀之一是 BWV 65，为

328

1724年的主显节而作的《示巴的众人都必来到》。研究他在下一年里如何通过不同的路径达到同样的巅峰——《亲爱的以马内利，公义的主》（BWV 123）——是非常吸引人的。线索之一在于其管弦乐法。前一部作品的氛围是东方的盛会式的，第二部则以9/8拍的优雅合唱开始，使人想起伊丽莎白时代的舞蹈，其中成对的横笛、双簧管和小提琴交替出现。合唱的插入形成了门德尔松式的情歌，在音乐结束后余音袅袅数日不绝。在"示巴"康塔塔中，巴赫用圆号来表现庄严感与古老感，用竖笛来代表传统上与东方音乐相连的高音域，此外，狩猎双簧管强烈地令现代人想起马其顿的祖拉（zurla）和印度的唢呐（sahnai），以及来自印度半岛最南端的泰米尔纳德邦（Tamil Nadu）的纳达斯瓦兰（nadaswaram）（这无疑是世界上最响亮的非铜管原声乐器）。这些狩猎双簧管萦绕不绝的声响似乎属于马可·波罗的世界——穿越丝绸之路的车队。为何莱比锡木管制造专家约翰·艾申托普夫先生（Herr Johann Eichentopf）会在1722年前后创造出这种管身弯曲、喇叭口敞开的中音双簧管，这实在令人费解，除非他在莱比锡市集上听过外来者演奏某种东方原型（见图21）。

巴赫显然被这种新乐器迷住了（颇像一个世纪之后阿道夫·萨克斯发明了萨克斯号之后柏辽兹的反应），将其广泛运用在至少30部声乐作品中，尤其是在 BWV 65 开场的利都奈罗中。他充分展示着他那异国风情的乐团中闪烁的光泽，甚至在人声以轮唱方式进入之前，他就成功地在我们眼前展现了庄严前行的三博士和满载礼物的"成群的骆驼"（《以赛亚书》60：6）。这一壮观的幻想曲以主题的八度齐奏来结束，当队列停在马槽前时，所有的人声和器乐分布在五个八度上。规模和氛围突然发生了变化，从庄严行进的盛况变成了简陋的马厩和献给马槽中婴孩的供品，合唱团吟咏着德文版的"伯利恒的幼婴"。

我们对这些康塔塔初始乐章的魔力惊叹不已，以至于可能有忽视中间乐章的危险。较早的那部作品中有着典型的"干宣叙调"[1]，其弧形的旋律和丰富的半音和声在高潮中形成了一首动人的咏叙调。这引向了一首为男低音而作的咏叹调（No. 4），其中两支狩猎双簧管和通奏低音形成了三重卡农，显然是在描绘作为礼物的黄金、乳香和没药。为了表现宣叙调（No. 5）中提及的"最大的财富"，巴赫为这首令人神魂颠倒的三拍子男高音咏叹调（No. 6）创作了华丽的音乐。成对的竖笛、小提琴、圆号和狩猎双簧管线条清晰而又完美交融，在万花筒般的音色上交换着一小节的重复乐段。[2]

BWV 123 中的咏叹调则更为生动：有着两支柔音双簧管的男高音咏叹调（No. 3）描述了通往各各他的"十字架的艰难道路"，沉重的步伐和几乎不堪忍受的痛苦与"我不害怕（这些）"不符。快速的四个小节唤起的"当狂风暴雨"消解于平静的回归中，因为"耶稣从天上赐给我拯救和光明"。接下来是巴赫所写过的最杰出的咏叹调，可能也是最孤独的一首，"世界啊，鄙视地丢下我吧"。脆弱的人声线条在孤独中显得凄凉，为男低音歌手伴奏的长笛抵消了这一点，如同某种抚慰人心的守护天使在以目的和决心鼓舞他。B 段（耶稣……会永远守护我）也只是提供了暂时的缓解，因为这处于返始结构中。此处的人声和器乐紧密地交融在一起，无言的长笛则完成了歌手无法说出的内容。一年之后，巴赫回归了这种主显节的忧伤氛围，写了第二首难度极高的男低音咏叹调，《我的叹息和眼泪》（BWV 13）中的"呻吟痛苦"，刻画了"呻吟与痛苦的泪水无法减轻忧伤之痛"。巴赫似乎决意要给他的听众展示此世的苦难和不幸，让两支竖笛高于独奏小提

---

1   指只有通奏低音伴奏的宣叙调。
2   在英国人听来，主要旋律与一首童谣《蓝色薰衣草》相似，而结尾热烈的众赞歌（保罗·格哈特 [Paul Gerhardt] "Ich hab in Gottes Herz und Sinn" 的第十节）配上了 16 世纪法国世俗曲调，则与赞美诗《主啊，自古以来帮助我们的主》相似。

琴八度吹奏出苍白而空寂的声音。当唱词中提到"喜乐之光"时，巴赫暂时地移除了尖锐不和谐的和声，直至在下属调上重现，音乐再次陷入黑暗，仿佛要探索心灵中新的痛苦。节奏和思维都慢了下来，我们的感觉变得敏锐，对巴赫营造氛围时每个微小的细节都极为敏感。

***

四旬期前的最后一个主日对于巴赫有着特殊意义，正是在1723年的这个主日，他演奏了为他获得托马斯教堂乐长一职奠定基础的两部作品（BWV 23 和 22）。在第二年的同一主日，他重新演出了 BWV 22。1725年四旬期前最后一个主日是在他的受难曲演出以及路德宗教历中最重要的音乐事件之前，最后一次为莱比锡听众呈现一部康塔塔的机会。在最后的致意中，BWV 127，《耶稣基督真神真人》占据了关键地位，因为巴赫将一首"众赞歌受难曲"像珠宝一般置于其中心位置，正如上一年中所做的那样。在这部有着惊人实验性的康塔塔中，某些特征有着同样的作用。作品一开始先是哀歌般的众赞歌幻想曲：巴赫在此处将不少于三支众赞歌曲调交织在一起——一首对路德宗《羔羊颂》的器乐呈示，明显提及了基督的受难，一首由法国作曲家克劳德·古迪梅尔（Claude Goudimel, 1565）所作的葬礼挽歌，最后是一首众赞歌旋律的片段，我们认出这是受难众赞歌《我从内心渴望》，在《马太受难曲》中有着重要地位。接着，男高音宣叙调显而易见地将个人对死亡的思考和耶稣走向他的受难之路联系起来。最有说服力的是第四乐章，唤起了最后的审判的宏大画面，部分为伴奏宣叙调，部分为咏叹调，由三个交替进行的部分组成：一段焦躁不安的伴奏宣叙调，没有可辨识的调性中心；一段 G 小调咏叙调，引用了古迪梅尔的众赞歌旋律，整部康塔塔也以此为基础；最后是一段快速的 6/8 拍段落，暗示了将人类从死亡的枷锁中解救出来。

在最后一段喧鸣的小号和匆促的弦乐中，我们遇到了巴赫宗教音乐中引人注目的自我引用的独特例子：男低音的独唱部分与二重合唱"雷鸣与闪电"中合唱的四次进入是相同的，后者是《马太受难曲》中最精彩的部分之一，无疑被视为"巴洛克时代对释放的激情最为激烈、最为宏伟的描述"。[1] 将两首曲子进行对比，就会发现受难曲中合唱的创作时间先于康塔塔的咏叹调。（在第七章中，我们曾瞥见巴赫在充满压力的情况下对这部作品的演出材料进行准备。）尽管没有确凿证据表明其计划在 1725 年 3 月 30 日即耶稣受难日进行首演，BWV 127 中对"闪电"合唱的预先展示表明了一致的心境和《马太受难曲》此时仍在筹划中的迹象。

1829 年门德尔松在柏林对《马太受难曲》那次著名的重演，据称是其在 1729 年耶稣受难日首演的一百周年纪念。自 1975 年起，这一日期被提前了两年。[2] 然而，如果巴赫在创作 1724—1725 年那轮康塔塔时就已积极地从事《马太受难曲》的准备工作，那么他在何时清楚地意识到，这部作品无法在 1725 年耶稣受难日上演就有待商榷。他是否错误地估算了所需的时间？是否仅仅出于疲劳，或者在上一年里与牧师有着更多令人沮丧的争执？迄今无人能给出令人信服的答案，真相也有可能是所有这些的结合，而中止计划的决定在 1725 年圣周临近时才做出。由于未能按时在耶稣受难日完成《马太受难曲》，巴赫发觉自己陷入了困境。我们甚至不知道他在何时将解决方案正式告知了教会议会，也不知道用进行了大量修订的《约翰受难曲》来填补这一空缺的决定是否由教会议会强加给他（见第十章）。特别是一首为男高音新作的咏叹调"巨石啊，粉碎我吧"类似于 BWV 127 中的高

---

[1] K. and I. Geiringer, *Johann Sebastian Bach: The Culmination of An Era* (1966), p. 201.

[2] Joshua Rifkin, 'The Chronology of Bach's Saint Matthew Passion', MQ, Vol. 61, No. 3 (July 1975), pp. 360–87.

潮片段，表明巴赫在创作修订版时依然想着康塔塔中的材料，仿佛决心要挽救一些有意预先发布的内容。

在所有这些困惑当中，有一件事几乎是确定的：巴赫在莱比锡的最初计划比起学者们猜想的甚至还要宏大，他在1723年就职时就设定了展示自己音乐的工作，大部分都是新创作的，部分则是对魏玛时期作品的重铸。至少在头两年里，每一轮作品都以一部受难曲为高潮——按莱比锡的标准来看是全新的，1724年的《约翰受难曲》在神学上颇具争议，《马太受难曲》则更有突破意义且比他预期的耗时更久，因而延迟了两年出现。

在所有这些不确定性中，巴赫在1725年3月25日以《晨星何等光辉灿烂》（BWV 1）提前结束了第二轮莱比锡周期（见图16）。这一年的棕枝主日（随年度变化的节日）与天使报喜节（有着确定的日期）罕有地重合了。这一双重庆祝活动对莱比锡礼拜者的重要性不难想象，出现在四旬期的末尾，而这四十天里教堂中没有演奏任何音乐。125年之后，这是巴赫协会版作品集第一卷（共45卷）中的第一部康塔塔，这部作品集中超过半数都是宗教声乐作品。随后发表的康塔塔的BWV编号完全是随机的，与创作年表毫无关系。[1]舒曼和勃拉姆斯都是该协会的狂热会员，我好奇他们如何看待巴赫为最为激动人心的路德宗赞美诗布编织对位的精妙创造。这部作品华丽而堂皇，其"东方的"配器——圆号、狩猎双簧管和弦乐（这次没有竖笛）——和

---

[1] 巴赫协会宏大而用心良好的计划在1900年时接近完成，此时所有现存的康塔塔都已出版，无论是宗教康塔塔还是世俗康塔塔，还包括一些根本不是巴赫所写的作品——演出邀约只能选择性接受，加上过于大胆的重新配器，大量的管风琴伴奏，以及典型的阴郁表达。之后还要经历整整一个世纪的摸索和错误，关于（在礼拜仪式中或是脱离礼拜仪式）复原它们的方式的激烈争论，历史研究，对原始资料的批评性评价，各种成功版补陈旧资料空白的尝试，以及关于巴赫最初演奏团体和惯例的激烈争论——而这些康塔塔依然是很多巴赫热爱者鲜有触及的作品。

节奏（庄严的 F 大调 12/8 拍开场众赞歌幻想曲中，女高音和首席圆号以长音符奏出尼古拉［Nicolai］宏大的合唱旋律）令人想到主显节康塔塔 BWV 65。在巴赫仅有的为棕枝主日而作的另一部康塔塔（轻浮且规模小得多的魏玛康塔塔 BWV 182）中，众人的问候激动而欢腾。巴赫对这种形式的掌控炉火纯青，在这个乐章的高潮——最后一句庄严而辉煌的"至高至上"中可见一斑。其效果极为强烈——灵感有着不事张扬的技术支撑。[1]

巴赫为何在此时放弃了这轮众赞歌康塔塔创作，原因无法确知。然而无论如何，这都是他在随后几年里试图修补的裂口，他为此而在这一轮最后的部分插入合适的众赞歌康塔塔，例如 BWV 112 和 BWV 129。同时，在 1725 年复活节主日上，巴赫重新演出了他最早的众赞歌康塔塔 BWV 4，这一补充与这轮周期相称而又略显过时，并且很可能是在大学教堂中演出的；在两座主要教堂中，演出了对（已经遗失的）魏森菲尔斯牧歌康塔塔（BWV 249a）匆忙进行的模拟式改编，即《来吧，快来吧》，后来修订为"复活节清唱剧"《来吧，快快奔跑》（BWV 249）——其中慢速的第二乐章有着沉思性的美感（带有威尼斯式双簧管协奏曲的氛围），漫长的女高音咏叹调采用了长笛伴奏，捕捉到了基督之死带来的丧失，令人感到如今可以用音乐祈祷的力量来取代香料和软膏。复活的观念尚未完全进入听者脑中。

复活节之后，他又重新恢复了为一批文本进行谱曲的康塔塔创

---

[1] 对于英国礼拜者，菲利普·尼古拉（Philipp Nicolai）的赞美诗则是"How brightly shines the morning star"。当我们在 2000 年棕枝主日于沃尔波尔（Walpole）的圣彼得教堂演出巴赫对这首赞美诗的精心创作时，现场许多熟知曲调的听众告诉我们什么是"看不见的人群制造的圈子"，马友友这样描述演奏者和听者共同参与的集体或公共行为。这种感觉在 24 小时后又重现了，在皇家艾尔伯特音乐厅举行的摇滚音乐会上，斯汀（Sting）与爱慕他的观众之间交换着熟悉的歌曲片段，仿佛某种自发的连祷文。正是在这样的时刻，当音乐家和听众之间有着尤为强烈的纽带时，我们会感受到这些康塔塔初创时在莱比锡可能引起的反响——或者至少是巴赫期望它们获得的反响。

作，其中包括莱比锡诗人克里斯蒂安妮·玛丽安·冯·齐格勒的9部作品，可能计划作为上一年的《约翰受难曲》的续篇。[1]原本的权宜之计，最终变成由12部杰出作品构成的后复活节系列，都以圣经引言开始，采用的诗文比起其他康塔塔系列有着更密切的相关性，并且反映了"伟大的五十天"在仪式上的统一特征。[2]

***

从复活节到圣灵降临节的"伟大的五十天"植根于犹太教传统，即逾越节（除酵节）和圣灵降临节／五旬节（初熟日）之间的七周外加一天。它们表明耶稣在世上功绩的完成，他最后一次向门徒现身，用以增强他们信仰的临别之言，以及通过降临的圣灵保护他们的承诺。因而这是一个有着鲜明对比的时期——基督复活和再次现身的喜悦，由于他即将离去以及现世中充满压力的生活而蒙上阴影。在巴赫为复活节后的星期一而作的康塔塔《请你同我们住下》（BWV 6）中，明显体现了失去了耶稣的光芒和有形存在的世界以及精神黑暗逐渐加剧的世界之间的二元性。我们会觉得巴赫在创作这部康塔塔时，即便他的桌上没有，耳边也会一直回响着《约翰受难曲》最后的合唱，前者的开场合唱中有着"安息吧"中萨拉班德式的节奏，以及C小调特有的甜蜜而哀伤的味道。（1725年《约翰受难曲》重新上演时略去了这首合唱，这就强化了巴赫意欲将BWV 6及其两部后续作品归为上

---

[1] 杜尔注意到，巴赫第一轮周期里新创作的五部康塔塔中的最后一部，《他们要驱逐你》（他以此为标题的康塔塔的第一个版本）（BWV 44）在整体结构上（圣经金句—咏叹调—众赞歌—宣叙调—咏叹调—众赞歌）与下一个周期中的三部复活节后的康塔塔有着相似性，也都强调了基督在世上遭受的痛苦。这就推断出一个结论：巴赫原本打算将这三部康塔塔与BWV 44放在一起（见图15和图16），加入到第一轮莱比锡作品中，但却未能及时谱上音乐——1724年《约翰受难曲》余波的牺牲品（Dürr, op. cit., p. 33）。

[2] Eric Chafe, *J. S. Bach's Johannine Theology: The St John Passion and the Cantatas for Spring 1725*.

一个年度周期的观点——可能甚至还着手作了计划。)

受难曲的尾声伤感而慰藉,这部康塔塔则略带丧亲之痛。在一个由于失去了耶稣而逐渐黑暗的世界里,对光明的温柔乞求变得尤为动人而紧迫。这既是叙事性的(当黑暗降临时,去往以马忤斯的悲伤门徒),同时也是普适性的(对于孤身处于黑暗中的恐惧,既是字面意思也是隐喻)。整体上是一种下沉、抛弃的氛围,在传递给信徒的神学讯息中得以逆转——坚守圣言和圣礼,这些是在耶稣肉身离去后基督徒生活中的支柱。巴赫找到了"描绘"这两种观念的方式:并置通过向下转调表现出的下沉曲线和保持坚定的训谕——由小提琴和中提琴在环绕着的不和谐音中齐奏出 25 个 G 音,接着是 35 个降 B 音。这种手法与门徒乞求耶稣留下相关,在紧随而至的合唱赋格中九次吟唱。我们可能会在两种观念的撞击中看到与卡拉瓦乔的第一幅"以马忤斯的晚餐"的相似性:除了明显的光明与黑暗的对比以外,还有更进一步的二分法。一方面是安详与慰藉——基督对晚餐的祝福证实了他的身份,他那抚慰人心的右手似乎向着观画者伸出了画面——另一方面则是紧迫性,在两位门徒冲动而富有戏剧性的动作中显而易见。这是以当时的日常生活来呈现的宗教戏剧,巴赫仿佛在他书房窗外的萨克森暮色中捕捉到了门徒的怅惘,在此处以及接下来两个乐章中将其表现出来。

***

在这些康塔塔中,我们遇到的最为迷人的习惯,是巴赫使用单个乐器来增强表现力,无论是单独的还是不同的组合。在他笔下,这些乐器不仅仅制造出特别的效果或氛围,有人(蔡菲等学者)认为它们还支撑了抽象的神学观念和作品之间的联系。然而最为重要的是,它们在听者的意识中激发了临场感。在两轮周期中,在我们遇到的那些咏叹调的动人瞬间里，巴赫所选的伴奏乐器——最常用的是双簧管或小提琴，罕见而又美妙的则是长笛——对人声进行了烘托，并且增添了新的表达与意义，抵达了文字无法触及之处。[1]

在这最后的12部康塔塔中，他对两种乐器大量而突出的运用尤为引人注目。两者都有独特的音色和音域：高音大提琴和狩猎双簧管（见图21和图22）。高音大提琴有着迷人而宽广的声响，比常规大提琴的琴身体积更小，并且（有时）有第五根弦来扩展高音音域。两种乐器都在BWV 6中有精彩表现，狩猎双簧管在舞蹈节奏中恳求耶稣留在这里（No. 2），高音大提琴在人声和通奏低音之间斡旋（No. 3）。巴赫如此迷恋这两种乐器，在第二轮周期最后的12部康塔塔中，有6部用到了狩猎双簧管，5部用到了高音大提琴，并且为它们的特质审慎地寻找合适的角色，令其在他那富有诗意的阐释性表达中居于核心位置。两者在中音音域上都有一种哀婉的音响，似乎能够触动听者的心弦，然而高音大提琴表达某种本质上温和而慰藉之物时，狩猎双簧管则倾向于表达悲伤与痛苦。我们会发现，巴赫在《马太受难曲》中极度痛苦的时刻又求助于这种乐器——花园中的痛苦（"噢，悲伤"），罗马审判中的清白（"出于爱"），他的受难（"看呐，耶稣伸出了双臂"）和埋葬（"我的心，洁净你自己"）。在《向来你们没有奉我的名》（BWV 87）的D小调咏叹调"父啊，赦免我们的罪"中，巴赫的做法同样扣人心弦，他将两支狩猎双簧管与独唱女低音交融在一起，

---

[1] 一个更晚的例子——极为精彩，不得不提——是一首为独奏双簧管、弦乐和男低音独唱而作的咏叹调，出自《看呐！我们上耶路撒冷去》（BWV 159），来自1729年所谓的皮坎德周期，与《约翰受难曲》中著名的"都完成了"以同样的文字开始。巴赫对相同的文字进行了两次令人难忘的谱曲，每次都带有无可抗拒的独特哀婉，这实在令人惊叹。在这首康塔塔的降B大调版本中，时间仿佛静止了——甚至在歌手唱到"现在我要快快来"时亦如此——散发出一种通过基督屈从于命运而获得的庄严的平静。这可能部分地来自于巴赫极为丰富的和声语言——频繁地强调下属调，甚至下属调的下属调。

与通奏低音中上行的琶音形成对比。悲伤和乞求的姿态以这种方式同时显现出来——主要通过器乐手段。两周之后，在《我是好牧人》（BWV 85）中，他用高音大提琴表现对好牧人基督的思考，得益于其音域和和声所带来的独特光辉。你会觉得在这种曼陀罗般的声音中，任何"羔羊"都会有信心对抗敌人——狼、狐狸或是人类。在下一个教会年历的开端，巴赫在《耶稣，我们赞美你》（BWV 41）中运用了五根弦的高音大提琴（音域从最低音 C 到高音谱表中三个八度之上的 B），仿佛包含着尘世与天国的二元性，反映了神在肉体和精神上对人的掌控（见图 23）。

在莱比锡，欢乐主日（复活节后第三个主日）标志着复活节集市的开始，这三周里人潮涌动——书商、手工艺人、街头小贩和国际商业旅行者——居住人口达到了 30000 左右。在巴赫的精心策划下，四卷《键盘练习曲》的出版时间与这些集市相重合，他当然明白在主日提供特别的音乐（此时不允许进行贸易）的需求，正如他的前辈库瑙指出的，"游客们和尊贵的绅士当然希望在教堂里听到优秀的音乐"。[1] 现存三部为欢乐主日而作的康塔塔（BWV 12，103 和 146）都是关于耶稣向他的追随者告别时萦绕不绝的悲伤，关于等待着他们的审判以及再次见到他的喜悦念头。每一部都是一次旅程，一场音乐与情感的演变——从深重的悲哀与痛苦到狂喜的赞颂——并且基于当日的福音："你们将要忧愁，然而你们的忧愁要变成喜乐"（《约翰福音》16∶20），《你们将要痛哭哀号》（BWV 103）正是采用了这一标题。因此，当我们发觉它以一首为主奏小提琴和另一种不寻常的乐器——D 大调高音竖笛（或称"六度长笛"）而作的辉煌的幻想曲开场时，的确略感奇怪。这两件乐器与两支柔音双簧管以及其余弦乐相抗衡，

---

[1] Kuhnau, quoted in Arnold Schering, *Johann Sebastian Bach und das Musikleben Leipzigs im 18. Jahrhundert* (1941), Vol. 2, p. 18.

(显然)进行着欢乐的对话。只有在四个合唱声部进入拘谨的赋格主题时，我们才意识到始料未及之处：巴赫那活泼的器乐主题代表的并非耶稣复活时门徒的喜悦，而是怀疑者对他们的痛苦发出嘲弄的笑声——高音竖笛那恶意的咯咯笑声也是如此。

距离圣灵降临节只有十日之遥，巴赫在与冯·齐格勒夫人共同审视之前五周中合作展现的主题，并在《人要把你们赶出会堂》(BWV 183)中对其重新组合：俗世的迫害(No. 1)，耶稣的保护缓和了痛苦(No. 2)，耶稣的灵魂提供的慰藉(No. 3)，依从圣灵的指引(No. 4)，圣灵表明祈祷是人类获得神之帮助的方式(No. 5)。在简短而戏剧性的引子——一首五小节的伴奏宣叙调中，巴赫用了四支双簧管(两支柔音双簧管和两支狩猎双簧管)，这在《圣诞清唱剧》以外的作品中是一种不寻常的组合。巴赫采用的方式也与前一年极为不同，在上一年的BWV 44中，他为同样的唱词写了87小节的二重唱和35小节的合唱。这次的圣经金句在其后续乐章的对比下相形见绌——那是一首难度极高的E小调男高音咏叹调，采用了四弦高音大提琴，歌手坚称他不害怕死亡恐惧，然而繁复而狂乱的切分音和节奏型背叛了他。同时，大提琴在横贯的琶音中维持了安宁而明亮的表现方式。这是一个私密的场景，我们能够理解信徒的挣扎，跟随他克服对于迫害和最终之消亡的恐惧，一直都有唱词中提到的耶稣的保护之手那抚慰人心的声音(高音大提琴)陪伴。

圣灵降临节似乎并不适合对地狱进行形象生动的描绘。然而这的确是《人若爱我，就必遵守我的道》(BWV 74)中的女低音咏叹调"没有人能救我"的意图，此处对独奏小提琴的要求与巴赫通常对这种乐器采取的表现方式完全相反。他似乎决心要向听众展现赤裸裸的现实主义画面，在耶稣与世俗力量抗争时地狱的锁链铮铮作响。于是，他将三支双簧管和弦乐编入了战斗的队列，要求小提琴手完成棘手的色彩奏法（bariolage），让琶音中最低音落后于节拍。其效果既支离破碎，又令人振奋。人声很快在陷入强烈辩证关系的琶音中开始，仿佛在努力挣脱地狱的桎梏。这种对信仰的寻求时而显得哀怨，双簧管与独奏小提琴强化了重音交错的乐句，和不断重复的十六分音符发出的险恶重击形成对比。在 B 段中，胜利似乎志在必得，歌手在"嘲笑地狱的愤怒"，对抗着木管尖锐的重音和弦乐高声部中三音和四音的激烈和弦。这种心满意足表现在一连串的三连装饰音和一个半八度的下行中，直至返回首段。巴赫利用了歌剧中的表现技法，然而并非无缘无故：它们为无可指摘的神学目的服务，而却是在娱乐仍在痛惜失去歌剧院的观众。或许有朝一日我们会更加了解新兴的路德宗与世俗的启蒙思想之间的对立——以及音乐在这些冲突中的关键作用。在莱比锡市民的阁楼某处依然可能有某些腐朽的信件，其中有我们极度缺乏的东西——巴赫的听众对他的音乐的各种反应的直接证据。

***

到了圣灵降临节时，巴赫对三一主日之前 12 个主日的宏伟计划已经将近完成，都以圣经引文为基础。他对圣约翰之话语的谱曲在《神爱世人爱到极处》（BWV 68）中达到了极致。在众赞歌中，他将听众推向了救赎与现世之审判的抉择中："信他的人不被定罪，不信的人罪已经定了"（《约翰福音》3∶18）。巴赫的音乐也像文字一样坚定不移：二重赋格中的两个主题描述了两个选择，他让古色古香的铜管乐器——一支木管号和三支长号形成的亲密同盟——强化了人声。圣灵降临节的第二日可以是庆祝之时，充满了欢欣鼓舞和圣灵带来的解脱（这实际上也是康塔塔前几个乐章的要旨），然而巴赫展现了一个在信徒和怀疑者之间鲜明区分的世界，让会众为之深思。

齐格勒的诗文需要与已有的两个乐章（第二和第四乐章）相称，

两者都改编自巴赫1713年的《狩猎康塔塔》(BWV 208)，充满了节日气氛。我们有时窥到巴赫那快乐的内在精神，这几乎与他守法的艺术家知识分子形象无法相容。例如女高音咏叹调"我的心相信主"，无拘无束地表现了美妙的喜悦和狂欢（与主显节期间困境中的基督徒的那些缓慢绵长的沉思形成鲜明对比）。在最初的世俗版本中，舞蹈式跳跃的低音仿佛羊群在春天回到草地上嬉戏。通奏低音再次分派给五弦高音大提琴，巴赫用以宣告耶稣在实体世界中的存在——他在信徒心中第二次道成肉身。在手稿的最后一页上，他增加了器乐的尾声，为高音大提琴及其演奏的通奏低音加上了一支双簧管和小提琴。这27个小节几乎占据了整首咏叹调长度的四分之三，仿佛歌手的唱词不足以表达圣灵降临时的喜悦。在第二首咏叹调中，巴赫为齐格勒对《约翰福音》第十七节的释义配上了之前为潘神所作的音乐，这位森林与牧羊人的神祇"为大地带来欢乐/森林、土地和万物为之欢笑"。巴赫用移植手法来表现耶稣在世上现身所带来的喜悦，其关键在于保留下来的田园风味的双簧管三重奏。

　　三一主日标志着冯·齐格勒作词的九部康塔塔系列的结束。BWV 176的标题是"Es ist ein trotzig und verzagt Ding"，译作"人心固执（或目中无人或一意孤行）而又怯懦（或者沮丧或绝望）"。这一组形容词都用在了巴赫的配乐中，对于人类境况进行了引人注目的刻画——也许还反映了他自己的观念，尤其在顽固的莱比锡当局看来。齐格勒将尼哥底母（Nicodemus）夜间的秘密拜访诠释为人类的普遍倾向，这似乎为巴赫提供了机会，在任性的攻击性与怯懦的脆弱性之间建立了戏剧性的对立。巴赫开场便以简短的四声部合唱赋格对这句引言进行了大胆而愤慨的呈示，弦乐则令人想起第五勃兰登堡协奏曲。这只适用于前半部分，匆促的装饰音在"目中无人"上推上了小九度，接着在其顶点上，消融和叹息的音型在持续的弦乐上强调了"消沉"的一面。这种上行继而下行的轮廓贯穿了整首赋格，进行了两次半的呈示，三支双簧管强化了人声，弦乐则在充满活力的勃兰登堡动机和悲哀而持久的对位之间交替。[1]对人类行为之两面性的探索贯穿作品始终：女低音宣叙调（No. 2）中尼哥底母（黑夜）与耶稣（白天）的并置在女高音加沃特式的降 B 大调咏叹调（No. 3）中得到了说明，胆怯、踌躇而又快乐的信徒与开场合唱中反叛的灵魂形成了对比。尼哥底母人格化地出现在了男低音宣叙调（No. 4）中，巴赫在齐格勒的诗文中加上了"信你的人就不会迷失"，并且谱写成咏叙调来强调其意义。在最后一首咏叹调"不要怕，胆怯害怕的灵魂"中，三支双簧管在具有象征意义的齐奏中为女低音提供伴奏。正当粗心者以为巴赫将要在下属调上结束时，他打破了对称性，增加了两个小节。在音调高得多的终曲（No. 6）里，他坚定强调了三位一体的本质——三位一体，独一真神——以及神在与人类的关系中遥不可及。他以一首充满挑衅性观点和音乐诠释的康塔塔结束了从复活节到三一主日之间这 12 部康塔塔组成的迷你系列。巴赫重新回到了起点。

＊＊＊

T. S. 艾略特在他的《磐石》合唱词（1934）第一段中斥责现代社会失去了对上帝的信仰，以非基督教的符号进行了描述：

> 猎人带着猎犬循迹而至。
> 啊，星辰往复轮转，

---

[1] 有证据表明，在他和齐格勒的其他合作中，他们之间有着创作上的交流（然而遗憾的是，当他面对着一套唱词时，这些沟通常常就缺失了），但也有迹象表明他偶尔不经讨论改变她的唱词，正如我们在第七章中所见，她付印的版本有时和巴赫谱曲的版本有着惊人的差异。

> 啊，季节周而复始，
>
> 啊，秋枯春荣，生死轮回的世界！
>
> 思与行无尽交替，
>
> 无尽的发明，无尽的尝试，
>
> 带来变动的而非静止的知识；
>
> 有声的而非静默的知识；
>
> 对言词的知识，和对圣言的无知。
>
> 我们的一切知识都使我们更加接近无知，
>
> 我们的一切无知都使我们更加接近死亡，
>
> 然而接近死亡并非接近上帝。
>
> 我们在生活中迷失的生命何在？
>
> 我们在知识中失去的智慧何在？
>
> 我们在信息中失落的知识何在？
>
> 两千年的轮回
>
> 让我们远离了上帝，接近了尘埃。

遗憾的是，艾略特并不知晓巴赫的全年成套康塔塔（尽管他也许听过个别乐章）。不然他会领会到，在巴赫音乐中，常道的循环会让我们更加接近上帝。巴赫的音乐还告诉我们，尘埃是我们日常存在的一部分而非敌人。[1] 那时，艾略特会欣然赞同托马斯·贝克特（Thomas à Becket）的想法，

> 我在极乐之中战栗，看到天国之光闪过，听到了低声细语，

---

[1] 这又是对菲利普·普尔曼的《黑暗物质》的间接提及，他在构想尘埃的概念时脑中可能出现过这个意象。巴赫的音乐提醒我们重新接受基督教正统派的需求（因此与普尔曼的见解完全相反），此外，还指向了一种超越人类狭隘的自我呈现的神性。

我不再被拒之门外;一切
通往充满喜乐的圆满。[1]

---

[1] T. S. Eliot, *Murder in the Cathedral* (1935), Part II.

第十章

首部受难曲

有什么激情是音乐不能唤起或平息的呢?

——约翰·德莱顿,《圣塞西莉亚节颂》(1687)

歌剧院的灯光暗了下来,指挥进入了乐池,乐团随时准备开始。这是只有在暗下来的剧院里,在一部歌剧的开场,在音乐开始施展魔力、戏剧情节即将展开之前,才能感受到的独特的期待氛围。我所知道的任何18世纪上半叶的歌剧序曲,都不及巴赫的《约翰受难曲》开场那样接近于《伊多梅纽》或《唐·乔万尼》序曲的气氛;要说贝多芬三首《莱奥诺拉》(Leonore)序曲的直接原型,也没有比它更近的了。从形象的生动以及悲剧的想象方面而言,汹涌激烈的管弦乐前奏无可匹敌。像真正的序曲一样,它将我们引入剧情——不是在剧院中,而是在教堂里,如今则通常是在音乐厅中。其调性——G小调——自普赛尔起到莫扎特都一直意味着哀悼。不断反复的低音旋律造成不间断的震颤脉动,中提琴持续不断的叹息形象,小提琴飞旋的动机暗示着焦虑骚动,甚至让人联想到人潮涌动——这一切构成了独有的哀婉。在此酝酿之上,成对的双簧管和长笛进行着抒情对话,然而伴有痛苦不堪的不和谐音，演绎出一种非常不同的感受，你可以想象指甲嵌到皮肉里的那种痛。

到这里，我们都可以将之理解为对耶稣受难高度紧张的表现，每一个动机要素似乎都能唤起对它本身和它对听众的效果的注意。然后在最初九个小节保持静止的低音旋律后，开始半音下行，音乐急剧奔涌而出。（三年后，亨德尔会有类似的做法，在《牧师扎多克》[Zadok the Priest]里合唱第一次进入时，音乐充满威严地增强。当然这部作品为乔治二世的加冕而作，有着极为不同的表现目的。）伴随着合唱团的进入，某种前所未有的骇人力量出现了：巴赫引入了一首对基督王权无所不在的颂歌："耶和华我们的主啊，你的名在全地何其美"（《诗篇》8），[1]取代了哀悼之词，这在当时受难曲中是独一无二的。[2]人声以三声断开的呼喊一齐进入：主啊！⋯⋯主啊！⋯⋯主啊！显现的双重效果清晰得无以复加：这是对威严的基督的唤起和刻画，他的样子如拜占庭镶嵌画所描绘，但他俯瞰着漩涡中痛苦挣扎、拒不悔改的芸芸众生。巴赫找到了一种与圣约翰最常宣扬的观念中鲜明的二元性相匹配的方式：光明与黑暗、善与恶、灵与肉、真理与谬误。在这一乐章中，我们很快意识到二元性采取了纵向分节的形式——神圣的基督在十字架上被"高举"，吸引万人归向他；以及他的谦卑，他为世人而"降卑"。如巴赫同时代的虔信派信徒所言，"在他所受苦难的背后"，耶稣的威严因而得到赞颂。[3]

不久前有一段时间，大众对巴赫宗教音乐的认识仅限于三部最

1　巴赫在此处运用了惊人的对比——在耶稣的荣耀（Herrlichkeit）与他的屈辱（Niedrigkeit）之间——这可以追溯到约翰・阿恩特（Johann Arndt）为《诗篇》8而作的三篇布道（Auslegung des gantzen Psalters Davids, 1643）。

2　Elke Axmacher, 'Aus Liebe will mein Heyland sterben' (1984), p. 164.

3　Johann Jakob Rambach, *Betrachtungen über das ganze Leiden Christi*, p. 5, 最初两个部分出版于1722年，是巴赫神学文献的构成部分。

重要的合唱作品：《B小调弥撒》《圣诞清唱剧》以及《马太受难曲》。较为大胆的合唱团体可能时不时会碰一下他的《尊主颂》（尽管从合唱方面来讲这是巴赫所有作品中技术要求最高的一部），而不可思议地绕过了《约翰受难曲》，或许认为它只不过是巴赫那部"伟大的"受难曲的草稿。自门德尔松1829年那广受称誉的复原开始，《马太受难曲》便成为了巴赫的天才的最具权威的作品，博得人们近似敬畏的普遍尊重。接下来的较短的《约翰受难曲》，也是由门德尔松于1833年重新上演，在很长时间里被看作是前者的穷亲戚——比较粗糙、锤炼得不够精细，据菲利普·施比塔所言，根本上"远不如《马太受难曲》"。在一长串的巴赫研究专家里，他第一个认为这部作品"整体上展现了一种阴暗的单调乏味和暧昧的含混不清"。[1]然而罗伯特·舒曼（Robert Schumann）并不这么认为。1851年在杜森多夫指挥了《约翰受难曲》之后，舒曼认为比起《马太受难曲》，这部作品"在许多方面都更为大胆、更有说服力且更有诗意"："自始至终多么紧凑而真诚，尤其是在合唱部分，"他惊叹，"这是何等艺术！"[2]直到20世纪下半叶，像舒曼一样对这部较早作品——"巴赫最深刻最完美的作品之一"——的热情才开始盛行，两部受难曲间的某种对等性开始浮现。[3]

我坚信舒曼是对的。同那部宏大的兄弟作品相比，《约翰受难曲》远非相形见绌，反而是巴赫现存的受难曲中更为激进的一部。比起之前或之后的任何受难曲都更强有力、更富戏剧性，而其在20世纪末

---

[1] Philipp Spitta, *The Life of Bach*, Clara Bell and J. A. Fuller Maitland (trs.)(1873; 1899 edn), Vol.2, p. 528.
[2] 转引自 Martin Geck, *Johannes-Passion* (1991), p.102。
[3] 约翰·巴特表示，无论如何，在英国"对于资金短缺的管弦乐团，不以'公认'的历史风格进行演出而引发的冷遇，代价太大不可承受；此外，在耶稣受难日演出《马太受难曲》的传统不再意义重大，公众对于这样一个星期五节日的观念越来越淡漠。《马太受难曲》可能仍被极为推崇并依旧上演，但已不再是主流曲目中无可争议的部分"（John Butt, *Bach's Dialogue with Modernity: Perspectives on the Passions* [2010], p. 18）。

广为流行及频繁演出,更是加深了这一印象。由于故事情节本身有说服力且为人熟知,巴赫可能直觉地认定听众会接受。他运用了悬念和吸引人的传统叙述线,包括冲突、危机和解决,将音乐戏剧强度维持在超过当时所有歌剧的高点。为使叙述尽可能生动,巴赫乐意仔细搜寻发展于上一个世纪、形成于他所处时代的歌剧惯常表现风格。人物阵容包括形象鲜明的恶人以及一位英雄兼殉道者,次要人物要么是讨人喜欢但有缺陷的(如西门·彼得 [Simon Peter]),要么是纯粹只有缺陷的(如本丢·彼拉多 [Pontius Pilate]);然而,这显然不是一部歌剧。其风格和目的不是为歌剧院而作,巴赫也从未设想过用舞台装置和设备来演出。这是有史以来最为大胆而复杂的混合体,结合了叙事与沉思、宗教与政治、音乐与神学,是"音乐戏剧的灵魂"的巅峰表现,我们在第四章中曾追溯过其出现。巴赫不是为了取悦"被动的"歌剧院听众,而是渴望精神食粮的路德宗会众。听众会发现自己不可抗拒地跌入了戏剧情节中,因而巴赫可以期望他们一定程度的主动参与。这使他能够给听众提出困难的问题。

为了避免他的圣经人物中出现任何肤浅的"歌剧式"人物塑造,巴赫鼓励乐团中的歌手和演员像当时的目击者一样在特定时刻站出来——表达他们的想法、祈祷和情感,重述基督的受难(在他自己的演出里甚至会互换角色)。这种实验性的方式为听众创造了一种新鲜的体验,表面上契合精神启迪的需要,然而有着前所未有的戏剧强度。这一切都是在教堂中演出的,对巴赫的第一批听众而言,一定颇感震惊。这样一种音乐、对教义的诠释与戏剧的独特融合完全有可能使得最初浸透在圣经中的听众感到困惑,正如它必然会略过对圣经无法理解的现代听众一样,然而后者依然会觉得它扣人心弦。我们需要知道,为何一部如此浸透着神学观念、执着于路德宗偏狭视野的音乐作品似乎"滑开历史的锚定",[1]自创作以来的近三百年里俘获了来自世界各地的听众。相应地,我们也要在此探寻创作准则的更新与拓展,它们启发着那些以驾驭音乐的力量,唤起听众的激情为中心目标的歌剧之父,蒙特威尔第就是其中重要的一位。

＊＊＊

我们看到,从在莱比锡担任合唱指挥的任期开始,巴赫就给自己布置了艰巨的任务(只要条件和时间允许),为教会年里所有宗教节日每周创作新的音乐,最初的目标(有可能)是至少三个教会年的康塔塔套曲,每一轮都以一部受难曲为顶峰。于是,《约翰受难曲》成了他的第一颗重要"行星",被同轨道的"月亮"——第一个时期内他创作的那些康塔塔所环绕。通过熟悉外围的康塔塔来重新接近《约翰受难曲》,即便在创作出来近三百年后,依然改变并丰富着我们作为演奏者或聆听者的体验:这部作品是巴赫在上一年里系统形成的思想和技法的结晶——通过不同的方式将合唱、众赞歌、宣叙调和咏叹调结合起来,使叙事与沉思交替,运用生动的戏剧化场景设定,将其意义通过最优美且令人信服的方式展现给听众。后来几年里教会议会和会众对它常有非难,要求他改变其主题氛围和神学观点,而在这样的压力下巴赫仍然不断上演这部作品,他一定非常看重它。这是他到那时为止规模最大的作品,包含40个单独乐章,持续时间逾100分钟,远超任何礼拜仪式的需求和指令,是在此后职业生涯中不时占据他思想的那一小部分作品中的一件。极为重要的是,在他去世那年以及前一年的最后两次演出中,他将一切要素都恢复到了原初状态。[2]他耗费在任何重要作品的精巧设计,可能让他觉得这才对得起他为之

1　John Butt, *Bach's Dialogue with Modernity* (2010), p.292.
2　Alfred Dürr, *Johann Sebastian Bach's St John Passion: Genesis, Transmission and Meaning* (2000), pp. 3–10.

付出的超常的音乐上努力——他扩充了原先的计划和轮廓,并且它在巴赫的主要作品中有着最精致的轮廓。

在第九章中我们提到他在莱比锡的第一年时那不可阻挡的创造洪流,发现了微妙而机智的方法来反映和勾画具体到每一个宗教节日的神学主题,将康塔塔从主题上两者或三者相联系(有一次是六部)以提供连续性和一致性。我们看到,对于两部连续的圣诞节康塔塔(BWV 40和BWV 64),巴赫做了不合教义传统的小小改变,淡化了耶稣降生的故事,反而令人信服地采用了约翰福音书中道成肉身的观点,上帝之子以人形来拯救世人,战胜魔鬼,带来欢乐——清晰地预示了《约翰受难曲》的要旨。为了相同的目的,在大斋节前的康塔塔文本及众赞歌的选择中,巴赫谨慎地为听众准备好第一部受难乐中合唱所表达的,也就是众人的回应。[1]他甚至向他们预示了,在面对圣经的扩展段落时,在他的想象力被特别戏剧化的事件,例如马太对于耶稣平息加利利海的风浪(BWV 81)的描述激发时,将会听到什么类型的音乐,如同我们在上一章描述的。

当教堂会众在那个耶稣受难节的下午聚集在圣尼古拉教堂时,他们一定已经对将要听到的音乐心中有数。他们几乎有一年的时间来习惯这种音乐,巴赫本人后来直率地对当局承认,这比起当时演奏的任何其他音乐都要"无比地艰难和复杂"。在他的任期中头一次,耶稣受难节礼拜仪式中的宣读要素缩至极限,他的音乐得以正当地占据舞台中心,构成了泰勒曼曾经描述的(关于他自己的康塔塔套曲)名副其实的"和谐的神圣宗教仪式"。这是他在巨幅画卷上大展身手的时机,展示出什么样的现代音乐——他的音乐——能够用以阐释和巩固基督教信仰。他的同辈中无人敢将阐释圣经的音乐推向如此的复杂度

---

[1] 意为合唱充当众人的回应,这是康塔塔中合唱常常充当的角色。——译注

和规模，他的前辈中当然也没有这样的人。他那精心构造的音乐，对于叙事与深思的融合，对于圣经编年史与神学内涵的诗文的结合，其深度无可匹敌。在一座以神学院闻名的大学城里，对一位不是神学家、甚至没有大学学位的人而言，这是一种勇敢无畏（有些人可能会称其为厚颜无耻）的表现。

五十多年前，按照惯例管风琴在棕枝全日是不发声的，由于那一天是圣周的开始，因而不演奏音乐。然而原先只在素歌中演唱的耶稣受难故事，逐渐在各种乐器的伴奏下以最精巧的方式谦卑而虔诚地演唱，偶尔穿插着全体会众参与其中的受难众赞歌。然后大量的乐器再次出现。当这种受难音乐首次演奏时——包括十二把弦乐器，多支双簧管、巴松管和其他乐器——许多人都感到震惊，不明就里。许多牧师和贵妇出现在教堂中贵族家庭的长椅上，怀着巨大的虔诚演唱第一支受难众赞歌。而当戏剧性的音乐开始时，所有人都陷入了极度困惑，面面相觑，问道"将要发生什么？"一位贵族遗孀说，"上帝救救我们的孩子吧！这简直像是来听喜歌剧。"但是人人都真的受到了冒犯，并且义正辞严地表示了不满。有些人的确以这种无聊的事情为乐，尤其是多血质的人，倾向于感官享受。这样的人竭力护卫大规模的宗教作品，并且视别人为反复无常的和忧郁质的——仿佛只有他们拥有《所罗门智慧书》，而其他人却毫无了解。[1]

尽管有学者表明，路德宗神学家克里斯蒂安·葛伯（Christian Gerber）的这一记述，指的是发生在德累斯顿而非莱比锡的事件，然而表达了1724年耶稣受难节在莱比锡圣尼古拉教堂上演他的《约翰

---

[1] Christian Gerber, *Historie der Kirchlichen Ceremonien in Sachsen* (1732); NBR, p. 324.

受难曲》时收到的典型反应。18世纪早期的莱比锡是一个保守的环境，政治生活或宗教生活都受传统和先例影响。市民们或许已经习惯于拥有自己的歌剧院——对政府要员而言这是三大年度贸易展览会上文化开放性的有力例证。然而在教堂中演出"歌剧式的"受难音乐则完全是另一回事。仅仅是将其谱写为复调音乐或具象音乐，巴赫就踏入了潜在的雷区。由于缺少其他的证据，葛伯的记述对我们判断公众——或者至少是那些更为警惕和虔诚的听众——对于巴赫的首部受难曲的反应是最好的帮助。主持牧师可能也感到了不安，警觉音乐抢走他们风头，扰乱他们的会众在耶稣受难节的冥想以及席卷整个仪式的危险。在教会当局与音乐家的关系中始终有着（现在也一直是）一定的不信任。[1] 作为他在莱比锡头一年的音乐巅峰，这部受难曲无疑带来了冲击，如同剧烈翻动的羽毛一般。

怎么会有其他可能呢？在整个德语世界的不同社区里，对基督受难的纪念有着清晰可辨的地方传统和偏好，甚至在同一个镇子的不同地区也有所不同，甲之蜜糖，乙之砒霜——然而对受难的某种冥想对于虔诚的路德信徒是必不可少的。[2] 在莱比锡，强烈的神学象征来自于两座主要教堂的礼拜仪式，这也相应地影响了受难节音乐文本的选择以及组织、呈现和接受的方式。布道及受难音乐，无论是单音音乐还是具象音乐，是将人们的注意力吸引到故事的特定阶段中的不同且

---

[1] 尽管如此，莱比锡某些正统派教士支持礼拜仪式中的合奏音乐，其中包括奥古斯特·法依弗（August Pfeiffer, 1640—1698），他狂热地推崇音乐在礼拜中的重要性，尽管他完全失聪（巴赫的藏书中有他的 *Apostolische Christen-Schule* [1695]，还有约翰·本尼迪克特·卡普佐夫三世 [Johann Benedikt Carpzov III]，他在 1714 至 1730 年担任圣托马斯教堂执事长，他的家族与巴赫家族之间有着亲戚关系（见第九章）。我们不应排除这种可能性，某些教士可能也对巴赫《约翰受难曲》的规模有着深刻印象，这部作品的长度、戏剧及修辞效果前所未有。

[2] 路德在"对基督受难之冥想"中强调其对于信徒的重要性："比起斋戒一整年或是每天以诗篇进行祷告，对基督受难进行一次沉思要更为有益"；"除非上帝唤起了我们的内心，我们自己不可能彻底思考基督的受难"（*Eyn Sermon von der Betrachtung des heyligen Christi* [1519] in LW, Vol. 42）。

互补的方式——这是天主教的苦路在听觉上的路德宗对等物。对于一些人来说，会众唱诗是疏导性的做法，足以引导他们的思想，而另一些人可能希望体验对受难故事的鲜活的音乐再现，引领他们走入适当的信仰框架中（特别是由于中世纪神秘剧的神圣传统，尽管被路德所摒弃，依然有着深远的影响）。毫无疑问，即使在考虑音乐的风格和复杂性之前，这两种极端之间也存在着大量其他可能。

关于宗教音乐的作用之争，在巴赫抵达莱比锡之前至少已经持续了一代人，这势必加强他的新颖的音乐和宗教思想可能遇到的阻力。在这点上，格奥尔格·菲利普·泰勒曼会有很多话要说。我们已经追溯过他作为学生时杰出的音乐活动，注意到他在这座城市的四年间（1701—1705），拒绝使这些活动被城市独断专行的部门和组织束缚。这一遗留问题在他离开很久后依然搅扰到城市音乐生活那平静的表面——他的革新遭到一些人的强烈反对，另一些人则感觉过时。莱比锡出于虚荣矫饰想要提升其作为大学城的文化地位，而这并不能掩饰固有的保守和偏狭。对于北德作曲家在过去的上百年里将意大利宣叙调风格——伴着大胆的和声和栩栩如生的文本，正如我们在第二章中所见——移植到德国土壤的积极尝试，似乎在很大程度上无动于衷。泰勒曼在路德教堂实施的制度，在他于1705年离开后多年里依然持续吸引着最优秀的学生和自由职业音乐家。[1]这座教堂也吸引着思想进步的教徒，在那些继续在那两座主要教堂中礼拜的人们心里激起了反对和嫉妒的涟漪。这正是巴赫的前任，年老而满怀防守意识的约翰·库瑙需要全力以赴的竞争。

1　音乐协会是泰勒曼的学生乐团，在节日里和展览会期间的大学教堂中演奏宗教音乐。而在新教堂，在泰勒曼的继任者们（霍夫曼、弗格勒 [Vogler] 和肖特 [Schott]）麾下，在 18 世纪最初二十年里继续上演着浸透意大利歌剧风格的音乐。

***

同时，受难音乐的具象风格并非在莱比锡，而是于1712年的圣周在汉堡开创的。当时巴托尔·海因里希·布洛克斯（Barthold Heinrich Brockes）邀请五百位宾客到他的市内豪宅欣赏他的诗意受难冥想《耶稣，为世人的罪而牺牲》——由城里的歌剧总监莱因霍尔德·凯泽尔（Reinhold Kaiser）谱曲。与此同时，时任法兰克福宗教音乐总监的泰勒曼在圣方济各会教堂演出了他自己为布洛克斯的文本谱曲的作品，出席的有"一些（在城里的）最著名的外国音乐家"。泰勒曼在自传中说，在这部受难曲的另一场演出中，"教堂大门需要被卫兵看守着，没有受难曲（歌词）印刷本的人不得入内。"[1] 布洛克斯的文本在1712到1722年间印刷了高达30版；在其声名处于巅峰时，约翰·马特松于1719年圣周期间在汉堡安排了四场连续的演出，分别用了凯泽尔、亨德尔、泰勒曼和他自己的配乐。表面看来这是为了启迪城中虔诚的知识分子，实则是这些作为对手的作曲家之间以音乐会形式的公开竞争——18世纪的德国人无法抗拒这种观赏性竞技。布洛克斯招牌式的伤感的虔诚正是许多市民想要的精神食粮。通过提供一系列预先设定好的回应和答唱咏，他免去了在想象中重现基督受难过程的努力。要激起众人的热烈回应，其实只需诗文中那些甜腻的意象。[2] 哥达的宫廷牧师再一次帮我们理解了这种吸引力："这部受难曲

---

[1] Telemann, *Briefwechsel* (1972), p. 20.
[2] 这里缺少的只有歌剧式的布景和服装。在受难清唱剧这种体裁方面，布洛克斯极负盛名。唱词完全是原创的、非礼拜式的诗文，在意图和结构上都不同于清唱剧式的受难剧，后者完全忠实于经文（通常局限于四部福音书之一，有时综合了几部中的叙述），即便在沉思性的咏叹调插入段中也是如此，当然还有众赞歌。他那感伤的写实主义与当时巴伐利亚天主教堂中的雕刻有着共通之处，在最糟糕的时候沦为狂热而又凄凉的拙劣作品，一场往往带有施虐受虐式意象的盛会。巴希尔·斯莫曼（Basil Smallman）引起人们对这一悖论的关注，"这些（由布洛克斯及其他人所作的）剧本是对虔信派狂热崇拜的简单性作出的

在耶稣受难日感动人心地上演，这一天值得所有的信仰。每一年它都将我们领入开放的法庭中，因为我们的罪，公正的上帝宣告对他那心爱的、顺从的儿子的血的判决，并且使其得以执行，玛丽和约翰痛悔而忠诚地站在被诅咒的木头（即十字架）前……再也无法听下去。无疑，在今年的同一天，那些热爱上帝的人也会做同样的事。"[1]

莱比锡的牧师们是否也会以这种情绪记录？似乎不太可能。如果我们对1717年耶稣受难节作以概览，会发现古老的仪式依然在圣托马斯教堂盛行，且足以满足观念更为传统的信徒。在晨祷历史悠久的形式中，托马斯教堂合唱团通常静静地演唱路德的音乐顾问约翰·瓦尔特所作的《约翰受难曲》答唱配乐。[2] 我们注意到，会众在整个演出过程中一直保持站立，并且准备好再返回教堂参加晚祷：出于惊人的毅力和虔诚，他们演唱了泽巴尔德·海登（Sebald Heyden）的受难节赞美诗《人啊，哀叹你的大罪》全部二十三节，或是保罗·施托克曼（Paul Stockmann）的二十四节赞美诗《耶稣，苦难、痛苦和死亡》。在城市的另一边，一部有器乐伴奏的具象受难清唱剧正第一次在新教堂中上演：泰勒曼为布洛克斯所作的配乐。泰勒曼持久的名声以及极度易于接受的音乐的吸引，带来了规模极大的会众，因为"这么多人

回应……他们那乏味的意象，他们对肉体上的痛苦及受难的着迷却又是虔信派诗歌中的典型特征"(*The Background of Passion Music* [1971], p. 76)。

1　出自阿布雷希特·克里斯蒂安·路德维希（Albrecht Christian Ludwig）为胡诺德作词、凯泽尔作曲的受难曲（1719）文本所作的序，阿克塞尔·魏登费尔德（Axel Weidenfeld）在为施托尔采尔和布洛克斯的受难曲（Stözel, Brockes-Passion, CPO 999 560–62）唱片封套撰写的说明文字中加以引用。

2　这种惯例可以追溯到1530年。在耶稣受难日的主要仪式上，取代福音书的是约翰对受难故事的叙述，"由一位担任福音传教士的校友"在圣坛上的读经台前咏唱，（而）一位院长扮演基督的角色，唱诗班则是民众"(*Bildnisse der sämmtlichen Superintendenten der Leipziger Diöces* [1839], p. 54)。直到1722年，沃尔特的受难曲中还新增了众唱段—简单的四声部和弦式回应，与单旋律的圣经叙事形成对比—这一事实是这种不朽传统的标志（H.-J. Schulze, 'Bachs Aufführungsapparat' in *Die Welt der Bach-Kantaten*, Christoph Wolff [eds.] [1999], Vol. 3, p. 148)。

当然不会因为牧师的缘故这么早来到教堂",据年轻的神学学生戈特弗里德·埃夫莱姆·沙伊贝尔所言:"人们那么聚精会神地聆听,那么虔敬地随之歌唱,实在令我惊奇。感人的音乐起到了最重要的作用。尽管仪式持续了四个小时,每个人都待到结束才离开。"[1]

同时,在莱比锡以西数英里的哥达城堡教堂里,正是约翰·塞巴斯蒂安·巴赫本人,从魏玛前来代替身体不适的常驻宫廷作曲家指挥演出最新的受难曲。当时的音乐和文本都已不可寻,然而从后来的其他受难曲中我们可以窥到盛行于萨克森-哥达公爵宫廷以及德国其他类似宫廷中的品味。[2] 1719年,一部据传为莱因霍尔德·凯泽尔为克里斯蒂安·胡诺德(Christian Hunold)的歌词所配的受难节诗化冥想在哥达上演,1725年,新任宫廷乐长戈特弗里德·海因里希·施托尔采尔呈现了自己所作的一部受难节清唱剧,也采用了布洛克斯的文本。胡诺德和布洛克斯有着相似的语言风格——时而清晰坦率,时而浮华俗丽,故作伤感——与流行于公爵的宫廷中及汉堡这样的国际都市中的非仪式化的信仰文学相一致。通过对基督所受折磨的极端现实主义描写,以及门徒的平静阐述与阵阵愤怒的交替段落,旨在激发听者最深切的同情。[3] 很难说巴赫在他1717年那部哥达受难曲中在这条路上走了多远(如果真有其作的话),尽管一些学者认为其中一些乐章用在了作于1725年的《约翰受难曲》第二个版本中。

直到1721年,巴赫未来的保护人戈特弗里德·朗格市长才开始估量泰勒曼/布洛克斯受难清唱剧的声望及其在圣托马斯教堂和圣尼

---

[1] G. E. Scheibel, *Zufällige Gedancken von der Kirchen-Music* (1721), p. 30.

[2] 我们得知巴赫在这次客座演出中获得了十二塔勒的报酬,这部受难曲的剧本印刷了二十份以供宫廷侍臣使用;然而我们不知道这笔费用是用于作曲,还是用于监督其他人的音乐演出(A. Glöckner, 'Neue Spuren zu Bachs 'Weimarer' Passion', Leipziger Beiträge zur Bach-Forschung, Vol. 1 [1995], p. 35 NBR, p. 78)。

[3] Axmacher, 'Aus Liebe', p. 156.

古拉教堂出席者人数的减少中起的作用，最终成功地说服了宗教法院做出让步，批准受难节晚祷中的具象音乐演出，尽管他们坚持晨祷依然要保持原貌。圣托马斯教堂乐长约翰·库瑙如今已非常虚弱，他对这种新风尚的抵制一直持续到最后一刻，尽管据说他"非常想演奏具象风格的受难故事"。[1]他的《马可受难曲》只有一小部分留存下来[2]——不足以判断这是夺回主动权的真正努力还是仅仅屈从于压力和风尚。这部作品的丢失也使我们失去了衡量三年后巴赫的《约翰受难曲》在莱比锡首演时带来的延续度和新颖度的直接对照。然而，库瑙为巴赫的莱比锡受难曲提供了先例，以纯粹的圣经叙事为其核心，插入有两百年历史的众赞歌（turbae），以及为新的抒情性评注所谱的咏叹调。[3]

1　Arnold Schering, *Musikgeschichte Leipzigs* (1926), Vol. 2, pp. 23–6.
2　一部"简短的"指挥用总谱在后世抄写员笔下留存下来，阿诺德·谢林（Arnold Schering）在《莱比锡音乐史》（*Musikgeschichte Leipzigs*, 1926, Vol. 2, pp. 25–33）中曾对其进行摘录——足以展现库瑙对宣叙调风格的驾驭，除此之外别无长物。约翰·阿道夫·席伯显然了解库瑙的《马可受难曲》："有时他成功地创作了深邃而富有诗意的音乐……他最后的宗教作品即为如此，尤其是他离世之前几年完成的受难清唱剧……我们清晰地看到他对节奏的运用和规律的把握，还意识到他多么谨慎地让宗教音乐变得悦耳而流畅，很多时候的确打动人心"（*Critischer Musikus*, 1737, Vol. 2, p. 334）。相比之下，谢林对库瑙残存乐谱的研究引起了诋毁的言论：其全部价值就在于"想象力上惊人的局限性……音乐视域狭窄……在风格和表现方面的过时形式的拼贴"（Schering, op. cit）。而圣托马斯教堂的司事，约翰·克里斯托弗·罗斯特（Johann Christoph Rost）在他的日记中将库瑙受难曲的首演标记为重要日子："在1721年耶稣受难日的晚祷上，这部受难曲首次以合奏风格上演"（BD II, No. 180/NBR, p. 114）。
3　在库瑙进行的尝试背后，是一个半世纪以来在受难清唱剧和清唱受难曲方面各种各样的尝试，始自安东尼奥·斯坎代洛（Antonio Scandello）的《约翰受难曲》（1561），其中素歌与短暂的复调音乐交替进行。对我而言，这些原型中最为有趣的是海因里希·许茨按照调式排布的三部作品：1664年的《路加受难曲》，1665年的《约翰受难曲》和1666年的《马太受难曲》。受限于小型无伴奏合唱团体，许茨发展了他那独特的吟诵风格，比起继任者们的风格更具表现力，用简短而惊人的合唱加以平衡。在许茨和库瑙之间，最为引人注目的大约就是托马斯·塞勒的作品——他的《约翰受难曲》（1641）中首次引入器乐间奏，还有四部《马太受难曲》：克里斯蒂安·弗洛尔的那部（1667）中有着管弦乐伴奏众唱段的萌芽；约翰·塞巴斯蒂亚尼的那部（1672）首次引入了简单的众赞歌；约翰·泰勒的受难曲（1673）中，福音传教士由维奥尔琴伴奏；而在约翰·梅德尔的受难曲（1701）中，耶稣的话语出现在咏叹调从这些概况可以清楚地看到，18世纪早期，整个路德宗德语世界对于各种形式的受难冥想音乐的需求在增长。教士们谨慎地迎接圣周的音乐革新，如今"信仰……一定要不断更新，充满生机，并且激发热情，否则就会陷入昏睡"。[1] 在介绍施托尔采尔1725年为布洛克斯作品谱写的受难曲时，哥达的宫廷牧师写道，"这个故事呈现得如此用心，以至于基督似乎就在听者眼前出现，在他们中间再次被钉上十字架。"其中的要点当然在于：以骇人的方式诠释和重述受难故事的文本配上了新的音乐，并且将群体愤怒和反抗的间歇性爆发——在当时的目击者看来是一种起哄——置入叙事中。与此相对的，是一系列的保守观念，反对受难清唱剧的戏剧风格，试图将听者作为虚构的见证者吸引到耶稣所受苦难中。"这里没有任何的启迪可期待，"格奥尔格·布朗纳（Georg Bronner）抱怨道，"除了耳朵在某种程度上被音乐取悦。"[2]

如我们在第二章所见，即使在启蒙运动的早期，基督教路德宗也非常活跃，赋予并影响了巴赫时代绝大多数德国市民的思维方式。这是一个时代向着现代性缓缓行进的方式，尽管上一个世纪的科学发现令人震惊，信仰依然牢不可破，并肩前行——至少在巴赫有生之年是这样。这对于作曲家而言显然是大好时机，正如上一个世纪里站在宗派之争任何一边的画家们一样。关键人物当然是鲁本斯和伦勃朗，他们的相似点在于主题选择上都利用了对信仰的持续执着，然而由于

中。在颇具戏剧性的关键时刻以及一些精心制作的分节咏叹调中，最终出现了张力的迹象。然而只有在许茨的受难曲中，我们会发现强烈的创造性想象力在仪式强加的限制之外自由翱翔，通向诠释圣经的多彩世界，尽管采用的风格比起他的继任者们要显得苍白。他的三部作品中的任何一部，依然能在精神上和情感上吸引今天的听众。

1   Johann Mattheson, *Der vollkommene Capellmeister* (1739), 魏登费尔德加以引述。

2   Georg Bronner, *Geistliches Oratorium oder der gottliebenden Seelen Wallfahrt zum Kreuz und Grabe Christi* (1710).

美学上和教派上的区分而分道扬镳。此外，鲁本斯的关注点在于人体——感官的身体肌肉和触感，而伦勃朗则致力于探索内在的情感和精神氛围，以及他的主题中必不可少的人性。将18世纪早期的德国神学文本与之类比也许有些过分——很重要的原因是，布洛克斯的听众是坚定的路德宗信徒，而不是反宗教改革的狂热者。我们不能忽视这一事实，音乐家和画家一样，为宗教主张的保守派所不齿——虔信派路德教徒对与布洛克斯那煽动性的意象相关联的音乐表现出的反感，与荷兰的加尔文教徒对鲁本斯及其学派那丰饶的肉感和不必要的激情的嫌恶惊人地相似。冒犯虔信派教徒的不只是煽动性的文本——怎么可能是呢？他们本身不就由于过于伤感的虔诚而被正统派挖苦么？而是其与有着复杂器乐段落的配乐的结合。伊拉斯谟早就主张，"让我们停止这些哀号吧……除非我们是因着自己的罪过，而不是耶稣所受的伤害。我们更应该欢欣鼓舞地称颂他的胜利。"然而并非人人都注意到了他的话。[12]

**

很显然，如同上一个千年里许多伟大的西方绘画和音乐一样，巴赫的《约翰受难曲》不仅被视为宗教艺术作品，其自身就是一种敬拜行为。我们还能怎么解释它所散发出的非凡的严肃性和虔诚的意义感呢？巴赫的想象中那纯粹的信念，那清晰的独特性，都由目击者约翰对受难故事的描述启发，从合唱序曲的开头"主啊，我们的神"就显而易见，发散着一种横扫千军的感觉。之前的宗教康塔塔有着数目惊

1　R. H. Bainton, *Erasmus of Christendom* (1970), p. 285.
2　在对比两位画家的《耶稣下十字架》时，西蒙·沙玛（Simon Schama）表示，"鲁本斯强调的是行动与反应，而伦勃朗则注重观照与见证……实干家必然被观察者取代"（*Rembrandt's Eyes* [1999], pp. 292-3）。这尽管过于简单化，也正是巴赫的《约翰受难曲》与《马太受难曲》之间的主要差异。

人的独特开场乐章，每一个似乎都预示着随之而来的作品的精华，即使据此来探讨这部作品，这个宏大的场景在规模上和情感上也是前所未有的。与两部后来的作品，《马太受难曲》和《B小调弥撒》的序幕一样，开头的几个小节已经蕴含了整部作品的萌芽。作为一名指挥，我觉得这部作品中相继而来的叙事和沉思乐章势不可挡的展开，取决于——或者至少暗含在——最初的强拍。这个强拍的演奏方式决定的绝不仅仅是这一乐章的速度：它能够影响到整部作品的基调和氛围，影响到吸引听者积极参与到演出中的程度，也能扩展巴赫在预先存在的意义和内涵以外可能想要取得的效果。巴赫所采用的返始结构不像当时的歌剧中那样流于形式，或者仅仅是结构化的巧妙构思，而是对整个受难故事的隐喻。在 A 段中，基督被称颂为神性的一部分（"求你使我同你享荣耀，就是未有世界以先我同你所有的荣耀"《约翰福音》17：5）。B 段则提到他的屈辱，预示了他注定要为人类而献出生命。最后，A 段的再现标志着基督回归到天父的荣耀和威严中（耶稣先前祈祷他的门徒"看见你所赐给我的荣耀"，《约翰福音》17：24）。[1]

这只是巴赫用来表达和补充约翰的叙述结构的一系列结构性方法中的一种。约翰对基督现身于"下面的"世界的钟摆形曲线的刻画方式引起了神学家关注。由道成肉身起开始了下行的摆动，在钉上十字架时到达最低点，也是他升天并回到"上面的"世界这一上升的起点。巴赫在他的受难曲的调性布局上尽力复制了这一钟摆曲线——并

---

[1] 在诸多未能在巴赫的开场合唱中发现任何与约翰福音相伴而来的"亲切或爱的感觉"的评论家中，施比塔是第一位。我认为这是他们的误会之处。当然，很多问题都取决于诠释。B 段以"通过你的受难"开始，在我看来，这暗示了温柔而甜美的歌唱，而女高音上行的 A 小调音阶（77—78 小节）则意味着基督的赎罪中包含着的喜悦和解脱。人类通往胜利之路颠簸而艰辛，这体现在"世世代代"中满怀信心的上行琶音与"即使在最深重的屈辱中"刺耳的下行弱音之间尖锐的对比中。生机勃勃的人声花腔与弦乐高音部的骚动同时出现，出色地结合了相反的观念，这在《主啊，求你不要审问仆人》（BWV 105）最终的众赞歌中已经出现（见第九章）。

且超越了它。我们看到，巴赫在中间位置安排了最长的咏叹调《考虑》（Erwäge，No. 20），唤起了彩虹，这一上帝与诺亚在大洪水之后所订立古老约定的象征。如此一来，他刻画了对称的弧形来与基督在地上出现这一钟摆形曲线相匹配，形成一个椭圆（见图20）。

在约翰的福音书第十四章中，他明确表示，慰藉（Trost）与喜悦（Freude）是耶稣战胜死亡的最终结果。巴赫的计划是通过复述约翰对基督受难的目睹来记述这一来之不易的胜利，绝对忠实于《新约》——不像布洛克斯或胡诺德那样的改述——仅仅插入《马太福音》中两个短小的段落，并不时以小咏叹调、咏叹调和众赞歌的形式在叙事中加入宗教评论，其中众赞歌作为集体沉思时刻的媒介。

约翰的描述贯穿了三"幕"。第一幕由深夜里耶稣的被捕和犹太公议会的审讯开始，在彼得否认时达到顶点。第二幕（18：28-40到19：1-16）在分置于不同舞台的七个场景中分述罗马人的审判：犹太教士及总督府外的暴民，总督府内的耶稣，以及左右徘徊的彼拉多。在死亡场景出现时到达了高潮。第三幕（19：17-42）场景切换到了各各他（Golgotha），耶稣在此被钉上十字架，死亡，安葬。考虑到某一刻要出现的布道，乍看之下巴赫似乎想将其置于第一幕结尾处来复现约翰的三重结构——第一部分以《马太福音》26：75中的鸡鸣结束，用以表达彼得的悔恨和痛哭。之后，我们看到，幕或场的划分远不及之前清晰，结构上的复杂性也开始积聚——神学家和音乐学家为此争论不休。这是巴赫让他的受难曲第二部分在两个层面上同时进行的结果：原义的或者历史的层面要求他复现约翰的自然叙述；而精神的或者抽象的层面则允许他有空间创造更为抽象的结构，从事件中抽取神学意义。[1]尽管没有严格的分隔来区分这两个层面，然而乐章之间有

1　Raymond Brown, *The Gospel According to John: XIII-XX* (1966); and Eric Chafe, *Tonal Allegory in the Vocal Music of J. S. Bach* (1991), pp. 308-15.

着许多关联，显示出围绕一个对称排布的核心分布的几何图形。巴赫的"象征性"审判[1]的音乐次序与叙事分界和场景变换轻微脱节，更倾向于巴赫试图跟随着约翰为专心致志的听者展开的精神层面。

为了教会年历中这个最为关键的日子，巴赫设计出一种在叙事和沉思之间有着微妙平衡的结构，之前似乎只有一位作曲家做过这样的尝试。这部长期以来被认为是莱因霍尔德·凯泽尔作品的《马克受难曲》（1707），是巴赫所知道的最优秀的受难清唱剧，而且格外"现代"，以至于他和一位助手于1712年在魏玛抄写并演奏了这部作品。[2] 以此为榜样，巴赫在福音传教士、耶稣、次要角色以及群众之间设立了三方交替的表达。巴赫的叙事节奏和强度，当然叠缩了历史事件的真实时间框架，有时似乎很快，但从未令人喘不过气，更不会敷衍潦草。被凯泽尔那几乎是演说式的激昂方式鼓舞，巴赫总是随时准备好进入更具说服力的抒情。[3]尽管他的听众应该已经在过去九个月中通过聆听他的康塔塔而熟悉了巴赫的宣叙调风格，然而福音传教士话语中的叙事流畅性和戏剧激昂感，人声及支撑性的数字低音（与传教士通常采用的"神圣的"语调也非常不同）间起伏不定的和声张力，都会令人大吃一惊。库瑙的受难曲可不会这样。巴赫不仅仅是接替库瑙

1　Eric Chafe, *J. S. Bach's Johannine Theology: The St John Passion and the Cantatas for Spring 1725* .

2　丹尼尔·梅拉梅德（Daniel R. Melamed）表明，"仅有一处与最初（在汉堡）的演出无关的出处"证明这部作品出自凯泽尔笔下，"并且尚有争议"（*Hearing Bach's Passions* [2005], p. 81）。1723年，巴赫将这部《马可受难曲》的演奏分谱带之了莱比锡。唐·富兰克林（Don O. Franklin）将这部作品（常常被视为巴赫《马太受难曲》的范本）视为《约翰受难曲》的重要资料来源："巴赫（将其）广泛地运用……在他第一部清唱受难曲的脚本编辑中"——"在总体轮廓和风格上"——"两部作品的整体比例上"有一种惊人的"相似性"（'The Libretto of Bach's John Passion and the Doctrine of Reconciliation: An Historical Perspective' in *Proceedings of the Royal Netherlands Academy of Arts and Sciences*, A. A. Clement [ed.], Vol. 143 [1995], pp. 191–2, 195）。为了这部作品1726年在莱比锡的重演，他决定对其进行继续创作，这进一步证明了他对这部作品的珍视。

3　贝托尔特·布莱希特（Bertolt Brecht）恰恰被巴赫"典型的示意性音乐"所吸引。他赞赏巴赫从一开始就对地点进行精准界定，借福音传教士之口说出："耶稣……和他的门徒过了汲沦溪"（《约翰福音》18∶1）。

的位置，或是时髦的泰勒曼的位置：他在音乐中采用的叙事方式远比其他人的优秀，音乐上也更为丰富。

多年以来，我一直被巴赫那种本能感觉打动，他知道何时打断叙述并且放慢节奏，知道何时安排独唱咏叹调为事件的阐明附上个人关联，知道何时插入"公众的"众赞歌，以使听众能够发出（或者听到）他们的集体回应。他的设计有着合理的神学先例，路德宗信徒先被指示读经，接着思考其意义，最后祈祷——按着这个顺序。[1]不过目前看来巴赫手头似乎有着更有用的指导，这就是以虔信派神学家奥古斯特·赫尔曼·弗兰克（August Hermann Francke, 1663—1727）的十条训诫的形式对约翰的受难陈述作出的评注，出版于1716年。[2]弗兰克的评注显露了明显的并发事件：在结构化的分段上，以及在巴赫的冥想插入段的位置和主题内容上。例如在巴赫的第一部分，我们可以看到

- 弗兰克的第一条训诫／第一次演讲的第一主题，与荣耀——耶稣的神性———致，这点我们在巴赫的开场合唱中已经注意到。
- 这相应地来自于他对于圣父以及对于人类的爱，反映在巴赫对于第一首众赞歌《博大的爱》（第三首）的布置中。
- 弗兰克指明了耶稣有机会避免受难过程，责备彼得使用他的剑并且接受他的苦难之"杯"的时刻；巴赫用他的第二首众赞歌《你的旨意必须执行》（第五首）作出回应。
- 弗兰克决定在这里结束他的第一课：该亚法（Caiaphas）劝告犹太人，让一个人替众人去死是合算的，强调了基督自愿为人类而自我牺牲的益处：不是在字面上，而是在精神意义上，突出了该亚

---

1 Martin Dibelius, 'Individualismus und Gemeindebewusstsein in Jh. Seb.Bachs Passionen', *Archiv für Reformations-geschichte*, Vol. 41 (1948), pp. 132–54.
2 *Oeffentliche Reden über die Passions-Historie* (1716 and 1719).

法的邪恶意图与上帝仁慈之间的对立。在这一时刻，巴赫插入了他的第一首也是非常个人的咏叹调《从枷锁中》（第七首）——为了"松开我"并"完全治愈我"，耶稣被"我罪孽的绳索"捆绑。

- 弗兰克要求信徒效仿彼得追随主人的热忱；巴赫在他第一个大调乐章，女高音咏叹调《我同样追随你》（第九首）中也采取了同样的积极格调。
- 在耶稣在祭司长的审判室中受辱的场景中，弗兰克强调他的无辜，告诫听者反思自己的罪。巴赫以一种完美的同步性安排了众赞歌《是谁对你挥动拳脚》，用连续的诗行，首先表达信徒对耶稣受到虐待的困惑，然后表明他或她在这一过程中的牵涉："我和我的罪孽，如同海边的沙粒，使你感到痛苦，折磨着你，遭受苦难的人。"
- 对于彼得的否认和自我谴责的折磨，弗兰克主张个人的悔过，这一主题在巴赫的咏叹调《啊，我的灵魂》（第十三首）中痛切而强烈地表达出来。

不寻常的是，巴赫吸收了这位虔信派神学家概述的许多主题，在架构自己的第一部受难曲时极为小心，将其植根于图谋报复的暴民和囚徒耶稣的平静之间强烈的戏剧性对比，后者最终的胜利通过背起自己钉在其上的十字架得到证明。巴赫将神学与音乐进行融合的互相贯通与纯粹的深度，所有人都能看到也能听到。事实上，巴赫的音乐给听者留下极为强烈的印象，自相矛盾的是，一种解释是由于约翰的陈述中非感情的、"纯粹的"神学。现在，从我们不那么细致入微的神学视角来看，巴赫的《约翰受难曲》的神学底色本该带来疑惧这一点，似乎不可思议。在我们这个后纳粹大屠杀的世界，更加令人不安的是两部受难曲中皆对犹太人进行了妖魔化，这往往被归罪于巴赫。

然而本质上非常可悲的反犹太主义的踪迹，是福音书中的组成部分：它们并不能归因于巴赫，他的受难曲明显没有布洛克斯文本中过分的反犹主义表现，这一文本也曾被当时其他重要德国作曲家谱曲。[1] 如同在所有英雄神话中一样，恶人的存在是一种戏剧手段，为证明英雄出现的正当性（或者至少是推动其出现）提供必要的背景，在受难故事中，这一英雄则是人类的救世主。巴赫的音乐来自路德宗传统——当然不能因此宽恕，然而这在本质上，和亨德尔在他的清唱剧《以色列人在埃及》中刻画的《出埃及记》中那妖魔化的埃及人（或是威尔第在《纳布科》中描绘的巴比伦人）并无二致。巴赫为路德的连祷文谱写的音乐，比如BWV 18，瞄准了天主教徒和土耳其人，这可能招致人们更强烈的反对，因为他们不是神圣的圣经的一部分，而是不必要的时下恶魔——路德宗教改革的死敌——巴赫以一定的幽默感来处理，几乎将他们作为闹剧中的恶棍。

这为我们提出了一个问题，巴赫对福音书中记述的那些被归为犹太人的嗜血暴民生动的塑造，怎么能在他的受难曲中与对路德宗虔诚的深切表达共同存在？答案就在于众赞歌中基督徒在悔罪时对集体罪恶感的明确承认，巴赫要求用相同的歌手来兼任狂乱的暴徒和忠诚的信众。我们以愤怒和厌恶来退避的基督的迫害者们正是我们自己，这使得他的受难过程在情感上格外痛苦。正是出于这个原因，当我指挥这些合唱时，在尊重巴赫的典型形式（赋格、模进以及对模仿和科塔音型的运用）的同时，在表现那傲慢自负、墨守成规而又极度残忍的人群时我不会踌躇不决，而在接下来的众赞歌中展露痛悔和自我控诉的强烈感觉时也不会有一丝犹豫。两者相继出现，既反映了应受谴责的人类行为方式，也反映了我们对其惊恐的反应，正如巴赫尖刻地揭

---

[1] Michael Marissen, *Lutheranism, Anti-Judaism, and Bach's St John Passion* (1998), pp. 28–9.

示出，它们常常是并存的——具有悲剧性嘲讽意味的是，上一代人是彻底的牺牲品，而下一代人则成了相似暴行的犯罪者。

在情节化的叙述之后，尤其在疯狂暴民的不懈干涉下，众赞歌如同清醒的音乐岛屿一般挺立——事实上巴赫自己也是这样看待它们的。熟悉巴赫现存两部受难曲的人都知道，无论是从外部作为聆听者还是从内部作为表演者参与其中，众赞歌的布局都是整体体验的中心——将事件拉入此时，对叙述中刚刚发生的事进行证实、回应或是否定，迫使我们思考其重要性。即使今天的学者们达成共识，认为这些众赞歌并非为了会众集体歌唱而设，它们无疑为当时的听者提供了文化构架，在圣经事件的展开和对熟悉的诗句和旋律那令人安心的识别之间，建立了即刻的联系，而后者恰被视为信徒和上帝之间最为直接的对话。其旋律经过可靠的精心设计，规则的分段尤为令人满足。巴赫惊人简洁的和声配置，把赞美诗作者那通常乏味的词句提升到更高的层次，对情感和人性的深度进行了同等的强调。将和声的丰富性与三条设计精巧的低音线相分离是徒劳的，每一个声部自身都是一条可靠的旋律。[1]在最早的词源学意义上，这些纵向和横向的平面的交点对我们的体验而言是至关重要的。

**

与约翰对受难故事的描述同等重要的，是巴赫对于咏叹调的巧妙

---

[1] 巴赫在《约翰受难曲》中对众赞歌的运用，其另一种效力体现在主调中：巴赫用器乐来加强人声，进而调整了平衡，双簧管的锋芒叠加在小提琴上，而长笛则缓和了这种效果，巴松有着同样的作用，由低音提琴和管风琴进行支撑——效果丰富而绝不晦暗。如果器乐演奏者对于文本没有绝对的认同和理解，即使是模仿唱词的轮廓和人声的抑扬，这一切当然都毫无意义。在巴赫的音乐中，歌手常常要在快速而清晰的段落中和打击乐节奏中效仿乐器的敏捷性和流畅性。鉴于在众唱段中，这一切都发挥到了极致，乐手们要在众赞歌中有所回报：增添色彩和深度，但决不遮蔽或淹没歌手，也不会削弱僧侣体般的演唱效果。

410　IN THE CASTLE OF HEAVEN

布局。它们在关键时刻将潜在的教义意义展现出来，与听者建立积极的关系，同时不会削弱不可阻挡的戏剧展开。由于将第一部分的头两首咏叹调排布得太过密集（两者中间只有三小节的宣叙调），巴赫有时会遭到20世纪评论家批评；然而这是误解了他的意图。这是我们能感受到他的创作冲动的情景之一，在此展示了一幅对比性的双联画，从弗兰克的思考中寻得指引，并传达出连续的画面：在女低音咏叹调中，耶稣刚刚戴上枷锁，他受到的束缚是为了将人类从"罪孽的枷锁"中"解救"并释放出来；而在女高音咏叹调中，悔悟的信徒匆匆追随着他——如果必要的话直到世界的终结，或者至少到祭司长的审判室。在第一段中，他利用对束缚的双关引用——"让我摆脱罪恶的枷锁（bond），我的拯救者遭到捆绑（bound）"——在开头的器乐合奏主题中，他设计了两支双簧管旋律的微妙缠绕来象征德国人称为"gebundener"的束缚，通过卡农的方式以减五度（第一双簧管）或称魔鬼音程来回应下行的纯五度（第二双簧管），基督的"枷锁"——心甘情愿地为了人类"罪孽的枷锁"而忍耐——叠在象征符号上——越过了小节线。在第二段咏叹调中，巴赫用的乐器是两支横笛，与女高音之间进行卡农式的交替。[1] 单支长笛能让这种"调戏"栩栩如生，而两位演奏者分担相同的部分则能够轮流或"交错"，他们的呼吸确保连续不断的线条，一种纺车（或许是转经筒）的印象更为明显。巴赫在"ziehen"一词（对于被钉十字架的提及——"我若从地上被举起来，就要吸引万人来归我"）上使用了急速颤动的花腔式下行，强化了这一效果。无论如何，这段令人着迷的段落——一段降 B 大调帕斯皮耶（passepied）——的成功之处在于，表达了自愿参与和陪伴的那种热切的纯真。这使得接下来对于彼得的堕落的叙述越发辛酸。《我

---

[1] 威尔弗里德·梅洛斯（Wilfrid Mellers）以威廉·布莱克作了暗示性的类比：这是一首"天真之歌"，补足了之前的"经验之歌"（*Bach and the Dance of God* [1980], p. 103)。

追随你》是一首典型巴赫风格的女高音咏叹调，天真、忠诚、满怀信任，甚至充满喜悦，通常出现在一部康塔塔的最后几首中，在最后的众赞歌之前。

约翰对耶稣出现于祭司长该亚法面前的描述，有种紧张的法庭戏的味道（更为重要的罗马审判出现在第二部分）。空气中充满了侵犯和怀疑的气息——被告席上的囚犯，他的泰然自若和回答中的理性足以激怒他的控告者。很显然这是私设的法庭，从祭司长的仆人对耶稣无故挥了一记耳光就可以看出：如约翰·德鲁里所言，这是"他所能采取的唯一反应"。叙事节奏从未懈怠，尽管词句在第三人称报道和充满感情的抒情性中穿行自如。发生在法庭后面的附带事件同样扣人心弦：约翰引入了彼得，叙事者——谨慎的幕后操纵者——被认定为同谋。随着指控变得越发恶毒，彼得简短的否认变得越发坚决。[1]

巴赫用饶舌的赋格式合唱将情节推向了顶点——在他的世界里，即使好事者似乎也是以赋格交谈——以高声齐唱的嘲弄来结束。我们几乎可以看见他们滴水嘴怪兽般的嘴脸与彼得近在咫尺，类似于那些佛兰德斯及德国文艺复兴绘画，尤其马蒂亚斯·格吕内瓦尔德（Matthias Grünewald）的作品。我们不可避免地与彼得一同经受折磨；然而巴赫给我们提出了令人不安的问题，我们中可有人能以更高的信任通过他的考验？审讯室中的紧张气氛，在鸡叫时耶稣对彼得投去的一瞥中攀至顶峰。[2]然后在此刻插入了马太对彼得痛哭流涕的描述，

---

[1] 在路德宗传统中以及后世神学家看来，彼得的两次否认是耶稣先前坚持的"消极对应物"。巴赫将两处都设计为由属到主的终止式，而在彼得的"nicht"处加上了强调性的倚音。在彼得的终止式上出现了意味深长的转调，先是 G 大调，接着是 A 大调，已经出现在过渡性的宣叙调中：如埃里克·蔡菲所言，通过让耶稣成为"向升号调转调的媒介"，巴赫确保我们明白他也是彼得之救赎的中介（J. S. Bach's Johannine Theology: The St John Passion and the Cantatas for Spring 1725）。

[2] 事实上，这一瞥既未出现在马太的叙述中，也未出现在约翰的叙述中：它出现在《路加福音》中（22:61），在保罗·斯托克曼的赞美诗的第十节中得以改述，巴赫将其用在第一

巴赫通过叙事者视角与身份的瞬间转换，丢弃了所有客观性。对彼得而言，背叛的痛苦以及自己不是"被特别眷顾之人"这一暗示极为令人苦恼。巴赫构造了调性两拍一变的装饰音，似乎永远不会稳定下来，使得痛苦自我传播。这是一首咏叹调的前奏，描述彼得的痛苦，以及约翰和所有后来的目击者代表他所体验到的痛苦，即使看上去不是他所承受的。到此时为止，彼得一直由男低音演唱。在演出时，扮演福音传教士的男高音独唱者同样要演唱接下来的咏叹调（无论如何这可能是巴赫的意图）；双重身份之感——彼得与旁观的基督徒（也就是我们）——因而被强化了，尤其当他提到"我的卑劣行为带来的痛苦"时。

对那些在巴赫的音乐中只察觉到冷静理性的控制之人，这首咏叹调（第十三首《啊，我的灵魂》）是绝佳的反击。在受难曲第一部分的终曲里，巴赫召集了所有可用的乐器参与其中——充满痛苦的自我谴责，然而向全人类传达了彼得的教训，在听众中引起"激烈震惊的状态"。[1] 在这段对悔恨的表达中，最不寻常的是选择了法国式的英雄风格——通常伴随着浮华和仪式感——以及使其与意大利风格的结构性技巧相融合的方式，借此，除了三小节的尾声以外的任何一个小节，都来自于开场的器乐合奏。[2] 三个特点导致了这一效果：调性的选择——被法国人视为"牺牲品的音调"的升 F 小调；刺耳的不协和和声，精心构筑在半音下行的低音线条之上；以及将其谱写为快速的恰空这一决定。巴赫额外运用一首法国风格舞曲作为这首咏叹调的基础，使他得以改变符点节奏的内在形式——此刻在抒情段落中以级进

部分的高潮处。巴赫拥有一份海因里希·缪勒关于基督受难的布道文，其中写道，"救主的一瞥犹如阳光，温暖了彼得冰冷的心"（Der Blick des Heylandes war gleichsam die Sonne,/die das kalte Herz in Petro erwärmete）。

1　Axmacher, 'Aus Liebe', p. 160.
2　Laurence Dreyfus, *Bachian Poetics in the "St John Passion"* (2009).

方式平稳地"摆动"(如同在蓝调音乐中的演唱),下一刻又突然爆发出激烈的琶音("哪里是你最终的归宿"),人声段落因而持续发生变化,时而强化恰空特有的第二拍,时而以赫米奥拉(hemiolas)节奏跨越小节线与其相抵触。这里有着充满激情的声明所需要的一切要素。[1]能量与情感满溢,人声的范围也被拉伸到了极限:在其狂乱与自我谴责中,预示了贝多芬的弗洛雷斯坦(Florestan)(这里的确有着根植于文字的浪漫主义意象的原型,参考基督预言的那一天,信徒"要向大山说:倒在我们身上!向小山说:遮盖我们!")在巴赫为表达彼得在意识到他的背叛时的恐惧所设计的音乐那狂暴的表面之下,暗示了对于宽恕的需求。从他那本卡洛夫圣经中的划线标注上,可以清晰地发现巴赫完全明白这一点。卡洛夫写道,"最高和最好的使徒彼得,他的堕落比其他使徒更觉羞愧,然而他能够恢复。如果我能描绘或者刻画彼得,会在他的每根头发上写满'赦罪',因为他就是这一信念——赦罪的典范。福音传教士就是这样描述他的,因为整部受难曲

---

[1] 梅洛斯认为这是"巴赫作品中最具人性激情的一部",这实在难以否认。然而在这一过程中,如劳伦斯·德雷福斯敏锐地注意到的,巴赫在诗歌结构上反复无常,无视"某些广为认同的教义观点,以突出他认为更加扣人心弦的感受"。此处巴赫的音乐标新立异,我认为这种脱节是深思熟虑的策略——用以表达绝望以及令人窒息的悔恨。当人们做了应受谴责之事(比如背叛了自己的偶像),不必用押韵的对句说出来或唱出来。德雷福斯承认:巴赫"以他反文学的方式,聚焦于对文本直截了当的个人化解读";"巴赫专注于利都奈罗,致使大部分(文字)都被音乐淹没了"这一陈述,暗示了一场表现不佳的演出('The Triumph of "Instrumental Melody": Aspects of Musical Poetics in Bach's *St John Passion*', Bach Perspectives, Vol. 8 [2011])。确切说来,正是巴赫诠释的主观性以及音乐中一触即发的表现力让我们无可抗拒。这首咏叹调尤为如此,如同之前的蒙特威尔第一样,巴赫致力于触动听者的情感。所以,像蒙特威尔第一样,他首先要感动自己。巴赫显然被彼得的绝望境地触发了,完全忠实于其中对人性弱点的潜在揭露。借由所有戏剧工作者(以及某些音乐演奏家)熟知的神秘变换过程,他的成功就此呈现:演奏者与听众所共有的关于行为与状态的经验,似乎跨越了时间上、文化上和语言上的壁垒。意大利神经生理学家贾科莫·里佐拉蒂(Giacomo Rizzolatti)声称已经为这种现象找到了生物学解释。他发现的"镜像神经元"表明,我们能够通过神经模仿来即刻理解他人的情感,认知过程能让我们诠释饱含特有情感意义的感官信息(G.Rizzolatti and C. Sinigaglia, *Mirrors in the Brain* [2008])。

中没有任何部分，如彼得的堕落一段耗费如此多的笔墨。"[1]

是否正是由于翻到加洛夫的这段话，给了巴赫在此时从约翰切换到马太的灵感？[2] 其效果并非（如同在当时的受难清唱剧里那些咏叹调中，以及巴赫的许多受难曲咏叹调中那样）若有所思地将我们带离"现时"——留意他操纵器乐合奏的方式，他打乱了我们对咏叹调结构的期待，然而其本身是更为"完善的"设计，因而不那么"植根"于情节。

随着男高音咏叹调最后几小节的消逝——同样恰如其分消失的还有对彼得哭泣主题的迅速回顾，以及用以表达他在审判室后方颤抖的复现的动机——巴赫温和地将我们带回了尘世，带回到当下。为从彼得的故事中抽出训诫，巴赫对众赞歌的选择既有策略又很婉转：保罗·施托克曼的《耶稣，苦难、痛苦和死亡》是莱比锡信众在耶稣受难日最常演唱的赞美诗之一，武尔皮乌斯所作的庄严旋律在这个关头极为抚慰人心（第十四首）。其词句又一次将我们交予耶稣"严肃的"一瞥，以及对于悔悟所给予的赦罪。伴随此刻应当随之而来的布道，令人很难相信半个多小时已经过去了——少于巴赫那些双层结构的康塔塔所需的时间，然而却将这么多事件压缩在其时间跨度以及有着如此激烈的紧张度的音乐中。依据莱比锡的传统，耶稣受难日晚祷中的布道，运用《旧约》中预示着耶稣被钉十字架的文本（隔年轮换《以赛亚书》53 和《诗篇》22）。然而，除非布道的作用降格为"翻译"或是提供字幕，我们会问，还有什么布道是没有被巴赫在充满激情的雄辩和说服力中已经替戴灵教长表达过的？

---

[1] *The Calov Bible of J. S. Bach*, Howard H. Cox (ed.) (1985), pp. 249, 449.

[2] 巴赫追寻 17 世纪的受难日布道传统，正如埃尔克·阿克斯马赫（Elke Axmacher）所指出（'Aus Liebe will mein Heyland sterben' [1984], p. 155）的，引入彼得的否认以及马太的第二次插补（"地震"场景）是为了强化悔罪的需求。

首部受难曲

***

在布道之后，事件与调性的转换加快了，强化了第一人称的权威。如同在第一部分中一样，巴赫再次展现出与弗兰克的受难训诫相类似的方式，尽管他对"象征性审判"的对称设计并非与弗兰克的完全吻合。[1] 众赞歌像书立一样划分了布道结构，这一效果难以被对"布道坛歌曲"及管风琴众赞歌的礼拜式需求冲淡。然而第二部分的第一首众赞歌实际上推动了叙事前行：我们间接感受到了耶稣"像盗贼一样在夜里被捕……在不信神的人面前，被控告，被侮辱，被殴打，被嘲弄"。在构思耶稣面见彼拉多——罗马人的审判——这一核心场景的音乐时，巴赫紧紧追随着《约翰福音》的要点。此处纯粹戏剧性的发展变化前所未有。即使是 BWV 81，康塔塔《耶稣睡了》中的风暴场景，也无法在持续的戏剧动力上与之相匹敌。又一次，对于效果而言至关重要的，是想象中的戏剧舞台的实际安排：作为囚犯的基督在审判大厅中静止不动（或许是暗示被捆绑），人群拥堵在法庭外面，"唯恐他们被玷污了"，本丢·彼拉多在耶稣和人群间来来回回。[2]

一面是罗马统治者与暴民及其发言人之间令人不安的公开对峙，另一面是彼拉多试图与耶稣之间进行一对一的对话，这种对比效果极为强烈。甚至连主题都是不同的：在法庭外是关于法律、习俗和政治权威的争论，而审判庭内两人之间争论的问题则更有哲学性（包括真理的本质）。两者潜在的问题都是关于身份的：耶稣究竟是谁？这一问题在整部受难曲的叙事中反复出现。无论如何解决，都将决定彼拉多是否会屈从于暴民的压力，判处耶稣死刑；同时也意味着其对人类

1　Chafe, *J. S. Bach's Johannine Theology: The St John Passion and the Cantatas for Spring 1725*.
2　犹太人认为外邦人的房子——这当然也包括罗马总督府——是不洁净的，而纯洁性则是逾越节的首要需求。

带来的深远影响。关于王权的一对相反概念在这里展开了辩论：当耶稣告诉彼拉多他的王国不在这世上时，揭示了宗教的王权（圣灵得以显露），而世俗的王权则在众人的反驳中到达顶点——"除了恺撒，我们没有别的王。"一旦这种选择被扭曲并解释为与宗主国罗马相对立，耶稣就不可能获得释放。反复阅读约翰对审判场景的叙述（第十八及十九章），同时多年以来在多少演出中浸淫于巴赫的音乐阐释，我无可避免地感到，信仰无疑支持着这两种描述，无论是通过读、说还是唱的形式，其与教义的关系远小于与揭示人类状况、寻找生命的终极意义的探索的关系。

在每种情形中，巴赫似乎都为每一种指责与反指责、指控与还击，找到了生动的回应和恰当的音调，同时对整体节奏保持着严格控制。尽管专注于保持动力，维持事件和不停歇的争吵，尤其在核心的审判场景中，他又一次显示出准确无误的直觉，知道何时定格画面，何时插入思考和评论，何时进行总结，从而为故事深入听者内心创造出空间。他的目的是为听者推测并阐明受难事件的意义，为此他建立了一整套线条交织的网络，在戏剧情节的展开中，将每个要点与导致其发生的基本相应的圣经材料相关联，而这是布道者做不到的。因此，时间总是在两个平面上同时进行，现在蕴含着同时也回应着过去，而过去影响着现在。对众赞歌的明智选择和布局，再一次为叙事提供了必要的支架和标点，同时清楚表达了潜在的神学主题。你当然可以去掉它们（同时也去掉那些沉思的咏叹调），在某种层面上作品依然有意义；但这样做会打破回路——抹除同巴赫的时代与同我们的时代之间的联系。剩下的也就等同于一部没有合唱的希腊悲剧。[1]

1　为了了解巴赫在戏剧节奏中的成功，我们只需对比他对罗马审判的创作与约翰·马特松的受难清唱剧《羔羊颂》(*Das Lied des Lammes*, 1723)中的对应部分。巴赫可能了解马特松的这部作品。两位作曲家采用了同样的文学材料，克里斯蒂安·海因里希·波斯特尔（Chris-

近来的评论者，被巴赫留下的明显路标哄骗——大量主题式的关联与复现，那些发展进行、相互参照与自我引用——声称发现了支撑巴赫音乐结构的有意图的对称性设计。他们的发现一开始看上去大有希望，但很快就遇到了问题。他们首先无法就这些对称性在作品中出现的确切位置达成一致，正如我们所预料，关于这个话题巴赫无可奉告。挑出一两种可识别的结构形式，则意味着赋予其不相称的重要性的风险——仿佛它是音乐中最为重要的方面。[1] 在我看来，巴赫似乎更有可能在构思作品的整体设计时，同时运用了数种组织原则。仅仅选择其中一种作为理解作品的关键，则贬低了他的创造过程在不同层次上同时进行的方式。任何单一的形式，无论是基本的还是复合的，对于一部深层意义根植于其特征——文本、风格、语法以及最重要的概念与意图——中的作品而言，很可能只能提供扭曲变形、支离破碎的看法。事实上，巴赫似乎经常将我们的注意力带离整体或"宏观"结构，引向高度具体化的内容，以及文本的特定细节和情感。巴赫所有重要的宗教作品的一个共同特征，是它们动用他全部才智的方式，而这被他视为神圣的职责。正是用音乐手段来反映上帝或造物的数学形象的才能，赋予巴赫的音乐以非凡的力量，这些形式和形象因而以多种方

---

tian Heinrich Postel) 所作的剧本；两人在相同之处划分了约翰的叙述；两者都以众赞歌"基督带给我们祝福"开始；都采用了波斯特尔的"因你所受的监禁"（马特松为之创作了一首二重唱，巴赫则是众赞歌）；两者都将其置于第 12 诗节中间。除了音乐风格与内容上的巨大差异，主要的区别在于节奏与平衡。唐·富兰克林评述道 (op. cit., pp. 188–9)，马特松追随波斯特尔，将重点放在咏叹调上——其中七首是为耶稣和彼拉多而作的冗长的咏叙调——而巴赫则仅有三次打破了叙事的连贯性（"想一想"），伪众赞歌"因你所受的监禁"以及对话咏叹调"快一些"），因而得以推动情节发展，将我们的注意力集中在耶稣、彼拉多以及群众之间紧张的交互中——这超越了马特松的能力范围——并且用两首众赞歌来分隔整个场景。

[1] 如蔡菲指出，问题在于，"巴赫时代的神学家对巴赫及历史上的路德宗德感兴趣，他们最有可能理解巴赫在《约翰受难曲》中的做法，然而他们很少有音乐基础，而音乐家们（或者说是音乐学者们）则几乎总是无法充分运用必要的神学方式。因此，受难曲设计中的对称性问题不断地被称作音乐形式上的'问题'，并且似乎无需考虑神学上的相关性就能决定。这种诠释简直无凭无据"(J. S. Bach's Johannine Theology: The St John Passion and the Cantatas for Spring 1725)。

式植根于我们无意识的聆听习惯中。然而问题依然存在，我们对这些方式的认知是否在演出中丰富了我们对于《约翰受难曲》的体验？

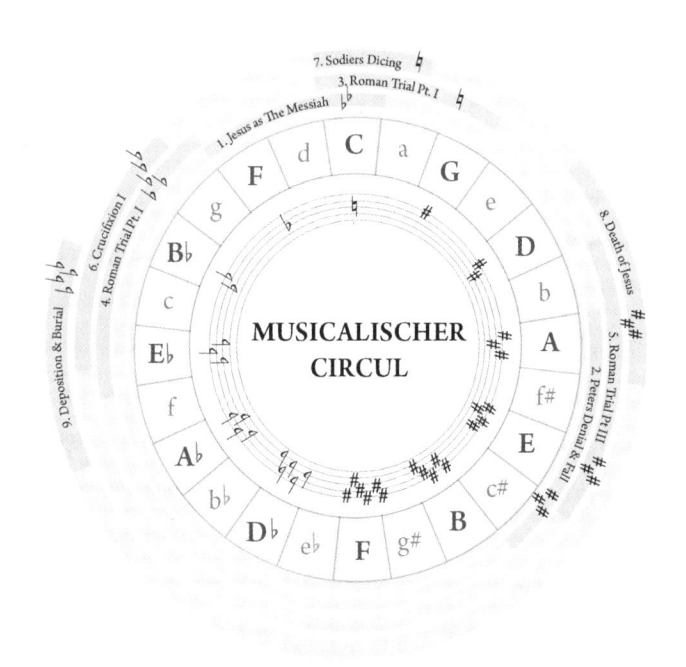

于我而言，它们的意义更多地在于视觉而非听觉，停留在纸面上而非演出中。[1] 这有别于，但或许又类似于埃里克·蔡菲以调性"音域"来划分作品的清晰可闻的转调模式，他将这部作品分为九个不同的调性范围（见上图）。他追溯到约翰·大卫·海尼兴的"音乐圈"

---

[1] 在这个问题上，蔡菲作出了非常合理的回答："'听得到'和'听不到'的界线不是确定的，人是智力与情感特质的复合体，将两者分离会对整体造成歪曲。从这种意义上来说，正是巴赫在《约翰受难曲》的构思中取得的成就，将他与许多同代人区分开来。"在同一章的前面部分，他承认，"有时会出现多重的甚至相互重叠的模式，或是部分模式，然而无一能够代表作品的'结构'"（*J. S. Bach's Johannine Theology: The St John Passion and the Cantatas for Spring 1725*, Chapter 5）。

首部受难曲

或是调性圈的概念,[1]在巴赫时代的二十四个大小调以及"使它们的运用成为可能"的平均律律法那至关重要的出现之前,这被视为"调性关系的新范式"。蔡菲极为令人信服地主张,对"音域"的连续使用是巴赫在如此宏大的画卷上掌控和组织《约翰受难曲》的一种审慎手段。此外,他还暗示,巴赫用它来强调约翰的理论中那些根本的对比;因而,耶稣的苦难与降号调相关,而它们对人类的恩泽则与升号调相关。[2]

听者跟随这些转调过程的能力——如巴赫所呈现的那样——能够丰富体验,然而并不是必需的。我们能够"欣赏"受难曲而不必卷入路德宗神学的繁文缛节,及其与巴赫音乐的形式与表现(有时甚至相抵触)的方式中。我感觉音乐本质中同样有着内在的人性,尽管巴赫的附带训诂,目的无疑是使他的时代的听众,对福音故事内涵获得生动和强化的思索,他的音乐——对我们有着无法解释然而强大的影响——永远是主导力量。对秩序、连贯性,以及充满感情的说服力的独特见解,证明了它能够超越时光流逝、跨越信仰的界限而存在,无论是任何教派或是无信仰。然而同时(也是本书的中心主题)也证实,为了更深入地了解这个人(也为了加深我们对于这部受难曲本身的理解),我们需要潜入他音乐的表面之下进行探索,发掘其灵感的源头。[3]

我们发现,如同在他的宗教音乐中常常出现的那样,巴赫呈现出

---

1 Johann David Heinichen, *Neu erfundene und Gründliche Anweisung zu vollkommener Erlernung des General-Basses* (1711).

2 Eric Chafe, *The Concept of Ambitus in the John Passion.* 我非常感激蔡菲博士,他向我展示了尚未完成的书稿中的相关章节,上述看法来源于此。

3 约翰·巴特承认,"如果能够体现出与作为一种审美艺术的音乐背后的思想相一致的思维过程",对巴赫的受难音乐的灵感来源进行神学上的探寻就"是有用的"('Interpreting Bach's Passions: Outline of Proposed Scheme of Research' submitted to the Leverhulme Foundation [2005])——平衡了不同的复杂形式,"听到的"与"未听到的"要素,以及思想、发言者与历史时期的对位。

两面性：回顾过去，从他作为男童歌手时学到的音乐中获取灵感和刺激，那时的德国音乐仍处于最初的兴奋中，他致力于为意大利式的自由宣叙调和基于数字低音的和声配上本国文字，当时"路德宗音乐严格遵照文本"[1]；同时也在他的艺术的新的复杂性和创造性中放眼未来。即使我们接受了他将前一个世纪的任何受难故事的构思——塞勒（Selle）、弗洛、塞巴斯蒂亚尼（Sebastiani）、泰勒或梅德尔，甚至伟大的许茨所作——作为立足点，在音乐素材和他致力于修改和完善的语言方面，这些并不见得是最重要的典范。

只需看看巴赫采用蒙特威尔第"激动风格"（他对于以音乐模仿"好战的"情绪方式的标准化处理）的方式，既用以表达暴民挑衅的喧闹，也用在《都完成了》（第三十首）中段，对基督战胜死亡和魔鬼的庆祝中，都产生了惊人的效果。在第一部分中，我们已经注意到他惯于架构富于交响性的起始乐章，这预示了狂飙突进运动（Sturm und Drang）的时代，一个属于他的后辈们的时代。他那新近发展出的宣叙调风格已经初露端倪，我们发现，它既反映福音书文本中最细微的抑扬变化，同时制造出与其之间的显著冲突，和声进行"可谓同时裹挟着无数的旋律"，给予巴赫机会，来"展示我们在（这里以及）几乎每一部作品中所发现的文本与音乐间惊人的一致性"。我们还体会到了众赞歌的巧妙布局。

在第二部分中，节奏、基调和结构都切换到了更大的画面，耶稣与彼拉多面对面，后者有着最终结果的决定权。在这部作品中，彼拉多作为一个有趣的形象，而非完全冷漠无情的人物出现——这一点相对于《马太受难曲》中的彼拉多，要更明显——一个被围困的地方长官，被暴民所包围，却依然要求对耶稣煽动叛乱的指控提出更有力的

---

[1] John Butt, 'St John Passion (Johannes-Passion)' in *J. S. Bach* (Oxford Composer Companions), Malcolm Boyd (ed.) (1999) p. 427.

证据。在当今的演出中，尤其是当彼拉多被塑造鲜活时，我们会感觉听众对他的含糊其辞以及他所面临的窘境感同身受，也就是在他显然视作无罪的耶稣和群众之间穿梭斡旋。[1]

锐利的群众合唱有两个特点立即凸显出来：四个声部以卡农式模仿进行半音上行，以及一个疯狂盘旋的音型——通常用长笛来表现，一度用第一小提琴，很多时候两者兼备——在第一部分中，搜查队出发去逮捕耶稣时就与"暴民"密不可分。同样易于辨识的，还有一个初始的长短格（长—短—长）音型，最初耶稣"交给"彼拉多相伴，然而很快就成了固定音型——它先是由福音传教士（刺耳地）传达彼拉多下达的鞭刑命令，然后（温柔地）出现在漫长的男高音咏叹调中，在鞭笞中冥思。这一音型很快会成为两段狂热的"钉上十字架"合唱的主题；然而冷酷的好战性融合到了无休无止的不和谐音中（也就是赋格主题的产物），它们来自于我们在开场合唱中注意到的双簧管和长笛的碰撞。这些爆发的凶残和纯粹的卑劣令人不寒而栗，尤其是当投射到我们所有人身上时（而不仅仅是犹太人和罗马人）：依照路德和巴赫的观点，我们全都既是正直的人，又是罪人，既无辜又有罪，因而无可避免地牵涉到暴民的狂乱和无意识的暴行中，目睹清白无辜者被判钉上十字架。

巴赫找到两种非常不同却同样引人入胜的策略来使叙述变得丰

---

[1] 或许不同于1724年的情形，这一效果与其说是巴赫对此人的描绘，可能更像是我们这个不可知论时代的作用。如今在我们对他的回应中隐藏着这样的疑问，"如果他做了正确的决定，释放了耶稣将会如何？"他当然会"居于有关救赎的基督教故事以及上帝的救赎计划之核心。没有他对耶稣的审判作为高潮，世界就不会得到拯救。没有基督的死亡……就不会有复活，也不会创造出基督教的奇迹"(Ann Wroe, *Pilate: Biography of an Invented Man* [2000], p. xii)。作为朱迪亚占领军的领袖，以大约6000人的军团来控制250万人口，彼拉多面临着严重的统治问题，尤其是在犹太人的逾越节期间，这是作为整个民族根基的重大节日，许多人聚集在耶路撒冷进行庆祝。(John Drury, 'Bach: John Passion', pre-concert talk, 22 Apr. 2011, Snape Maltings, p.1)。

满：以讽刺性的三拍段落描述罗马士兵以嘲讽方式为耶稣加冕（伴着木管奏出的另一种旋转盘绕的音型，暗示着怪诞的捉迷藏游戏）；以及浮华而趾高气扬的赋格主题——亨德尔很快会将这种风格用于他的英文清唱剧中，来描绘《旧约》中的坏人。巴赫用它来捕捉祭司长及其亲信制定世俗律法的自以为是——显然是为彼拉多设的圈套。从乔托（Giotto），到汉斯·弗里斯（Hans Fries）和老彼得·勃鲁盖尔（Pieter Bruegel the Elder）这样的画家，都将一种本土的现实主义注入到圣经场景以及被仇恨扭曲的面孔中。然而之前没有任何作曲家达到巴赫的水准，以敏锐的洞察力表现出讥笑嘲讽的微妙之处。直到埃克托·柏辽兹——以及一百年的音乐史——才有人在音乐中创造出对嘲讽和怪异图案更炫目的描绘。

在审判场景中，总共分布着八支合唱队代表犹太人，一支代表罗马士兵，巴赫还加入了第十部分（"万岁"），或许是为了在世俗律法与十诫之间建立象征性的联系。这里有着变型、交叉参照以及大量的重复。这些都易于辨识，几乎能够随意形成概要性或对称性的首尾呼应方式。在这一场景中极为重要的还有调性的升高。例如，长笛的音型与第一部分中那两处"拿撒勒的耶稣"合唱相同，五次重新出现在审判场景中，最后一次出现时，从第一部分中的 G 小调变成了尖厉的 B 小调（长笛出现在音域的最高处）——在合唱"除了恺撒之外我们没有别的王"（见图23）。在整个场景中众人的存在带来强烈的侵入式支配——从外面紧盯着审判大厅，有效地操纵着彼拉多——以至于我们可能无法察觉这里发生了什么。

在当代的巴赫研究学者中，就我所知只有蔡菲察觉了巴赫引入根植在人群中的缓和因素。蔡菲说，通过"拿撒勒的耶稣"与易于识别的盘绕旋转的长笛动机的结合，"在犹太人的弥赛亚身份被质疑时"，在"伴随着众人对耶稣救世主身份的否认"，巴赫不断地提及耶稣的名字。接下来，他指出五段群众合唱中每一段都包含了每一特定调性"范围"内的所有和弦，这种方式，与"基督作为造物主逻各斯将万物纳入宇宙体系中"的古老观念有着惊人的相似（见420页）。换句话说，巴赫无意中发现了代表着约翰对于圣道的概念的缩微和声公式，着重描绘隐藏在音乐表象之下的拿撒勒的耶稣的结构性技巧，并在彼拉多下令在十字架上附上讽刺性的铭文，以各种语言宣称耶稣为犹太人的王时达到了高潮。最后，蔡菲确认了巴赫以一种四度上升和三度下降之间轮换的模式，将这一铭文传达的信息贯穿受难曲的核心：G小调、C小调、A小调、D小调和B小调。"尽管有形的事件是向下进行的，导向了耶稣的死亡……终极的方向却是向上的，暗示了约翰将耶稣受难视为升华。"因而，"拿撒勒的耶稣"合唱中首要的寓意，无疑是透过表象看到真理的信仰之力量：耶稣神圣的身份隐藏在其对立面中。

我们发现同时存在着：（1）通过主题式的关联，在听众的记忆中持续不断地强调耶稣的真实身份；（2）代表耶稣被相继而来的人群所包围，处于封闭的、环形"范围"的和声公式；（3）蔡菲所称的基督在世间历程的"调性寓言"，以被吊上十字架为终结，他的胜利用王室铭文来盛饰。巴赫似乎忠实于约翰用反讽，通过颠覆暴民的冷嘲热讽——巴赫用恰如其分的狂暴节奏和不和谐音来与之相称——在演唱时，他们则有意或无意地通过坚持确认"拿撒勒的耶稣"吐露出相反的意义，因而他们越是恶毒地指责他，他的诋毁者就使得他的权威和真实身份越发可信。除了巴赫这样在宗教上善解其味、寻根究底的"听者"以外，还有谁能构思出如此巧妙如此全面的代码和符号？如此粗俗地辱骂神，是否应该被驱逐于教门？在他最初的听众中，可有人听出了弦外之音？最后，当他被质疑且被要求解释对于文本以及作曲风格的选择时，巴赫可曾试图对莱比锡的神职人员阐明他的目标和策略？或许他仅仅是走到一边，耸耸肩对他们的反对表示不解，并且怒斥他们的愚钝？

织就了这张充满关联的网络，和神学上的潜台词——如果不是对每个人皆如此，对巴赫而言则很清楚——呈上对约翰的叙述极度生动的谱曲，他也许会认为足以吸引听众，并向莱比锡的信众强调这些事件的当代意义。因为在他看来，如果他的音乐无法持续不断地提出引发大众回应的问题，那么就是不完整的。这无疑是他决定三次打断叙事线的背后原因：一次是通过再次确认信徒忠诚的众赞歌，来回应耶稣对他的王权的定义（"啊，伟大的君王"，第17首）；一次是对彼拉多下令对耶稣处以鞭刑做出反应；另一次则出现在彼拉多"试图释放他"而民众要求惩罚他之前。

正是最后这一处——伪众赞歌[1]"因你所受的拘谨"（第22首）的插入——自从弗里德里希·斯门德（Friedrich Smend）将其视为审判场景中的核心段落后，引起了最多的学术评论。[2] 斯门德注意到在关键点上对巴赫的结构起强调作用的一些对称模式，迄今最为重要的就是"交错法"（来源于希腊字母X，表示"十字架标记"），位于这一交叉点的中心：不仅是审判场景的中点，也是整部受难曲的"内在核心"。巴赫在此安排了这首众赞歌以使会众理解核心神学要旨，也就是通过基督的被捕和自我牺牲"我们得到了自由"这一悖论。[3] 这首众赞歌夹在两段音乐相同而调性不同的合唱（"我们有律法"和"如果你放了这个人"）之间。他将第一段写成了趾高气扬、傲慢嚣张的合唱——

1　据加德纳所引的约翰·巴特 *Bach's Dialogue with Modernity: Perspectives on the Passions* 一书中注解，之所以称为"pseudo chorale"是因为，这里的歌词来源是另一首更早的传统赞美诗。

2　F. Smend, 'Die Johannes-Passion von Bach', BJb (1926), pp.104–28; and Bach in *Köthen* (1985), pp. 132–4.

3　仅仅通过更改波斯特尔的文本中一个词——用 ist（是）代替 muss（一定会）——巴赫改变了这首众赞歌的整个意义，符合他的"胜利者基督"的神学立场。人类的自由不再是一种美好的希望，而是既成事实。

"我们有律法，根据这一律法，他必须被处死"——对于教会的自命不凡的巨大讽刺，这一嘲讽达到了滑稽的程度。接着，通过将第二段合唱转到升号调，在犹太人试图在彼拉多和恺撒之间制造分裂时，他增加了紧张度——"假如你放了这个人，你就不是恺撒的朋友。"

这些合唱相应地通过群众合唱的进一步组合进行表达，并且在两种方向上向外发展，通过咏叹调，而在极端的情况下，则是两首众赞歌，其中的第二首有着独特的魔力——特别是由于散发着光辉的 E 大调调性以及巴赫那极为独特的和声配置方式。此外，在巴赫从降号调到升号调那有意的调性变化中，它占据着关键位置。然而，作为支配一切的对称结构的中心，在谱面上比在演出中更易于被人理解。在建筑和巴赫音乐中的对称性设计之间常常进行的对比是误导性的。音乐在时间中的展开，创造出一种透视缩小的效果，不同于眼睛所观察到的全景的对称性印象，比如说一座巴洛克式宫殿。我的体会是，在演出中，这首众赞歌尽管在其之前有着极其迷人的终止式，仿佛预示着极为重要的思索——关于预先决定了的命运——然而这既不是审判场景的轴线，也不是整部受难曲的中心。

这种特性也存在于极为动人的男高音咏叹调"想一想"（第20首）中——这是对基督的自我牺牲的冥思，在群众合唱那不断膨胀的残暴无情之后，我们遇上了"最美丽的彩虹"这一隐喻，反映了耶稣那被鞭笞的背上的血与水，令人们想起大洪水之后，上帝与诺亚之间古老的约定。[1]意味深长的是，巴赫恰好将其置于《约翰福音》的章节划分处，紧随着暴民坚持要释放囚犯巴拉巴并对耶稣处以鞭刑之

---

[1] 蔡菲向我们指出，"庄严基督的传统形象……坐在彩虹上的审判座中，一把宝剑从耳边伸出，一朵百合从另一只耳边伸出——象征着约翰不断强调的人性的分裂"(*Tonal Allegory in the Vocal Music of J. S. Bach* [1991], pp. 316–17)。根据罗兰·拜因顿 (Roland Bainton) 的看法，"路德看到了这样的图景，有人证实他在基督的审判面前惊恐万状"(*Here I stand: A Life of Martin Luther* [1950], pp. 22–5)。

后，这是两个特殊时刻之一，巴赫将福音传教士的叙述置于一旁，为耶稣遭到罗马士兵鞭笞这一可怕的事件涂上了戏剧化和恐怖的色彩。这是整部作品中最令人震惊的并置之一：福音传教士爆发出愤慨而骇人的花腔式"愤怒"，随后立刻跟上音调悦耳的咏叙调（"想一想，我的灵魂"，第19首）。上一刻我们看到了耶稣因被鞭笞而撕裂和血迹斑斑的后背，接下来，巴赫提示我们将其视为美的事物——出现象征着神的恩典的彩虹的天空——或许近似于 J. G. 巴拉德（J. G. Ballard）提到"创伤那神秘的性感"时的想法。[1] 巴赫赋予这首咏叙调以及紧随其后的咏叹调特殊的重要性，它们的长度（咏叹调若是完整重复，用时会超过11分钟）以及极不寻常的总谱——为两把古中提琴以及包含了鲁特琴、古大提琴（gamba）和管风琴的数字低音所作——表明了这一点。[2] 表面上看这是冒险之举：悬置了堆积着政治姿态、勾结并驳斥的罗马审判场景中扣人心弦的戏剧动能。然而巴赫的直觉是正确的。耶稣肉体上的屈辱达到极点时，恰恰是中止了叙事发展，并对其为人类带来的影响进行深思的时刻——以平衡对约翰叙述的整体客

---

[1] J. G. Ballard, *Crash* (1973).

[2] 阿尔伯特·史怀哲（Albert Schweitzer）在这两个乐章中发现了"难以形容的幸福"（*J. S. Bach* [1911], Vol. 2, p. 181），或许正是受到他的影响，威尔弗雷德·梅洛斯（op. cit., pp. 118–24）为前一首男低音咏叹调中"涂满香膏的宁静"高唱赞歌——表面上的平静来自于舒缓的鲁特琴与柔音中提琴，然而调性上却不稳定。他通过这首咏叹调及鲁特琴将其与奥菲斯的神话（最终得到了基督教神秘主义者和中世纪的柏拉图主义者的肯定）联系起来，鲁特琴正是奥菲斯的里拉琴的后文艺复兴式替代品。如果此时巴赫有意识地利用了奥菲斯和基督之间相似性，将会产生某种意义——七弦里拉琴的慰藉是基督徒的灵魂（经由耶稣的受难而思考其"至善"）通往天国的途径，回到"音乐魔力之起源，亦即回到天国"（Macrobius, *Commentary on the Dream of Scipio*, quoted by Joscelyn Godwin, *Harmonies of Heaven and Earth* [1987], p. 61）。尽管此处的关联如此牵强，我们可能会猜测巴赫在多大程度上赞同约翰·马特松试图证明天堂中必定有音乐，后者要证明这远远超越了我们所能想象的一切，在人类诞生之前就已存在，且将永远存在（*Behauptung der Himmlischen Kunst* [1747], pp. 3, 6, 19）。思考巴赫在此处如何设法模仿"天国的"音乐，在何等程度上体现了一种有益身心的完整性和完美性（见615页插图），与此仅有一步之遥。此书的其他部分也已对此进行了探讨。

观性作出主观性回应的咏叙调和咏叹调。听者被暗示性的（以及富有神学意义的）隐喻引导着——更多地是被迷人的音乐引导——凝视着耶稣被撕裂的身体，如同格吕内瓦尔德（Grünewald）在他的伊森海姆祭坛屏风上，以及汉斯·霍尔拜因（Hans Holbein）在他的《墓中基督遗体》描绘的那样，以"充满焦虑的愉悦"引向痛苦、忧虑的感激。[1] 巴赫在这首核心咏叹调中表现宗教感情时的爆发力、感性和色情，可能是令莱比锡正统派教士不安并招致他们反对的另一个时刻。在接下来的咏叙调中，巴赫提供给我们的，犹如丢勒的耶稣受难节版画，在画中，报春花或黄花九轮草开放在荆棘冠冕上。此处巴赫对乐器的选择极为精确：两把柔音中提琴，他所能获取的最为温柔、最能抚慰人心的乐器，有着共鸣弦琴弦，与鲁特琴（在后来的版本中是羽管键琴）形成了对比，令人想到荆棘的刺痛，并且强调了明显的调性手法带来的对比——在"苦痛（Schmerzen）"一词上人声从 C 到升 F 的三全音跳进，造成了尖锐的和声，升高的音调和上行的三全音仿佛清晰地勾勒了荆棘的形状（注：这里指五线谱上的符干如同荆棘的形状），接踵而至的美妙松弛部分行至降号调（G 小调），表现"通往天堂之钥的花朵"盛放。显而易见的视觉形象使得这一效果更为强烈：只需看一眼六弦（有时候是七弦）柔音中提琴（有着高度象征性的六根或七根一组"琴弦"）的琴马那平坦的曲线，[2] 就能想到，是否正是这柔

---

[1] 正如约翰·德鲁里（John Drury）指出，此处"暧昧的主观性已臻极致。咏叙调和咏叹调的唱词都已清楚地表现出悲伤与痛苦、欢乐与悲哀之间的矛盾……这种含糊性……根植于古代祭祀制度，无辜的牺牲品承受了痛苦甚至死亡，否则就将落在信徒身上。牺牲品的痛苦就是他们的解脱"。换言之，巴赫和他的脚本作家注入了大剂量的"满足"论（见 437 页）来平衡约翰对于耶稣之荣耀的描述。

[2] 标准小提琴和中提琴的琴马并非均匀的椭圆：为了适应更低更粗的两根羊肠弦，曲线更为明显。考虑到柔音中提琴迷人的音色（更何况它们那适切的象征性），令人困惑的是，在后来重演时，巴赫在第 31 和 32 乐章中用弱音小提琴替换了它们（并且将鲁特琴替换为管风琴或羽管键琴）。杜尔一本正经地评论道，"可以将替换原本的乐器视为权宜之计，现代演奏者只有在面对与巴赫同样的问题时才会遵循此道"(*Johann Sebastian Bach's St John*

和的椭圆，使巴赫产生了用两把不常见的弦乐器来唤醒人们对于彩虹的联想的念头——抑或是其五彩斑斓的音色，或者两者皆有？再看一眼乐谱就会发现，这首咏叹调的起始乐句的线条图案——三个音符上行，三个音符下行，从上方穿进五线谱表——从视觉上和听觉上都意味着彩虹的弧线（见图20）。接着，巴赫还布置了其他的上行和下行音型来反映苍穹的轮廓——令人想象到耶稣的受审——这些都致力于描绘他蒙受耻辱的形象，象征着上帝的恩典自天而降。

这种超凡的难度就落在了歌手肩上，从巴赫的角度而言绝非（如我们在之前很多情形中看到的）疏忽，更不用说是任性而为，而是基于他的哲学目的。男高音所需要的惊人技巧——几乎没有时间喘息——来模拟非常人可及的中提琴悦耳而轻盈的流畅性，要求我们思考人类的不可靠性。福音传教士描述耶稣所受鞭笞的长短格动机再次出现，贯穿了整首咏叹调——足以提醒我们，这正是耶稣背上的红肿鞭痕，但它已经缓和，并且其线条暗示了应许的彩虹。接着，在B段开始部分，男高音第一次唱出鞭笞的节奏，乐器充满张力地勾画"我们罪孽的洪水的波涛"之后，巴赫拨开乌云，彩虹奇迹般地突然出现了。在演出中要实现这些，除了体力之外，还需要想象力和坚实的技术，张力和抒情的结合绝非易事。

*＊＊

约翰引入他的受难叙述最后部分的方式惊人地简洁：彼拉多一签署他的死刑许可，耶稣就被绑起来，并被"带走……背上他的十字架"，（《约翰福音》19：16-17）去往各各他。由于文本词句有限，巴赫通过一系列激烈的转调来延长叙事——从B小调（在最后一次群众

Passion: Genesis, Transmission and Meaning [2000], p.112)。

合唱中用了升号调)通过象征性的迂回变化回到降号调,[1]最终到 G 小调,受难曲开始时的调性,在这一过程中,超越了当时的调性体系。在叙事的间歇,信徒被推动着在耶稣的受难中寻求慰藉,匆匆赶往各各他,他的朝圣将在那里完成。为了这一新的戏剧场面,巴赫或是他那不知名的剧本作者调整了布洛克斯的文本——有着要求犹太人离开他们"谋杀的巢穴"的讨厌命令——清楚地表明正是我们"烦忧的灵魂"在此蒙受召唤——在十字架脚下"拥抱信仰之翼"。通过允许羞怯的灵魂闯入咏叹调中(No. 24)重复着"去哪里?……去哪里?……去哪里?"来表达他们对于赎罪的渴望,巴赫完成了这一重点的改变。(或许这是有意使我们忆起男高音彼得,在第一部分末尾中"啊,我的灵魂"里绝望的呼喊,"在哪儿?")在"都完成了"中的"慰藉"一句里,他将会再次运用相同的修辞性音型(分离的上行五度或六度)。巴赫再一次使用了戏剧手法——主角与合唱,前景与背景——让我们同时体验到历史事件的展开以及就在此刻发生的感觉。他只从布洛克斯改述的文本中获取所需,进行修改和编辑,并以当代视角重述故事。这些细节——一个孤单的独唱者,身后是合唱的插入——因为罕见而更有效果。

巴赫的《约翰受难曲》最后一部分以其对情绪的并置为特征。一开始,我们听到的是对耶稣被钉十字架,以及彼拉多坚持将王室铭文译成各种语言的叙述。接着,自我膨胀的群众挪用了之前巴赫在罗马士兵嘲讽地为耶稣加冕时的音乐。此时是为了争辩耶稣作为"犹太人之王"的权利,这是彼拉多唯一的缓和姿态,如今他拒绝收回。这一场景以众赞歌"在我心灵深处"(No. 26)结束:耶稣的"名字与十字架"的融合的辉煌确证,标志着信徒抵达了各各他(对男低音先前的

---

1 他将十字架的符号镌刻在福音传教士的旋律中,正如二十二岁那年在 BWV 4 中所做的一样(见第五章),将其如烙印一般铭刻在听众的意识中。

敦促做出了回应)。

在罗马士兵关于瓜分耶稣衣物进行争吵时,音乐暂时地沦为轻浮,流露出明显的危险转折。如同《哈姆雷特》中的掘墓人场景,这仅仅是穿插表演;然而通过在此刻注入一剂日常场景,以某种方式延伸到了发生在舞台中心的戏剧终场中更为重要的元素。在巴赫的整体调性设计中,它起到了重要的作用:中性的C大调意味着它标记了用以描述受难过程及王室铭文的降号调,以及随后耶稣临终之言及其死亡的升号调之间的界限。这本身就可以解释其不成比例的长度,因为需要平衡与用在审判场景的开头的C大调(或其近关系调)等效的"范围"。作为唯一一处坚守在一个调性内的"范围",给士兵那句"我们不要撕开它了"带来了讽刺性的扭转。纯粹从作品角度而言这非常迷人,同时也要求合唱团具有精湛的技术。节奏上的弹性、轻快的花腔和激动的切分音,均用于描绘关于谁能拿走耶稣的斗篷而进行的争执,如同鼠类匆匆四窜。与此同时,歌手必须确保他们的旋律线与阿尔贝蒂低音保持同步,后者本身就刻画了晃动的骰子。这一切都极为有效:同时体现了讽刺性摹仿、写实主义和戏剧性,然而同样也怪诞不经,如同贺加斯(Hogarth)的画中情景,以女高音们在倒数第二小节中八度跳进到最高音A代表残忍的尖叫来告终。巴赫在如此卑贱的环境中运用了脚打拍子一般的明快节奏,极富感染力,在我看来,这表明了他将其视作最为低贱的人类行为,甚至比仇恨还要低微。[1]

我们看到了被划分为"山羊"和"绵羊"的象征世界——山羊是争吵的士兵们,绵羊则是站在十字架脚下的信徒们。人群中浮现出三

---

[1] 用另一种方式来看(罗伯特·奎尼曾对我这样提议),士兵们的行为是中立且松散的:我们仿佛走出了叙事章节,迅速切换到实际上发生在十字架脚下的场景,这可能远在万里之外。这些士兵在他们周围发生的重大事件中缺乏参与性,这可能会激起诚实的听者倾注更多的感情以及(自我)反思。

位玛利亚以及叙述者,"耶稣垂青"的那位门徒。巴赫为文字谱曲的细腻敏感程度、宣叙调在抒情咏叙调中穿梭往复的方式达到了新的高度,然而毫无矫揉造作的痕迹。在整部受难曲中,他第二次回到了武尔皮乌斯那令人难忘的旋律,认可耶稣作为忠实的儿子为赡养母亲作出的准备。

最令人哀伤的是他说出临终之言——"都完成了"——的方式,在著名的女低音咏叹调(No. 30)中被古大提琴移调模仿。这种在当时已经过时的乐器拥有极为独特的如泣如诉的声响,这种对人声的苍白反映是精心设计的手段——之前仅仅用过一次,也就是在他的第一轮康塔塔中(BWV 76),后来将会在《马太受难曲》再次运用。如同在"啊,我的灵魂"中一样,巴赫采用了庄严辉煌的法国风格,然而却造成了相反的效果:在彼得的咏叹调中加速以表达极度激动,而此处哀歌般的风格则是在生与死的边缘进行探索。[1]在 B 段中,古大提琴的音调和旋律在弦乐疯狂的琶音中消失殆尽——一幅作为犹大人的英雄的耶稣的浮雕像。空弦的强烈召唤,对蒙特威尔第战争风格的采用,很难想象 D 大调对于约翰将受难视作至高无上的胜利这一观点,会有更为生动的表达。然而,以一个减七和弦的突兀终止式,巴赫停止了这场爆发,一个突如其来的问号附在"并且结束了他胜利的征战"上。回到华丽而哀婉的古大提琴旋律,在旋律轮廓上与耶稣临终之言("都完成了")相匹配,完全打破了传统做法,在古大提琴即将消逝的终止式上再次反复,清楚地昭示着此处没有任何空洞的必胜信念。这首咏叹调是巴赫用以诠释约翰之叙述的最为有力且最为均衡的

---

[1] 巴赫对极端符点节奏的运用与吕利的雄伟风格相关,这仅仅是表面上的"英雄气概"。如迈克尔·马里森言,"只有在听众看不到的纸上,音乐才呈现出威严之处。巴赫的音乐正是如此,耶稣的威严'隐藏'在对立面中,这很大程度上是一种路德宗的方式"(*Lutheranism, Anti-Judaism, and Bach's St John Passion* [1998], p. 19)。

方式——既是对于基督所受苦难的冥想，也是对他身份的欢欣鼓舞的确认，隐藏的上帝通过对十字架的信仰显露出来。同时这也是坚称，这最后两首咏叹调中所言的"被纠缠"和"受折磨"的灵魂也能获得慰藉。

短短的两个小节——描述耶稣的死亡——分隔了这首咏叹调和下一首。巴赫那徐缓下行的旋律线与约翰的话语（"他垂下头，死了"）完全相称。接下来是巴赫为男低音和合唱所作的第二首对话（No. 32），在惊心动魄的时刻到来。起初令人困惑的是，在古大提琴飘逸的音色之后，为何他要让独奏大提琴以如此大胆摇摆的 D 大调旋律开场。犹大的英雄狮子似乎腾身一跃，在空中徒劳挥爪，而在上一首咏叹调中他却咆哮着走向胜利；然而一旦人声进入，从主题的角度以及歌手试图以向上的跃进来对抗六度和七度下行可以清楚地看出，这是为了掩饰深深的不安。接下来向"可贵的救主"提出了一系列问题，表达了刚刚丧失亲友的整个群体的恐惧和怀疑。这意味着什么？这样值得么？死亡可曾被战胜？人类的结局将是什么？四声部的合唱团依着相同的武尔皮乌斯曲调低声唱出临终众赞歌，然而比数分钟之前的要低五度。两首诗文相互交错，一首修辞性的，另一首则是应答众赞歌，这是我们在康塔塔中已经遇到过的对话式手法，在《马太受难曲》中巴赫将会再度对其发展：语言和音乐并置在两个不同的时间表中——集体演唱赞美诗的文化的或真实的"现在"慢下来，与个体思索艰难问题的"主观"时间相同步。

此时巴赫再次在约翰的叙述中插入了来自马太的增补——也是出于特殊目的。上一次是用来描述彼得的泪水，强化他代表遭遇信仰危机的个体的方式。此处是用以矫正或保持他从一开始就试图维持的平衡——在基督的苦难和最终的胜利之间的平衡。他采用了马太对于地震的描述，在为男高音而作的激动人心的咏叙调中，殿里的幔子"自上到下裂为两半"（27：51-2），在福音传教士式的表现范围内，详细描述了这一启示录的景象。接着不加停顿地进入了女高音的哀歌"融化了，我的心"（No. 35）。一开始，这首咏叹调中哀伤的调子和人类的悲伤在一部强调基督王权的受难曲中似乎不合时宜；然而我们很快意识到这是对第一部分中的女高音咏叹调，无忧无虑的"我追随你"的衬托，标志着我们在这一旅程中已经走入了过渡期。巴赫在最后时刻想到了具有惊人独创性的乐器选择，[1] 完美地适应了当下的情绪——最为深刻的悲伤和哀痛。他选用了一支横笛和一支英国管——由于其黄铜制成的号角般的开敞喇叭口而被称作狩猎双簧管——以及跳动的数字低音与漂浮于其上的女高音，在四部线性对话中将它们交织在一起。在最后的咏叙调/咏叹调组合中，他又一次选用了布洛克斯的文本，不过除去了一些过激的内容。我们已经习惯于巴赫用以减轻悲伤和抚慰受创心灵的各种方式，当他描画出一幅纯粹的悲痛画面时，简直令人震惊。这哀恸有着不可比拟的深度，整体效果美得令人心碎。

***

此时情感不得不降温。受难曲的尾声哀而不伤。福音传教士最后的话是整部作品中最长的两段。（这使得一些现代的福音传教士演唱的方式，像是在唱舒伯特《冬之旅》最后段落一样，忘记了他们本是叙事者，其作用是为了推动故事的发展，而非故事本身的内容。）在第一段中，约翰在尽力解释犹太习俗和传统，在他写作之时，这些对他的广大读者而言已经颇为陌生。《约翰受难曲》中最为实体化的时刻，是"唯有一个兵拿枪扎他的肋旁，随即有血和水流出来"（《约翰

---

[1] 无可否认，只是在 1725 年重演时，巴赫才作了四次修改中的第一次。在此之前，有资料显示长笛和狩猎双簧管声部都进行了加倍，而在第四次修订版中长笛由一支弱音小提琴来增强 (Alfred Dürr, op. cit., p. 114)。

福音》19∶34）。我们能感觉到，巴赫意欲使他的福音传教士在此刻抓紧听众的注意力——以强化约翰对于自己作为事件的目击者，吐露的确为真相的坚称。[1]在众赞歌"啊，基督，上帝之子"（No. 37）中，能够听到他们热烈的赞同，尽管这在形态上捉摸不定的终止式中已渐渐枯竭；这究竟是F大调，还是降B大调（隐含的）属音？最后一首宣叙调叙述了处理和安葬过程。其和声一如既往地具有探索性，不过这次延伸到了福音传教士的较低音域：一下子要顺利通过五个低音C，而整部受难曲中其他地方仅仅出现过两处。这是有意而为，再次显示出巴赫在个人叙述中营造氛围与渲染色彩的技艺。在他对于用亚麻布包裹耶稣身体的描述中有种新的温柔感，恰到好处地令我们想起襁褓中的婴儿耶稣。这种温柔感一直持续到最后。

从先前的康塔塔的角度来看《约翰受难曲》，我们会期待此刻出现一首最终的众赞歌——作品当然会如此结束，不过巴赫先要以另一首分量相称的合唱来平衡那首威严的开场合唱。"安息吧"（No. 39）也许得益于汉堡受难清唱剧，后者往往以一首合唱摇篮曲结束，然而假使这首合唱回旋曲有任何近似的模型——至少在开篇的旋律轮廓及节奏的模糊性上——应该说是一首回旋曲，也就是他的B小调长笛组曲（BWV 1067）的第二乐章，第二首"序曲"。这首曲子无疑使我们明白了巴赫的意图——一首同时既是歌又是舞的合唱，以独特的歌词编织在一起，暗示着一种文雅的舞蹈设计。[2]我们要在勃拉姆斯那里才能找到同样天衣无缝的结构和抑扬顿挫的节奏。表达的口吻想要成为集

---

[1] "关于圣约翰，有一点极为古怪。大多数时候他是柏拉图式的、希腊式的、高洁的，只是偶尔，尤其是在基督的伤口前（就像用自己的手指探入基督伤口的多马 [Thomas] 那样），他的福音叙述中会偶尔迸发出令人极为不安的肉体性"（约翰·德鲁里，私人信件）。

[2] 威尔弗雷德·梅洛斯指出，这是"上帝之舞……充满了早期基督教神秘主义者的想象，他们将弹奏里拉琴、维奥尔琴或吹奏长笛的基督视为'舞蹈之领袖；他知道如何触弦，如何引导欢乐，在智天使和炽天使身旁，灵魂围成圆圈起舞'"（*Bach and the Dance of God*, p. 148）。

体性的，然而却极度个人化，歌词充满抒情意味，比巴赫任何其他的合唱中都要易于歌手演唱。值得注意的是，这是两处（另一处是 No. 24 中）无伴奏合唱之一——或者至少是一种仪式感，毕恭毕敬地将遗体放入墓中——渗透了整首合唱。"安息吧"是一种祈祷，总是在相同的调上，以一种抚慰人心的哀婉一遍又一遍刻意地重复；然而最终 C 小调上的终止式来临的方式（以女高音的高音 A♭）削弱并遮掩了这种平静。

巴赫以一首众赞歌 (No. 40) 跟在"安息吧"(No. 39) 之后，这一决定招致批评之声。然而事实上，这在演出中很有效果，带领我们回到当下——在这座教堂的这一天里——将最后一丝悲伤抹去，提醒我们未来的不确定性。这不过是巴赫在《约翰受难曲》中众赞歌的和声配置上所倾注巨大心血的最后一个例子。其前半部分聚焦于坟墓的宁静，并且轻描淡写得恰到好处，然而在提到"最后的时刻"、耶稣的复活以及来世时，巴赫增强了紧张度。四个声部之间开始拉开距离，他也展示了最为威严的步伐。接下来的七个终止式中有六个都是大调上的"完全"终止，以重复的乞求"听我说……听我说……听我说"使音乐充满了巨大的力量。复活节还有两天之遥，然而此处的肯定却是令人信服的。

在莱比锡神职人员眼中，最后的终止式可能是巴赫极为严重的错误：在这首众赞歌及整部《约翰受难曲》的其他地方，对复活或是对"最后时刻"的期待，都与莱比锡由来已久的耶稣受难日纪念仪式的阴郁氛围相抵触。巴赫可以反驳说，他考虑到了唱诗班演唱雅克布·加勒斯（Jacob Gallus）的葬礼经文歌"看呐，义人死去了"以及会众赞美诗"现在感谢我们的上帝"时的传统方式，是与 1721 年以后的礼拜仪式相一致的，据托马斯教堂的教堂执事所言，那年首次以协奏风格演出了受难曲，[1]他用这种方法将听众带回了受难节的冥想中，与结尾的合唱"安息吧"形成了最终的对称。[2]问题是，我们无法确认巴赫事先就让他的《约翰受难曲》的文本通过了神职人员的审查。这一次，他可能使受难曲的文本避开了宗教法庭的审查；然而在此过程中，他可能无意间引起了神职人员的警惕。甚至在听到任何一个音符之前，仅仅读一读剧本可能就足以激怒他们。初次聆听并感受巴赫的受难曲时，他们可能会对其中表达宗教情感（在精神或情感力量使他们惊诧时，正统的守护者似乎总是会以亵渎的罪名进行指控）的爆发性力量感到不安。核心咏叹调"想一想"中的肉感和色情意味会使巴赫暴露于不敬的指控下（尽管教士显然乐于掩饰当时的布道诗中的色情意味）。

更为冒犯教会的，或许是削弱了对于悔罪的力量，其与弗兰科（Francke）的虔信派布道的极为相似，以及作为上帝为人类的堕落而赎罪的插入乐章（除了"想一想"以外）的失败，最重要的，是巴赫所描述的"使徒约翰的世界观的纯粹强度"。[3]与我们从马太及其他福音书作者那里获得的描述相反，他们不断强调基督的人性以及他的苦难，约翰则将耶稣描述为有着超自然的洞察力之人：安详并威严地掌控着自己的命运，最终成为了胜利者。[4]在这一点上，巴赫绝对忠实于约翰，表现出耶稣完全不受自己所受审判的影响，在完全了解自己命运的情况下执行圣父神秘的意旨。他的支配力和信心在四周的争吵中颇为引人瞩目，这一对比使得巴赫的谱曲极富戏剧性。这种方法显露出无可挑剔的传承，神学家们能够追溯到早期希腊神父对于救赎的看

---

1 BD II, No. 180/NBR, pp. 114–15.

2 Günther Stiller, *Johann Sebastian Bach and Liturgical Life in Leipzig*, Herbert J. A. Bouman et al. (trs.), Robin A. Leaver (ed.) (1970; trs. 1984), p. 60.

3 Chafe, *J. S. Bach's Johannine Theology: The St John Passion and the Cantatas for Spring 1725*.

4 Rudolf Bultmann, *Theologie des Neuen Testaments* (1959), p. 406.

法,同时也是路德本人支持的,他声称"约翰的福音书有着独特的魅力……一本杰出、真实也是最重要的福音书……相较于其余三本而言远受欢迎,并且远胜于其余三本"。我们能在其中发现"对于基督的信仰如何战胜罪恶、死亡和地狱,带来生命、正义和救赎的精湛叙述"。[1]

那么,为何这在1724年的莱比锡是一种有争议的方法?据瑞典神学家古斯塔夫·奥伦(Gustaf Aulén)所言,[2]在这点上路德常常被他的同时代人以及后世的神学家误解,他们在他的教义中看到了对于救赎的"满意"的明确偏好——这一救赎论由马太清楚地表达出来,并在保罗书信中得到进一步强调——耶稣借此代表罪孽深重的人类接受惩罚并且献身,从上帝的愤怒中而非从邪恶的力量中赢得了自由。[3]在巴赫时代的正统派莱比锡教士中可能颇为盛行,并且借由他们传递给会众的观点是,只有"满意"才是合理的。另一方面,从巴赫藏书的目录(除了两版路德作品以外,还包括一部带有全面神学评论的三卷本《圣经》,以及虔信派和正统派的所有基本著作)来判断,他似乎理解并接受了两方面救赎论的合理性以及两者在路德作品中的共存。他的意图显然是要在相继而来的作品中对这些对立的看法进行均衡的表达——首先是在《约翰受难曲》中,后来则是《马太受难曲》。在构思这两种综合而又对比鲜明的音乐—神学表达时——没有任何同时

1　路德为新约所作序言,收入 John Dillenberger, *Martin Luther: Selections from His Writings* (1961); and LW, Vol. 35, pp. 361–2.

2　Gustaf Aulén, *Christus Victor: An Historical Study of the Three Main Types of the Idea of the Atonement*, A. G. Hebert (trs.) (1931; trs. 1969), pp. 107–8. 我非常感激埃里克·蔡菲,他使我注意到这项重要的研究。

3　约翰歌颂耶稣战胜了邪恶的力量以及王法(他将其描述为一种"诅咒"或是"震怒"),马太则强调基督为了神的"满意"而进行的赎罪。路德对于赎罪主题没有进行明确的陈述,这并不意味着他对这两种相而不同的理论有着非此即彼的选择,否则两者不会并存于他的神学中。奥伦认为,随着时间推移,路德逐渐变更为古老的约翰式(胜利者基督)观点吸引,"有着前所未有的强度和力量"。如他所言,"我们只需听一听路德的赞美诗,就能感到它们充满了胜利的狂喜,仿佛号角喧鸣。"巴赫在康塔塔中对其进行的谱曲也同样如此。

代作曲家做过这样的尝试[1]——巴赫更像是一位画家而非音乐家，从两个不同角度表现同样的主题，每一种都有效而令人信服。[2]这只是他在逞强么？还是在有意地公然违抗当地的敏感因素？从我们后世的观点来看，这两部受难曲是设计来纳入——实际上也概括了——为当时莱比锡的礼拜仪式所作的两轮互补的康塔塔中。然而在宗教法庭看来，则像是对他们权威的蓄意藐视，而巴赫拒绝用他们能够理解的语言解释自己的目的，这使情况变得更糟。

这一切都没有任何直接的证据。不过某种消极反应似乎引发了接下来十五年里围绕着他的《约翰受难曲》的进一步、更为激烈，大多未曾记录的争执。这些争执使得巴赫不下四次对其进行修订：两次对其内容和教义上的倾向进行了重要的调整；一次是在1739年，完全放弃这部作品长达十年；而最后一次尝试，则是最后一次复活它，几乎恢复到了最初状态。通过巴赫在恰好首演一年后所作的彻底修订，我们几乎可以判断出神职人员对于他的第一版《约翰受难曲》的反应。宏大的开场合唱（"主啊，我们的主人"）以及结尾那冒犯性的众赞歌（"主啊，让你可爱的天使"）消失了，被众赞歌幻想曲（"人啊，为你的罪孽痛哭吧"）以及更为精巧的结尾众赞歌取代，前者后来被巴赫用作《马太受难曲》第一部分的结尾，后者是他在莱比锡进行面试时演奏的那部康塔塔（BWV 23）的末乐章。并非毫不费力地，《约翰受难曲》成了这轮康塔塔的顶峰。男高音咏叹调"啊，我的灵魂"也消失了，取而代之的是"碾碎我吧"以及一首男低音对话与女高音众赞歌"天空裂开了，大地在颤抖"。或许最残酷的替代是一首新的男高

---

[1] 以泰勒曼为例，在担任汉堡五座主要教堂的音乐总监期间（1721—1767），他被要求每年创作一部新的受难曲。他似乎并不觉得有必要区分四位福音书作者的神学倾向。另一方面，他采用了巴赫在康塔塔中惯常运用的技法，插入旧约中类似的文字作为受难故事的五个部分的预备。

[2] Jaroslav Pelikan, *Bach among the Theologians* (1986), pp. 102–15.

音咏叹调"啊，不要如此痛苦"，取代了那两首迷人的"想一想"，它们在巴赫的原始构思中是第二部分的基础。以任何纯粹的音乐标准来判断，尽管新增曲目的质量保持了一贯的高水准，这些很难被称作"进步"。整体而言，其效果是肢解了最初的模式和结构，并且通过强调因信称义的保罗神学以改变其神学基调。

巴赫为何同意拆散原始构思中的关键要素，抛弃了约翰对于耶稣救赎人类的一贯观点，以及在替代的乐章中给予对人类罪恶的承认以更重的分量，唯有强烈的宗教谴责才能解释。如果宗教法庭坚持认为受难节清唱剧应该更多地强调正统派补赎理论，那就这么做吧：他引入新的音乐来适应充满罪恶的意象以及对上帝作为"严厉的法官"的强调，以服从这一要求。1725年对于《约翰受难曲》所做的修订，其中一个结果——但肯定不是动机——是使其与他为接下来的十个月准备的那套圣咏康塔塔（如我们在第九章中看到的）相协调。一个更为激烈的结果则是摧毁了他原本的计划，也就是在两年里，通过连续且对比鲜明的表达，使两部福音书的叙述及两种救赎论成为他的康塔塔套曲的顶峰。由于未能在耶稣受难节按时完成《马太受难曲》，巴赫陷入了困境。第二版《约翰受难曲》是他的最后的救命稻草。等他下一次演奏这部作品时，也就是大约五年之后，所有的闯入者都消失了，开场合唱以及那两首"想一想"又回来了。然而不可思议的是，来自马太的插入段以及最后的众赞歌却被删去了。一首已经不再存在的咏叹调取代了"啊，我的灵魂"，一首器乐的序曲代替了第33至35乐章（圣殿中帷幔之宣叙调、男高音咏叙调"我的心"以及女高音咏叹调"溶化"）。

或许冲突从来就未曾平息。在1739年3月，来自镇书记员的特使告诉巴赫，"除非获得许可，他计划在当年受难节演出的音乐将无法上演，然而后者回复说，一直以来就是这样，他对此没有特别兴趣（并不感兴趣），因为他并没有从中获得好处，这仅仅是负担而已。

他会告知主管，他被禁止演出这部作品。如果是对文本有异议，为何之前已经上演了数次。"[1]在那位公务员转述引语的言辞背后，隐藏着怎样的痛苦、伤害和假装出来的冷淡！他又用了十年才放弃抵抗这个不公；而在他的生命仅剩两年时，才让《约翰受难曲》的重要部分都恢复到了1724年的原始版本。

如果有证据表明巴赫对这部作品的重视程度，尤其是最初的设想和结构，那应该是最近发现的、他在生命最后两年里连续演出的证据：1749年4月4日的那场或许是他本人指挥的最后一场演出。一份为约翰·拿撒尼尔·巴姆勒（Johann Nathanael Bammler，圣托马斯学校的一位前级长，曾帮助巴赫处理《约翰受难曲》最终版本的誊抄和文本修订）所写的亲笔推荐信，可追溯到1749年4月12日，也就是一周之后；比起这部受难曲最后添加的部分，此处巴赫的笔迹[2]明显地更为坚定和流畅，而这些增添部分之前被视作他最后的笔迹。突发的暂时性健康崩溃似乎发生在4月的下半月；而到了6月，尽管身体明显地虚弱了，他又重回工作台前——致力于《B小调弥撒》和第一版《赋格的艺术》的创作。从他的笔迹来看，《约翰受难曲》演出版本中最后的亲笔记录不会早于1750年春天。演出在3月27日举行，或许由资深级长进行指导，这天正好是复活节前的星期六，也就是泰勒医生为巴赫进行眼部手术的前一天。[3]是否他最终与宗教法庭达成了某种和解，还是说这是最后的反抗，一种对于宗教法令的蔑视，坚持认为自己一直以来都是"正确的"？无论如何，他准备了一份受难曲的新乐谱，在交给抄谱员之前，他自己写下了前18页。通过对原始版本的认可，

1　BD II, Nos. 338–9/NBR, p. 204.
2　BD V, No. 82 a.
3　见《巴赫年鉴》(BJ b 200) 以及修订版《新编巴赫作品》(NBA) 中《约翰受难曲》的最后版本。

这一最终版本将"第一个版本"和"最后的润色"结合在了一起。

在1725和1729年被迫做出的修订背后，除了神学上的差异外，也许还有其他因素能够解释巴赫最终对于原始版本的回归——或许是对音乐本身更基本的保留，对音乐在礼拜中的作用的持续讨论触动的敏感神经。尽管莱比锡的神职人员可能难以在巴赫的创造性努力中找到任何故意的颠覆（对于约翰福音的忠实，使其无可指摘），但这无疑显露出了他们视作危险之音的艺术自主权。这强调了作为语言的逻各斯与谱写成音乐——并在音乐中变形——的逻各斯之间本质的区别。[1]且不说他们是否有兴趣甚或有能力辨别巴赫在明显的表面形式（比如对于耶稣身份的世俗观点与宗教观点）背后构建的隐形模式——正是这些特性使得《约翰受难曲》不同于同时代人的作品——他们几乎不可能不注意到他的音乐中释放出的不可抗拒的情感力量。或许巴赫以笨拙的方式完成了牧师的工作，比文字本身所能做到的有效得多。我们可能会猜测，彼拉多和群众之间、彼拉多和耶稣之间的对话，我们今天认为非常尖锐的东西，是否在当时具有令人不安的戏剧效果——在他们看来过于"歌剧化"而不适于宗教音乐（然而有趣的是，他们未能让他在随后的修订版中有所收敛）。通过在生命的最后两年里重拾这部作品，并且恢复了最初的构想，巴赫有力地重申了他的《约翰受难曲》在引导耶稣受难对于人们思考生命意义的作用。

***

让我们最后一次从当下的立场上看待这一作品。在我们这个非宗

1　即便在此处，复原的1724年乐章中的结构变化也体现出神学上的命令，或许还反映出文学品味上的变化：由于提到"我渴望的道路"以及需要"耐心忍受"，最初的女高音咏叹调"我追随你"中那种鲜活的喜悦被削弱了。咏叙调"想一想"中失去了荆棘冠冕上生长出天堂的报春花之隐喻，如今更多地提及耶稣所受的鞭笞。男高音咏叹调"想一想"失去了辉煌的彩虹之明喻，变得淡而无味，尽管新的唱词"我的耶稣啊"更易于演唱。

教的时代，聆听这部《约翰受难曲》鼓舞了如此众多的人，应该是有原因的。我认为，即便不能立即看到或者听到，巴赫的受难曲之中的多层结构是可以被"感知"的，如同进入一座哥特式教堂，那些飞扶壁虽不可见，但它们对于凸显明亮、轻盈与惊人的高度必不可少。事实上，研究它们的时间越久，就能发现更多的重复、对称与交叉引用的几何模式，在轮廓线的清晰度和宽窄度上变化多样。换一个类比来看，这类似于透过溪水所构成的轻薄折射棱镜，看到浅浅的溪水下碎石遍布的河床，溪水则常常微妙地改变轮廓。只有潜入内部，这些模式才会变得清晰，在那时，语词和音乐之间本质易变的关系，人声和器乐之间、歌手和乐手之间的辩证关系才会逐渐清晰。每一场演出都潜在地经过了这一解密和阐释的过程，向着一个未知的目标前行。我们所能拼凑起来的任何零星的背景信息都不会（也不能）重现首演时听众的体验，尽管在我们每次重温这段音乐时都能加深我们的反应。尽管其原始环境无可挽回地消逝了，这部作品对于迎接新事物的人而言有着潜在的新意；因为"这部音乐作品似乎极其执着于事物之间的关系的世界，然而至少对于许多听者而言，其结果似乎完全不可预知并且极具革命性"。[1]音乐家们（当然都是既得利益者）往往会相信，巴赫在他的第一部受难曲中所表达的——甚至还有表达的方式——长年生动不衰，因此在每一次演出中都值得重现。尽管我们致力于贴近巴赫的演出，然而在每一种场合以及每一个新的语境下都会无可避免地做出不同的表达。有这样一种感觉，他留给我们的音乐材料既是完整的又是未完成的，在思考我们的演奏的意义时，我们应该回想艾略特所强调的"一种感知，不仅局限于历史性，也要领悟其当下性"。[2]我们正是通过将其固定在我们的时代，才能与巴赫的想象力那永恒的

1　Butt, *Bach's Dialogue with Modernity*, p. 35.
2　T. S. Eliot, "Tradition and the Individual Talent" in *Selected Essays* (1932).

丰饶重新建立联系。

巴赫的成功的关键，是他与福音书本身——其潜在主题、对比和象征——建立了直接的交互联系，在此处比在接下来的《马太受难曲》中更为明显。每当这部音乐作品上演，这些象征就重新焕发生机，帮助我们理解受难故事中的愤怒与痛苦、矛盾与困惑。巴赫将所有这些与约翰的叙述中潜在的人类戏剧建立了联系，以卡拉瓦乔或伦勃朗式充满同情的写实主义将其表现出来。与他们大师级的画作等同的，是他对叙事戏剧高度发达的理解，以及为每一个场景定下合适的规模和基调时准确无误的感觉。就像两位画家着重考虑戏剧的黑暗面及其对立面一样，即使以巴赫自己的标准来看，他的音乐也充满着半透明隐晦与暗示。当提及伦勃朗的宗教画时，歌德暗示这位画家对圣经事件的"描绘"不及使它们"超越其经文基础"那样出色。[1]这正是巴赫的做法：然而"透过"的不是颜料，而是音乐材料。

对我们而言，了解像《约翰受难曲》这般复杂的作品中惊人的技艺以及明显的目的感是颇为困难的。巴赫极少将注意力吸引到作曲的技术层面上。然而，如同勃拉姆斯一样，他会很快承认"没有技术，灵感只不过是风中摆荡的芦苇"。[2]这是否意味着他的音乐是由宗教激发的（或者如某些人所称，是天赐的），自然取决于我们如何看待他灵感的源泉。当进一步问及他的灵感之源时，勃拉姆斯指着约翰福音书中耶稣的话："乃是住在我里面的父做他自己的事……我所做的事，信我的人也要做。并且要做比这更大的事"（14：10-12）。巴赫的回答

---

[1] J. Gage, *Goethe on Art* (1980), pp. 207–9.
[2] 这个说法可能是杜撰出来的，出自对勃拉姆斯和约阿希姆在1896年秋一次谈话的叙述（德裔美国小提琴家亚瑟·阿贝尔 [Arthur M. Abell], *Talks with Great Composers* [1955], pp. 9, 13–14, 58）。围绕着阿贝尔对音乐灵感的宗教渊源进行的探析，出现了许多学术怀疑。然而，即使是勃拉姆斯，也像巴赫一样（他的卡洛夫圣经注释除外），几乎从不谈论宗教，阿贝尔归为他的这一说法听起来似乎是可信的。

也会是一样的。《约翰受难曲》从头至尾吸引了我们的注意——其音乐激动人心，令人不安，引人欢欣，感人肺腑。在这部作品中，巴赫首次成功地为路德的警示辩护。路德说："基督的受难不能满足于语言或是形式，而应该和生命和真理在一起。"

第十一章

伟大的受难曲

任何和谐构成之物，必喜和谐。因而，那些声称反对一切宗教音乐的头脑中是否有对称性，我深表怀疑。至于我自己，我欣然接受这些音乐，不仅出于信仰，更由于我的独特天赋：即便是庸俗的酒馆音乐，令一些人愉悦，一些人愤怒，在我胸中也激起强烈的仰慕，使我对于最初的作曲者生出深刻的冥想。其中有着人耳尚未发觉的神圣之处：这是对于整个世界以及上帝的造物的象形描述和隐秘经验；这样的音乐蕴含着对整个世界的领悟。简言之，它是上帝耳中的和谐之音。

——托马斯·布朗（Thomas Browne），《医者的信仰》（Religio medici, 1642）

巴赫的《马太受难曲》手稿是书法的奇迹。在1805年编入卡尔·菲利普·埃玛努埃尔·巴赫财产第二卷目录的"汗牛充栋的受难节音乐"[1]中，它是迄今为止最为珍贵的幸存者。[2]四十多岁的巴赫那标

---

1 "Ein starker Stoß mit Passionsmusiken",《卡尔·菲利普·埃玛努埃尔·巴赫财产第二卷目录》(1805)。
2 VEB Deutscher Verlag für Musik, Leipzig, 1974 (Lizenznummer 418–515/A 22/74–LSV 8389).

志性的记谱法，惊人地优雅和流畅，与晚年眼疾困扰时潦草而僵硬的手迹形成了鲜明的对比，在精心插入的涂着胶水的纸条上做了校正。他所付出的心血和精力随处可见。与许许多多其他作曲家（拉莫、德彪西、斯特拉文斯基）一样，巴赫对页面进行了精心设计，留下的空白谱表尽可能少，这一切都显示出对于把握这一浩瀚作品的每一个细节的决心。他使用了红色墨水，这在他的手稿中极为独特——但主要只是用在福音书的词句上，使其因而像某些中世纪祈祷书一般，从其余部分中凸现出来，与他通常使用的褐黑色颜料区分开来。这一手稿曾两度被损毁。一次是在他最后的岁月里，巴赫亲自修复了由于意外使用而磨损的部分。后来则是在二战早期，纸张显出变薄之兆——榕单宁墨水已经氧化，使纸张变得脆弱易碎。1941年时，柏林的修复者雨果·伊布舍尔（Hugo Ibscher）将热爱倾注到巧妙的工作中，将最好的薄绢褙在每一页受损的纸张上，以大米淀粉来使其保持原状。这有效地维持了一段时间，然而红色墨水如今已经开始褪色了。

一份一丝不苟地构建的乐谱手稿，经过仔细翻阅、校订、修复，处于觑视理想之境界，这一印象与作品本身巨大的规模是一致的。然而，仅有这本可以追溯到18世纪30年代中期的清稿本乐谱以及一套演奏分谱，一代又一代巴赫研究学者们至今仍然无法以任何程度的确定性来追踪这部受难曲之演变的开端、计划或是连续的阶段。对于在第一合唱团中分别以男高音和男低音作为福音传教士和耶稣的两个四声部合唱组，有单声部的乐谱，而次要人物以及开场合唱中德文版的羔羊颂——"噢，上帝的羔羊，纯洁无瑕"中所需的合唱女高音，同样也有单独的乐谱。我们并不确知，出于作曲家的指示，都有谁参与了哪些演出——既不知道他在声乐和管弦乐力量上的编排，也不知道精确的数量，也不清楚他们在圣托马斯教堂的西唱诗席（注：路德宗有许多跟天主教类似的仪式。比如神父从西门进入，唱诗席在西门上方）中如何布局（尽管我们有着合理的想法，见456页插图）。我们也不清楚任何当时的反应——对于当时人们的想法没有一星半点的证据。

那么，我们能够确定的是什么呢？从乐谱手稿来看，这部作品的规模和气势是独一无二的，巴赫在其创作中倾注了巨大的个人投入，以巴赫典型的透彻对这一前所未有的作曲挑战做好了准备。但这并不能解释演奏这部作品时带来的无法抗拒的体验。我们已经表明，通过明白无误的音乐上的期待以及在对1725年耶稣受难节的康塔塔（见第九章）中神学主题的预示，他已经为听众做好了准备。如我们所见，很明显有可能——而非证据——《马太受难曲》是作为1724—1725年的第二轮莱比锡康塔塔的一部分而设计的，强调了作为每部康塔塔的基础或中心而选定的众赞歌。这部受难曲本来可以被设计成为——本来也极为适合——其核心，如同盾牌中心的浮雕一般。然而情况并非如此：其初次公开发表又被推迟了两年。我们发现，在1725年按时完成这部作品时遇到的困难，对复活节后的康塔塔有着连锁效应，扰乱了那轮圣咏康塔塔的完成（见图16）。尽管如此，我相信我们会在对《马太受难曲》的理解上有所收获——更加接近它的目的，它对将音乐和神学主题的巧妙编织——如果我们不是以一部孤立的作品来看待它，而是从整轮康塔塔的角度来看的话。在18世纪30年代和40年代，巴赫持续对这部作品进行修改，从未像对待《约翰受难曲》那样做出大幅改动，然而总是异常细致，并且有着坚定的决心。又一次，仅从手稿的外观来看，想要使音乐超越其本身的礼仪功能而长存的意图——作为审美对象而自成一格，托付给子孙后代——给我们留下了极强的印象。这一印象由《马太受难曲》的威力维持着，而这种潜力量自从费利克斯·门德尔松（Felix Mendelssohn）1829年那著名的复兴开始，从未被时间侵蚀。

快速写就的《约翰受难曲》在1724年和1725年以极为不同的两个版本连续发行之后，围绕它的争议不断，巴赫似乎尽力寻找在福音书叙述的场景之间给予听众更多时间反思的东西。于是，严峻的考验就是，他创作的新的受难节音乐——以更宏大的规模构建——能否吸引他们的注意力长达两个半小时。《马太受难曲》的长度及其音乐的复杂性，即使对于那些第二次或第三次聆听的人而言，也依然令人畏惧——我们不该忘记，正如约翰·巴特所指出的，"关于巴赫的受难曲，最为讽刺的一点是最初的听众远不如我们熟悉这种体裁；此外——如同巴赫所有最著名的音乐一样——我们听过的次数比最初的听众甚至巴赫本人要多得多。"对于《马太受难曲》而言，尤为如此：带着对《约翰受难曲》的期待或是记忆来对待时，很容易方寸大乱，迷惑不解——甚至觉得被排斥在外。作为听者，主要焦点集中在故事的线性展开上。在被大段沉思的乐章打断之处，转述引语以及当时对事件的回应那行行止止的双重时间框架令人费解。我们现在身处何处？这是一个历史事件，还是对它的反应呢？如果是后者，是谁的反应呢：耶稣的门徒，"锡安的女儿"，基督徒共同体，还是作为整体的人类？事情是什么时候发生的呢？是公元1世纪，在众赞歌中的路德宗时间表（注：指众赞歌在路德时代的大致时间）里，在巴赫的莱比锡会众所在的18世纪20年代、30年代、40年代，还是在现在呢，既然它们对我们产生了影响？尽管单独的乐章美得摄人心魄，整体印象可能会是一种跳动的节奏：一进入到背叛的故事和耶稣的审判中，向前的动力就停止了。

通往巴赫之结构的一条线索在于其节奏的有效性，比起《约翰受难曲》更庄严更谨慎，任何诠释的成功与否取决于在不损失戏剧性动量的情况下联系——且复制——演出中的节奏的程度。个体演奏者完全陷入了诠释连续不断的乐章之挑战中——如同从创作的轮毂中辐射开来的辐条——很容易忽视作品的整体轮廓。但如果节奏是正确的，会有助于听者接受二十八个场景（见462页），重新经历、品味并且进行重述。因此，我们开始珍视那些敦促我们产生共鸣的声音，使我们认同在戏剧过程中由个体的发声者表达出的悔恨、愤怒以及悲痛的流露，以及人群在众赞歌中表达出他们的悔悟，而不是不耐烦地等待咏叹调结束、故事重新开始。作为听者，一旦适应了其结构性律动及其绝对长度，巴赫的《马太受难曲》在某些方面要比《约翰受难曲》容易驾驭。如我们所见，其中充满了令人屏息的戏剧性，但也从不间断地浸透了约翰福音书的神学观念：你会感觉被抓住颈背（事实上的确被约翰福音抓住），要面对重大问题——王权、身份的性质，或者当真相面对谬误时会发生什么。

在《马太受难曲》中，巴赫采取了不那么容易引起争端的技巧，部分地以马太的方式来决定引导，尽量为听者留下更多空间来接受戏剧，留给他充足的时间来思考和领悟。然而在《约翰受难曲》中，咏叹调的布局是不均匀的——两首短小的咏叹调快速地相继出现在开头处，第三首成为第一部分令人震颤的结尾，"想一想"像孤峰一般出现在中途（在戏剧重新快速继续之前，时间似乎停滞了），另外四首则聚集在结尾处——他在这里确保了整体的规律性和稳定性。他赞同（甚至可能指导）皮坎德，认为大多数咏叹调之前都应该有一首咏叙调——以形成一种中间阶段，仿佛要听者为咏叹调准备好沉思的空间。这样一来就有足够的时间依次品味每首咏叹调惊人的魅力、伴奏部分的微妙色调，以及它们所包含的范围广泛的情感和沉思反应。如果说《约翰受难曲》中所具备的生动的场景和不可阻挡的戏剧推动力在《马太受难》中有所减弱的话，它以对不同"声音"进行人格化的巧妙方式——演唱咏叹调的寓言性人格以及深深卷入戏中之人（往往用对话捕捉）——以及这些连贯的、几乎同时发生的时间变换在有效的张力中补偿。节奏的统一性是《马太受难曲》最大的成就之一：巴赫确切地知道何时以及如何改变返始（da capo）形式，何时通过确保没有不真实的休止和不必要终止式停顿来省略和替代文本中的自然停顿，以保持向前的动量。泰勒曼顺从地填充返始形式，并不特别关心构建高潮的问题，与他不同的是，巴赫不断地重新创造返始形式，如同莫扎特或贝多芬将会以无休无止的创造性方式重铸奏鸣曲这一形式。

巴赫有能力看清材料在片刻之内提供的各种可能性，并且在任何时刻都能将许许多多线索紧扣在一起，这在《马太受难曲》中极为引人注目——将实际的判断和对结构、神学注释以及叙事节奏的考虑结合在一起的能力，甚至细致到在教历中某个重要日子里对具体的会众演说时的独特语调。随着礼拜仪式精简到仅剩一些祈祷和赞美诗来开始和结束整个过程，而相当长的布道出现在中间点上，对他而言这是证明路德对音乐的伟大主张——音符"使文本变得鲜活"[1]——的终极考验。这是证明诗人胡诺德（他在科滕的前同事）所言的"美妙的音乐如何在人们内心注入更美好的印象"的机会。[2]

这不可避免地将我们拉回了巴赫抓住听众注意力的有效性问题：他们当然听到了一切，但是劳神留心听了吗？他们吸取了多少，又在多大程度上同意他的做法，这与在德国其他地方或是在南方的天主教世界里，他们的同代人对其他受难节音乐的反应又有何不同？我们自然无法确知这些。之前我们看到，莱比锡人是如何紧紧抓住他们古老的耶稣受难节仪式——那些素歌冥想以及持续反复的赞美诗——并且抵制协奏式受难节清唱剧的流行浪潮，一直到库瑙担任合唱指挥时才

1　'Die Noten machen den Text lebendig' from WA TR, Vol. 2, p. 548.
2　出自 *Der blutige und sterbende Jesus*，一部由莱因哈特·凯泽尔于汉堡谱曲的清唱剧，作于 1706 年。

有所改变。在巴赫抵达一年之内，耶稣受难节的晚祷仪式突然变成了一年中音乐上的巅峰。巴赫的《马太受难曲》在本质上就是加长的圣灵音乐会。[1]

在上一章里，我们对比了莱比锡的情况与布洛克斯的受难曲脚本在德国其他地方惊人的流行，尤其是在开明的公爵宫廷以及汉堡这样的商业港口。我们可以看到，在布洛克斯对耶稣的痛苦生动逼真的再现中，他不遗余力地运用任何文学手法或是清晰的诗歌意象，也绝不会避开任何能够强化听者反应的修辞手法。然而，尽管巴赫在他的《约翰受难曲》中对布洛克斯的一些诗行进行了意译和吸收，他的处理方式与泰勒曼或施托尔采尔截然不同——不是出于任何修辞上的削弱，而是由于对音乐本质更为关注，这在《马太受难曲》中表现得淋漓尽致。然而与那些涌入汉堡著名的德瑞尔大厅争相体验四位风格不同、互为对手的作曲家为布洛克斯的脚本所谱音乐的听众相比，莱比锡两座最重要的教堂中的听众来自完全不同的世界。这种连续数晚的"精神性"娱乐甚至连礼拜功能的表象都没有，反而有着观赏性竞技运动的性质。无论如何，汉堡的这些城市居民都是谁？据称，他们有文化、有修养、有鉴赏力，"意识到新教的传统（但）不再满足于传统的教会形式……不再盲目地接受宗教真理，（而是）通过情感体验来重新获得它们"。[2] 有了这些温文尔雅的汉堡人，布洛克斯意识到自己能够自由利用即将成为欧洲启蒙运动特征的现象，通过不加掩饰地强调耶稣所受苦难的身体层面，以骇人听闻的细节加以描述，来煽动摇摇欲坠的信仰之余烬。相形之下，巴赫时代典型的莱比锡城市居民

---

[1] 今天的听众也有着相似之处。某些听众希求沉浸在单一的文化展现中，例如《马太受难曲》无疑会提供的，这会创造出一种空间和时间，令人远离永恒的声音碎片之烦扰和短促尖锐的噪音之持续轰炸。

[2] Elke Axmacher, 'Aus Liebe will mein Heyland sterben' (1984), p. 156.

则是更为保守和简单的虔诚者，不需要这种大剂量的致幻兴奋剂。他会坚守在指定的位置上，作为充满自觉的等级观、守旧的城市社会的一员。毫无疑问，他熟知所有的圣经经文和典故，以及巴赫的华丽音乐中所包含的绝大多数众赞歌（如果不是所有的），他的手中捧着克里斯蒂安·弗里德里希·亨里齐的《依据福音传教士马太于圣托马斯教堂在耶稣受难节晚祷上的受难节音乐的文本》，这位化名皮坎德的诗人是巴赫长期的文学合作者。[1]

于是，问题在于，我们的城市居民是否愿意接受并拥抱巴赫的受难节音乐那连贯的构思，是否有能力为理解其复杂性而长时间集中注意力。牧师亚当·贝恩德在其自传中写道，"据说由于不清楚也不会唱某首赞美诗，人们会有如坐针毡的感觉，他们的信仰因而受阻……这难道不正是对时髦复杂的赞美诗的抱怨吗？一位市民曾在回家的路上这样问我。"[2] 我们应该从表面来判断呢，还是应该探究是否在根源上有一种拒人千里的感觉？像巴赫两部伟大的受难曲中任意一部这样漫长而富有挑战性的作品，对于在三月末被动地坐在没有供暖设施的教堂里坚硬的木凳上的听者而言，都是其忍耐力的巨大成就。熟识巴赫置于其中的八首众赞歌旋律固然令人欣慰（会很有帮助），然而无论如何，作为会众的一员，你不会再像过去一样加入吟唱（如果你这么做了，可能会对陌生的调性、诗文与旋律时而陌生的配合，以及巴赫在和声配置上的高度复杂性感到困惑）。

1 　这收录在他的 *Ernst-Scherzhaffte und Satyrische Gedichte* 中，首次出版于 1729 年——早期的巴赫研究学者们将这一日期用作巴赫《马太受难曲》首演的证据，而这一"由来已久"的日期"仅仅依赖于一种无法验证的猜想"，正如约书亚·里夫金（Joshua Rifkin）在 1975 年所坚称的："这部作品也可能始自 1727 年或 1729 年"，他如此推断（'The Chronology of Bach's Saint Matthew Passion', MQ, Vol. 61, No. 3 [July 1975]）—— 或许如我在上文中暗示的，这部作品的起源早至 1725 年，但却未能如期完成。

2 　Adam Bernd, *Eigene Lebens-Beschreibung* (1738), Winkler Verlag edition (1973), p. 302.

***

巴赫并未跟风追随戏剧噱头，而是就戏剧的重新设定为听者提供了宏大的展示。基于在《约翰受难曲》以及更具戏剧性的宗教康塔塔中运用的技巧，巴赫以天生的戏剧家的风范对待这项工作。古希腊人坐在剧院的石凳上观看他们的戏剧仪式；而18世纪的萨克森人在木质长椅上端坐将近三小时，任由巴赫的音乐如炮弹般倾泻在他们身上。正如那些受过良好教育的古希腊人，固然深谙俄狄浦斯的悲剧——其中血淋淋的景象、道德义愤以及主人公的痛苦和堕落，[1]仍然仿佛初次经历一般被索福克勒斯缓慢而克制的叙事过程强烈地吸引，同样，巴赫的莱比锡听众们，对通往髑髅地的道路上的一砖一石了然于心，仍被深深地打动了。无论是在公元前5世纪的雅典还是18世纪20年代的莱比锡，忏悔的仪式通过表演以及转化成艺术而进行重述和加固，城市的根基在其中裸露无遗。同样地，我们买了《李尔王》的入场券，离开时感到历经磨难、恢复理智，认清了自己的位置，本地歌剧院关闭六年的莱比锡人在一个耶稣受难节涌入圣托马斯教堂，希望这一人类戏剧的刺激及其悲痛的开卷仍然能使他们着迷，明知会感到痛苦（如若不是的话或许会很失望）。

问题在于，巴赫的受难曲能否重新赋予复活节故事甚至悲剧神话的传统风格以活力，重新燃起对于音乐戏剧而言必不可少的"想象力

---

1 这是斯特拉文斯基在他那杰出的两幕"歌剧式清唱剧"《俄狄浦斯王》(1927)中体现出的特质，他清醒地认识到19世纪歌剧中潜在的陈腐平庸。这部作品显示出他与第四章中概述的音乐戏剧精神之契合——一种"戏剧观念，超越了音乐本身，作为仪式——一种重新演绎而非简单表演……感觉人物都处于不可抗拒之力量的控制之下"(Stephen Walsh, *Stravinsky: Oedipus Rex* [1993], pp. 36, 48)。这种感觉由合唱进行了强化，有时类似于巴赫的众唱段中那种程式化的野蛮，有时则是情绪哽咽的告别，后者是我们在两部受难曲中那种虔信派的终场合唱里曾经体会到的。

巴赫时代的圣托马斯教堂西北部的复原图，显示出为乐器演奏者使用的两个面对面的有栏杆的楼座之一，以及右侧预留给议员的私人包厢座位。

与象征意义的习惯"？[1]他和乐师们在教堂西端的管风琴楼座进行演出，只能部分地看到会众，中间的歌手由轮流吟唱而划分成组，木管在北面更高的楼座上，弦乐在南面同样的楼座上，交相呼应，对立而统一。托马斯团员不是一帮演员，也不是表演马戏节目，当然不会戴着面具或是穿着戏装。然而，即使演出空间里缺乏舞台布景和特殊的建筑布局，都无法掩盖巴赫的音乐的本质上属于戏剧音乐这一事实：他的音乐意在吸引——甚至偶尔攻击——听众的感官。

最初，巴赫被告诫远离歌剧音乐的写作，[2]然而他的目的是无可指摘的：在听众脑海中重新演绎受难故事，向当时的信众确认和肯定它，指引他们在受难叙事中找到慰藉和启发。作为路德宗信徒，他知道信徒并不能通过悔罪之举或"善行"甚或是通过弥撒（路德将其描述为"神龙之尾"——一项本该择日而为的挑战，而应该是通过在这牺牲的每周年纪念日上重新体验这痛苦的事件来接近或者颂扬基督在髑髅地的牺牲。他的音乐以无与伦比的力量帮助听众达到这一效果。[3]这正是在巴赫为"因此，他那最可敬的受难，对我们而言最为苦涩，也最为甘甜"配上的合唱中捕捉到的情感。因为巴赫的《马太受难曲》超越了教义，远远超越了宗派主义，也远远超出了作为它的存在的理由的礼拜仪式本身。

如同在《约翰受难曲》中一样，圣经经文是居于首位的。巴赫平衡了中心线索即马太对受难故事的重述与有关旁观者的即时反应和慎

---

[1] George Steiner, *The Death of Tragedy* (1961), p. 285.
[2] 莱比锡市议会在1723年4月22日的会议记录采用了这样的措辞，完全清楚地阐明了斯特格议员选巴赫作乐长的条件："他应该创作不那么戏剧化的作品"（BD II, No. 129/NBRp. 103）。在前几章中，我们一再看到巴赫在他的康塔塔和受难曲中彻底违反这一禁令。
[3] 巴赫偶尔选择的歌词作者，埃尔德曼·纽迈斯特（Erdmann Neumeister）牧师坚称"我们在受难故事中读到的基督的苦难和死亡，我们在四旬期的布道中所听到的——我们必须看作是为我们而发生的，是一种满足神意的行为"（preface to *Solid Proof that Christ Jesus has Rendered Satisfaction for Us and Our Sins*, quoted in Jaroslav Pelikan, *Bach among the Theologians* [1986], pp. 94–5）。

重思考，以便将其带入当下。像任何讲故事的高手一样，巴赫知道如何利用听者的期待——如何设置悬念，如何从不同角度讲述及重述故事。如同从福楼拜到阿兰达蒂·罗伊（Arundhati Roy）的作家们一样，巴赫提供了一系列的主观体验来帮助读者/听者从不断变化的角度来体验戏剧。在更早的那部受难曲中，是约翰独特的目击者描述赋予了作品以真实性和优势，而咏叹调及众赞歌不规则的布局则强化了这种紧张感。而在马太的版本中，演员阵容更为宏大，并且增加了耶稣作为"一个满怀忧伤的人"的人性感伤力。作为人性的戏剧，它很难被超越——人深深卷入巨大的挣扎和挑战、背叛和原谅、爱与牺牲、同情和怜悯——这些大多数人都能够迅速辨识。巴赫的音乐时常显示出与故事的脉络之间一种几乎有形的连接，而这故事赋予马太的叙述及其假想的评论者那惊骇的反应以生命，因而"我们颤抖，我们发冷，我们泪流满面，心脏剧烈跳动，几乎不能呼吸"。[1]

***

在开篇乐章中，巴赫能够用什么来与《约翰受难曲》中关于威严的基督那震撼人心的想象相匹配？这一次，他的想象则是另一种情形，是在他们去往圣城耶路撒冷的路上满怀信仰地攀登锡安山的寓言式景象。如同他在莱比锡所作的第二轮康塔塔中许多作品一样，巴赫将其构建为众赞歌幻想曲，然而有着法国风格墓曲那种震颤的延留

---

[1] 这出自一篇文章，《仿若阳光下的花朵》("As Flowers in Sunlight")。菲利普·普尔曼在其中对儿童戏剧和为舞台而改编故事的艺术作出了强烈申辩。他坚称，只有在剧场中，你才能发现"具有生动的角色和现有事件的深刻故事"，这"将永远不乏观众，无论年轻还是年老"；因而导演们"在所有文学作品中彻底搜寻以便找到它们……是完全正确的"。"在《黑暗物质三部曲》中，我极为强调的一点就是珍视并保持一种肉体上、感官上的联系，我这样说是认真的。这样的体验对于我们作为人类的充分成长有着深刻的重要性。"

音。[1]我们可以将其视作一个开端，对基督将被吊起在十字架上的方式之预期中的一种隐喻性"提升"，对虔诚的听众"敞开心扉"的呼吁，如同在荷马的作品中一样，也是对诗之灵感的乞求。我感觉到，巴赫在康塔塔写作上的丰富经验被压缩在两三个狂热的年度里，然而他依然在奋力超越之前的所有作品。这一强烈而动人的挽歌，其夸张的音乐姿态使人想起 BWV 198，《哀悼颂》，后来证明是这部新的受难曲的缩影，既包含其独特的神学倾向，也包括巴赫为随后的乐章设计的音乐结构。在传统理解中，基督被比作新郎（《雅歌》），将其与他作为牺牲品的身份结合在一起——"他像羔羊被牵到宰杀之地……他也是这样不开口"（《以赛亚书》53：7）——这是巴赫的想法还是皮坎德的，我们无法分辨。我们所确知的是巴赫的立足点——他一定从一开始就与皮坎德探讨过并达成了一致——关于对话的理念，这是他在《约翰受难曲》中的两个乐章里（在独唱男低音与其余歌手之间）已经颇有成效地运用过的方法，如今已经从逻辑上最终分裂成两个合唱团，各自有着支撑性的器乐合奏团。

又一次，其在文学上的模型显然是布洛克斯1711年的受难曲脚本，呼吁"信众"与"锡安的女儿"间的交流；然而有趣的是，为布洛克斯的文本谱曲的作曲家中（凯泽尔、亨德尔、泰勒曼、马特松及施托尔采尔），无人以此为契机为交互轮唱的合唱团谱曲。显然巴赫感到了将这一序幕转变为集体挽歌的需求——换句话说，为多重力量而作。无论这是在一开始还是在最终构建的，巴赫都意欲使第一支合唱团代表全体信众——表达人性总体上的自我谴责——同时也为个体灵魂及雅歌中注定在新婚之日失去自己新郎的新娘辩护。同时，第二支合唱团则演唱"锡安的女儿"，在他的音乐处理中代表了"许多百

---

[1] Christoph Wolff, *Bach: The Learned Musician* (2000), pp. 299–303.

姓,其中有些妇女为他嚎啕痛哭"——这些人一路追随着耶稣去了各各他(《路加福音》23∶27)。巴赫有所暗示却没有谱曲的,是耶稣的话,"不要为我哭,当为自己和自己的儿女哭。"[1]

以这种方式来看,巴赫的开场合唱呈现给我们巨大的画面——委罗内塞(Veronese)或丁托列托(Tintoretto)所作的巨幅祭坛画在听觉上的对等物——与阿尔伯特·史怀哲一起,我们能分辨出耶稣被俘穿过城市走过苦路,人群的声音以悲剧性的轮唱彼此呼应。[2]音乐似乎是完整的——由众赞歌前奏曲叠置在自然推进的四声部合唱(第一合唱团)之上构成的建筑结构——我们惊叹于他如何流畅地为两支合唱团及乐队之间的一系列对答呼应腾出空间。然而这还不是全部:当第一支合唱团将耶稣称作"新郎",而后称作"羔羊"时,巴赫引入了第三支合唱团来演唱众赞歌"上帝的羔羊,纯洁无瑕",这是对声谱的突然扩充:处在 E 小调背景中的 G 大调。[3]从位于圣托马斯教堂管风琴席位中的一组最高声部歌手(合奏女高音)的合唱——接着(可惜现在已经不再有)移至距离主要演奏区以东整个教堂中殿长度处——其效果一定非常惊人——这种对空间和声学的神奇运用,不亚于安德烈和乔万尼·加布里埃利为探索圣马可大教堂神秘的空间结构而在16世纪晚期发展出的那些著名的威尼斯应答轮唱曲。然而巴赫

---

[1] 埃里克·蔡菲这样写道,"路德提到这个段落,往往——在他的受难日布道中两度出现——为了指出受难曲的目的在于唤起信徒对罪孽的认识,而非仅仅为耶稣的受难而哀悼,亦非为犹大之背叛而抗议"(*Tonal Allegory in the Vocal Music of J. S. Bach* [1991] p. 364)。

[2] Albert Schweitzer, *J. S. Bach* (1911), Vol. 2, p. 211.

[3] 罗伯特·列文评述道,"巴赫将 G 大调众赞歌与 E 小调的主要材料结合在一起的决定将会造成一种蓄意为之的痛苦效果,这些分离部分的调性需求向相反方向拉伸。"他令人信服地表明,巴赫"努力追求的并非循环性(the thesis of Karol Berger's *Bach's Cycle, Mozart's Arrow* [2007], pp. 45-59)而是连续性,时间感以及时间本身似乎都卷入了不断向前运动的戏剧中"(JAMS, Vol. 63, No. 3 [1 Dec. 2010], p. 665)。"在其观念中,作为一个整体的作品通过将过去、现在和未来交叠在当下而令时间悬停,对于任何演出,无论是戏剧、歌剧、芭蕾还是一首器乐作品,无论什么风格,这难道不都是根本的真理么?"(p. 666)。

的目的并不局限于对声响的空间扩展。他将礼拜仪式中永恒的羔羊颂以德文格律置于合唱场景中——这在当天早些时候的晨祷结尾处可能已经听过了——借此他能将有着重要历史意义的、作为基督即将来临的审判及受难之地的耶路撒冷,与据《启示录》所载其统治者为羔羊的天国之间进行对比。对于罪孽的不断承认——第一支合唱团所唱的"我们的罪孽"——得到沿着哥特拱顶排列的孩子们的回应——"你承担了我们所有的罪孽……赐予我们怜悯,啊,耶稣"。这是本质上的分歧与统一——上帝纯洁无瑕的羔羊,以及误入歧途的人类的世界,后者的罪孽耶稣必须承担——这将构成整部受难曲的基础,一方的命运与另一方捆绑在了一起。巴赫额外赋予其以象征性的调性形式:众赞歌幻想曲为 E 小调,羔羊颂则为 G 大调——截然不同,共存而又产生碰撞,然而从未解决。他已经树立起了藩篱。圣经叙事可以开始了。

从一开始,我们就领略到了结构与声响的全新并置——叙事者平缓的无伴奏宣叙调,围绕着耶稣的每一次出场的四声部弦乐造成的"光晕",人群令人紧张的轮唱式干预(有时是分开的,如同在 No. 4b 中,祭司长与经师之间),减少到以一支合唱团来代表门徒们(No. 4d),之后再度聚在一起作集体祈祷。我们很快就能分辨出一系列三叶模式:圣经叙事(宣叙调),评论(咏叙调)以及祈祷(咏叹调)。这些逐渐地呈现出有序的离散场景,仿佛从当时的歌剧中借来,每一首都是对先前的叙述作出的个体(咏叹调)或集体(众赞歌)回应。将福音书的叙事划分成若干"幕"的做法,有着充足的先例。比如,约翰·雅各布·本德勒(Johann Jacob Bendeler)曾提出将马太的叙述划分为六个主要"事件":[1] 受难的准备;花园场景;犹太议会审判;罗马审判;钉上十字架;埋葬场景。尽管巴赫签名的乐谱中并未显示出如

---

[1] Johann Jacob Bendeler, *Die Historia von dem Leyden und Sterben unsers Herrn* (1693).

此明确的细分,这种方式有助于探索这部受难曲的结构轮廓——巴赫同时代的法国人拉莫所作的一部抒情悲剧,包含了一个序幕和五幕,每一幕都划分为不同场景:[1]

第一部分

    开端

        合唱:"来吧,你们这些女儿们"

    序幕—受难的准备(《马太福音》26:1-29)

第一场	耶稣预言了他的受难	(第2—3首)
第二场	杀死耶稣的密谋	(第4a—4b首)
第三场	伯大尼的受膏	(第4c—6首)
第四场	犹大的背叛	(第7—8首)
第五场	逾越节的准备	(第9a—10首)
第六场	最后的晚餐	(第11—13首)

    第一幕—ACTUS HORTUS—花园场景(《马太福音》26:30-56)

第一场	橄榄山 I	(第14—15首)
第二场	橄榄山 II	(第16—17首)
第三场	客西马尼: 耶稣警告他的门徒	(第18—20首)

---

1 皮坎德的歌词——面向教堂会众发售——作为 Ernst- Scherzhaffte und Satyrische Gedichte(莱比锡,1729)的第二卷得以出版。其中包含他自己所作的牧歌诗行,却没有任何圣经中的文字,并且只有两首会赞歌;然而,在他的咏叹调歌词的说明文字中,他提到了福音叙事中刚刚发生过的事件(例如,"在那位女子为耶稣涂膏之后"以及"在耶稣被捕之后"),因而显示出他为受难曲构建的结构。剧本中存在一些漏洞和错误,例如在第一部分的结尾处,将"云中的雷霆和闪电都消失了吗"作为高潮——这本身是一个令人兴奋的做法——皮坎德表现得忘记了耶稣有一段演说(《马太福音》26:52-4)应放在此处(见 p.416,以及 Ulrich Leisinger, 'Forms and Functions of the Choral Movements in J. S. Bach's St Matthew Passion' in *Bach Studies*, Daniel R. Melamed [ed.] [1995], Vol. 2, pp. 76–7)。

	第四场	花园中的痛苦 I ：	（第 21—23 首）
		耶稣对上帝的第一次恳求	
	第五场	花园中的痛苦 II ：	（第 24—25 首）
		耶稣对上帝的第二次恳求	
第六场	耶稣的被出卖与被捕		（第 26—27a 首）
	第七场	人群四散逃离	（第 28—29 首）

布道

第二部分

开端

    咏叹调："啊！现在我的耶稣去了！"   （第 30 首）

第二幕—ACTUS PONTIFICES—大祭司场景（《马太福音》26：57-75）

第一场	耶稣在该亚法面前	（第 31—32 首）
第二场	作伪证者的证词	（第 33—35 首）
第三场	诬告与嘲弄	（第 36a—37 首）
第四场	彼得的否认	（第 38a—40 首）

第三幕—ACTUS PILATUS—彼拉多场景（《马太福音》27：1-29）

第一场	犹大的悔恨	（第 41a—42 首）
第二场	耶稣在彼拉多面前	（第 43—44 首）
第三场	彼拉多面对暴民	（第 45a—46 首）
第四场	彼拉多的困境	（第 47—49 首）
第五场	彼拉多屈从于暴民的要求	（第 50a—52 首）
第六场	耶稣被嘲弄的加冕	（第 53a—54 首）

第四幕—ACTUS CRUX—十字架场景（《马太福音》27：30-50）

第一场	苦路	（第 55—57 首）
第二场	各各他	（第 58a—60 首）
第三场	耶稣之死	（第 61a—62 首）

第五幕—ACTUS SEPULCHRUM—坟墓场景（《马太福音》27：51-60）

  第一场 地震与天启   （第 63a—65 首）

  第二场 耶稣的安葬   （第 66a—66c 首）

结尾

  宣叙调："现在主安息了"   （第 67 首）

  合唱："我们含泪坐下"   （第 68 首）

  在巴洛克歌剧中，每一"幕"都意味着场景转换或位置变化，以及主要演员的切换。巴赫将马太之叙述的五"幕"划分成的单独的"场"，其长度是不同的。例如，彼拉多场景的第四场中纯粹的叙事要素——当耶稣的命运安危未卜时候，这也是第二部分的转折点——只有两小节长（No. 47）。然而对他而言，每一"场"显然都需要某些停顿和评论，仿佛他作为牵涉其中的旁观者，暂时地移开了视线：为他留下充足的时间——也为我们——来思考它的含义。这是他引入皮坎德的关键时刻：以会众能够轻易识别的诗性关照来诠释漫长的受难故事，然后为这些思考注入沉思性的音乐，或者当巴赫觉得会众的思考非常贴切的时候，常常以一首众赞歌来结束场景（总共有十四次）。以这种方式，听众对熟悉的赞美诗重新咀嚼，也有机会对上一曲心有戚戚或有所回应。

  由皮坎德插入、巴赫进行谱曲的沉思性评论的类型和氛围多种多样，既追寻十字架之路，同时也表达了路德"对基督受难之沉思"的三个阶段：第一，识别并承认罪孽；第二，通过爱来增加信仰，在基督里卸下自己的罪；第三，视耶稣受难为基督徒之爱的典范。[1]因此，第一部分中开场的那组咏叙调／咏叹调——"你这敬爱的救世主"

---

1 'Meditation on Christ's Passion', LW, Vol. 42, pp. 7–14; WA, Vol. 2, pp. 136–42.

（No.5），紧接着是"忏悔和自责"（No.6）——对内疚的强调并非基于外在的抽象方式，而是建立在门徒对"浪费"珍贵香膏的争执不休的回应中。即使在如此早的阶段，巴赫也成功地将行动与反应带入了当下，以咏叹调旋律线的轮廓来强化愧疚（Buß）和自责（Reu）——人声充满色彩各异的精短乐句，人声跟长笛的器乐合奏的色调非常不同，它有着强烈的自发的效果。巴赫寻找一种初始的方式来连接灵与肉的碰撞，这一点是马太受难曲的特色。

第二首咏叹调"流着血"（No.8）表明了耶稣的无辜与苦难和人类致使他被出卖之间的直接联系。这段采用了开场合唱中献祭的羔羊主题——无辜的牺牲——并且增添了毒蛇吮吸一位母亲乳房的画面。犹大，作为众人的领袖以及耶稣最喜欢的朋友，已经准备好了出卖他，他的形象暗含其中，而我们所有人的形象也同样蕴含其中。第三次插补则完全相反，从为耶稣即将来临的离别而落泪（咏叙调"尽管"，No.12）到为圣餐（咏叹调"我会把我的心奉献给你"，No.13）而感恩。这恰好是整部受难曲中唯一真正令人喜悦的音乐，同时有着太过明显的性的意象——关于融合或是"将我深埋于你"的想法。

第四组——"啊，痛苦"（No.19）和"我会为我的耶稣守夜"（No.20）——出现在第一部分的正中央，并且也是以对话形式组织的。男高音代表守夜人，对耶稣在客西马尼（Gethsemane）关于守夜和祈祷的训谕作出回应——观察耶稣受折磨的灵魂，并且决心保持警惕（正如巴赫的祖辈们以守夜人身份职业地做到的那样）。然而，正如低声回应的合唱所表明的那样，他无援无助，无法减轻罪孽的负担，而这负担在路德看来是人类通过对他复活的信念而加在耶稣肩上的。这使它充满了一种神秘的特质，仿佛在主要事件以外发生着一场悄无声息的戏剧——基督"在花园中的痛苦"和他对自己救世主身份的接受。

第五组（No.22及23），关于耶稣对天父充满痛苦的，乞求免于这杯苦酒的反应，表明了信众急切地想要分担基督的苦难，并接受路德的训谕，追随十字架之路。味觉和体验的苦涩与甘美并置在了一起。然而在接受饮下"死亡之苦酒"之时，耶稣使之变得甘甜并且赠予了整个人类。咏叹调的旋律线条在对圣杯苦酒迷醉的模仿中摇摆不定：时而是约德尔歌调般的七度上行，时而是对单个词语"心甘情愿地"醉酒般的一连串强调，持续变化的节奏跨越了小节线，几乎不能维持巴洛克式的优雅礼仪。但这的确将我们的注意力从皮坎德陈腐的押韵对句中转移开了，歌手在巴赫精妙的赫米奥拉节奏中游移，完全无视诗人的分句：我心甘情愿地 / 接受十字架和杯盏。咏叹调的 B 段消除了之前某些醉醺醺的逾矩行为（除了"痛苦的滋味"以外），却带给歌手一项全新的挑战，在保持整体三拍子的形状和线条的前提下调整旋律（见下图）。

方括号用以强调巴赫为了保持正确的重音而使节拍跨越小节的方式。

　　在第三段布局颇具策略的对话"我的耶稣现在被捕了"（No. 27a）中，第一部分达到了高潮。大提琴和低音提琴——音乐的基石——悄无声息，只有弦乐高音声作为"小低音"来描绘步履蹒跚的耶稣被武装的征兵队一路推搡着从客西马尼来到审判室，他将在此面对犹太议会的审判。第一合唱团中的女高音和女中音加入进来，为被捕者唱着凄凉的挽歌（这种做法纵容了"以错误的方式对耶稣受难进行深思"，这正是路德告诫要远离的），而长笛与双簧管的怪诞组合则如同蜻蜓一般在头顶盘旋不止。音乐的开放结构使我们能够分辨出不远处的门徒们（第二合唱团）在昏暗的橄榄树林中挪步，羞愤而无力，没有干预的勇气，只敢不时低声抗议对耶稣的骚扰。

这凄凉而又迷人的画面与巴洛克时期的准则背道而驰，这一准则之下，同一时间里只会出现一种情感。巴赫让两支构成不同的合奏团同时在不同的平面上运作，如同在不同轨道上围绕同一个太阳运转的两颗行星，它们产生的两种情感互相分开，并保持微妙的动态张力。当两个合奏团声音势均力敌，表达整个基督徒群体对耶稣被捕的愤怒时——"云中的雷霆和闪电都消失了吗"（No. 27b），他们的对抗得以缓和。这段双合唱团的段落疾速呼唤自然之力爆发并毁灭犹大以及祭司长的暴民，充满了令人毛发直竖的刺激和能量。这据说是来源于威尼斯传统的"分开合唱队"，然而自从上一个世纪的汉斯·利奥·哈斯勒以及许茨之后，再也没有任何德国作曲家写过类似的作品。巴赫为他的双合唱团作品注入了惊人的气势和广度，这一特征即使在描绘暴民威胁（No. 4b）、描绘骇人现实（No. 45b 及 50b）以及对首要受害者无情嘲讽（No. 58b）时短暂的众唱段里也能体现出来。

以"耶稣被捕之后"来开始先前的对话后，皮坎德的剧本——其中没有包含马太所说的任何话，除了那些与他的诗文融合在一起的以外，也没有任何众赞歌——到此结束。一位音乐学家谨慎地说"这段野蛮的合唱如果出现在第一部分结尾，会带来多么显著的效果啊",[1] 这无疑是真的；《唐·乔万尼》若是结束在宴会场景上，本来也

---

[1] Ulrich Leisinger, 'Forms and Functions of the Choral Movements in J. S. Bach's St Matthew Passion' in *Bach Studies Z* (1995), p. 76.

会（并且一定会）有着类似的效果。然而这并不像真正在舞台上演出的歌剧一样有"幕布"，我怀疑巴赫是否会有兴趣用这种方式结束第一部分。在他创作于莱比锡的宗教康塔塔中，在他的《约翰受难曲》中，通常的做法都是以一段祈祷来结束——一首使思想集中于之前发生之事的众赞歌——在这里他也正是采用了同样的做法。此外，在这个关键时刻，耶稣发表了一段很长的讲话，对他的门徒们的干预（彼得和马勒古的耳朵事件）作出回应，之后马太总结道"然后所有的门徒们都放弃了他，逃跑了"。假使巴赫对于第一部分结尾的这句台词有过些许犹豫，牧师也一定会很快使其恢复信念，因为这正是在他的布道文中经常出现的——羊群的逃散。[1]巴赫最初与布道之间建立的音乐桥梁是对众赞歌"我不会离开我的耶稣"进行的简单和声配置。当他在18世纪30年代中期对乐谱进行校订和誊写时，一定发现在双合唱团乐章"云中的雷霆和闪电都消失了吗"之后，这首众赞歌远远无法平衡开场合唱的结构。于是他决定将其替换成精巧得多的众赞歌幻想曲，泽巴尔德·海登的封斋日赞美诗"人啊，为你的罪孽痛哭吧"（No. 29）。与宏大的众赞歌序幕相匹配的支柱出现了，作为第一部分的结尾，提供了理想的深思时机，使基督教群体在悔罪中团结起来，揭示出路德认为的受难故事的意义，并且对耶稣关于使经文"应验"的临终之言作出直接回应。从外部效果看，这一"匹配"似乎是完美的，也通过一些细节得到了确证，例如长笛吹奏出飞舞的十六分音符来表明羊群的逃散。恰在牧师登上布道坛的台阶之时，随着音乐消散在苍穹中，"羊群"从视野中消失了。这一次巴赫的圆滑练达确保了与耶稣受难节布道的无缝拼接。

---

1 确切说来，决定在何处打断音乐叙事进行布道的，很可能也是牧师。这可能出现在马太福音第26章末尾处——彼得的否认和悔恨——正如《约翰受难曲》中采用的方式；然而此部作品中（见上表），第一部分和第二部分之间有着更均衡的篇幅。

多少年来，每一位学者都认为这段合唱是《马太受难曲》不可或缺的一部分，而实际上这是在首演九年之后巧妙地硬塞进去的，虽然至少在十多年前就已经形成了。他渴望将自己最宏大最感人的众赞歌幻想曲安置于新的家园，这在本质上不足为奇，而这首众赞歌幻想曲也将在新的位置上证明其价值。《B小调弥撒》中密集排布了这样的乐章，它们的起源可能相差了三十年以上（我们在第十三章中将会看到），没有多少人会对此感到困扰。然而，尽管有许多细节显示出其适宜性，在《马太受难曲》的语境中，多种形式的音乐有着显著的文体连贯性，这首众赞歌幻想曲则更让人关注它本身而非结构。每次指挥这部受难曲时，我都能感觉到此处的结构变化，齿轮瞬间发生了更替：仅仅数秒之后，一切重又步上原轨。[1]

***

在布道结束之后，音乐重新继续之时，我们要花一点时间才能意识到故事进行到了哪里。从表面上看，似乎没有发生任何变化。场景

---

[1] 这也可能是巴赫将他的轮唱合奏团集中并统一为单一的管弦乐团和合唱团之计划造成的影响。甚至连合唱女高音（假定这条旋律分配给了一组高音部）也加入其中，融入了第一和第二合唱团。她们是否从"燕巢"迁移到了西侧楼座，抑或有一位分指挥（或者托马斯教堂的监牧）将巴赫的节拍传达给她们，就像在加布里埃利麾下的威尼斯圣马可教堂或者是比贝尔时代的萨尔斯堡大教堂中排练时那样？无论如何，这一乐章中演出人员任何实际上的分离，尤其是长笛、双簧管和通奏低音乐手（他们要演奏绝大部分十六分音符的快速乐段），都会在演出中引起麻烦，并且需要特别警惕。这种细微的棘手之处或许有着另一种解释——其早期起源。亚瑟·门德尔（Arthur Mendel）是第一位提出第一乐章的魏玛起源（1714—1716）的巴赫学者（'Traces of the Pre-History of Bach's St John and St Matthew Passions' in *Festschrift Otto Erich Deutsch zum 80. Geburtstag*, Walter Gerstenberg, et al. [eds] [1963], pp. 32–5），他非常惊奇地发现"这样一部成熟的杰作竟然创作于如此早的时期"。我认为这部作品的起源可能更早——或许再往前十年——那时的巴赫作为复杂音乐有较复杂伴奏的合唱作品的作曲家，刚刚开始舒展他那创造力的翅膀，创作出了《悲剧的一幕》（BWV 106）这样影响深远的作品。对此，我没有正式的证据——只有一种强烈的感觉，认为它在风格上属于更早的时期，那时的代表作是他为马丁·路德的文字所谱写的（BWV 4），其时他就职于阿恩施塔特并奔向米尔豪森（1707）。

依然在客西马尼，只是此时夜幕降临了。锡安的女儿在发疯地寻找她那被捕的爱人，而被捆住手脚的耶稣早已离开去大祭司面前接受审判了。要理解巴赫和皮坎德为何在此刻再次引入了这一寓言性的人物（指锡安的女儿），我们需要想一想《雅歌》中的意象对听众的巨大吸引，想一想男女配偶象征着基督与基督徒的灵魂这一传统的活力（这种传统可以追溯到公元三世纪上半叶的俄利根）。《雅歌》中明显的情色语言早已被罗马教会接受，在"奥秘的联合"的伪装下被新教改革者们热烈地采用，过去的150年里，在意大利及德国的作曲家中也极为流行（见52页及98页）。锡安的女儿等同于基督的新娘，也是基督教的符号，而灵魂热烈地渴望与基督结合。他们婚礼之日就是基督受难的第一天——正是在那一天，他表明了愿意为人类的赎罪而牺牲自己。这就是锡安的女儿这一形象在《马太受难曲》两个部分的序幕中同时出现的原因：这样一来，当时的信徒就能领悟到，他自己对于受难的耶稣那受到阻挠的爱，正是他的命运（也是幸福）。对话乐章（颇具策略地贯穿了整部《马太受难曲》）向耶稣表达了对连贯关系的需求，即使这意味着先要失去他才能以另外一种形式重新得到他。因此，在这段新的序奏中（No. 30），第二合唱团扮演的角色以《雅歌》6:1中的词句问忧心如焚的新娘——"你的爱人去哪里了，你这女子中最美丽的？"——这是为全体信众而提供慰藉。他们的音乐是牧歌式的，明亮而温和，与独唱女低音提到她的"羔羊在老虎的利爪之下"时痛苦的哭泣形成鲜明对比。巴赫又一次找到了巧妙的方式来将极为不同的双重情感结合在一起，并且以一种相同的三拍子舞蹈节奏来连结。[1]

---

[1] 巴赫在第二首合唱中采用的牧歌风格体现出与海因里希·许茨的圣经对话《我嘱咐你们》（SWV 339）之间的亲缘关系，后者是一部小型舞台杰作。这令我们感到好奇，巴赫是否偶然发现了这部作品并将其作为基点，抑或是他的堂亲约翰·克里斯托弗·巴赫的婚礼

场景现在切换到了犹太议会的法庭中,巴赫无法再依赖于约翰作为目击者的叙述,然而却通过男高音咏叙调"我的耶稣保持沉默"(No. 34)及其后续,咏叹调"忍耐"(No. 35),将审判及其无耻的误判生动地带入了当下。耶稣以沉默来向他的指控者作答,反映在双簧管吹奏的三十九个不祥的分离节拍中,暗示了《诗篇》39的第二句——"恶人在我面前的时候,我要用嚼环勒住我的口"——之后也陷入了沉寂。作为支撑的只剩下固定低音,焦点转移到了另一个旁观者(男高音演唱者)的自我控制之战上。大提琴起始的声音如同平静的针脚,而他没有加入,然后以一段比咏叹调开始时更像痛苦哭号的人声段落开始了自我警告。"忍耐!"他从第一个词就开始告诉自己,结果却在下一刻"伪证中伤我"时失去了它。旋律线在宣叙调般的自然主义中穿梭,有着转瞬即逝的抒情瞬间,完全独立于大提琴表现的忍耐(稳定的八分音符组合)和(对之的)反抗(参差不齐的符点节奏)的内心角逐,同时也对其作出反应。巴赫的创造力在人声的每一个乐句以及多变的子乐句中超越了文本,而在演出中,歌手四平八稳的表演方式会迅速地将其扼杀掉。当这种道德上的愤慨与经过思虑的命令之间的挣扎在男高音的内心翻滚时,巴赫让我们经历并辨别这一切——甚至在人声的休止处,尤其在他过早返回开场的恳求"忍耐"(第39—43小节)时,以及他最终的爆发无可奈何地平息的方式中亦是如此。对耶稣的坚忍以及旁观者内心挣扎的双重刻画,似乎在心理

对话《我心爱的人,你如此美丽》(见第三章)在他的记忆中留下的印象激发了他的创作?通过在第一轮莱比锡周期中重新演出他的魏玛康塔塔《啊,我看到,当我去参加婚礼》(BWV 162),巴赫已经让他的莱比锡听众为锡安的女儿与国王的女儿或新娘之间的密切联系做好了思想准备。在他那部首演于1725年5月25日的天使报喜节康塔塔《晨星何等光辉灿烂》(BWV 1)中,也提及了"我的王和我的新郎",这也是耶稣受难节之前莱比锡最后上演的音乐。然而,如我们在第九章中所见,在四旬期架起一座桥梁的正是《耶稣基督真神真人》(BWV 127),这可能也是巴赫刻意而为的"冒险",预告了他的《马太受难曲》,后者又过了两年才最终出现。

上极为敏锐也极为现代。对于任何时候在任何地方陷入困境的人类都能激起共鸣——从私人或家庭生活中遭遇陷害，到政权迫害下的暴行皆如此——或许以某种方式揭示了整个20世纪里《马太受难曲》在德语世界中的象征意义。

然而除此之外，这首独特的咏叹调似乎有种优势，超越了正式说明或解释过的一切。在他的卡洛夫圣经中，巴赫挑出《马太福音》5：25-6中两节来划线加以强调："你同告你的对头还在路上，就赶紧与他和息，恐怕他把你送给审判官，审判官交付衙役，你就下在监里了。我实在告诉你：若有一文钱尚未还清，你断不能从那里出来。"我们知道，巴赫有过受监禁的亲身体验，到他在1736年完成《马太受难曲》时，已经在与莱比锡当局持续不断的职业争端中伤痕累累。其中极为切题的，是他从卡洛夫对马太福音的诠释中选出的词句和段落，论述为了自己的愤怒以及为了维护职责的愤怒之间的区别（见第六章）。它们显示了这首咏叹调中极为痛切地表现出的良心挣扎：被压抑的愤怒时时几近冲破表面，在大提琴的附点音型中爆发出来，歌手咬紧牙关发出对"忍耐"的恳求。划线部分证实了我们在音乐中所听到的：对巴赫内心的挣扎提供了罕有的洞悉，为我们留下关于他性格的线索。

在我们所称的"祭司长一幕"的高潮中，接下来的一组咏叹调（No. 39及42）表达了基督徒的忏悔与悔恨的本质区别：起初，极度的悔悟仿佛以一种跪姿唱出，第二次则是在扭绞双手的强烈绝望中表达出来。在叙事中被巴赫分派了这些角色的歌手并没有真的表演"他们的"咏叹调，也没有出现在祭司长的院子，虽然他们与彼得与犹大这两位分别以不同方式否认了耶稣的门徒密切相关。例如，彼得由一位男低音扮演，但是在"他的"咏叹调中，他的罪恶却转移给了另一位歌手——一位女低音——似乎为了强调路德宗的观念，即作为个体，我们都是有罪和易错的。尽管犹大和演唱"他的"咏叹调的歌手都是

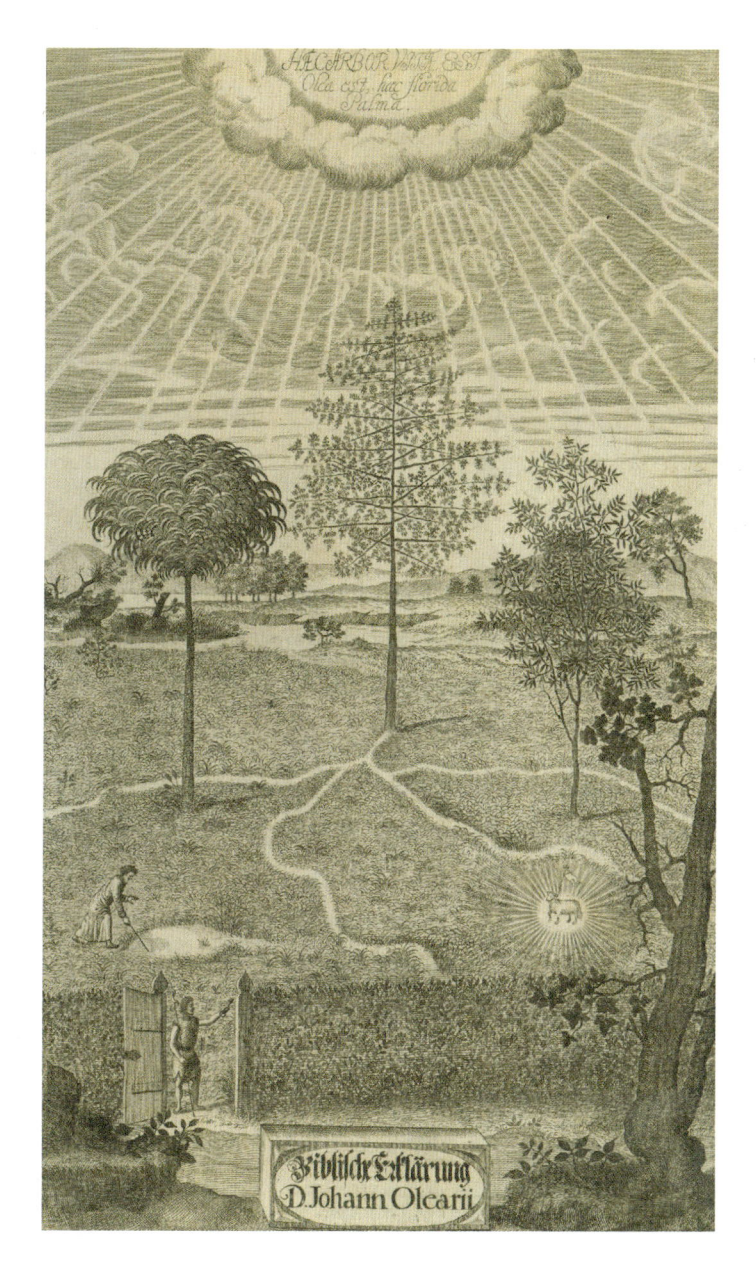

17. 生命之树

在克里斯蒂安·罗姆斯泰特（Christian Romstet, 1640—1721）的这幅画中，耶稣正在打理花园，旁有约翰·奥里亚乌斯（Johann Olearius, 1611—1684）的《圣经释义》（*Biblische Erklärung*）。此书巴赫也曾拥有一本。巴赫用精深的对位来思考死亡的主题。

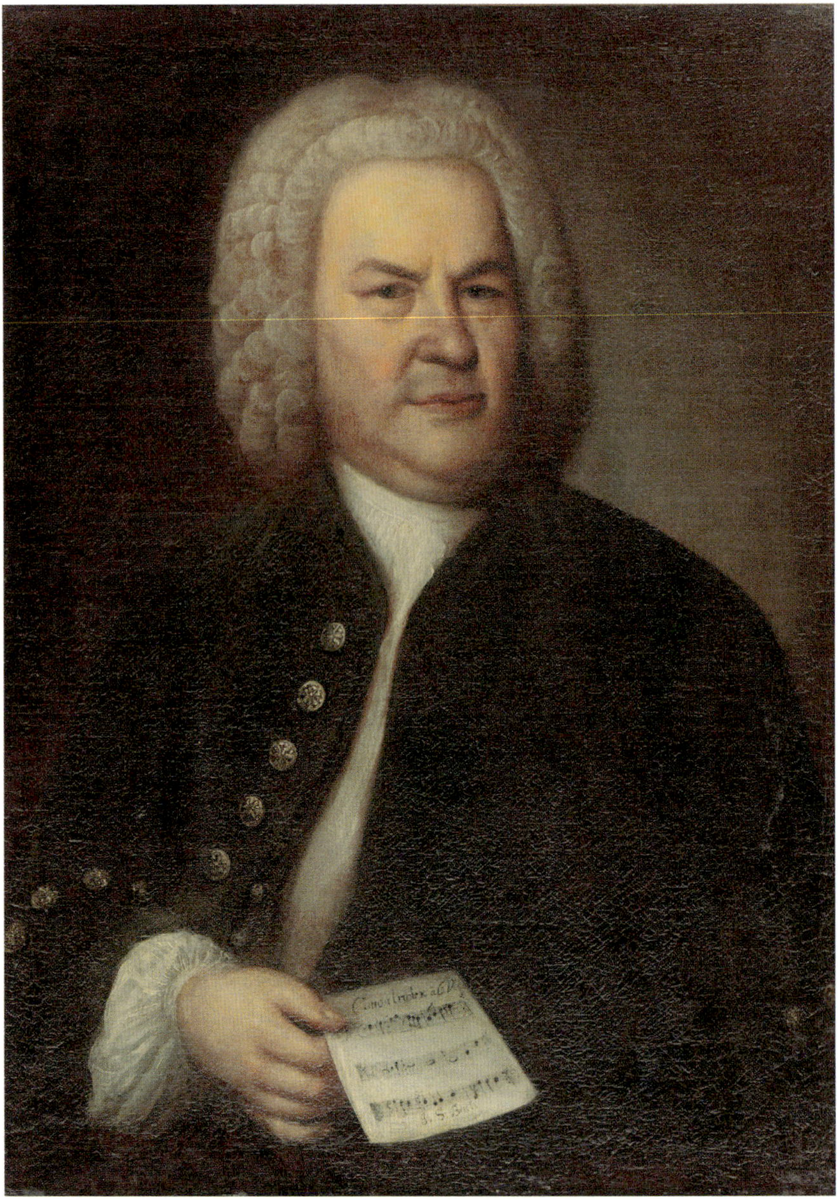

18&19. 埃利亚斯·戈特洛布·豪斯曼：两幅巴赫肖像

豪斯曼是莱比锡市议会的官方画家。在两幅得以完全鉴定真实性的巴赫肖像画中，上面是较早的一幅，可以追溯到 1746 年。这幅画保存在莱比锡市立博物馆，至少经历过四次修复：在层层叠叠的过度上色之后，画布已经破败不堪，原始绘画在好几处都消失了。较晚的那幅保存得相对较好（对页），巴赫在 1749 年将其送给儿子埃玛努埃尔。它曾列在埃玛努埃尔的财产目录（约 1798 年）中，出现在布雷斯劳的古玩店里（约 1820 年），又装在行李中来到了英格兰（1936）。过去的六十年里，这幅画被保存在新泽西普林斯顿的沙伊德（William H. Scheide）图书馆。

20. 柔音中提琴

这种乐器由塞巴斯蒂安·克洛兹（Sebastian Kloz）发明，以其"温柔而渴望的声音"（马特松）而受人赞誉。弧形的琴马（比小提琴的更近椭圆形）支撑着六根琴弦，还有六根"共鸣"弦在指板下穿过琴马。《约翰受难曲》中居于中间位置的咏叹调的动机 刻画了神圣的彩虹的形状，同时也是乐器本身的形状。

21. 狩猎双簧管

图中这支中音"狩猎双簧管"是约翰·艾申托普夫（J. H. Eichentopf）在巴赫作为托马斯教堂乐长抵达莱比锡前后所制乐器的复制品，演奏者是米歇尔·涅斯曼（Michael Niesemann），英国巴洛克独奏家乐团的首席双簧管演奏家。这件乐器有着皮革包裹的木质管体，末端是外展的黄铜喇叭口。首先，在车床上制作出管腔及外展的轮廓；随后从侧面在整个管腔做出一系列锯齿状切口，这构成了内曲面。接着，利用蒸汽将这件乐器弯转成型，在内部曲面粘上板条以使其保持原位。

22. 高音大提琴

这件乐器由克雷莫纳的阿马蒂家族制作于 1600 年前后，演奏者为英国巴洛克独奏家乐团的首席大提琴家大卫·沃特金（David Watkin）。在人声和器乐作品中，巴赫永远都在探寻不同的方式来塑造内声部。而这种乐器因其第五根弦、独特的轻盈声音和大范围的敏捷性，使巴赫得以在他的九部康塔塔中探索新的声响。

23.《耶稣，我们赞美你》（BWV 41）中的高音大提琴伴奏

巴赫致力于表达耶稣作为阿拉法和俄梅戛的无所不包的特质，因而他在这首男高音咏叹调中选择了音域宽广的五弦高音大提琴。巴赫的手写分谱，仅就视觉效果而言已经极为美好；同时对于演奏者而言也是出色的演奏指导——如何表现每一处音乐形态和乐句。

24. 门德尔松为托马斯教堂唱诗班所作的水彩画，1838 年

门德尔松在他所触及的一切领域都才华横溢，其中包括水彩画。他描绘了白雪覆盖的托马斯学校和托马斯教堂，那个冬天他作为格万特豪斯管弦乐团的首席指挥推出了四场"历史音乐会"——一部音乐的简史。他对巴赫的推崇可以追溯到 1823 年，当时他的外祖母送给他一份《马太受难曲》的手抄本，这本总谱俘获了他的想象力，让他 1829 年在柏林、1841 年在莱比锡上演了这部被人遗忘的作品。

男低音，这首咏叹调出现在犹大自尽之后。巴赫在这点上颇为讲究，甚至将犹大的直接引语写进了站在一旁且从未在任何咏叹调或合唱曲中出现的歌手的单独分谱中。演唱这首咏叹调的男低音歌手扮演了中间人的角色——将听者牢牢束缚在故事的发展中，敦促他认同忠诚与背叛的问题并主观地推断它们对自己的意义。[1]

巴赫充分利用了两首咏叹调截然不同的特性，甚至于这些协奏曲式乐章的风格与调性，以及它们在叙事过程中的布局方式。福音传教士凄美的花腔在听者所在的当下重现了彼得的痛哭，接着出现了独奏小提琴八小节的引子，引出了"求你怜悯"（No. 39），无言地延展了对彼得之状态的同情，以不可言喻的温柔将悲伤、惋惜与悔恨表现得淋漓尽致。在轻快的西西里舞曲节奏中，小提琴漂浮在弦乐中声部持续的如歌段落以及脉动的低音线条（伴着大提琴和低音提琴拨弦的管风琴固定低音）之上，短暂的倚音以不加装饰的方式碾磨着人声线条中同样的音符。只有在独奏小提琴的演奏中，我们才能完整听到这段萦绕于心的旋律；我们期待歌手如法炮制，然而在尝试了开始的姿态之后，人声旋律却向另一个方向发展，以简单的重复返回——装饰高雅的小提琴旋律的纯粹投影。巴赫为人性的弱点找到了声音符号——下行的短乐句，如同被指控时的彼得在一道关卡跌倒。正如娜奥米·卡明（Naomi Cumming）所言，"此刻语言是可有可无的，甚至也是无法胜任的。女低音表达了言词的忏悔，而小提琴则体现了一种更为普遍的悲伤。"[2] 女低音（不加透露姓名地以第一人称说话，而我们能够认得出其身份）试图模仿并加入小提琴的旋律，却只能完成一部分（因为这超出了女低音的音域）。正是这种对人类之堕落的原始表现使得"求你怜悯"如此扣人心弦，令人心碎。巴赫的音乐对听者

---

[1] John Butt, *Bach's Dialogue with Modernity: Perspectives on the Passions* (2010), p. 203.
[2] Naomi Cumming, 'The Subjectivities of "Erbarme Dich"', *Musical Analysis*, Vol. 16, No. 1 (Mar. 1997), p. 21.

的情感牵引来自于对破灭的梦想及失败的努力的认可，这些梦想和努力都未能达到上帝般的典范。

在最为明显的对比下，"把我的耶稣还给我"（No. 42）是基督徒悔恨的爆发，与犹大的悔恨相匹配：背叛他的人提出释放被捕的救世主的专横要求。这是稳健的 G 大调意大利式协奏曲乐章，同样充满情感，不过是以一种更为形象化的方式。小提琴的色彩奏法似乎捕捉到了犹大出于自我厌恶的腕部动作，将贬值的硬币扔在神殿的地上——三十个音符代表三十个银币。在这部受难曲中，歌手仅此一次按照惯例进行表演，进入与小提琴利都奈罗相同的旋律，然而很快就又投入到皮坎德的第二段"看，这钱是凶手的报酬"中。这理应属于整部作品中最为简洁的咏叹调的 B 段，然而我们仍然处在 A 段中（因此从技术上讲，这是一首"联篇体"咏叹调）。我们可以将其视作巴赫对于返始形式那公认的对称性的玩弄而无视之，直至我们意识到这种独有的颠覆恰如其分地表达了无所适从之感，强调了犹大——以及我们——由于浸透鲜血的钱而痛苦。

我们无法不被令人不适的威吓和暴力的并存所触动，起初是在两首几乎相邻的嘲弄的合唱中（No. 36b 及 d），接着是在随后的众赞歌里（No. 37），巴赫为他们虐待一个无辜的罪犯注入极大的温柔和平静的愤怒，以此来拔除侵略行为带来的剧痛。接下来，在令人不寒而栗的呼喊声"巴拉巴"以及第一次嗜血的合唱"把他钉上十字架"（No. 45b）之后，他要求歌手——仅仅在一个二分休止符之后——从怀恨在心、歇斯底里的暴徒迅速切换，转而表达忠诚的信徒极为痛苦的疑惑（No. 46）。这可以理解成仅仅是对已有结构的填充，也可以视为巴赫用来阻止某些更为黑暗之物的决心——阻止疯狂到极致的杀戮欲望的井喷。巴赫找到了一种理想的方式来解决问题：由联合在一起的合唱团代表听者以一首众赞歌（No. 46）表达由衷的忏悔，并且承认了罪行的同谋:"这惩罚是多么令人敬畏……主人偿还了仆人欠他的债,而他们背叛了他!"

　　类似于《约翰受难曲》中的"彩虹"咏叹调("想一想")一般占据了中心位置的,是女高音咏叹调"为了爱,我的救主请愿赴死"(No. 49)。这为已经到了转折点的罗马审判中盘旋上升的紧张感提供了惊人地凄美而深思的对比。彼拉多受到暴民坚持释放巴拉巴并钉死耶稣的恐吓,妻子的预感又警告他了卷入耶稣审判中的危险,于是讪讪地问道,"为什么,他做了什么错事呢?"寂静仅仅持续了一个四分休止符,然而在那时(人群重新恢复杀戮血欲之前)女高音走上前,以缓慢而有节奏的陈述坚称"他对我们所有人行善"(No. 48)。永恒的治愈和祝福气氛由这首最为崇高的咏叹调中散发出来,在一个混乱的世界中充当了暂时清醒的乐土。巴赫对器乐色彩的敏感引导他做出了不寻常的乐器选择——用两支狩猎双簧管来支撑人声与长笛之间哀婉的交流。它们轻盈的脉动使长笛得以空灵优雅地在繁复精美的段落中自由飞翔,同时缓冲了女高音纯净的音色和纤弱精巧。这些男高音音域的双簧管首次在伴奏中(No. 19)作为重要角色出现,描述耶稣在客西马尼受折磨的灵魂,由竖笛进行重复,随之而来的是女高音音域的双簧管,其直率的音响更适于守夜人的召唤(No. 20)。随着这部受难曲的推进,通过赋予这些"狩猎双簧管"以不断增加的重视,巴赫在听者脑中为受难与爱的双重观念建立了关联——不是抽象的爱,而是像在"为了爱"中一样,耶稣给予的至高无上的保护性的爱使信徒免受罪恶的报应;即使是那些在临终时才悔罪之人,当他们从灼热的痛苦抵达宁静时,邪恶的力量也无法触及。缺少了惯常的通奏低音,狩猎双簧管那令人着迷的悸动将耶稣的信息与他的迫害者们的咆哮分隔开来。这些重要成分在演出中的作用令人难以抗拒——然而爱的存在感也是脆弱的,尤其是在暴民以加倍的残暴再次爆发之时——"无疑是西方音乐史上最令人不安的时刻之一"。[1]

下一组插入乐章对耶稣的屈辱提供了情绪体验——他受到的鞭笞（No. 51及52）和他背负了十字架（Nos. 56及57），都从全新的视角来看待。两者都以无处不在的符点节奏为特征，然而它们的模式如此不同，以致任何内在的相似之处都模糊不清：咏叹调（No. 51）中严酷的抽打（与亨德尔的《弥赛亚》中"他被人藐视"的B段"他将背转向打他的人"不同）逐渐消失在接下来的女低音咏叹调"我脸上的泪水"（No. 52）中不能自控的抽泣里。七弦维奥尔琴包含了人类最深刻的悲哀，以及耶稣在十字架的重压下蹒跚的步伐。尽管最初的听众中有很多人实际上都看不到维奥尔琴手那华丽艰难的换弦动作，他们能够从那些艰难的琶音奏法中听得到他们的努力，那些呈十字交叉的音型使听者的注意力集中在十字架的象征以及古利奈人西门的形象上。[2] 又一次，每一组中作为准备的咏叙调邀请我们——通过代表我们的歌手们——进行干预，甚至进行反抗，试图让事情停下来以使耶稣免受这些苦难，然而在咏叹调中，歌手似乎退后一步，从侧向的视角进行思考。

这与巴赫在康塔塔中通常的做法大相径庭，它是一种电影原型式的技巧，安排焦点从叙事者突然转移到了挤进来的评论者身上，而当咏叙调消散在随后的咏叹调中时，则变得缓和而宽广。在"求你怜悯，神啊！"中，弱化了与咏叹调"我脸上的泪水"（No. 52）之间的纽带的，并非轮廓鲜明的节奏，而是极不稳定的和声，一连串的七和弦从升号调变成了降号调，然后又回到升号调（正当你以为要出现一

---

[1] John Butt, liner notes to his recording with the Dunedin Consort & Players of Bach's last performing version of the *Matthew Passion*, c. 1742 (CKD 313).

[2] 古利奈人西门（Simon of Cyrene）是圣经中替耶稣背负十字架的形象。（"他们出来的时候，遇见一个古利奈人，名叫西门，就勉强他同去，好背着耶稣的十字架。"《马太福音》27：32）

个升 F 小调终止式时），再经过等音变换进入了 G 小调。皮坎德的咏叙调唱词提到了"如此悲痛的景象"。小提琴和中提琴的琴弓在琴弦上急速挥动的视觉冲击，极大强化了巴赫对耶稣所受鞭刑所作的动人描绘，使我们想起卡拉瓦乔的《被鞭笞的耶稣》（那不勒斯，1607），画中的士兵为了抽打捆在柱子上的耶稣而绷紧了肌肉。

巴赫（在咏叙调中）将我们拉入事件中，安排好角度使我们（在咏叹调和众赞歌中）思考其对我们自己的意义，随着这部受难曲推向高潮，这一策略变得愈发清晰。通过为每一首咏叹调选择特定的嗓音以及具体的伴奏音色——无论是独奏小提琴、长笛、双簧管还是维奥尔琴——他确定了最为适宜的伴奏：应该是为全弦乐合奏团所作，无论是在左面还是右面，抑或是音响的微妙混合，正如我们看到狩猎双簧管与女高音和长笛在"为了爱"中建立的成功而迷人的合作关系。在之前的咏叙调中，两支狩猎双簧管占据了舞台中心，而一旦咏叹调开始，就退居了从属地位。在这组咏叙调及咏叹调中，尽管情绪上有着明显的对比，选择的器乐音色却是共同之处：人声与叙事线索的连结。巴赫似乎为器乐色彩找到了万花筒般无穷无尽的排列。因此，尽管在"看，当然"（No. 56）中长笛占据了前景，维奥尔琴——将在"来吧，甜蜜的十字架"（No. 57）中充当独奏的伴奏乐器——也已经出现，在背景上小心地琶奏。巴赫如何使器乐的全部角色在流畅的乐章中适应各自位置，随时准备好进退或仅仅等着轮到它们，从戏剧角度来看也是非常有趣的。一旦作为"小角色"的演奏者站了出来，他或她就随着背景变化突然获得了更多的重要性。接着，当一段对话中引入了另一位演奏者或者歌手，我们作为听众真切地感受到隐藏在栩栩如生的对话中不同的人类主体性，正如我们在一部小说中所遇到的那样。

由于钉上十字架的危机——在这里的确是危机，而非巴赫对《约翰福音》的谱曲中胜利的"上升"——狩猎双簧管在"啊，各各他"（No. 59）及"看，耶稣伸出了他的手"（No. 60）中上升到了重要地位。它们模仿丧钟阴沉的声音时最初的影响——不是我们将在悼念康塔塔中听到的葬礼铃声那样又轻又尖的类型（见第十二章），而是阴暗而响亮的隆隆钟声——是基督徒首次对钉上十字架的反抗以及对耶稣即将来临的死亡之诅咒。这首独特的宣叙调有着错综复杂的和声，从 E 小调到降 E 大调的棘手的调性转换彻底阐明了人类的罪孽是"无罪者必须有罪地死去"之根源这一路德宗要旨。

咏叹调从降 E 大调的宁静开始，气氛从各各他的恐怖转变为田园式的祝福，将先前的"诅咒"化为祈祷。很难说狩猎双簧管那不详的钟声般的音响为何突然就变得惬意宜人甚至光辉灿烂。这时它们才首次展示出作为旋律乐器的辉煌——从十字架里、从耶稣张开的手臂中流淌出的爱的缩影，为罪人提供了避难所，聚拢了"被遗弃的小鸡"般的信徒。[1] 狩猎双簧管音色中的异域风情并不在于其滑过断奏的低音线时绵延舒展的悦耳之声，而在于它们在第 2 至 4 小节中进入有颤音装饰的上行和奇特的切分音时——或许是期待着被遗弃的小鸡很快聚拢起来，同时也使人想起近东地区那些利用了喇叭口空腔共振的乐器（见原书 328 页及图 21）。从咏叙调到咏叹调的音响变化当然不是毫无计划的，而是反映了从悔恨到爱的改变，巴赫追随着路德，为信众展示了信仰的首要恩泽。这是为了强调受难故事中锡安的女儿为人群（第二合唱团）指出的"良心的慰藉"："在耶稣的怀抱里寻找救赎，寻找他的仁慈"。

---

[1] 伟大的指挥家布鲁诺·瓦尔特（Bruno Walter）极为尊崇《马太受难曲》，在慕尼黑的十年间每年都进行演出，他对这部作品有着深刻的见解。他将这首咏叹调视为对复活的暗示，使我们"进入了他人的想象中，他将同伴的视线引向自己的目标：指向了复活者"。然而这并不意味着巴赫就"跳出了他与皮坎德协力创作的作品"（*On Music and Music-Making* [1961], p.189）。

在耶稣受难的痛苦之后，歌手和狩猎双簧管漂浮的劝诫般的声音散发出温暖和慰藉。然而这些极有魔力的乐器以及巴赫在受难曲中分派给它们的特殊角色直到最后的咏叹调"让你自己洁净吧，我的心"（No. 65）中才得到最终的确认，那时它们被重新吸收到了管弦乐团中，为彼时与耶稣联系而此时与这首咏叹调相关的弦乐的光晕增添了温润柔和的色彩（在巴赫的表演中，两处的歌手是完全一样的）。[1] 无论是一开始出现的器乐材料还是其织体上，声音都是极为一致的——基督之死带来的赎罪，如今都深埋在信徒心中。这首咏叹调本身就是对冥想的音乐改变人心之伟力的赞美，并且借鉴了对受难故事的重述。作为《马太受难曲》中唯一一首符合常规的返始咏叹调，在生机勃勃与风平浪静之间轮流转换，宽广且向前流动，这是巴赫所有作品中天然地令人满足且抚慰人心的咏叹调之一。一个引人注目的轻浮的小节（第52小节）——返回 A 段的过渡——似乎在纯粹喜悦的瞬间总结了之前的讯息，"世界，离开吧，让耶稣进来"。

尽管基督的下葬以及壮观的，代表祭司长和法利赛人派去游说彼拉多的双合唱团尚未到来，这首宏大的男低音咏叹调已经标志着尾声的开始。最后的乐章是为四个独唱声部所作的有伴奏的宣叙调，或许代表着四位福音书作者，为他们个人的证词进行感伤的总结，如同家庭送葬者一般。第二合唱团民谣式的回应为尾声中的献祭舞致了简洁的告别辞。在《约翰受难曲》中，巴赫以一首合唱回旋曲（Ruht wohl）作为尾声，为将救世主的身体安放在坟墓中进行虔诚的伴奏——暗示某种完全终止——而在这里，他选择了一首萨拉邦德来结束《马太受难曲》，与 BWV 997，C 小调组曲中那首在动机和调性上相似。这种效果是持续性的，仿佛受难故事的整个仪式都在听者的信

---

[1] 刚刚表现了救主生命的最后时刻，随后的歌唱中又包含着耶稣，这种修辞效果无疑非常强烈（Butt, *Bach's Dialogue with Modernity: Perspectives on the Passions* [2010], p. 207）。

仰中扎根，并且将在此后的每一个耶稣受难节重生一回。最后的提示则是巴赫在每一个和弦中插入的意外而恼人的不和谐音：旋律乐器持续奏出还原 B——刺耳的导音——最终则消融在 C 小调终止式中。

*＊＊

回顾《马太受难曲》的结尾，我们会因耶稣之形象得到有力而巧妙的描绘而触动——比起《约翰受难曲》中的要更为人性化——即使在整个第二部分中减少到三句简洁的话：他最终的"我的上帝，我的上帝，你为何抛弃了我"，以及之前的"你曾说过"——一次对该亚法，一次对彼拉多。除此之外，马太告诉我们，"他没有做任何回答。"然而我们无时不感觉到他的存在。这是如何做到的呢？巴赫的干预留下了如此强烈的印记——（除了在十字架前最后的哭喊以外）总是伴随着弦乐带来的独特光晕——从很早时候起（最后的晚餐上关于圣餐的鼓动以及第一部分中花园里的痛苦）耶稣的存在从未停止在叙事中隐隐盘旋；事实上，通过在间接引语中对他的提及得到了持续的强调，咏叙调/咏叹调歌手更是唤起了这一点。我们从他人的眼中和口中看到他，最重要的则是在令人动容的总结"这真是上帝的儿子"（No. 63b）中——最为充满感情的两个小节，音乐在他肉身死亡之时放大了基督的存在，也首次确立了他的身份的实质。一如既往，音乐中能够找得到巴赫自己。正如他努力赋予他人声音一样——主人公、群众、福音书作者——他自己的声音也总会出现在故事中。在他的热情中，在他对无辜的基督所受苦难之共鸣中，在他的分寸感中，在他对叙事与评论的选择和并置中，最重要的则是在他遏止歇斯底里的复仇浪潮之突兀方式之中——打断马太的叙述，插入表达深刻的忏悔和愤怒的众赞歌，我们听到了他的声音。[1]

在洞悉一切的人类戏剧与道德困境方面，巴赫以如此令人信服而又处处刺痛的方式进行了表达，这一时期没有任何一部我研究过或者指挥过的正歌剧能与他的两部受难曲相提并论。这一时期没有其他流传下来的德语受难清唱剧或者任何歌剧能够作为经久不衰的音乐戏剧来与之相比。在才华横溢的85年团体中，只有亨德尔作为经验极为丰富的歌剧作曲家，在1737年至1752年间以"清唱剧的方式"为伦敦听众创作的那一系列以圣经为灵感的戏剧中，能够远离舞台而仅在自己的想象的剧场中创作出令人信服的戏剧杰作。巴赫完全了解歌剧的本质，似乎很早的时候就已经确定这不适合他。他的受难曲和当时的歌剧最大的区别，是他打破了为听众提供一个固定参考视角的传统，不再让听者像消费者一样审视叙事戏剧性的发展——获得娱乐，或被感动，填鸭式地摄取图像，但却从未参与其中。巴赫从路德那里获得了提示，后者有着被迫害的亲身体验，坚持认为基督的受难"不应该以语言或外观，而应该以自己的生命来表现"。[2] 巴赫正是这么做的——直接并且非常私人地对我们说话，找到新的方法来吸引我们在自己的生命中将其活出来：我们参与重现这个故事，而它无论多么为人熟知，巴赫的讲述处处积虑地使我们突然停下来，带领我们走出自满，使我们处于贯穿一生的悔恨、信仰以及救赎之路中。即使借用了歌剧中的某些服装，巴赫也总是避免任何戏剧表现意味。在两部受难曲中清晰可辨的独立"场景"中——当耶稣在彼拉多或祭司长面前受审判时的半现实主义场景——甚至在这种时候，他都能打破叙事，插

1　布鲁诺·瓦尔特断言："在这部作品的第二部分里那些虔诚而怜悯的人物的歌唱中，通过那些无名的歌手，我们听到了（巴赫）自己的声音并且察觉到了他的内心……而巴赫忠诚的心则为这些超越世俗的角色注入他音乐中纯粹而温暖的生命力，因而赋予他们崇高的人格"(op. cit., pp. 175–6)。

2　Martin Luther, *A Meditation on Christ's Passion* (1519), pp. 141–2.

入思考和回应。

那么它们属于哪里呢?乔治·斯坦纳在他的《悲剧之死》(*The Death of Tragedy*)中一再强调:

> 即使在这一信仰的鼎盛时期,悲剧也并没有明确的基督教模式。基督教精神是一种反对悲剧的世界观……基督的受难有着无法言说的悲哀,但同时也是一种密码,揭示出上帝对人类的爱……作为通往永恒的入口,基督教英雄的死亡可以是悲伤的时刻,但绝非悲剧——真正的悲剧只在于饱受折磨的灵魂认定无法得到上帝的宽恕。"现在太迟了",浮士德在一部戏剧中如是说,这部剧最接近于解决基督教悲剧的内在矛盾。但他错了。忏悔永远都不晚,当灵魂从毁灭的边缘被夺回时,感伤故事就成了健全的神学。[1]

这自然就是拜伦刻画临终时的曼弗雷德的关键:

修道院院长:……向上帝祈祷吧——祈祷——即使只是在思想里——不要就这样死去。

曼弗雷德:老头子!死并没有这么难。(曼弗雷德离世了)

当罗伯特·舒曼(Robert Schumann)在1848年为拜伦创作于三十年前的"诗剧"谱写壮丽的配乐时,在这些词句之后写下了短暂而又辛酸的合唱安魂曲,作品就此结束。舒曼出席了门德尔松1829年在柏林对《马太受难曲》那次著名的重演,有可能他辨识出并学到了巴赫的乐谱中潜在的感伤特征——以"忧伤之子"的方式直接击中情感

---

[1] Steiner, *The Death of Tragedy*, pp. 331–3.

的软肋。

意味深长的是，斯坦纳并未提及巴赫的受难曲，或许他认为它们算不得真正的悲剧，因为"基督教的观念里只有部分或者片段式的悲剧。在本质的乐观主义中，有着绝望的片刻；残酷的挫折会出现在通往恩典的攀升中。"的确，基督教故事无法追寻古典悲剧的轨迹，因为耶稣既是最主要的人物，某种程度上也是他的受难故事的作者。在两种叙述中，马太与此最为接近，借用了某些悲剧的传统做法，对完人耶稣遭到恶人的不公正对待进行了感人的描述，而在约翰的叙述中，这位准悲剧人物似乎掌控着并且依从了自己的命运。然而我的论点是，在两部受难曲中巴赫都证明了音乐的确能够"赋予悲剧神话和悲剧行为之传统以生命，而17世纪之后它们就已经背离了剧院"，斯坦纳最初将这一成就归功于莫扎特，他"对音乐中的戏剧性资源有着绝对的控制力"，之后又归功于瓦格纳，他是"提出了决定性问题的天才：音乐戏剧能否令想象力与象征意义的传统得以复兴？这些传统对于悲剧而言是必不可少的，然而已经被理性主义与平铺直叙的时代从西方的观念中抹去了"。[1]我把这看作巴赫的伟大成就之一，同时绝未降低莫扎特的地位（而瓦格纳的地位在任何情况下都是自我膨胀的，哪怕有人声称先于瓦格纳，瓦格纳的声誉都不会受损）。建立在非歌剧的基础上（见第四章）的音乐戏剧，在前一个世纪里发展于剧场之外，通常是教堂——在蒙特威尔第《圣母晚祷》（1610）的发表和《约翰受难曲》（1724）的问世之间——巴赫开启了一种蓬勃发展的新体裁，引导听众面对他们的死亡，迫使他们经历通常回避的事物。斯坦纳或许会承认，在这一点上，巴赫的两部受难曲具有神秘的力量，它们承袭了让·拉辛（Jean Racine）以及17世纪早期英国作家

---

[1] 同上, 285.

们的话剧,它们的主题引起的共鸣远远越过了时间和宗教仪式的边界,显示出"艺术家与听众共有的信仰与习俗的背景"。

＊＊＊

尽管充分的书面证据能够让今人重建巴赫受难曲最初的礼仪设置,[1]我们当然无法重新获得人们当时的感受。既然它们能够适应各种不同的处理,从群众合唱的老式维多利亚礼仪(带着一抹故作虔诚的味道),到另外一个极端,采用极简主义处理的基于历史方式的演绎(HIP)——同样打动人心——我们可以确定,无论是在教堂里、音乐厅里还是剧院的世俗环抱中,并没有一种权威性的诠释方式。寻找最为有效的方式——何时、何地、如何以及为谁——来表现这些极为苛刻的作品,在很多情况下,使人们适时地放弃了清唱剧演出中刻板虔诚礼仪,在那些礼仪中,穿上礼服的歌手成排地坐在音乐会平台前,只有轮到他们独唱的时候才站起来。我们能够理解为何戏剧导演想要解构巴赫的受难曲,探索不同的方式来感受这些音乐戏剧所能表现的人类内心深处的暗流。巴赫在《马太受难曲》中配置了两支而非一支管弦乐团以及三支合唱团,这显示出了作品内在的戏剧本质。然而若以此为基础,将两部受难曲都视作涉及某种"象征"的未完成的歌剧,则会遇到许多障碍,例如如何适应隐含在不寻常的结构中的变化

---

[1] 丹尼尔·梅拉梅德(Daniel R. Melamed)《聆听巴赫的受难曲》[2005], 135 页)提供了巴赫时代莱比锡主要教堂中耶稣受难节晚祷的礼仪流程:
赞美诗:"耶稣站在十字架上"
受难曲(第一部分)
赞美诗:"主耶稣基督,请帮助我们"
受难曲(第二部分)
经文歌:看呐,义人如何死去(加卢斯 [Gallus])
集体祷告
圣经引文:"因他受的刑罚"(《以赛亚书》53:5)
赞美诗:"一切感谢上帝"

无常的时间转换以及复杂的人物塑造。这些方法有助于凸显歌手圣经人物的身份，然而巴赫关注的则恰恰相反，煞费苦心地将他们的情绪回应转移到非特定的歌手身上（让我们记住，除了在当时场地的楼座侧面有着专属席位的富人以外，所有会众是看不到他们歌手的），使其代表他们自己以及我们表达悲伤、悔恨或愤怒。与此相类，无论合唱团显示出何等精湛的技巧，从他们被分派的诸如门徒、旁观者、士兵或是咆哮的暴民这样的角色在一瞬间自如切换为沉思的评论者，都倾向于经过戏剧处理而属于与听众的世界相分离的另一个世界。

此处容易出现的危险，是使人们把注意力从音乐的机理及其难以言说的影响力中偏离。乔纳森·米勒（Jonathan Miller）在他对《马太受难曲》启示性的"激活"中（首次在1993年于伦敦进行，此后则推广到了全世界许多地区）极力避免了这一点，恰好用空间上的并置与分离（歌手在器乐演奏者之间和周围穿行）来显示对话的不同阶段——时而对抗（如在分别代表信众和暴徒的合唱团之间），时而亲密（当咏叹调歌手和伴奏者不受乐谱和谱架的阻碍比邻而居时）。我自己的方法则是基于这种一种信念：类似的，行动与思考之间的均衡可以通过在教堂中或是传统音乐会平台上审慎部署歌手的站位来达到，不必将一套仪式替换成另一套。尽管我们中有很多人可能会为老式清唱剧仪式的消逝而欢欣，好像敲碎错误崇拜的巨大浮冰，我看不出将巴赫的受难曲视为歌剧替代物，并将其戏剧本质局部化有任何明显的优势，或是出于任何内在的需求。恰恰相反，戏剧一旦背上了外来的审美负担，就有了平面化并使音乐被忽视的危险。正是巴赫的受难曲音乐中强烈集中的戏剧效果以及巨大的想象力使其能与最伟大的舞台剧相媲美：它们的力量藏于未言说之处，无视这些是我们的损失。

第十二章

碰撞与共谋

> 一对幸福的海妖,许诺天国的欢乐,
> 音与诗,生而和谐的姐妹,
> 融合神圣之音,交会强大之力
> 撼动死亡之物,
> 在我们幻想的高堂上,平静的赞美之歌……

——约翰·弥尔顿(John Milton),《在庄严的音乐中》(At A Solemn Musick)

"人们常常抱怨音乐捉摸不定。"门德尔松在1842年这样写道。人人都能理解文字,然而听众却不知道听音乐时应该想些什么。"对我而言,"他说,"情况恰恰相反,不仅整篇演讲如此,单独的词句也一样。在我看来,和真正的音乐相比,这些似乎含混不清,并且容易引起误解。而音乐注入灵魂的,比文字要好千百倍。我所热爱的音乐向我表达的想法绝非太过模糊而无法用语言表达,恰恰相反,是太清晰了。"[1]这是一段惊人的声明,很多音乐家都会表示赞同,然而另一些

---

1 Mendelssohn, letter to Marc-André Souchay, 15 Oct. 1842, in *Briefe aus den Jahren 1830 bis 1847* (1878), p. 221–300

人的想法却完全相反。音乐和语言的关系如同语言和思想的关系一般复杂。语言能够用来阐释说明,然而在传播过程中同样也会扼杀情感(见45页脚注)。另一方面,音乐在其演奏中,能够让思想和情感无拘无束地自由流动:音乐也许不擅表现我们日常的世俗事务,然而它表达的思想要比文字所能传达的更为清晰更为彻底。那么将这两者放在一起将会如何——如同从远古时起一直到最新的流行歌曲中那样?任何歌剧或康塔塔都不可避免地将文本与音乐置于一种共生关系中,对作曲家而言既是机会又是制约。

我希望从前面三章里能够明显看出,巴赫绝不是满足于仅仅为经籍"配乐"的作曲家,无论是康塔塔、经文歌还是受难曲。埃玛努埃尔·巴赫告诉福克尔,他的父亲"辛勤地工作,用文本的内容来支配自己,没有对文字进行任何古怪的错位,也没有以整体感为代价对个别词语进行铺陈,而这样做常常会引致荒谬的想法,例如有时会唤起自称鉴赏家而实际并非如此的人的赞赏"。[1]这可能也是埃玛努埃尔打算告诉人的——他父亲通常并不会嘲讽18世纪的谱曲惯例。然而事实上巴赫的有文本音乐绝非顺从传统的:它唤起了包罗万象的情绪,比语言本身更为有效、更富表现力,特别是他的织体,常常是多层的,因而能表达平行的、互补的甚至是矛盾的情感。埋头于巴赫进行谱曲的文本,我们能够了解礼拜的背景,然而无法获知任何关于音乐的可靠信息,当然也无法确知在他的想象中形成的过程。我们很快发觉,音乐于他而言绝非包裹着文字的一个中性外壳。在对文本独特性的处理中,巴赫有时以有着类似确定性的音乐来加以强化,有时则以对抗性的音乐来进行回应,在门德尔松看来,这是一种更高的确定性。文字赋予音乐新的维度,反之亦然,因而他们的结合要高于单个

---

1 BD III, No. 801/NBRp. 396.

部分的总和；然而即使音乐为文本提供了强调或是相称的氛围，也并不总能同语言相融合而达到一种完美的协同。这一过程所能到达的一个极端是达成共识，另一个极端则是产生碰撞，或是两者的某种结合。其中自然有很多梯度，其中可能有"半山腰上的房子"（注：指转折的中点）（或许是最为有趣的阶段），音乐似乎吸收了一种元文本的要素。这一章聚焦于巴赫在康塔塔和经文歌的广泛实践中更为惊人的例子——显示出与同时代人在方法上明显的不同，甚至使他被指控不得体。

尽管从不承认，巴赫可能已经意识到某种程度上他在宗教音乐方面是逆潮流而行，并且他的目标远远超出当时的其他作曲家。如果我们将他与泰勒曼面对同样文本时的作品相比较，这一点就立即得到了证实。这始于1708—1712年间，两人经常联系之时：巴赫身处魏玛，泰勒曼——他为自己的教子卡尔·菲利普·埃玛努埃尔·巴赫起了中名——则在爱森纳赫。在比较中，我们可以看到他们已经彻底分道扬镳了。作为由艾德曼·诺伊迈斯特（Erdmann Neumeister）建立的新康塔塔风格的先驱之一，泰勒曼以将现代歌剧技术移植到老式的康塔塔中而广受称赞。《正如雨雪从天降》的剧本甚至就是诺伊迈斯特在1711年专为他而作的，基于此而作的康塔塔很快就在爱森纳赫上演，或许也进入了魏玛，泰勒曼在那里得到巴赫的雇主恩斯特·奥古斯特公爵的敬重。

436

从以赛亚对比种子（55：4-15）、天气对其发芽生长及对圣言之影响的开篇独唱起，很显然巴赫1713年的作品（BWV 18）将会更为大胆——当他放弃"正确的"诵读时也更易激动。在第二乐章中，诗人通过有着四声部祈祷文的布道风格将对危险的警告与上帝之言相结合，泰勒曼努力模糊赞美诗与说话般的宣叙调之间的区别以避免极端的表达，他的音乐仅仅谦卑地作为文字的侍女。巴赫的做法完全相反：品味古老的诗篇歌调（由女高音开始，整个合奏团来完成）与现代歌剧宣叙调风格（这一点上他有着纯熟的技术，即使这只是他第一次运用）的对比，令男高音和男低音自由地表达他们对信仰的个人乞求，在"魔鬼的狡诈"面前极为坚决，接着是花腔女高音的炫技，自由的转调，对"夺走"和"背离"的生动描摹，并将夸张的五十五个音符留在"迫害"一词上。事实上这个乐章成为作品的中心——由四段有伴奏的宣叙调组成的一幅通谱体的织锦，这在他的康塔塔中绝无仅有。

泰勒曼的器乐配置是标准的四部弦乐，巴赫的则具有不可思议的独创性——四把中提琴，包含一支巴松的通奏低音，为序曲以及随后的乐章带来一种色调阴暗的奇妙声响。他的音乐对文本中情绪变化的迅速响应，使音乐能够描述那些放弃了圣言并"如果实腐烂般逝去"的人（在一段装饰性器乐段落中飘落下来），随后则是"只关心他的肚馕的人"。这一切都对乡村社会作了勃鲁盖尔（Bruegel）式的生动描绘——播种者、贪食者、潜在的魔鬼，以及以土耳其人和教皇派形象出现的恶棍。这段典型的连祷文，其连接段落在音乐上没有变化（这里或许包含着对教士单调吟诵的讽刺性的双关语？），除了通奏低音部分在提到土耳其人和教皇派的亵渎和残杀时变得雷霆万钧。而在泰勒曼这里，我们察觉不到文本吸引人的力量，也察觉不到他像巴赫那样熟练地运用了全部音乐资源，通过音乐材料、敏锐度与趣味的剧增将文本及其潜在信息置入听者的意识中。

从他的魏玛时代起，巴赫为诗文注解谱曲的过程就已经很少能嵌入传统的解释性模式。例如，他的咏叹调很少能作为规整的注释，像当时的布道应有的样子出现，为使它们符合独特的语境，巴赫在他自己的逻辑下率性而为。如劳伦斯·德雷福斯所言，"他从激发出主要器乐旋律的文本中精心选择出乐句进行发展，但他也将不适于文本的符号、体裁和风格加于其上，通过对文本的某种演绎或创作，将一种含混不清的重写本加诸于诗文。"[1]看看复活节康塔塔《天国欢笑》（BWV 31），1715年4月21日在魏玛首演。充满纯粹教义的诗文以"亚当必须朽坏，新的人才能恢复"开始，没有明显的情感，没有用文字进行描摹的机会，为此巴赫开始了充满脉动、热情洋溢的弦乐织体，更易让人想到春之祭礼而非人类重新开始的决心。这种对音乐规则的无视足以让约翰·马特松这样挑剔的理论家贬眼——严格来说，音乐并不是文本的直接结果，当然也不会以严肃的音节形式来谱写。这个关于碰撞的早期例子，显示出了巴赫对这一体裁的回应，同时碰撞给予新出现的音乐以持久的生命力。他处理一段文本或教义主题的方式以及他所注入的人性光辉，比起用以描述他作曲方式的"不得不勤奋"的自贬说法，透露出更多关于他性格的内容。这不可能是他这种人的全部故事。在本书一开始，我曾暗示将巴赫视作某种颠覆分子会为理解他的成就提供切入点，与其他伟大的艺术家们一样，"对人类体验的最微妙的操纵与重铸"。[2]我们遇到了能证实它的例子。

　　抽象音乐提供给我们去除了规定性叙述、脱离了任何严酷现实的情感。我们体会到了失去的悲伤却没有遇到损失，感到恐惧却又找不到任何恐惧的对象，快乐的光芒在我们感知到的瞬间渐渐散失。[3]音乐一旦和诗歌结合，便会呈现出极为不同的情形，即使是内在价值很低的诗歌也一样。此时在声音和感觉之间有着一种微妙的平衡：和语言一样，音乐成为了损失和恐惧。保罗·瓦莱里（Paul Valéry）将诗歌称作"语言中的语言"——这难道不也是音乐和诗歌之间协调方式的

---

[1] Laurence Dreyfus, 'The Triumph of "Instrumental Melody": Aspects of Musical Poetics in Bach's St John Passion', Bach Perspectives, Vol. 8 (2011), p. 119.

[2] Laurence Dreyfus, 'Bach the Subversive', Lufthansa Lecture, 14 May 2011.

[3] Raymond Tallis and Julian Spalding, 'Art and Freedom: An Essay' (2011).

精准描述？音乐对诗歌的影响远不止是增加了一个厚涂层，来增强语言的物理存在。它相当于隐喻的对等物：阻碍言语和诗歌的流动，赋予它们结构不同的韵律和节奏，如果奏效的话能使听者与作曲家本人的读法完全相合。[1]

神学在传统上是通过文字表达的，而音乐，巴赫所习惯的这种表达形式，遵循的规则凌驾于语言驱动的因素之上——这一进程在德雷福斯看来，有时是反文学的。[2] 在巴赫宗教康塔塔的语言和音乐的交互作用——甚至是摩擦——中，能够强烈地感受到巴赫追寻着明确的、总结性的意义表述。[3] 在这一过程中，他似乎不断地挑战者听者去思考基督徒的意义（充满了义务与欢乐）。他用音乐从福音书中发掘新的意义，也向他人暗示自己在作曲和演奏过程中或许下意识地领会到的意义。

巴赫面临的问题是负载过重：他简直有太多要表达——就等候中的布道者（即神父）的承受力而言，无论如何太多了——并且以太多不同的方式来表达，需要远超同时代大多数人的技巧和能力。我怀疑这是不甚成功的作曲家所受限制的背后原因，他们将自己变成了评论家，例如约翰·阿道夫·席伯和约翰·马特松。巴赫是冲破界限的

---

[1] 瓦莱里认为，我们体验音乐的方式令音乐构成了理想的诗歌。聆听音乐时，他写道，"我被迫产生动作，发展出第三或第四维度的空间，我获知了关于平衡以及平衡之移动的准抽象感觉"(Paul Valéry, Œuvres [1960], Vol. 2, p. 704)。

[2] Dreyfus, 'The Triumph of "Instrumental Melody"', p. 109.

[3] 他似乎偶尔默许了博马舍（Beaumarchais）那不体面的俏皮话"如果不值得说，那就唱吧"。博马舍狂热地爱好音乐，甚至在他的剧本《费加罗的婚礼》(Le Mariage de Figaro)的末尾，写下了"一切都以歌曲结束"(tout finit par des chansons)。莫扎特采用了这种方式。罗西尼甚至走得更远。他说，一位作曲家"不应过问文字，除非是确保音乐与之相称而不偏离一般特性。他让文字从属于音乐，而非音乐从属于文字……如果作曲家从一开始就步步遵循文字的内涵，他写下的音乐自身将没有表现力，而是贫乏、庸俗，像马赛克一般突兀而荒谬"。意大利音乐已经与蒙特威尔第以及"文字为先，音乐在后"(prima la parola, dopo la musica)的旧式理想相去甚远。

人——关于公认品味的界限，关于音乐如何扩展形式和表达语汇的界限，关于音乐如何表达人类情感、赞美上帝、启迪邻人并且超出自己先前任何成就的界限。尽管他极少旅行，如同莎士比亚所及之处远远超过他本人生活体验的界限，巴赫带领我们去往地图上几乎没有绘制的地方，抵达他的批评者的才智无法触及之处。席伯匿名地抨击了巴赫，哀叹他"抽去作品中的自然元素，代以夸夸其谈、令人困惑的风格"，以他所称的"无节制的艺术"令美感减色。此外，他指责巴赫要求"歌手和器乐演奏者应以他们的歌喉和乐器做到他在键盘上所能演奏的一切"。巴赫为此（通过他的发言人亚伯拉罕·伯恩鲍姆（Abraham Birnbaum））还击道，"这确实有难度，但绝不意味着不可逾越"：只是你必须找到解决之道——这样一来参与到和谐的对话中的歌手们和器乐演奏者们能够赋予文本简单解读之外的意义，能够"彼此协调合作而不会产生任何困惑"。[1]

巴赫面对的不仅仅是当时自鸣得意的捍卫音乐风格的卫道士，还有对他的意图和实践的根本性误读：他对音乐材料的彻底改写，对音乐和文本互相补足而又互相碰撞的新方法的探索，对于他的歌手和乐手之间前所未有的互动的培养，以及他对所有这一切带来效果的探索。[2] 自然而然地，他会抵制学校教师般的方法，而这种方法体现在马特松极力主张的"当器乐和人声协作时，器乐决不能占据支配地位"中。巴赫不愿让他的管弦乐团沦为温顺的伴奏，仅仅在开篇的利都奈罗中摆出材料留待歌手之后加以发展和装饰。相反，康塔塔开篇的器乐段落是进入节奏与声音的有序世界的召唤，与寻常的噪音或日常的生活相分离，接着和歌手在对话中相融合并产生意义。

马特松绝不会这样。"许多美妙的绘画加上了本身就能吸引视线

---

[1] BD II, Nos. 400, 409/NBR, pp. 338, 344, 348, 346.
[2] John Butt, *Bach's Dialogue with Modernity* (2010), pp. 15, 35

并且使画作大为逊色的黄金的弧形框架,其自身就这样被遮蔽。任何鉴赏家都愿意选择暗色的画框而非亮色。这也适用于乐器,它们为歌词提供的不比一个画框更重要。"[1]画家将他想要的图景绘进一个矩形,装上框,带进室内,因而使观者的目光适应于此,增加了真正的风景与观者的距离。马特松似乎对音乐家以相同的方式创作心驰神往。他在康塔塔咏叹调和合唱中严格遵从"框架",遏止了充溢在巴赫音乐中的那种创造力。出于比同时代任何人更大的野心,他将庞杂的材料组合起来,采用的方式需要——并且坚持要求——我们的积极关注和参与。这并未使他成为梵高或是霍华德·霍奇金(Howard Hodgkin),越过画框的局限进行创作;尽管他对于规矩和公众认可不屑一顾,最终无疑还是遵从于形式的约束。[2]

在第五章中,我们看到,在最初的宗教康塔塔 BWV 4、BWV 131 及 BWV 106 中,巴赫为音乐开拓了新的疆土,使其既成为看待世界的出发点,也作为一种关键的传声筒。通过对音乐的仔细检视,我们能够分辨出他所选择的微妙方式,介于从神学上尽责地对文本进行支撑与对其进行个人诠释之间。我们知道,不像我们在蒙特威尔第或是很久之后的莫扎特歌剧中所发现的那样,巴赫的音乐未能与语言平滑地融合来创造出完整的戏剧形式。相反,我们不时遇到巴赫似乎在他的宗教音乐和文字——特别是本国词汇,自路德起就在德国人的观念中

---

[1] Johann Mattheson, *Der vollkommene Capellmeister* (1739); Ernest C. Harriss (trs.) (1981), p. 207.
[2] 在对比绘画与音乐的活力时,另一个特征脱颖而出。观画者能够自由地选择并审视内容,并不需要以时间导向的方式来欣赏。而音乐则带有固有的强制性,要求听者实时跟随(除非你在总谱中无声地阅读音乐):不允许随意的进入和退出,而这在视觉艺术中则是允许的。正如绘画让我们纯粹为视觉的缘故投去一瞥,音乐能够作为纯粹的声音供人聆听。然而也存在着区别:音乐创造出寻求某种解决的渴望——其自身就能够并且将会提供这一点——文学亦如此,绘画则没有这种特征。音乐并没有简化的总结,它预先假定听者有能力和意愿将一系列相关的事件连贯在一起,这不受物质世界支配,在巴赫这里,它也不受天性与技巧之间的人为区分影响(John Butt, 'Do Musical Works Contain an Implied Listener?', JRMA, Vol. 135, Special Issue 1 (2010)。

起到了支配作用——之间铸造的独特的辩证关系。[1]巴赫似乎拥有使教义信条栩栩如生的天赋，适时以强烈的戏剧性效果进行表达——接着又以充满温柔的音乐来与之均衡。他能够缓和词句中常有的严苛，使之更有人情味，同时又丝毫不减弱它们的效果。他不会被礼拜仪式的庄严性吓倒，愿意一窥宗教的奥秘，如同任何老道的剧院作曲家（按照任何常规的定义来看，他都不是其中一员）一样，乐于运用机智甚至嘲讽来将听者带入生活与世界的真实存在中。

"元语言"这一术语有时被用来描述研究语言自身时的语言。在我称作"协作"的领域，巴赫的音乐事实上与文本相符，在"碰撞"中，则是直接的冲突，而中间状态则类似于瓦尔特·本雅明在相似的语境中所称的"声音与文字的二分法"：[2]对文字进行评论、阐述、思考，并且以平等的姿态赞同或者反对它。这是巴赫时有的做法，也是引起我关注之处。

***

巴赫康塔塔的典型脚本有着以各种形式使之具体化的道德训诫。以 BWV 169 为例，这部《只有神拥有我的心》创作于1726年10月，是为女低音独唱所作的最后一首也是自始至终无比美妙的康塔塔。我们发现巴赫以他最有谋算的方式，以回旋曲主题来与星期日福音（《马太福音》22∶34-46）中选出的箴言般的句子相配："只有神拥有我的心。"这一简单的观念（用修辞术语所称的命题）为统御一切的统一性提供了根基，也为这一形象——出于对上帝之爱的不断重复

---

[1] 德雷福斯进行了中肯的评论："如何巧妙地将音乐引导为一种全新的评注形式"——甚至还对他所处的时代和启蒙运动早期音乐中"肤浅的享乐主义"进行批评，并将音乐作为形而上学的一个分支加以摒弃（以及吸收）(Laurence Dreyfus, *Bach and the Patterns of Invention* [1996], pp. 242-4)。

[2] Walter Benjamin, *The Origin of German Tragic Drama* (1928), pp. 174-7.

的自我奉献——与诗人及作曲家赋予的阐释之间提供了暗藏的交汇。这是巴赫最近似于直接"配乐"的一次。用音乐来配合文本的每一种表示和每一处抑扬。其中温和而持续的虔敬氛围，基于对基督双重训诫的遵守——爱上帝，爱你的邻人——与 BWV 77 中严苛地制定的律法（见502—506页）形成了极端对比。绕梁三日的圣诞康塔塔 BWV 151，《耶稣啊，甜蜜的慰藉》几乎完全与此相符。为了配合词句中（耶稣啊，甜蜜的慰藉，耶稣现在降生了）的慰藉，巴赫将开篇的咏叹调构思为一首为女高音而作的 G 大调西西里舞曲，12/8 拍，标记为极柔板（molt' adagio），由长笛和弦乐伴奏，柔音双簧管加倍了第一小提琴的旋律。他唯一的诠释是通过联想以及通过这支摇篮曲来暗示圣母在为她新生的孩子唱着摇篮曲。这首曲子在情绪上难以言喻地宁静，在音乐上预示了格鲁克和勃拉姆斯，而长笛繁复的独奏则使人想起某种民间音乐——或许起源于黎凡特（Levantine）甚至巴斯克（Basque）。与沉思的圣母之间任何转瞬即逝的联系，在活泼的 B 段突然转为狂喜的二二拍舞蹈时都迅速消散了，这喜悦之舞部分是加沃特，部分是吉格——"全心全意地欢欣雀跃。"长笛、女高音和第一小提琴（暂时地）在优雅的三重装饰音中无比欢喜——与年轻的亨德尔在意大利首次邂逅斯卡拉蒂和斯特凡尼之作品时所写的世俗音乐在风格和气氛上相似——然后开场的摇篮曲又重现了。巴赫不太可能因为在听者脑中建立这一短暂的联系而受到苛责，而为文本进行严格的、直接的谱曲则可能毫无启发意义——迷人却又陈腐——如同当时意大利作曲家（科莱利和曼弗雷蒂尼 [Manfredini] 等人）那些牧歌式的圣诞协奏曲一样——这也是巴赫在他的《圣诞清唱剧》第二部分的引子中所采用并变形过的一种微型体裁。

在他的魏玛时代，巴赫曾为一位独唱歌手创作过许多杰出的康塔塔。BWV 199，《我的心浸在血中》，展示出充足的歌剧技术及敏感性，表明他心里可能有一个具体的歌剧演员，某个身处魏玛的独一无二的不为人知的歌手（那里只有假声歌手会受到聘用）——或许是克莉丝汀·波林·克尔纳（Christine Pauline Kellner）这样的歌剧红伶，她在附近的魏森菲尔斯以及汉堡和沃尔芬比特尔卖座极高。巴赫在此所做的，与其说是布道，不如说是对良知受到冲击的个体所经历的复杂的心理和情感变化进行的描述。潜在的神学要旨基于法利赛人和税吏的寓言（《路加福音》18：9-14），以个人方式表达了出来。被自我恐惧吞噬的基督徒，深知她的罪行将自己变为"上帝眼中的恶魔"，在悲伤中饱受折磨（开场的伴奏宣叙调）。痛苦使她变得嘶哑（第一首咏叹调的 A 段），眼泪证实了她的懊悔（B 段），转瞬即逝的自我省察（在干宣叙调中极不寻常的 C 段插补段落）引出一段夸张的爆发，然后又返回"无声的叹息"（重复 A 段）。接着是更多的自我献祭（伴奏宣叙调），在寓言里税吏痛悔的哭泣中达到了高潮："上帝怜悯我！"之后不加停顿地出现一首充满深深的谦卑与忏悔的咏叹调（A），悔罪（B）在对忍耐的恳求（速度降至柔板）中推向高潮，接着是对忏悔的重新表达（A 段的反复）。这是转折点所在（一段两小节的宣叙调）。此时罪人进一步进行悔罪，将她的罪孽投到基督的伤口上（众赞歌）。从此这将是她的安息之处（伴奏宣叙调），为充满喜悦的和解唱一首颂歌（A），赞美神的祝福（B）和重获新生的喜悦（A 段的反复）。

　　巴赫要努力实现的，是对文本的清晰展示，更确切地说是其背后的理念，从一些有利位置以高度个人化的风格提供给听者。当代歌剧宣叙调中机械的喋喋不休不适合他，相反，他发展出一种足够灵活的音乐诵读，在意义重大的时刻能够迅速喷薄成为咏叙调，适应文字意象的起落。每一首宣叙调都是其后咏叹调的跳板，对情绪的每一次变化和表达而言也是这样。巴赫为每一首咏叹调织就了如此生动而迷人的音乐之网，以致不必有文字来表达具体的情感——即使是格奥尔格·克里斯蒂安·莱姆（Georg Christian Lehms）所写的情感满溢的词句。几乎可以去掉它们，同时抱有十足的信心认为其抑扬变化和情绪轮廓依然能被领会——这近乎于巴赫在第一首咏叹调"无声叹息"中的做法。

面对语言表达之局限（"我的双唇紧闭"）的文本，巴赫将表达的重担移交给了乐器，双簧管以哀伤的抒情曲表现出叹息的灵魂之烦扰焦虑，和人声一样富有表现力，甚至更为强大。当人声再次以新的材料加入双簧管的间奏时，再次充盈了情感内涵，这一技巧被称为"声乐融合"。巴赫又一次颠覆了以歌手为中心的传统歌剧惯例：将歌手置于音乐语境中考虑，这一事实可能会激起对于这种世俗规矩的宗教批判。与此相似，无需知道第二首咏叹调以"我低俯于你面前，充满悔恨"开始，这首宽广的萨拉班德中弦乐的线条就已形象地暗示了俯伏于地，而乐句的延展越过小节线，传达了恳求的姿态。这一策略成功与否，很大程度上取决于独唱歌手的辞令技巧和移情能力——影响并且真正地"打动"听者的能力，而并不仅仅依靠歌唱技巧。

***

巴赫将文字与声乐材料插入已有的结构中，常常带来感受力与情感表达的交融，然而最令人难忘的莫过于两部对比鲜明的作品，一部为圣诞节所作，一部为复活节后第三个主日所作。巴赫所作的圣诞康塔塔中，最有节日气氛、最为辉煌的是第三部，《愿我们口中充盈欢笑》（BWV 110），创作于1725年。第一乐章与第四管弦乐组曲（BWV 1069）的序曲是相同的，只是为第一双簧管的旋律增加了两支长笛。他采取同样的法国式序曲结构（慢—快—慢），隆重的外围部分包围着快速的赋格段落，而一首新的四部合唱曲进入了器乐结构中。作为《诗篇》126的释义，这首曲子以崭新的形态出现，有着出人意料的声响和对"在音乐中大笑"的绝妙演绎，与管弦乐曲中通常运用的拘谨而严肃的方式极为不同。当充满欢乐的人声加入时，器乐演奏者不得不重新思考熟悉的旋律和分句。同样，歌手需要适应法国式序曲的传统风格。已有的结构中暗含着不同的乐器组之间的交互轮唱，巴赫热衷于在其中增加不同的协奏曲式效果。为了这部康塔塔的一次重新上演（在1728年或是1731年），他为三个上声部写了新的协奏段落（低音部分遗失了），强化了独奏和全奏部分的对比。整部作品有着不可抗拒的招摇感，由于其优雅而轻盈的触感而免于沦为粗俗的顿足舞蹈。

通过嫁接来阐释熟悉的原型，这一做法在六个月后取得了更加令人难忘的效果。最初的一部小提琴协奏曲（如今已经遗失），后来以著名的 D 小调键盘协奏曲（BWV 1052）的形式出现，在首演于1726年复活节后第三主日的《我们必须经历许多苦难》（BWV 146）的开头两个乐章中再次出现。第一乐章是庄严的导引性序曲（尽管在宣扬福音书中的"我们必须经历许多苦难，才能进入神的国"时，这一充满活力又坚定的协奏曲乐章的作用并非显而易见），第二乐章则是为叠加在已有材料上的文本所作的完整的合唱曲，两个乐章中都以管风琴作为独奏。在演出时，歌手和乐手都需要巨大的克制和掌控才能在八十七个慢速的小节中维持第二乐章中寂静而超脱世俗的氛围。作为极其巧妙的移植，这足以给人留下深刻印象。我们无法确知巴赫是否在一开始就预见到了这种独特的手段，是否在看着眼前的文本时，突然想到了一种双重的可能性，使他能够预料到未来种种可能的组合。[1] 正如格伦·古尔德所言，"复调艺术的先决条件（在巴赫的作品中比

---

[1] 我指的是这样一种方式，例如，四个人声线条在某些时刻易于彼此交叉，同时在协奏曲的柔板乐章里与管风琴独奏中右手的装饰产生碰撞。无可否认，通过这一乐章中六次反复的固定低音，巴赫为创造与精化的二重过程提供了极为坚实的基础。

任何其他作曲家的作品中更明显),是一种构思出先验的旋律本体的能力,无论经过移调、倒置、逆行或是变换节奏,都会与最初的主题一同展示出全新而又完全和谐的轮廓。"[1]

***

我们来看看巴赫多层次的方法,它们使得音乐和文本最终指向不同方向,不是思想推动氛围和情绪,而是由音乐所暗示的氛围和情绪来驱动思想,其结果是,对方式的改变在思想中压出轨道。巴赫以个人化的方式运用了福音书文本,尽管意为宣扬并强化之前的布道,然而不时对布道进行了另类的、出乎意料的倾斜。我们知道康塔塔的谱曲极少完全由文本的语义来决定。相反,巴赫常常引入自己个人的重点标记。从少数几部使人强烈感到音乐与文本间曲折隐晦关系的康塔塔中,《你们将要痛哭哀号》(BWV 103)脱颖而出。我们在第九章中看到,其节日欢庆般的开场极具误导性,巴赫式的器乐回旋曲与随后文本的语义互相抵触,使得听者措手不及。更为传统的做法是让开篇两个主题的对立性与充满忧愁的慢乐章(如在为同一个节日所作的 BWV 12 及 BWV 146 中那样)相连,随后则跟着某种轻笑般的谐谑曲。巴赫所做的实在是令人吃惊。他好像预示着一个世纪后的贝多芬的 A 小调弦乐四重奏 (Op.132) 中的"神圣的感谢之歌",想要将这些对立的情绪结合起来,在共有的偶然之中紧密相连,强调分配并改善了这些精神状态的正是同一个上帝。速度突然降速至柔板及弱拍 (adagio e piano),独唱男低音以持续而痛苦的和声吟咏着"而你们将满怀忧伤"。接着,正当欢乐似乎远去之时,赋格主题再次返回,最初的伪节日主题变成了真正的快乐——不仅极为巧妙,而且很有启发性。

---

1 Glenn Gould, 'So You Want to Write a Fugue?', *Glenn Gould Reader*, Tim Page (ed.) (1990), p. 240.

很多时候，巴赫的音乐带来种种诠释上的小小转向，这不是对文本的简单解读能带来的。在第九章里，我们遇到过两首男低音康塔塔咏叹调，其歌词暗示了残酷生活中的一线光明，然而巴赫的音乐却完全是阴郁的，浸透了痛苦和无可慰藉的悲伤。自巴赫在三一节后第一个主日开始就任乐长并开始他最初两轮莱比锡康塔塔起恰好三年，我们不知不觉间一头栽进充满自然灾难和仁慈诉求的世界：BWV 39，《把你的饼分给饥饿的人》是巴赫第二次采用来自迈宁根（Meiningen）宫廷的文本，他的堂兄约翰·路德维希（Johann Ludwig）在此供职。迈宁根模式必备两段圣经中的引文：第一乐章采用旧约中的"把你的饼分给饥饿的人"（《以赛亚书》58：7-8），以及来自新约的"只是不可忘记行善和捐输的事"（《希伯来书》13：16），通用的线索是帮助穷人的命令。

多节的开篇合唱篇幅浩大：218个小节占据了整部康塔塔长度的三分之一以上。巴赫几乎是实验性地在导引性的序曲中安排了不断重复的八分音符，由成对的竖笛移交给成对的双簧管，再到弦乐，再回到通奏低音中生硬而杂乱的八分音符。施比塔、先灵（Schering）及丢尔等德国学者断言这"毋庸置疑刻画了分饼的动作"。[1,2] 史怀哲公正地进行了反击，认为"听音乐的人不会认为这是分饼的画面……它描绘了那些不幸的人得到了帮助并被引入屋内"。[3,4] 当合唱团在十三个

---

1 他们的诠释建立在对第一个词语"brich"的字面解释之上，这个词语来自德文中的动词"brechen"，意为打碎，或者是英文中"分享"一词的隐喻意味（或者法语中的 partager）。新英文圣经中的诗行为"不是要把你的饼分给饥饿的人，将漂流的穷人接到你家中，见赤身的给他衣服遮体，顾恤自己的骨肉而不掩藏么？"

2 Alfred Dürr, *The Cantatas of J. S. Bach* (2005), p. 396.

3 Albert Schweitzer, *J. S. Bach* (1911; 1966 edn), Vol. 2, pp. 46–7.

4 这种解读并未理所当然地使其变为巴赫的"难民康塔塔"，尽管有人将其与纪念一次著名事件的仪式相联系——1732年萨尔茨堡大主教驱逐了大约22000名新教徒，而他们迁往普鲁士则是腓特烈·威廉一世"普鲁士移民"（Peuplierungspolitik）政策的一部分（Tim Blanning, *The Pursuit of Glory: Europe 1648-1815* [2007], p. 88）。这部康塔塔首演于六年前，即1726年6

小节后进入时，当巴赫将歌手成对地分组演唱三拍子的乐句时，这无疑是人们脑海中浮现的画面。他们流露出乞求的姿态，情绪激动地哽咽，他们的请求断断续续、支离破碎。接着是持续的半音乐句——"那些受苦的人"，之后一段十六分音符的三拍子段落"迎进你的家里"布满了装饰音。在你本以为会听到乐施会呼吁之处，却看到了行乞的碗。巴赫这首合唱的出发点不是请愿指挥者而是饥民的角度，换言之，他为合唱团设计了可变的角色——从演员（他们站在了饥民的队伍中）到圣经中的指导者，后者为恰当的慈善行为制定规则。

男高音们开始演唱简短的新的赋格主题，引人注目的降A大调和降D大调有着苦难意味，尤其是女低音以模仿形式加入的八个小节。九十三小节之后，拍号变成了四四拍。男低音们开始演唱无伴奏段落"见赤身的人，给他衣服遮体；而不是仅仅顾及自己的骨肉"，之后所有的人声和器乐都以巴赫魏玛时期康塔塔的风格来进行应答，一段华丽的对题暗示了为赤身的人"穿上衣服"。我们听到的声音发生了明显的变化：不再是忍饥挨饿的受苦者，而是慈善行为的代言人。巴赫再次巧妙地运用了文本。在第106小节处，节拍再次发生了变化，在男高音唱出由带有尾声的间奏分隔开的两个赋格呈示部中的第一个时，节拍变成了3/8拍（这也是魏玛时期的特征）。在开始部分令人窒息的苦难之后，解脱感触手可及，并且在齐唱中得出结论"你所得的医治要速速发生"。男低音此时开启了第二赋格呈示部。在漫长的苦楚之后，女高音引导的尾声"上帝的荣光将是你的回报"在欢乐的爆发中释放了被压抑的能量。

在他的第一个丰产期中，《爱主你的神》（BWV 77）成为了高潮，这是巴赫为三一季的头四个主日中已经勾勒出的核心教义进行辉煌而

月，尽管如杜尔所解释的，这部康塔塔在1732年重演时可能"找到了新的用途……剧作家和作曲家都没有预料到这一点"。这是可以想象的（Dürr, *The Cantatas of J. S. Bach* [2005], p. 394）。

令人信服的表达的时机。他的目的是运用所有可用的音乐手段来展示《新约》中两大诫命的核心，以及为何"这两条诫命是一切律法和先知一切道理的总纲"。于是他构建了一首庞大的众赞歌幻想曲，在最上方的三条弦乐线条进行模仿之后，合唱阐明了《新约》中的观点。他决定在此时用无词的路德宗众赞歌旋律"这些是神圣的十诫"包裹唱出的《新约》诫命，显示出整个律法都包含在去爱的命令中。由于指望他的听众在旋律与文本间建立联系，巴赫在加农中引入了律法的有力象征，位于最高处的伸缩小号和支撑性的通奏低音之间——以形象的方式证明《旧约》是《新约》的基石，全部的律法都与耶稣关于爱上帝与自己的邻人的命令密不可分。

这仅仅是开始。接下来巴赫从众赞歌主题中抽出了声乐线条，使其以可闻的方式在众赞歌旋律的逆行中浮现。为了理解他的做法，可以将其想象成一幅巨大的高加索地毯，所有的几何设计与装饰图案构成了完全一致的整体。你的目光首先被优美的声乐线条吸引，接着开始分辨出更为广阔的轮廓——同样的基本结构，规模却大得多，勾画了整体的形态，其模式却向相反方向发展。这等同于增值加农，低音线条以半速（二分音符）低五度行进，象征着最根本的律法。巴赫让小号（以四分音符）吹奏出众赞歌中九个乐句，象征性地升高十度重复整段旋律，于是在这个乐章的高潮中"旧的"和"新的"律法在听者心中清楚无误地融合在了一起。[1]

奇怪的是，每当众赞歌旋律停下时（实际上甚至在其尚未开始时），音乐中便展露出一种洞察真相的、几乎纤巧脆弱的特质——一

---

[1] 这段旋律本身至少起源于13世纪，起初作为朝圣者赞美诗"以上帝之名"的曲调为路德选用，是对上帝之保护的乞求，特别是在基督被选定为船长或领航员的远航开始之时。除了《神是我们的坚固堡垒》(BWV 80)，在巴赫其他的康塔塔中没有任何对固定旋律的卡农式处理有过同样的纪念性与宗教权威性。

段安静而无辜的进堂咏，没有常用的八英尺低音。接下来出现了洪亮的诫命主题（你会觉得这能确保抓住会众的注意力），合唱团以雷霆万钧之势唱出"你要爱主你的神"，如同传播福音的雕塑家，在音乐之岩上镌刻出这些词句。在模仿性对位线条的轻柔交织与双主题卡农的惊人分量之间，出现了音高、结构和力度上的巨大断层。有人愿意把这种对高度和深度的显著对比理解为天国和人世的空间隐喻——遥远，然而彼此相联。在《旧约》及《新约》中诫命的明显啮合之外，前者进行了严格的卡农式处理，后者在声乐线条的完成中则更为自由且更为"人性化"，标志着上帝对于天国和人世之掌控的象征性分离。此刻的音乐令人惊叹，人声先是向下追寻，接着在小号最终吹奏的众赞歌旋律中向上攀升。最终结果是调式和声和自然音阶和声的有效混合，留下了难忘的印象，把我们推向了勃拉姆斯《德意志安魂曲》的世界，甚至更远，到了梅西安的《时间终结四重奏》的世界——这两部不可抗拒的作品以不同的方式接过了巴赫的衣钵，通过音乐来延伸圣经中的讯息，以回答恐惧与信仰的终极问题。

随之而来的是对信徒尝试遵循上帝的诫命时其意志之徒劳的思考，以及对永生的预示。这首为女低音而作的咏叹调采用了萨拉班德的形式，在其简单和亲密的表象之下，弱起和弱终止式映射了人类的脆弱无常。巴赫决定在此刻唤起他的首席小号来为歌手进行烘托——在开场合唱中它曾那么信心十足而且威严堂堂，此时却形单影只，除了固定低音以外别无支撑。它的作用是以最为赤裸的方式表现人类的不完美。如果巴赫要为自然号（无阀键小号）写一支伴奏旋律，也不会选择更为棘手的音程或是更不稳定的音符——不断出现的升 C 和降 B，时而露头的升 G 和降 E，要么根本不存在这种小号上，要么以走调的形式痛苦地出现。换言之，巴赫有意展示人类的缺陷和脆弱，让所有人听到，甚至让人为之苦笑。

做一个展示（完美的）上帝和（充满缺陷且容易犯错的）人类之间的区别的使者，对于任何音乐家而言都是严峻的考验，除非你是一个悲哀的小丑，脸上涂满白粉，习惯于在马戏团里（拙劣地）吹小号。然而在匆忙认定巴赫是个虐待狂之前，应该潜入音乐的表象之下。理查德·塔鲁斯金认为，有时他"似乎故意提出显然超出他的表演者及其乐器的要求，来制造一场效果很差的演出"。[1]如果这是事实的话，巴赫不会允许出现任何矫正措施让小号手用巨大的吹口来"弯曲"或是"嘴唇向下"（或"向上"）挽救不和谐的音调以使其变得稍微容易接受一些，或是像在其他地方要求的那样用伸缩小号来演奏。问题的关键在于，巴赫极力要将其作为音乐的一部分进行展示，[2]接着在不加掩饰的对比中，在这首咏叹调的 B 段里，他轻而易举地穿过一段美得不可言喻的十小节独奏，无一例外完全由自然号的自然大调音符组成：如同某种闪着微光的飞机一般，穿过云层，在阳光下熠熠生辉。突然间我们有幸对上帝的国度投去辉煌的一瞥，一种对永生的预示，与信徒孤立无援地执行上帝的诫命时的困难感和无力感形成了凄美的并置。[3]这种方式可能有些极端，然而极为有效。这要求自然号的固有的不平均来达到效果，这种效果在现代的半音活塞小号中丧失了。这只是本真乐器在巴赫作品的演出中所能带来优势的一

---

1 Richard Taruskin, *The Oxford History of Western Music* (2005), Vol. 2, p. 370.

2 Roger Scruton, *The Aesthetics of Music* (1997), p. 452.

3 根据 17 世纪德国理论家安德烈斯·威克麦斯特（Andreas Werckmeister，巴赫应该熟悉他的作品）的看法，在自然音（由和谐的数字和音符组成）和半音之间有着关键的神学差异。他将前者诠释为"对于永生的反映和预示"，而那些半音的偏离则寓言性地反映了人类的堕落。换言之，我们泛指的"巴洛克"音乐，从开始影响并唤起情感（Gemütsbewegung）的时刻起，以威克麦斯特那充满神学色彩的视角来看，就在"适度的"（tempered）音程中嵌入了不完美。只需想一想《弥赛亚》中的男低音咏叹调"号角即将响起"（The trumpet shall sound），就能领会到亨德尔如何利用小号那天然的、神赐的特质，以及对八度和五度的广泛运用，来表达人类通过基督来获得救赎的最后阶段（Ruth Tatlow, 'Recapturing the Complexity of Historical Music Theories', *Eastman Theory Colloquium*, 28 Sept. 2012）。

例而已。他在这部康塔塔中运用的技巧极为复杂——在第一首合唱中体现在律法的制定上，在这首咏叹调里则体现为上帝的完美以及人类的竭力模仿之间严格的二分法中。我们感到疑惑，一个任务繁重的教会音乐家，禁锢在陈腐的条条框框当中，如何写出如此有创造力的作品——不仅仅是一部孤立的作品，正如我们在第九章中看到的，也是连贯而惊人的康塔塔系列的一部分。

* * *

是什么给予了巴赫灵感，使他创作出如此密集、如此强烈并且有着高度原创性的音乐，让我们为之痴迷？这个问题从一开始就困扰着学者们。这是出于真正的宗教狂热和心无旁骛的献身，如他在标题页以及每部康塔塔的结尾处写下的"SDG"（"荣耀献给唯一的上帝"），还是由于天生的戏剧感和强烈的文字意象即刻激发的想象力？[1] 你以为自己得到了答案——有时是这个，有时又是另一个——然而后世的神学家言之凿凿地识别出深藏在康塔塔中的一段经过编码的教义讯息，紧接着怀疑论者又强调在解读巴赫时应该忘记和宗教相关的一切，或者是缺乏想象力的音乐家坚持要把音乐和圣经相分离。然而即便我们假定巴赫的路德宗热情是真诚的（没有理由相信不是这样），他就理所当然地变成了神学家或者说这些康塔塔就必须以神学术语来解读么？当然不是这样：我们已经看到，神学首先是通过语言表述的，而巴赫之表达的自然形式以及他的音乐进程有着自己的逻辑，凌越了出于语言的考虑。戈特弗里德·埃夫莱姆·谢贝尔（Gottfried Ephraim

---

1　这绝不限于巴赫；当时的音乐家们大量运用这一措辞来结束他们的宗教作品；据海因里希·博克迈尔（Heinrich Bokemeyer, 1679—1751）所言，"他们内心想着'荣耀只归于音乐'（Soli Musico Gloria），实际上意味着只为肉体、世界及魔鬼的胜利"（Mattheson, *Critica musica* [1722], Part 4, Section 26, p. 344）。

Scheibel）坚持认为"任何想要写出神圣诗篇的人必须是好的神学家和道德家。因为这不仅仅取决于他的见解，这些见解必须与圣经相符。否则我们的宗教音乐将会充斥着空洞的言词，如同没有内核的空壳，成为无法愉悦上帝的噪音。有灵魂的文字和感人的作品必须结合"。

然而，我们不应容忍以神学为出发点的评论家将康塔塔视为教义论述而非离散的音乐作品的倾向，也不能接受激进的无神论者试图揭除巴赫音乐解读中所有神学含义时的窃喜。在最终的分析中，巴赫音乐中无法抗拒的感化人心的力量无可否认也无法消除，正是这种特质使得他的康塔塔对基督徒和非信徒同样有吸引力。当我们在音乐中接收的思想和感觉比其他方式更为坦率、清晰和深刻时，会有一种如释重负之感。一开始我们可能会觉得被传道或是说教，并且进行抗拒。然而你意识到自己不必拘泥于此——你并非被迫服从一种信条，因为巴赫的方式即使在最激烈的时候，也不是自上而下强加给我们的道德培养计划。相反，最典型的特质在于他传达了对人之为人的确切理解——我们有缺点、恐惧和盲点——像伟大的小说家一样向我们解读这些词句，捕获生活本身之意。[1]

***

然而，当巴赫的音乐处理体现出了顺从并且近似于共谋之感时，

---

[1] 作家及诗人布雷克·莫里森（Blake Morrison）用这些以及其他类似的文字来描述诗歌对读者的影响，同样的文字也可以用来描述小说。例如，米哈伊尔·巴赫金（Mikhail Bakhtin）在他的论文《小说漫谈》("Discourse in the Novel")中提出，不同于其他一切以某种方式固定且完成的形式，小说总是带有新时代的意义，并且包含一种逼真的表达方式，"不得不触及数千种鲜活的对话"（*The Dialogic Imagination* [1975], p.276）。最有说服力的是，约翰·巴特将这些评论与巴赫的宗教音乐联系起来，提出作为听者，我们对一部康塔塔或受难曲的感受"更像是一部用声音写就的小说而非直接的"。巴赫"成功地将传统歌剧实践与可预期的路德宗会众的积极参与结合在一起，进而将这种体验设计为培养信念的途径"（*Bach's Dialogue with Modernity* [2010], p.189）。

他仿佛决心要追随当代音乐理论家的劝诫——"抓住文本的意义"（沃格特，1719），认为"高雅且与文本相关的音乐表达是音乐的真正目的"（海尼兴，1711）。正当你感觉到他们的赞许时，巴赫却将规则掌握在自己手中，在一部康塔塔连续的乐章中制造出极端的对比，一定在听众心中造成震惊甚至混乱。

《耶稣，拯救我灵魂的主》（BWV 78），以一首广阔无边的G小调合唱挽歌开场，在规模、强度和表达能力上等同于他的两部受难曲之序奏。巴赫将其建构为有着半音下行的固定低音的帕萨卡利亚，低音与赞美诗旋律相抗衡，用各种对位线条将其缠绕。在本以为三个较低声部会为"固定旋律"提供谦恭的伴奏之处，巴赫对它们进行了不同寻常的突出，在帕萨卡利亚和众赞歌之间斡旋，像牧师的布道一样预见和解读众赞歌文本。这就是诠释的力量，我们会怀疑巴赫音乐中的雄辩是否再次无意间抢了牧师的风头。这样的康塔塔开篇乐章会让人屏息抓住每一处细节，当它们在耳畔出现时，拼命榨出最后一滴音乐价值。

即使是在最疯狂的梦里，我们也不会为这段高贵的开场合唱想出比接下来美妙得近乎无聊的二重唱——"我们加速了虚弱但勤勉的脚步"——更加意外的续篇。对文本的任何直接解读都不会与这样不敬而无用的段落相关联：你在期盼着某些恭敬顺从之物，却得到了戏谑的玩闹。大提琴伴奏的无穷动（moto perpetuo）是对普赛尔的效仿，也是对罗西尼的预示。巴赫的杰作令你微笑，用脚打着节拍，在"愿你亲切的面容向我们微笑"的恳求中赞同地点头。

然而这种赦免仅仅是暂时的。男高音宣叙调非同寻常地从弱音开始，我们回到了弥尔顿式的"麻风之罪"的观念，巴赫在其他一些三一节后的康塔塔中进行了详细阐释。声乐线条生硬笨拙，情感充满了痛苦，配上的文字也是惩戒性的：几乎就是《约翰受难曲》中彼得之悔恨的延伸，而后者正是他六个月之前带给听众的。救赎通过基督的鲜血来完成，在长笛伴奏的咏叹调中（No. 4），男高音充满信心地宣称，尽管"地狱之主向我宣战，耶稣会站在我身边，我必争战得胜"。我们会期待一支小号或者至少是全部弦乐来唤起这场与邪恶力量之战，但巴赫更为机敏。他更感兴趣的是用长笛优雅的形象来抹除或"击穿"人类的罪过，以舞蹈般的迷人曲调，勾画出信仰能够净化灵魂，"让心重新变得轻盈"的方式。至于伴奏宣叙调（"当那可怕的审判官宣布罪人的刑罚"）的甚快板部分，巴赫要求男低音"热情地"演唱。这段音乐中的字母 p 既是小写的也是大写的，与《约翰受难曲》以及 BWV 159 中对"成了"的另外一段无与伦比的配乐在技巧、情绪和表达性上有着惊人的相似之处。在当今追求古文献纯正性和音乐学正确性的氛围中，巴赫作品演出中的激情是罕见之物，然而这与巴赫高超的技巧，与他对于结构、和声和对位的掌控，以及使它们浸透了这般强度、意义以及激情的奇迹是不相符的。

尽管我们已经习惯了巴赫那具有原创性、戏剧性，有时难以捉摸的谱曲方式，还是会不时遇到某个设计失败的或是反映出一时疏忽的乐章。以 BWV 180《灵魂啊，装扮好自己》中的女高音咏叹调"生命的太阳，意义之光"为例。一开始时非常迷人，然而在歌手一遍遍持续重复同样的词句达十九个小节之后，就有了不堪忍受的风险。BWV 49《我充满渴望地追寻》中的咏叹调"我真荣耀，我真美丽"也并没有高明多少。听起来就像是《西区故事》中"我真漂亮，噢，如此漂亮"的早期草稿。然而，不同于伯恩斯坦（也不同于《圣诞清唱剧》中的"他的手轻挥"，其中每一次重复都令人愉悦），巴赫的旋律在某种表层吸引之下没有足够的内在趣味来确保这些不断的重复。在 BWV 134，《心知道它的耶稣还活着》中，面临着"模拟式改编"他的科滕康塔塔中最为欢乐的几部之一的任务，巴赫首先将原稿的声乐部分去掉文本誊写下来，接着对着一个个音符自己写下了新的"神

456

碰撞与共谋　509

圣"词句，同时对音乐进行了少量调整。宣叙调（在文本方面通常是典范）最为糟糕，显然是在匆忙中或是心不在焉地写就，甚至让人觉得他是在睡觉时完成的。直到七年后他才开始修补这一缺失，创作全新的宣叙调来覆盖过去的罪证。

***

巴赫用来绕过规则以及文本限制的一个途径，就是从文本中选出总体的观点，在他的想象中激发主要的乐器声响。例如，他知道如何运用庆典式的小号引导乐团以及当时的合唱团来传达无拘无束的喜悦和庄严感，而无须细致严谨地了解小号的高音部分对听者的神经系统具有刺激作用。他显然受到了莱比锡市聘管乐师的激发，这群技艺精湛的小号手的首席为戈特弗里德·赖歇（Gottfried Reiche），在特别场合能够加入到他的圣托马斯乐团中，巴赫正是从他那里了解到这种乐器除了在军乐团中基本的节奏作用以外，无论是独奏还是对位地演奏时，在旋律上拥有的潜质。只需想想《B小调弥撒》中任何一首合唱里出现的高音小号，就能意识到巴赫能够支配多么强大而迷人的力量。从《圣哉经》中我们能够发觉巴赫构想出了充满由纯粹精神构成的不可见存在的宇宙，我们这些凡俗无可触及。作为无实体的存在，天使在存在等级中占据了应有的位置：在《诗篇》8中，人类的位置"比天使稍低一些"。当巴赫还是在爱森纳赫的学童时，吹号角的天使构成的神圣唱诗班的观念就已形成。当时的赞美诗集及圣诗集甚至都有着对这一观念的象征性写照。巴赫被指示道，天使的作用就是用歌曲和舞蹈来赞美上帝，作为人类的信使，帮助他们，在对抗邪恶的宇宙之战中为上帝征战。巴赫用来颂扬大天使米迦勒的那一长串令人目眩的康塔塔就有着无边浩瀚的持续辉煌。[1]

在三一季盛行的忧郁、与罪孽相关的主题中，米迦勒节（Michaelmas）一定是令人愉悦的宽慰。以《主啊，我们赞美你》（BWV 130）为例，这是一首对上帝创造大天使的赞美和感激之歌。巴赫为我们展示了一幅天使列队的画面：这是天上的军事演习，有些甚至跳起了舞，为投入战斗做准备。在这部康塔塔的核心部分——一首特别加入了三支小号、鼓和固定低音的 C 大调男低音咏叹调——这场战斗不是作为过去的事件而是作为经常存在的危险进行描绘，"古老的恶龙妒火中烧，不断制造新的伤痛"，意欲拆散基督的"可怜的小羊群"。米迦勒长剑的凛凛寒光中（包括首席小号要两次应对的五十八个连续的十六分音符）已经闪现出足够的光辉，这不是《闪电战》中的一段。巴赫更关注于唤醒两大势力来互相对峙：一方警惕地准备保护"可怜的小羊群"免受袭击（三支小号连续抽动的颤音即为暗示）；另一方狡诈而虚伪（或许定音鼓和固定低音旨在成为恶龙的助手而非像 BWV 19 中那样站在米迦勒的军队中）。或许巴赫前无古人后无来者地创作了如此丰富而美妙的音乐让凡人歌唱和表演——巴赫在小号三重奏中炫示的辉煌效果无人能及。

对于当时的德意志音乐家们而言，死后进入天使唱诗班或音乐会的憧憬，是一种幸运的入口。这反映了巴赫自己深刻的信仰，以及用

---

[1] 大天使米迦勒（这一名字意味着"像神一般"）是同时出现在《旧约》与《新约》以及《新约外传》（Apocrypha）和《古兰经》（Koran）中的少数角色之一。他作为以色列儿童的保护者出现（《但以理书》12:1），激发勇气和力量，被尊崇为基督在尘世之王国的守护天使以及中世纪传说中骑士的守护神。在基督教典故中，米迦勒确保即将出现在上帝面前的灵魂安全进入天堂。因此出现了天主教安魂弥撒中的奉献经祈祷文——"愿执圣旗的米迦勒带他们进入圣光"。米迦勒节最早出现在罗马帝国治下的公元 5 世纪某时，这一重要的宗教节日是传统的季度结帐日，在欧洲北部是征收和商定租金之时，也是新的农业年度的开始，在莱比锡是三场年度商品交易会之一开始之日。当六翼天使中最高等的路西法带领叛军反抗上帝之时，他变成了魔鬼，以蛇或十头魔龙的形象出现。米迦勒作为上帝之军的领袖，在末世之战中对抗黑暗势力，是击溃路西法的关键人物。

音乐连接此生和来世的策略，因而丰富了听者的感受，无论他是否意识到这一点。这些策略取决于他对某些特定声响的运用，如在刚刚提及的例子中的高音小号或定音鼓，同样也有赖于对某种精神状态的再现——临终时的脆弱性，或是如何处理丧亲之痛。在这种语境下，济慈关于客体感受力的著名阐述有着独特的相关性——"当一个人能够经受住不确定性、迷惘与怀疑，而不会焦躁不安地寻求事实和道理"。济慈对主体的合理化允许快乐与不安并存，为巴赫抚慰人心的音乐对听者的影响提供了意想不到的外延。为了领悟它所提供的巨大资源，同时需要放松与努力，不需要有意的紧张，但却需要最清醒的注意力。它既需要听者放松，又需要保持极度警觉。特德·休斯（Ted Hughes）曾说写作就是去面对我们不敢面对的事物——说我们宁愿不说却又迫切需要分享的话。这同样也是巴赫康塔塔处理死亡之艺术的疏导作用：它们的效果就是使我们能够面对无法面对之物。

* * *

巴赫为三一节后第十六个主日所作的四部康塔塔（BWV 161, 27, 8 和 95）全都表达了对死亡以及从世俗关怀、挣扎和痛苦中释放肉体的路德宗渴望。除了一部之外，全都以葬礼的钟声为其特色，这在巴赫的年代代表着灵魂的离去，唤起时时的纪念。它们形成了极为感人的四重奏形式的复调音乐，既抚慰人心，又令人振奋。尽管它们具有统一的主题，却充满了创造性的张力，以对音乐和文字以及织体、结构和氛围的趋同性进行不同处理为特征。在其中最早的一部，BWV 161，《来吧，甜蜜的钟声》中，巴赫用不寻常的柔和配器来作为有限的颜料，其中两支高音直笛（正如在《悲剧一幕》中一样）以三度或六度进行加强。在构成了康塔塔核心乐章的非凡场景中，它们是首要的色彩元素。信徒（在为女低音而作的伴奏宣叙调中）在他的灵魂朝圣中终于抵达，濒临死亡。文字中的每个场景都在音乐中得以复制：由人声、固定低音和两支直笛的下行音阶动机来表现灵魂的"温柔睡眠"沉入耶稣怀中；简单的分解和弦暗示着玫瑰覆盖的"冰冷坟墓"；突然变得激动的十六分音符描绘了唤醒死者以及"快乐的一天"的结束，对死亡的渴望化为欢乐；丧钟的敲响表明了"最后的时刻"，由四把小提琴在空弦上的声响不断强调。

其中两个乐章都是三拍子，为巴赫后来那些有关死亡召唤的康塔塔建立了模式——使悲伤的心灵镇静舒缓的手段，如在 BWV 27《谁会知道我的末日》那神奇的开场合唱中一样，在这首悲伤的挽歌中，巴赫融入了纽马克（Neumark）的赞美诗"只让上帝统治的人"曲调。时间推移由管弦乐队中低音缓慢的摆动来暗示。在此之上，弦乐高音声部下行的音型以及双簧管哀婉破碎的主题为萦绕心头的众赞歌旋律提供了背景，与沉思的宣叙调交织在一起。在这首女低音咏叹调中，就连羽管键琴的伴奏和固定低音线条似乎都贯穿着测量时间的观念，通过羽管键琴的敲击加以强调，这些以丧钟为主题的康塔塔中，这种特质在往复出现。

在 BWV 8，《亲爱的上帝，我何时死去》的开头，纯粹由器乐勾画出一幅同样能引起共鸣的画面，几乎描绘了一支葬礼队伍。为两支柔音双簧管而作的 E 大调乐章充满了持续的十六分音符，柔和的断奏八分音符由弦乐高声部伴奏，拨弦的低音线条强调着慢速的12/8节拍。横笛银光闪闪的声音漂浮其上，超越了通常的音域——也有别于他在 BWV 198 中模拟各种钟声来标志克里斯蒂安娜女王离世的做法。在这个乐章中，甚至在一个音符也没有唱出之前，就已经确立了一种伤感而多变的柔情，仿佛有人接近了生命的尽头，看到自己的家人走在哀悼的队伍中。如果说双簧管部分有时让我们想起勃拉姆斯的音乐，某些和声进行则预示了柏辽兹的《基督的童年》；在女高音们演唱的赞美诗曲调进入时,巴赫几乎赋予其集市般的氛围。在男高音咏叹调中,当以分离的八分音符演唱"如果我最后的时刻到来了"时,葬礼的钟声在固定低音的拨弦中再次出现。

在通过音乐和文字描绘基督朝圣的最后片刻时,巴赫的想象力在BWV 95《基督是我的生命》开场合唱的第二部分中达到了顶峰。他刻画了灵魂抵达渴望已久的终点时,生与死的力量之间的较量。这与约翰·班扬的《天路历程》中的顶点相类似——当基督"逝去,所有的号角在另一个世界为他而鸣"。巴赫用四首连续的葬礼圣歌作为结构的支柱,在信徒(男高音)思考自己的死亡时给予他支持。有力的开场部分以切分节奏在成对的双簧管和小提琴交替,充满活力地搏动着,为第一首三拍子的众赞歌铺平道路。这种节奏在"死亡"一词上消散,人声逐个进入,组成了一个减七和弦,短暂的休止之后在"是我的奖赏"中再次迸发。在"我快乐地前行"中推向了高潮,通往下一首众赞歌——路德对《西缅颂》的演绎。

两首众赞歌的要旨在一首咏叙调"我的心里欢喜愉悦,我要离开这里了"中联结在了一起。巴赫采用了极具实验性的方式,打破这些自由节奏的段落,在其中注入切分节奏的主题而加以掌控。于是你会遇到一连串不合规律的四七拍(以四分音符为一拍,每小节有七拍,当时的宣叙调通常是四四拍的)。在高潮处,男高音无伴奏地唱着"我要说出临终之言"——一片寂静——"啊,能在今天唱该多好!"紧接着,圆号与双簧管之间的对话开启了第二首众赞歌,路德那首热情洋溢的"充满和平喜乐"。[1] 在结尾时,独唱女高音突然惊叹

---

[1] 我第一次听到这部康塔塔是在 20 世纪 60 年代末,那是卡尔·李希特指挥的一场演出。巴赫对法国号与双簧管那完全原创性的结合深深打动了我,它们呈现了一场激烈的争斗。"爵士小号",我当时这样认为,而这段里的确有种即兴演奏会的感觉。我们无法确知巴赫指定的"corno"究竟是什么乐器。某些学者认为这是木管号(cornetto),然而古式木管号要求演奏者运用繁复而凶险的交叉指法,这就抑制了声音的呈现。当我们在伦敦对此进行尝

"啊，虚妄的世界！我现在和你没有关系了"。这同样毫无间断地引入了一段迷人而曲折的旋律，"我现在同你告别，邪恶虚伪的世界"。这部康塔塔中唯一一首真正的咏叹调为欣喜的男高音而作——令人着迷的"啊，敲响吧，神圣的时刻"——两支柔音双簧管几乎以赤裸裸的四度持续行进，时不时停在不和谐音上（其效果类似于悬在空中的破钟的回响），自始至终由拨弦代表的葬礼钟声伴奏。

它们究竟象征着什么呢？仅仅是在听者心中激起共鸣的符号，在丧亲者的听觉想象中触发节奏型和音响的非语言手段吗？2000 年我们在圣地亚哥—德孔波斯特拉演出所有这四部康塔塔时，在酒店的酒吧里，演奏者们关于这些葬礼钟声的意义和意象展开了大规模讨论。有人认为 BWV 161/iv 和 BWV 8/i 中长笛不断重复的八分音符代表着与婴儿死亡相关的高音丧钟——仅此而已。其他人则确信 BWV 95/v 的咏叹调中的音乐代表时钟的运行，男高音等待着他最终时刻的敲响：弦乐模仿时钟机械的滴答声，双簧管模仿齿轮的运转，敲响十二下时慢慢停了下来——就像人们不耐烦时一样。第二双簧管的回声拉动钟上的平衡锤配重推动了时钟，因而使其再度运行。[1] 如此新颖独特的（于我而言似乎也是合理的）解释引人思考，当巴赫创作这些作品时的关注点是什么呢？也许为体弱的孩子有可能面临的死亡所作的精神准备激发他创作了这一系列以信仰和信任为基础的康塔塔？它们的质朴简单就像孩子一般。他的第八个孩子（也是他与安娜·玛格达琳娜的第一个孩子）克里斯蒂安娜·索菲亚在 1726 年 6 月 29 号时奄奄

试之后，在 2000 年于圣地亚哥—德孔波斯特拉的演出中，迈克尔·哈里森（Michael Harrison）带来了他那把 19 世纪中期的 C 大调德国半音阶阀键小号作为备选方案，设法使其在音色上无比贴近木管号，尽管略显过时。最终令人信服的并非乐器的外形、样式或年代，而是演奏者的技艺和想象力。

[1] 彼得·沃尔尼让我注意到魏玛的一座落地式大摆钟，巴赫那倔犟而孤僻的雇主威廉·恩斯特公爵安置了这座钟来测量他生命中每一秒的精确时长。

一息，这正好是他开始创作 BWV 27 的几个月之前。这部康塔塔充满了质朴与天真，以"谁会知道我的末日何时将临？时光逝去，死亡迫近"这样的句子开场。[1]

＊＊＊

在为一位年轻的德意志骑士提供礼仪建议的手册（1728）中，朱利奥·伯纳德·冯·罗尔（Julio Bernhard von Rohr）用了三十一页的篇幅来论述死亡、埋葬和哀悼这个话题。作为完全开明的导师，冯·罗尔建议以"合理的"举动来为死亡做准备，安排好个人遗产，适当的衣着、仪式和葬礼悼词。对于那些他称之为"伪君子和口头的基督徒"的人，以及使得葬礼布道成为"谎言布道"的牧师，他的言词极为尖刻，并且他极力主张禁止私人夜间葬礼。[2] 巴赫或许会赞同：在夜间举行没有音乐的葬礼这一惯例减少了他从葬礼费用中获取副业收入的机会。出于同样的原因，莱比锡市民良好的健康状况同样令巴赫担心；如他向朋友格奥尔格·艾尔德曼所抱怨的，"当一阵健康的风刮过……就像去年那种……我失去了超过 100 塔勒的收入。"[3] 另一方面，强力王奥古斯特（August the Strong）或是巴赫的旧雇主科滕的利奥波德这样的名流的过世，提供了极为难得的利润丰厚的作曲和演出机会——但之后也会有一段时间悲悼而禁止音乐的时间。从客观来说，巴赫对死亡的体验可能超出了 18 世纪萨克森人的常规水平。（在

1　在逝世的三年以前，巴赫重演了这部康塔塔。因为他已经无法相信职业抄谱者的工作，他亲自颤巍巍地写下分谱。为这次重演所作的下行转调（从 E 大调到 D 大调）在艺术上一定有着令人信服的理由。因此，令人奇怪的是，他最后又回归到了 E 大调版本，并且吸收了 D 大调版本中的所有变动。短笛在此变成了横笛，巴赫几乎在每个音上都作了详细的发音标记。在 18 世纪 20 年代的其他康塔塔的演奏用谱中，我们很少遇到如此详细的注记。

2　Julius Bernhard von Rohr, *Einleitung zur Ceremoniel-Wissenschafft der Privat-Personen* (1728), pp. 660, 666.

3　BDI, No. 23/NBR, p. 152.

此提醒，在他幼年时期，一个姐姐，两个兄弟以及一个叔叔相继离世。接着在他十岁时双亲过世，他第一任妻子玛丽娅·芭芭拉在1720年离世，他们的第三子约翰·戈特弗里德·伯纳德[Johann Gottfried Bernhard]在二十出头时死去，再加上和第二任妻子安娜·玛格达琳娜所生的四个女儿和三个儿子。）

这种日渐累积的悲伤在他的私人生活中如何表达，我们无从得知。不过，在这位作曲家的康塔塔和经文歌中，我们能够发现他对悲伤的公开表达以及对葬礼相关文字的强烈反应。阿诺德·汤因比（Arnold Toynbee）这样论说生者与逝者的关系，"死亡带来的痛苦是强加给两方的，在这种痛苦的分配中，遗属承受了最主要的部分。"[1]巴赫以良好的路德宗方式来向双方演说：逝者进入了蒙福的睡眠，丧亲者在无尽的死亡中寻找精神慰藉。他的方式比起伦勃朗来显得更有同情心，后者以"一阵黑色的欢乐"[2]来描绘死亡的赤裸真相，因为他唯一的儿子提图斯（Titus）在二十七岁上被1668年的瘟疫夺去了生命。巴赫避免了虔信宗（Pietism）某些分支在遭受痛苦时所特有的那种病态的喜悦，这种"喜悦"使人想起"伤口神秘的色情意味"[3]以及对于暴力与复仇的恶俗描写，其中反映了将死亡刻画为宗教核心时我们的心理病态。

尽管他的藏书中充斥着那些渴望以令人痛苦的方式描绘死亡之迫近与肉体之污秽的神学家的著作，巴赫的康塔塔在处理相同主题时为那些哀悼者提供了深厚的慰藉。其中最为动人的例子是出自魏玛康塔塔 BWV 31《诸天欢笑》的女高音咏叹调"最后的时刻，钟声响起，我闭上了双眼"，他在摇篮曲的摆动中激发出一种升华的悲伤。开端的

---

[1] Arnold Toynbee, *Man's Concern with Death* (1968).
[2] Simon Schama, *Rembrandt's Eyes* (1999), p. 676.
[3] J. G. Ballard, *Crash* (1973).

双簧管旋律有着成对的八分音符,强弱交替,弦乐高声部吟咏着临终众赞歌"当我的死亡迫近时"的曲调,召唤踏上从此生到来生的旅程,甚至有"天使漂浮在行将离世的信徒床前"。[1] 在《悼词》中,巴赫的旋律被描述为"怪异却又总是多变,富有创造性,卓尔不群",然而这个来自1715年的例子表明他已经摆脱了某些"怪异性"。然而独创性始终存在于某些声乐段落的长度和走向中,这是施托尔采尔、格劳普涅尔甚至泰勒曼永远都无法写出的。[2]

巴赫广为人知的康塔塔,《我满足了》(BWV 82) 的第四乐章——咏叹调"安睡吧,疲惫的眼睛"或许是巴赫所有声乐作品中音乐与文本协作的典范。这部作品为1727年的圣母洁净节而作,不仅由于平衡了主显节期间那些充满悲伤的咏叹调(例如在第九章中讨论过的 BWV 123/v 及 BWV 13/v)而广受欢迎,其中摇篮曲的轻柔摇摆也影射了路德所说的"死亡成为我的睡眠",他在1748年的第六次也就是最后一次修订中增加了狩猎双簧管,那悦耳的声音强化了这一效果。这是他的赞美诗"充满和平喜乐"的最后一行,是他对"西缅颂"的自由演绎。巴赫在两年前同一个节日里将其用作 BWV 125 的基础,这部康塔塔的标题即为《我平安喜乐地离开》——比起《我满足了》在表达死亡那令人宽慰的前景上是更为公众化的版本,却同样温馨而令人回味,第一首合唱的音乐在"平静安详"的字眼上滑入阴沉的音域,在"死亡就是我的睡眠"上带着惊人的哀婉,如同 BWV 77 一样,似

1　W. Gillies Whittaker, *The Cantatas of Johann Sebastian Bach* (1959), Vol. 1, p. 124.
2　也有例外。泰勒曼的葬礼康塔塔《但以理啊》(*Du, aber, Daniel*) 中最著名的乐章是一首女高音咏叹调,这可能促使巴赫在 BWV 63/iii (1714) 中采用了相似的乐旨,而在 BWV 99/v (1724) 中的运用更加引人注目,一首女高音/女低音二重唱刻画了去往各各他的沉重脚步以及十字架的极度悲伤,这在情感效果上也与亨德尔的一首二重唱极为相似,后者是为《罗德琳达》(*Rodelinda*) (1725) 中注定最后一次相见并分离的丈夫和妻子而作。

乎使听者突然间置身于150年后勃拉姆斯的世界。[1]此时巴赫的脚本作者插入了自己的话，强调了肉体的瓦解，与其他乐章中表现出的宁静与喜悦极为矛盾："我的眼睛虽然模糊，我也要仰望你，信实的救主，尽管我的身体已经崩塌"——对巴赫自身命运令人伤感的预期。这首曲子为女低音而作，伴着长笛、柔音双簧管和通奏低音，标记着"ligato per tutto è senza accompagn"。这可以解读为大提琴和管风琴的无和声齐奏，为这首哀怨而悲痛欲绝的咏叹调平添了阴森空寂之音（确切来说是一种"空洞"的声音，简直像是管风琴师突然死去了一样），有着持续符点节奏的法国式萨拉班德织就了带有华丽倚音的三声部（有时是四声部）织体。即将气绝的虚弱肉体和模糊的视力以高贵和庄严的姿态表现出来，其中似乎有着私人的悲伤，在三个高音声部的脆弱性中可以察觉这一点，巴赫将他们叠加在不加修饰的通奏低音和冷酷的八分音符组成的空洞声响之上。

这首咏叹调没有 BWV 82 中那种感官愉悦和安慰作用，甚至比不上他的第一部葬礼作品《悲剧的一幕》，像蒙田一样，巴赫力图剥夺死亡的威慑力。蒙田关注身体行为与"学习死亡"的关系。"知道如何去死将我们从一切臣服和约束中释放出来，"他在"论哲学即是学死"中如是说。[2]"对于彻底领悟了失去生命并非灾难这一事实的人而言，生命中没有任何不幸。"这是一种"真正的、至高无上的自由"，使我们能够"蔑视暴力与不公，嘲笑监牢和锁链"。蒙田希望自己在处理日常工作时死去，并且丝毫不关心死神的劳动成果："我希望死

---

[1] 勃拉姆斯期盼着巴赫协会1851—1857年作品全集的到来，正如有些人期待着连载的惊悚小说。对巴赫的这种尊崇和热情反映在他的一些合唱作品中，尤其是 Op. 74 的经文歌——《救主啊，请你打开天门》，其结构要归功于 BWV 4，那种巨幅画面上的音乐统一性在《为何有光》中更为淋漓尽致，像 BWV 125 一样，以一首众赞歌《西缅颂》——路德的"平安喜乐"——结束。

[2] Montaigne, *Essais: Livre Premier* (1580).

神到来时看到我在种卷心菜，发觉我不在乎死亡，却更在乎我没有侍弄好的花园。"通过他与音乐建立的深厚关系，巴赫可能已经从幼年丧亲的创伤中恢复了过来。突然要面对自己无可逃避的死亡时，音乐可能就是表露他对上帝的个人观点的途径，在这点上，他与其他极具创造力的人和神秘主义者有着共同的感受，例如雅各布·波墨（Jakob Boehme）就曾说"在（神的）快乐的音乐会上，我们是一根根琴弦"。[1] 在这种解读下，音乐可能是他表达内心动荡的手段：可以相信他用这种痛苦开启了源源不断的灵感。

生命既是朝圣，也是远航。这是 BWV 56，《我甘愿背起十字架》中深层的隐喻。这首为独唱男低音所作的康塔塔在结构的独特性上与 BWV 82 旗鼓相当。使其变得格外迷人的，是巴赫在文本处理上看似浪漫的方法，这是关于协作的精妙例子。他调整旋律以适应情绪的不断变化，从简单的向上攀升、令人悲伤的琶音，到作为音乐双关语用在十字架一词上的增七和弦（雨果·沃尔夫将来可能会用到的那种），之后用六个半小节痛苦的下行来表示十字架持续存在的重担，以及"来自上帝慈爱的手中"的慰藉。巴赫保留了 B 段中最大的变化，在某种咏叙调式的声乐部分中切换为三拍子节奏，朝圣者将全部悲伤放入自己的坟墓："我的救主将会擦干我的泪水。"他在咏叙调中用大提琴琶音来描绘不断拍打的波浪，声乐线条则述说着"悲伤、痛苦和忧虑"如何"吞没了我"。第一乐章是前瞻性的，而这首咏叙调似乎回到了他童年时学过的音乐，那些来自他的前辈们的音乐。在"我与你同在"的轻声安慰中，我们能发现早年曾经依赖神之庇护的痕迹。

如我们所知，在双亲过世时他只有九岁，没有任何可以完全依

---

[1] *The Confessions of Jacob Boehme*, Evelyn Underhill (intro.) [n.d.], p. 164.

赖的人类替代者。当波浪平息时，大提琴停在最低音 D 上，朝圣者的声音以班扬式的文字继续进入干宣叙调，"因此我下船进入了自己的城市，这就是天国，我和所有义人在如此巨大的苦难后的居所。"篇幅颇长的返始咏叹调"我的轭最终卸了下来"中出现了进一步的隐喻——伴奏的双簧管象征着欢欣雀跃的朝圣者的守护天使。朝圣者渴望像天使一样毫无束缚地高飞，巴赫为这一刻保留了最大的惊喜："让它在今天发生吧！"他呼喊着，重音从"O!"到"gescheh"再到"heute"最后到"noch"。正是这些时刻，让我们感到巴赫清晰而又毫无畏惧地弥合了生与死之间的鸿沟。在1787年4月写给父亲的一封蒙田式的信中，莫扎特可能在替巴赫辩护："当我们严密地考虑时，会发现死亡是我们存在的真正目的，我在过去几年里与这位人类最好且最忠实的朋友建立了如此亲密的关系，他的形象对我而言不仅不再可怕，反而感觉十分舒缓而宽慰！"[1]

***

我们试图探索音乐与语言间的联系。在巴赫的宗教康塔塔中，音乐和他的母语交织在一起，这种方式有时会走向协作，在另一个极端则会导致碰撞或取代。正如我们试图表现的，其结果往往直指人类境况的深处。至于他的经文歌（始于他生命的中期，但只有少量留存下来），其音乐和语言的关系不大相同，因为与康塔塔不同的是，它们并不牵涉同诗人或歌词作者的合作协商。取而代之的是，它们以紧凑或警句式的圣经段落与众赞歌结合——（据我们所知）仅由作曲家本人选择和改编——形成令人满意的和谐整体。由于成分混杂的文本和略不平衡的形式，这种统一在宗教康塔塔中更难取得。作为绝对的葬

---

[1] *The Letters of Mozart and His Family*, Emily Anderson (trs. and ed.) (1988), Letter 546, p. 907.

礼作品，经文歌体现了路德宗信徒对完满以及与上帝结合的渴望，反映出植根于内心深处的对天堂之爱的憧憬，这赋予其追随者的生活以正当理由。它们直接对我们发声，像一些以"死亡的艺术"为主题的康塔塔一样，应对我们与巴赫共有之物——我们必死的命运。

这本质上是为无伴奏人声所作的音乐，经由巴赫的技巧变得扣人心弦，通过与文字的融合，将一系列为器乐构思的音型转化成富有表现力的人声乐句。[1]这使得演出变得极具挑战性，难怪巴赫坚持要求托马斯学校的寄宿生在理论上要有能力演出所谓"乐长的音乐"，无论是分成独立的八人演唱组（总共有四个演唱组，每组中每个声部有两个男孩）还是数量成倍地增加。[2]同后来的莫扎特一样，巴赫所写的器乐旋律和人声演唱的咏叹调或乐段之间并没有严格的界限，这样一来，当某些最优秀的歌手为了某种仪式而被迫突然作为器乐家演出时，风格上并没有剧烈的变化。以他的五声部经文歌《耶稣，我的喜乐》（BWV 227）的中段为例，精妙的人声赋格"然而你们不属于肉体，乃属于圣灵了"：巴赫在主题中一步步接近"肉体"一词，疲惫地将其延展过小节线，继而与"圣灵"一词上一段神秘的装饰音形成对比，足以证明即使是以赋格方式思考，他也能为表现力丰富的人声留有一席之地，赋予他所谱曲的唱词以生命，并对其进行特别强调。[3]

1　路德教会的葬礼仪式通常没有乐器参与，然而有时会破例采用经文歌。尽管在双唱诗班经文歌中，有可能出现通奏低音或跟随主要声部的乐器，然而在巴赫的原始演奏材料中，只有《圣灵帮助我们战胜软弱》（BWV 226）中用弦乐来支持一支唱诗班，用木管来强化另一支。

2　Michael Maul, 'Dero berühmbter Chor': Die Leipziger Thomasschule und ihre Kantoren 1212-1804 (2012), pp. 88–98.

3　尽管丹尼尔·梅拉麦德（Daniel Melamed）《巴赫与德语经文歌》[1995]，pp.85—89）等人提出经文歌由碎片拼合而成，事实上在演出中却有着令人赞叹的连贯性。当然，如我们在下一章中所见，《B小调弥撒》中的信经无疑也由来自巴赫不同创作时期的材料拼凑而成。巴赫善于抹除任何嫁接的痕迹，确保整体的完整性，这样一来我们永远无法确知他究竟在何时确定了任何特定作品的最终用途。有些段落使人想到更早（魏玛时期）的出这种流动性的另一个无与伦比的例子，出现在他最早的经文歌《不要害怕》（BWV 228）漫长的中间部分，这首二重赋格中，三个较低声部交换了互为自由倒影的主题。如果从一开始就知道上行的主题来自于众赞歌的开篇动机，而后又将很快成为女高音的固定旋律，你会又一次惊叹于巴赫无限的智慧。然而当这一动机第三次出现，也就是由女低音在众赞歌的调性上（D大调）唱出时，其关联顿时变得可闻了（也更为灵巧）——尤其是通过一系列文字，圣经中的"我曾提你的名召你"，在高潮中引向赞美诗的唱词"我是你的，因你奉献了你的生命"。巴赫从他那伟大的先辈约翰·克里斯托弗（Johann Christoph）（他根据《以赛亚书》的诗文创作了一首经文歌）那里学会了如何为表现力和解经的目的对相似的文字或观点进行对比、叠加和融合，并且始终不乏音乐的自然性和魅力。在相互碰撞的赋格主题中以五度下行插入短小的独立乐句"你是我的"，还有什么比这更简单而更有说服力呢？

在这些经文歌中任何地方，巴赫都表现出他知晓一切能够成为旋律或是提取出旋律之物。在《耶稣，我的喜乐》中，我们无法不对绝对的对称性和交叉引用印象深刻，这是巴赫在他的谱曲中建起的不显眼的脚手架（见后页图）。这允许他将表面上如此不相称的文学伙伴并列在一起——约翰·法兰克那甜腻的诗节和保罗致罗马人手书第八章中严肃的诗句——显然轻而易举，其结果是富有成果的戏剧性变更。在宗教康塔塔中，通常并不会在乐章设置上遇到这种程度的对称性，除了早期的 BWV 4《基督躺在死亡的枷锁上》。

处——尤其是第九乐章，为女高音而作的"晚安"（Gute Nacht）二重唱中，男高音以人声的小低音（bassetchen）来提供通奏低音，女低音则从赞美诗旋律中间穿过。但这绝不会减损其在经文歌中心的完美布局。如果某些乐章让人感觉与他的键盘音乐类似，只能表明巴赫在各种体裁之间设置的壁垒比起后世评论家们想要我们相信的，要少得多。

碰撞与共谋

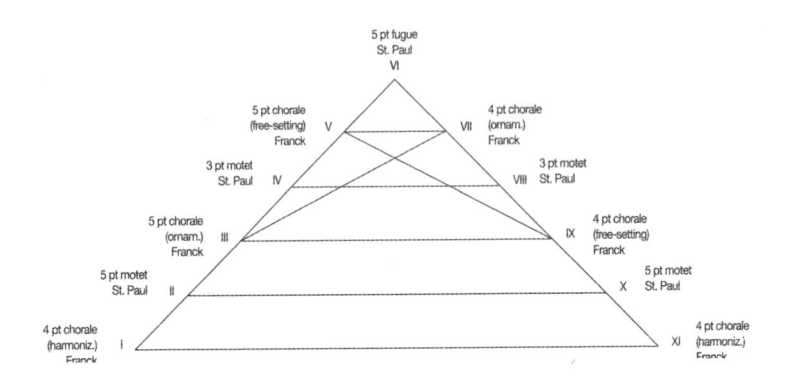

```
                          5 pt fugue
                           St. Paul
                             VI
                5 pt chorale        4 pt chorale
                (free-setting)  V  VII  (ornam.)
                   Franck              Franck
          3 pt motet                        3 pt motet
           St. Paul   IV              VIII   St. Paul
    5 pt chorale                                  4 pt chorale
      (ornam.)   III                          IX  (free-setting)
       Franck                                        Franck
  5 pt motet                                              5 pt motet
   St. Paul  II                                        X  St. Paul
4 pt chorale                                                4 pt chorale
(harmoniz.) I                                            XI (harmoniz.)
  Franck                                                     Franck
```

巴赫也不怯于偶尔窃取演员的斗篷——抓住像"trotz!"这种词的声音效果和韵律，使之在教堂中四散回响。从语法上讲，这是一个介词，意味着"尽管"，然而在法兰克的赞美诗以及巴赫的谱曲中却与名词"Trotz"有着共鸣，代表了反抗和固执——扔给撒旦的金属手套，如克拉纳赫或格吕内瓦尔德（Grünewald）的画作般在我们脑海中浮现。接着他又以马丁·路德式的画面来与之对照，在他孤立无援的反叛（"我立于此处歌唱"）中，像大天使米迦勒一样勇敢而坚不可摧（"在彻底安全的和平中"），或者像阿基米德（Archimedes）一样："给我一个支点，我就能撬动整个地球。"此时巴赫与路德的认同如此接近，使我们感觉到他也"站立于此，在如此确凿的和平中歌唱"，敦促我们以同等的激情来做同样的事。如果你需要证明巴赫如何驾驭他非凡的作曲才能和创造力来表达自己的热情和信仰，这首经文歌就是最好的例子。

最为温馨感人的双唱诗班经文歌，BWV 229，《来吧耶稣》有着同等的激情而不那么好战，更具感官愉悦性。巴赫对八个声部的辩证可能性进行探索，以两组应答轮唱的唱诗班的形式进行部署，在他的《马太受难曲》中（见459页）中，远远超越了对声音进行空间分部布局的先驱威尼斯复合唱组，也超越了加布里埃利的明星学生海因里希·许茨以讲究修辞的方式构思出的对话。巴赫从许茨那里学到了重复和交换字词所具有的表现力，找到了将八条声线织成一幅对位式挂毯的方法，在"疲倦"（müde）、"渴望"（sehne）和"自由"（Frieden）上扩大的抑扬顿挫和拖长的倚音预示了一个半世纪之后勃拉姆斯的双唱诗班经文歌中尘世的疲倦和怀旧情结。

开篇对基督的乞求——两支唱诗队都以这一个词进行乞求，起先是轮流的，后来合在一起——以情诗般意味深长而又坦率的语言进行表达。巴赫为这首葬礼圣歌中每一行具有韵文格律的词句找到了独特而适当的音乐特征。他为"气力散尽"配上弧形的旋律，暗示着向下的生命之旅，在生命之沙散尽之前开始了充满活力的四分音符——"越来越多"——当一支唱诗队插入以增强以另一支唱诗队的表现力时，重新获得了暂时的动力。男低音又一次引导了"生命是条苦路"的乞求，充满痛苦的减七度下行音程在缓慢的二分音符上以卡农形式行进着。待其在八个声部上轮过一遍，交织成一张致密的对位之网时，巴赫对个体和集体的痛苦已经作了强烈的描绘："日后暴露的动机带来的羞愧，以及由于恶行与对别人的伤害造成的歉疚"。[1]但巴赫觉得还不够。由于有两支唱诗队可支配，他让一支演唱支离破碎的唱词，另一支则插入痛苦的词语"太重了"——生命的苦路超过了任何人的承受力。之后他用略超过三小节的踏板音，通过短暂的和声，以迷人的哀婉结束了这一段。

此时正需要某种情感释放，在一种出人意料的全新赋格呈示部的形式中得到了实现。女低音开始唱"来吧，来吧，我把自己交予你"，更像是牧歌而非宗教音乐，第二支唱诗队提供了音节上的注解——欢

---

[1] T. S. Eliot, *Little Gidding*, II.

碰撞与共谋

快而热切,而开场时对"来吧,来吧"的重复倦怠而充满乞怜。这时他将节拍改作6/8拍,在"你是正确的道路,你是真理,你是生命"的唱词中,两小节长的法式小步舞曲片段在两支唱诗队间交替轮换。

任何忽然意识到此处舞曲性质的人,都乐于等其自生自灭并快速转到保罗·提密赫(Paul Thymich)所作赞美诗的第二诗节。另一方面,巴赫才仅仅开始。在接下来的八十八个小节中,他精心布置了一段接一段的辉煌段落,先由一支唱诗队演唱,接着是另一支,这样在表现基督充满慰藉和保证的话语"我就是道路、真理、生命"(《约翰福音》14:6)时,音乐似乎永远不会停止。在巴赫的一些康塔塔咏叹调中,能够发现此等程度的抒情和狂喜,然而在合唱中极为罕见。在《来吧耶稣》中,巴赫打破了他所承袭的巴洛克经文歌传统,为他那两支四声部唱诗队写下了大胆无畏且史无前例的对位式幻想曲。结尾——两小节的应答轮唱,接着是八小节的八声部模仿对位——像回声一样进行反复,一段相称的跛,最大程度地放大了他的(以及后来每一个)唱诗班的技巧掌控。最后的诗节为已经融合起来的四声部唱诗班而设,他称之为咏叹调——但我们毋庸感到困惑,因为过去有评论家这样认为,既然这显然不是一首众赞歌,没有固定旋律,完全符合马特松对于为人声而作的合唱咏叹调的定义:"同步进行,没有任何声部尝试其他声部所不能的,这在一定程度上是平等的"。[1] 这一定义对于巴赫而言有欠公正,那不断攀升的声乐线条从一段改编极为灵活的文字中浮现出来,在一段抒情的祈祷中于生命的尽头臣服于耶稣的引领和保护。

***

"唱诗班才唱了几个小节,莫扎特就吃惊地站了起来;又过几小

1　Johann Mattheson, *Der vollkommene Capellmeister*, p. 216.

节之后，他大声问：'这是什么？'此时他整个灵魂似乎都存在于耳中。演唱结束时他满心欢喜地叫道：'真是大有所获啊！'"[1] 又怎能不是呢？ BWV 225，《向耶和华唱新歌》是迄今而言巴赫的双唱诗班经文歌中最发人深省且技巧难度最高的一部，但这并不是1789年4月在莱比锡圣托马斯教堂里令莫扎特惊叹不已的原因，并且使他寻求作品的分谱，"在他周围摆放得到处都是——在两只手中，在膝上，在身旁的椅子上——并且忘记了一切，直到翻阅了手边塞巴斯蒂安·巴赫的一切作品才起身"。这完全超乎莫扎特之前对宗教音乐的经验——巴赫所作的最为令人兴奋的、浸透了舞蹈精神的声乐作品之一。除了标准通奏低音以外（一般认为此处紧随主要声部的加强可有但并非必需）并不需要任何乐器；然而即使没有他的康塔塔管弦乐团参与，这也依然是最为管弦乐化构思的经文歌，不仅唤起了赞美主名的诗篇作者所寻求的鼓声与竖琴声，也使人想到各种其他乐器以及打击乐效果。

巴赫从一开始就为两支唱诗队之一分派了器乐的科塔音型，而从他为第二唱诗队安排"唱"一词的方式来看，除了为第一唱诗队提供固定低音与和声支撑的功能以外，他还要从德语文本从抽取最大限度的打击力和震颤感。他进行欢庆的方式，是利用巧妙安放的喉塞音带来的震荡和爆破音及摩擦音造就的切分力量，先是圣徒的集会，接着以色列"为造他的主而欢庆"。

"要因他大能的作为赞美他"，他仿佛把旧约中圣殿里所有乐器——竖琴、索尔特里琴和铙钹——都用来赞美主，就像后世某些弗拉门戈舞团或是大型爵士乐团指挥一样。据说大卫王拥有近三百乐师；而莱比锡的巴赫几乎连三十人都没有，然而这并未限制他加入有

1　Friedrich Rochlitz, *Allgemeine Musikalische Zeitung* (1799), Vol. 1, col. 117; BD III, No. 1, 009/NBR, p. 488.

着神圣传承的教会音乐家，自有圣经时代起就以歌感恩上帝。巴赫在他那本亚伯拉罕·卡洛夫圣经的页边写道，"音乐……上帝之灵通过大卫建立的秩序。"在另一页上，在对"众妇女也跟她（米利暗）出去拿鼓跳舞"（《出埃及记》15：20）的回应中，加洛夫推测在"大卫王与先知在约柜前公开起舞"时，有着多么"有力的旋律与巨大的回响，以及这两支合唱团（摩西与以色列男子，米利暗与以色列妇女）之间必有的回声"——巴赫在页缘补充道，"注意。第一前奏曲，两支唱诗队为了上帝的荣耀而演唱。"那么米利暗唱了什么？"你们要歌颂耶和华，因他大大战胜！"[1]"第一前奏曲"最终引出锡安的儿女们要随之舞蹈的赋格。只有在《B小调弥撒》中的"与圣灵同在"里，巴赫才写了更为喜悦更为快速的赋格主题。

这样的段落令我们感觉像是中世纪"舞蹈的宗教"的巴洛克版。正如许多非洲语言中缺少表述音乐和舞蹈的确切词汇，这两者在基督教崇拜中曾被认为是不可分离的，他们的异教徒，狄奥尼索斯的融合体也在早期教会的神父们许可下合法化了。为了唤醒"灵魂的热情和愉悦"，据亚历山大城的克莱曼特（150—216）所言，基督徒应当"在祈祷结束时向天堂仰起头，举起手，移动双脚——我们唤醒了双脚"。[2]他还指示信众"在圆环内，在无始无终的上帝身边同天使一起舞蹈"（尽管从4世纪到16世纪，教会不断尝试镇压宗教舞蹈），这种理念依然支配着波提切利和菲利皮诺·利皮等文艺复兴时期的画家——我认为这也适用于巴赫，在他的圣诞节音乐中尤为如此。至少巴赫可以自称为警惕的路德支持者，而后者曾就接受"乡村习俗"的合法性一事说，"只要是最近完成的，我会尊重婚礼的仪式和习

---

[1] 亨德尔显然也被《历代志上》第25和28章的诗句所激发，将它们创作成双唱诗班清唱剧《以色列人在埃及》（1739）的高潮。

[2] E. Louis Backman, *Religious Dances in the Christian Church* (1952), pp. 21–2.

俗——反正我自己也跳舞！"[1]这与爱米尔·涂尔干（Émile Durkheim）的"集体欢腾"相去不远，仪式诱发的激情或狂喜巩固了社会关系，他认为，也形成了宗教的最终依据。[2][3]突然间，我们窥见了巴赫家族的常规聚会——从清晨时虔诚的众赞歌演唱变成了晚上嗜酒的宗教论争。巴赫与他的亲戚们共有一种享乐主义的观念，建立在人类交往的快乐之上，这与他对作为音乐家的严肃性的看法，以及为了上帝更高的荣耀而灌注自己的创造性天分的观念并不冲突。当巴赫在此心境时，你会感觉到，他的音乐中所有的优雅、敏捷以及复杂性都有着异教根源。这是为欢庆一个节日而作的音乐，而这个节日是那年的转折点——生命本身。

《向耶和华唱新歌》中让莫扎特倾倒的其他特质，可能是其结构的设计，以及富有表现力的修辞与跨度很大的连续性之间调和的方式。这超越了其三个乐章的顺序与意大利器乐协奏曲（快—慢—快）表面上的相似性：首尾两乐章都与前奏曲—赋格模式松散地配对。当"第一前奏曲"在以色列人欢庆的"集体欢腾"中达到顶峰时，巴赫让米利暗和她的少女们登场，引出赋格之舞"锡安的儿女"。

他极为明智地选择将歌唱的主题持续下去，这一主题曾为他第一首前奏曲中模仿性的倾泻进行伴奏，此时则成为四声部赋格的古怪、节奏错位的注脚。在这一漫长乐章的构建中产生了巨大的效果，两支唱诗队中的各个声部强调性地逐一进入，这次为逆序（男低音—男高

---

[1] David Tripp, 'The Image of the Body in the Formative Phases of the Protestant Reformation' in *Religion and the Body*, Sarah Coakley (ed.) (1997), pp. 131–51.

[2] Barbara Ehrenreich, *Dancing in the Streets* (2007), pp. 2–3.

[3] 来自另一种宗教的经典例子，当然是旋转舞（Whirling Dervishes）。斯蒂芬·郎西曼（Steven Runciman）描述道，"他们的神秘主义实践，他们有节奏的舞蹈将他们带入一种与上帝相交融的狂喜状态"（*A Traveller's Alphabet* [1991], p. 63）。正如基督教会想要清除圣舞一样，阿塔图尔克（Atatürk's regime）政权试图镇压旋转狂舞的托钵僧。

碰撞与共谋

音—女低音—女高音），丰富的"伴奏"在没有参与赋格的声部间重新分派。在他的第二个组合里，也就是经文歌的末乐章，巴赫通过缩小焦点而采用了另一种从前奏曲到赋格的过渡方式：突然间不加停顿地，八个声部汇聚为四个。两支唱诗队中合二为一的男低音在喧嚣中脱颖而出，以帕斯皮耶舞曲旋律演唱"凡有气息的，都要赞美耶和华"。也许这听起来简单，然而要在关键时刻做到完美而流畅的过渡实为挑战。需要重新调整歌手的"雷达"来穿过饱满而致密的四四拍八声部复调，融合为一句仅有一小节的唱词，空间上相分离的声部此时升腾起来，纤薄虚幻，依然在舞蹈。多个段落迅速接替——呈示部、密接和应、模进、主题在上主音上重现、模进、密接和应——每一段都预期着即将来临的尾声。然而巴赫的高空钢丝表演依然还有113个小节，原本确信已经抵达终点的冲刺，却证明是一场一千五百米赛跑。当歌手进入最后的直线跑道时，你能感受到观众的兴奋。突然间，这不再是一场无障碍赛跑——眼前出现了巨大的栏架，在冲向终点线之前，女高音们不得不攀升到最高的降B音，用尽了最后的气息。

如果说终曲是一场中等距离的径赛项目，那么中间乐章更像是航空表演。当第二唱诗队以有着四声部众赞歌和声配置的庄严主调结构滑过长空时，第一唱诗队飞入，刻画出独立而又紧密联系的航道，对热气流及自由诗行产生回应。两段平行文本的应答轮唱前所未有（巴赫对"咏叹调"的称呼既是隐喻也有风格上的内涵），一段谨重而规范如众赞歌，另一段则抒情而狂放。他的康塔塔和受难曲中充斥着独唱咏叹调与众赞歌之间个人与群体回应的并置，但这种形式的合唱连祷文（其中两支唱诗队的角色在第二诗节中进行了交换）是对当代经文歌之道的另一种彻底偏离。巴赫的经文歌包含了欢庆与反思的创造性独特爆发，擦过了当时路德宗神职人员接受度的边缘。

它们在我们时代的风靡不足以逆转个人化进程，这一进程先是将合唱舞蹈逐出教堂，又使其远离了我们所了解的巴赫家族所采用的公共娱乐方式。[1]（这也是我童年的一个独特的优势，我的父母无疑是无意识地对这种模式进行了重现——高强度的无伴奏合唱练习，以及以约翰·普莱福德（John Playford）的《英国舞蹈指南》（1651）为基础的，身体运动十分自由的英国乡村舞蹈练习）。从它们非凡的浓缩性和复杂性中，巴赫的经文歌对演奏者提出极高的要求，需要精湛的技艺、卓越的体力以及对情绪和织体之急剧变化的敏感性，同样还需要对每个字词确切意义的感知力。1827年，正值他在柏林歌唱学院三十多年音乐总监任期将尽时，卡尔·弗里德里希·策尔特（Carl Friedrich Zelter）在给他的朋友歌德的信中写道，"如果我让你在某些快乐的日子听听塞巴斯蒂安·巴赫的经文歌，你会感觉自己位于世界中心，正如你本应有的样子。这些作品我听了千百遍，仍然没有厌倦，而且永远不会厌倦。"[2] 在熟知它们六十多年之后，我也有着完全相同的感受。巴赫在他的经文歌中所展现的辉煌的自由，在赞美造物主时那种芭蕾式的喜悦，在思考死亡时完全的确信——这无疑是对我们凡人的陷阱中可以想象的最好回应。

***

将巴赫声乐作品的线索联系在一起之后，我们能够领略他在表现路德宗末世论本质时的非凡成就——这种关于永恒的观念从未得以用语言进行令人满意的表达。这种音乐如今对我们的吸引力部分来自于

---

1 Paul Halmos, 'The Decline of the Choral Dance' in *Man Alone: Alienation in Modern Society*, Eric and Mary Josephson (eds.) (1952), pp. 172–9; and Wilfrid Mellers, *Bach and the Dance of God* (1980), p. 209.
2 *Briefwechsel zwischen Goethe und Zelter*. Vol. 2: 1819–1827, Ludwig Geiger (ed.), p. 517, quoted in Schweitzer, *J. S. Bach*, Vol. 1, p. 241.

它在情感上的支持与鼓励，很多人已无法在传统宗教或政治中找到这一点（尽管更为早期的真实反应可能也是如此，如门德尔松在1829年复原《马太受难曲》时）。在他的音乐所表现的慰藉特质中，我们会感到过去与现在联结在了一起。这是17世纪路德宗神学家所想象的"永恒未来"的核心信条，他们的著作体现在巴赫的藏书中，例如海因里希·缪勒，他将参与"最神圣的音乐"视作天堂的召唤以及拥抱死亡的有力动机（见615页插图）。[1]这种音乐——无论是演奏、参与还是聆听——传达了置身当下、剔除一切的强烈感觉。演奏这样一部巴赫作品，产生了一种得到实现的末世论，意味着"时间的终结"在某种意义上已经来临。

我们已经看到，巴赫的音乐往往超越了对其文本的简单的支持，间或以他在开始创作时未曾预见的方式来对文本进行颠覆。对于莱比锡的教士而言，他们的问题在于无法不带敌对感和威胁感地承认：尽管有着各种乖戾的行为，这位音乐总监对于教会而言是非凡的财富。他能够吸引人们的注意力甚至迫使他们聆听（至于听进去多少，我们当然只能想象）。他的经文歌和康塔塔为基督徒的教化和思考提供了新的途径，坚称唱词中凄凉的真相，同时也提供了唱词通常所不能供给的缓解之道。今天如果我们愿意，当然可以以这种方式解读。想要理解他的宗教音乐，在某些方面变得更为容易：19世纪最初二十年里，当人们在艺术和音乐中寻找灵感时，已经无法再从宗教中寻得希望和慰藉；在我们的时代，当宗教在世界上某些地方力量渐增的同时，在另一些地方却日渐远离人们的生活。然而经过如此久远的时间之后，我们反而更容易认识到他音乐中的潜力，以及同时对人性的弱点——对于德行的忠诚浅薄而脆弱——不加掩饰地进行揭露甚至坚持

---

[1] David Yearsley, *Bach and the Meanings of Counterpoint* (2002), p. 28.

的能力，并且勾画了重返正直与同情以及他所称的"睦邻精神"的救赎之路。

至此，我们已经看到，巴赫的不朽成就之一就是证明了音乐和语言能够共同获得任何一方无法单独取得的效果。但他也证明有时音乐是优于语言的，无论是书面的还是口头的，音乐能够渗入意识的最深处，并且消除人们的偏见以及我们有时有毒的思维模式。我们仍能从他的康塔塔和经文歌中获得对于罪行、救赎、邪恶或是忏悔的启蒙，并不比阅读陀思妥耶夫斯基（Dostoevsky）这样广为阅读的19世纪作家更困难，后者"在基督徒的信仰中发现了存在之谜的唯一解决之道"，并且"在每个人身上都发现了一个火山口"。[1] 事实上，巴赫使我们更易于关注爱自己邻人的训谕而非尘世的污秽和残酷。在演奏或聆听巴赫的经文歌之后，我们往往有洗涤自身之念，然而更有可能变得兴高采烈，这就是音乐的净化作用。这里没有一丝理查德·艾尔（Richard Eyre）所称的"宗教狂热的恶臭"，他看到"遍及全球的伪善和偏狭，而那些绝非专有的基督教美德——爱，仁慈，怜悯，和平——却被扼死其中"。[2]

---

1   William Leatherbarrow, *Fedor Dostoevsky* (1981), p. 169.
2   Richard Eyre, *Utopia and Other Places* (1993).

第十三章

完美的习惯

> 达到完美的,并非无可增加的时刻,而是无可删减之时。
>
> ——安托万·德·圣-埃克苏佩里,
> 《人类的大地》(*Terre des Hommes*, 1939)

上主……上主……上主,求你垂怜!

巴赫的《B 小调弥撒》一开始的三句"求主垂怜"几乎就是一种身体动作,我们每一个人——无论作为聆听者还是演奏者——都以个体或集体的方式卷入其中。这四个小节内容厚重而意味深长,以一系列令人印象深刻的哀求姿态呈现在我们面前——如同提香(Titian)或是鲁本斯(Rubens)的祭坛画一般鲜活。从第一个厚重的 B 小调和弦及其痛苦的后续开始,我们的期望就已被高高悬起。在这几个小节的结尾,巨大而庄严的赋格伸展开来,带着慎重的祈祷意味。我们很快意识到,我们已经展开了最为宏大的音乐之旅,一部有着普通弥撒从未具备的规模、庄严和冷静的作品。一旦登船启航,我们在音乐持续期间——接下来的一百多分钟里——无法上岸,直到最后的和弦唤起的和平消散在苍穹中。

对于毫无准备的听者而言，这种必然展开的强烈感觉暗示了作曲家心中一种连续不断的、自始至终的构思及展开。然而真相以及巴赫在构建这部伟大的弥撒曲时不断中止的步伐表明并非如此。仅仅在最近三十年里，学者们才普遍认为这部弥撒曲是在巴赫生命的最后两年里完成的。然而最初的种子播撒于大约四十年之前，他在魏玛宫廷里寻寻觅觅的年月——其中一个乐章（十字架上）的早期版本正是在此创作的。他可能知道自己的朋友兼表兄约翰·戈特弗里德·瓦尔特（J. G. Walther）计划将弥撒中垂怜经谱为"自深处"，陷入困境的罪人从深处发出的呼喊，并以众赞歌"我自深处向你求告"（路德对《诗篇》130 的意译）作为基础。[1] 瓦尔特的作品早已难寻踪迹，而巴赫自己在《键盘练习曲第三部》（Clavier-Übung III）中为路德的"自深处"众赞歌谱曲，或许还记得它。意味深长的是，他选择了刺耳又痛苦的 F♯ 小调，这是巴赫为他最为哀伤、充满罪孽的乐章保留的。这在情绪（第一垂怜经）与调性（第二垂怜经）上与巴赫的弥撒曲中被围困的灵魂急切的哀求有着相似之处。在魏玛时代所作的更为短小的垂怜经与羔羊经组合（BWV 233a）保留了下来；在后来的四分之一个世纪里，没有对弥撒曲进行任何进一步的创作。

正是从中年时期起，巴赫才开始谱写拉丁文弥撒曲。他何以起意创作整部有着拉丁文天主教唱词的弥撒曲，其原因无法确知：无论如何，这对于一名 18 世纪的路德宗作曲家而言都是不寻常的形式。路德批准其在礼拜仪式中继续使用，尽管他将希腊文及拉丁文原文译成活力充沛的本国语言译本留给了他的追随者们。他主要的关注点是完整而普遍的理解度——在这个问题上，路德错误地判断了他的会众中更为保守的成员对拉丁文那种根深蒂固的忠诚。因而，希腊文的垂怜

---

1   J. G. Walther, *Briefe*, Klaus Beckmann and H. J. Schulze (eds.) (1987), p. 120.

经以及随后的拉丁文荣耀经这两个孪生子才得以留存下来，构成路德宗礼拜术语中所称的简短弥撒，与新的德文对等物并存。巴赫对简短弥撒的第一次尝试创作于1733年。我们当然很难不将这些庄严的开场部分视为整部弥撒的先兆。或许这正是巴赫最初的计划，但我们无从确知。至少这些小节最初只不过是献给新的萨克森选帝侯弗里德里希·奥古斯特二世的双乐章作品的前奏曲。如果此时巴赫认为这部作为礼物呈现的弥撒曲是自成一格的，这也完全合理。许多年后他才会想到将这部德累斯顿弥撒整合为我们所熟知的那部完整弥撒开篇的两个乐章。如此模糊不清的功能和目的正是《B 小调弥撒》零碎的起源，令其19世纪仰慕者惊恐的是，它并非从创作者那充满想象力的大脑中一下子跳出来的。它还需要很多年的酝酿与同化，并且巴赫极有可能从未获得过将它公开演出的满足感，因而也没有机会将其作为后世对他作曲技艺的总结进行试练。

***

我们曾在圣托马斯学校的工作台前遇见巴赫，也就可以想象他翻阅曾经挥洒过大量创造力的一百五十部康塔塔总谱，思忖它们的命运。那是他在莱比锡的早期创作的作品。在心情阴郁时，他可能担心过它们终将成为废纸或是用来引火。[1] 创作整部拉丁文弥撒这种对于信仰的永恒表述，是避开他那些宗教康塔塔中具体而狭隘的唱词的一种方式，那些唱词为了适合主日布道而向每周训诫倾斜。拉丁文弥撒揭开了新的作曲挑战。在身为基督徒的巴赫看来，圣经有着巨大的参

---

[1] 仅仅几年后，吕贝克的音乐总监卡斯帕尔·吕茨就抱怨他从前辈那里继承的汗牛充栋的宗教音乐已经被这些方法削减了一半："有谁会在乎这些东西呢，除非他需要废纸，没有什么比过时的音乐更无用了"（Kerala J. Snyder, *Dieterich Buxtehude: Organist in Lübeck* [2007], p. 318）。

考价值。圣经为他提供了音乐戏剧的脚本,也提供了与教堂会众人人相关的寓言及故事。由于有着拉丁文形式,普通弥撒允许他以一种经受住时间洗礼的语言专注于通用的主题。在基督教历史中的每一个阶段,弥撒都是一种参照物,也为个体寻找和救赎自己提供了核心途径。巴赫帮助我们,他的诠释者和聆听者,达到了这一目的。此外,通过他对这部拉丁文弥撒的热情投入,巴赫向前跃进了一大步,在用音乐阐释并照亮圣经教义的领域开辟出新的领地。因此,他谱写的拉丁文弥撒既是人类之怀疑与信仰之角斗的博物馆,也是对新生与生命的赞美。因为与当时为弥撒谱曲的其他音乐手段相比,巴赫对其中人性故事进行了生机勃勃的突出。一条叙事的长线贯穿了整部弥撒,在关键时刻浮现出来,例如在"荣耀归于上帝"中天使对牧羊人现身时,又如在《尼西亚信经》三个相连的核心乐章,"圣灵感孕"、"十字架上"和"复活"中。然而最强烈的人性化时刻是为"忏悔经"和"我期盼"的连接段落保留的。在这几个非凡的小节里,我们嗅到了巴赫自己与调性、对位及和声——甚至还有信仰——的斗争。对人性的强调成为了抵挡我们惯常对黑暗之恐惧的堡垒。他让我们感觉到那种恐惧——因为他也有同样的感觉,并且知道如何去克服。

1733年时,距离完成这部弥撒曲还有漫长的路要走。在他四十九岁时,改善自己在莱比锡的境遇甚至完全逃离的念头时而闪现。我们知道此时他在莱比锡的职业状况已经恶化(见第六章)。新市长雅各布·伯恩(见图11e)对巴赫出言不逊,试图迫使他对教职付出更多的时间,向议会汇报说"他无心工作",[1]并且企图剥夺巴赫继续工作的资格。

尽管拥有学生的真诚赞许,在他饱受非议的情况下,巴赫将所有

---

1 BD II, No. 281/NBR, p. 145.

创造力倾注到圣托马斯学校的工作以及渴求音乐的礼拜仪式中的意愿显然消减了。然而没有理由认为他的创造才能突然休眠了。需要的只是另一个宣泄途径。三年以前，他曾让莱比锡的议员们学学德累斯顿宫廷，以了解音乐能够并且应该如何进行组织。与其说是酸葡萄的心理，不如说只是承认音乐及其从业者在萨克森的首府比起在莱比锡有着更高的价值。在那里，种种光鲜的音乐才能就可以让拥有巴赫这样职业地位和抱负的作曲家大有所为、前途似锦——他大概是这么认为的。[1] 一切都指向一种合理的渴望，渴望逃离莱比锡的局限，成为这种人才体系的一部分，正如他在科滕的岁月一样。他和许多德累斯顿音乐家关系友好，完全有理由以实质性方式预见自己在选帝侯宫廷中的职业未来。然而正当此时，索菲亚大教堂出现了一个管风琴师的职位空缺，巴赫之前在那里的管风琴独奏会曾获得好评。巴赫向来是家族关系网的精明掌控者（如我们所见，从他职业生涯的最初起，就已经成为受益者），此时他将目光放在这个受人尊重的空缺上——不是为他自己，而是为了他的长子威廉·弗里德曼，他已经是有成就的音乐家了。作为一个拼命推荐儿子的父亲，他亲自为弗里德曼写了两封申请信，却签上了儿子的姓名。为了确保他的候选人身份万无一失，巴赫甚至抄写了自己的G大调前奏曲与赋格（BWV 541），放入弗里德曼为6月22日的面试准备的音乐材料中。他无需担心。弗里德曼获得了这一职位，并且收到了来自德累斯顿宫廷乐团的热情赞许。

1　在这一世纪的上半期，萨克森宫廷据称拥有欧洲最好的管弦乐团，这一声誉像磁石一般吸引着众多音乐家聚集到选帝侯奥古斯特及其子弗里德里希·奥古斯特二世（Friedrich August II）麾下。巴赫在1717年造访时，乐团拥有大约33名器乐演奏家，还不包括作曲家、小号手或是乐长。弗里德里希·奥古斯特二世继位后，乐团人数增加到了42人，常规弦乐组就有六把至八把第一小提琴、六把至八把第二小提琴、三至四把中提琴、二至四把大提琴、两把低音提琴以及竖琴，加上特定总谱所需的其他通奏低音及木管乐器。（奥特伦·兰德曼 [Ortrun Landmann]，"约翰·塞巴斯蒂安·巴赫时代的德累斯顿宫廷乐团"，《早期音乐》[*Early Music*], Vol. 17, No. 1 [1989.02], pp. 17–30)。

巴赫有正当理由前往德累斯顿帮助儿子安顿下来。他带着安娜·玛格达琳娜和最年长的三个孩子出发了。离开莱比锡还不到一个月，他就向选帝侯弗里德里希·奥古斯特二世请愿，索取一个宫廷头衔——"您的宫廷乐团中……Predicate"——并且附上书写精美的新弥撒曲的二十一段分谱。这使他只有一个月时间来完成他最为不朽的宗教作品之一的前两个乐章。总谱的手稿——但显然不是演出的分谱——是写在过去六个月中使用的那种莱比锡纸张上的，所以有可能在强力王奥古斯特过世（1733年2月1日）后的四旬期里，他已经开始创作这部弥撒了，或者至少是开头的垂怜经。此时正值莱比锡教会禁止复调音乐之时，他作为圣托马斯教堂乐长的职责（尽管不是教学职责）并不那么繁重。这样就出现了两个问题：开篇的《垂怜经》是否首演于1733年4月21日，时值新选帝侯为效忠宣誓造访莱比锡？[1] 从他手稿中移调时的零星错误来判断，我们能否认为巴赫是从C小调的原始版本誊写而来？如果是这样，也许1733年4月在莱比锡上演的正是这个版本的第一垂怜经（但此时还没有我们一开始提到的壮观的四小节）。这绝不是向新选帝侯呈上总谱或分谱的最佳时机，更不用提索要宫廷头衔了。

在公丧期尚未结束之时，《荣耀经》显然会被认为不合时宜。九个乐章几乎全都源自于先前的作品，有些如今已经遗失了。因此在六月末前往德累斯顿时，巴赫脑中可能已经勾勒出这部弥撒曲的基本轮廓，并且清楚之前哪些作品最适于用在其中。在新的弥撒曲完成、分谱可被誊抄之前，将这些材料整合在预先存在的普通弥撒结构中也仍然需要非凡的技艺。呈给选帝侯的分谱上的水印清晰地表明这些纸张来自德累斯顿。部分是他优雅的笔迹，其余的则出自陪伴他的家人手

---

[1] Arnold Schering, 'Die höhe Messe in h- moll', BJ b (1936), pp. 1–30.

笔——但不是圣托马斯学校的学生在通常每周誊抄康塔塔分谱的血汗工厂里抄写的。仔细推敲之后会发现，其中充满了只有在实际演出或是临近演出的情况下才有用处的细节。

事情似乎是这样的。作为家族首领的巴赫，指导长子获取了索菲亚大教堂的管风琴师职位，如今在德累斯顿宫廷为自己找到了明显的职位空缺。为此，新弥撒曲的创作根据宫廷乐队的才能要求进行了调整，符合弥撒的惯常风格。这似乎是一种明显的策略，这部弥撒也成为获取宫廷头衔的附属品。巴赫多半劝说自己家人进行矢志不移的共同努力来支持他的计划。《垂怜经》和《荣耀经》甫一完成，巴赫就让他们从总谱的手稿直接誊抄分谱。这必须做得完美无缺，因为要呈给选帝侯。至于堂皇的标题页、包装以及他那华丽的请愿书，他认为取得德累斯顿议会官方抄写员哥特弗里德·劳施（Gottfried Rausch）的帮助比较明智。他从心底希望这能为他从莱比锡的贱役中体面离开铺平道路，至少获取一个宫廷头衔作为隔离莱比锡议员们进一步欺侮的屏障。

只有将分谱与总谱作以仔细对比，我们才能解开其中的秘密。他的次子埃玛努埃尔当时是莱比锡大学一名十九岁的法律学生（尽管仍同父母一起生活），受委托誊抄两部女高音分谱。由于被警告不能出错，他在父亲的手稿中谨慎地加入标记，这样他在每次开始新的一页时能找准自己位置。之后他犯了一个小错误：在"基督垂怜"中间，他遇到一个以有连线的降B音结束的小节。正巧手稿中接下来两行都以有连线的降B音开始。不经意间他跳过了一行，于是不得不在页尾加上漏掉的那一行。这是很容易犯的错误——本身并不重要——然而这只可能在从总谱手稿直接誊抄而非从已有的（莱比锡）分谱抄写时出现。因此（除了其他证据以外）这证明了这部弥撒曲既是为德

485

累斯顿而作,也创作于德累斯顿,如若不是在此构思的话。[1]

显而易见又令人满意的结果本应是这部短小的双乐章弥撒的上演——理论上应该有受题献者选帝侯到场。如果巴赫赢得了德累斯顿宫廷乐团中那些更有影响力的同事及朋友的支持,这本来是完全合适的。但我们不确定这是否得以实现,如果实现了,又是在哪里举行的。这在礼拜仪式上是完全合宜的,无论是在他的儿子弗里德曼任职的索菲亚大教堂[2],还是在天主教的霍夫教堂皆如此。宫廷乐团在庄严的节日里定期于霍夫教堂演出,且由一群歌剧独唱演员们辅以完成。巴赫总谱中有足够的特质,加上与恰在德累斯顿开始流行的那不勒斯风格大型弥撒的相似之处,表明这是有计划地为这支乐团设计的——咏叹调为1730年刚从意大利招募的独唱歌手以及乐团中几位技艺精湛的器乐演奏家而作。他本人就曾在1731年听过新招募的五位阉伶中的四位在约翰·阿道夫·哈塞(Johann dolph Hasse)的歌剧《克莱奥菲德》中担任主演,因此在创作他的弥撒曲时完全有条件使独唱音乐适合他们的能力和音域。[3]

---

[1] 管风琴分谱基于室内乐音高标准(Kammerton)——极为适合德累斯顿索菲亚大教堂的管风琴,而不适用于莱比锡教堂中的管风琴,后者基于更高的教堂音高标准(Chorton)进行调音。然而,巴赫总谱中有一个显著特征,在《垂怜经》中运用了两支柔音双簧管,这种乐器在巴赫时代的莱比锡广为使用,然而在1729年海尼兴逝世后的德累斯顿变得老旧过时,那时已被芦笛(chalumeau)取代。(Stockigt, 'Consideration of Bach's Kyrie e Gloria bwv 232i within the Context of Dresden Catholic Mass Settings 1729–1733' in University of Belfast International Symposium, *Discussion Book* [2007], Vol. 1, pp. 52–92).

[2] 克里斯托弗·沃尔夫认为,在7月26日,三一节后的第八个主日里,这里曾有一场演出(信奉路德宗的宫廷官员常光顾这座教堂),"同巴赫曾在此举办的管风琴演奏会相比,这可能只是一场特殊的下午音乐会",巴赫及其家人都参与其中(*Johann Sebastian Bach: The Learned Musician* [2000], p. 370)。

[3] 斯托克西特(Stockigt)根据18世纪30年代早期德累斯顿阉伶——罗切蒂(Rochetti)、宾蒂(Bindi)、安尼巴利(Annibali)和坎皮奥利(Campioli)——参与过的清唱剧和弥撒演出分析了他们的音域和形象,并与巴赫的弥撒曲中两个女高音及女低音角色的音域进行比较,它们的紧密相关揭示出一定的可信度。

同样地，他的管弦乐创作也为展示宫廷乐团中他所赞赏的多元风格及精湛技艺预备了大量机会，并在他的"初稿"中单独挑选出来进行赞美。巴赫已经从朋友处得知，自从他于1717年初次造访以来，宫廷乐团里发生了重大变动，人员上和风格取向上皆为如此。曾侍奉强力王奥古斯特的整个法国喜剧和舞蹈团已被遣散，器乐演奏者的数量也被削减，只留下了六个男童唱诗班歌手。礼拜仪式的音乐完全交由宫廷乐团掌控，宫廷乐师也服从于新的规章。宫廷乐长哈塞正在海外，于是乐团由巴赫的波希米亚朋友扬·迪斯马斯·泽伦卡（Jan Dismas Zelenka）管理。德累斯顿宫廷乐团最多能够召集二十六名弦乐演奏者来演出歌剧，以及在庄严的场合演奏宗教音乐。除此之外，还有多个木管乐器和法国号，以及十二名宫廷小号手（Hoftrompeter）和两名定音鼓手组成的（享有巨大特权的）独立乐团。它可以自称为欧洲顶级管弦乐团之一，但或许不是在这个特殊时刻，此时乐手们由于最近的解雇而惊慌不安，向选帝侯的大臣提交了大量关于补薪和升职的请愿书。[1]

人们很容易想象出这样的图景：巴赫监督他的德累斯顿朋友麾下友好而排练良好的乐团演奏萌芽阶段的B小调弥撒。然而对此我们没有任何证据。最有可能的情况是，他充其量不过是旁观者。如果确实有过在德累斯顿的演出，要么是弗里德曼（自然在他就任后急于显示自

487

---

[1] 然而这是个有弹性的团体，在人数上不断变动（见539页脚注）。1739年，泽伦卡曾有一次指挥五名歌手、四把小提琴、两把中提琴、两把长笛和双簧管、两把小号和鼓以及四名乐手的通奏低音部分组成的乐团演奏一部纪念萨克森的克莱门斯·温彻拉斯王子（Prince Clemens Wenceslaus of Saxony）降生的作品，在胡贝图斯堡宫内（Hubertusburg Palace）的小礼拜堂中进行。似乎只有在强力王奥古斯特所偏爱的法式风格乐手与他的儿子弗里德里希·奥古斯特二世所资助的意大利音乐的热情拥护者之间旷日持久的暗斗结束之后，乐团中才能取得个人炫技和乐队合作的完美两全，并在约翰·格奥尔·皮森德尔（Johann Georg Pisendel）管理下进行训练。每个乐手都被允许甚至被鼓励有所专长（而不像通用的万金油），这一事实令巴赫印象深刻，并在他的"初稿"中有所参考。（BDI, No. 22/NBR, p. 150）。

完美的习惯 543

己的能力）在父亲鼓动下全权负责，要么是泽伦卡。这一观点得到了通奏低音的证据支撑，这里的通奏低音通常是明确详细的，不仅是从数字低音的角度而言，同时也为独立声部的进入提供线索——这点极有价值，作为数字低音指挥的助记符号以对演奏进行准确把握而言甚至不可或缺，然而如果由作曲家巴赫进行掌控的话，这就完全多余了。

演出与否，选帝侯都没有给予直接回应。1734年时，忙于国际外交问题的选帝侯将宫廷迁至华沙，接下来的两年都停留于此。巴赫只能和其他的请愿者一起等待，而像泽伦卡这样的请愿者无论如何都会觉得，既然从18世纪20年代起就作为教会乐团的负责人而效力，他当然拥有优先权。尽管如此，巴赫创作了不少于八部世俗康塔塔来向选帝侯及其家族表示敬意——这种唤起他记忆的方式一点也不巧妙。[1]还需要三年时间，经过第二封申请信以及俄罗斯外交官凯泽林克伯爵（Count Keyserlingk）的斡旋，巴赫才会得到他梦寐以求的德累斯顿宫廷职位——即便此时也没有充足的资金回报使他光明磊落地离开莱比锡。他的名字最终与泽伦卡一同出现在1738年的宫廷及国家年历（Hof- und Staats-Calender）中萨克森及波兰宫廷的教会音乐作曲家列表上。其时，宫廷乐长哈塞及他的歌剧红伶妻子——很长时间里她都不在德累斯顿——收入的总和达到了巴赫在莱比锡薪水的16倍。

还有另一种合理的可能，这部弥撒的确给巴赫想要结交的那些德累斯顿宫廷音乐家——泽伦卡、皮森德尔（Pisendel）和比法尔丁（Buffardin）等人留下了印象。除了泽伦卡以外（当时他在维也纳），其他人应该都记得巴赫在与法国键盘大师路易·马尚（Louis Marchand）1717年那精心筹划的竞争中不费吹灰之力地取胜。近些时候，他在

1　实际上巴赫已经有了一个荣誉称号，在过去四年里这一头衔将他限制在萨克森-魏森菲尔斯的克里斯蒂安公爵的宫廷中，在巴赫眼里这根本无法与德累斯顿的头衔所带来的声望和话语权相提并论。

1725年和1731年举行了管风琴演奏会，"所有宫廷音乐家和演奏名家都在场，每个人都赞叹不已"。[1]因而他们早已对他全面的才能有了充分了解。无论他们是否参加了1733年的弥撒演出，分谱的手稿应当已经在他们手中轮流相传以进行审视和评价。对一部新乐谱进行评判的第一个人通常是宫廷乐长哈塞；接下来是泽伦卡，早些时候，在哈塞的前任约翰·大卫·海尼兴晚年时，他是德累斯顿最活跃的音乐总监。迄今为止尚不足以揭示泽伦卡－巴赫的影响链，不过看上去似乎是双向的：泽伦卡指挥演出萨罗（Sarro）和曼奇尼（Mancini）的大型那不勒斯弥撒以及他自己的相似风格作品，给巴赫留下了深刻印象；作为答礼，巴赫遵循德累斯顿方式来设计自己的弥撒曲；泽伦卡则以他自己的致意，1736年的《圣三位一体弥撒》作为回应，这部作品显然从巴赫的"第一垂怜经"获益良多。

即使是最多疑的德累斯顿宫廷音乐家，也能看出巴赫的弥撒曲是为他们自己的特有风格（甚至专为他们乐团中的个体才能）而作。他们定期演出的那些弥撒，由诸如洛蒂（Lotti）、卡尔达拉（Caldara）、萨罗和曼奇尼这样的作曲家所作，尽管堂皇而高贵，却缺乏音乐实质。巴赫的谱曲远远超越了这些同仁，以任何客观标准来看，他的弥撒都有着全然不同的创造力和复杂性。即使是这种双乐章的形式，也已经具备了构成一部重要作品的固有特点，证实了巴赫有着超越他所吸收的一切模型的习惯。这可能是没有在宫廷礼拜堂上演的主要原因。[2]当时或许无人能预见到这正是一部完整弥撒（Missa tota）——巴赫所有作品中最重要也最宏大的一部——的起点。它仍在未来某处，并且，最好的部分可以说尚未出现。

1　BD II, No. 294/NBR, p. 311.
2　如果曾经上演过，演出材料应该放在霍夫教堂唱诗班席后面的柜子里，并且收入图书目录中（1765）。相反，它保存在萨克森皇家博物馆的架子上（见斯托克西特前述著作）。

***

令德累斯顿音乐家们感到震惊的，首先是《垂怜经》那极度庄严而宏大的开端。他们会感觉这就像慷慨激昂的"自深处"——罪人向仁慈的上帝呼救——一般出现。这种规模的合唱创作是前所未有的，即使在德累斯顿也一样。巴赫开篇《垂怜经》的主题以一种符点节奏的优雅姿态出现，之后迅速分裂：对于祈祷进行攀升而饱满的刻画，通过一种回应的叹息来加以平衡，更为器乐化——像他的二部创意曲一样——而非声乐化。问问任何歌手，你就会明白：为分解和弦式的叹息做准备而又不把高音声部切断的同时在祈祷动机中保持上升感，并非易事。从整体上看，庄严而又欢快的赋格如此自然而又连贯地伸展，表明动力需要维持，节奏慎重而不昏沉，高贵而不乏味。尽管有着迂回曲折的和声张力，赋格主题本身自始至终是不变的。只有其尾部发生变化，先是变平了，之后又被升高。这些变化充当了赋格呈示部之间的"插部"——在进程再度继续之前让听者从中暂时抽身作以思考。一旦在赋格的发展部中重新吸收，这些相同的音程标记就延展得越来越宽。如同画家让手中的画笔在勾勒轮廓时自我掌控一般，我们会感觉到巴赫这个天生的即兴演奏家采取了瞬时控制：张力一步步向上攀升——第一次在92—94小节处，第二次（第99—101小节）则更为明显——在演出中扣人心弦。我们的注意力被吸引到第二女高音的旋律上：她们似乎是所有这些集体能量的来源。在此过程中，很容易疏漏这一事实：正是她们（在下属音上）进入赋格为第一女高音（在主音上）的再次进入铺平了道路，于是流畅地引出了再现部。巴赫抽起了一场风暴。然而他带领所有参与者安全穿过了旅程的起点，在这个乐章令人满足的尾声中，他让他们历经磨难而又不受威胁。

接下来，在对上主那宏大的复调乞求之后，他令演奏者和聆听者进入与之相称的对上主之子——更温暖也更个人化——的恳求。"基督垂怜"（Christe eleison）是以两个女高音演唱的那不勒斯式爱情二重唱的温馨方式表现的——恰是德累斯顿宫廷音乐家最擅长的领域——歌手们在悦耳的平行三度和六度上滑行。甫一结束，又复归对上主的乞求，这次更为迫切。"第二垂怜经"（Kyrie II）如花岗岩般坚硬的轮廓刻意以古旧的形式雕刻成形，这种效果在节奏的驱动以及四部合唱赋格中密实的和声里得到缓和。这不是一种颓靡的艺术。它展示了复杂精细的音乐制作与灵魂之全然慷慨的罕见结合。巴赫自己对宽恕的恳求也织入了音乐中，如同伦勃朗《向圣史蒂芬投石》中的人物瞪着我们，"没有任何虔诚的光环"，如奈杰尔·斯皮维（Nigel Spivey）言；"他仅仅是出现在那里。"[1] 在这个时刻，巴赫也同样如此。

这一阴沉的忏悔场景刚一落幕，大幕迅速再次拉开。或许我们预期新的画面描绘的是天使向牧羊人现身。当然，这是亨德尔在《弥赛亚》中采用的方式：在"荣耀归于至高神"中，远处的天使大军临近，报信之后又退回天国——天真、夸张而又极为有效。然而巴赫的做法并非如此。在他的圣诞清唱剧中，天国的唱诗班似乎完全由技艺高明的对位法作曲家组成。此处则完全相反，令我们惊讶的是，巴赫用明显的尘世之舞来宣告了荣耀颂。此处没有弱拍，音乐是突然迸发出来的。加之强弱交替的三拍段落，这显然是在尘世而非天国进行的庆典。更像是农夫顿足起舞而非雅致的天国仙乐，更像是勃鲁盖尔而非波提切利。

三支小号和定音鼓在这部弥撒中首次亮相之后，引爆了整个乐团。正是它们激起了——而非削弱了——乐团其余部分生机勃勃的漩涡式音型。在"高贵的"D大调上以小号开场，在这座萨克森首府中

---

[1] Nigel Spivey, *Enduring Creation: Art, Pain and Fortitude* (2001), p. 155.

是一种标准程式，但这些作品极少达到这种复杂度，其中乐手们互换角色并互相角逐。巴赫推动合唱对小号主题进行模仿的方式，乐句结尾焰火般的绽放，与通常在德累斯顿的教堂中听到的音乐不可同日而语。像往常一样，巴赫没有为（与器乐相对的）声乐风格做任何妥协。他期望人嗓表现出与贴在铜管上的嘴唇以及敲击木质键盘的手指同等的灵敏度。[1] 偶尔插入的休止符与其说是给歌手喘息的机会，不如说是为了修辞效果：孤立并强调他们对"荣耀"（Gloria）的呼喊。复杂的对位细节之网由十八根独立的声乐和器乐线条织就，压缩进仅有一百小节的活泼的（vivace）三拍节奏里。这段舞蹈以赫米奥拉节奏上的集体摇摆告终——新节拍的明显迹象——天衣无缝地过渡到"世间的和平"。

巴赫再次以神学家之诟病为代价换取"温和"的玩笑。首先他邀我们以一种节日般的狂欢（不像亨德尔那样有天上的天使参与其中）庆祝基督在世上降生之夜。接着，切换到四四拍之后，他引入了仿佛由天使引领的对和平的平静祈祷——在地上平安归于他所喜悦的人（et in terra pax）。[2] 此处有着吕利式歌剧风格的"睡眠场景"（scène du sommeil）：乐句在唱诗班、弦乐高音部及木管高音部之间互换时，最初的切分音旋律充满爱抚和宽慰。乐谱在视觉上也极有美感：在总谱手稿中，器乐部分似乎向上漂移，离固定的低音越来越远，仿佛向天堂飘去的祈祷。我们可能会猜测，这一切只是一首宏大的声乐赋格的准备部分，温和的主题生机勃勃，其对题由颤音和之前的荣耀之舞组成——此时像布鲁斯一般，跳过常规的小节线，器乐温和地一拍一

---

[1] 这当然是席伯的批评之一——巴赫要求"歌手和乐手能够以歌喉和乐器做到他在键盘上所能达到的一切"（BD II, No. 400/NBR, p. 338）。他所言自有道理，然而这也正解释了为何巴赫的作品对于演奏者而言是巨大的挑战（也极为值得）。

[2] B 小调弥撒中此处原文为"Et in terra pax hominibus bonae voluntatis"，意即"在地上平安归于他所喜悦的人"。

顿。这首赋格式祈祷开始释放其魔力。人声结合在一起赞颂"平安归于所有人"(bonae voluntatis),器乐立即以肯定的方式进行回应。甚至连小号都复归了,仿佛为了证实上帝将和平赐予世人。

无论是我们还是德累斯顿的音乐家们——是哪个也无所谓——都已经见识过,巴赫在《荣耀经》的整体设计中最为精华的部分就是通过众人(合唱)与个人(独唱)表达的交替来改变织体。在普通弥撒中,没有宣叙调来打断乐章与规模间这些令人满意的交替,而巴赫通过延长号、双小节线,或是两者皆无,让两个段落融合在一起,或是简单的指令"下一段"(sequitur)来指示连续的乐章中预期的连贯性及节奏。接下来的"我们赞美您"中,尽管是复数形式的代词("我们赞美您,我们祝福您"等等),巴赫却使其集中在一位歌手、一支伴奏小提琴以及作为支撑的弦乐上。对演奏者和聆听者而言都有一种挑战,不要被那些装饰所困惑——那些贯穿始终的颤音数不胜数。知道自己可以依靠像小提琴家约翰·格奥尔·皮森德尔(Johann Georg Pisendel)这样的演奏名家,德累斯顿乐团首席,以及像福斯蒂娜·波多妮(Faustina Bordoni)这样有造诣的女高音(她是第一个演唱"我们赞美您"的非阉伶),巴赫一定深感欣慰。据查尔斯·伯尼所言,正是福斯蒂娜"发明了一种新的歌唱方式,以震惊所有人的清晰度和速度跨越了声音类型的界限"。[1]从本质上讲,"我们赞美您"是一首简单的二段体民间旋律,以即兴装饰音组成的花环来进行点缀——他的表兄瓦尔特称它们为"小花"(floretti)——对于为意大利歌剧而生的歌剧红伶或阉伶而言正是有分量的价值所在。这一乐章成功与否取决于独唱和独奏保持这首民间曲调的基本"骨架"始终清晰,在乐句间留有充足的喘息空间,在密集的装饰音间毫不费力地穿

---

[1] Charles Burney, *A General History of Music* (1776).

行。特别是独奏小提琴需要高高盘旋在人声旋律之上，像沃恩·威廉姆斯（Vaughan Williams）的《云雀高飞》(*Lark Ascending*)一样，被热气流——弦乐低音部的伴奏音型——托起。

即使在这种自由精神出现之前，接下来男声以僧侣式的和声吟咏着的"我们感谢您"就曾在格利高里圣咏"主啊，不要归于我们"中出现过，这是所有西方音乐中最古老的卡农之一。他在为1731年莱比锡市政选举而修订并改编一首康塔塔（BWV 29）的开场合唱。我们能看到他调整一个为德文唱词而作的主题，为消除"Wir danken"上浓重的浊音重音，将小节线拉长为以"二全音符"为单位（尽管这个术语有个令人困惑且不准确的名字，"二二拍"）为新的拉丁文唱词（Gratias agimus tibi）留出空间。在第二分句——"因你巨大的荣耀"（propter magnam gloriam）——中，我们再次被推入了巴洛克复杂音乐的世界，深陷自然音阶和声中，由清晰的韵律所定义。[1]自然音阶的历史所编织的地毯——这历史有将近两百年——在我们面前展开。直到定音鼓重重敲出属音和主音——总是有它们的帮手第三小号的伴随——支撑着低音卡农式进入（第35—37小节）这一神奇时刻，诞生的感觉才变得完满。巴赫的三支小号似乎要冲向稀薄的臭氧层，与那些巴洛克画家们偶尔飞出画布的肢体或姿态异曲同工，仿佛狭小的画框无法容纳他们所要表达的全部内容。

1 　唐纳德·托维（Donald Tovey）钦慕地评述道，"第一主题的进入不少于十三次之后，音乐才真正开始。这些主题全都在主音或属音上，毫无停顿地堆积在一起，小号则提供了第八次和第九次主题进入。我相信这是巴赫在此等规模的架构中的最高纪录。"《音乐分析论文集》(*Essays in Musical Analysis*, 1937, Vol. 5, p. 31)。在为（充满意义、神学目的和重音意识的）德文以及古老而神圣的拉丁文谱曲的区别方面，我要感谢大卫·沃特金（David Watkin）（出色的通奏低音及独奏大提琴家，现在也是一位指挥家），他认为不应试图将同样的诠释机理用于两者，拉丁文的谱曲要比本国的德文在构思上更加器乐化也更加清楚。

※※※

我们已经抵达巴赫那九乐章的《荣耀经》的顶峰。此时他找到了让普通弥撒（只有少数作曲家避开了这一体裁）中部分隐藏着的叙事线索浮现出来的方法。你会觉得他乐于将以格利高里圣咏为基础的乐章（庄重的"我们感谢您"）与优雅的嘉兰特二重唱（"上帝我主"）并置在一起，后者运用了同样的再减值（double diminution）上升低音线条（三个全音及一个半音），其后跟随着相似的装饰音型，证明他对技艺的精通已经可以任意包含任何情绪或风格。接着他将二重唱"上帝我主"（Domine Deus）与合唱"您除去世间的罪"（Qui tollis）配成一对。他身上的剧作家脾性促使他在一首卡农式的二重唱中，为圣父（男高音）和圣子（女高音）之间亲子关系的纯洁无瑕描绘了一幅绝妙的戏剧场景。这与"您除去世间的罪"（Qui tollis）中极度的苦楚形成了对比，化作人形的圣子由于预料到基督在十字架上受难而深感痛苦。"上帝我主"完全是根据赐福祈祷而构思的：调性（G 大调），由漂浮在拨奏低音之上造就的温和气氛在弦乐高音部弱奏中得到回应，宗教性的爱之二重唱之感——既现代又华丽。巴赫那两个年长的儿子颇解时风，即便是他们可能也会表示赞许。但他们的父亲又不是在对着走廊演奏。如果目的是找到合适的音乐来表达如此核心的教义，他似乎会说那就带着微笑来为之谱曲吧——悦耳的平行三度和六度，采用切分节奏或是普通节奏。奇怪的是，对于节奏变换之有迹可寻——在德累斯顿的分谱中可以看到成对的十六分音符带着后附点，音乐学家们为之困惑。隆巴德节奏（后附点）在18世纪30年代的德累斯顿极为流行，在强调基督与人类之亲密关系的乐章中尤为如此，这并不意味着巴赫在讨好德累斯顿人；这只是最温和地暗示了他十分了解（au fait）当前

完美的习惯

潮流，而泽伦卡和皮森德尔就在这潮流之中。[1]更重要的是，它们惯常符合唱词表达的情感，赋予长笛主题欢快的魅力，引出弦乐的回应。

唱词进行到"上帝我主"和"主的羔羊"（Agnus Dei）时，随着调性转至 E 小调，音乐中闪过一丝阴影，仿佛预示了耶稣的受难。或许这也是给演奏者的指示，后附点节奏应该停止了。如果说这是巴赫用来向我们标示 B 段或"中段"的方式，那么他混淆了我们的预期，去掉了返始结构，让二重唱难以觉察地直接融入到紧随而至的四声部合唱"您除去世间的罪"中。接着他减慢了动力，让我们在萨拉班德式的合唱中舒缓下来，他甚至改变了歌手们最后的乐句来预示这首充满悲伤的新合唱的旋律轮廓，后者宣告了基督在十字架上承担世间的罪。这是《荣耀经》的核心唱词，经过这一提醒，也成为最为重要的时刻。这些"痛苦的罪人"使基督的赎罪成为必须，于是我们想起了开篇《垂怜经》中那些绝望的求救声。[2]

这首由五十个小节组成的乐章中弥漫着愁容满面的沉重和痛苦，由未经弱音处理的中提琴造就。它们成对的八分音符以哀悼的叹息（正如它们在《约翰受难曲》开场合唱中的做法一样）穿透整个织体。它们是整个合唱团及管弦乐团中悲痛的心。声乐部分的清晰度——起初逐次出现两个声部——令这种悲伤更加个人化。两支长笛从高处进入人声和弦乐造就的阴郁声响中，舒缓人心，偶尔又令人不

---

[1] 令人惊讶的是，巴赫这部伟大弥撒曲的编辑者们出于枯燥无味和拘泥字义的思维模式，居然能够无视那些不符合他们先入为主观念的证据。尤里乌斯·里特（Julius Riet）在 1856 年准备《巴赫全集》时发现，隆巴底节奏只反映在长笛的第一小节里（并没有出现在第一小提琴的平行部分）。因而他将它们视为偶发，从而忽略了。一百年后，《新巴赫全集》的路德宗编辑弗里德里希·斯门德（Friedrich Smend）致力于洗净体现出巴赫的天主教取向的任何痕迹，丝毫不相信德累斯顿分谱。所以他也忽略了经过调整的节奏。两位编辑都成功地抹除了流传至今的寥寥几种巴赫自身表演风格之一，无视了优秀音乐家自然而然所作的自发调整：长笛以后附点节奏吹奏出旋律线条，小提琴则出于礼节和谦恭而自动效仿。

[2] 斯托克西特（op. cit., p. 21）指出巴赫作曲的一个特征，这一特征会与当时德累斯顿的惯例相冲突——一再降低速度，减少动力，引入弦乐震音作为人声的支撑。

安。巴赫选择了他那部悲伤的康塔塔（BWV 46）来作为模板（见第九章，344—346页），这部作品预言了耶路撒冷的毁灭。至关重要的是，他调整了节奏变化，这些调整直接体现在乐谱上。"像我的悲伤"（wie mein Schmerz）（两个四分音符以及在下行减四度上伸展的二分音符）上有节奏的咏唱变成紧迫得多的"垂怜于我们"（Miserere nobis）（四个连续的八分音符）——微小而简单的变化，却产生了巨大的表现力。值得注意的是，他还省略了康塔塔开头那十六个小节的器乐前奏曲，直接投入了"您除去世间的罪"。[1]

这个不同寻常的乐章中有一些需要注意的要素。首先是人们熟知的旧约中忏悔文的背景，其中提及耶稣所预言的耶路撒冷的毁灭（《路加福音》19：41-48）。这点通过不协和声以及声乐旋律强烈的表现力进行了传达。接着是每小节开始处低音线条进行的强调；长笛的盘旋——先是宁静安详的，后来却像受伤的鸟儿一样鼓动翅膀。其效果是令人痛苦的（在当今时代尤为如此。对耶路撒冷的含蓄提及，三大宗教的圣地频频受到的威胁，令人痛心地成为如今的热点议题）。独立的声乐线条以模仿开始。有时它们在拖长的激烈不和谐音中相互碰撞，然后又分开，各自追随着独立的轨迹。在"倾听我们的祈祷"中有过暂时的配对，最后四个声部共同出现在在终止式上。这赋予了整个乐章一种悲剧舞蹈的感觉——动作缓慢的旋转、犁地般的俯身，成几何图案的舞蹈打开又聚合。最高声部和最低声部将一切聚合在一起：数字低音中每小节一次由和弦形成的强调（大提琴旋律中如慢速颤音般的律动），长笛高高漂浮在这痛苦的人类仪式上空。我

---

[1] 这与著名的忏悔文"所有路过的人"有关，维多利亚（Victoria）和杰苏阿尔多（Gesualdo）这样的文艺复兴作曲家曾为其谱过阴郁的作品，后来帕布罗·卡萨尔斯（Pablo Casals）也曾为之谱曲。在英国，亨德尔在《弥赛亚》中也曾采用——"你们要观看，有像这临到我的痛苦没有"。

们会误以为这惊人的复调是旋律自主流动的结果,然而它自始至终都在不可动摇的和声节奏的控制下,也就是巴赫的低音中所循的和声规则。在演奏中,这样一幅生动画面的音乐表现效果极为引人入胜——只要其中的十个方面(四个人声声部、四个弦乐声部以及两支长笛)完美平衡、精心梳理过并且总是清晰可辨。

巴赫以半终止式作结。在一部受难曲中,我们可能会期待此刻出现一首干宣叙调。在巴赫的原稿(BWV 46)中,音乐突然爆发为一段充满活力的赋格。而在这里,他却通过连续的咏叹调来向前推进。如同在三乐章的《垂怜经》中一般,我们遇到了接下来的"坐在天父右边的主"(Qui sedes)以及"唯有您是圣洁的"(Quoniam tu solus sanctus)。这段音乐是连续创作的,换句话说,不需要任何尴尬的停顿。从教义上讲,巴赫由赎罪转为调停。在两首咏叹调的第一首,亦即为女低音、柔音双簧管和弦乐所作的"坐在天父右边的主"(Qui sedes)中,他描绘了在上帝与人类之间斡旋的基督之形象,"坐在天父的右边"。这是象征性的,甚至有着讽刺意味;因为此处的音乐绝非静坐式的——这首意大利式的吉格舞曲清楚无误地带有芭蕾般的特质,其利都奈罗结构由削弱了交叠乐句组成,它们暗暗消减了舞蹈律动之稳定性。

在第二首咏叹调("唯有您是圣洁的")中,唱词提到了基督高贵的职责。显然出于独特的幽默感,巴赫为"至高无上"配以最具咆哮感的声音:两支巴松、低音独奏和数字低音。此处变化无常的猎号(Waldhorn)是个例外。如托维(Tovey)恰当地指出,巴松的对题"必须始终作为一个主题而非伴奏来对待",[1]尤其是在伴奏圆号旋律以滑稽方式(buffo)喳喳作响时(第72—74小节)。他心里似乎想着某个特定的演奏团体,甚至某些特定的个体。德累斯顿乐团总共有五名

1　Donald Francis Tovey, *Essays in Musical Analysis* (1937), Vol. 5, p. 34.

巴松手，其中两位或是三位随时待命（而在莱比锡时，能找到一位称职的巴松手就已经很幸运了）。海尼兴和泽伦卡常为一对独奏巴松而创作，哈塞曾在他的歌剧《克莱奥菲德》中为猎号留有重要地位。这些作品巴赫1731年在德累斯顿全部听过。在巴赫笔下，这些乐器合在一起的总体效果像是华丽的僵硬牧歌味道和怪诞的杂合体。圆号高贵甚而威严（但我们需要确保歌手不会被周围的音响吞没），适用于波罗涅兹舞，而数字低音则常与巴松邂逅，有时则会越过巴松之上。[1]

"唯有您是圣洁的"的精心布置就已经非常明智，紧随着"您除去世间的罪"中的悲伤及其舞蹈般的续篇，预示着"与圣灵同在"（Cum sancto spiritu）中的辉煌绚丽——这三个乐章紧密相连。巴赫提醒我们这才是完整的句子——"唯有您是圣洁的……在天父的荣耀中与圣灵同在。阿门。"在这首咏叹调临近结尾处，在男低音信使完成了他的宣告，器乐将他送下舞台时有着明显的预期。"与圣灵同在"带着惊人的冲击迅速开始，仿佛北斗七星迷惑性地缓慢移动着，突然间就开始横冲直撞。对圣灵的提及是节奏和情绪转换的关键。正如在他的双唱诗班经文歌《圣灵帮助我们克服弱点》（BWV 226）中一样，圣灵令人振奋的力量是基督徒对基督之神性认知的决定因素。这是对

---

[1] 波罗涅兹舞在当时显然被视为"庄严的、列队行进的、礼仪性的以及有骑士风度的舞蹈……（有着）恰当的、慢速的节奏，因为总是穿着高筒靴跳舞，并且佩有马刀，有时甚至还有火把"（Szymon Paczkowski, 'On the Role and Meaning of the Polonaise in the Mass in B minor' in University of Belfast International Symposium, *Discussion Book* [2007], Vol. 1, pp. 43–51）泽伦卡、海尼兴、哈塞、舒斯特（Schuster）以及瑙曼（Naumann）这些德累斯顿作曲家惯于运用波罗涅兹风格（à la polonaise）来创作弥撒中的"唯有您"及"复活"（Et resurrexit）部分。据帕克斯基（Paczkowski）所言，巴赫在此遵循了当地传统，并且一举两得："他以最佳方式表达了礼拜式中的文本，同时也向他的统治者、这部弥撒的受题献者致意。"因此在诠释咏叹调（"唯有您是圣洁的"）中的波罗涅兹时要与波兰-萨克森宫廷的习俗相结合。作为一种"皇家舞蹈"，无论在世俗还是宗教语境下，都是王权的象征。梅勒斯（Mellers）则认为，在巴赫的处理下，"权力无上的上帝巨大而鲜活，灵魂外溢，在世俗条件下试图效仿他的专制君主也是如此"（*Bach and the Dance of God* [1980], p. 205）。

庆祝的提示，用舞蹈也用歌声来进行赞美。单音的律动（在"唯有您是圣洁的"的圆号部分中就已经出现过）传递到弦乐高音部，之后是小号，最后是木管，不过此时更具向前的推动力和洋溢的热情。由于这是连续使用三拍子或复拍子的第四个乐章，并且节奏愈来愈快："您除去世间的罪"是一首萨拉班德，"坐在天父右边的主"是中速的吉格，"唯有您是圣洁的"是一首庄严但又向前脉动的波罗涅兹，而最后的"与圣灵同在"则是自由奔放的狂乱之舞。[1]

这一美妙乐章中的释放感和解脱感是会不断蔓延的。巴赫的方法起初是通过人声和器乐对照组间的交替来构建结构，并产生兴奋感。于是这段赋格快速的呈示部在人声中开始了（第37小节），与经文歌《为耶和华唱新歌》（BWV 225）中芭蕾般的合唱赋格"锡安的儿女"（Die Kinder Zion）有着惊人的相似性（见第十二章，527—529页）。此时器乐再次威严地强调——下行的琶音倾泻在弦乐上，木管上出现爵士般的切分音型，变化不定的花饰仅仅为了高昂的情绪（因为它们对主题论证毫无推动作用）。管弦乐团想要唱诗班以朴素的、和弦式"阿门"重新加入。当他们再次出现时，声乐线条在第二赋格呈示部（有趣的是，此处出现了轻微的变化，暗示着在这个乐章的创作中隐藏着四声部的原型）中得到了器乐的加强。最后小号终于复归了，音乐在酒神式的放纵中冲破藩篱，这更多地令人联想到贝多芬或斯特拉文斯基而非巴赫。

我们已经看到，在路德宗教会年历中，节日数量不亚于斋戒。在康塔塔中，巴赫一再表现出对季节轮回的欣喜，并以基督教所吸收的任何异教节日为乐。这里就是一例——比如说仲夏节——没有包含在

---

[1] 此处双小节线或节拍标记的缺失绝对不能表明"唯有您是圣洁的"中"中性的快板"（neutral allegro）将延续到"与圣灵同在"中。(George B. Stauffer, *Bach: The Mass in B minor* [1997], p. 238). "活泼地"（vivace）当然意味着表达中的活力，同样也无可避免地影响到这一乐章的节奏。

教会年历中，或者就我们所知没有得到官方许可。它以狂欢节的方式进行庆祝——"其放纵性近乎于前基督教式的，即便不算有太明显的异教属性"。[12]巴赫在最后这些小节里激发的对位式热情——以及他给予我们的听觉上的愉悦——是巨大的。其魔力部分地在于巴赫将一小节中十二个十六分音符划分成不同分组的几种方式，包括交叉节奏模式和切分节奏。

那么，那些德累斯顿宫廷音乐家们如何理解这种"舞蹈的顶峰"呢？我们已经知道，之前《荣耀经》中的乐章里有很多地方是他们所熟悉的——分段处理，独唱与合唱乐章的平衡，人声独唱与器乐伴奏的华丽创作——显示出巴赫对输入到这座萨克森首府的现代那不勒斯风格的完美吸收。有着此等竞技性和世俗性的合唱乐章则绝对是全新的。对位法的精湛技艺足以令人目眩，他在人声和器乐写作中流淌出的不折不扣的勃勃生机——特别是为小号而作的部分——也是前所未有的。或许至少对他们其中一人——泽伦卡——而言，"与圣灵同在"的节奏中透露出的气概以及大胆的装饰让他想起了他的故乡波希米亚。[3]

***

关于这部弥撒及其可能有的扩展，在接下来的十二年里我们没有任何踪迹可循。是否在德累斯顿的惨败之后，就没有丝毫进展了呢？巴赫是否将它收藏在记忆中某个幽暗之处，等待境遇变化带来重新上演和重新评价的机会？如果是这样的话，触发完成这部弥撒的创造

1　Wilfrid Mellers, *Bach and the Dance of God* (1980), p. 211.
2　无法不赞同梅勒斯的发现——"这部音乐的力量与辉煌中的一个危险要素"。他以"亨德尔对奥古斯都的担保"与之相对比 (op. cit., p. 208)。
3　泽伦卡自己的作品中有时带有捷克民间音乐的痕迹。尽管他的对位技艺广受钦慕，然而显示出他的创造性的，却是他的器乐随想曲和七声部作品《忧郁》(*Hypochondria*)，其中包含了实验性的调性色彩、节奏分组以及动力。

活力的扳机大概出现于1745年圣诞前后。第二次西里西亚战争刚刚结束，为莱比锡及其市民造成了极大的困难。由于普鲁士军队在1745年秋占领了莱比锡并破坏了周围环境，巴赫有生以来第一次对战争的恐怖和苦难有了亲身体验。三年之后他依然记得那是"我们遭到——啊！—普鲁士入侵的时候"。[1] 圣诞节当天在保利那大学教堂举行了特殊的感恩仪式来庆祝德累斯顿的和平。这一仪式夹在圣托马斯教堂的早弥撒和圣尼古拉教堂下午的仪式之间，是巴赫两支最优秀的教会唱诗班能够一起演出的情形之一。[2] 这同样也是向莱比锡听众展示他那不寻常的五声部拉丁文康塔塔《在至高处荣耀归于神》（BWV 191）的机会——这是他对德累斯顿《荣耀经》中的乐章匆忙地进行重新组合和压缩而来的新三联画。此外，首演于1724年圣诞的六声部圣诞节《圣哉经》几乎可以肯定是为同一仪式而重新上演的。这样一来，《B小调弥撒》的二十七个乐章中有五个可能第一次共同上演。考虑到政治背景以及战争结束时的集体释然，我们在此听到的可能是一部和平弥撒

---

1 Letter of 6 Oct. 1748 to Johann Elias Bach, BDI, p. 118/NBR, p. 234.
2 米夏埃尔·毛尔在2012年发掘出新的证据，表明从17世纪到19世纪早期存在着从圣托马斯学校的住校生中产生的一个精英八重唱团（每个声部有两人），在这位音乐总监眼中"超过其余所有人"（*Schulordungen*, 1634 and 1723; see H.-J. Schulze, 'Bachs Aufführungsapparat' in Christoph Wolff [ed.], *Die Welt der Bach-Kantaten*, Vol. 3 [1998]）。这是学校合唱团组织中始终存在的一个因素，自沙因（J. H. Schein）任音乐总监起，到希勒（J. A. Hiller）时一直如此。这个精英八重唱成为了这位音乐总监的第一支合唱团，有着自己的章程、音乐课以及排练，收入较其他住校生高得多（大部分来自于在婚礼和其他个人活动上的表演），即使在扣除音乐总监及其他老师的份额之后也依然如此。在通常情况下，在主日礼拜上演出 Haupt-Musik 或者说康塔塔的正是他们，如果演奏那些更为复杂的节日音乐时需要增加额外的歌手时，出于音乐总监的斟酌也可以补充其他校友——这一惯例在17世纪晚期有着详细记载，很可能也延伸到了库瑙和巴赫的时代。这些新发现需要与其他零碎的证据进行对照，那些证据显示出圣托马斯教堂乐监们在寻求足以满足教会音乐中不断增长的需求的合奏团时所遇到的限制和困难。证据表明当时演出的实际状况处于持续波动的状态中，提醒我们不要完全依赖那些易受各种不同演绎影响的原始资料。（Maul, 'Dero berühmbter Chor': *Die Leipziger Thomasschule und ihre Kantoren 1212-1804* [2012]）。

（Friedenmesse）的雏形。[1] 这可能符合人类之悲伤（垂怜经）及其在上帝带来的欢乐（荣耀经）中得到释放之间的内在交替，而后者就隐伏在巴赫德累斯顿弥撒的结构中。他又重新被这部拉丁文作品的特质打动了么？或许他突然看到了它的命运——将其并入更宏大的架构，这一架构给予他对信仰进行明确描述的动力，并且在规模上堪比他的受难曲。

在某一阶段——也许紧接着圣诞节的和平庆典，也许又过了两年——他做出了重大的决定，以1733年的弥撒为起点，完成他"伟大的天主教弥撒"。（这是卡尔·菲利普·埃玛努埃尔·巴赫1790年的遗产目录中的标题，该作品正出现在这一标题下面。）其影响是巨大的。巴赫仍拥有献呈的总谱——然而不是弥撒的分谱。他可能会争辩道，任何完整的弥撒谱曲在规模和结构上都需要与最初的《垂怜经》和《荣耀经》相匹配。这就意味着在《信经》中，他需要设置多段的乐章，在分量上与之前的《荣耀经》相称。存在的风险就是以一部规模庞大的作品告终，除了最为特殊的情况以外，过长的篇幅难以适用于任何礼拜仪式，无论是天主教还是路德宗的仪式。尽管他的"垂怜经/荣耀经"组合恰好在德累斯顿弥撒通常可接受的礼拜规模之内，新增加的部分则远远超出了普通弥撒的范围。[2] 为了实际用途将它们这样归类绝不会侵损他完成这部作品的双重渴望：在一部作品中以百科全书的方式纳入他在自己的音乐以及更早时期音乐中所有最珍视的风格，并且在作品的演出中臻于完美。这里显示出了惊人的野心。

他所做的准备一丝不苟，这是他每次致力于构思最具权威性的表达而为之进行审慎行动时的特征。巴赫回到了基本原则（与所有优秀

---

1 Gregory G. Butler, 'Johann Sebastian Bachs Gloria in excelsis Deo bwv 191: Musik für ein Leipziger Dankfest', BJ b (1992), pp. 65–71.
2 沃尔夫冈·霍恩(Wolfgang Horn)(*Die Dresdner Hofkirchenmusik 1720-1745* [1987], p. 192) 指出，巴赫 770 个小节的《荣耀经》在当时德累斯顿的最长荣耀经排名中排在前百分之六或百分之七。有趣的是，那些更长的作品(由曼奇尼、泽伦卡和萨罗所作)则要长得多。

的科学家在某一时刻一样采取了同样的方式),想要超越自己之前的极限。如果这意味着几乎要回到起点,那就应该是一种值得的牺牲:他决心对每一处基本材料从数学上、音乐上或是以其他方式进行根本性的重新评价,这能使他重新充满活力,对这部弥撒及其更深刻的内涵进行思考和质疑。

首先是对基本结构、逻辑和风格的斟酌。选择1733年的弥撒作为起点来创作新的完整弥撒,意味着某些方面已经被确定下来:五声部的声乐部分,满员的管弦乐团;通过连贯的段落对文本进行划分以适合首尾呼应的结构;独唱乐章与合唱乐章错落镶嵌,风格的混合杂糅——一方面是意大利协奏曲,另一方面又是古老的复调音乐,对比鲜明。可以想象巴赫此时可能已经从德累斯顿特有的弥撒风格中抽身而出——然而出于什么目的呢?目前为止这种风格为他带来很大益处,此外,他曾向选帝侯许诺"以不懈的勤勉为教堂也为乐团创作音乐"。[1] 在这样的情形下,他可能觉得上演如此宏大的完整弥撒的最佳机会在于德累斯顿而非莱比锡。

几年之前,他曾对"古代风格"的技术进行过一段时间的密集研习,在他看来这对弥撒曲创作是不可或缺的。其成果首先体现在出版于1739年的《键盘练习曲集第三卷》(Clavier-Übung III)中的管风琴作品里:三首严肃而织体厚重的管风琴众赞歌代表了《垂怜经》以及六声部的"自深处"(de profundis),《在深深的痛苦中》。形成最鲜明的对比的(令人联想到他的1733年弥撒),是以意大利三重奏形式创作的声音恬然的《荣耀经》。他的书桌上如今摆放着为弥撒曲后面部分创作的一系列作品。其中帕莱斯特里纳占据了最高地位,巴赫曾经在1742年改编并演奏了他的《无名弥撒曲》。但也有更多新近作曲家的范

---

[1] BDI, No. 27.

本，他的前辈们——卡尔达拉、杜兰特、洛蒂、克尔等人的作品，至少还有泽伦卡的两部大作。[1]这些作曲家以种种方式被帕莱斯特里纳的复调音乐吸引，并在自己的风格中集成了其中要素。还有佩尔格莱西（Pergolesi）那精致的《圣母悼歌》（Stabat Mater），巴赫以无限的耐心和显著的努力，在1746—1747年重新为德语文本创作了《主啊，求你将我的罪孽洗除净尽》（BWV 1083）。这些都是他的指引，也成为了他以复调方式创作《信经》的出发点。乔万尼·巴蒂斯塔·巴萨尼的六首弥撒音乐（包括垂怜经、荣耀经、信经、圣哉经）吸引了他的注意力。他对它们全部进行了改编，在巴萨尼《信经》中每个部分中，巴赫都插入了第一句"我信唯一的天主"（Credo in unum Deum），这表明在1747年至1748年间他曾演出过这些作品。巴赫为巴萨尼第五部弥撒中的信经创作了十六小节的音调（BWV 1081），其中的固定低音明显地预示了他自己的《信经》。还有另一个更加有趣的版本，也许是他自己的《尼西亚信经》[2]的一场预演，不过是在低了一个音的G调上。这个版本在他的学生约翰·弗里德里希·阿格里科拉手中保存了下来。

下一个阶段将会重新涉及他的早期创作，包括宗教作品和世俗作品。巴赫的记忆似乎精准地指引他从已有的乐章中作出完美的选择，这是多么神奇。仿佛音乐材料中所有潜在的可能性突然间闪现在他脑中，只是在选择过程中发挥出全部潜能。学者们为了《B小调弥撒》

---

1 可能正是泽伦卡创作于1739年的《敬礼弥撒》激发了巴赫在作品中对素歌的显著运用。泽伦卡这部作品中信经开头的复调里有着以长音符演唱的圣咏般的旋律。泽伦卡1728年的《割礼弥撒》也有可能影响了巴赫对《我信唯一的主》的处理，还有《忏悔经》结尾处半音阶的连接段落，在提到"死人"（mortuorum）时器乐从中退出了。然而，如我们所见（545页），泽伦卡1736年的《圣三位一体弥撒》中"第二垂怜经"那种半音阶以及充满韵律感的轮廓很有可能习自巴赫的作品（第一垂怜经）。

2 "symbolum"一词的原义为会员身份的象征或徽章，但在巴赫的时代已经用以表明圣经中包含的神圣意义。基督教的"信条"用来总结信仰的基本条款。其中最具争议的条款由神学家在尼西亚进行了解决（因此为Nicenum）。

完美的习惯

而追踪枝干般的谱系时，显得对巴赫进行组合的方式有些不适。[1]尽管他们欣然接受他那有条理的头脑青睐循环结构，并且接受了大约从1730年起，他的作品逐渐由德文康塔塔向拉丁文作品转移，他们还是对这一点感到困惑：这部弥撒中多达二十个乐章的回收利用，他如此轻易地恢复了"模拟式改编"的方式——从《圣诞清唱剧》开始，在这部作品里推上高潮。与其从学术观点对这部弥撒曲兼收并蓄、缓慢酝酿的起源进行质疑，为何不能将它视为通向伟大的一条线索？毕竟巴赫并非剽窃成癖，不像亨德尔那样众所周知需要其他作曲家的才华来点燃自己的想象力。在18世纪，借用他人之作可能被广泛地视为可接受的文学和音乐习俗，但巴赫不像亨德尔那样需要将别人的沙砾变成钻石。[2]如我们所见，巴赫采用的是经典方法。首先研究模型，进行改变，为其添上前奏或评论，接着完全将其同化到你的创作进程中，技术和风格的多样性一下子就触手可及，一切都为了尽可能地兼收并蓄。非凡的体裁范围和广泛的材料来源根本不会削弱他将范本合成为统一整体的成就。

***

《尼西亚信经》开始时最为惊人之处，在于神父传道式的感染力。

1　例如马尔科姆·博伊德（Malcolm Boyd）提到了"对于创作一部重要作品而言令人难以理解的毫无计划的方式"。接着他又承认"从最高的层面上讲，巴赫的戏仿、改编和汇编必须被视为一种创造性活动，几乎与我们平素所称的'原创作品'平分秋色。"他无疑是正确的，《B小调弥撒》中的技巧更为成功，是由于其文本比起篇幅短的弥撒有着更多细分，因而使他能够"更细致地匹配音乐和文字"（*Bach* [1983], pp. 187–91）。

2　关于亨德尔创作方式的表述是由他的同时代者约翰·梅因沃林（John Mainwaring）提出的，约翰可能也是他的第一位传记作家。这满足亨德尔的朋友约翰·马特松的准则，"抄袭是一件可容许的事情；不过你必须连本带利地返还，也就是说，必须对抄来的材料进行改编使其比原型有更加可取之处"（*Der vollkommene Capellmeister* [1739]）。然而迄今为止我还没有发现任何支持约书亚·里夫金（Joshua Rifkin）的证据，他认为巴赫在创作"圣灵感孕"时"窃取"了别人的作品。

在演出中，从男高音开始演唱格利高里音调起，我们就被牢牢钉在了座位上。巴赫选择了这段圣咏的当地萨克森版本（在1682年由福佩利乌斯出版），以长音符在行进低音上吟咏：对于信仰毫不含糊的确认，对基督教信仰最古老的表达给予极为现代的调性支撑。[1]巴赫在第一段结尾对圣咏进行了辉煌的处理，将不少于七遍圣咏快速地叠在一起，每一次都从不同的节拍上开始，全都在男低音对主题进行一次完整陈述的时间内。

比起用以补足规模和内容的《荣耀经》，《尼西亚信经》的正式设计中结构更为严谨。这两部最外层的合唱运用了一种混合风格进行表达，半是"古代风格"，半是巴洛克，体现在和声构思的方式以及由独立低音线条支撑的方式上。两种独立而又相关的模式赋予其结构。第一种方案基于首尾呼应的对称性进行组织，与之前的《荣耀经》相匹配，并且得到了调性的支撑。这样一来《十字架上》（*Crucifixus*）就站在了一个等边三角形的顶点上，而底部则是成对的合唱：由"我信唯一的天主／全能的圣父"开始，以"忏悔经／我期盼"告终。根据路德的"十字架理论"（theologia crucis），基督被钉上十字架是引导了真正基督徒信仰的事件，借此他将上帝视为基督之牺牲和受难的结果。但这并未反映在巴赫对《尼西亚信经》最初的计划中：起初他将"圣灵感孕"中的唱词并入女高音／女低音二重唱"我信唯一的主"。这反而与天主教惯例相一致，将最关键的重点放在了"复活"上。总谱的手稿显示，在完成《十字架上》之后的某个时候，巴赫的想法发生了变化。为了从结构上矫正对天主教义的强调，他甚至愿意抛弃"而成为人"中的表现力，对唱词进行重新分配来适应路德宗正统派。他的目的是创作一部均衡而统一的作品，过渡流畅，在咏叹调之间有

---

[1] 他通过这种方式利用了呼应的音乐修辞形象。瓦尔特将其描述为"出于强调的目的，一个句子甚或一个单词在一部作品中频繁重复"（*Musikalisches Lexicon* [1732], p. 34）。

完美的习惯

着审慎的对比，赋予合唱乐章更大的重要性。

然而《尼西亚信经》的结构还有另一种解读方式。划分为三个部分，每个部分都以小号和定音鼓为特征的辉煌的 D 大调合唱中达到顶峰。这些划分与路德关于信仰的三大条款相符："创世"（"我信唯一的天主"与"全能的圣父"组合），"救赎"（"我信唯一的主"、"圣灵感孕"、"十字架上"及"复活"）以及"成圣"（"我信圣神"一直到"我期盼"）。[1]新的划分凌驾于首尾呼应的结构之上，然而并不与之相抵触。路德的第一项条款在第二条中"成为肉身"（换言之，在基督的死亡和复活中），而第二项条款中的末世性事件在第三条的洗礼中得到了象征性的重新演绎。这听起来可能太过复杂，当然巴赫的处理就像一贯那样聪明。然而听者被巴赫那一连串的叙事乐章——那些连续的三拍子合唱（"圣灵感孕"、"十字架上"及"复活"）——裹挟着，不必清楚从一个乐章到下一个乐章之间巨大的风格转换，更不必知晓它们不寻常的出处。例如中间的乐章"十字架上"，这个充满极度痛苦的乐章，来源于巴赫吸收到这部弥撒中的最早的音乐——他的魏玛康塔塔《哭泣、哀号、悲伤、痛苦》（BWV 12），创作于三十五年以前，也就是1714年。从表面上看，巴赫对这首帕萨卡利亚的改动极小，然而却惊人地贴切：他增加了一个四小节的器乐序奏，以两支长笛来改变织体，为悲伤的萨拉班德节奏增添了一种摇摆感；弦乐由五声部减至四声部；通过颤弓在固定低音中造成一种悸动（每小节六个四分音符，取代了每小节三个二分音符）；而帕萨卡利亚也以微妙变化的方式划分，在固定音型行进的不同时刻制造出张力。[2]

---

1 George B. Stauffer, *Bach: The Mass in B minor* (1997), p. 144.
2 这些变化在芮内·佩雷斯·托雷斯（René Pérez Torres）的论文中得到了进一步分析。'Bach's *Mass in B minor*: An Analytical Study of Parody Movements and Their Function in the Large-Scale Architectural Design of the Mass', University of North Texas master's thesis (Dec. 2005), pp. 64–5.

用"十字架上"来取代四重的"哭泣、哀号、悲伤、痛苦",至于(这部康塔塔的开头部分)是否比修改前更好,各种观点见仁见智。[1]另一方面,结尾转调的五个小节(似乎象征着将基督的遗体放入坟墓)无可争辩地令人信服,唱诗班静静地降到最低音域,只有数字低音进行伴奏。在固定音型的第十三次反复中,低音旋律难以预料地转弯,戏剧紧张度掀起了波涛。

有人指出"复活"源自一首已经遗佚的世俗颂歌(BWV Anh. I 9),其唱词由"奥古斯特"(Augustus)开始,1727年5月12日为了庆祝选帝侯弗里德里希·奥古斯特一世的生日在莱比锡市政厅前进行露天演出。这就解释了从整部弥撒里所有三拍合唱中脱颖而出的宫廷式优雅——开篇上升的动机,迂回的三连音音型(与"星辰"一词相伴),这是对强力王奥古斯特之降生的隐喻("散去吧,美丽的星辰!太阳已在我们面前升起")。[2]从人声直接进行称颂并引出这段带有舞蹈律动的庄严波罗涅兹的方式来看,我们不一定能猜到管弦乐团会有什么样的重要作用。巴赫为他的管弦乐团分派了至少五部利都奈罗,在乐器之间进行机智而微妙的交换。然而矛盾的是,最为精湛且本质上属于器乐的表达却留给了人声:在"复活"和"他的神国"中激烈的花腔装饰音,对男低音而言杂技般困难的"再一次"。在演出中,相连的十六分音符强烈地暗示着不等值的(inégale)处理——以充满韵律的摇摆为旋律增色的典型法国方式,对于迷恋法国巴洛克风格的强力王奥古斯特极具吸引力,尽管对他那倾心于意大利音乐的儿子来说吸引力

---

[1] 我本人就无法将"焦虑……与……不安……焦虑……与……不安"那种痛苦的断续方式从脑海中驱逐出去,后来他以更流畅的"他受难而被埋葬"(passus et sepultus est)取而代之。另一方面,通过旋律音程的改变,在第13和14小节女高音和女低音旋律上制造出了增二度,为钉上十字架增添了充满悲伤的味道。

[2] Klaus Häfner, 'Über die Herkunft von zwei Sätzen der h-moll-Messe', BJ b (1977), pp. 55–74.

小得多。[1]

目前为止，最晚出现也最具革新性的音乐是"圣灵感孕"；然而值得一提的是，这是最后一刻才加上的。在克里斯托弗·沃尔夫看来，这可能是巴赫创作的最晚完成的乐章。[2] 其结构的简洁性以及表达的深刻性无可比拟，即使是那首庄严的"您除去世间的罪"，虽然在某些方面有着相似性，也无法与之相提并论。也许在1744—1746年间，巴赫改编佩尔格莱西（Pergolesi）的《圣母悼歌》（"谁能不为之动容"那段）时，想到了小提琴齐奏中（两对向上解决的倚音紧随分离的八分音符）那一连串形象，在佩尔格莱西那与反省主题相关的七个小节中反复了九次。[3] 然而在默认外部刺激（正如亨德尔的情况）之前，我们应该忆起《我们的主，信实的神》（BWV 101）开场合唱中一个相似的过程（见365页），在对人类从"无数罪行"中得到救赎的需求进行严肃思考的背景下，三个音符的"叹息"音型持续地在弦乐高声部和双簧管之间摆荡。神圣的道成肉身以及对赎罪的至上需求这两个主题似乎直接交织在一起，后一个主题在巴赫的自我引用中得到了明确表述，这暴露出音乐艺术本身的意义模糊性。圣母玛利亚织入她的挂毯中的沉思的针脚，也可以被解读为即将到来的悲伤的象征。巴赫可能希望我们认为，在化为肉身这一行为中，基督承担了"严重的惩罚和沉重的痛苦"（如 BMV 101/i 唱词中所引）。他在尘世

1　这与此乐章的速度密切相关，例如需要比"与圣灵同在"速度略慢。当所有人都能在相邻的不等值十六分音符中进行轻快的布鲁斯式摇摆而没有任何潜在的压迫感时，你知道自己"神采奕奕"。然而同时花腔装饰音需要嗞嗞作响、闪闪发光，就像圣灵降临节康塔塔《永生的火，爱的源泉》（BWV 34）中的"火舌"一样。

2　Christoph Wolff, *Bach: Essays on His Life and Music* (1991), p. 367.

3　克里斯托弗·沃尔夫（'Bach und die Folgen', *Offizieller Almanach, Bachwoche Ansbach* [1989], pp. 23-34）和莱因哈德·施特罗姆指出了这一点，后者认为对佩尔格莱西的修辞音型的依赖"似乎为弥撒引入了这层含义——道成肉身是一个'问题'"（'Transgression, Transcendence and Metaphor: The "Other Meanings" of the *B-Minor Mass*' in *Understanding Bach*, Bach Network UK [2006], Vol. 1, p. 65）。

中的生命的到来和终结都写在了这里。

然而,这一乐章的结尾与佩尔格莱西无关,全然出于巴赫自己的创造。在四十四小节之后,《信经》那令人着迷的对称性破裂了。低音线条第一次接过了小提琴"哭泣"动机,在两把小提琴向下漂移时,与它们发展成一部微型的三声部卡农。同时,三个最高的人声声部间形成了另一部向上行进的三声部卡农,标志着"而成为人":et homo fac...(在重新回来之前)...tus est。这不仅仅像威尔弗雷德·梅勒斯(Wilfrid Mellers)所注意到的,在结尾的这些小节里,消极色调与积极色调达到了微妙的平衡。[1]也不仅仅是对基督的道成肉身以及他在世上轻柔降生的宣告,通过(B大调的)皮卡迪三度(tierce de Picardie)突然散放出光辉。概括了巴赫音乐中至高奥秘的,正是紧接而来的休止——孕育着期待感以及失落的纯真感,仿佛童年时的天赋奇迹般地恢复了。在我看来,这与他早期的《悲剧的一幕》中间出现的休止可以平分秋色(见180页)。

并非每一个作曲家都认为普通弥撒的唱词是完美的剧本,在生动的叙事之后的部分尤其让人不敢恭维。托维将其描述为"尼西亚信经中最不悦耳的部分"。如他所言,"在那些人人知晓却无人敢于装作理解的基督教神迹深深打动我们之后,我们要为神学家们在尼西亚解决的争议寻找适宜的音乐。"[2] 他继续将作曲家们对"这一着实可怕的问题"的不同解决方案做了机敏的对比:为一切谱上同等迷人的音乐(帕莱斯特里纳);公然求助于喜歌剧的陈词滥调(莫扎特);通过引入狂热的呼喊"我相信"来回避问题(贝多芬),几乎以棘手的神学复杂性成功抹去了唱词的急促表达。另一方面,巴赫似乎根本没有被托维("着实可怕")的问题困扰。在为了会众的赞许而将教义信条列

---

[1] Mellers, *Bach and the Dance of God*, p. 220.
[2] Tovey, *Essays in Musical Analysis*, p. 42.

出来（且太容易退化为虚张声势的神学）时，他偶然发现了确保力量绝不消退的方法。在开头的两个乐章中，巴赫已经淋漓尽致地运用了来自格里高利圣咏的客观性和当代舞蹈性的巴洛克形式之间的张力。他为"我承认唯一的圣洗"配上了经文歌般的复调音乐，却又突然以男低音和女低音在长音符上以严格卡农演唱的圣咏打断。男高音以半速模仿相同主题，像裸露的横梁或是框架梁一般强加在织体上，甚至更加洪亮。接着，毫无预兆地，前行的动力停止了，对位消失了：跳动的活力蜕变为几乎难以察觉的律动。人声线条瓦解为一串慢速的探寻而易变的小节以及一系列模糊的转调，停在了"罪行"（peccatorum）一词上。这是一座没有出路的迷宫。

至此，你会觉得音乐可以向任何方向发展，似乎被动地等待着新的推动。即便有卡尔·菲利普·埃玛努埃尔·巴赫在他父亲完整总谱中所作的注释，我们依然很难精确解读此处巴赫的意图。在我们的罪行得到赦免的可能性上，突然间投下了怀疑的阴影。唱词变为"我期待死人的复活"，然而音乐似乎根本不乐观。随着整个教义体系的明显瓦解，我们抵达了巴赫的弥撒中最为危险之处。阴影掠过这一明亮的弥撒书，推动力的瓦解和崩塌，精湛的对位法技艺在此无足轻重。和声改变了方向，在骤然转向远关系调降 E 小调（被视为一种代表了"最为深刻的痛苦、徘徊不去的绝望、最为严重的消沉以及灵魂最阴郁的状态"[1]的调性，由于在当时键盘乐器的调律法下极不和谐，在巴赫的时代极少使用）前，先转向降 B 小调。

这也是他似乎卸下了防备，使我们得以了解他的弱点和怀疑的少有情形之一——根据这一重大转变的可能性。他是否在期盼死人的复活以及来世的生命，我们在康塔塔中遇到的对死亡艺术（ars moriendi）

---

1   C. F. D. Schubart, *Ideen zu einer Ästhetik der Tonkunst* (1784), p. 284.

的鼓吹是否只是一个勇敢的假象？这是危急关头：对人类之罪孽的惧怕，对挽救我们于堕落状态的赎罪之渴求。少有地，巴赫感到了路德对死亡的恐惧，并找到了用音乐来表达方法甚或需求。他的处理方式将对作品的成功起到至关重要的作用，对于他自己的未来也是如此。总谱手稿中极其清楚地表明，巴赫在这一关键时刻面对着巨大的斗争。页面上充满了显著的删减以及对内声部的修订。男低音以半音阶下行，然而最后一刻却偏离了降 E 小调，停止在 D 大调属音上（第 137 小节）。女高音们缓慢地向着临时的还原 C 行进。这不可思议地通过等音变换变成了升 B，须臾之间由一个世界到了另一个。[1]

演出宗教康塔塔的经验表明，巴赫能够出色地诠释这些黑暗的时刻，甚至能在日常中不断地写出来，他在引导听者回到信仰与光明的道路上时多么足智多谋——在此处，整部弥撒中末世的十字路口处达到了极致。在寻找最为适宜的和弦模进（这预示了贝多芬某些更具探索性的和声表达）时，巴赫抓住机会表达了，用威尔弗雷德·梅勒斯的话说，包括他自己在内的所有人此刻都会感受到的"恐惧和怀疑的震颤"。"我相信"中那些充满自信的肯定（充斥着《尼西亚信经》中十分之九的信条开头）让位给了逐渐变得更弱的动词——"我承认"，现在则是"我期盼"。巴赫可能使"我承认"在肯定性上与"我相信"势均力敌，然而对"我期盼"则并非如此。于是在他的弥撒中唯一一次为唱词中相同措辞创作了完全相反的音乐。他首先表达了震惊和恐惧：人类的全部罪行使得道成肉身以及经由基督受难获得赎罪成为必需。接着他唤起了睡眠中的死亡（如我们在康塔塔 BWV 95 和 BWV

---

[1] 看到巴赫此刻对和声进行操纵和调整，我们会明白安德烈亚斯·威尔克麦斯特（Andreas Werckmeister）为何将等音转换解释为"我们终有一死的命运以及此生的不完备性的写照"（Ruth Tatlow, 'Recapturing the Complexity of Historical Music Theories; or, What Werckmeister's Doctrine and Mattheson's Invective Can Tell Us about Bach's Compositional Motivation', *Eastman Theory Colloquium*, 28 Sept. 2012）。

完美的习惯

125中遇到的"死亡就是我的睡眠"一样);然后是第一个试探性的"希望"(绝非"相信")死人的复活。此时我们察觉出与圣保罗的神秘时刻"我们都要改变,在一霎时,眨眼之间"(《哥林多前书》15:51-52)的相似。于是引出了这种信念——他的信念——"死人要复活成不朽坏的"。此时——"号筒末次吹响时"——堤坝终于崩坍:"我期盼"变成了"我相信死人的复活"。

新的乐章标记为"活泼的快板"(Vivace e Allegro),[1] 推动我们前行,固定低音中每小节只有一拍的时间——但足以让死人"在几乎像舞蹈般生机勃勃的琶音中跳出坟墓"。[2] "打开心灵的牢笼!"济慈[3]命令道——巴赫的做法正是如此,引导他们扩展对复活之谜的理解。在探索性的等音变换之后,"我期盼"中一触即发的"活泼的快板"焕发了生机,在方正坚定的节奏中进行的强调性的反复中激发了巨大能量。这是《尼西亚信经》中第二首欢欣鼓舞的合唱,在整部弥撒中则是第四首,每一首都极为不同且都与语境极为相符。

对同时代任何其他作曲家而言,这都可能听起来陈腐,至少也是平淡的,但他的潜意识里似乎闪现出之前创作过的极为符合气氛的音乐——《神啊,人们在锡安的寂静中赞美你》(BWV 120)中一首合唱的第二行"直上天国"。这首康塔塔为1728年或是1729年莱比锡市政厅的落成典礼而作。这不是直接的"模拟式改编",但却贴切地表达

---

[1] 对于每小节只有一拍的乐章而言,这点极不寻常。这根本不能表明"中性的、速度适中的快板"甚或"回到'忏悔经'中轻快的二二拍节奏"(Stauffer, op. cit., p. 240)。数字低音中的下行音阶最终到达最低音 D,仿佛发令枪触发了一支德国加洛普之类的舞,这种舞曲19世纪二十年代在维也纳极为流行,由舒伯特、兰纳(Lanner)、约翰·施特劳斯甚至罗西尼(在《威廉·退尔》序曲结尾处)等人开始引领了潮流。

[2] 正如梅勒斯巧妙的评论:"前一段的内省性被外向性取代,如同斯坦利·斯宾塞(Stanley Spencer)或是那些被他奉为典范的中世纪画家的复活油画中所描绘的一样单纯"(op. cit., p. 230)。

[3] Keats, 'Fancy'.

了灵魂"在号筒末次吹响时"的再生和复活。巴赫毫不留情地仔细检视了这首合唱——一首严格的返始结构乐章——的材料。他的工作是为"忏悔经"寻找合适的续篇,与柔板中那二十五个神秘的连接性小节相称;但他也需要平衡《信经》中另外一个与开篇"我信唯一的天主／全能的圣父"相匹配的支柱。于是他扫清了一切阻挡这种不可遏止的能量释放的障碍。保守的形式——首尾呼应的结构,结尾的利都奈罗——消失了;出现了八小节全新材料(两次),开头的利都奈罗此时缩短了,并且与人声叠置,第五声部不仅是附加的,也是从组成结构中推断出来的,105个小节充满无可抗拒、无可遏止的活力。没有任何东西能够阻挡这欣喜若狂的集体冲刺,即使是逐渐累增乐器来充实的每一个合唱部分也不能。[1]

＊＊＊

埃玛努埃尔·巴赫此时似乎重又出现在故事中。他现在是柏林的普鲁士宫廷乐队的首席羽管键琴师,1749年8月在波茨坦(Potsdam)刚刚完成了一部新的《圣母颂歌》(Wq. 215)。他似乎将这部作品带到了莱比锡,可能展示给他那抱恙的父亲,至少有一个目击者声称玛丽安节期间在圣托马斯教堂听到过它的演出,也许是在1750年2月2日或3月25日。这是否是埃玛努埃尔想要作为父亲的继任者成为托马斯合唱团乐长而做出的努力呢(或许有父亲的敦促在内)?埃玛努埃尔的《圣母颂歌》中体现出深受父亲影响,对于后者的"我们向您感恩"以及《尼西亚信经》结尾的"我期盼"有着惊人的影射。他的作品与父亲的《尼西亚信经》如此相似,多年之后他在汉堡的同一场演出中上演了这两部作品。除了上述作品以外,1786年春为救助穷人

---

[1] 根据约翰·巴特的研究,巴赫在此倾向于剪除一切可能抑制他想要的动力之事物,促成了"这一作品似乎包含了它的长度通常允许的二倍的音乐量"。

完美的习惯　571

的医疗机构募款而在汉堡举行的慈善音乐会还包括亨德尔《弥赛亚》中的咏叹调"我知道我的救赎主活着"以及"哈里路亚"合唱。尽管1733年他在德累斯顿帮忙抄写分谱时对"我们向您感恩"有印象,对《尼西亚信经》的熟悉则只可能是很久之后,可能就在他创作自己的《圣母颂歌》之前。有可能他在父亲晚年时于莱比锡亲耳聆听过《尼西亚信经》的演出。显然,埃玛努埃尔《圣母颂歌》手稿中的日期(1749年8月25日)至少为他父亲的弥撒曲中这一部分提供了最晚可能日期。另外,考虑到他和长兄在父亲弥留之际获准在两个教堂演出,并且极为了解这部作品,我们不能排除这种可能——他们其中一人在莱比锡指挥了《B小调弥撒》部分演出。

这些都只是推测。毫无疑问,埃玛努埃尔与他父亲这部弥撒曲在不同阶段的组合有着密切联系。继承父亲手稿的正是他,他的指纹无处不在——从早年时为了方便誊抄而布下的无辜的标记点,到多年之后为《信经》添加的极为有用的低音音型。除此之外,还有激进得多的干预:增加了新创作的二十八小节的前奏曲;对于支撑和配器的改变,包括将"我信圣神"中(当时已多余的)柔音双簧管替换为普通双簧管和小提琴。

《尼西亚信经》是巴赫的完整弥撒中对下一代产生最大影响的部分,不仅是埃玛努埃尔,对巴赫最亲密的学生圈子也是同样,比如约翰·弗里德里希·阿格里科拉及约翰·菲利普·基恩伯格。埃玛努埃尔·巴赫1786年在汉堡的演出似乎间接地引起了流传甚广的传抄。一个抄本流传到了英国,到了查尔斯·伯尼手中,又从他那里传到了萨缪尔·卫斯理(Samuel Wesley)处,后者的热情引发了一项夭折了的、为展示巴赫的声乐创作技巧的出版计划。阿格里科拉已经誊抄过开始乐章的早期版本,提到《信经》中的二二拍标记"来自于已故的约翰·塞巴斯蒂安·巴赫的一部伟大的弥撒曲,其中有着八个助奏声部，亦即五个人声声部、两把小提琴以及普通低音"。[1]基恩伯格（1769年埃玛努埃尔·巴赫曾将总谱手稿邮寄给他，允许他抄写并通过预付款的邮件寄回）似乎特别被"十字架上"以及其中的帕萨卡利亚的固定低音吸引。他将其描述为"十声部的典范……来自约翰·塞巴斯蒂安·巴赫的一部弥撒曲，充满了创意、模仿、卡农、对位和美妙的旋律"。[2]这使人想起克劳德·列维-施特劳斯（Claude Lévi-Strauss）的格言："音乐本身是人类科学中至高无上的奥秘"[3]——对于巴赫那令人震惊的《尼西亚信经》而言这是多么恰当的墓志铭。

***

关于弥撒的最后部分，出现了观点的分歧。部分学者诟病巴赫对其进行拼装的方式，暗示这显著削弱了其原创性。[4]然而怎会如此呢？手稿中确实有着清晰可见的迹象显示出努力与匆促，音符固执地在页面上前行，乐章结尾处关于接下来的乐章有着某种不稳定或优柔寡断。你可以以多种方式对此进行解释：巴赫不熟悉天主教礼拜的结束部分；他衰退的视力；或是他完成作品的决心，将其作为对普世教会的音乐表述而自始至终维持极高的典范。然而没有任何东西暴露出质量或强度的减退，而我们很快将看到这一点，尤其是在无处不在的"回收再利用"的音乐之中。巴赫是在真空中工作：关于弥撒的最

1　*Allgemeine deutsche Bibliothek* (1775), Vol. 25, Part 1, p. 108.

2　Johann Philipp Kirnberger, *Die Kunst des reinen Satzes in der Musik* (1777), Vol. 2, Part 2, p. 172, translated as *The Art of Strict Musical Composition*, D. Beach and J. Thym (trs.) (1982).

3　Quoted by George Steiner, *Errata: An Examined Life* (1997), p. 63.

4　菲利普·施比塔批评巴赫在最后这些乐章中对模拟式改编过于依赖，由于音乐应该在领圣体（ecclesiastical term）时演奏，表明巴赫的装配"没有付出努力"。他觉得这部弥撒"令人不满意，不仅仅是其中每一首，也与它们之间的联系以及完成整部弥撒时所处的位置有关"。(*The Life of Bach*, Clara Bell and J. A. Fuller Maitland [trs.] [1873; 1899 edn], Vol. 3, p. 61)后来弗里德里希·斯门提德提到了"最后部分艺术性的衰退"，发觉"圣哉经"之后的音乐"明显劣于之前的"(NBA II/1, KB, pp. 178–87)。

后部分，没有任何路德宗的典范能够指引他。他能够从自己的书架上找到巴萨尼以"和散那"（Osanna）（作为"圣哉经"的续篇）结尾的弥撒作为参考；或者是帕莱斯特里纳的弥撒曲，在安详的复调无伴奏合唱中完成了普通弥撒。在某种意义上，巴赫是他自己的成功的受害者。他在最初的弥撒曲中为自己设下了规模、比例和时长的标准，后来以《尼西亚信经》来进行庄重的补充，而如今将一系列最终乐章组合在一起时，他需要保持戏剧动力和巨大的篇幅，保持统一性，并且流畅相连。在这点上，他取得了志得意满的胜利。

以1724年的《圣哉经》来开启这部弥撒的最后部分（他最华丽的D大调合唱之一，并且它是教堂铃声天使般的声音庆祝战胜死亡的胜利），这一想法出现于上文提及的1745年圣诞节和平庆典之时。由巴赫对其重演的次数来看，他极为重视这部作品。在其新的位置上，紧跟着《尼西亚信经》而来，没有任何坍塌的危险，因为每一位音乐家和听者都会为其作证。如果我们对"我期盼"结尾处琶音上行的即兴重复怀有疑问，对它们与人声线条在长音上的模仿式交换产生对比而在最后段落中融合的方式表示怀疑，在接下来的《圣哉经》中一定会找到答案。教堂钟声发出天国般的叮当声，庆祝最终战胜了死亡。其乐谱为迄今为止所用过的力量提供了增强和扩展：三支一组的小号、双簧管（第三支双簧管首次加入）和弦乐高音部中加入了两组三人一组的人声线条（尽管巴赫采用新方法将它们成对分组）。对《以赛亚书》（6：2-3）中的撒拉弗之六翼的记忆可能使他创作了这六重的乐谱："用两个翅膀遮脸，两个翅膀遮脚，两个翅膀飞翔。"[1]

---

[1] 据梅勒斯的观点，给予他灵感的，正是圣金口若望（St John Chrysostom）描述的景象——"成千上万的大天使……各有六个翅膀，遍体内外布满了眼睛，振翅高飞，唱歌，呼喊，不停地说，哦！哦！哦！万军之王！圣哉，圣哉，圣哉！万有的天主，你的光荣充满天地！欢呼之声，响彻云霄！"（op. cit., p. 232）。另一方面，托维认为《圣哉经》"几乎是极端新教的……巴赫自己为天使在宝座前挥动香炉打着节拍，全然忘记了充满敬畏的人类静静

无论他的灵感来自何处，巴赫带给我们迄今听过的传达上帝之威严的最为不朽的音乐，并且带有一种拜占庭或威尼斯式的华丽。巴赫显然想要他的《圣哉经》由分成五组的天使般的兵力进行演出，就男低音而言，需要英雄般强劲的肺活量来模仿巨大的隆隆钟声或是管风琴的主音栓。然而在接下来的"你的荣光充满天地"（Pleni sunt coeli）中，他带领我们回到了坚实的大地上。这与《荣耀经》中的农夫轮舞不可同日而语；相反，这仿佛是一群男高音在朝气蓬勃的帕斯比耶中赞颂上帝创世的荣光。一小节一拍的整齐摇摆被赫米奥拉节奏改变，人声旋律上的花腔暗示了棘手的分组（三乘三）的可能性，由切分音开始，跨过了小节线，之后它回归于音乐的巨形线条并熠熠生辉。

　　不得不承认，巴赫对这部弥撒最后部分的划分显得略为奇特。然而，即使在他创作生涯的最后阶段，当他更为关注完成周期性的以及"沉思性"的作品时，他从未将声乐作品和有文本的作品脱离演出而构思，尽管这可能意味着将它们限制为更短且更连贯的整体。浏览一遍他的手稿，就会发现他将这部弥撒细分为四个部分：《弥撒》（亦即"垂怜经/荣耀经"组合）、《信经》、《圣哉经》和《和散那/降福经/羔羊经》——既不同于天主教的五部普通弥撒，也不符合通常的路德宗用途。如罗宾·利弗的解释，在路德宗礼拜仪式中，前三部分可以独立演奏，而第四部分的片段则不可以。[1]《羔羊经》可以作为独立的乐章演奏（甚至在发放圣餐时与《圣哉经》一同演唱），然而"和散那"和"降福经"则不可从"圣哉经"中分离出去。

　　显而易见，当这部弥撒完整演出时，巴赫的四部分划分自动消失

地跪在赋予他们不朽的奇迹面前"（op. cit., p. 23）。

[1] Robin A. Leaver, 'How "Catholic" is Bach's "Lutheran" Mass?' in University of Belfast International Symposium, *Discussion Book* (2007), Vol. 1, pp. 177–206. See also John Butt, 'Bach's Mass in B Minor: Considerations of Its Early Performance and Use', JAMS, Vol. 9, No. 1 (Winter 1991), pp. 109–2.

了。然而，当这部作品分段演出时，以辉煌的"你的光荣充满天地"结尾的《圣哉经》能够蔚然壮观地独立成篇（正如1724年首演以及后来某些重演中一样），而最终的五乐章后续也成为一个令人满意的整体，其中的"降福经"——经由"和散那"（原意为赞美）合唱封存了密室之内一般的亲近感——构成了一块双唱诗班三明治的馅料。纯粹为了功能性目的将"圣哉经"区别看待并不会使之脱离后续部分，相反，它们在艺术上和结构上都密切相关，且在主题上紧密相连。利弗证明，手稿最后两部分以这种形态存在的唯一原因是已经存在的《圣哉经》，从概念上而言，它们应该被视为一个完整的部分——"圣哉经/和散那/降福经/羔羊经"——组成一个与前两部分相似的对称形式：

圣哉经

和散那

降福经

和散那

圣哉经

517　　本着对天主教音乐传统的尊重，路德宗信徒能够宽恕《信经》中对"我信唯一、至圣、至公、从宗徒传下来的教会"的引用——用神学家约翰·本尼迪克特·卡尔普佐夫的话来说，只要"公教会（ecclesiam catholicam）不被视作罗马天主教徒的教会——而是圣徒（或信徒）的普世共同体"。[1][2]

1　Johann Benedict Carpzov IV, *Isagoge in libros ecclesiarum Lutheranum symbolicos* (1725), pp. 46, 77–8, 569, quoted in ibid., p. 204.
2　这表明"伟大的天主教弥撒"这一称呼（1790年在卡尔·菲利普·埃玛努埃尔·巴赫的

无论是单论，还是放在整部弥撒的语境中来看，最后的片段都是引人入胜的，并且不出所料地令人信服。巴赫在这部弥撒的四个部分中运用的技巧——合唱与咏叹调之间的对比，古代风格的乐章与风格更为现代的乐章之间的对比，对圣餐庆典的"公众"与"私人"特征的强调或极化——都没有此处这么引人注目。作为这部弥撒之特征的对比原则——既是观念上的也是风格上的——此时推向了极致：从无所羁绊的欢乐（和散那），到对平安充满渴望的寻求（降福经），再到诚挚的恳求（羔羊经）。两首咏叹调——"降福经"和"羔羊经"——依然比之前的乐章更加宁静且更加室内乐化，两翼的合唱则更加富丽堂皇（"和散那"为双唱诗班、八个声部而作，管弦乐团整齐地划分为十二个声部）且令人振奋（最终的"垂赐平安"）。

最后的两首咏叹调都非常扣人心弦。通过展示朝圣者追求并完成生命之旅的努力，"降福经"假定了我们之前在康塔塔中遇到过的双重性。在男高音安详的（简直就是脱离肉体的）声音中，巴赫唤起了"奉主之名而来的人"的福音；同时，在崎岖的长笛旋律中，他坚称生命之路绝非平坦（我想起了《来吧，耶稣，来吧》[BWV 229] 中那句极有表现力的"苦涩的道路对我而言何其艰难"）。当然也有轻松的时刻，长笛扮演了抚慰人心的角色：如同在波提切利为《神曲》所作的羊皮纸素描中，维吉尔指引并保护但丁穿越地狱和炼狱，巴赫似乎用音乐来支持他的旅伴。[1] 与《圣哉经》相比，《羔羊经》中人声与小提琴齐奏的交织简直难舍难分。考虑到他在最后的声乐作品中的大费

遗产中如此记载）指代"具有普适性的普通弥撒，由天主教徒和路德教徒共同享有"（Robin A. Leaver, 'How "Catholic" is Bach's "Lutheran" Mass?' in University of Belfast International Symposium, *Discussion Book* [2007], Vol. 1, pp. 177–206）。

1　这几乎就是巴赫的主显节康塔塔（BWV 123）中长笛／人声辩证关系的确切反映，在咏叹调"哦，俗世啊，让我丢开嘲讽"中长笛作为抚慰天使或是男低音歌手的伴侣，尽管他孤独而凄凉，长笛为他带来新的目标与决心。

周章，将一首八行的诗节缩减为仅有八个词，巴赫一定极为珍视来自《升天节清唱剧》(BWV 11) 的那首怀旧的女低音咏叹调"啊，请你留下"，尽管这两个版本可能都来自一部已经遗失的原型。他丢弃了康塔塔材料的大半，为人声第一次进入（与小提琴的卡农）增添了四小节，为第二次进入增加了八小节，以突如其来的延音记号告终。此时我们发现他又回到了叹息音型——成对连结在一起的模糊音符——这一音型我们在"第一垂怜经"中首次听到，在"您除去世间的罪"、"圣灵感孕"和"十字架上"中再次出现并丰富了表现力，叠加在低音中相似的、非连续性节奏上。他将这动人的音乐放进整体布局的方法，是对最后的器乐利都奈罗所作的一种极端而生硬的重塑，小提琴在最低弦 G 弦的空弦上进入。这为接踵而至的"垂赐平安"提供了完美的联结，后者在严格的宗教活动中属于咏叹调的唱词，然而通过这种方式的分离，巴赫似乎暗示了神性的变化。

即使是最终的"垂赐平安"，也让音乐学者大呼犯规，因为它完全重复了之前的"我们向您感恩"。这是完全没有理由的。在由来已久的路德宗传统中，重要的礼拜仪式都以"Verleih uns Frieden gnädiglich"结束，这是路德版的轮唱"Da pacem, Domine"（主啊，求赐平安）。通过重现"我们向您感恩"的音乐作为整部弥撒的概括，巴赫与以一系列感恩结束圣餐的莱比锡传统建立了联系——"我们感谢您"即来自路德出版于1526年的《德意志弥撒》。感恩的赞美诗因而转化为对平安的普世恳求，伴随着感恩的祈祷。巴赫的决定也与信奉天主教的德累斯顿之先例相符，至少在演出中通过确证其自然性而据有一席之地。虽然在普通弥撒中，"垂赐平安"的唱词属于《羔羊经》（出现在第三段末尾），但将这段唱词谱进终场合唱，配上来自《垂怜经》或《荣耀经》的音乐，这是在德累斯顿极为普遍的做法。德累斯顿的弥撒作曲家们，例如卡达拉和杜兰特，在"垂赐平安"中重复之前乐章音乐的做法，用作一种再现或统一的方式。巴赫曾经研习过他们的作品。困扰着纯粹主义者的，是他们眼中粗疏的文本改编："感恩"中的两个分句完美地适用于巴赫那对比鲜明的赋格主题——(1) 我们感谢您和 (2) 为了您的荣耀（这是对作为原型的康塔塔，《主啊，我们感谢您》(BWV 29) 的完美移调）——而此处只有一个分句"求您赐给我们平安"，却要由两个主题分享，这是一个极为不当的语法错误。事实真的如此吗？

巴赫通过创造一种新的二元论来使他的批评者们无据可依："Dona nobis pacem"之后是这些单词的重新排序——"pacem dona nobis"。这一解决方式的适宜性在演出中一目了然——只有"感恩"的音乐适于在此时出现——当然，如果对第二乐句的风格和情绪做适当的调整的话。之前的"因您巨大的"是充满活力而果断的，而"求您赐给我们平安"则是抒情而温和的，体现了一种高贵的克制。为了适合对平安的普世乞求，其装饰音也适用于"赐予"和"平安"。最初的赋格主题中岩石一般坚定步伐，在"感恩"中有着不可抗拒的前行动力——预示了莫扎特"朱庇特"交响曲的终曲——在"垂赐平安"中变得柔和且不再棱角分明。在两个版本中，巴赫都抑制住了小号和定音鼓——这代表着为感谢上帝的荣耀而招募的最后之军以及最为壮观而雄辩的平安请愿者。这是一个富有创造力的决定。

***

让我们梳理一下。我们已经认出了数个出发点，或许还有四个标记了《B 小调弥撒》之发展和创作的节点。从 1733 年的德累斯顿弥撒开始，"战争创伤"假说认为《荣耀经》和《圣哉经》出现于 1745 年圣诞期间。之后是埃玛努埃尔对父亲最后的探望以及 1749—1750 年间在莱比锡进行部分演出的（极其渺茫的）可能性。这些中途夭折的标记都无法证明巴赫决心完成这部弥撒的准确时间。尽管这一计划有可能很早就在他脑中生根发芽，在全部完成以前，他觉得需要重新研习古代风格的技巧方能下笔，他也可能需要一个特定的时机来集中注意并在创作与同化的过程中抵达最后阶段。

最后一片拼图将我们带回了德累斯顿。有人提出，在德累斯顿新的霍夫教堂的落成庆典中，巴赫为他的弥撒曲找到了可能的机会。[1] 奠基石于1739年铺下；从伯纳多·贝洛托（Bernardo Bellotto）（被称为小卡纳莱托）一幅绘于1748年的德累斯顿风景画来判断，霍夫教堂已近于完工，其钟楼依然被脚手架包裹。这就是巴赫所寻找的时机么？如果是这样，证据就是弥撒曲最后部分粗糙而费力的笔迹中明显的匆促。然而如果他想要作为落成典礼的一部分来呈现，情况就并非如此了。除了他衰退的视力以及英国眼科医生约翰·泰勒爵士（Sir John Taylor）在1750年3月和4月实施的两次白内障手术以外，有人认为巴赫遭受着未经治疗的糖尿病困扰。尽管他恢复了一阵子，还是在7月20日遭遇了中风，八天后离世了。

霍夫教堂直到第二年才最终完工。不无讽刺的是，他的故交哈塞那部短得多的《D大调弥撒》在落成典礼中上演。我们知道巴赫的《信经》在某种程度上应该归功于泽伦卡的弥撒。然而这无法与哈塞对巴赫的密切依赖相提并论——尤其是《D大调弥撒》里《信经》的开头以及《圣灵感孕》。福克尔告诉我们，"哈塞及其夫人，著名的福斯蒂娜……也数次来到莱比锡欣赏巴赫的天才。"[2] 或许哈塞终究还是见到过这部弥撒曲1733年时的早期段落。在哈塞后来到莱比锡拜访巴赫时，也许能够仔细研究或者听过巴赫《B小调弥撒》后来的部分。作为机敏的专业人士，哈塞的赞赏恰逢其时，恰在巴赫完满地对

1　W. Osthoff and R. Wiesend (eds.), *Bach und die italienische Musik* (1987), pp. 109–40.

2　J. N. Forkel, *Ueber Johann Sebastian Bachs Leben, Kunst und Kunstwerke* (1802); NBR, p. 461.

自己以及前辈和同辈所作的最优秀的宗教音乐进行全面研究和独特结合之时；简言之，这是未被超越的，也无法被超越。与此同时，他可能将巴赫的弥撒曲视为极其适合演出的作品。缺少的只是一套完整的分谱。然而如果要放弃宣扬自己音乐的重要机会，这可不是哈塞的风格。他在《D 大调弥撒》以及 1763 年为他的资助人弗里德里希·奥古斯特二世逝世所作的《安魂弥撒》（*Requiem Mass*）中对其进行的引用，是否是向巴赫致意的自觉举动？

* * *

这些都无法排除一种可能性：如果巴赫能够活到指挥或亲历这部弥撒的完整演出之时，比如 1751 年在德累斯顿，他可能会继续进行修订和改动。不同于科学家重复自己的实验来确保成果无懈可击——并且抱着每次都得到完全相同结果的目的——巴赫没有机会把自己的作品交付于对等的试验。因而，将其视为静态对象，视为人性思考和行为的总结与存储，相较于两部受难曲而言，甚至视为对信仰的彻底声明，这仅仅是一种方式。另一种方式则是视其为一种衔接完美的自我校正与自我规定过程的一部分，而这个过程从未抵达——或许也无法抵达——最终状态。只有在演出中，音乐所蕴含的意义中根本的流动性才得以释放和品味。然而巴赫的弥撒曲能够经受住，并且当然经受住了演出的反复"试练"。他在漫长的时间里对其进行组装，吸收了他最早的某些音乐理念，然后以如此不可言喻的方式告终——显示出他那"完美的习惯"——就像是在以他的方式说，"现在我要离开这个星球了；我的工作完成了。我为你们留下一个纯粹而美好的理念，对这一理念的表达则是我给这个世界的礼物，我的祖先也是其中的一部分"——换言之，一种西缅颂。

然而从他的儿子埃玛努埃尔以及学生阿格里科拉和舍恩伯格的反

应来看,他们对大师这部"伟大弥撒"的赞赏更多在于技术和理论层面,而非美学或哲学上的。事实上,巴赫离世时的文化环境还无法接受他所表达的思想和观念所具有的这种程度的独立性。我们是他的洞察力的继承者和受益者。我们的每一次演出,都标记了这部作品持续而反复的展开中最新的一刻。

演出是一种有形的创造性表演,在那个独特的瞬间,作为"重新创作"或"重新描绘"的结果,达到了一部音乐作品暂时的完成和实现。我们作为诠释者的部分角色,就是向听者发出召唤,吸引他进入易于共鸣的环境,使他了解我们所从事的创造性表演的结构及展开。重要的一点,是区分演出的材料——乐器,无论是"现代的"、"传统的"还是"本真的"——和进行演奏的人。当然,学过演奏或指挥本真乐器并且用心聆听的人,会认为我们重新进入并栖居于巴赫的音响世界比起三十五年前起步时要容易得多。由演奏本真乐器的技艺精湛的高手组成的团体——整个管弦乐团,还要有从唱诗班中脱颖而出的同样有造诣的独唱歌手——带来巨大的兴奋和活力。于是演出成为了一种群体仪式,它建立在合作与信任基础上(我更愿意把从句分出来,以示强调);为了达到目的,为了实现共同愿景,必须有一种调整并融合所有参与者的意愿。

指挥家的首要作用就是识别出那种愿景,并传递给所有参与者。任何时候他都需要知道音乐进行的方向;他必须能向每个音乐家传达将个体旋律融入整体的方式。他必须确保每个人的天线都在正常运作,任何时候都能对任何新的信号作出回应,与此同时支持每个人享有必要的自由,对独奏家和独唱歌手则尤为如此。技巧在于保持音乐的凝聚力,使每个音符迫切而新鲜。获得一种卷入共同体验的感觉,对于这种再创造过程的潜能和效果而言至关重要。

这个过程有时会力不从心,于是就失去了一次宝贵的机会;我们作为音乐家就未能吸引听众或是使他们成为参与者，不仅仅是聆听，也是"接收"和回应。然而当我们成功时——当技术能力足以满足巴赫最艰难的挑战时，当声乐与器乐达到最理想状态时，当风格的协调、音色的匹配以及每个人角色的相互理解都已完成时——才是诠释真正开始之时。

※※※

在巴赫宽广的视野中，他牢牢掌控了我们，向我们揭示了他将宇宙视为一个和谐整体的观念；而在他的时代，社会统一的破裂势不可挡，旧的宗教结构正迅速被启蒙思想家们瓦解。近来的音乐学家们在追溯这部弥撒形形色色的出处时，在发现越来越多表明来自于更早作品的迹象时，证实它带来了某种危险：可能会将巴赫的音乐贬低为一些感染力的堆砌，一系列小于整体效果的碎片；然而正是他对材料进行改造、将其融入新方式的能力，以及无惧时尚、独辟蹊径的意愿和勇气，令《B 小调弥撒》如此令人惊叹。如果没有认识到这一点，我们就有可能错失了它背后的驱动力：巴赫的决心不仅仅是模仿信仰的姿态，也不仅仅是用他那富有创造力的音乐来诠释教义，而是扩展音乐表现力能及的范围，并且通过这样的探索来理解他所在的世界以及凌于其上的一切。

即便对怀疑论者和不可知论者而言，巴赫的《B 小调弥撒》也辐射出一种可识别的、极具感染力的灵性，这种灵性不依赖于教义的正统性，尽管看起来如此。他的艺术赞美生命固有的神圣性，这是对人类存在中神圣与超验维度的觉察。对其进行诠释，归根究底就是发现每个乐章中铭刻的天启，这与他的个人风格不可分解地融合在一起——隐秘的诗人就藏在他的对位深处。最重要的是，音乐家永远不能步履沉重——换句话说，重重跺脚——音乐必须舞蹈。归根结底，

完美的习惯

他的风格也是他的视野。误判了风格,也就错失了这种视野。

指挥这部弥撒将会充满巨大的期待感:当你在他的音乐中开启一段旅程时,你知道自己将完全意识到音乐的作用、音乐影响和改变人们生活的能力,甚至音乐表现缓和人们对当下事件之反应的力量。接着,当你在这一伟大历险中接近最终的直道时,号角末次吹响,宣告着归家,你会意识到巴赫最终对平安的祈祷,"请您赐予我们平安",既是对其内蕴性的祈祷,也是一种辉煌的证明。

第十四章

"老巴赫"

> 既然音乐是具有某种意义的语言,并且是唯一一种具有易懂性和不可译性这两种矛盾属性的语言,尽管极少数人能够明确表达其中的意义,至少对于绝大多数人来说,音乐的创造者堪比神灵,而音乐本身也是人类科学中的至高奥秘,这种奥秘各个学科都会遇到,并且是它们前行的关键。
>
> ——克劳德·列维-施特劳斯[1]

作为奋斗毕生而最终获得了"完美的习惯"的音乐家典范,巴赫绝对是一个不完美的人——这可不是我们通常能够容许偶像具有的特质。过去两百年间追随着他的圣徒崇拜表明,人们不愿承认艺术家脾气中的复杂性和矛盾性,这也使人们无法认清巴赫的真实性格——他在日常生活中的自我,存在于他那最不寻常的音乐创作故事之外、之下以及之内的自我。这本书中贯穿始终的,是对他的个性与创造力的交互作用,以及完美与不完美因而并存于巴赫生命中的方式的探寻,

---

[1] Claude Lévi-Strauss, *The Raw and the Cooked*, John and Doreen Weightman (trs.) (1969).

无论他多么努力地获得与他音乐中和谐的完美相称的虔诚和美德。[1] 我们继续注意到那些体现出他职业生涯中的混乱以及他对权威之抵触态度的迹象，也注意到他与学生之间以及与音乐家同行之间友好而充满宽容精神的关系。最为重要的是，我们拥有满溢着"巧妙而不寻常观念"的音乐（《悼词》这样告诉我们），同时又植根于指定的规则和真正的均衡。听完或演完这部作品，会惊诧于自愿承担的限制何以能与令人热血沸腾的活力合为一体。

这同样适用于他生命最后十年中的音乐，《B小调弥撒》《音乐的奉献》就在此中完成，还有几近完成的《赋格的艺术》，而他的魏玛时代（1708—1717）则见证了他与维瓦尔第的音乐那意义深远的相遇，以及《管风琴小曲集》的创作。然而，当他在生命的最后回顾从前时，巴赫可能会认为1723—1733这十年是他最具挑战性也最为多产的时期，这一时期他就任托马斯合唱团音乐总监，并且向萨克森选帝侯呈献了他的弥撒。为实现自己的终极目的而全力以赴，将最初三年（或者最多四年）投入到整套年度周期宗教康塔塔创作中，之后在1729年，身心俱疲的巴赫隐退到咖啡屋的舒适和独立当中。对他而言，不仅仅是创作、欣赏和聆听音乐的场所发生了变化：这与一种重大的社会变迁相一致——从具有等级制度的路德教会的准封建氛围中，转换到社会等级不那么森严、城市中的中产阶级知识分子能够抛却刻板拘谨进行交谈的地方。在莱比锡这样的德意志中部城市的文化和精神生活中，这是一个关键的转折点。

1　考虑到巴赫与表兄约翰·戈特弗里德·瓦尔特（Johann Gottfried Walther）之间的友谊以及亲密的作曲协作，巴赫有可能会同意他的观点："优秀的和声不仅出现在按照艺术准则创作的情况中，更重要的是出现在有美德的、取悦上帝的践行中"（*Praecepta der Musicalischen Composition* [1708], Vol. 1, p. 1）。这一点在实践中未能实现，加之人类理想与行为之间太过常见的差异，是他的康塔塔中展开的主题（见505页的例子）。

＊＊＊

　　在巴赫担任音乐总监的最初三年里，他将全部精力倾注到莱比锡教会的礼拜仪式中，他所取得惊人的成就，得益于其目的的绝对专一性。尽管前路荆棘丛生，尽管要面对反对和批评的声音以及公众的冷漠，为了实现终极目的可以不惜任何代价，而任何困难也都不足挂怀。只有一个结论：这些在音乐史上独一无二的宗教音乐巨册，只可能在此时此地此种条件下创作出来。这样一个引人注目的个体，不仅以他成熟的洞察力看到了新的对位组合的可能性，也看到了将其实现的精确历史时刻，于是积极地致力于此。我们丝毫不该为此感到惊奇。

　　在职业生涯的早期，他显然不具备这种广度和经验，也无法掌控这种结构与风格的架构，并且没有机会将其实现。如果他留在科滕（一个信封加尔文宗的宫廷），这一计划永远也不会顺利开始。如果他在1713年接受了哈雷的职位，他可能会和长子威廉·弗里德曼遭遇同样的命运，卷入教派之争。在世俗化的汉堡，像他的次子埃玛努埃尔后来一样，他的活力会被行政职责逐渐耗尽，会在勉强让音乐遍及城中教堂的责任中枯竭，而这种责任比在莱比锡时还要沉重。在那里，他也会成为约翰·马特松以及其他深谙时尚的现代嘉兰特风格的鼓吹者们嘲讽的对象。在充满迷人气息的德累斯顿，天主教盛行于此，乐团养尊处优，他无法再继续像在莱比锡那样自由地创作和演出路德宗教会康塔塔。不，必须是在那个守旧而刻薄的城市，那个极度自豪于纯正的路德宗正统派信仰、一连串杰出的音乐总监以及零星出现的世界性辉煌之地。尽管有着半失调的权利分配（皇权、公民权以及教权），尽管有着僵化的社会分层——或许并不比德意志其他地区更差，只是完备地记录了下来——如我们现在所知，尽管圣托马斯学校[1]的权力结构中有几乎不可调和的情况，一切还是在此完成。

在阿尔卑斯山以北，这可能是宗教音乐中最后一次反映了季节轮回、对农耕年历及其节庆的明显提醒、与时节和天气相关的活动，以及前基督教的仪式。这是路德最后一次——间接而又极有权威地——向他的全体信徒说教而未引发普遍异议。这只能发生在那个时候，在那十年间。稍晚一些，启蒙思想在德意志中部的渗透就会削弱巴赫的创造热情，正如时尚之门将他拒之门外。

在18世纪20年代晚期，巴赫实现终极目的的过程中最为感人的，是他让作品充满熠熠生辉的灵性的能力，这比起任何契约对他的要求都远为深刻和复杂，有时甚至付出了巨大的个人代价。他为莱比锡市民奉献的音乐，其品质和连贯性远远超出了他们应得的水准。当然，如果他愿意的话，可以过得非常舒适，像泰勒曼一样投身于歌剧事业，创作宜人而轻松的宴会音乐（musique de table）和轻赋格曲（fugues légères）。相反，出于亚历山大·罗斯所称的某种怒放的创作渴望，[2]巴赫对康塔塔这种形式的方方面面进行了新的尝试，在他的第二个年度周期中，为音乐在主日读经中作为一种有说服力的冥想设立了基准，并且拒绝改写旧乐谱的取巧方法，无论是他自己的还是别人的作品。在那十年的音乐中，他持续致力于明确表达他对世界以及人类的感知：这接近于圣经注释与社会评论的非凡融合。《马太受难曲》这样一部宏大的宗教性音乐戏剧，在当时被认为"过度的艺术遮蔽了"其妙处，[3]然而它能像棱镜一般，让我们看到巴赫展示给我们的整个生命之虹。以这种方式来看，它似乎在说，"这是世界本应被体验的方式：现在去体验吧。"

---

1 Michael Maul, *'Dero berühmbter Chor': Die Leipziger Thomasschule und ihre Kantoren 1212-1804* (2012).
2 Alex Ross, 'The Book of Bach', *New Yorker*, 11 Apr. 2011.
3 BD II, No. 400/NBR, p. 338.

***

18世纪30年代，巴赫对康塔塔之迷恋日渐消退，极有可能出于他曾与教堂会众共有的信仰之破碎，无论原因如何，他如今已经无法有所作为。我们之前已经看到，他那前三个年度周期中的康塔塔既庄严又亲切，是形式、文本和理想之间非同寻常的连通度之产物。尽管我们会惊异于礼拜仪式背景的狭隘性和几乎具有无限吸引力的音乐之间的巨大悬殊，他最初的听众可不这么认为。这可能是巴赫放弃人生目标的原因，这一理想已经走到了尽头——他可能会这么劝服自己——如果邻人不再准备也不再愿意倾听或是领会其中要义，你对邻人的教化已经大打折扣。这十年里官方对他的指控——称他其实在"通过工作来进行控制"——甚至不能理解为他对责任的漠视，更不用说是他个人信仰的丧失，更多的是出于对议会、教会议会以及学校校长对待他的卑鄙方式的抗议，以及由于留在莱比锡不会有任何改善的可能性而递交了辞呈。显而易见，这是一个不断满足自己职责要求（甚至超出了要求）的公聘音乐家，在特定时刻决定追求自己向前发展的艺术目标。1729年接受大学乐社的指挥一职就是迈出了这样一步，这也丝毫不出所料，因为他已经与其中大部分成员有着密切联系。此后，在整个18世纪30年代里，巴赫监督着极为广泛的公众音乐会，在莱比锡第一次发现自己作为真正的音乐总监受人瞩目。

如今作为康塔塔作曲家和演奏家的巴赫淡出了人们的视线，他第一次向其他作曲家的作品敞开大门。经常去做礼拜的人不会知道，甚至也不会在意他演奏的是泰勒曼、施托尔采尔还是他的堂兄约翰·路德维希·巴赫（Johann Ludwig Bach）的作品，在售的唱词册子也不会告诉他们听到的到底是什么。而在咖啡屋音乐会上，公众能够近距离看到演出者，即使作为一群狂热听众的成员遍布所有连通着的房间。

他们能够自由起身、走动或者站在门边，以一种绅士的行家风范对音乐和音乐家进行评论。在 18 世纪 30 年代中晚期，巴赫的角色拥抱着一个逐渐世俗的世界：站在启蒙运动门槛上的莱比锡城。

当他重新开始创作宗教康塔塔时，巴赫不仅展示了从前的技艺，也注入了新的精湛技艺以及风格的流畅性。他在 1738 年将一部有皮坎德作词的塞雷纳塔（serenata）[1]（BWV 30a）改编成一部为圣施洗约翰节而作的康塔塔，这就很能说明问题。关于《欢庆吧，被救赎的人》（BWV 30）的一切都是新鲜而欢愉的，从反复的两段八小节器乐旋律，到切分音的主题以及快速的三连音，在巴赫最为辉煌且极具礼仪性的风格中激发了巨大能量和激情。在四首咏叹调的精华中，我们发现了一首为女低音、长笛和经过弱音处理的小提琴而作的迷人的加沃特，同时伴有弦乐低音部的拨奏。即使是在十五年的聆听之后对他在宗教音乐中融入吉格和布列舞曲的习惯习以为常的会众，他们虔诚的面孔和优雅的姿态中也会浮现一丝惊讶，并且，我希望这引起了他最初的听众会心一笑。这是对任何声称巴赫沉重或是无趣的人进行的绝妙还击。

在 18 世纪 30 年代中后期，他继续对自己第二轮年度周期康塔塔进行润饰，加上大量新的演奏指示；他还通过创作那部（已遗失的）《马可受难曲》（BWV 247）以及三部分别为复活节、圣诞节和耶稣升天节而作清唱剧来扩展了自己对基督一生的思考。大约在同一时期，他创作了四部仅有《垂怜经》和《荣耀经》的短弥撒（BWV 233—236），因而适用于路德宗礼拜仪式。在借鉴精选自他的宗教康塔塔的乐章时，巴赫承认它们确有一席之地，尽管其中表现的情感对某些听众是一种障碍。于是他进行了重新利用，可能希望音乐以这种新的形

---

[1] serenata 一词在 18 世纪可指那种"半歌剧式"的戏剧性康塔塔。《牛津简明音乐词典（第四版）》——译注

式作为圣餐的一部分带来更大吸引力。在指挥了这些弥撒中的第四部（BWV 235，G 小调）后，我强化了这种信念：对于巴赫的作品而言，传统的类型界定或划分极具误导性。巴赫重新利用那些将被忘记的作品，不仅仅是节俭，巴赫在《G 小调弥撒》中显示出他的观念和音乐细胞能够扩张的方式，跳脱了某种先前的概念。

在这种情况下，你永远不会对巴赫感到厌倦：一切都充满热情、全神贯注且不知疲倦。我在研究这部弥撒时发现，对照着每个乐章的康塔塔原型会极有帮助，这样才能确保不错过任何一处暗示或是变化。然而我很快发现，将一种废弃的表现模式强加到新组成的有机体上是个错误：我看到新的生命形式采取了自己的形态，并且像往常一样，需要做的就是去理解或"解读"它们。无论如何，巴赫极少以显而易见的方式或出于明显的目的对它们进行移植。直到生命的尽头，他都专注于探求终结性的表达方法，这使得持续的自我修正成为必需。在单独的作品中寻找唯一的意义是无用的：我们应该努力追寻它们所包含的全部意义。[1]

作为正式的颂词，世俗康塔塔的唱词通常都缺乏活力——甚至比宗教康塔塔的唱词还要无力。在最终构成了《圣诞清唱剧》的二十多个独立的世俗乐章中，最能显示巴赫模拟式改编技巧的是第一首咏叹调"准备好自己吧，锡安"。原型中（《一部音乐戏剧》，BWV 213/ix）的情绪是气愤的，赫拉克勒斯（Hercules）在痛斥欲望（"我不会再听

---

[1] 例如，他为了《荣耀经》中间的三个乐章而解剖了 BWV 187，这几首都是咏叹调；而当你可能预期他将收获感恩节赞美诗用于"我们向您感恩"时，却发现他用在了"唯一的圣子"中，而在"我们向您感恩"中用了相当古怪的音乐（在门徒们犹豫"吃什么，喝什么，穿什么"的原始语境中相当适宜）。然而最为引人注目的移植或是再创作则留给了"与圣灵同在"结尾的合唱。他在此处回到了 BWV 187 的开场合唱。这个篇幅巨大的卡农（后来则是赋格）乐章浸透了与收获节相称的创造性（福音书提到了向四千人提供食物）。以收获主题为原型的动机——成对的双簧管吹奏出接连不断的十六分音符，暗示着微风中摆荡起伏的谷物，而弦乐高音部则刻画了镰刀的动作——似乎完全适用于赞美圣灵的新语境。

从你，也不再理会你，堕落的欲望"），而在圣诞清唱剧中，尽管音符完全相同（除了不同的连线模式以及增加了一支柔音双簧管以外），却勾勒出温柔甚至充满情欲的氛围，劝说锡安为弥赛亚的到来准备好自己。它们迫切需要以完全不同的方式演奏。

理论家戈特弗里德·埃夫莱姆·席伯想要我们相信，音乐无关乎来源，无论是在剧院还是教堂，对听众的影响是相同的："只要是关于情感变化，宗教音乐和世俗音乐并没有区别。"[1]——它怎么可能如此简单。谢贝尔的评论指的是情感而非意义（自然地，两者合二为一），而"准备好自己吧，锡安"中有着充足的独特之处——唱词、发音以及演奏风格的变化——这样才能为听者带来不同的效果。文本当然支配着音乐的演绎；然而由于更为熟悉，我们无法完全抹去与圣诞版本的联系而完全客观地聆听原作。如同标题音乐一样，一旦我们知道这应该是关于"x"的，就会倾向于以那种方式来听，反之如果我们无知无识地聆听，我们的回应也就第一次不会有任何外部限制。

在这些晚期作品中，巴赫谱曲的方式也发展了，这在某种程度上归功于他创作受难曲的经验。他表现出不愿受到束缚以相同表现方式来表达文字唯一的意义；意图和情绪都发生了变化，而其余的严格来说是相同的。我们已经看到巴赫如何利用路德那富有想象力的文字与旋律组合，习惯性地调整众赞歌改编中和声的消长，不仅仅是强调动词重音，有时也故意无视它们来让关键词语引起听者注意，即使这意味着公然忽视其他词的节奏。

在《圣诞清唱剧》中，我们遇到了巴赫处理众赞歌的新方式。他早期的众赞歌和声配置因其突出的旋律轮廓、稳定的节拍和目标明确的和声进行而引人注目，后来则是更丰富的和声进行和吸引人的不

---

1 Gottfried Ephraim Scheibel, *Random Thoughts about Church Music in Our Day* (1721), translated in *Bach's Changing World*, Carol K. Baron (ed.) (2006), p. 238.

和谐经过音，此时它们似乎从人声的交织中自然浮现——换言之，从声部进行中——有着更为强烈的比例感和平衡感。此处，我也被更深厚的温暖打动了——仿佛他发现了镌刻四条彼此独立的旋律的新方式，每一条都浸透着内在的旋律美感，用它们织就最具表现力的饱满和声。在获得了文字、旋律与和声最为自然的协同后，我认为巴赫会欣然赞同威廉·伯德关于自己与宗教经文关系的描述："我通过反复试练发现，这些文字中有着这样一种隐藏的力量，当我想到神圣的事物，认真而热切地进行思索，所有最合适的数字似乎自己就会浮现出来，自愿将自己奉献给既不怠惰也不呆滞的头脑。"[1]

巴赫的《圣诞清唱剧》是他在18世纪30年代及40年代间不断演变的风格与方法的纲要。[2]在某种意义上，我们可以视其为对约翰·阿道夫·席伯那颇具误导性的自然与艺术（或者说艺术手段），以及真相与困惑的二分法的及时反驳。巴赫从前的学生洛仑兹·米兹勒代表巴赫介入了与席伯的论争，他争辩道，相较于其他作曲家，巴赫的音乐通常具有更为精心的设计，只要他想，就完全有能力"依照最新的流行品味"来作曲，同时巴赫对如何"取悦听众"了若指掌。[3]但这并非要点所在，席伯可能会如此还击。尽管巴赫后来体现出更多的优

---

[1] Preface to the Gradualia in O. Strunk, *Source Readings in Music History* (1952), p. 328.

[2] 卡农式变奏曲《从至高天我今降临》也是这样，用大卫·耶斯利的话说，"既是嘉兰特风格，又极为复杂，高深莫测，而它们的表现意图却丝毫不含糊"（Bach and the Meanings of Counterpoint [2002], p. 120）。巴赫在准备出版作品集时有增加一些小节甚至整个乐章的习惯，这一习惯为学者们熟知。另一方面，露丝·塔特洛（Ruth Tatlow）对《圣诞清唱剧》之构建的研究，得出了惊人的发现。她表明，通过不辞辛苦地"向已经极为优秀的音乐增加段落或乐章来创造听不见的比例上的对应"，巴赫在3645小节的结构中引入了三个大规模的2:1比例（'Collections, Bars and Numbers: Analytical Coincidence or Bach's Design?' in *Understanding Bach* [2007], Vol. 2, pp. 37–58）。她的研究结果的方法论语境，以及她认为的"'和声'一词在巴赫所处时空中的意义和动机上的准则"即将成为她下一本书的主题。我很感激塔特洛送给我一份"开胃菜"。

[3] BD II, Nos. 920, 336/NBR, p. 350.

雅（Annehmlichkeit 正是席伯指责他缺乏的那种特质），这一指控仍然持续着——他依然用过多的技巧遮蔽了音乐之美。他真的能够"为了欢乐（gaudium）而丢开对严肃的事（res severa）的责任"[1]——并且持续这样做吗？[2] 如果真是这样（低估巴赫的适应能力是轻率的），他也不会故意表现出来。在福克尔的评论"他（巴赫）相信艺术家能够塑造公众，而公众无法塑造艺术家"[3] 背后，必定隐藏着这种内情。

***

在他生命的最后十年里，巴赫越来越多地远离托马斯学校的琐碎是非，没有任何与校长约翰·奥古斯特·恩奈斯蒂和解的迹象，而这些是非之争毁了他的前十五年。他和玛格达琳娜都饱受重病折磨，但得知两个最年长的儿子踏上功名之路一定会使他深感欣慰：他们已经被称为"德累斯顿"巴赫（威廉·弗里德曼）和"柏林"巴赫（卡尔·菲利普·埃玛努埃尔），而此时他却仅仅变成了"老巴赫"。[4] 他在所有儿子的音乐教育中都耗费了大量心血。为长子和次子取得成就感到的骄傲和喜悦，却被第三子约翰·哥特弗里德·伯纳德带来的耻辱所抵消，巴赫称他为"我那（哎！误入歧途的）儿子"。身为桑格豪斯的管风琴师，伯纳德陷入了严重的债务中（在丢了米尔豪森的工作一年多之后又重蹈覆辙）并且逃走了。巴赫痛苦地写信给当局："我必须耐心地背起我的十字架，将我那难以管束的儿子交给上帝的

1　"Res severa est verum gaudium"意为"真正的快乐是一件严肃的事"，为古罗马哲学家塞内卡名言，后来也作为莱比锡格万特豪斯管弦乐团（Gewandhausorchester）的箴言而镌刻在音乐大厅里。——译注

2　T. W. Adorno, *Bach Defended against His Devotees* (1951) in Prisms, S. and W. Weber (trs.) (1981), p. 141.

3　J. N. Forkel, *Ueber Johann Sebastian Bachs Leben, Kunst und Kunstwerke* (1802), Chapter 11, p. 125; NBR, p. 478

4　Ibid., Chapter 2, pp. 27–8; NBR, p. 429.

仁慈，毫不怀疑上帝是否会听到我悲伤的恳求。"出于自我辩解，他又加上，"我完全相信你们不会将我儿子的恶行归咎于我，而是接受我的保证：我做到了真正关心孩子的父亲为了他们的幸福所应做的一切"。然而他拒绝清偿儿子的债务，除非它们能得到证实。[1] 伯纳德瞒过了父亲和市议会，作为法律学生进入了五十英里以南的耶拿大学。1739年5月27日，他在那里死于热病，年仅二十四岁。

通过巴赫家庭内部的两个消息来源，关于他的家庭生活，我们听见了罕有的"小道消息"。卡尔·菲利普·埃玛努埃尔告诉福克尔，他的父亲没有时间写冗长的信件，反而有"更多机会亲自和人们交谈，因为他的房子就像鸽房（Taubenhaus）一般充满生机。对每个人而言，与他交往都是愉悦的，并且常常极有教化作用。既然他从来不记录自己的生活，空白也就不可避免。"[2] 巴赫和玛格达琳娜一起敞开大门欢迎宾客："没有任何音乐大师会经过这里却不与我父亲结识且为他演奏。"[3] 宾客中包括当时德意志音乐生活中的几位大家，其中有扬·迪斯马斯·泽伦卡、约翰·匡茨、弗朗茨·本达、约翰·阿道夫·哈塞和他那位歌剧红伶夫人福斯蒂娜·博尔多尼，以及两位格劳恩（约翰·戈特利布和卡尔·海因里希）。巴赫家的音乐演出也纳入了归来的长子们：例如，我们知道1739年8月时威廉·弗里德曼"在此停留超过四周之久，与来自德累斯顿的两位著名的鲁特琴演奏家魏斯先生和克洛普根先生数次在我们家里演奏"。[4]

上面的信息来自于约翰·埃利亚斯·巴赫，他是塞巴斯蒂安的父亲的长兄格奥尔格·克里斯托弗（他曾在《和谐康塔塔》中出现（见

---

1 BDI, Nos. 42, 43/NBR, pp. 203–4.
2 BD III, No. 803/NBR, p. 400.
3 BD III, No. 779/NBR, p. 366.
4 BD II, No. 448/NBR, p. 204.

64页及图6))之孙。约翰·埃利亚斯是个极为正派的人,1738年至1942年间,他充任巴赫的秘书,并且住在他家里教导他最小的三个儿子。执行雇主的指示并非总是易事,因为这可能意味着追赶固执的债务人或是借了乐谱却不归还的人。他甚至不得不拒绝借给约翰·威廉·科赫一部为独唱男低音而作的康塔塔:"我的堂亲很遗憾他无法借出这部作品;他已经将分谱借给了男低音歌手毕希纳(Büchner),而他还没有归还。他不允许这部乐谱远离自己,因为他已经由于出借而丢失了不少乐谱。"[1]如果巴赫通融了,就一定会要求对方付邮费,而印刷副本的要求让人想到了出版的价格,即便对于约翰·埃利亚斯这样亲密的亲戚和朋友也不例外。[2]另一次,约翰·埃利亚斯写道,"我很乐意送给我那可敬的堂亲一瓶经过发酵的白兰地,送给我们可敬的婶婶(安娜·玛格达琳娜)一些,注意,黄色的康乃馨,她可是园艺行家。我确信这会为她带来极大的快乐,更会让我得到两人的欢心,这就是我再次恳求的原因。"[3]后来他承认,收到"六株最美的康乃馨植株……她极为珍视这份不期而至的礼物,胜过孩子对待圣诞礼物,并且像照看孩子一样精心呵护它们,惟恐哪一株枯萎了。"[4]据约翰·埃利亚斯所说,巴赫始终都在为安娜·玛格达琳娜物色礼物。他告诉我们,在1740年造访哈雷时,巴赫对音乐总监希勒拥有的一只"歌声动人"的红雀印象深刻,因为安娜·玛格达琳娜"对这种鸟儿尤为喜爱",约翰·埃利亚斯被派去询问是否能"以合理的价格将这

---

1 在约翰·埃利亚斯离开六年后,巴赫在写给莱比锡旅店老板约翰·格奥尔格·马蒂乌斯(Johann Georg Martius)的信中倾泻了他的愤怒,后者借走了他的一架羽管键琴:"我的耐心已经耗尽。你要让我等多久才能归还我的羽管键琴?两个月过去了,没有发生任何变化。很遗憾我写了这封信给你,但我别无他法。你必须在五日内将它完好归还,否则我们不再是朋友了。再见"(BD III, No. 45c/NBR, pp. 233–4)。

2 BD II, No. 455, and BD I, No. 138.

3 BD II, No. 423/NBR, p. 199.

4 Evelin Odrich and Peter Wollny, *Die Briefentwürfe des Johann Elias Bach* (2000), No. 58, p. 148.

只鸣禽让给她"。[1]

在 1741 年夏末，约翰·埃利亚斯的忠诚受到了严峻考验，其时安娜·玛格达琳娜生病了，而巴赫正在拜访卡尔·菲利普·埃玛努埃尔（他刚被普鲁士的腓特烈大帝任命为宫廷伴奏师）："我们很抱歉用这令人不快的消息打扰您的假期，"他写道，"但对您隐瞒此事是不对的，我们相信亲爱的爸爸先生和堂弟不会为此生气。"事实上，巴赫正要离开波茨坦时收到了第二封更为紧迫的信："我们极度担忧亲爱的妈妈夫人越来越虚弱。两周过去了，她晚上只休息了一个多小时，既不能躺下，也无法坐起来。昨晚她病得很厉害，唤我去她房间。我们真的以为要失去她了，这令我们极为悲伤。因此我们觉得必须十万火急地寄出这一消息，使您日夜兼程赶回家，好让我们所有人感到解脱。"[2] 所幸安娜·玛格达琳娜恢复了过来，在第二年（1742）2 月生下了他们最后一个孩子蕾吉娜·苏珊娜（Regina Susanna），这个孩子享有漫长的一生。

***

重新审视六十岁时的 85 年群体，我们发现他们在健康和创造力上处于不同状态。亨德尔成功地从意大利正歌剧（opera seria）转型为英文的戏剧性清唱剧，拉莫从音乐理论家蜕变为法国最重要的歌剧作曲家。多梅尼科·斯卡拉蒂一如既往地优雅而倜傥，生活在他自己的世界里，依旧用他音乐思想散发出的奇妙光辉愉悦听众。马特松已失聪，却坚持不懈且依旧好斗，而泰勒曼则依然不断前行。在这一世纪中期，他们中有谁还在写歌剧呢？回溯到 1718 年，第一个放弃的是多梅尼科·斯卡拉蒂，这丝毫不足为奇，因为他拼命要让自己远离父亲亚历

---

1 BD II, No. 477/NBR, p. 209.
2 BD II, No. 490/NBR, p. 213.

山卓的标志性体裁。马特松的最后一部歌剧始于1723年，这一年巴赫开始担任托马斯合唱团音乐总监。泰勒曼（曾被库瑙贬为纯粹的"歌剧音乐家"，然而库瑙的莱比锡学生们却蜂拥至他门下）仍有一部歌剧要写（他的第十七部，《狮子骑士堂吉诃德》）——尽管随着汉堡歌剧院的停业，他的音乐产出在1740年至1755年间也下降了。七十四岁的泰勒曼放弃了种植天竺葵的嗜好（据乌尔里希·西格尔所言[1]），回归了有偿的音乐创作，或许是为了让他第二任妻子买得起体面的衣服，同时也为创造力寻找释放之处，他又重新开始创作清唱剧和康塔塔。[2] 泰勒曼据称创作了三十一轮康塔塔（或1043部独立的康塔塔）。席伯和马特松当时都非常赞赏它们的表现力及和声。《戴达弥亚》将会是亨德尔的最后一部歌剧（也是他第四十二部，创作于1741年）。尽管健康和视力问题持续折磨着他，他依然会比巴赫多活九年。到了1750年时，他依然有两部最伟大的戏剧性清唱剧要写：《狄奥多拉》（1750）和《耶夫塔》（1752）。沙夫茨伯里伯爵在1750年2月写道，他从未见过他"如此冷静而举止从容……在购买几幅精美的画作来取悦自己，特别是一幅伦勃朗，简直是太美妙了"。[3] 几个月后，亨德尔最后一次前往欧洲大陆，在海牙和哈勒姆之间的一次马车事故中受了伤，延误到巴赫离世几周之后才回到故乡哈雷，因而两人从未见过面。[4]

---

1 与作者的交谈，2005年4月12日．

2 亨德尔熟知泰勒曼的这一嗜好，在1750年圣诞节写信给他说（这两位作曲家之间终生维持书信往来，这是巴赫生命中明显缺乏的）："如果你对异国植物的热爱……能够延年益寿并且保持你与生俱来的对生活的热情，我很乐意贡献一份力量。因此我送上一箱花做礼物，行家向我保证它们经过精心挑选并且极为罕见。如果他们所言并不属实，你也（至少）会拥有全英国最好的植物，而它们也仍能在今年开花"（Donald Burrows, Handel [2001 edn], p. 458）。

3 Earl of Shaftesbury, letter to James Harris, 13 Feb. 1750, quoted in Donald Burrows, *Handel* (2012), p. 441.

4 1788年，《通用德语文库》的一份匿名稿件（几乎可以确定是卡尔·菲利普·埃玛努埃尔·巴赫所作）对巴赫和亨德尔进行了比较，作者暗示亨德尔"没有勇气与约翰·塞巴斯蒂安·巴赫争一日之长"(BD III, No. 927/NBR, pp. 400–409) ——比不过路易·马尚1717年在德累斯顿时的勇气（见223页）。

另一方面，1750年时拉莫的歌剧生涯正如日中天：接下来还有十四年的创作、两部重要作品（《游侠骑士》和《北方人》）以及十三部独立的独幕芭蕾（actes de ballet）。在85年群体中，唯有拉莫显示出可堪与巴赫匹敌的在传统体制中坚持独立的热切。拉莫有时被认为有酒瓶装新酒之嫌——将现代精神注入法国抒情悲剧（tragédie lyrique）僵硬的结构中，而台词的新鲜触感以及节奏的极度柔韧和流畅起到了调和作用。音乐轻盈柔软，充满活力和透明感，与厚重的音乐织体形成制衡。这并不能解释他音乐语言中惊人的创造性，也不能说明标记与其所代表的实际声音之间的差距——包括不等值音符（notes inégales）与大量装饰，即使最有才华的音乐家也会在初次遇到时深感受挫。另一个鲜明特点是，在刻板繁缛的歌剧惯例中，拉莫以极具心理穿透性和敏锐观察力的方式探讨人类情感。将他与吕利（Lully）或格鲁克（Gluck）（一个代表过去，另一个代表未来）对比，就音乐实质和闪烁的意趣而言后两者远不及他。将他的音乐抽离舞台背景（有人可能会觉得这是天赐之物），音乐依然鲜活，即使在音乐厅里也能在听者脑中注入戏剧性姿态和动作。这与巴赫的受难曲有异曲同工之妙，后者在教堂或音乐厅里以富有想象力的方式展开时，能够唤起多重戏剧意象。它们以人类戏剧中的个性化吸引了我们。具有讽刺意味的是，正是巴赫，而非拉莫或亨德尔，预见到音乐戏剧冲破歌剧的成规，栖居在莫扎特将要呼吸于其中的同样的空气中。[1]

---

[1] 在谈话中，罗伯特·列文用了一个有趣的隐喻来说明作曲家到达鼎盛时期又一度逐渐消失的方式：他们获得了某种完美的焦点，如同照相机的聚焦圆筒（只要镜头在圆筒内，聚焦是通过滑动机制来完成的；一旦找到了合适的焦点，圆筒与相机就都牢牢锁定了）一般，而一旦达到了这一点上，他们无法抗拒再来几次变化，结果就出现了这样那样的过度或夸张。他引证了莫扎特，在《费加罗的婚礼》中抵达了完美焦点，而或许在《魔笛》和《狄托的仁慈》部分地方失去了它。非同寻常的是，在巴赫、拉莫和亨德尔的晚期作品中似乎并未出现对应的衰退。

　　　　　　　　　　＊＊＊

　　巴赫生命最后二十年里的音乐处处闪现着精神力量和坚韧性：为确保他最优秀的键盘作品得以出版所耗费的精力，例如《键盘练习曲集》第三卷和第四卷，以及可能打算作为第五卷的《赋格的艺术》中殚精竭虑的构思。我们不应被后来那些谨小慎微的修订迷惑，视它们为某种音乐整理而搁置不议，更不用说作为创造力衰退的证据。事实远非如此。订正对位中微小细节这种孤寂的工作，甚至延续到了即将付印之时。据巴赫的学生约翰·菲利普·克恩伯格所言，巴赫常常说"做任何事情都应该是可能的"。[1]

　　然而会有一段时间，他几乎无法做任何事。1749年春，大约是在豪斯曼为他画了第二幅肖像画一年之后，我们能够发现他笔迹中的衰退迹象。巴赫正遭受某种未确诊的疾病折磨，或许是与眼疾相关的久已存在的糖尿病，我们唯一的确凿证据就是此时笔迹的退化。消息很快便不胫而走。无论是作为预防措施，还是出于耍手腕，莱比锡市长雅克布·伯恩向冯·布吕尔伯爵报告了巴赫的疾病，身为萨克森首相的伯爵发现了提升——更准确的说法是摆脱——他的德累斯顿音乐总监戈特洛布·哈勒的机会。带着冯·布吕尔写给莱比锡市议会的"推荐信"——简直就是德累斯顿宫廷的命令——哈勒来到莱比锡，在三天鹅酒店的音乐室里进行了面试，受到赞许，并且带着冯·布吕尔要求的文件返回了德累斯顿，向他保证"一旦发生不测（巴赫的死亡），不会对他置之不理"。[2]尽管在任职者健在时就开始物色继任者是一种被认可的惯例，巴赫一定感到自己被活剥了。过了一段时间，他恢复了。他已经强健得足以用演出来回应对他的冷落，在8月25日演出了

---

[1] NBR, p. 412.

[2] NBR, p. 240.

《神啊，我们感谢您》(BWV 29)，这是为市议会年度选举所作的纪念性康塔塔中最宏大的一部，或许还亲自演奏了开场序曲（sinfornia）中炫技的管风琴部分。他不仅对自己的康复心怀感激，并且公开声明上帝的权威凌驾于任何世俗权力之上。对于近来的冷遇，这是极为相称的回应，也是对议会官员和德累斯顿宫廷代表绝佳的示威——他依然完全掌控着自己的艺术才能。

然而正当他依旧虚弱之时，巴赫冒着失去心安的风险，以一种冲动的方式对一件无关小事作出反应。从他自己内心的斗争中重新浮现出性格里不那么令人愉悦的一面，这可以追溯到他童年时期：在维护自己职业地位时易怒而好斗，有过度反应或是采取卑鄙行为的倾向。在他与恩内斯蒂最初的公开争吵（见236—238页）十二年之后，巴赫依然在不断抱怨（两人之间紧张的关系从未真正缓和过），如今他将自己置于新的不满情绪之中。1749年末，他卷入了五十英里以外的弗莱堡的一场相似的争论中——发生在从前的学生（多利斯，后来作为他的继任者成为圣托马斯教堂音乐总监）和贝德曼（高级中学校长）之间。贝德曼扮演了恩内斯蒂的角色，公开诬蔑音乐是腐化年轻人的消遣，在学校教学大纲中是不受欢迎的闯入者。他毫无策略地将火力对准了所有音乐家，攻击他们的道德品格，并且引用贺拉斯的话，将他们与"印度舞女（bayadères）、江湖郎中和赤贫的僧侣"归为一类。[1]这在德意志音乐界引起了轩然大波。马特松在激愤中写了不少于五篇文章，谴责贝德曼是"冥顽不化的老师，音乐艺术悲哀的敌对者和亵渎者"。

此时，旧怨复发的巴赫身在事外，但很欠考虑地卷了进来。他的视力已不允许写完整的辩论信，于是他说服了一位从前的学生施罗特代表他公开发言，正如伯恩鲍姆教授在1738—1739年席伯事件中的做

---

[1] Philipp Spitta, *The Life of Bach*, Clara Bell and J. A. Fuller Maitland (trs.) (1873; 1899 edn), Vol. 3, p. 257.

法一样。施罗特遵从了巴赫的命令,将辩驳书寄给巴赫,由他自己付梓印制。然而巴赫似乎与出版商合谋修改施罗特的文章且对其添油加醋(使得后者相当恼怒),如他所写,希望"清洁校长肮脏的耳朵("Dreck-ohr"[脏耳朵]与萨克森方言中的"Rec-dor"[校长]双关),使其适合听音乐。"[1] 在马特松看来这有些过头了:巴赫用了"卑鄙而令人厌恶的措辞,有辱乐长的身份;对校长一词进行了可鄙的影射"。[2] 尽管这里指的是贝德曼校长,宗教音乐的小圈子里很少有人不联想到恩内斯蒂。巴赫的出击适得其反。当他回想起卡洛夫版圣经中自己划线的段落时会自责么:"为何要让自己恼怒?……这些人不会听到你的想法,如果你咆哮怒吼只会使得事与愿违。"[3]

即使是现在,当他对托马斯学校每周的苦役忍无可忍的时候,巴赫依然没有放弃——继续尽他所能(尽管视力衰退)探索声响的新世界,铺洒对位法最后的辉煌。我们所有的可靠证据极为有限,然而只需偶然发现的新文献就能破坏我们在想象中形成的巴赫晚年的临时印象。最近发现的一封由托马斯学校校友戈特弗里德·本杰明·弗列克森(Gottfried Benjamin Fleckeisen)写于1751年2月27日的信就是一个例子。弗列克森希望被提名为莱比锡与德累斯顿之间的一个小城德伯尔恩的音乐总监,于是提及了九年作为托马斯学校校友以及四年作为教堂唱诗班(Chorus musicus)指导的经历,声称"整整两年里"他"必须在圣托马斯教堂和圣尼古拉斯教堂的宗教仪式上代替乐长进行指挥,丝毫没有得到任何荣誉,但他始终体面地完成工作"。[4] 从这一惊人的陈述中得出可靠结论之前,我们需要确认弗列克森所指的是哪两

---

1 BD II, No. 592/NBR, p. 242.
2 BD II, No. 592/NBR, p. 243.
3 *The Calov Bible of J. S. Bach*, Howard H. Cox (ed.) (1985), p. 436.
4 我要感谢米夏埃尔·毛尔,在他的文章发表于近期将出版的《巴赫年鉴》(2013)之前,他通过信件向我提供了这些信息。

年（1742至1746年间的某段时间，但也可能更晚？）以及他为何与巴赫发生争吵。如果巴赫确曾将指挥权交予他并且缺席了这么久，是否因为他旅行在外，或是充满了幻灭感，或是因为病重而无法继续——又或是三者的结合？或者，是校长恩内斯蒂或是督学被巴赫反复无常的行为激怒，因而指派弗列克森负责？如果他所言属实，这就从完全不同角度证明了市议会令哈勒接任巴赫职位是一个草率的决定。

***

上一章中对巴赫和伦勃朗所作的比较，突出了他们用艺术反映自己人格的不同方式。伦勃朗将自己置于画面中间，仿佛他是即将对圣史蒂芬处以私刑的人之一，他以这种方式来使我们注意到他——作为一个充满悔恨的参与者，或许清楚地了解这一罪行之内情。在那些早期的自画像中，他对自己的社会地位和财富似乎故意打开光鲜的一面，但他是在各种伪装下面对全世界的。即便是那时，他也从未像丢勒在他第三幅也是最为大胆的一幅自画像（1500）中那样招摇地将自己置于核心位置。那种正面凝视和理想化的面部对称性极为引人注目又略为令人不安。鉴于与基督之间即刻可辨的相似性，使其免于傲慢和亵渎之诟病的是这种观念（基于《创世纪》1：26）：既然人是依照神的样式创造的，那么两者之间具有瞬间可辨的相似性也是适当的。德国神学家库萨的尼古拉斯（1401—1464）完全颠覆了关于神之形象的陈旧的学院派教义，他认为艺术家的天赋归因于上帝，能够正当地尝试复制上帝的杰作，分享神圣的创造力，而艺术家的作品也以造物主的形象出现。相应地，上帝像画家一般，以人的形式创作生动的自画像。丢勒那种像艺术之神（Deus artifex）一样，以古典修辞模仿的传统进行创作活动的观念之正当性即来自于此。通过在木板上施展基本的颜料，画家能够自立为第二神（secundus Deus）。[1] 丢勒在画的上部、眼睛旁边写下了题词，来自纽伦堡的阿尔布雷希特·丢勒"用恰当或是不朽的颜料（拉丁文表述"propriis coloribus"容许这两种解读）"描绘了自己二十八岁的模样。[2] 这一声明认为这些颜料能够经久不衰——既然在过去的五百年里它们的确如此，丢勒并非夸夸其谈。

两个世纪之后，丢勒那种自觉而革新的艺术观念在巴赫的生活和作品中得到了体现。我们可以认为，他也不断地问着这个问题：有谁与神相似？然而在他这里，结果——那种持久性、身后之名和普遍程度——更为引人注目。然而当我们在巴赫这里寻找清晰的自我描绘时，是很难找到的，至少最初是这样。

一些古典作曲家，例如古斯塔夫·马勒，设法在他们的音乐中镌刻某种自画像，其中包含了他们经历的所有沧桑变迁中体现的个性；这相应地停留在了听者的想象中。尽管巴赫在生命后期反复将自己的名字以乐音的形式插入到作品中，这更像是自我引用而非自我表露。然而，我在此书中屡次指出巴赫的假面轻轻滑落，人格在音乐中显现的时刻，以及我们感受到他的许多情绪的时刻：他那强烈的悲伤，他那狂热的信仰，但也有他与信仰的斗争、愤怒的爆发、充满叛逆的颠覆性特质、他在自然中感到的快乐或是对神之造物的肆无忌惮的喜悦。当然他极为擅长创造出范围广泛的情感，因而完全有理由质疑这种情绪是否纯粹是种模仿：当他用声音将其唤起时，是否是他当时感

1　Norbert Wolf, *Dürer* (2010), p. 127.
2　Albertus Durerus Noricus/ipsum me propriis sic effin/gebam coloribus aetatis/anno XXVIII. 左侧虹膜上还有一个可察觉的暗色记号——光线穿过窗玻璃上交叉的窗栅的映像。丢勒被认为发明了这种技巧，并且在数幅油画中加以运用。这一影像与眼睛作为灵魂之窗的观念之间有着明显的相似之处，除此之外，丢勒以这种引人注目的方式在他眼中铭刻了十字记号：因为他对世界的凝视，甚至他与观看者交换的眼神，都掠过了基督教世界的这一首要标记。我为这一观察结果感谢莱茵霍尔德·鲍姆施塔克（Reinhold Baumstark）教授。

受的真实反映？这是否是我们发现并勾勒出他的人格的可靠方法？巴赫的音乐展现其才华与复杂度的显著方式以及高度清晰可闻的技巧，比起诸如"情感论"这样的外部准则更难把握，后者认可一部作品中每个乐章只有一种统一的以及"合理的"情感。[1] 他的音乐中的情感世界如此丰富，相较于泰勒曼那兑水的牛奶般的情感以及坚决和声动力的匮乏，我们能够强烈地感觉到巴赫的本性以一种"三维"的方式铭刻在了音乐中，让我们将音乐等同于他自己。

这是无比诱人的领域，来自于主观感受和无法证明的世界。然而，谨慎对待的话，能够为我们提供一座桥梁——将我们认为深嵌于他音乐中的人格痕迹与能够推断出他本性的历史事实连接起来。此外，正如我们强加给巴赫的神化形象使我们对他的艺术挣扎视而不见，我们也应该提防摒弃轶事趣闻的危险，在那些故事中他对音乐家发脾气，扯掉假发踩在脚下，这些当然是他的儿子们在托马斯教堂的每周例行康塔塔排练中那高压锅般的气氛中亲眼目睹到的。

巴赫不会希望这样的插曲在他告诉子女们的早期生活的版本中占据重要位置，而他们又把这些故事移交给福克尔，他的第一位传记作者——这一版本对他的性格有相当的粉饰。[2] 此外，某些回忆或许过于痛苦而不堪回首，然而它们都与他的音乐中——连同文本一起——

---

[1] 这种准则以及相关方法（音型论）在巴赫时代的德国的全面运用，并不像阿诺德·谢林这样的先驱曾经认为的那么普遍（'Die Lehre von den musikalischen Figuren im 17. und 18 Jahrhundert', *Kirchenmusikalisches Jahrbuch,* Vol. 21 [1908]）。近来在线文献的蓬勃出现意味着罕见的 17 及 18 世纪专著为现代学者提供了重新评估原始材料的机会，也使演奏者不再那么依赖于旧时陈规。

[2] 卡尔·萨巴格（*Remembering Our Childhood: How Memory Betrays Us* [2009]）断言，"所有的记忆，无论在任何年纪上发生或是忆起，都是不可靠的。""我们关于过去的故事、情感和记忆都经由时间进行了重构，我们编造了自己的历史，意识到这一点实在令人不安。"那么记忆的意义何在？他认为，记忆是为了让我们适应周围的环境，换言之，记忆不是为了准确而是为了有帮助而生，让我们记得对我们有用的事物，我们的大脑包含了一种将记忆塑造成有用之故事的机制——例如，将我们在尘世中的挣扎转变成自我完善，在巴赫这里则是自我启蒙，即便本质上是基于事实的（抑或不完全是这样，"因为记忆是虚伪的，总是寻求最为有利之处"）。

时而暴露出的焦躁易怒完全一致。巴赫有着不可磨灭的童年记忆，自然也对那些事件的意义念念不忘；但他不太可能告诉子女太多，否则我们一定会听说过。马克·吐温经历过相似的早年伤痛——父亲过世，一位姐姐、两位哥哥夭折，主日布道"几乎完全充斥着烈火和硫磺的地狱气息"——像他一样，巴赫可能也打算回避让人能认出的个人化方式去试探这个敏感领域。[1]

尽管他在家庭和家族中居于支配地位，我们仍对巴赫有一种强烈印象：他在本质上是一个孤僻的人，专注于自我，在父母离世后，先是将精力投入到学校课业中，继而挥洒到音乐中。在他生命中持续出现的死亡——父母、兄弟姐妹、第一任妻子，还有他自己的那么多孩子——可能会导致情感上的孤僻或谨慎，认为爱本身就带有失去的风险。另一方面，可以这样认为，对后世子孙甚至对他自己而言，他父亲安布罗修斯的过世，无论当时多么令人心碎，有可能是巴赫身上发生过最好的事。这使他得到了才华横溢的长兄的监护（比起他们作为城市管乐手的父亲，这位长兄似乎是更为杰出的音乐家），并为他在北德受到父族传统之外的教育铺平了道路，假若他随父亲在埃森纳赫学艺的话，就不会有这样的机会。

在承认巴赫的人性时，我们开始发现他与我们何其相似。如果我

---

[1] 吐温父亲的离世——两次沉重打击中的第二次——不仅仅带来了伤痛；还让他的信心乃至认为生命有意义的希望都荡然无存。纵使如此，吐温的童年本可能变得不同于巴赫，对他来说无意义的是丧亲、痛苦和悲伤："这是我们天性的奥秘之一，"他在自传中这样写道，"一个人在完全措手不及时遭遇此等雷击却还活了下来。"托马斯·鲍威斯（Thomas Powers）告诉我们（*London Review of Books*, Vol. 33, No. 9 [28 Apr. 2011]），吐温是一个无法摆脱记忆的男孩，并且他有着无法擦除的记忆。"手中握着笔，往事已经强烈得无法再等待一分钟。他不断想起自己整个生命中遇到的人和事，这不仅限于童年时期，并且思考着它们的意义。"他指的是吐温的鼻子闻到了伪善的味道："他直奔主题，像一只杰克罗素梗对准喵喵哀叫的小猫的脖子扑过去一样"——这一描述也适用于巴赫的康塔塔哀歌。吐温在1889年写信给一位朋友说，有太多主题无法盛装在愤怒之中。"它们在我体内燃烧；它们不断滋长……但如今已无法提及。此外，它们需要一整个藏书楼——以及一支在地狱中预热的笔。"

们不再试图解释他的天才（作为神圣的天赋，或是遗传与教养的结果），就会有更丰富的收获——一种联系，同时也有关他的音乐的形成的一种更微妙、"更模糊"的观念，并且获得一种线索，解释他的音乐为何对我们有如此强烈的情绪影响。或许音乐赋予巴赫的许多方面都是现实生活无法提供的：秩序与冒险，愉悦与满足，日常生活中无法找到的更高的可靠性。音乐还令那些原本只能存在于他想象中的体验变得完整——部分地补偿了他无法进行的那些刺激冒险，而对于亨德尔则并非如此，他在意大利的旅行为他带来无比丰饶的灵感之源。通过对常规结构、数量与比例以及年历的坚守，巴赫获得了安全感。这一特性在他五十多岁时表现为对宗谱的痴迷专注。

＊＊＊

当豪斯曼在1748年为巴赫创作第二幅正式肖像画时，传达出了其中多少信息呢？（见图19）我们寻找音乐中那种生命力的迹象：我们想要巴赫向我们扑过来，这个火热暴躁的家伙用他的创造性成就将音乐推入新的领域，同时轻轻掸落或是绕过工作中那些琐屑的障碍。我不记得童年时有过丝毫这样的感觉：我记忆中的这位乐长以严厉、冷漠而略为令人生畏的目光向外凝视。然而在将近六十年后于普林斯顿再次看到这幅画像时，我被深深地触动了，豪斯曼何等敏锐地捕捉到了巴赫性格中的对立面：严肃的一面和世俗的一面。人们总是从那双眼睛中寻找最可靠也最恰当的信息。当你将巴赫的面孔水平划分时，比如从鼻梁处划分，就会注意到高且略微向后倾斜（然而平滑）的额头，饱经风霜的神态，突出的眼眉，浅浅的眼窝，不对称的双眸和略微下垂的眼睑。[1]

---

[1] 眼睑的下垂或许是一种遗传的眼部疾病造成的，这种疾病被称为眼睑松弛症——我们在《悼词》中注意到的肌无力的表现："他那先天较差的视力，被他在学习中表现出的前

他的凝视洞悉一切，却远比我记忆中的富有活力。（我以前从未注意到的另一个特征，是他的眉毛似乎长错了或是画错了方向——朝向鼻梁。）在他面孔的下半部分中，我的注意力被张大的右鼻孔所吸引，嘴部与众不同的轮廓在边角处起了皱褶，肉质的嘴唇和下颌暗示着对美食和美酒的喜爱，正如记录中显示的那样。

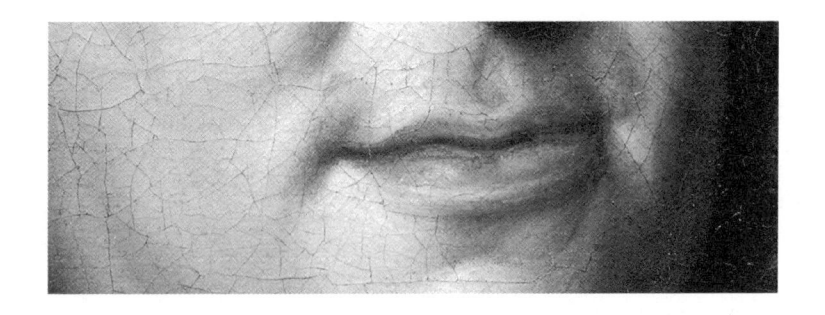

比起公众人物形象可容许的正式姿态，这一整体印象要复杂而微妙得多，最重要的是更为人性化，比豪斯曼较早那幅肖像画中的形象绝对更易接近，那幅画中的瞪视更像是无趣而肥胖的政客。[1]巴赫

所未闻的热情进一步削弱了"，这可以追溯到在哥哥家夜间抄谱造成的损伤。
1　　这幅源自 1746 年的画像保存在莱比锡市立博物馆，至少已修复过四次：在层层过度绘制之后，画布已经破败不堪，原始的油画在几处地方都已经消失了（见图 18）。围绕着其

的右手拿着一页乐谱——一首六声部三重卡农——他在《哥德堡变奏曲》抄本背面改编的十四部卡农之一。

除了那费人脑子的标题以外，难题在于我们读这三行乐谱的方式。正如巴赫所展示的那样，我们视之为以中音谱号、次中音谱号和低音谱号标记的简单明了的三声部片段——十分令人愉悦，却难免有些平庸。这想必不是巴赫手拿这页手稿让豪斯曼画像的原因吧？但我们接着就意识到，对巴赫本人而言，从上往下看时读起来完全不同——我们要以他的方式来读谱就必须将手稿颠倒过来从后向前读：与"向前的"版本从同样的地方开始，但要将音部记号改为次中音谱号、中音谱号和高音谱号，旋律出现在五度倒影上（换句话说也就是倒置的）。如果我们以每行五线谱表中间那条线为轴线，就会发现双重倒影。以中声部为例：从我们的角度来看，次中音谱表中的第二个音符，也就是中间那条线上的音符是 A。将那个音符放入中音谱表，

他现存的巴赫"肖像画"真实性的争论仍无休无止。最有可能被视为真实的是所谓的"魏登哈默尔（Weydenhammer）肖像画"，由同一个美国家族世代拥有，在 2000 年时最终为人所知。这幅画损坏严重，显示出从更大的半身肖像画中裁下的痕迹，画中三十多岁的男人与豪斯曼肖像画中那个发福的形象有几分相似，但眼睛却极为不同（见特里·诺尔·托维 [Teri Noel Towe] The Portrait of Bach that Belonged to Kittel' in *The Tracker: Journal of the Organ Historical Society*, Vol. 46, No. 4 [Oct. 2002], pp. 14–18）。

也就是巴赫的版本中，同样的音符却是 C。

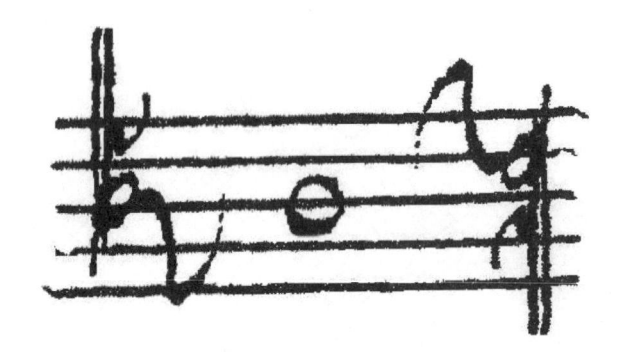

但如果这是一首六声部卡农，另外三个声部又在哪里？巴赫的表情似乎在说"看得更仔细些：我的音乐不会让你随便一看就读出全部秘密"。[1]解决这一谜题的关键在于第二小节上出现的标记，它们表明了卡农从何处开始。一旦所有声部进行了重组，上下倒转，从后向前，以一小节的间距以"正确的方法"演奏，突然间我们就看到了一个六声部卡农逐渐展开。第二小节和第三小节上的反复记号以及终止小节的缺失表明这是一个永不结束的循环——一首无终卡农（canon perpetuus）——这样音乐永不解决（就像《赋格的艺术》中最后一首赋格）。矩形谱纸的右边缘上似乎加上了呈奇妙的三角形条带状的手稿，其中另一个谱号勉强可辨，从这一谱号的轮廓中可以察觉出变调的需求。巴赫的深蓝色天鹅绒外套映透过来，表明豪斯曼（在巴赫的指示下）以前画再现（pentimento）的方式在上面作画（见609页图）。[2]

---

[1] 委拉斯开兹（Velázquez）在《宫女》（Las Meninas）中将自己绘成巨幅画布前面对观画者工作的画师，超过了观画者将要站立处的画面空间。像委拉斯开兹一样，巴赫似乎在说"别看我：注意看我的音乐"，十分确信尽管面前是颠倒的版本，他听到的依然比我们多得多。

[2] 构成这首三重卡农第三部分的行走低音是基于《哥德堡变奏曲》的前八个低音音符所作的十四个变奏之一。同样的主题也让人想起基于"从至高天我今降临"（Vom Himmel hoch）的卡农变奏曲，BWV 769 的众赞歌主题。巴赫这一系列变奏中的卡农对位绝技包括

豪斯曼的肖像画向我们表明了超越第一印象的重要性。我们拼合起来的传记性证据，以及我们遇到的多重性和矛盾性支撑着这种性格的分异。一直以来，我们致力于把握事物的关键联系——立体地来看巴赫，而不是通过狭隘的取样或是从某些学者像小猎犬般坚守的单一问题的微观视角来看。这意味着在音乐分析和广阔的历史背景中找到平衡，并且证实他所处的特定时空如何将他的成就置于更为广泛的欧

了他的音乐肖像，在最后用音符拼出的 B-A-C-H。1747 年 6 月，当巴赫被接纳为米兹勒音乐科学协会第十四个会员时，这些变奏与这首三重卡农以及豪斯曼的第一幅画像一并提交给了协会。

洲文化和思潮的发展中。这意味着将传记性碎片拼合在一起，仔细审视他的音乐，寻找他的人格透过音符织就的结构跃然纸上的瞬间。我们在上一章里对《B小调弥撒》的探究，为我们提供了一个追寻完美的范式，尽管有着最为无望、零碎的整合过程。很多人都记得，1977年旅行者号宇宙飞船发射之时，关于什么样的人工产物最适于代表人类在地球上的文化成就留在太空中进行过意见征询。美国天文学家卡尔·萨根（Carl Sagan）提议，"如果我们要表达与人类相关之事物，那么音乐必须是其中的一部分。"萨根在寻求建议，著名生物学家及作家刘易斯·托马斯（Lewis Thomas）回应道，"我会送去约翰·塞巴斯蒂安·巴赫的全部作品。"停顿了一下之后，他补充道，"但是那样会太过夸耀。"[1]

另一种回应可能会是这样：这是我们很多人认为人类以复杂和声所能进行的最为优美和深刻的表达，以一种不可言说的方式表现我们在尘世中遇到的喜悦和痛苦，帮助我们抵达人类体验的情感内核。然而，或许由于巴赫的成就很容易令人心生敬畏，许多人都无法承认他的缺点。我们不必赞同爱德华·萨义德所说的巴赫的热情中有一种"显而易见的恶魔般骇人的东西"，如我们所见，在康塔塔中，这种表达几乎总是经由其他智慧、人性与怜悯至上的东西得以平衡。当萨义德暗示巴赫试图控制某种"更加生机勃勃、更加目中无人，近乎于亵渎的……内在于他自身之物，他的音乐以对位的魔法传达出来之物"时，我几乎要被他说服。[2]从他对秩序和结构近乎偏执的关注中，从我们在豪斯曼的画像中察觉到他眼中的闪光里——这可能暗示了他奋力将周遭的混乱、内心的不宁挡在身外——都能发现这一点。

---

[1]　Carl Sagan et al., *Murmurs of Earth: The 'Voyager' Interstellar Record* (1978).

[2]　Edward W. Said, *Music at the Limits* (2008), p. 288.

***

尽管在疾病突然发作之后，巴赫在1749年夏恢复了健康，视力的问题却持续困扰着他，直到他不得不寻求手术治疗。卡尔·菲利普·埃玛努埃尔记录道，此时"他不仅无法用眼，原本完全健康的整个身体系统也被白内障手术以及不良药物彻底击垮了"。他告诉我们，他父亲"几乎持续病了足足半年"。[1] 把自己交付于泰勒那两次拙劣的白内障手术一定需要超凡的勇气—显然表明他决心完成未竟的事业。《悼词》中包含了对于据称是他完成《赋格的艺术》之意图的描述：它提到了一首"赋格的草稿"，"包含四个主题，之后在四个声部里一个音符一个音符地倒置"。[2] 这不可能是那首未完成的三主题赋格，那首存于带水印的手稿中的赋格指向了巴赫生命中最后的时光。他的学生阿格里科拉告诉我们，这属于另一个"方案"，因而暗示了一个完全不同的计划，一个注定无法完成的计划。[3,4] 在239个小节后，这首宁静而优美的赋格在一段有着巴赫名字的插部后中断了。在演出中，音乐戛然终止，留下一群目瞪口呆的听众。这当然可能是有意为

---

1   BD III, No. 666/NBR, p. 303.
2   BD III, No. 666/NBR, p. 304.
3   Gregory G. Butler, *About Bach* (2008), pp. 116–20
4   一代又一代的学者都认为这首三主题赋格应该是《赋格的艺术》的结尾，但又困惑于为何一位如此专注地投身于赋格创作的作曲家会在如此接近终点的时候，却没有完成这部最为精彩的典范。巴赫对于完美近乎偏执的追求在那些直到死后才发表的作品的清稿中显而易见，例如《平均律键盘曲集》第二卷（BWV 870—893）以及《为"从至高天我今降临"所作的卡农式变奏曲》（BWV 769），在这些作品中，他为已经完成的乐谱进行增补（见593页注释）。我们在第十二章中遇到过的 BWV 77/v 中那首绝妙的女低音咏叹调概括了我们寻找的潜在矛盾之一——此人将自己的一生以及创造力完全投入到揭示那效仿神明般完美和圆满（Vollkommenheit）的音乐的永恒法则中—不完美的小号手演奏一系列近乎不可能的音调，象征性地展示了人性的弱点。这种二分法就是巴赫性格的核心：自我反省，承认人类的弱点（这一主题贯穿了许多康塔塔文本），承认艺术天赋（像生命本身一样）来自于神的恩典。

三主题的赋格（BWV 1080/19）。这首赋格的对题中出现了巴赫的名字。在这首赋格的创作过程中，作曲家与世长辞了。(C. P. E. Bach, c. 1780)

之，仿佛巴赫在说"觅之，自有所获"（他将这一措辞加到了《音乐的奉献》中），让后人自行寻找答案——逐字直译为"如果你寻找，就会找到"，或者以更为诗意的说法（如同在山上的布道中）"寻找的，就寻见"。

巴赫的私人藏书中有一本海因里希·缪勒的《爱之吻》（1732），书中建议为死亡作好持续的准备，承认表达悲伤即为对死亡的妥协。[1] 除了少量精心挑选出来的"抚慰人心的字句"以外，缪勒强调"音乐不仅让我们对天国生活投去一瞥，也是让人们关注死亡的工具"，[2] 还纳入了一幅描绘天国与人世"结合在一致的和谐中"的版画。我们在他的卡洛夫版圣经中也看到了这幅画，巴赫在一些段落下划线并标注，这些段落中提到了无论别人作何反应，无论未来如何变化，都要履行自己的职责，在所有的逆境中需要忍耐，还提到了世俗智慧与属灵智慧的区别。其中有一句德文谚语尤为突出："固守自己的想法，如

---

1 Luther, 'A Sermon on Preparing to Die' in LW, Vol. 42, pp. 95–115, at p. 101.
2 David Yearsley, *Bach and the Meanings of Counterpoint* (2002), p. 28.

海因里希·缪勒的《天国的爱之吻》(1732) 中的第二幅版画，传达了世俗音乐升华为天使之歌的能力。

同紧握的布，终将滑落。"这会不会是巴赫对他自己晚年的抗拒？卡洛夫评论道："因而顽固的或自封的计划少有善果。同样，对我而言，我的生活从未依照我的计划进行：我为自己设定了某个计划，但如果不是上帝的言行把我引向这一计划，其中大部分就会无法完成。"[1]

所有终身相伴的音乐，尤其是众赞歌，让巴赫得以瞥见天国生活，这也是他对抗死亡之可怖的武器。如同他早年的老师迪特里克·布克斯特胡德一样，巴赫可能一直梦想在死后加入天使唱诗班，这在当时被许多人视为音乐家通往天堂的秘密之门。布克斯特胡德在那首为自己的亡父而作的动人的《挽歌》中提到了这一点，他的父亲同他一样是位管风琴师：他在天国的琴键上演奏着欢乐之歌。布克斯特胡德绝非要唤起他父亲正在聆听的天国音乐，他在作品中灌注了不和谐音以及弦乐中持续颤抖的抽动：仿佛绵延不断的子女之爱给予他灵感，而无可慰藉的悲伤又不断冲击着他。这比起其姊妹篇—为路德的葬礼赞美诗所谱的音乐—的效果要远为强烈，后者包含了以严格复对位写就的四个乐章。一小部分出类拔萃的作曲家将这种富有学养而"高深莫测"的音乐（die Unergründlichkeit der Musik）视为当死亡迫近时净化他们最佳乐思的途径，也是令他们安全通往天堂的媒介。用威克麦斯特的话来说，天使唱诗班演唱的音乐"几乎超越了人类的理解范围"。[2]这从未阻挡具有巴赫这样想象力的作曲家尝试使其复现，我们在他创作生涯中的数个时刻见证过这一点。[3]

1　*The Calov Bible of J. S. Bach*, p. 448.
2　Andreas Werckmeister, *Harmonologia musica* (1707), p. 89.
3　罗伯特·奎尼曾对我表示，布克斯特胡德的《带着和平与喜乐》中那种"天国般的"对位极为罕有，是凡夫俗子在情感上无可触及的—然而，也许布克斯特胡德的父亲正在天堂中随之击节。只有《挽歌》是我们可以"理解"的。与布克斯特胡德相比，巴赫的对位中不可思议之处是其情感上的可达性：不像布克斯特胡德的《带着和平与喜乐》中那种多重可逆性，它本身并非完美，然而却能触动听者。

与此同时，他为了纪念为人深爱的家庭成员之离世或是受委托而创作的那些属于尘世的音乐，例如我们在第十二章中探讨过的经文歌，依然有着抚慰丧亲者的巨大力量，对于任何怀疑音乐的感染能力和转变能力的人亦是如此。最终，没有人—绝对没有人—像巴赫一样创造出如此慰藉人心的音乐之宝库，最为令人叹为观止的是他很早就具备了这种天赋—早在二十二岁，当他创作《悲剧一幕》之时。[1] 内在于此的是我们在巴赫音乐中发现的确定感：在他的信仰中存在着一条通往和谐生活之路，如果不是在此世，便是在来生，这种生活超越了人类普遍的愚行以及所有妨害日常社会交往的伪善而追逐私利的行为。巴赫最喜欢的两位作家，奥古斯特·法依弗及海因里希·缪勒承认音乐作为一种死亡的艺术（ars moriendi）拥有带领信众前往那种理想的作用。[2] 在巴赫最后的作品中存在着这种迹象。[3]

尽管 C. P. E. 巴赫当时不在莱比锡，他还是宣称他父亲那所谓的"临终"众赞歌，BWV 668a，《在我们有迫切需求之时》是在他去世前不久"一时兴起"（aus dem Stegreif）口授给一位未透露姓名的朋友的。这首众赞歌的一个镶嵌有装饰音的版本更早时候收录在《管风琴小曲集》中，巴赫将其剥离得只剩骨架。清除了一切感官愉悦之后，他以旋律倒影、减值和密接和应（stretto）的方式对其进行扩展。这两个版本间的关系不像前述布克斯特胡德的例子那么极端。尽管可以说它概括了一个临终之人"升华了的思想"，[4] 然而这不是演出中能够体

---

[1] 巴赫多么善于表达生命的脆弱性，这在 BWV 92《我将我的心思意念臣服于神》中那首炫技而又无情的男高音咏叹调中表现得淋漓尽致，当"没有被上帝强大的手臂支持时"，一切都"碎裂、折断、倒塌"。一个更晚且更令人难忘的例子是作于 1726 年的那部宏大的圣米迦勒节康塔塔（BWV 19），《在天上就有了争战》（见 94 页）。一首极为销魂的西西里舞曲唤起守护天使的警觉，对男高音温柔乞求"天使啊，留在我身边！"作出回应。

[2] Yearsley, *Bach and the Meanings of Counterpoint*, pp. 1–41.

[3] 另一种可能性，参见 566 页。

[4] Ibid., p. 36.

现出的最重要的特质。在葬礼诗文"在你的王座前"与巴赫那错综复杂的对位线条相结合的瞬间,这首作品获得了一种不同的清晰度与超验性:

> 我站在你的王座之前,
> 主啊,我谦卑地向你祈求:
> 不要让你仁慈的面容
> 避开我这可怜的罪人。

***

巴赫逝于7月28日,稍晚于晚上8点15分。三天之后在他的葬礼上,他的圣托马斯合唱团在圣约翰教堂的墓地上演唱了这首众赞歌,可能还演唱了他近来以巨大努力(从他的笔迹可以看出这一点)对他的堂伯约翰·克里斯托弗的经文歌《亲爱的上帝,唤醒我们吧》所作的改编,这段祈祷文据称是路德对死后生活的预见。1703年时,这首经文歌曾在约翰·克里斯托弗的葬礼上演唱过,而它似乎也用来纪念巴赫自己的离世。[1] 与他最为亲近的人会视其为他的家族观念的完美象征,同样也标志着对他尊为家族中最重要的作曲家以及他的精神导师的克里斯托弗再次表达忠诚的渴望。

在他生命的最后阶段,巴赫一直在探索并深入音乐的未知领域(terra incognita)。一代又一代的作曲家和演奏家不断探索着制图者曾

---

[1] 克里斯托弗·沃尔夫的假设有几个因素为基础:材料的准备出现得极晚(此处巴赫的笔迹比起《赋格的艺术》中最后部分颤抖得还要厉害);这首经文歌的原始位置(降临节的第二个主日)不符合莱比锡礼拜仪式;文本所包含的更广泛的含义极其适用于基督徒面对死亡时的信仰。最终,如沃尔夫教授给我的信中所言,"我相信当时的乐长不希望指挥和唱诗班由于尝试艰深的约翰·塞巴斯蒂安·巴赫作品而颜面尽失。即使是约翰·克里斯托弗·巴赫的作品也有跟随主要声部的伴奏。"

在地图上迷人地标注"此处有龙"的空白处：重新追踪他的路线，最终认同他的发现。从他离世算起已有两个半世纪，然而无人能够宣称这一进程已经完成。一度被忽视，之后零零碎碎地重演、误读、夸大、重新配器，然后又在一种清教徒式的过度反应中被缩减、贬低、极简化——巴赫的音乐被用来适应时代精神，进行商业开发或为政治目的所用。[1]

他的音乐自始至终召唤我们从他的视角——一个技艺精湛的艺术家的视角来看待生活，似乎在暗示：这是一种从范围和规模上完全实现人借以为人之物的方式。因此，更加仔细地研究并聆听吧——这并不是任何演出都能做到的，无论其意图多么好。用一位新近的传记作者的话来说，"没有任何音乐在声音的实现上如此苛求，并且如此迅速地显露出缺乏理解或缺乏完整性。"[2] 为了让听者获得巴赫同时作为作曲家和演奏家在音乐中所探索的感觉，他的诠释者们必须努力做出同样的事情。我们再度被伟大的英国先驱威廉·伯德令人信服地表达的情感所吸引，他在自己最后公开发表的作品《圣诗、歌曲及十四行诗》(1611)的序言中写道：

> 我的渴望仅此而已：你们在听（我的歌曲）时像我在作曲和校订时那般仔细。否则最优秀的歌也会显得刺耳而令人不快……此外，一首精致而雕琢的歌曲在初听时无法很好地得到感知或理解，你听

---

[1] 巴赫的第一位传记作者福克尔在1802年劝告他的德国同胞们，"这个人，这个前无古人可能也后无来者的最伟大的音乐诗人、最伟大的音乐演说家，是个德国人。让他的国家为他骄傲吧；为他感到骄傲，同时也配得上他！"(NBR, p. 479)。然而，2000年7月28日，在圣托马斯教堂为纪念巴赫逝世250周年而发表的演讲中，克里斯托弗·沃尔夫评论道，"无论何时只要能为政治意识形态服务，巴赫就以德国的名义数次被滥用了。不幸的是，这往往出现在上一个世纪的巴赫周年纪念节日中：在1900年时作为威廉时代民族主义傲慢的象征；1935年时处在纳粹国家的种族主义旗帜下；1950年和1985年时则作为德意志民主共和国的无产阶级社会主义目标的展示。"即使在2000年（他逝世250周年纪念），也间或有着狭隘的沙文主义痕迹。

[2] Nicholas Kenyon, *Faber Guide to Bach* (2010), p. 52.

得越频繁,就越会发现喜欢的原因。

每当我们探索巴赫的音乐时,都会感到仿佛我们穿过了很远的距离,抵达一片遥远而又令人着迷的声音图景。每一个将要成为终点的瞬间都是途中的另一个驿站,以及另一场旅行的跳板——通往一个新的约定以及与巴赫的新关系。

一代人之后,约翰·戈特弗里德·冯·赫尔德(1744—1803)表述了巴赫作为作曲家和演奏家参与的一些活动,但并未直接提及,吊起了人们的胃口。赫尔达抓住了关键思想:人类的创造性和精神性活动带来了对个人生活愿景的表达,只有以同情的洞察力才能理解——"让自己设身处地地感受"他人的愿望和忧虑的能力。我猜想他可能理解了巴赫声乐作品的最高价值——首先不是作为对象或艺术品,而是作为个体的生命愿景以及与同胞进行交流的无价形式。当我们将巴赫的遗产与他的前辈和继承者的相比时,这一点是如此与众不同。蒙特威尔第在音乐中对人类情感进行了全面的表达,他是第一位这样做的作曲家;贝多芬告诉我们超越人类的弱点并且希求神性是一场骇人的斗争;莫扎特展示了我们可能希望在天堂中听到的音乐。然而正是巴赫,在天堂城堡中创作音乐的作曲家,让我们听到了上帝的声音——以人的形式出现。他开辟了一条新的道路,告诉我们如何在他音乐的完美中克服我们的缺陷:让神圣之物有人性,让人性之物变得神圣。

致谢

对于三位了不起的女性，我感激不尽：蒂芙尼·罗伊尼斯（Tif Loehnis），我的侄女、教女、曾经的出版经纪人，给了我开始写作的鼓励和信念；黛比·瑞格（Debbie Rigg），我长期受苦的私人助理、朋友和盟友，帮我输入了手稿的无数版草稿，并见证了我是如何缓慢地上手计算机的；最重要的是我的妻子伊莎贝拉（Isabella），她珍爱并扶持了一位愚蠢到居然在六十多岁开始写书的丈夫，而且每当我询问她的意见，常常想到比我更到位的表达方式。她们都知道，虽然我选择了以巴赫为写作主题，但"三 B"对我来说有相同程度（不过特质有异）的吸引力——贝多芬（Beethoven）、柏辽兹（Berlioz）和勃拉姆斯（Brahms）——并且我也能够汇聚相同的热忱来写作蒙特威尔第（Monteverdi）、舒茨（Schütz）或是拉莫（Rameau）。但作为音乐家，巴赫我的生活中处于绝对的中心地位。另外，就像海顿（Haydn）看到 A. F. C. 柯曼（Kollmann）1799 年的铜版画时所评论的那样，巴赫的确是"太阳的中心，因而是一切音乐智慧的源头"。

我必须进行下面的特别致谢：约翰·巴特（John Butt），一位给我带来灵感的"导师"；劳伦斯·德雷福斯（Laurence Dreyfus）才华横溢的寻路技能；尼古拉斯·罗伯森（Nicolas Robertson），他犀利的眼光使我免于进一步失言（他的巴赫著作是当然的必读）；罗伯特·昆尼（Robert Quinney）甚为精准的评论；来自莱比锡巴赫档案馆（Bach-Archiv）的彼得·沃尔尼（Peter Wollny）和米夏埃尔·毛尔（Michael Maul），提供了慷慨的支持；感谢大卫·伯内特（David Burnett）的专业技能，他友好而又耐心地回应了我没完没了的求助（cris de cœur）。我想感谢我的三个女儿—弗朗切斯卡（Francesca）（和我分享身为作家的痛处），乔西（Josie）（提供了一个很棒的行编辑器），布里奥妮（Bryony）（当小精灵威胁要在我的笔记本电脑中狂欢时拯救了我）——谢谢你们容忍一个经常注意力分散的父亲。

最后而同样重要的是，我想感谢唐娜·波比（Donna Poppy）模范而老练的审稿，感谢杰瑞米·霍尔（Jeremy Hall）搜寻到这些插图，没有他对于细节的密切关注，本书的设计和外观是无法达到目前水准的。感谢上述的所有人，外加许多的朋友和杰出的同事们（在下面列出），阅读并评论了本书，鼓励我找到自己的写作视角，忠于它而不是追随潮流：

Sir David Attenborough	Gudrun Meier
Manuel Bärwald	Howard Moody
Reinhold Baumstark	Michael Niesemann
Tim Blanning	John Julius Norwich
Michael Boswell	Philip Pullman
Robert Bringhurst	Richard Pyman
Neil Brough	Jane Rasch
Gilles Cantagrel	Catherine Rimer
Rebecca Carter	Stephen Rose
Sebastiano Cossia Castiglioni	William and Judith Scheide
Eric Chafe	Richard Seal
Kati Debretzeni	Ulrich Siegele
John Drury	George Steiner

Iain Fenlon	Richard Stokes
Christian Führer	Andrew Talle
Hans Walter Gabler	Raymond Tallis
Andreas Glöckner	Ruth Tatlow
Bridget Heal	James Thrift
the late Eric Hobsbawm	Teri Noel Towe
Colin Howard	David Watkin
Emma Jennings	Peter Watson
Jane Kemp	Henrietta Wayne
Ortrun Landmann	Geoffrey Webber
Robin Leaver	Peter Williams
Robert Levin	Christoph Wolff
Fiona Maddocks	Hugh Wood
Robert Marshall	David Yearsley

我还要感谢：剑桥大学彼得学院（Peterhouse, Cambridge）的院长和院士们；图书馆管理员们：伦敦大学学院（UCL）、剑桥国王学院（King's College, Cambridge）的罗威音乐图书馆（Rowe Music Library）、剑桥大学图书馆的音乐部、牛津大学（Oxford）的博德利（Bodleian）图书馆；莱比锡巴赫档案馆的全体职员；BBC电视台的团队，和我拍摄了2013年的记录片《巴赫：激情的一生》（*Bach: A Passionate Life*）；斯图尔特·普罗菲特（Stuart Proffitt），我的组稿编辑；以及由理查德·杜吉德（Richard Duguid）、丽贝卡·李（Rebecca Lee）、斯蒂芬·瑞恩（Stephen Ryan）和大卫·克拉达克（David Cradduck）组成的企鹅团队，感谢他们在准备工作的最后阶段作出的专业而友善的贡献。另外还要感谢《格兰塔》（*Granta*）杂志，本书中所用到的材料，有一小部分是受

其委约而作，发表于2001年的《格兰塔》第67期：音乐。

感谢下列个人和机构免费提供插图：

Mark Audus; Bach-Archiv Leipzig; Bachhaus Eisenach/Neuen Bachgesellschaft; Breitkopf & Härtel; Concordia Seminary Library, St Louis, Missouri; Catherine Rimer; William H. Scheide/Scheide Library, University of Princeton; Sibley Music Library, Eastman School of Music, University of Rochester; Sotheby's London; Stadtarchiv Mühlhausen; James Thrift.

编年表

爱森纳赫（Eisenach）

1685 年　3 月 21 日　约翰·塞巴斯蒂安·巴赫出生，是约翰·安布罗修斯（Ambrosius）·巴赫和玛利亚·伊丽莎白（Maria Elisabeth）·巴赫（原姓氏为莱默希特 [Lämmerhirt]）的第七个孩子，也是最小的一个。

　　　　　3 月 23 日　受洗于乔治教堂。教父母为哥达乐师塞巴斯蒂安·内格尔（Sebastian Nagel）以及大公的林务员约翰·格奥尔格·科赫（Johann Georg Koch）。

1686 年　5 月 3 日　巴赫的姐姐约翰娜·朱迪莎（Johanna Juditha）过世，年仅六岁。

1691 年　　　　　　巴赫的哥哥约翰·巴瑟萨（Johann Balthasar）过世，出生于 1673 年。

1692 年　　　　　　于春季入学爱森纳赫的拉丁学校。

1693 年　　　　　　进入拉丁学校的六年级，在道明会修道院学习，时年八岁（这暗示他已经可以读和写，并且很可能从五岁时已经在当地的德语小学学习了）。被记录缺席 96 次。

1694 年　　　　　　继续在六年级学习，被记录缺席 59 次。

　　　　　5 月 1 日　母亲伊丽莎白过世，享年五十岁（于 5 月 3 日下葬）。

　　　　　11 月 27 日　父亲安布罗修斯再婚，女方是三十五岁芭芭拉·玛格丽塔

		(Barbara Margaretha)，其堂弟约翰·甘瑟（Johann Günther）的遗孀。
1695 年	2 月 20 日	父亲过世，享年四十九岁（于 2 月 24 日下葬）。
		从七年级毕业，被记录缺席 103 次。
	4 月	在复活节后，和他十三岁的哥哥约翰·雅各布（Johann Jacob）搬家到奥尔德鲁夫，和长兄约翰·克里斯托弗（Johann Christoph）居住。

奥尔德鲁夫（Ohrdruf）

1695 年	7 月	进入奥尔德鲁夫的莱西姆学校（Lyceum Illustre Gleichense）的八年级。
1696 年	7 月 20 日	成绩在八年级中位列第四，在新生中名列第一。
1697 年	7 月 19 日	成绩在九年级的 21 名学生中名列第一，升入十年级。
1698 年	7 月 18 日	在十年级中名列第五。
1699 年	7 月 24 日	在十一年级的 11 名学生中名列第二，升入十二年级。当时 14 岁零 4 个月。
1700 年	3 月 15 日	在十二年级中名列第四。未完成学业，和格奥尔格·埃德曼（Georg Erdmann）前往吕讷堡（Lüneburg）。官方的记载是"撤销生活津贴"(ob defectum hospitorium).

吕讷堡（Lüneburg）

1700 年	4 月	在米迦勒学校（Michaelisschule）学习合唱，起初在晨祷唱诗班中参与演唱，并免费住宿。于 4 月 3 日首次领取演唱薪水。不久之后进入变声期。

	5月29日	最后一次领取演唱薪水。
		成为图灵根的管风琴师/作曲家格奥尔格·伯姆（Georg Böhm）的学生，在其住所中用符号记谱法抄写瑞肯（Reincken）的合唱前奏曲《巴比伦河边》（*An Wasserflüssen Babylon*）。
1702年	4月	从米迦勒学校毕业。
	7月9日	应聘桑格劳森镇（Sangerhausen）雅各布教堂（Jacobikirche）的管风琴师成功，但最终职位给了另一个应征者约翰·奥古斯丁·科比留斯（Johann Augustin Kobelius）。

魏玛（Weimar）时期一

1703年	12月20日至次年6月	被魏玛宫廷聘为乐师兼"男仆"。

阿恩施塔特（Arnstadt）

1703年		"高深的作曲家"约翰·克里斯托弗·巴赫（Johann Christoph Bach）在爱森纳赫下葬。
	7月13日	受雇于阿恩施塔特的新教堂，工作是检查并评估教堂内新建造的管风琴。
	8月9日	被任命为新教堂的管风琴师。
1705年	8月	和巴松管演奏师约翰·海因里希·盖耶斯巴赫（Johann Heinrich Geyersbach）产生纠纷。
	11月	告假四周，旅行到吕贝克（Lübeck）观摩布克斯特胡德（Buxtehude）工作。
1706年	2月7日	在经过了四个月未经允许的缺席后，回到阿恩施塔特。教

编年表　627

会法庭对此启动了处分程序。

米尔豪森（Mühlhausen）

1707 年	4 月 24 日	面试米尔豪森的布莱修斯教堂（Blasiuskirche）的管风琴师职位。
	6 月 14 日至 15 日	被任命为布莱修斯教堂的管风琴师，薪水为 85 盾。
	7 月 1 日	开始在布莱修斯教堂的工作。
	10 月 17 日	和二十三岁的玛丽亚·芭芭拉（Maria Barbara）在离阿恩施塔特不远的多尔恩海姆（Dornheim）镇结婚。新娘来自格伦镇（Gehren），是约翰·米夏埃尔·巴赫（Johann Michael Bach）的女儿。
1708 年	2 月 4 日	米尔豪森镇议会选举，演出了 BWV 71《神自古以来为我的王》，于几周后印刷并出版。
	6 月 25 日	从米尔豪森的管风琴师职位上卸任，被聘为魏玛的管风琴师兼室内乐师。

魏玛（Weimar）时期二

1708 年	7 月 14 日	收到搬迁至魏玛的补贴，大约 10 盾。薪水为 150 盾。
	12 月 29 日	长女卡萨琳娜·多罗西娅（Catharina Dorothea）受洗。
1709 年	2 月 4 日	回到米尔豪森，为镇议会选举演出一部康塔塔（现已丢失）。
1710 年	11 月 22 日	儿子威廉·弗里德曼（Wilhelm Friedemann）出生，于 11 月 24 和 25 日受洗。

1711 年	6 月 3 日	薪水从 150 盾提高到 200 盾。
1713 年	2 月	前往魏森菲尔斯（Weissenfels）参加萨克森的克里斯蒂安（Christian）大公的生日。演出了 BWV 208《狩猎康塔塔》。
	2 月 23 日	双胞胎玛丽亚·索菲亚（Maria Sophia）和约翰·克里斯托弗（Johann Christoph）出生，后者在分娩过程中夭折。
	3 月 15 日	幸存的双胞胎之一玛丽亚·索菲亚夭折。
	11 月 28 日	受邀申请哈雷（Halle）的管风琴师职位。
	12 月 13 日	被任命为哈雷的市场教堂（Marktkirche）的管风琴师，合约日期为 12 月 14 日。
1714 年	1 月 14 日	巴赫写信要求对哈雷的合约进行修改。
	3 月 2 日	升职为魏玛宫廷乐队的首席，同时有义务每月创作一部教堂康塔塔。薪水提高到 250 盾。
	3 月 8 日	儿子卡尔·菲利普·伊曼纽尔（Carl Philipp Emanuel）出生，于 3 月 10 日受洗。泰勒曼（Telemann）是教父之一。
	3 月 19 日	巴赫写信拒绝 2 月份哈雷的职位，驳斥哈雷官方对其不公平交易的指控。
	3 月 25 日	演出 BWV 192，这是巴赫成为首席之后的第一部魏玛教堂康塔塔。
1715 年	5 月 11 日	儿子约翰·戈特弗里德·伯恩哈德（Johann Gottfried Bernhard）出生，于 5 月 12 日受洗。
1717 年	3 月 26 日	耶稣受难日，在哥达（Gotha）演出一部受难曲（现已丢失）。
		和路易·马尔尚（Louis Marchand）旅行至德累斯顿（Dresden）参加音乐比赛（后取消）。
	8 月 7 日（5 日？）	接受了科滕（Cöthen）亲王宫廷乐长（Hofcapellmeister）的职位。向大公威廉·恩斯特（Wilhelm Ernst）请求离开魏玛，但被拒绝。

编年表

| 11月6日 | 在魏玛被逮捕并软禁四周,因为他"非常顽固"地决意辞职。 |
| 12月2日 | 不光彩地被魏玛宫廷解雇。 |

科滕（Cöthen）

1717年	12月10日	抵达科滕,正赶上利奥波德（Leopold）亲王的生日。
1718年	5月至6月	陪同利奥波德亲王前往波西米亚的卡尔斯巴德（Carlsbad）,同行的还有六名宫廷乐手。
	11月15日	儿子利奥波德·奥古斯都（Leopold Augustus）出生,于11月17日受洗。
	12月10日	利奥波德亲王的生日,演出了BWV 66a。
1719年	6月	试图在哈雷和格奥尔格·弗里德里希·亨德尔（Georg Friedrich Handel）会面未果。
	9月28日	儿子利奥波德·奥古斯都夭折。
1720年		来到汉堡（Hamburg）访问瑞肯（Reincken）,并即兴演奏其合唱前奏曲《巴比伦河边》（An Wasserflüssen Babylon）。
	1月22日	开始为威廉·弗里德曼·巴赫创作《键盘音乐》（Clavier-Büchlein）。
	5月至7月	陪同利奥波德亲王再次访问卡尔斯巴德。
	7月7日	在巴赫离开期间,玛丽亚·芭芭拉·巴赫过世,时年三十五岁。
	11月	到汉堡的雅各布教堂（Jacobikirche）参加管风琴师职位的面试,于11月23日被召回至科滕,并婉拒了汉堡的职位。
1721年	2月22日	长兄约翰·克里斯托弗过世,时年四十九岁。
	3月24日	将《勃兰登堡协奏曲》（Brandenburg Concertos）的乐谱手稿献

		给勃兰登堡的克里斯蒂安·路德维希（Christian Ludwig）大公。
	12月3日	和二十岁的安娜·玛格达琳娜·威尔克（Anna Magdalena Wilke）结婚。
1722年		开始为安娜·玛格达琳娜创作《键盘音乐》。完成《平均律》第一卷，BWV 846—869。
	4月16日	兄长约翰·雅各布（Johann Jacob）在斯德哥尔摩过世（生于1682年）。
	10月26日	在洗礼时成为索菲亚·多萝西娅·舒尔兹（Sophia Dorothea Schultze）的教父，后者是约翰·加斯帕·舒尔兹（Johann Caspar Schultze）——科滕圣阿涅斯教堂乐长的女儿。
	12月21日	申请莱比锡（Leipzig）托马斯教堂（Thomaskirche）的乐长一职。
1723年	2月7日	在莱比锡托马斯教堂进行面试，演奏了 BWV 22 和 23。
	春季	女儿索菲亚·亨利艾塔（Sophia Henrietta）出生。
	4月13日	收到科滕亲王的免职信。

莱比锡（Leipzig）

1723年	4月19日	在莱比锡签署临时合约。
	4月22日	被莱比锡本地议会选举为托马斯教堂的乐长，并在第二天接受该职位。
	5月5日	签署职位的最终合同。
	5月8日	参加神学考试，以确认其路德教派的信仰。
	5月15日	在莱比锡首次领到薪水。
	5月30日	在尼古莱教堂（Nikolaikirche）演出 BWV 75，这是第一个莱比锡康塔塔周期的首部作品。

	6月14日	威廉·弗里德曼和卡尔·菲利普·埃玛努埃尔入学托马斯学校（Thomasschule）。
	11月13日	托马斯学校的新规章颁布。
	12月25日	《尊主颂》（*Magnificat*，BWV 243a）首演（包含圣诞赞歌的降E大调版本）。
1724年	2月26日	儿子戈特弗里德·海因里希（Gottfried Heinrich）出生，于2月27日受洗。
	4月7日	《约翰受难曲》（*John Passion*）在尼古莱教堂演出（第一版）。
1724年	6月11日	开始创作第二个（合唱）康塔塔周期，首部作品是BWV 20。
	7月18日	和安娜·玛格达琳娜在科滕客座演出。
1725年	2月23日	在魏森菲尔斯为克里斯蒂安大公的生日客座演出BWV 249a。
	3月30日	在托马斯教堂演出《约翰受难曲》（第二版）。
	4月14日	儿子克里斯蒂安·戈特利布（Christian Gottlieb）受洗。
	9月19日至20日	在德累斯顿（Dresden）的索菲教堂（Sophienkirche）客座演出。
	12月	在科滕客座演出（和安娜·玛格达琳娜）。
1726年	4月5日	女儿伊丽莎白·朱莉安娜·弗雷德里卡（Elisabeth Juliana Frederica）受洗。
	4月19日	在尼古莱教堂演出匿名版本的《马可受难曲》（*Mark Passion*）。
	6月29日	女儿克里斯蒂安娜·索菲亚·亨利艾塔（Christiana Sophia Henrietta）夭折，年仅三岁。
	11月1日	出版《键盘练习曲集》（Clavier-Übung）第一卷，BWV 825—830。
1727年	4月11日	耶稣受难日，在托马斯教堂演出《马太受难曲》（*Matthew Passion*）。

	4月12日	为奥古斯特二世庆祝生日，演出包括 BWV Anh. 9（现已丢失）。
	10月17日	在莱比锡的大学教堂（Paulinerkirche）为悼念仪式演出，亡者是萨克森选帝侯的夫人克里斯蒂安妮·艾伯哈汀（Christiane Eberhardine），演出内容包括《哀悼颂》(*Trauer-Ode*，BWV 198)。
	10月30日	儿子奥古斯特·安德里斯（Ernestus Andreas）受洗（于11月1日夭折）。
1728年	1月1日	在科滕客座演出。
	9月21日	儿子克里斯蒂安·戈特利布（Christian Gottlieb）在三岁时夭折（于9月22日下葬）。
	10月10日	女儿瑞吉娜·约翰娜（Regina Johanna）受洗。
1729年	1月12日	拜访魏森菲尔斯的克里斯蒂安大公期间，演出 BWV 210a。
	2月23日	在魏森菲尔斯客座演出。
	春季	出任格奥尔格·巴瑟萨·肖特（Georg Balthasar Schott）大学乐社的总监。
	3月23日至24日	在科滕利奥波德亲王的葬礼上演出 BWV 244a。
	4月15日	耶稣受难日，第二次演出马太受难曲。
	6月6日，圣灵降临节	作为大学乐社的新任领导，演出了 BWV 174《我全心爱慕至高神》(*Ich liebe den Höchsten von ganzem Gemüte*)。
	10月20日	在托马斯学校的校长约翰·海因里希·埃内斯蒂（Johann Heinrich Ernesti）的葬礼上演出 BWV 226《圣灵帮助我们的软弱》(*Der Geist hilft unser Schwachheit auf*)。
1730年	1月1日	女儿克里斯蒂安娜·本尼迪克塔（Christiana Benedicta）受洗（于1月4日夭折）。
	4月7日	在尼古莱教堂演出匿名版本的《路加受难曲》(*Luke Passion*，

		BWV 246），包含巴赫增加的一些内容。
	8月2日	和莱比锡市议会争论巴赫的教学职责。
	8月23日	向莱比锡市议会提交名为"Entwurff"的备忘录（《关于考究的宗教音乐的简略但极为必要的草案》）
1731年	3月18日	女儿克里斯蒂安娜·多罗西娅（Christiana Dorothea）受洗。
	春季	《键盘练习曲集》第一卷以作品编号（Opus）1出版。
	3月23日	在托马斯教堂演出现已丢失的马可受难曲（Mark Passion, BWV 247）。
	9月14日	在德累斯顿的索菲教堂演出管风琴独奏会，在演出前一天出席哈塞（Hasse）的歌剧 TODO（Cleofide）首演。
1732年	4月11日	在尼古莱教堂演出《约翰受难曲》（第三版）。
	6月5日	在托马斯学校的翻新落成典礼上演出 BWV Anh. 18 Froher Tag（现已丢失）。
	6月21日	儿子约翰·克里斯托夫·弗里德里希（Johann Christoph Friedrich）出生，于6月23日受洗。
	8月31日	女儿斯蒂安娜·多罗西娅夭折。
	9月	和安娜·玛格达琳娜旅行至卡塞尔（Kassel）。在马丁斯教堂（Martinskirche）检查翻新的管风琴（9月22日）。
1733年		将三卷本卡洛夫圣经重新录入图书编目。
	4月21日	在尼古莱教堂参加对弗里德里希·奥古斯都二世的效忠仪式。此前选帝侯弗里德里希·奥古斯都一世（Friedrich Augustus I）于2月过世。
	4月25日	女儿瑞吉娜·约翰娜在四岁时夭折（于4月26日下葬）。
	7月27日	旅行至德累斯顿。将弥撒 BWV 232 献给萨克森新的选帝侯弗里德里希·奥古斯都二世。
	11月5日	儿子约翰·奥古斯特·亚伯拉罕出生并受洗（夭折于11月

		6 日)。
	12 月 8 日	为玛丽亚·约瑟法女王（Queen Maria Josepha）演出音乐戏剧 BWV 214《敲起鼓，吹起小号》(*Tönet, ihr Pauken*)。
1734 年	10 月 5 日	在户外演出 BWV 215《讴歌你的幸运》(*Preise dein Glücke*)，以庆祝选帝侯弗里德里希·奥古斯都二世就职波兰国王（称为奥古斯都三世）。
	12 月 / 1 月	在 12 月 25 日至 27 日、1 月 1 日至 2 日、1 月 6 日演出 BWV 248《圣诞清唱剧》(*Christmas Oratorio*)。
	春季	巴赫五十岁了。他绘制了家谱，带有注释："巴赫音乐世家的起源"。出版《键盘练习曲集》第二卷。
	5 月 19 日	演出 BWV 11《赞美上帝与他的国度》，又名《耶稣升天清唱剧》(*Ascension Oratorio, Lobet Gott in seinen Reichen*)。
	9 月 5 日	儿子约翰·克里斯蒂安（Johann Christian）出生，于 9 月 7 日受洗。
1735 年 / 1736 年		演出戈特弗里德·海因里希·施特尔策尔（Gottfried Heinrich Stölzel）的康塔塔周期《TODO》(*Das Saiten-Spiel des Herzens*)。
1736 年	3 月 30 日	耶稣受难日，在托马斯教堂演出修订后的《马太受难曲》。
	7 月	和托马斯学校的校长约翰·奥古斯特·恩尼斯提（Johann August Ernesti）就教务长一职进行争论。
	10 月 7 日	为弗里德里希·奥古斯都二世的生日而作康塔塔 BWV 206《微微起伏的波浪》(*Schleicht, spielende Wellen*)。
	11 月 19 日	被弗里德里希·奥古斯都二世荣誉授予德累斯顿的非常驻的宫廷作曲家（Hofcompositeur）职位。
1737 年	3 月 4 日	临时辞去莱比锡大学乐社的总监职务。
	5 月	到桑格豪森看望儿子约翰·戈特弗里德·伯恩哈德，后者在 1 月份被任命为当地的管风琴师。

	5月14日	约翰·阿道夫·席伯（Johann Adolph Scheibe）发表了一封信，不指名道姓地攻击巴赫，轻蔑地称其为"业余音乐家"（Musicant），引发了席伯和伯恩鲍姆之间的著名论战。
	10月30日	女儿约翰娜·卡罗琳娜（Johanna Carolina）受洗。
1739年	3月17日	因为和镇议会产生纠纷，取消了一部受难曲的演出。
	5月27日	儿子约翰·戈特弗里德·伯恩哈德过世，时年二十四岁。
	12月12日	在约翰娜·海伦娜·科赫（Johanna Helena Koch）受洗时成为其教父。前者是罗内堡（Ronneburg）的乐长约翰·威廉·科赫（Johann Wilhelm Koch）的女儿。
	秋季	《键盘练习曲集》第三卷出版。
	10月	恢复大学乐社的总监职务。
	11月	前往魏森菲尔斯（和安娜·玛格达琳娜一起）并在阿尔滕堡城堡（Altenburg Castle）使用"托氏管风琴"（Trost organ）演出独奏会。
1741年	5月30日	辞去大学乐社的总监职位。
	夏季	访问腓特烈大帝（Frederick the Great）的柏林–波茨坦（Berlin–Potsdam）宫廷。为其管家写作E大调长笛奏鸣曲（BWV 1035）。演出BWV 210《啊，多么美好的一天》（*O holder Tag, erwünschte Zeit*）。
	秋季	安娜·玛格达琳娜生病，巴赫返回莱比锡。
	9月	在米迦勒博览会（Michaelmas Fair）期间，出版BWV 988《哥德堡变奏曲》（*Goldberg Variations*），《键盘练习曲集》第四卷。
	11月17日	结束和公使凯萨林克（Count Keyserlingk）同行的柏林之旅并返家。
1742年	2月22日	女儿瑞吉娜·苏珊娜（Regina Susanna）受洗。
	8月30日	为公使卡尔·海因里希·冯·迪斯考（Count Carl Heinrich von

		Dieskau）演出 BWV 212 农民康塔塔《我们有个新长官》(*Merhahn en neue Oberkeet, Peasant Cantata*)。
1744 年		Autograph date in his copy of a 1704 Merian Bible.
	3 月至 5 月	五周的旅行（原因和目的地未知）。
	4 月 3 日	在托马斯教堂演出现已丢失的马可受难曲（*Mark Passion*, BWV 247）。
1745 年	11 月 30 日	第一个孙子约翰·亚当（Johann Adam）出生，是 C. P. E. 巴赫的儿子。
1749 年	4 月 4 日	在尼古莱教堂演出《约翰受难曲》（第四版）。
	5 月	突然患病：眼部不适及白内障。
1747 年	5 月 7 日	前往波茨坦和柏林。在无忧宫（Sanssouci）会见普鲁士国王腓特烈二世（Prussian King Frederic II）。
	5 月 8 日	在波茨坦的圣灵大教堂（Heiliggeistkirche）演出管风琴独奏会。
	6 月	成为音乐科学协会（Societät der Musicalischen Wissenschaften）的第十四个成员。巴赫给协会的献礼是含有 B-A-C-H 音乐签名的卡农变奏曲，基于 BWV 769《从天堂我来到人世》（*Vom Himmel hoch*）。
	6 月 8 日	戈特利布·哈勒（Gottlob Harrer）面试巴赫在莱比锡托马斯教堂的乐长职位。
	7 月 7 日	将《音乐的奉献》（*The Musical Offering*, BWV 1079）献给普鲁士国王腓特烈二世。
	10 月 6 日	外孙约翰·塞巴斯蒂安·阿特尼可尔（Johann Sebastian Altnickol）受洗（母亲是巴赫的女儿卡萨琳娜·多罗西娅）。于 12 月 21 日夭折。
1750 年	3 月 28 日至 30 日	首次眼部手术，由英国的约翰·泰勒（John Taylor）医生主刀。

	4月5日至8日	泰勒主刀第二次眼部手术。
	7月22日	巴赫中风，最后一次领取圣餐（communion）。
	7月28日	于晚上8点15分去世，终年65岁。
	7月31日	葬于莱比锡圣约翰教堂（Johanniskirche）的墓地。

逝后

1750年	11月11日	巴赫的遗产被分割。
	5月	《赋格的艺术》(*The Art of Fugue*, BWV 1080) 被 C. P. E. 巴赫出版。
1754年		米兹勒（Mizler）在他的《音乐收藏》(*Musicalische Bibliothek*) 中出版了由 C. P. E. 巴赫和约翰·弗里德里希·阿格里科拉（Johann Friedrich Agricola）在1750/1751年所写的悼词（*Nekrolog*）。
1760年	12月27日	安娜·玛格达琳娜·巴赫逝于莱比锡。
1788年	12月14日	C. P. E. 巴赫逝于汉堡。在他的遗产中包含有他父亲大量最重要作品的手稿，以及豪斯曼（Haussmann）所绘的肖像（1748年）。
1802年		约翰·尼古拉斯·福克尔（Johann Nikolaus Forkel）出版首部约翰·塞巴斯蒂安·巴赫的传记。
1829年	3月11日	《马太受难曲》在费利克斯·门德尔松（Felix Mendelssohn）的指挥下在柏林声乐学院（Sing-Akademie zu Berlin）重新上演。罗伯特·舒曼（Robert Schumann）、黑格尔（Hegel）等人出席。
1841年		巴赫音乐遗产的绝大部分被赠予柏林皇家图书馆（Königliche Bibliothek zu Berlin），现称柏林国立普鲁士文化遗产图书馆。
1850年		首个完整版本的巴赫作品目录（Johann Sebastian Bach's Werke）开始编纂（完成于1899年）。

术语表

A-B-A：三部曲式——一个乐章有三重结构的曲式，类似于三明治，其中 A 段在一段对比性的 B 段或是中间段之后在关系调上反复。

a cappella（意大利文，"以教堂风格"）：为唱诗班而作的无伴奏教堂音乐的常用术语。

accompagnato（意大利文，"有伴奏的"）：在康塔塔（以及歌剧）中，这是一种有着完整器乐伴奏（通常为弦乐，偶尔为木管所作）的朗读式的、说话般的歌唱，与只表明数字低音的干宣叙调相反。

Affekt（德文"情感"）：最初来源于希腊及拉丁文修辞及演讲学说，这一术语被 17 世纪的理论家们用来对声乐中表达的情感状态进行分类，这就引出了在一个乐章中表达单一"情感"或是整体情绪的传统风格，具体取决于节奏、动力、风格或是音型（参看 *"figurae"*）。

Alberti bass：以分解和弦或琶音进行的伴奏，以多米尼科·阿尔贝蒂（Domenico Alberti）而命名，以最低音、最高音、中间音、最高音的顺序进行。

alla breve（意大利文，"二二拍子"）：通常表示有着四个四分音符的小节由两个二分音符节拍组成，速度是之前段落的二倍。

appoggiatura（意大利文，"倚靠"）：字面意思为装饰性的倚靠音符，不会与主要和声产生刺耳的或是表达上的不和谐，经过（向上或是向下）一个音阶解决到接下来的弱拍上。

arioso（意大利文，"如咏叹调一般"）：通常为短小的旋律性乐段，有着康塔塔中宣叙调的固定节拍，不过巴赫也用来表示短小的咏叹调或是伴奏宣叙调的对等物。

ars moriendi（拉丁文，"死亡的艺术"）：路德宗传统的核心，然而起源于 15 世纪中期（以版画来作为插图），作为对肆虐的瘟疫和战事的回应阐述了"善终"的概念。巴赫拥有数本以此为主题的书。

bariolage（法文，"斑驳的声音"）：色彩奏法。在小提琴演奏中迅速交替空弦和按弦的奏法，来演奏通常相同的音符，制造出一种激烈而疯狂的效果。

bassetchen（德文，"小低音"）：表明音乐缺乏通常的根基（管风琴的八英尺音栓或是大提琴固定低音），并且朝向女低音旋律移动，巴赫有时用这种织体来暗示神圣之爱的超自然（真正的"无根基"）存在。

Bierfiedler（德文，"啤酒提琴手"）：对那些主要在婚礼和聚会上演奏的未经训练的音乐家的蔑称；他们被职业协会音乐家视为可耻的闯入者。

binary form：二部曲式。短小乐章的两段体形式。两段通常有着相同长度，第二部分（B）在第一段（A）的关系调上。

cadenza（意大利文，"终止"）：华彩乐段。即兴风格的独奏段，在乐章中间时可能是较短的形式（比如在《赋格的艺术》的 Contrapunctus 2 中），而更常见的则是在独奏协奏曲中，终止式的倒数第二个和弦之前开始的长且华丽的乐段，例如在《第五勃兰登堡协奏曲》中。

canon（"法则"）：对位模仿的最严格形式。一个旋律以轮唱形式被演奏或演唱。主要声部（主句 [dux]）被第二声部及其他声部（答句 [comes]）跟随。

cantabile（意大利文，"如歌的"）：这一指示要求具有富有引人注目的表现力，并且悦耳地奏出。

cantata（意大利文，"歌唱"）：一种声乐作品，最初是世俗的（并且通常为独唱而作），后来发展为宗教性的，到了 18 世纪时包含若干乐章，包括咏叹调、二重唱和合唱。也被称为 Musik, Concerto, Kirchenstück 或是 Stück。

cantilena（拉丁文，"歌"）：一种持续而流畅的旋律线条。

cantor：既指德国路德宗教堂中的音乐指挥，也指学校教师（不限于音乐）。

cantus firmus（拉丁文，"固定的歌"）：取之于素歌或是众赞歌的旋律，作为复调作品的基础，通常从慢速而单一的线条中脱颖而出。

Capellmeister：乐长。宫廷乐团的指挥，对其演出和人员负责。

cappella（拉丁文 / 意大利文，"小教堂"）：一组歌手及器乐演奏者组成的合奏团，其主管为乐长（参看"*Capellmeister*"）。

capriccio（意大利文，"随想曲"）：在巴赫的时代，这是一种不受常规作曲规则束缚的键盘作品。或许例证了《悼词》中的一条评论，"当场合需要时（他能够）使自己适应更为轻松和幽默的思维方式，在演奏中尤为如此。"

chaconne/passacaglia：恰空 / 帕萨卡利亚。17 世纪时的三拍子器乐舞蹈曲式，两者都起源于西班牙（用于吉他音乐中），建立在固定低音上，有着缓慢的和声节奏。恰空包含着基于一连串和弦的持续不断的变奏，帕萨卡利亚则意味着基于固定音型（参看"*ostinato*"）的连续变奏，这一固定音型通常存在于低音中，也可以移往更高的声部。

chiastic（希腊文，"交叉排列的"）：对称的有序结构，例如 a-b-c, c-b-a, a-b-b-a 模式，来自于文学，有着潜在的神学意图。

chorale cantata：一种由巴赫于 1724 至 1725 年间在莱比锡完善的形式，其中众赞歌作为赞美诗而发展成持续的旋律，或是作为对位乐章的基础。

Chorton（德文，"唱诗班音高"）：莱比锡所有教堂的管风琴调律的基准音高——比起器乐合奏团的室内乐音高（Kammerton）要高出整整一个音，因而需要移调。

chorus musicus（拉丁文，"音乐唱诗班"）：这一术语与德文方言 Cantorey / Kantorei 密切相关，指代教堂唱诗班。

clarino（意大利文，"号角"）：有着长管的自然小号那种清晰的高音音域。

Clavier/Klavier（法文 / 德文）：键盘乐器的通称，包括羽管键琴、管风琴及击弦古钢琴。

colla parte（意大利文，"跟随这个声部"）：乐谱中要求伴奏者跟随或加强或紧逼主要声部的标示。

concertante（意大利文，"协奏曲般"）：主奏部。对大协奏曲中的独奏乐器的称呼，以此和全奏部分（tutti）中担任协奏部（ripieno）的乐器相区别。

concertato（意大利文，"协奏的"）：巴洛克时期意大利作曲家及德意志作曲家喜爱

的一种风格，用来强化合奏的人声及器乐间戏剧性的相互作用。

Concertisten：（德文，"主奏者"）：在合奏作品中贯穿始终的某一特定声部的主要歌手，或是与 *Ripienisten*（参看该条）相对的器乐部分首席。

concerto grosso（意大利文，"大协奏曲"）：一种多乐章作品，与为轮流演奏的两组乐器所写的组曲相关，包含一个主奏部或是独奏组，同时伴随着一个协奏部或全奏组。

consort："concert"的一种古老的英文拼法，表示任何一组演奏者，无论是一整套乐器还是混合乐器的不完整组合。

continuo（意大利文，basso continuo 的简写）：也称为通奏低音（thoroughbass）或数字低音（figured bass）。低音乐器及键盘乐器在低音上所作的伴奏，在这种标记的下方，用数字来指示和弦。

cori spezzati（意大利文，"分开合唱队"）：为两个或更多在空间上分别安置的合唱队写作的技术，经 16 世纪威尼斯的维拉尔特（Willaert）和加布里埃利（Gabrielis）以及后来德国的许茨（Schütz）的发展，用以发挥音色的戏剧性对比并增加音响效果；后来巴赫在《救恩到来了》（BWV 50）和《马太受难曲》中运用了这种手法。

Currende/Kurrende（德文，"流动合唱队"）：指一种广泛践习的传统，要求拉丁文及合唱学校的男孩们每周数次在全城的街道上演唱（或"街头卖艺"），为他们的膳宿筹集补充资金，他们的收入通常有严格的规定来进行分配。这一惯例有时会演变成为争夺领地而进行的帮派斗殴。

da capo（意大利文，缩写为 D. C.，"从头开始"）：乐曲结尾处的标记，要求返回到开始处重复演奏音乐，直至延长号、双小节线或是终止处。

détaché（法文，"分离的"）：分弓。弦乐器上短促而激烈的断奏，用于演奏时值相等的音符。

diatonic（希腊文，"以一个音的间隔"）：明白无误地以某个大调或小调谱写的音乐。

Elector：有权选举神圣罗马帝国皇帝的德国选帝侯（在巴赫的时代共有九位），例如勃兰登堡藩侯（the Margrave of Brandenburg）或是波兰王奥古斯都（Augustus,

King of Poland）。

Endzweck（德文）：终极目的或对象。

falsettist：在高音音域中用假声演唱的男性歌手。

figura/figura corta（意大利文，"短音型"）：巴赫的表兄及朋友约翰·戈特弗里德·瓦尔特（J. G. Walther）在他的《音乐词典》对动机或音乐单元的分类：三个快速音符，其中第一个与后两个时值之和等长。

fioriture（意大利文，"即兴装饰"）：修饰朴素旋律的装饰性音型。

fugue（意大利文，"逃遁"）：一种用对位法写作的体裁，有特定的声部，运用对主题的模仿、减值、倒影，约翰·塞巴斯蒂安·巴赫在《48首前奏曲与赋格》（平均律键盘曲集）中将这一形式推上了巅峰。整体结构包括呈示部、中间以及最终进入，由插句进行分隔。赋格曾被用作一种练耳方式，唱诗班男孩凭听觉以卡农形式演唱来发展他们的音乐才能。

galant（法文，"典雅的"）：18世纪形容雅致而明快风格的术语，其典型代表为小步舞曲。

gigue（法文）：优雅、随性而活泼的舞曲乐章，与意大利式的 giga 不同，后者更长、更具风格化且更复杂。

ground bass：低音中反复出现的旋律（参看"*ostinato*"），其和声在重复时是变化的，同时上面的声部在变化进行。

Hausmann：首席城市管乐手。

hemiola（希腊文，"以1.5比1的比例"）：一种节奏型，通常用于终止式中，通过对两个三拍子的小节进行仿若三个二拍子小节似的划分来获得。

Hoff Musicus：宫廷音乐家。

imitation：模仿。作曲手法的一种，在一个动机首次呈示之后进行重复，可能是完全相同的反复，也可能在相同或是不同音高上进行一些变动。

invertible counterpoint：将旋律线条合乎规则地结合在一起的艺术，使低音和旋律可以对等地交换，无论是在两个、三个还是四个声部中。

Kammerton/Cammer-Ton（德文，"室内乐音高"）：用以描述巴洛克时期的德国室内乐乃至宗教音乐所用标准音高的术语。这导致了一系列问题，一旦乐器以这种标准或更低的标准音进行调律，在与教堂管风琴一同演奏时就会涉及移调和双重标记体系的问题，后者一般是以唱诗班音高（Chorton）进行调律的，高出一个全音或是小三度。

Kammersänger/Kammersängerin（德文，"室内歌唱家"）（德文，"室内乐音高"）：由亲王或国王授予优秀歌唱家的荣誉称号。

Lateinschule（德文，"拉丁文学校"）：类似于文法学校，大多在宗教改革之后建于德语地区，通常与城市教堂或从前的修道院密切相关。

melisma（希腊文"歌曲"）：花唱。在一个单音节上唱出一组音。

Mettenchor（德文，"晨祷唱诗班"）：一种精英室内唱诗班，例如吕讷堡的米歇尔教堂的十五声部合唱组，巴赫曾作为男童高音短暂地加入其中。

Nachspiel：结束或是尾声。

Nekrolog：讣告。

notes inégales（法文，"不等值音符"）：在一些法国舞曲乐章中以长短交替的方式对颤音进行不均等处理的习惯做法，也被德国作曲家采用。这与20世纪的布鲁斯并无二致，用来在连续音符整齐平均的演奏中增加风味。

obbligato（意大利文，"不可或缺的"）：必需声部。这个词用于谱中的乐器名称上，意指这一声部是必需的，不可遗漏，不过可用另一种乐器来代替（用长笛代替双簧管，小提琴代替管风琴等等）。

ostinato（意大利文，"固执的"）：固定音型。持续反复的音型，通常出现在低音中（因此称"行走低音"），用来制造长度和连续性。也可用于反复出现的旋律音型，例如《B小调弥撒》的"十字架上"（Crucifixus）。

ouverture（法文，"序曲"）：在歌剧、清唱剧或组曲开始前作为导引的器乐曲。巴赫采用法国风格序曲，具有庄严、突出、符点节奏的特征（开始部分），之后是一段快速的赋格段。

parody：模拟式改编。一种作曲技巧，用世俗唱词取代已有的声乐作品中宗教唱

词，且不造成模仿的贬损感。

partita（意大利文，"启程"）：古组曲。一组器乐组曲（例如变奏曲）或一套乐曲，例如巴赫的《键盘练习曲》第一卷，类似于 ordre（法文，"组曲"）。

passepied（法文）：起源于布列塔尼地区的三拍子舞曲，更快版本的小步舞曲，脚步"像涂油了一般快"（Niedt, 1721）。

passing notes：经过音。旋律材料或复调材料的组成部分，但并非和声中不可或缺的部分，为和声带来短暂的不和谐音。

pasticcio（意大利文，"馅饼"）：一种集成作品，通常由几位作曲家创作，形成一种用于舞台表演的音乐娱乐。

permutation：一种对位技法，尤见于赋格中，精心制定事件的顺序以改变织体，防止重复，并且保持作品的特点或情感。

per omnes versus（拉丁文，"在所有诗节中"）：在所有诗节中不加变化地运用一段众赞歌旋律，例如在巴赫的康塔塔《基督躺在死亡的枷锁上》（Christ lag in Todesbanden）（BWV 4）中。

Pietism：从路德宗生发出的一种宗教运动，极为强调个体的虔诚，在 18 世纪中期走上巅峰。这一运动受到哈雷大学的创始人菲利普·雅各布·斯培内（Philipp Jakob Spener, 1635—1705）的激励。

polychoral：用于描述一种 16 世纪威尼斯作品的现代术语，其中两组或三组合唱组在空间上分开排布。

quodlibet（拉丁文，"随便"）：集腋曲。若干通俗曲调的巧妙组合，例如巴赫《哥德堡变奏曲》的最后一个变奏，其中两首或更多的流行曲调被结合在主题的和声框架之中；同时也是对巴赫家族聚会时所做音乐游戏的描述。

recitativo secco（意大利文，"干宣叙调"）：一种取代了对话的音乐形式，独唱歌手仅由通奏低音伴奏，推动叙事进行。

Rector（德文）：学校校长，通常是被任命的常驻神职人员。

Regalist：台式风琴（regal）演奏者。台式风琴是一种手动鼓风的小型可移动风琴，有着粗哑而带有鼻音的声响。

ricercar(e)（意大利文，"寻求"）：一种器乐作品，风格上与经文歌相去不远；一种对位精致的作品，17 世纪时起源于弗雷斯克巴尔迪（Frescobaldi），而后引向了赋格的发展。巴赫在《音乐的奉献》中创作出了六声部的利切卡尔。

Ripienisten（德文，"协奏者"）：巴赫在他的康塔塔中用来增强、支撑或烘托 *Concertisten*（参看该条）的歌手。

ripieno：见 *concerto grosso*。

ritornello（意大利文，"小的反复"）：一部作品中的器乐叠歌，多次在相同或不同调上完整反复或部分反复，通常位于声乐段落之间。

rubato（意大利文，"被窃的"）：弹性节奏的演奏风格，允许节奏有微妙的波动，产生一种自由感。

sarabande：组成器乐组曲的四个舞曲乐章之一，起源于 16 世纪的拉丁美洲和西班牙，有着色情内涵，作为慢速的 3/2 拍舞曲引进法国宫廷。其典型模式为一个二分音符、一个附点二分音符和一个四分音符。

scena（意大利文，"场景"）：音乐戏剧中离散的段落，由宣叙调、咏叙调、一首或多首咏叹调、二重唱及合唱组成。

serenata（意大利文，来自夜晚）：一种音乐致意，通常用器乐在夜晚于室外演奏。

siciliano：一种起源于西西里的舞蹈乐章，以轻快的田园风格用 6/8 拍或 12/8 拍演奏，通常作为慢乐章出现。

sinfonia（意大利文，"交响曲"）：这一名称通常指作为康塔塔、组曲或歌剧引子（传统上称为序曲）的管弦乐曲。

Spielmann：流浪提琴手，通常进行巡回演出。比 Bierfiedler 级别要高。

Spruch/Spruchmotetten（德文，"引文"）：通常用作一首经文歌之基础的圣经引文。

Stadtpfeifer（德文，"城市管乐手"）：被城市或城镇聘用的受过专业训练的音乐家，类似于英国的巡夜人。巴赫家族世代都是图林根城市乐师，占据着城市管乐手的职位。莱比锡既雇用木管演奏者，也雇用弦乐演奏者，1748 年时巴赫面试了求职者，录用了一个"以极高的敏捷度"演奏双簧管和小提琴的乐手，想来是因为这两种乐器在教堂中演出时占据重要地位。

stile antico（意大利文，"古代风格"）：这一术语用以描述创作于 1600 年之后的模仿帕莱斯特里纳的宗教音乐，在 18 世纪时，约翰·马特松（Johann Mattheson）和约翰·约瑟夫·福克斯（Johann Joseph Fux）在他们以严格对位创作的理论性作品中加以运用。

stretto（意大利文，"窄"或者"紧"）：密接和应。在赋格中，紧密卡农形式的主题进入。

suite：一系列来源于舞曲的乐章（二部曲式）的组合。其中必然包括阿勒曼德、库朗特、萨拉班德和吉格，也可以增加其它乐章；在巴赫的用法中，可与帕蒂塔（partita）互换。

suspension：延留。前一个和弦中的某个音保留到下一个和弦中，造成了不和谐，通常随即下行解决。

tablature：符号记谱法。用字母、数字或其它符号代替五线谱来进行速记的一种符号体系。到了 18 世纪中期，这种体系已经衰落，但巴赫在《管风琴作品集》（Orgel-Büchlein）中偶尔用它作为节约空间的手段，或是在等待墨水干透方可翻页时的一种助记方式；同样也出现在某些康塔塔中。

temperament：这一术语指对音阶进行校正，其中的音符不是"纯"的（亦即不符合自然和声）而是"平均的"或者修正的。巴赫的"平均律"（Well-Tempered）（用于他的 48 首前奏曲和赋格）描述的是通往平均律（equal temperament）的道路上中间阶段，后者将一个八度划分为十二个均等的半音，使作曲家和演奏家得以冒险进入远系调。

terzetto：三个声部的无伴奏声乐作品。瓦尔特在 1732 年进行了释义，巴赫曾用在康塔塔 BWV 48 中。

tessitura（意大利文，"织体"）：一部声乐作品的音域，较为少见的是指一部作品中的器乐范围。

tetrachord（来自希腊文 tetrachordon，"四弦的乐器"）：在一个纯四度音程中下行排列的四个音，标明了半音所在的位置。

tierce de Picardie：辟卡迪三度。在一个小调乐章的结尾处，为了获得更强的结束感而升高了主和弦的中音。

tonus contrarius/peregrinu (拉丁文,"外来的曲调"):一种不合常规的诗篇歌调,晚于八首传统的格里高利诗篇歌调。

traversa (意大利文):更常作 traverso,指德国长笛,与 flauto 相对,后者在巴赫的时代指竖笛。

tritone:三个全音组成的增四度(C—F♯)或减五度(C—G♭)音程。在中世纪时作为"音乐中的魔鬼"(diabolus in musica)而被禁用,从巴洛克时期开始为人接受,为七和弦增添了趣味。

tromba da tirarsi / tromba spezzata:一种带有滑管的自然小号,能够在演奏时改变乐器长度,进而填补自然音阶中的空缺。

trope (希腊文 tropos):格里高利圣咏的引子或是插入段。

turba/turbae (拉丁文,"群众"):众唱段。受难清唱剧中多于一个人演唱的合唱,例如门徒、犹太人或是罗马士兵。

Türmer:轮班值守的塔哨守卫,配备有圆号或小号、提灯和沙漏,在军队入侵时敲响警钟;他们在音乐上的职责包括"鸣钟迎来"新年,根据城市规模而变化多端。

Vokaleinbau (德文,"声乐插入段"):在器乐引子的再现中加入人声声部中的技法。

索引

索引中提及的音乐作品主要按照作曲家来归类。J. S. 巴赫的作品则按照体裁整理，列在"巴赫，约翰·塞巴斯蒂安，作品"标题之下，康塔塔、现存受难曲以及《B 小调弥撒》除外，这些作品在书中占据了重要篇幅，在索引中各自以主标题出现："J. S. 巴赫的康塔塔""《约翰受难曲》""《马太受难曲》"和"J. S. 巴赫的《B 小调弥撒》"。

Abell, Arthur 亚瑟·阿贝尔 395
Academy of Ancient Music 古乐学会乐团 9
Adorno, Theodor 西奥多·阿多诺 14
aesthetics 美学 247
Affektenlehre 情感论 274, 543
Age of Reason (*Aufklärung*) 理性时代 247, 282, 355, 523
Agricola, Johann Friedrich 约翰·弗里德里希·阿格里科拉 xxvi, 503, 513, 521
Ahle, J. G. 阿勒 177n
Albertus, Erasmus 伊拉斯谟·阿尔伯特 127n
alchemy 炼金术 37–8
Alcuin 阿尔琴 290n
Alt-Bachisches Archiv《巴赫家族音乐档案》63–5
Altdorfer, Albrecht 阿尔布雷希特·阿尔特多费 27
Ambrose, St 安波罗修 43
Anerio, Giovanni Francesco 乔万尼·弗朗切斯科·阿涅瑞奥 112

angels 天使 xxx, 72, 74, 326, 456–7, 515n
　angelic choirs 天使唱诗班 307, 327, 457–8, 490, 552–4
　archangels 天使长 72, 326, 457, 515n
Ansbach Bach Festival 安斯巴赫的巴赫音乐节 11
Anthon Günther II, Duke of Schwarzburg 施瓦茨堡的安东·君特二世 88
Arians 阿派 43
Arndt, Johann 约翰·阿恩特 344n
Arnold, Johann Heinrich 约翰·海因里希·阿诺德 66, 169–70, 194n
Arnstadt 阿恩施塔特 58, 60–61, 76, 88–9, 288–9
　Bach's employer relations in 巴赫的雇主关系 157, 158, 172–8
　Consistory 宗教法庭 89, 172–8
　Neukirche 新教堂 87–9, 93, 175, 176, 263
　Wender organ 文德尔的管风琴 87–9
ars moriendi, Lutheran 死亡的艺术 147, 467, 510,

555

atonement theories 救赎论 389–90, 392
Augsburg Confession 奥格斯堡信条 35
Augustine of Hippo 奥古斯丁 43, 45, 154, 267–9
Augustus II the Strong, Elector of Saxony 萨克森选帝侯弗里德里希·奥古斯特二世 19n, 259, 462, 482n, 487n, 507
Aulén, Gustaf 古斯塔夫·奥伦 389
Axmacher, Elke 埃尔克·阿克斯马赫 367n

B-A-C-H cryptograph 巴赫的姓氏密文 295n, 549n
Bach-Gesellschaft (Bach Society) edition 巴赫协会版作品集 332
and Brahms 勃拉姆斯 464n
Bach, Ambrosius (father) 安布罗修斯（父亲）31, 59, 60, 61–3, 64, 167
 death 之死 77, 545
 portrait by Herlicius 赫里克乌斯所绘肖像 61
Bach, Anna Magdalena, née Wilcke (second wife) 安娜·玛格达琳娜·维尔克（第二任妻子）157n, 190, 483, 534, 535
Bach, Barbara Catharina (cousin) 玛丽亚·卡特琳娜（妹妹）174
Bach, Carl Philipp Emanuel (son) 卡尔·菲利普·埃玛努埃尔·巴赫（儿子）64, 65, 68n, 72, 86, 89, 189, 485, 533, 535, 550–51, 555
 and Bach's *B minor Mass*《B 小调弥撒》512–13, 521
 correspondence with Forkel 与福克尔的通信 67, 84, 85, 86, 178, 222n, 435, 534
 on his father and the creative process 关于他父亲和其创作过程 209, 210, 215–17, 219
 and use of orchestral space 器乐的空间安排 241
 on Keiser 关于凯泽尔 101n
 Magnificat《圣母颂歌》512–13
Bach, Caspar (born c. 1578) 卡斯帕尔（生于 1578 年）58
Bach, Caspar Jr 小卡斯帕尔 58

Bach, Christiana Sophia (daughter) 克里斯蒂安娜·索菲亚（女儿）462
Bach, Christoph (grandson of Veit) 老克里斯托弗（维特的孙辈）58–9, 60
Bach, Christoph Jr (uncle) 克里斯托弗（叔叔）59, 60–61
Bach, Georg Christoph (uncle) 格奥尔格·克里斯托弗（叔叔）59, 60, 64, 534
Bach, Gottfried Bernhard (son) 戈特弗里德·伯恩哈德（儿子）463
Bach, Günther (first cousin) 君特·巴赫（哥哥）64
Bach, Heinrich (grandson of Veit) 海因里希（维特的孙辈）58–9, 64, 71n
Bach, Johann (grandson of Veit) 约翰（维特的孙辈）58–9
Bach, Johann (paternal great-uncle) 约翰（父系的叔叔）62
Bach, Johann Aegidius 约翰·埃吉迪乌斯 60
Bach, Johann Christoph (Christoph Jr, uncle) 小克里斯托弗（叔叔）59, 60–61
Bach, Johann Christoph of Eisenach (first cousin) 爱森纳赫的克里斯托弗 64–5, 67–77, 78n, 86–7, 89, 469
Bach, Johann Christoph of Ohrdruf (brother) 奥尔德鲁夫的克里斯托弗 63, 67–8, 76–7, 78–9, 81, 83–4, 87–8, 89–90, 167, 232, 300n, 545
Bach, Johann Elias (secretary and live-in tutor) 埃利亚斯（巴赫的秘书）534–6
Bach, Johann Ernst (first cousin) 恩斯特 63n, 84n
Bach, Johann Gottfried (son) 戈特弗里德（儿子）534
Bach, Johann Heinrich (nephew) 海因里希（侄子）232–4
Bach, Johann Jacob (brother) 雅各布（哥哥）77, 78–9
Bach, Johann Ludwig (cousin) 路德维希（长兄）144n, 277, 447
Bach, Johann Michael (cousin and father-in-law) 米夏埃尔（长兄及岳父）64, 65, 175

650 IN THE CASTLE OF HEAVEN

Bach, Johann Sebastian, man and musician 约翰·塞巴斯蒂安·巴赫
> in Arnstadt 在阿恩施塔特 88–9, 172–8, 263, 288–9；employer relations 雇主关系 157, 158, 172–8
> authority/employer relationships 与当局和雇主的关系 199–203; in Arnstadt 在阿恩施塔特 157, 158, 172–8; in Cöthen 在科滕 189; in Leipzig 在莱比锡 157–8, 164–6, 191–3, 199–202, 223, 224, 248–51, 271–2, 529; loss of sense of propriety 被激怒而失去分寸 188; in Mühlhausen 在米尔豪森 179–80; problems with anger and authority 性情和与权威关系的问题 157–8, 166–78, 187–8, 198–203, 420–21; reverence for authority 对权威的重视 xxvii, 181, 198n, 202; in Weimar 在魏玛 158, 183–8
> baptism 受洗 26
> biographers/biographie 传记作者：assumption of correlation between the man and his genius 对巴赫其人与天分关联的猜测 xxv, xxvii–xxviii, 525; ideological and mythological conjecturing 精神和虚构的推测 xxvii; and Johann Christoph Bach (brother) 约翰·克里斯托弗·巴赫（哥哥）79; lineage use by 谱系的用途 65; reliance on *Nekrolog* 对《悼词》的依赖 xxvi;
> birth 出生 18
> burial 葬礼 156, 555–6
> chronology of life 年表 559–70
> and the Class of '85 (major composers born around same time) 1685 年团体 91–124, 536–8
> composition and the creative process 创作历程 206–42; borrowing habits 借用乐思 217; C. P. E. Bach on 埃玛努埃尔谈巴赫 209,

210, 215–17, 219; and consideration of his performers 对演奏者的考量 207–8, 236–9, 307, 440; and copyists 以及抄谱员 231–6; *elaboratio* 扩展 209n, 213–15, 216–18, 228–31; *executio* 执行 214, 225–7, 231, 288–9; *inventio* 发明 208–9, 214, 228; revising 修改 391–3, 399, 417; sketching 速写 210–11, 214n; tablature 符号记谱法 213–14, 213; time pressures on 时间压力 205, 209; *Vollstimmigkeit* 完美 216

as conductor 作为指挥 236–8, 256, 264–5
and copyists 以及抄谱员 231–6
in Cöthen 在科滕 163, 189–90 and Couperin 在库普兰 53n
and death 逝世：attitude to death 对死亡的态度 146–52; experiences of people dying 经历他人的死亡 77–81, 168–9, 189, 463, 544–5; faith and facing up to death 信念以及直面死亡 465–6
death of 死因 520, 555
Endzweck (artistic goal) 终极目的 180, 191, 195–6, 288, 526, 528
'Entwurff' 初稿 223, 224
eye operations 眼部手术 393, 520, 551
faith 信念 15, 17, 40, 42, 56, 276, 453, 555; application to working practices 工作经历 125–56, 452–3, 467; and bridging of heaven and this world 在这个世界与天堂之间建起桥梁 299–300, 458; as 'danced religion' "舞蹈的宗教" 473–4; and facing up to death 面对死亡 465–6; and loss of sense of propriety 失去分寸 188; music and the strengthening of Christian belief 音乐与宗教信念的加强 348; and sense of divine appointment to office 圣殿中音乐的组织方式 166–7; and the value of the Bible《圣经》的价值 481

and the *galant* style 华丽风格 223, 228, 253, 278,

282, 493, 494, 527
and genealogy: obsession with family trees 家谱，以及对系族的痴迷 and 545; pride in family genealogy 为家谱骄傲 55, 56, 63n
Generalbasslehre (1738)《通奏低音教学》252
and German bureaucracy 德国的官僚体制 20
and Geyersbach 盖耶斯巴赫 172–4, 177
Gotha visit 到访哥达教堂 353
Hamburg visits 到访汉堡 99–102, 264
and Handel 亨德尔 56, 97, 139, 217–18, 504, 537
Haussmann portraits 豪斯曼的肖像画：first 第一幅 1; second 第二幅 545–50, 546, 547
health problems in old age 老年的健康问题 520, 539; diabetes possibility 患糖尿病的风险 520, 539; eye problems 眼部疾病 520, 537, 540, 550–51
influences on 对他人的影响：Böhm 伯姆 84–5, 90, 253; brother, J. C. Bach 哥哥 77, 78–9, 81, 83–4, 87–8, 89–90, 545; cousin, J. C. Bach 长兄 64–5, 68–77, 86–7, 89, 469; hymnal, *Neues vollständiges Eisenachisches Gesangbuch*《新爱森纳赫歌曲全集》55–6; Reincken 莱肯 84–5, 90
and Johann Christoph (brother) 约翰·克里斯托弗（哥哥）67–8, 77, 78–9, 81, 83–4, 87–8, 89–90, 545
and Johann Christoph (first cousin) 约翰·克里斯托弗（长兄）64–5, 68–77, 86–7, 89, 469
keyboard skills 键盘技巧 81, 226
Bach in letters 信中的巴赫 xxvi, 53n, 179, 181, 198, 295n, 483, 487, 535n
librettist relationships 与词作者的关系：collaboration 合作 207, 218, 337–40; disregard 忽视态度 219–21
and Lüneburg 吕讷堡 67, 82–6, 171n; move to (at age of fifteen) 15 岁时搬去吕讷堡 81–6
and Luther 路德 125, 126–38, 140n, 141–2,

146n, 154–5, 390, 396, 426, 429, 470
at Mühlhausen 在米尔豪森 20, 128, 131, 137n, 139–40, 178–80, 285, 289
musical authority through working life 工作中的音乐权威 263–5
musical training 音乐训练：with Böhm 与伯姆 84–5; brother, J. C. Bach 与哥哥 67–8, 78–81; by cantors 来自乐长的 66–7; cousin, J. C. Bach 与长兄 66, 77; Lüneburg 吕讷堡 66–7, 82–6; secret copying of music 私下抄录音乐 79–80
music's purpose defined by Bach 巴赫对音乐目的的定义 252, 295
and numbers, natural feel for 算术与天生敏感 49
and opera, Bach's attitude towards 对于歌剧的态度 100–102, 123–4, 248n, 280, 429
as organist 作为风琴演奏者 83, 85, 86, 89, 131, 173–4, 178, 182, 263–5
parents' death, and move to Ohrdruf 父母之死，搬往奥尔德鲁夫 77, 463, 545
parody technique 模仿技巧 214, 456, 492, 503n, 504, 514n, 531
perfection quest and habit 对完美的追求 216, 217, 230, 323, 479–524, 525, 550, 551n
performance and scholarship approach to understanding 表演和研究手段 xxxii–xxxiv, 16
rehearsing 排练 200, 232, 236, 241–2, 258, 284, 319
schooling 学校生活 42–8, 49, 167–72; Eisenach Latin School 爱森纳赫的拉丁语学校 45, 46–7, 66, 167–8; in Lüneburg 在吕讷堡 83–6; Ohrdruf Klosterschule 奥尔德鲁夫的教会学校 45, 82, 168–72
singleness of purpose 目的的绝对专一性 526–7
social awkwardness 社交障碍 222–3
struggle between 'legitimate' and 'illicit' forms of anger 不正当的愤怒和有理由的愤怒间挣扎 198, 199

652　IN THE CASTLE OF HEAVEN

and Telemann 泰勒曼 436–7
and the *Ursprung der musicalisch-Bachischen Familie* 《巴赫音乐家族的起源》55
in Weimar 在魏玛 162, 181–8, 263, 286–8, 289; employer relations 雇主关系 158, 183–8; first employment 第一份工作 86, 89; house arrest 被拘禁在郡长宅邸 188

Bach, Johann Sebastian, works 巴赫作品
Actus tragicus《悲剧的一幕》147–52, 465, 554
Art of Fugue《赋格的艺术》xxix, 210n, 538, 551, 552
B-A-C-H cryptograph in 巴赫的姓氏密文 295n, 549n
Bach-Gesellschaft (Bach Society) edition 巴赫协会版作品集 332
Brandenburg Concertos《勃兰登堡协奏曲》189, 205n, 253; second 第二部 215; third 第三部 251; fifth 第五部 206
cello suites《独奏大提琴组曲》189, 205n, 225
chorales 众赞歌 3–4, 123, 299n, 307n, 311, 319, 320, 347, 467, 552;
cantata 康塔塔 299n, 301, 302, 312n, 313, 317, 319, 320, 321, 322, 324, 327, 330, 444, 449–50, 454, 459, 460, 463; *Christmas Oratorio*《圣诞清唱剧》532; 'Deathbed chorale' 临终众赞歌 555–6; influence of hymnal, *Neues vollständiges Eisenachisches Gesangbuch*《新爱森纳赫歌曲全集》55; *John Passion*《约翰受难曲》347, 354, 358, 360, 362–3, 368, 370, 374, 377–8, 383, 407; *Matthew Passion*《马太受难曲》399, 400, 409–10, 413, 416, 417–18, 423, 425, 428;
organ 管风琴 85, 205n, 323, 325, 502;
organ chorale preludes (*Orgel-Büchlein*)《管风琴小曲集》252, 526;
Cöthen works 科滕时期作品 205n, 295, 312, 456 figuration in scores 乐谱中的即兴演绎 226

harmonic movement "复调性" 216, 225
keyboard works 键盘作品 14; *Art of Fugue*《赋格的艺术》xxix, 210n, 538, 551, 552; *Aufrichtige Anleitung*《真诚的致意》205n; *Canonic Variations on 'Vom Himmel hoch'* 卡农变奏曲 532n, 549n, 551–2n; *Clavier-Übung*《键盘练习曲》323, 337, 480, 502, 538; Cöthen 科滕 205n; *Goldberg Variations*《哥德堡变奏曲》6–7, 75, 549n; *Inventions*《创意曲集》189, 205n; *Musical Offering*《音乐的奉献》xxix, 227; organ chorales《管风琴曲集》85, 205n, 323, 325, 502; *Orgel-Büchlein* (organ chorale preludes)《管风琴小曲集》252, 526; spirituality 精神性 xxx; tension between form and content 形式与内容的关系 xxix; *Well-Tempered Clavier*《平均律键盘曲集》188n, 189, 210n, 551n
Magnificat《圣母颂歌》305, 307–8, 344
Masses 弥撒: Dresden Missa (1733)《德累斯顿弥撒》480–501; four short Masses (BWV 233–6) 四部短弥撒 530; Weimar Missa《魏玛弥撒》480
motets 经文歌 2, 477–8; *Der Geist hilft unser Schwachheit auf*《圣灵帮助我们克服弱点》497; *Fürchte dich nicht*《不要害怕》468–9; *Jesu, meine Freude*《耶稣，我的喜乐》5, 468, 469–70, 469; *Komm, Jesu, komm*《基督躺在死亡的枷锁上》470–72; music–word relationship 音乐与语言间的联系 467–76; *Singet dem Herrn*《向耶和华唱新歌》6, 13, 472–5
music–word relationship 音乐与语言间的联系 435–78, 532; collusive 协作 442–6, 454, 458–62; in *John Passion*《约翰受难曲》363, 377, 382n, 384, 385; in the *Matthew Passion*《马太受难曲》413–16, 419–28; and meta-language 元语言 442; in

the motets 经文歌 467–76; oblique 倾斜 446–52, 454–6 *Musical Offering*《音乐的奉献》xxix, 227；

Ascension Oratorio《升天节清唱剧》518, 530;

Christmas Oratorio《圣诞清唱剧》16, 198n, 443, 490, 504, 530, 531–3; *Easter Oratorio*《复活节清唱剧》278–9, 333, 530;

Ouvertures for orchestra 开启对位世界的门 189

Passions: *Mark* (lost)《马可受难曲》530;

performance, Bach and executio 演奏，巴赫与执行 214, 225–7, 231, 236–40, 289, 307, 313

performance, modern 现代的 522–3; bringing out tragic irony 悲剧性的嘲讽意味 362; conductor's role and experience in 指挥家的作用 522, 523–4; 'English' sounding "英式" 7; grim interpretations 一本正经的演绎方式 6–7; guided by immersion in cantatas 沉浸在康塔塔中 16, 346–7; letting Bach dance and sing 让巴赫舞蹈 3; negotiation between action and meditation 行动与思考之间的均衡 432–3; pacing 节奏 400; rehearsal 排演 240–42; as an uplifting experience 鼓舞效果 394–6

rehearsals 排演 200, 232, 236, 241–2, 258, 284, 319

rhythmical elasticity 节奏的灵活性 3

Sanctus in D《圣哉经》305, 514–15

secular–sacred criss-crossing 为了荣耀上帝，以及启迪他人 251–4

sketches 草稿 210–11, 214n

violin sonatas and partitas 小提琴奏鸣曲和组曲 189, 205n, 225

wedding quodlibet fragment (BWV 524) 婚礼集腋曲 75

Bach, Johanna (sister-in-law) 约翰娜 78

Bach, Leopold (son) 利奥波德 189

Bach, Lips (Philippus) 利普斯 58

Bach, Maria Barbara (first wife) 玛丽亚·芭芭拉 65, 147, 175, 177, 179

death 去世 189, 463

Bach, Maria Elisabeth, née Lämmerhirt (mother) 玛丽亚·伊丽莎白（母亲）54, 62, 77

Bach, Maria Elisabeth, wife of Christoph of Eisenach 玛丽亚·伊丽莎白（克里斯托弗的妻子）89

Bach, Michael (Johann Michael, cousin and father-in-law) 米夏埃尔 64, 65, 175

Bach, Regina Susanna (daughter) 蕾吉娜·苏珊娜 536

Bach, Veit (Vitus) 老维特 56–8

Bach, Wilhelm Friedemann (son) 威廉·弗里德曼 65, 157n, 189, 234–5, 483, 487, 527, 533, 534

Bach Cantata Pilgrimage (BCP) 教会康塔塔 14–17, 240–41, 320

Bach Digital 数字巴赫 xxixn Bach family 巴赫家族 51, 54–90

and the Alt-Bachisches Archiv《巴赫家族音乐档案》63–5

domestic situation in last years of Bach household 晚年家庭状况 534

employer clashes 与雇主争执 69, 78n, 167;

and Gräser 格拉茨 60–61

named Johann/Hans after Veit 给约翰/汉斯命名维特 58

named Veit/Vitus 维特的名字 56–8

nepotism 任用亲眷 61, 167

regular get-togethers 年度聚会 75, 474

revealed in Christoph's *Meine Freundin, du bist schön*《我心爱的人，你如此美丽》74–5

Bach-Archiv, Leipzig 巴赫档案，莱比锡时期 xxviii–xxix, 204, 280

Bache, Günther 君特·巴赫 57

Bainton, Roland 罗兰·拜因顿 379n

Bakhtin, Mikhail 米哈伊尔·巴赫金 454n

Ballard, J. G. J. G. 巴拉德 379

Bammler, Nathanael 约翰·拿撒尼尔·巴姆勒 392

Baroque instruments 巴洛克器乐 9–11, 12, 522

Basil, St 巴西流 43

Bassani, Giovanni Battista 乔万尼·巴蒂斯塔·巴萨尼 503, 514

Baudis, G. L., Frau 鲍迪斯 196

Baumstark, Reinhold 莱茵霍尔德·鲍姆施塔克 542n

Bautzen 包岑 267

BBC Northern Orchestra BBC 北部交响乐团 8

BCP (Bach Cantata Pilgrimage) 教会康塔塔 14–17, 240–41, 320

Beaumarchais, Pierre-Augustin Caron de 博马舍 439n

Beer, Johann 约翰·贝尔 34, 163n, 178

Beethoven, Ludwig van 贝多芬 198, 225n, 446–7, 558

   Fidelio《费德里奥》116

Bellotto, Bernardo (Canaletto the Younger) 伯纳多·贝洛托 520

Bellstedt, J. H. 贝尔斯特 140, 177n

Benda, Anna Franziska 安娜·法兰西斯卡 52

Benda, Franz 弗朗茨·本达 52, 534

Benda, Georg 格奥尔格·本达 52, 279

Benda, Jan Jiří 扬·伊日·本达 51–2

Benda, Johann 约翰·本达 52

Benda, Josef 约瑟夫·本达 52

Bendeler, Johann Jacob 约翰·雅各布·本德勒 410

Benjamin, Walter 瓦尔特·本雅明 xxxii, 228n, 442

Bergenelsen, Johann von 约翰·冯·勃艮内尔森 45–6n

Berger, Karol 卡罗尔·伯格 409n

Berlin, Isaiah 以赛亚·伯林 29n

Berlioz, Hector 埃克特·柏辽兹 xxvii, 73, 134n, 328, 375

Bernard of Clairvaux 克莱尔沃的圣伯纳德 35

Bernd, Adam 亚当·贝恩德 266n, 403

Bernhard, Christoph 克里斯托弗·伯恩哈德 32, 115n, 132n, 214

Bernini, Gian Lorenzo 贝尼尼 225

Bible《圣经》56, 105, 481

   and Bach's sense of divine appointment to office 神启和神赐之眼 166–7

   Calov's Bible commentary (annotated by Bach) 卡洛夫评注版《圣经》17, 144–6, 167, 194n, 198, 263n, 287n, 367, 420–21, 473, 540, 552

   Luther's translation 路德翻译《新约》127, 127n and music-drama 歌剧 105–6, 112–14, 115–18

   New English《圣经》英文本 447n

   New Testament《新约》45, 127, 292; contrast with the Law《律法书》和《福音书》的分异 150; John's Gospel《约翰受难曲》293, 308, 324n, 339, 357n, 358, 368–9, 379, 381–2, 389, 393, 395–6, 400, 430; and the Law 以及律法 449; Matthew's Gospel《马太福音》42, 310, 367, 385, 388, 420, 430

   Old Testament Law《旧约·律法书》150

   Song of Songs《雅歌》35, 75, 76, 418

   use in education 在教育中的应用 43, 45

Biedermann, J. G. 贝德曼 540

Biffi, Antonio 安东尼奥·比夫 186n

Birnbaum, Johann Abraham 伯恩鲍 199, 209–10, 219, 221, 222, 226n, 239–40, 256n, 440

Bitter, Carl Hermann 卡尔·赫尔曼·比特尔 xxvi

Blanning, Tim 蒂姆·布兰宁 48n, 49–50

Blue Notes, The 蓝色音符 59n

Blume, Friedrich 弗里德里希·布鲁姆 102, 277

Boethius, Anicius 波爱修斯 43

Boethius, Christian Friedrich:

   Singende Muse an der Pleisse frontispiece《给缪斯的赞歌》243–6, 244–5

Böhm, Georg 格奥尔格·伯姆 67, 83, 84–5, 88, 90, 100, 253

Bokemeyer, Heinrich 博克迈尔 269

Boniface, St 圣波尼法爵 24n

Bordoni, Faustina 福斯蒂娜·波多妮 492, 534

Born, Jacob 雅克布·伯恩 482, 539
Bornemann (author of *The Well-Designed and Abridged Housekeeping Magazine*) 鲍诺曼（《设计精良而简约的家居杂志》作者）246–7
Börner, Andreas 安德烈斯·伯尔纳 88n
Borstelmann, Heinrich 海因里希·波尔斯特曼 46
Botticelli, Sandro 波提切利 326, 474, 517
Boulanger, Nadia 娜迪亚·布朗热 3–4, 6, 7–8, 10
bow vibrato "震弓" 300–301
Boyd, Malcolm 马尔科姆·波伊德 100n, 503n
Boyle, Robert 罗伯特·波义耳 37–8
Brahms, Johannes 约翰内斯·勃拉姆斯 xxviii, 387, 395–6
  and the *Bach-Gesellschaft* 与巴赫协会 464n
  double-choir motets 两组应答轮唱 470
  German Requiem《德意志安魂曲》450
Braun, August 奥古斯特·布劳恩 66
Brecht, Bertolt 贝托尔特·布莱希特 359n
Britten, Benjamin, performance of Bach's John Passion 本杰明·布里顿演奏《约翰受难曲》7
Brockes, Heinrich: Passion meditation 巴托尔·海因里希·布洛克斯: 诗意受难冥想 351–2, 353, 355, 362, 386, 402–3, 408, 464n
Bronner, Georg 格奥尔格·布朗纳 355
Brown, Wilfred (Bill) 威尔弗雷德·布朗（比尔）2–3
Bruegel, Pieter the Elder 老彼得·勃鲁盖尔 375
Brühl, Count von 冯·布吕尔伯爵 539
Bruhns, Nicolaus 布鲁因斯 32, 35
Buddeus, Johann Franz 约翰·弗兰茨·布多伊斯 48
Buffardin, Pierre-Gabriel 比法尔丁 488
Bugenhagen, Johann 约翰内斯·布根哈根 39n
Buno, Johannes 约翰内斯·布诺 38
  Historia universalis《通用历史》43–4
Bunyan, John 约翰·班扬 154
  Pilgrim's Progress《天路历程》460
Burke, Edmund 埃德蒙·柏克 48n
  A Philosophical Inquiry into the Original of Our Ideas of the Sublime and the Beautiful《源于壮美与优美概念起源的哲学探讨》247n
Burmeister, Joachim 约阿希姆·布尔迈斯特 79n, 131
Burney, Charles 查尔斯·伯尼 98, 102, 118, 492, 513
Busoni, Ferruccio 布索尼 225
Butt, John 约翰·巴特 10n, 56n, 139n, 226, 231n, 252, 275, 276, 286, 345n, 373n, 399–400, 454n, 512n
Buxtehude, Dietrich 布克斯特胡德 32, 35, 175, 176n, 300n, 552–4
  Bach's copying of 巴赫的抄本 80–81
Byrd, William 威廉·伯德 532, 557
  Mass for Four Voices《四声部弥撒》2
Byron (of Rochdale), George Gordon, 6th Baron, 'Lord Byron' 乔治·戈登·拜伦，第六代拜伦男爵 xxvii, 430

Caccini, Giulio 朱利奥·卡契尼 104
Caldara, Antonio 卡尔达拉 488, 502, 519
Calov's Bible commentary (annotated by Bach) 卡洛夫评注版《圣经》17, 144–6, 167, 194n, 198, 263n, 287n, 367, 420–21, 473, 540, 552
Calvin, John 加尔文 130
Calvinism 加尔文主义 34–5, 356
Calvinist court in Cöthen 科滕的加尔文宫廷 189, 191, 288
Calvisius, Sethus 卡尔维西乌斯 39, 164
Campbell, Richard 理查德·坎贝尔 68n
Canaletto the Younger (Bernardo Bellotto) 小卡纳莱托 520
canon-singing 演唱卡农 40
cantatas of J. S. Bach 巴赫康塔塔 2, 4, 14–17, 123, 126, 155, 184, 206–8, 236–40, 284–5, 288–341
  BWV 1 332–3, 419n
  BWV 4 131–9, 155, 469
  BWV 5 270–71
  BWV 6 7–8, 334–5, 336
  BWV 8 458, 459–60
  BWV 12 108, 506

BWV 13 329–30

BWV 18 362, 436–7

BWV 19 72, 73–4, 555n

BWV 20 294, 313–17

BWV 21 298

BWV 24 233–4

BWV 25 299

BWV 26 325

BWV 27 458, 459

BWV 29 519, 539

BWV 30 529–30

BWV 31 437–8, 463

BWV 38 323–4

BWV 39 294, 447–9

BWV 41 231n, 336

BWV 44 333n, 338

BWV 46 302–3, 495, 496

BWV 49 456

BWV 56 466

BWV 59 295n

BWV 61 286

BWV 63 185, 286–7, 305

BWV 65 328–9

BWV 67 312–13

BWV 68 271, 339–40

BWV 70a 286, 304–5

BWV 71 285

BWV 74 338

BWV 75 294–7, 298

BWV 76 210, 294–5, 297–8

BWV 77 449–52

BWV 78 454–5

BWV 81 309–11

BWV 82 464

BWV 84 197

BWV 90 304

BWV 91 211, 326

BWV 92 555n

BWV 93 303

BWV 95 458, 460–62

BWV 101 321–3, 508

BWV 103 337, 446–7

BWV 105 300–302, 303, 357n

BWV 106 147–52, 465, 554

BWV 109 304

BWV 110 445

BWV 120 511–12

BWV 121 326–7

BWV 123 328–9

BWV 125 464–5

BWV 127 234–5, 236–7, 330–31, 419n

BWV 130 457–8

BWV 131 140–44

BWV 133 211, 212

BWV 134 456

BWV 134a 215n

BWV 135 199–200, 211–13, 232, 233

BWV 140 76, 235

BWV 144 200

BWV 146 445–6

BWV 150 76, 177

BWV 151 442–3

BWV 152 287

BWV 159 335n, 455

BWV 161 458–9

BWV 162 419n

BWV 169 442

BWV 174 250–51

BWV 176 340–41

BWV 178 199

BWV 180 455–6

BWV 181 228–30, 253–4

BWV 183 337–8

BWV 185 185

BWV 191 500

BWV 198 220–21

BWV 199 285, 443–4

BWV 201 252

BWV 208 185–6, 281n

BWV 211 75, 260–62

BWV 212 75

BWV 213 279

BWV 1083 503

Ach Herr, mich armen Sünder《主啊我是可怜罪人》199–200, 211–13, 232, 233

Ach! Ich sehe, itzt, da ich zur Hochzeit gehe "我的耶稣保持沉默" 419n

Ach wie flüchtig, ach wie nichtig《如此短暂，如此渺小》325

Actus tragicus《悲剧的一幕》147–52, 465, 554

Affekte 情绪 143, 312, 444, 446, 454

Also hat Gott die Welt geliebt《神爱世人爱到极处》271, 339–40

Am Abend aber desselbigen Sabbats《那个安息日的晚上》233–4

attention-grabbing techniques 抓住人们注意力的技巧 270–71

Aus der Tiefe《我们自深处向你求告》140–44

Aus tiefer Not schrei ich zu dir《我从深处向你求告》323–4

Bach-Gesellschaft (Bach Society) edition 巴赫协会版本 332; and Brahms 勃拉姆斯 464n

and the Bach Cantata Pilgrimage 巴赫康塔塔朝圣之旅 14–17, 240–41, 320

Bach's disenchantment with cantatas 巴赫对康塔塔的迷恋消退 528–9

Barmherziges Herze der ewigen Liebe《仁慈的心永远的爱》185

Bleib bei uns, denn es will Abend werden《请你同我们住下》7–8, 334–5, 336

braiding of music and words 遮盖音乐中的文字 220–21, 299, 300–301, 303–4, 314–17, 321–2

Brich dem Hungrigen dein Brot《谦卑的人必吃得饱足》294, 447–9

bridging of heaven and this world "天国"与现实世界 299–300, 458, 553

chorales 众赞歌 301, 302, 312n, 313, 317, 319, 320, 321, 322, 324, 327, 330, 444, 449–50, 454, 459, 460, 463

Christ lag in Todesbanden《耶稣，我的喜乐》131–9, 155, 469

Christen, ätzet diesen Tag《基督徒铭记这一天》185, 286–7, 305

Christmas 圣诞康塔塔 xxx, 185, 211, 286–7, 305–7, 308, 325–30, 347, 442–3, 445

Christum wir sollen loben schon《赞美你，耶稣基督》326–7

Christus, der is mein Leben《基督是我的生命》458, 460–62

Coffee《咖啡康塔塔》75, 260–62

Cöthen 科滕康塔塔 205n, 295, 456

cycles 成套康塔塔 138, 196, 205, 209–10, 285–342; First Leipzig Cycle 第一轮莱比锡 293, 298–313, 333n, 346, 419n; Picander Cycle "皮坎德系列" 293, 335n; Second Leipzig Cycle 第二轮莱比锡 211, 293, 313–32, 336, 399, 408, 528, 530; Third Leipzig Cycle 第三轮莱比锡 293

dance-derived forms in church cantatas 宗教康塔塔中的舞曲形式 253

and death/the art of dying 死亡的艺术 458–67

Der Himmel lacht《天国欢笑》437–8, 463

Die Elenden sollen essen《谦卑的人必吃得饱足》294–7, 298

Die Himmel erzählen die Ehre Gottes《把你的饼分给饥饿的人》210, 294–5, 297–8

Die Zeit, die Tag und Jahre macht《时间更替，日复一日，年复一年》215n

drama in 戏剧性 102, 281, 287–8, 309–11, 314–17

Du sollt Gott, deinen Herren, lieben《爱主你的神》

449–52

Ein Herz, das seinen Jesum lebend weiß《我充满渴望地追寻》456

Es erhub sich ein Streit《在天上就有了争战》72, 73–4, 555n

Es ist ein trotzig und verzagt Ding《人心固执》340–41

Es ist nichts Gesundes an meinem Leibe《我的肉无一完全》299

Es reißet euch ein schrecklich Ende《你有个可怕的结局》304

expressive use of individual instruments 个体乐器的表现力 335–6

Freue dich, erlöste Schar《欢庆吧，被救赎的人》529–30

Gelobet seist du, Jesu Christ《赞美你，耶稣基督》211, 326

Geschwinde, geschwinde, ihr wirbelnden Winde《旋风啊，你快快来》252

Gleichwie der Regen und Schnee vom Himmel fällt《正如雨雪从天降》362, 436–7

Gloria in excelsis Deo《在至高处荣耀归于神》500

Gott, man lobet dich in der Stille《神啊，人们在锡安的寂静中赞美你》511–12

Gott ist mein König《神自古以来为我的王》285

Gott soll allein mein Herze haben《只有神拥有我的心》442

Gottes Zeit ist die allerbeste Zeit (Actus tragicus)《基督躺在死亡的枷锁上》147–52, 465, 554

Halt im Gedächtnis《记住耶稣》312–13

Herkules auf dem Scheidewege《十字路口的赫拉克勒斯》279

Herr, gehe nicht ins Gericht《让慈爱的神掌权的人》300–302, 303, 357n

Herr Gott, dich loben alle wir《主啊，我们赞美你》457–8

Herr Jesu Christ, wahr' Mensch und Gott《耶稣基督真神真人》234–5, 236–7, 330–31, 419n

Ich bin vergnügt mit meinem Stande 我满足于我的位置 197

Ich freue mich in dir 211, 212 Ich geh und suche mit Verlangen《心知道它的耶稣还活着》456

Ich glaube, lieber Herr, hilf meinem Unglauben《主啊！我信！但我信不足！求主帮助！》304

Ich hab in Gottes Herz und Sinn《我将我的心思意念臣服于神》555n

Ich habe genug《我满足了》464

Ich hatte viel Bekümmerniss《我心里多忧多疑》298

Ich liebe den Höchsten von ganzem Gemüte, 'protest' canatata《我全心爱慕至高神》250–51

Ich will den Kreuzstab gerne tragen《我甘愿背起十字架》466

Ihr werdet weinen und heulen《你们将要痛哭哀号》337, 446–7

influence of hymnal, Neues vollständiges Eisenachisches Gesangbuch《新爱森纳赫歌曲全集》55

Jesu, der du meine Seele《耶稣，拯救我灵魂的主》454–5

Jesu, nun sei gepreiset《耶稣，请接受赞美》231n, 336

Jesus schläft, was soll ich hoffen?《耶稣睡了，我的希望在哪里》309–11

Johannine slant 约翰道成肉身 308, 347

and the John Passion《约翰受难曲》346–7, 390

Komm, du süße Todesstunde《来吧，甜蜜的钟声》458–9

Kommt, gehet und eilet《来吧，快快奔跑》333

Leichenglocken in 葬礼的钟声 458, 461

Leichtgesinnte Flattergeister《肤浅无常的人》228–30, 253–4

Leipzig work in 莱比锡时期 209–14, 218–21, 228–31, 233–40, 276–8,

索引

659

282–3, 288–341, 346, 477
Liebster Gott, wenn werd ich sterben《亲爱的上帝，我何时死去》458, 459–60
Liebster Immanuel, Herzog der Frommen《亲爱的以马内利，公义的主》328–9
lost 遗失 285
on Lutheran chorales 路德宗众赞歌 318–32, 460
and the *Matthew Passion*《马太受难曲》322, 330–31, 399, 408
Mein Herze schwimmt im Blut《我的心浸在血中》285, 443–4
Meine Seufzer, meine Tränen《我的叹息和眼泪》329–30
Mit Fried und Freud ich fahr dahin《我平安喜乐地离开》464–5
mourning cantatas 哀悼康塔塔 458–67
music–word relationship 音乐—文字的关系 220–21, 299, 300–301, 303–4, 314–17, 321–2, 436–8, 441–56, 457–62, 463–7; and the art of dying 458–67; collusive 协作 442–6, 454, 458–62; and the device of the angelic choir 天使的作用 456–8; oblique 倾斜 446–52, 454–6
Nach dir, Herr, verlanget mich《主啊，我心仰望你》76, 177
Nimm, was dein ist, und gehe hin《拿上你的，去罢》200
Nimm von uns, Herr, du treuer Gott《我们的主，信实的神》321–3, 508
Nun komm, der Heiden Heiland《来吧，外邦人的救主》286
O Ewigkeit, du Donnerwort《啊，永恒，雷鸣的话语》294, 313–17
oboes da caccia in 柔音双簧管 303, 328, 329, 332, 336
Peasant 农夫康塔塔 75
penitential 悔过 300, 323

as a performance guide to other Bach works 通过熟悉外围康塔塔来重新接近 16, 346–7
Schauet doch und sehet (Jeremiad cantata)《垂怜经》302–3, 495, 496
Schmücke dich, o liebe Seele《灵魂啊，装扮好自己》455–6
secular (*drammi per musica*) 世俗康塔塔 185–6, 205n, 215n, 252, 278, 279, 281, 311, 487, 531
Sehet, wir gehn hinauf《看呐！我们上耶路撒冷去》335n, 455
Sie werden aus Saba alle kommen《示巴的众人都必来到》328–9
Sie werden euch in den Bann tun (BWV 44)《他们要驱逐你》333n, 338
Sie werden euch in den Bann tun (BWV 183)《人要把你们赶出会堂》337–8
Siehe zu, dass deine Gottesfurcht《如果上帝不与我们同在》199
signed off with 'SDG' ('To God alone the Glory') ("荣耀献给唯一的上帝") 452
sketches/drafts 手稿 211, 214n, 215n
and spirituality/faith 信仰 15, 17, 76, 128–9, 131–9, 140–44, 299–300, 443–4, 450–52, 477–8
Süßer Trost, mein Jesus kömmt《只有神拥有我的心》442–3
Tilge, Höchster, meine Sünden《主啊，求你将我的罪孽洗除净尽》503
Trauer-Ode《哀悼颂》220–21
Tritt auf die Glaubensbahn《迈上信仰之路》287
Unser Mund sei voll Lachens《愿我们口中充盈欢笑》445
Wachet auf《醒来吧，一个声音在呼唤》76, 235
Wachet! Betet!《警醒！祈祷！》286, 304–5
Was mir behagt, ist nur die muntre Jagd! (Hunt Cantata)《狩猎康塔塔》185–6, 281n
Weimar cantatas 魏玛康塔塔 286–8, 298, 305, 314n, 332, 419n, 443, 463, 506

Weinen, Klagen, Sorgen, Zagen《哭泣、哀号、悲伤、痛苦》108, 506

Wer mich liebet, der wird mein Wort halten (BWV 59)《人若爱我，就必须遵守我的道》295n

Wer mich liebet, der wird mein Wort halten (BWV 74)《人若爱我，就必须遵守我的道》338

Wer nur den lieben Gott lässt walten《让慈爱的神掌权的人》303

Wer weiß, wie nahe mir mein Ende《谁会知道我的末日》458, 459

Wie schön leuchtet der Morgenstern《晨星何等光辉灿烂》332–3, 419n

Wir danken dir, Gott《神啊，我们感谢您》519, 539

Wir müssen durch viel Trübsal《愿我们口中充盈欢笑》445–6

Wo Gott der Herr nicht bei uns halt《如果上帝不与我们同在》199

Wo soll ich fliehen hin?《我该飞去哪里？》270–71

cantor responsibilities, as schoolteacher 乐长的职责 39

Caravaggio, Michelangelo 卡拉瓦乔 105, 117, 335

Carissimi, Giacomo 贾科莫·卡里西米 32, 111, 112–13

Carlowitz, Hans Carl von 汉斯·卡尔·冯·卡洛维茨 25, 297

Carlsbad 卡尔斯巴德 189

Carpzov, Johann Benedikt III 约翰·本尼迪克特·卡普佐夫三世 318, 349n

Carpzov, Johann Benedikt IV 约翰·本尼迪克特·卡普佐夫五世 517

Casals, Pablo 帕布罗·卡萨尔斯 495n

Catholicism 天主教
    and anti-Puritan propaganda 反清教的宣传 120n
    bitterness between Protestants and Catholics 天主教徒和新教徒之间的尖锐对立 32
    Catholic Church music 天主教教堂音乐 32–3, 143n

Counter-Reformation 反宗教改革 35, 57, 106
Inquisition 宗教裁判所 36
Jesuits 耶稣会士 35, 94, 113
    and Purcell 与普赛尔 120
    and science 与科学 36–8

Cavalieri, Emilio de' 埃米利奥·德·卡瓦利埃里 106

Cavalli, Francesco 卡瓦利 108, 109
    Didone《狄朵内》108

cello piccolo 高音大提琴 207, 336, 338, 339

Celtis, Conrad 康拉德·策尔蒂斯 32

Cesti, Antonio 切斯蒂 108

Chafe, Eric 埃里克·蔡菲 219n, 228n, 324n, 335, 365n, 371–2, 377, 379n, 409n

Chan, Mary 玛丽·陈 120n

Charpentier, Marc-Antoine 夏庞蒂埃 102–3, 111, 113–14, 122

chorus symphoniacus 合唱唱诗班 66, 170n

Christ, Johann Alexander 约翰·亚历山大·克里斯特 161n

Christian of Saxe-Weissenfels, Duke 萨克森－魏森菲尔斯的克里斯蒂安公爵 487n

Christian of Weissenfels, Duke 魏森菲尔斯的克里斯蒂安公爵 157n, 185, 186–7

Christiane Eberhardine, Electress of Saxony 克里斯蒂安妮·艾伯哈汀 220

Christianity 基督教
    atonement theories 救赎论 389–90, 392
    Catholic see Catholicism as 'danced religion' "舞蹈的宗教" 473–4
    and history 历史 43
    music and the strengthening of Christian belief 音乐与宗教信念的加强 348
    musical receptivity and Christian belief 音乐的感受性与笃信基督教 152–4
    Nicene Creed《尼西亚信经》482, 508–9
    and Nietzsche's view of Bach 尼采对巴赫的看法 153
    and the seasons 季节变化 281

索引 661

Chrysostom, John, St 圣金口若望 326, 515n

Cicero 西塞罗 44, 214

circle of keys 调性圈 372–3

Clemens non Papa, Jacob 克莱门斯 76

Clemens Wenceslaus of Saxony 萨克森的克莱门斯·温彻拉斯王子 486n

Clement of Alexandria 亚历山大城的克莱曼特 473–4

Comenius, Jan Amos 约翰·阿摩司·夸美纽斯 45, 169, 208

Copernicus 哥白尼 36, 37

copyists 抄谱员 231–6

Corelli, Arcangelo 科莱利 443

corpus evangelicorum 双层制度 19

Cöthen 科滕 157n, 163, 187, 189–90
    Bach works written at 巴赫在此创作的作品 205n, 295, 312, 456
    Calvinist court 加尔文宗的科滕宫廷 189, 191, 288
    Counter-Reformation 反宗教改革 35, 57, 106

Couperin, Armand-Louis 阿尔芒－路易·库普兰 54

Couperin, François 弗朗索瓦·库普兰 53

Couperin, Gervais-François 热尔韦－弗朗索瓦·库普兰 54n

Couperin, Louis 路易·库普兰 53

Couperin family 库普兰家族 53–4

Cramer, Johann Andreas 约翰·安德烈斯·克拉梅尔 274–5

Cranach, Lucas 卢卡斯·克拉纳赫 27

Cumming, Naomi 娜奥米·卡明 422

Curtius Rufus, Quintus 克鲁维乌斯·鲁福斯 44–5

da capo arias 返始咏叹调 109, 110, 123, 144n, 215n, 379, 401, 427

Dadelsen, Georg von 格奥尔格·冯·达德尔森 276–7

Dart, Thurston 瑟斯顿·达特 5, 6

Dawkins, Richard 理查德·道金斯 107

Dean, Winton 温顿·迪恩 123n

Debussy, Claude 德彪西 397

Dedekind, Andreas Christian 狄德金 66

Delitzsch 代利奇 273

Dervishes, Whirling 旋转舞 474n

Descartes, René 笛卡尔 44, 103n
    Cartesian reductionism 还原论 48

Deyling, Salomon 萨罗门·戴灵 206n, 318

Doles, J. H. 多利斯 540

Donati, Johann Gottfried 约翰·戈特弗里德·多纳蒂 257

Dostoevsky, Fyodor 陀思妥耶夫斯基 477

Dounias, Minos 米诺斯·都尼亚斯 3

Dresden 德累斯顿 71, 187, 188, 223, 234n, 264, 265, 280, 349, 484–90, 519, 520, 521, 527
    Court and Capelle 宫廷 30–31, 114, 202, 247–8, 259, 482–3, 484, 485–6, 487–90, 496, 539
    Hofkirche 霍夫教堂 485, 488n, 520 Drese, Johann Samuel 约翰·萨缪尔·德雷泽 181, 188n
    Drese, Johann Wilhelm 约翰·威廉·德雷泽 181 Dreyfus, Laurence 劳伦斯·德雷福斯 xxviii, 214–15, 217, 220n, 241–2, 307, 317, 366n, 437, 438–9, 441n

Drury, John 约翰·德鲁里 76n, 365, 380n

Dryden, John 约翰·德莱顿 77, 119

dualism 二元论 297, 517, 519

Düben, Gustav 古斯塔夫·迪本 32n

Duncan, Daniel 丹尼尔·邓肯 260

Durante, Francesco 杜兰特 502, 519

Dürer, Albrecht 丢勒 27, 115n, 541, 542

Durkheim, Emile 爱米尔·涂尔干 474

Dürr, Alfred 丢尔 276–7, 295n, 318n, 333n, 381n, 447, 448n

Eaton, Sybil 西比尔·伊顿 3

Eberlin, Daniel 丹尼尔·埃伯林 63

Education 教育
    Latin Schools 拉丁语学校 38–48, 49, 66, 167–8

Ohrdruf Klosterschule 奥尔德鲁夫大学校 45, 82, 168–72
Effler, Johann 约翰·艾弗勒 86n, 188n
Eichentopf, Johann 约翰·埃琛托普夫 328
Einstein, Albert 阿尔伯特·爱因斯坦 xxv
Eisenach 爱森纳赫 18, 24, 26–7, 31–2, 62–3, 66, 67, 68–9, 77, 78, 125, 126–8, 137, 156
    Consistory 宗教法庭 46, 168
    Latin School 拉丁语学校 45, 46–7, 66, 167–8
    Neues vollständiges Eisenachisches Gesangbuch《新爱森纳赫歌曲全集》55–6
    seventeenth-century copper engraving 17 世纪爱森纳赫版画 27
Eisenacher Kantorenbuch《爱森纳赫乐长作品集》66n
Eliot, T. S. T. S. 艾略特 341–2, 395
English Baroque Soloists 英国巴洛克独奏家乐团 9, 11–12, 280n
English Concert 在英国演奏 9
Enlightenment (*Aufklärung*) 启蒙思想 247, 282, 355, 523
epics 史诗 107n
Erasmus, Desiderius 伊拉斯谟 36, 356
Erba, Dionigi 狄奥尼齐·埃尔巴 218n
Erdmann, Georg 格奥尔格·埃德曼 27–8, 81, 82–3, 163, 222n, 462
Erfurt 埃尔福特 28, 54, 55, 59–60, 61, 62, 63, 82, 83n, 169
Ernesti, Johann August 约翰·奥古斯特·恩奈斯蒂 165n, 166n, 196, 200–201, 202, 533, 539, 540, 541
Ernesti, Johann Heinrich 约翰·海因里希·埃内斯蒂 165n, 196
Ernst, Johann 约翰·恩斯特 170, 175
Ernst August, Duke of Saxe-Weimar 恩斯特·奥古斯特 182–3, 187, 188, 436
Escher, M. C. 艾舍尔 228n
Eucharist 圣餐 128
Euclid 欧几里德 43

Eyre, Richard 理查德·艾尔 478

Fasch, Johann Friedrich 约翰·弗里德里希·法施 162, 255n
Feldhaus, Martin 马丁·费尔德豪斯 87, 88, 175
Ferber, Georg 菲伯 171n
Finckthaus, Sigismund 西吉斯蒙德·芬克豪斯 255
Finscher, Ludwig 路德维希·芬舍尔 230
Fischer, Christian Gabriel 克里斯蒂安·加布里埃尔·费舍尔 273n
Flaubert, Gustave 古斯塔夫·福楼拜 300
Fleckeisen, Gottfried Benjamin 戈特弗里德·本杰明·弗列克森 540–41
Fletin, Jonas de 约拿斯·德·弗莱丁 70
Flor, Christian 克里斯蒂安·弗洛 88, 355n, 373
Florence 佛罗伦萨 52, 106
Florentine Camerata 卡梅拉塔社 104
Fontainebleau, American Conservatory 枫丹白露的美国音乐学院 7–8
forestry 林业 24–5
Forkel, Johann Nikolaus 福克尔 xxvi, 65, 68, 72, 75, 81n, 99, 209, 280–81n, 543–4
    C. P. E. Bach's correspondence with 与巴赫次子的通信 67, 84, 85, 86, 178, 222n, 435, 534
Förster, Georg 弗尔斯特 32
Förster, Kaspar 卡斯帕尔·弗尔斯特 115n
Förtsch, Johann Philipp 弗池 32
Franck, Johann 约翰·法兰克 310n, 469–70
Franck, Melchior 梅尔基奥尔·弗兰克 325
Franck, Salomo 萨罗摩·法兰克 186, 187, 287, 298
Francke, August Hermann 奥古斯特·赫尔曼·弗兰克 360–61, 364, 368, 389
Frankfurt am Main 美茵河畔的法兰克福 20
Franklin, Don O. 唐·富兰克林 359n
Frederick I of Prussia (Friedrich III) 腓特烈·威廉一世 19
Frederick II of Prussia, 'Frederick the Great' 腓特烈大帝 23, 227, 535

索引 663

Freiberg 佛莱堡 540

Freylinghausen, Johann Anastasius 约翰·阿纳斯塔休斯·腓林豪森 34n

Friedrich August II, Elector of Saxony (Augustus III of Poland) 萨克森选帝侯弗里德里希·奥古斯特二世 254, 480, 482n, 483, 484, 487n, 506

Friedrich Wilhelm, Elector of Brandenburg and Duke of Prussia 弗里德里希·威廉 19, 20n

Fries, Hans 汉斯·弗里斯 375

Froberger, Johann Jakob 弗罗贝格尔 79

Führer, Christian, Pastor 克里斯蒂安·弗瑞尔牧师 272n

Fuhrmann, Martin Heinrich 马丁·海因里希·福尔曼 269

Gabrieli, Andrea 安德烈斯·加布里埃利 410

Gabrieli, Giovanni 乔万尼·加布里埃利 71n, 410

galant music style 华丽风格 123, 223, 228, 246, 246n, 253, 257, 278, 282, 493, 494, 527

Galen of Pergamon 盖伦 43

Galileo Galilei 伽利略 36, 37, 47

Gallus, Jacob 雅克布·加勒斯 388

Garton Ash, Timothy 提摩西·贾顿·艾什 79n

Gaulicke, Christian 克里斯蒂安·高里克 35n

Gay, Peter 彼得·盖伊 276

Geier, Martin: *Zeit und Ewigkeit* 马丁·盖尔《时间与永恒》314n

Geist, Christian 盖斯特 32

Georg, Johann, Duke 约翰·格奥尔格公爵 31

Georg, Theophil 特奥菲尔·格奥尔格 155

Georgiades, Thrasybulos 色拉西布洛斯·乔治亚季斯 115n

Gerard, Alexander 亚历山大·杰拉德 209

Gerber, Christian 克里斯蒂安·葛伯 269, 348–9

Gerber, Ernst Ludwig 恩斯特·路德维希·葛伯 188n, 264

Gerber, Heinrich Nicolaus 海因里希·尼古拉斯·葛伯 256n

on Mühlhausen 在米尔豪森 180

Gerlach, Carl Gotthelf 卡尔·戈特赫尔夫·格拉赫 256n, 274

Germany 德国 18–50
　aesthetics 美学 247
　agriculture 农业 23–4
　Catholic–Protestant relations 天主教徒和新教徒的对立 32
　Enlightenment (*Aufklärung*) in 启蒙运动 247, 282, 355, 523
　forestry 林业 24–5
　imperial power 皇权 18–20
　Italian music fashion in 意大利音乐风格 32–6, 143n
　superstition 迷信 26–8
　at the time of Bach's birth 巴赫出生时 21–6
　war-scarred landscape and psyche 战争影响下的地貌 24–6

Gerstenbüttel, Joachim 约阿希姆·葛斯登布塔 100n

Gesius, Bartholomeus 葛修斯 39

Gesner, Johann Matthias 约翰·马提亚斯·盖斯纳 237–9, 264

Gesualdo, Carlo 杰苏阿尔多 495n

Gewandhaus Orchestra 莱比锡格万特豪斯管弦乐团 273

Geyersbach, Johann Heinrich 约翰·海因里希·盖耶斯巴赫 172–4, 177

Giotto 乔托 375

Gluck, Christoph 格鲁克 123, 276, 538

Goehr, Lydia 莉迪亚·戈尔 247n

Goethe, Johann Wolfgang von 歌德 291, 325, 395, 476

Görner, Johann Gottlieb 约翰·戈特利布·格尔内 256n

Gotha 哥达 58, 83n, 88n, 169, 170n, 187, 249n, 353
　court preacher 宫廷牧师 352, 355

Göttingen Festival 哥廷根音乐节 12

Gottsched, Johann Christoph 约翰·克里斯托弗·戈特舍德 100n, 220–21, 267, 270, 281

Goudimel, Claude 克劳德·古迪梅尔 330
Gould, Glenn 格伦·古尔德 216n, 446
Graf, Johann Christoph 格拉夫·冯·霍恩洛厄 83n
Grandi, Alessandro 格兰迪 32, 76
Gräser, Heinrich 海因里希·格拉茨 60–61
Graun, Carl Heinrich 卡尔·海因里希·格劳恩 279, 534
Graun, Johann Gottlieb 约翰·戈特利布·格劳恩 534
Graupner, Christoph 克里斯托弗·格劳普涅尔 162
Greene, Graham 格雷厄姆·格林 77
Gregory, St 格里高利 43
Griffiths, Jay 杰伊·格里菲斯 28n
Grimmelshausen, Hans Jakob Christoffel von 格里梅尔斯豪森 21–2
Grünewald, Matthias 马蒂亚斯·格吕内瓦尔德 365, 380
Gryphius, Andreas 安德烈亚斯·格吕菲乌斯 21
Gumpelzhaimer, Adam, six-part retrograde cruciform canon 亚当·古米佩扎梅尔，六部逆行十字卡农 41

Habsburgs 哈布斯堡 19
Halle 哈雷 96–7, 162, 184, 264
Hamburg 汉堡 20, 189–90
　　Bach's visits 巴赫访问 99–102, 264
　　bombing 轰炸 95n
　　and Brockes' Passion setting 布洛克斯的演绎 351–2, 402–3
　　Handel and Mattheson in 亨德尔与马特松在汉堡 97, 98, 99
　　opera company 歌剧公司 86, 95, 98, 100–102
　　Theater am Gänsemarkt 白鹅市场歌剧院 95, 98, 99
Handel, George Frideric 亨德尔 12, 86, 91, 92, 95–8, 123, 281, 375, 429, 443, 536, 537, 545
　　and Bach 与巴赫 56, 97, 139, 217–18, 504, 537
　　birth 出生 18
　　borrowing and transforming of others' work 从他人作品中借鉴 217–18, 504
　　Deidamia《戴达弥亚》537
　　Dixit Dominus《除了主》139, 141
　　in Hamburg 在汉堡 97, 98, 99
　　Hercules《赫拉克勒斯》304
　　Israel in Egypt《以色列人在埃及》13, 218n, 362, 473n
　　Jephtha《耶弗他》304
　　and Mattheson 与马特松 97–8, 99
　　Messiah《弥赛亚》490, 495n and
　　Telemann 与泰勒曼 536–7n
　　'Zadok the Priest'《牧师扎多克》344
Harnoncourt, Nikolaus 尼古劳斯·哈农库特 9
Harrer, Gottlob 戈特洛布·哈勒 539, 541
Harrison, Michael 迈克尔·哈里森 461n
Hasse, Johann Adolph 约翰·阿道夫·哈塞 98, 486, 487, 488, 497, 520–21, 534
　　Cleofide《克莱奥菲德》486
　　Mass in D《D 大调弥撒》520, 521
Hassler, Hans Leo 汉斯·利奥·哈斯勒 299n
Haussmann, Elias Gottlob, portraits of Bach 埃利亚斯·戈特洛布·豪斯曼给巴赫的画像
　　first 第一幅 1
　　second 第二幅 545–50, 546, 547
Hazard, Paul 保罗·哈扎德 48
Hegel, Georg Wilhelm Friedrich 黑格尔 247
Heindorff, Ernst Dietrich 恩斯特·迪特里希·海因多夫 63n
Heine, Heinrich 海涅 xxvii
Heinichen, Johann David 约翰·大卫·海尼兴 255n, 371–2, 454, 497
Helmbold, Hermann 赫尔曼·赫尔姆博尔德 46
Herda, Elias 埃利亚斯·赫尔达 66, 82, 170–72
Herder, Johann Gottfried von 约翰·戈特弗里德·赫尔德 29, 33n, 247n, 300, 557
Hering, Carl Gottlieb: Kaffee-Kanon 卡尔·戈特利布·黑林的《咖啡卡农》262n
Herlicius, Johann David 约翰·大卫·赫里克乌斯

55

Herrmann, Bernard 伯纳德・赫尔曼 229n
Herthum, Christoph 克里斯托夫・赫特哈姆 88n
Herz, Gerhard 杰拉德・赫兹 235
Heunisch, Caspar: *Hauptschlüssel über die hohe Offenbarung S. Johannis* 卡斯帕・赫尼叙的《圣约翰启示录解密》(43
Heyden, Sebald 泽巴尔德・海登 417
Hicks, Stephen 斯蒂芬・希克斯 7
Hilgenfeldt, Carl Ludwig 卡尔・路德维希・希尔根费尔特 199
Hilton, John the younger 小约翰・希尔顿 121n
Himmelsburg "天空城堡" 182, 183, 188, 263
Hindemith, Paul 保罗・欣德米特 xxvin, 4
historically informed early-music movement 早期音乐运动 9–11
 and Baroque instruments 巴洛克乐器 9–11, 12, 522
 and *Werktreue* "忠实演绎" 10n
Hitchcock, Alfred: *The Birds* 希区柯克《群鸟》229n
Hitchens, Christopher 克里斯托弗・希钦斯 80n
Hoffmann, Melchior 梅尔基奥尔・霍夫曼 161, 255n, 351n
Hofstadter, Douglas R. 侯世达 228n
Hogwood, Christopher 克里斯托弗・霍格伍德 9
Holbein, Hans 汉斯・霍尔拜因 380
Holmes, Richard 理查德・福尔摩斯 xxxii
Holst, Gustav 古斯塔夫・霍尔斯特 3, 120n
Holst, Imogen 伊莫琴・霍尔斯特 3, 120n
Holy Roman Empire 神圣罗马帝国 18–20
Horace 贺拉斯 44
Horn, Wolfgang 沃尔夫冈・霍恩 501n
Huguenots 胡格诺教派 20n
Hunold, Christian 克里斯蒂安・胡诺德 355, 402
Hurlebusch, Conrad Friedrich 胡尔勒布什 281
Hutter's Compendium 胡特尔的《神学纲要》42

Ibscher, Hugo 雨果・伊布舍尔 398

Inquisition 宗教裁判所 36
Italian music in Germany, fashion for 意大利音乐风格 32–6, 143n

James, William 威廉・詹姆斯 154
Jenke, Walter 瓦尔特・延克 1
Jerome, St 圣哲罗姆 290n
Jesuits 耶稣会 35, 94, 113
Job, Johann 约翰・乔布 195
Johann Ernst III, Duke of Saxe-Weimar 恩斯特・奥古斯特公爵 86, 89, 182, 184
Johann Ernst, prince of Saxe-Weimar 约翰・恩斯特王子 183
Johann Georg I of Eisenach, Duke 约翰・格奥尔格公爵 61, 68–9
John Chrysostom, St 圣金口若望 326, 515n
John Passion《约翰受难曲》2, 7, 16, 138, 196, 205, 331–2, 343–96, 431–2
 Affekte 情绪 344, 357, 371, 386
 anti-Semitism charges 反犹主义控告 361–2
 aria placement and character 咏叹调布局 361, 363–4, 366–8, 382, 384–6, 401; 'Erwäge'《考虑》358, 378–81, 389, 393n, 401
 chorales 众赞歌 347, 354, 358, 360, 362–3, 368, 370, 374, 377–8, 383, 407
 and the circle of keys 调性圈 372–3, 372
 in context of first cycle of cantatas 第一轮康塔塔的情景 346–7, 390
 dramatic impact 戏剧影响 345–6, 368–9, 400
 Es ist vollbracht"都完成了"335n, 374, 382, 384
 first performance 第一次演出 312, 348–9, 388–9; preparation 准备 311–12
 and Francke 与弗兰科 360–61, 364, 368, 389
 historical and spiritual levels of 在历史和精神上的影响 358–9
 historical overshadowing by *Matthew Passion* 对《马太受难曲》的历史影响 344–5
 mathematical images 数学形象 371–2

Matthew Passion compared with 与《马太受难曲》相比 344–5, 356n, 374, 400–401
Matthew's Gospel insertions 插入《马太福音》的段落 358, 365, 367, 385
music–word relationship 音乐与文字的关系 363, 377, 382n, 384, 385
and the three musical signs 三个音乐神迹 324n
opening 开篇 343–4, 357
revisions 修改 391–3
and Schumann 与舒曼 345
spiritual impact/intent 对情绪的影响 348, 359, 394–6
theological subtexts 理论背景 376–7
tragic irony 悲剧的讽刺 362
turbae 头巾 362, 363n, 374, 376, 378, 382
uplifting impact on today's listener 对今天听众的积极影响 394–6
Josephus, Flavius 弗拉维奥·约瑟夫斯 44

Kaffee-Kanon (Hering)《咖啡卡农》262n
Kaiser, Georg 格奥尔格·凯泽尔 30–31
Kaiser, Rainer 莱纳·凯泽尔 46
Kaiser, Reinhold 莱茵霍尔的·凯泽尔 351
Kant, Immanuel 康德 247n
Karig, Elisabeth 伊丽莎白·卡里希 35n
Katechismuslied 集体合唱教义歌曲 39
Keats, John 约翰·济慈 458
Keiser, Reinhard 赖因哈德·凯泽尔 95n, 98, 100, 101n, 355
Mark Passion attributed to《马克受难曲》359
Kellner, Christine Pauline 克莉丝汀·波琳·克尔纳 443
Kepler, Johannes 开普勒 33, 47
Kerll, Johann Kaspar 约翰·卡斯帕尔·克尔 79, 115n, 218n, 502
Kerman, Joseph 约瑟夫·科尔曼 129n
Kevorkian, Tanya 坦尼雅·凯沃尔基安 269n, 270n
Keyserlingk, Count 凯泽林克伯爵 487

Kiesewetter, Johann Christian 约翰·克里斯蒂安·基塞韦特 169–70
Kirchberg, Georg von 格奥尔格·冯·基希贝格 46, 168
Kirchmajer, Sebastian 92
Kirnberger, Johann Philipp 约翰·菲利普·克恩伯格 513, 521, 538
Kittel, Johann Christian 约翰·克里斯蒂安·基特尔 239
Klemsee, Christoph 克里斯托弗·克莱姆西 71n
Knüpfer, Sebastian 克努普费尔 164, 255, 318–19n
Koch, Johann Georg 约翰·格奥尔格·科赫 26
Koch, Johann Wilhelm 约翰·威廉·科赫 535
Krebs, Johann Ludwig 约翰·路德维希·克瑞伯斯 235
Kremberg, Jakob 雅克布·科姆贝尔格 100n
Kriegel, J. E. 克里格尔 196
Krieger, Adam 亚当·克里格 158–9
Krieger, Johann Philipp 约翰·菲利普·克里格 32, 96–7, 115n
Krügner, Johann Gottfried 约翰·戈特弗里德·克鲁格 204
Kuhnau, Johann 约翰·库瑙 93, 94, 159–62, 218, 255, 280, 337, 351, 536
Mark Passion《马克受难曲》354
Kuijken brothers 库依肯兄弟 9
Kundera, Milan 米兰·昆德拉 16–17
Kurtág, György 佐治·库塔 154
Küstner, C. G., Frau 屈斯特纳 196

Lalande, Michel-Richard de 米歇尔·理查德·德拉兰德 142n
Lämmerhirt, Hedwig 海德薇·莱默希特 62
Lämmerhirt, Maria Elisabeth 玛利亚·伊丽莎白·莱希伯 54, 62, 77
Lämmerhirt, Tobias 托比亚斯·莱默希特 62
Lämmerhirt family 莱默希特家族 62
Lancret, Nicolas 郎克雷 281
Landstände 邦国政治体 20

索引

Lange, Gottfried 戈特弗里德·朗格 158, 164, 191, 192, 196, 250, 251, 297, 354

Lange, Joachim 约阿希姆·朗格 48

Lange, Johann Christian 约翰·克里斯蒂安·朗格 270n

Latin Schools 拉丁语学校 38–48, 49, 66, 167–8

Leach, Edmund 埃德蒙·利奇 4

Leaver, Robin A. 罗宾·利弗 129n, 283n, 308n, 516

Leclair, Jean-Marie: *Scylla et Glaucus* 勒克莱尔的《西拉与格劳库斯》12

Lehmann, Johann 约翰·莱曼 255

Leibniz, Gottfried Wilhelm 而戈特弗里德·莱布尼茨 36, 49, 316n

Leibniz, Johann Friedrich 约翰·弗里德里希·莱布尼茨 269

Leichenglocken (funerary bells) 丧钟 458, 461

Leipzig 莱比锡

    Bach-Archiv 巴赫档案 xxviii–xxix, 204, 280

    Bach in 巴赫在莱比锡 138, 157–8, 162–6, 190–97, 199, 209–10, 218, 223, 231–40, 248–54, 255–73, 276–83, 473, 477, 482–3, 526–34, 538–41, 555–6;

        cantata work 康塔塔作品 209–14, 218–21, 228–31, 233–40, 276–8, 282–3, 288–341, 346, 477; and the coffee-house 咖啡屋 249, 251–2, 253, 256, 261, 282; employer/ authority relations 与雇主的关系 157–8, 164–6, 191–3, 199–202, 223, 224, 248–51, 271–2, 529; as leader of collegium musicum 作为大学乐社的指挥 249, 250–51, 256–9, 279, 529; musical receptivity to 音乐的感受性 267–76, 280, 283, 346, 402–4; public perception of his musical authority 公众对其权威的认知 264–5

    in Boethius's *Singende Muse an der Pleisse* frontispiece 在波修斯《给缪斯的赞歌》中 243–6, 244–5

cantorate situation before Bach's appointment 任命前的分裂状态 158–62, 163–4

churches: at centre of Leipzig society 莱比锡教堂 265–70; congregational problems 会众集合的问题 267–72; Georgenkirche 圣乔治教堂 265; Neukirche 新教堂 161, 250, 255, 265, 351, 353; Nikolaikirche 圣尼古拉教堂 158, 161, 164, 206n, 265–70, 272n, 294, 311–12, 348, 349, 354, 541; Paulinerkirche 圣保罗教堂 265; Petrikirche 圣彼得教堂 265; and the role of music 音乐的角色 349–51; Thomaskirche 圣托马斯教堂 13, 39, 93, 161, 193, 206n, 231, 246, 249, 251, 265–70, 268, 294, 311, 352–3, 354, 398, 404–6, 4o5, 409, 541

coffee-houses 咖啡屋 249, 255, 256–7, 259–60, 261, 273, 282

collegia musica 大学乐社 93, 249, 250–51, 255–9, 279, 351n, 529

concert tradition origins 演出传统的起源 255

conservativism 保守主义 349–51, 402, 403

Council/councillors 议会 / 议员 157–61, 163–7, 191, 223, 224, 248, 249–51, 259, 265, 271–2, 282, 311, 312, 406n, 482, 529, 539, 541

Easter trade fair (Ostermesse) 复活节集市 336–7

Gewandhaus Concert Hall 格万特豪斯管弦乐团 243

Großes Concert performance account "伟大的音乐会" 274–5

hommage to Friedrich August II 弗里德里希·奥古斯特二世接受致意 254

music and the city's image 音乐和城市形象 248

opera house 歌剧院 248, 255, 257, 304, 338, 349, 404

orchestra 管弦乐团 243

668   IN THE CASTLE OF HEAVEN

Pietists 虔敬主义者 35n, 260
plague 瘟疫 22
and the Second Silesian War 第二次西里西亚战争 499
Stadtpfeifer 高音小号 73–4, 207–8, 250, 255, 456
street music 街头音乐 160, 163
street oil lamps 街头油灯 249
and Telemann 与泰勒曼 93–4, 99, 161–2, 191–2, 255, 350, 351
Thomaner 圣托马斯合唱团 94n, 159, 161n, 162, 164–6, 250, 293, 314, 352, 406, 468, 540–41, 543, 556;
auditions 试音 201
Thomasschule 圣托马斯学校 159, 164–6, 190, 193–7, 200–201, 204–6, 236–40, 250–51, 294, 500n, 533, 540–41; regulations 规章 193, 195, 200–201, 208n, 236
Well-Designed and Abridged Housekeeping Magazine 《设计精良而简约的家居杂志》 246–7
witchcraft trials 巫术尝试 38
Leipzig Radio Chorus 莱比锡广播合唱团 13
Leonhardt, Gustav 古斯塔夫·莱昂哈特 9
Leopold, Prince of Anhalt-Cöthen 利奥波德亲王 157n, 163, 189, 190, 462
Lessing, Gotthold Ephraim 莱辛 247n, 248
Lévi-Strauss, Claude 克劳德·列维－施特劳斯 513–14
Levin, Robert 罗伯特·列文 321, 409n, 538n
Lippi, Filippino 菲利皮诺·利皮 326, 474
Lotti, Antonio 洛蒂 488, 502
Louis XIV 路易十四 20n, 43, 53, 54, 120n, 314n
Lübeck 吕贝克 97–8
Lully, Jean-Baptiste 吕利 111, 538
Lüneburg 吕讷堡 28, 66–7, 81–6, 170–71
Chorus Symphoniacus 晨祷唱诗班 170–71n
Luther, Martin 马丁·路德 26, 28–9, 38, 126–7, 138n, 154, 379n, 396, 406, 464

and the atonement 救赎 389–90
and Bach 与巴赫 125, 126–38, 140n, 141–2, 146n, 154–5, 390, 429, 470; and the *John Passion* 《约翰受难曲》 396; and the *Matthew Passion* 《马太受难曲》 426
Bible translation 翻译《圣经》 127, 127n
Christ lag in Todesbanden 《基督躺在死亡的枷锁上》 127, 130; Bach's setting 巴赫的尝试 131–9
complete works 完整作品 154–5
and death 逝世 128, 129, 130, 133–7, 146, 147–8, 150
and education 教育 39–42, 169n;
'Ein feste Burg ist unser Gott' 《我们的上帝是坚固的堡垒》 29
and Latin texts 拉丁文字 480
on listening 聆听 272
'Meditation on Christ's Passion' 沉思性的音乐 350n, 413
on music 关于音乐 401–2; and the prophets 预言 49n
'penitential exaltation' 悔罪的兴奋 141–2
Table Talk/Tischreden 《桌边谈话》 40, 154
Lutheranism 路德宗 26–7, 29, 138, 355–6
ars moriendi 死亡的艺术 147, 467, 510, 555
Augsburg Confession 奥格斯堡信条 35
and Calvinism 加尔文主义 34–5
education, Latin Schools 教育，拉丁语学校 38–48, 49; theology 理论 42
eschatology, and Bach's music 末世论，与巴赫的音乐 456–77
Formula of Concord 《协和信条》 40
Hutter's *Compendium* 胡特尔的《神学纲要》 42
Latin Schools 拉丁语学校 38–48, 49;
lectionary 历史选文集 290n, 298–9
in Leipzig 在莱比锡 265–70
and music 音乐 11, 14, 28–9, 252, 276; and Bach's *B minor Mass* 巴赫的《B小调弥

撒》505; Bach's cantatas based on Lutheran chorales 根据路德宗众赞歌创作的康塔塔 318–32, 460; Bach's choral works and Lutheran eschatology 神圣唱诗班 456–77; and Bach's *John Passion* 巴赫的《约翰受难曲》346; chorales 众赞歌 29, 318–19, 321, 323, 460; Italian 意大利 32–6, 143n; in Latin Schools 在拉丁语学校 38–42; and the liturgy 礼拜仪式 42, 55, 289–90, 294; and the Pietists 虔敬主义者 33–4, 252, 267, 356

Orthodox 东正教 36, 49; Orthodox–Pietist tension 东正教与虔敬主义者的冲突 33, 35

Pietist 虔敬主义者 260, 463; and music 与音乐 33–4, 252, 267, 356; and science 与科学 36

theology of the cross 十字架理论 505

Ma, Yo-Yo 马友友 333n
Mabey, Richard 理查德·玛贝 28n
Magno, Carlo 卡洛·马格诺 105
Mahler, Gustav 古斯塔夫·马勒 542
Maintenon, Madame de 曼特农夫人 54
Mainwaring, John 约翰·梅因沃林 97, 504n
Malcolm, George 乔治·马尔科姆 6
Mancini, Francesco 曼奇尼 488, 501n
Manfredini, Francesco Onofrio 曼弗雷蒂尼 443
Manichaeans 摩尼教 43
Marchand, Louis 路易·马尚 187, 488
Marissen, Michael 马里森 384n
Marius, Richard 理查德·马里乌斯 138n
Marshall, Robert L. 罗伯特·马歇尔 xxviii, 146n, 194n, 205, 210–11, 213n
Martius, Johann Georg 约翰·格奥尔格·马蒂乌斯 535n
Marvell, Andrew 安德鲁·马维尔 121n
Mass in B minor by J. S. Bach 巴赫的《B 小调弥撒》13, 16, 108, 211, 303, 417, 456, 479–524

Agnus Dei《羔羊颂》516, 517, 518; *Dona nobis* 垂赐平安 518–19
and C. P. E. Bach 与埃玛努埃尔·巴赫 512–13, 521
Credo (Symbolum Nicenum) 圣父 468n, 501, 503, 505–14;
Confiteor "我承认" 510–11; *Crucifixus* "十字架上" 505, 506; *Et expecto resurrectionem* "我期盼死人的复活" 511–12, 515; *Et in spiritum* "我信圣神" 513; *Et incarnatus* "圣灵感孕" 507–8; *Et resurrexit* "复活" 506–7
Gloria《荣耀经》484, 490–99; *Cum sancto spiritu* "与圣灵同在" 473, 497–8; *Domine Deus* "上帝我主" 493–4; *Et in terra pax* 在地上平安归于他所喜悦的人 491; *Gloria in excelsis*《在至高处荣耀归于神》481; *Gratias agimus tibi* "我们感谢您" 492–3, 518, 519; *Laudamus te* "我们赞美您" 492; *Qui sedes* "坐在天父右边的主" 498; *Qui tollis* "您除去世间的罪" 493, 494–6; *Quoniam tu solus* "唯有您是圣洁的" 496–8
Kyrie 垂怜经 479, 483–4, 489–90; *Christe eleison* "基督垂怜" 489–90
origins in 1733 Dresden *Missa* 1733 年德累斯顿弥撒的来历 480–501
Sanctus 圣洁 514–16; *Benedictus* 降福经 516, 517–18; *Osanna* 和散那 516, 517
and *stile antico* 古代风格 502, 505, 517, 520
structure, and Luther's articles of belief 结构和路德关于信仰的文章 505
and the 'war trauma' hypothesis "战争创伤"假说 499–500, 519

Mattheson, Johann 约翰·马特松 79–80, 91, 92, 95, 98, 101n, 129n, 187n, 221, 222, 269, 273, 284n, 351, 379n, 437, 439, 472, 504n, 527, 536–7, 540
engraving after a mezzotint by Wahll 金属版画 96
and Handel 与亨德尔 97–8

Lied des Lammes《羔羊之歌》370n

Matthew Passion《马太受难曲》13, 16, 138, 196, 205, 299n, 397–433, 528

    Affekte 情绪 415–16, 419, 422, 424

    autograph score 手稿 397–8

    and Bach's cantatas: 巴赫康塔塔 BWV 101 cantata 322; BWV 127 cantata 330–31; Second Leipzig Cycle 第二轮莱比锡成套康塔塔 399, 408

    chorales 众赞歌 399, 400, 409–10, 413, 416, 417–18, 423, 425, 428

    completion deferral 延期完成 331, 332, 403n

    da capo form 返始形式 401, 427

    dramatic impact 戏剧影响 404–7

    first-time listeners 第一场听众 400

    first performance: date 第一次演出日期 403n; deferral 延期 331, 332

    John Passion compared with 与《约翰受难曲》相比 344–5, 356n, 374, 400–401

    Mendelssohn's revival of 门德尔松的复兴 331, 344, 476

    modern performance 现代演绎 432–3

    music–word relationship 音乐与文字的关系 413–16, 419–28

    Nietzsche's reaction to 尼采的回应 153

    oboe da caccia in 狩猎双簧管 336, 423–4, 425, 426, 427

    opening 开篇 408–10

    pacing 节奏 400–401

    and Picander 皮坎德 401, 403, 408, 411n, 413, 414, 416, 425

    revisions 修改 399, 417

    spiritual impact/intent 对情绪的影响 406–7, 413–14, 417, 424, 426–8

    structural outline 结构 410–13

Maul, Michael 米夏埃尔·毛尔 186n, 248n, 256n, 500n

Mayhew, Mr and Mrs 梅修夫妇 24

Mazzocchi, Domenico 多米尼克·马佐切 108

Meckbach, Conrad 康拉德·麦克巴赫 139

Meder, Johann Valentin 梅德尔 32, 355n, 373

Meiningen court 迈宁根宫廷 144n, 447

Meissner, Christian Gottlob 克里斯蒂安·戈特洛布·迈斯纳 231–2

Melamed, Daniel R. 丹尼尔·梅拉梅德 359n, 431n, 468n

Melanchthon, Philipp 菲利普·梅兰希通 40, 146n

Mellers, Wilfrid 威尔弗雷德·梅勒斯 364n, 366n, 379n, 387n, 497n, 498n, 508, 511n, 515n

Mendel, Arthur 亚瑟·门德尔 418n

Mendelssohn(-Bartholdy), Felix 门德尔松 225, 434

    Matthew Passion revival《马太受难曲》复兴 331, 344, 476

Menser, Herr 门泽尔先生 193

Messiaen, Olivier: *Quartet for the End of Time* 梅西安的《时间终结四重奏》450

Metastasio, Pietro 彼得罗·梅塔斯塔齐奥 103n

Michael, archangel 米迦勒的天使 72, 457

Miller, Jonathan 乔纳森·米勒 432

Milton, John: *Paradise Lost* 约翰·弥尔顿《失乐园》137

Mizler, Lorenz 洛仑兹·米兹勒 223, 533

    epigraph 题词 243

Moller, Martin 马丁·穆勒 321n

Montaigne, Michel de 蒙田 147, 465

Montanists 孟他努派 43

Monteverdi, Claudio 蒙特威尔第 32, 76, 102–3, 105, 107–9, 110, 111, 346, 367n, 557

    Il ballo delle ingrate《忘恩负义的女人们的舞会》107n

    Lamento della ninfa《宁芙女神的悲歌》108n, 120

    L'incoronazione di Poppea《波佩亚的加冕》108

    L'Orfeo《奥菲欧》104–5

    and Schütz 与舒茨 114–15, 122

    stile concitato 激动风格 304, 373–4

Monteverdi Choir 蒙特威尔第合唱团 4–6, 8, 9,

11–12, 13
Monteverdi Orchestra 蒙特威尔第管弦乐团 8–9, 11
Morrison, Blake 布雷克・莫里森 453n
Mozart, Wolfgang Amadeus 莫扎特 203, 276, 431, 467, 472, 538n, 558
   La clemenza di Tito《狄托的仁慈》114
   Idomeneo《伊多梅纽》123
Muhammad 穆罕默德 43
Mühlhausen 米尔豪森 20, 128, 131, 137n, 139–40, 177n, 178–80, 285, 289, 534
Müller, Heinrich 海因里希・缪勒 310, 365n, 476
   Himmlicher Liebes-Kuss《天国的爱之吻》148
   Liebes-Kuss 爱之吻 551–2, 553
Munich Bach Choir 慕尼黑巴赫合唱团 6–7
Munrow, David 大卫・门罗 9
music-drama 音乐剧
   Bach's *drammi per musica*/sound dramas 巴赫"声音的戏剧"122–3; *John Passion* and drama《约翰受难曲》与戏剧 345–6, 368–9, 400; *Matthew Passion* and drama《马太受难曲》与戏剧 404–7; secular cantatas 世俗康塔塔 185–6, 205n, 215n, 252, 278, 279, 281, 311, 487, 531
   and the emergence of opera 歌剧的出现 103–13, 118–21;
   English Restoration 英国复辟时期 118–21
   'mutant' forms 寂静之地 102, 111–24, 304–5
   as a 'replicator' 复制子 107
musical education, Latin Schools 音乐教育 38–42, 168
Mystery Plays 神秘剧 350

Nantes, Edict of《南特敕令》20n
Naples 那不勒斯 52, 94
Naumann, Johann Gottlieb 瑙曼 497n
Nekrolog (obituary, Agricola and C. P. E. Bach)《悼词》xxvi, 54, 56, 67, 79, 239, 253, 285, 464, 526, 546n, 551
Neues vollständiges Eisenachisches Gesangbuch《新爱森纳赫歌曲全集》55–6
Neumark, Georg 纽马克 459
Neumeister, Erdmann 埃尔德曼・纽迈斯特 406n, 436
Newton, Isaac 艾萨克・牛顿 36, 37–8, 47–8
Nicene Creed《尼西亚信经》482, 508–9
Nichelmann, Christoph 克里斯托弗・尼克尔曼 194
Nicholas of Cusa 库萨的尼古拉斯 541–2
Nicolai, Philipp 菲利普・尼古拉 333n
Niedt, Friedrich Erhard 弗里德里希・埃尔哈特・尼特德 252
Nietzsche, Friedrich 弗里德里希・尼采 153
Notke, Bernt 伯恩特・诺特克 30

Obergleichen, Count of 奥博格赖兴伯爵 81
Oberman, Heiko 海柯・奥伯曼 135n
Oboes 双簧管
   da caccia ('hunting oboes') 狩猎双簧管 214n, 303, 322, 328, 329, 332, 336, 337, 386, 423–4, 425, 426, 427, 464
   d'amore 柔音双簧管 310, 329, 337, 379, 442, 459, 460, 461, 465, 485n, 496
Ohrdruf 奥尔德鲁夫 45, 66, 77–81, 87–8, 168–72
   school register 学生登记册 82, 168–9
Olearius, Johann Gottfried 约翰・戈特弗里德・欧莱里乌斯 141, 150
Opera 歌剧
   and Bach 与巴赫 100–102, 123–4, 248n, 280, 429
   church singing incorporating operatic elements 在宗教仪式中加入歌剧音乐 105, 267–9, 271
   and the Class of '85 (major composers born around 1685) 85 团体 93, 94, 95, 97, 98–103, 122–4, 536, 537
   da capo arias 返始咏叹调 109, 110, 123
   English Restoration music-drama 复辟时期音乐剧 118–21

Hamburg Opera 汉堡大剧院 86, 95, 98, 100–102
hybrids 混合体 95n, 102n
music-drama and the emergence of 音乐剧的出现 103–13
mutant 突变 102, 111–24, 304–5
recitative 宣叙调 95n, 98, 104, 108–10
spread of theatres 剧院的分布 111n
Venetian 威尼斯 94, 106, 107–9
oratorio 清唱剧 112–14, 278–9
Passions by Bach: *Mark* (lost)《马可受难曲》（遗失）530;
Orchestre Révolutionnaire et Romantique 革命与浪漫管弦乐团 12–13
Origen 奥利金 76
Österreich, Georg 格奥尔格·厄斯特赖希 32, 143–4, 172n

Pachelbel, Johann 约翰·帕赫贝尔 63, 78, 79, 83, 83n
Paczkowski, Szymon 帕克斯基 497n
Palestrina, Giovanni Pierluigi da 帕莱斯特里纳 76
Missa sine nomine《无名弥撒曲》502, 514
Papists 罗马天主教徒 362, 437
Parmentier, Antoine-Augustin 安托万·帕门蒂埃 23
Pater, Jean-Baptiste 佩特 281
pathopoeia "激情表示" 132
patronage 资助人 31
Peachum, Henry 亨利·皮坎 132
Pelagians 伯拉纠派 43
Pergolesi, Giovanni Battista: *Stabat Mater* 佩尔格莱西:《圣母悼歌》503, 507
Petzoldt, Martin 马丁·彼得楚斯特 46
Pezel, Johann Christoph 约翰·克里斯托弗·佩茨尔 255
Pezold, Carl Friedrich 卡尔·弗里德里希·佩措尔德 194
Pfeiffer, August 奥古斯特·法依弗 349n
Pfeiffer, Johann 约翰·费弗 188

Picander (Christian Friedrich Henrici) 皮坎德 197n, 218–19, 247, 260–61, 403, 529
Die Weiberprobe《女性典范》261–2
Matthew Passion《马太受难曲》401, 403, 408, 411n, 413, 414, 416, 425
Pinnock, Trevor 特雷沃·平诺克 9
Pisendel, Johann Georg 皮森德尔 255n, 486–7n, 488, 492, 494
Pitschel, Theodor Leberecht 西奥多·勒伯莱希特·皮切尔 217
plague 瘟疫 21n, 22, 59, 60, 63, 68, 321, 463
Playford, John: *The English Dancing Master* 约翰·普莱福德:《英国舞蹈指南》476
Platz, Councillor 普拉茨 192n
Pope, Alexander 亚历山大·蒲柏 37
Porpora, Nicola 波尔波拉 279
Postel, Christian Heinrich 克里斯蒂安·海因里希·波斯特尔 370n
potatoes 土豆 23–4
Potsdam 波茨坦 52, 227, 264, 512, 536
Powers, Thomas 托马斯·鲍威斯 544n
Praetorius, Michael 米夏埃尔·普雷托里乌斯 59, 326
Price, Curtis 科蒂斯·普莱斯 102n
Printz, Wolfgang Caspar 沃尔夫冈·卡斯帕·普林茨 96
Ptolemy 托勒密 43
Pufendorf, Samuel von 普芬多夫 18, 19, 20
Pullman, Philip 菲利普·普尔曼 80n, 137, 242, 342n, 407n
Purcell, Henry 亨利·普赛尔 102–3, 108, 110, 111, 118–22, 156n, 322
Dido and Aeneas《狄多与埃涅阿斯》119–20, 121
Fairy Queen《仙后》119–20
Jehovah, quam multi sunt hostes《耶和华啊，我的敌人何其多》119
King Arthur《亚瑟王》119–20

索引 673

Saul and the Witch of Endor《扫罗和隐多珥的女巫》120–21
and Schütz 与舒茨 118–19
Puritans 清教徒 260
Pythagoras 毕达哥拉斯 43
Pythagorean harmony 天体和谐论 40

Quantz, Johann 约翰·匡茨 534
Quinney, Robert 罗伯特·昆尼 xxixn, 166n, 383n, 554n

Ramachandran, V. 维莱亚努尔·拉玛钱德兰 133n
Rambach, prefect 教务长兰巴赫 176
Rameau, Jean-Philippe 拉莫 91, 92, 94–5, 99, 123, 149, 397, 537–8
    Les Boréades《北方人》12
Ramsay, Robert 罗伯特·拉姆塞 121n
Rausch, Gottfried 哥特弗里德·劳施 484
receptivity, musical 音乐感受性
    and Affektenlehre 情感论 274, 543
    and awareness of musical/mathematical patterns and images 音乐／数学形象 371, 373
    and awareness of theological subtexts 学术背景 376–7
    German reverence in listening to Bach 德国人聆听巴赫时的尊敬之情 274, 280n
    in Leipzig at time of Bach 莱比锡时期的巴赫 267–76, 280, 283, 346, 353, 402–4
    and the listener's beliefs 听者的信仰 152–4
Reichardt, Adam Andreas 亚当·安德烈斯·赖夏特 183
Reichardt, Johann Friedrich 约翰·弗里德里希·赖夏特 225n
Reiche, Gottfried 戈特弗里德·赖歇 456
Reichsstande 神圣罗马帝国 19–20
Reincken, Johann Adam 约翰·亚当·莱肯 80, 84–5, 90, 100, 190
Religion 宗教

atonement theories 救赎论 389–90, 392
and 'collective effervescence' "集体欢腾" 474
'danced' 舞蹈的宗教 473–4
musical receptivity and religious belief 音乐的感受性与宗教信仰 152–4
and science 与科学 36–8
and secular theatre 公众歌剧 105–7
theological education, Latin Schools 拉丁语学校 42
Rembrandt 伦勃朗 105, 356, 395, 463, 490, 541
Reyher, Andreas 安德列斯·莱赫尔 42–3, 169
Rhode, Erwin 欧文·罗德 153
Richter, Karl 卡尔·李希特 6–7, 11
Riemer, Johannes 约翰内斯·里默尔 197
Rietz, Julius 尤里乌斯·里特 494n
Rifkin, Joshua 约书亚·里夫金 403n, 504n
Rigatti, Giovanni 乔万尼·里加蒂 108
Ringwaldt, Bartholomäus 巴尔托洛梅乌斯·林沃德 141
Rist, Johann 约翰·瑞斯特 71, 314
Rizzolatti, Giacomo 贾科莫·里佐拉蒂 367n
Robscheit, Pastor 洛布歇特牧师 125, 156
Rohr, Julio Bernhard von 尤里乌斯·伯纳德·冯·罗尔 260, 270, 462
Romanus, C. F. 罗马纳斯 196
Rome 罗马 106, 108, 109, 112, 115n
    and the Scarlattis 斯卡拉蒂家族 52–3, 94
Romstet, Christian 克里斯蒂安·罗姆斯泰特 150
Rörer, Johann Günther, hymnal 约翰·君特·罗尔 55–6
Rosen, Charles 查尔斯·罗森 285
Rosenbusch, Johann Conrad 约翰·康拉德·罗森布什 99
Rosenmüller, Johann 罗森穆勒 32, 115n, 255
Ross, Alex 亚历山大·罗斯 528
Rossini, Gioachino Antonio 罗西尼 276
Rost, Johann Christoph 约翰·克里斯托弗·罗斯特 354n

Rubens 鲁本斯 356
Rüetz, Caspar 斯帕尔·吕茨 15–9n, 253n, 481n
Runciman, Steven 斯蒂芬·郎西曼 474n

Sabbagh, Karl 卡尔·萨巴格 544n
Sagan, Carl 卡尔·萨根 550
Said, Edward 爱德华·萨义德 550–51
Sangerhausen 桑格劳森 86
Sarro, Domenico 萨罗 488, 501n
Saxe-Weimar Duchy 萨克森－魏玛大公国 182–4
 Ernst August 恩斯特·奥古斯特 182–3, 187, 188
 Johann Ernst III 公爵约翰·恩斯特三世 86, 89, 182, 184
 Wilhelm Ernst 威廉·恩斯特 182, 183, 184, 185, 187, 188
Saxony 萨克森 15, 18, 19, 20, 22, 25, 172–3, 191, 220, 281, 290
Scandello, Antonio: *John Passion* 安东尼奥·斯坎代洛：《约翰受难曲》354n
Scarlatti, Alessandro 亚历桑德罗·斯卡拉蒂 52–3, 94, 109–10
Scarlatti, Anna Maria 安娜·玛丽亚·斯卡拉蒂 52
Scarlatti, Domenico 多梅尼科·斯卡拉蒂 52–3, 91, 92, 94, 99, 279, 536
Scarlatti, Melchiorra 梅尔基奥雷·斯卡拉蒂 52
Scarlatti, Pietro 彼得罗·斯卡拉蒂 52
Scarlatti family 斯卡拉蒂家族 52–3
Schama, Simon 西蒙·沙马 356n
Scheibe, Johann Adolph 席伯 98, 216, 220, 221–2, 239, 256n, 269, 283, 289n, 354n, 439, 491n, 533, 537
 Der Engel des Herrn《耶和华的使者》221n
Scheibel, Gottfried Ephraim 戈特弗里德·埃夫莱姆·谢贝尔 106n, 124, 269, 353, 453, 531
Schein, Johann Hermann 沙因 39, 164
 five-part circular canon 五声部循环卡农 39
Schelle, Johann 约翰·舍勒 159, 164, 318
Schering, Arnold 先灵 354n, 447, 543n

Schneegass, Cyriacus 西里亚库斯·史尼加斯 299n
Schneider, Johann 约翰·施奈德 256n
Schnitger, Arp 施尼特格尔管风琴 90
Scholze, Johann Sigismund (Sperontes) 约翰·西吉斯蒙德·绍尔策 243n
Schott, Georg Balthasar 肖特 249n, 351n
Schrön, Magister 施罗恩 156
Schröter, C. G. 施罗特 540
Schubert, Franz 舒伯特 325
Schumann, Robert Alexander 舒曼 304, 430
 on Brahms 谈勃拉姆斯 xxviii
 on the *John Passion* 谈《约翰受难曲》345
Schürmann, Georg Caspar 舒尔曼 32, 101n, 143–4
Schuster, Joseph 舒斯特 497n
Schütz, Heinrich 许茨 30–31, 33, 70–72, 76, 102–3, 105, 111, 114–18, 149n, 373, 470
 biblical scenas and dialogues《圣经》场景与对歌 116–18
 Ich beschwöre euch《我嘱咐你们》419n
 Luke Passion《路加受难曲》354–5n and
 Luther's 'penitential exaltation' 悔罪的兴奋 142
 Matthew Passion《马太受难曲》354–5n
 and Monteverdi 与蒙特威尔第 114–15, 122
 Psalms of David《大卫诗篇》115–16
 and Purcell 与普赛尔 118–19
 Saul, Saul, was verfolgst du mich《扫罗，扫罗》116–18, 121
Schwarzburg of Arnstadt, Count 施瓦茨堡伯爵 58, 59, 60, 61
Schweitzer, Albert 阿尔伯特·史怀哲 228, 379n, 409, 447–8
science 科学 36–8
Sebastiani, Johann 塞巴斯蒂亚尼 355n, 373
Sebelisky, Tobias 托比亚斯·西贝里斯基 61
Selle, Thomas 塞勒 355n, 373
Seneca 塞内卡 243, 273
Senfl, Ludwig 路德维希·森尔夫 318
Shaffer, Peter: Amadeus 彼得·谢弗《阿玛迪乌斯》

索引　675

203

Shaftesbury, Anthony Ashley Cooper, 4th Earl 沙夫茨伯里伯爵 537

Siegele, Ulrich 乌尔里希・西格尔 192n, 536

Singende Muse an der Pleisse《给缪斯的赞歌》243–6

Smallman, Basil 巴斯尔・斯莫曼 121n

Smend, Friedrich 弗里德里希・斯门德 377–8, 494n, 514n

Song of Songs《雅歌》35, 75, 76, 418

Speer, Daniel 丹尼尔・斯佩尔 178, 179

Sperontes (Johann Sigismund Scholze) 斯佩诺蒂 243n

Spinoza, Baruch (Benedict de) 斯宾诺莎 316n

Spitta, Philipp 施比塔 xxvi, 65, 100n, 345, 357n, 447, 514n

Spivey, Nigel 奈杰尔・斯皮维 490

Spohr, Louis 施波尔 276

Steger, Adrain, burgomaster 阿德里安・斯特格 157–8, 311, 406n

Steiner, George 乔治・斯坦纳 33, 56, 429–31

Stertzing, G. C. G. C. 斯特尔金 69, 87n

Stockigt, Janice 斯托克西特 485n, 486n, 495n

Stockmann, Paul 保罗・施托克曼 365n, 368

Stölzel, Gottfried Heinrich 施托尔采尔 207, 255n, 277
    Brockes's Passion setting 布鲁克斯的《受难曲》353, 355, 464n

Stradella, Alessandro 亚历山德罗・斯特拉代拉 218n

Stravinsky, Igor 斯特拉文斯基 397
    Oedipus Rex《俄狄浦斯王》404n

Strohm, Reinhard 莱因哈德・施特罗姆 507n

superstition 迷信 26–8, 37–8

Tacitus 塔西陀 32

Taruskin, Richard 理查德・塔鲁斯金 10, 451

Tasso, Torquato: *Aminta* 塔索《阿明塔》107n

Tatlow, Ruth 露丝・塔特洛 532–3n

Taylor, Sir John 约翰・泰勒爵士 393, 520, 551

Telemann, Georg Philipp 泰勒曼 32, 91, 92–4, 98, 99, 198, 277, 279, 348, 390n, 401, 536–7
    and Bach 与巴赫 436–7
    and Brockes' Passion setting 与布洛克斯《受难曲》351, 353
    cantatas 康塔塔 536–7; *Du aber, Daniel, gehe hin*《但以理啊》464n; *Gleichwie der Regen*《正如雨雪从天降》436–7
    and Handel 与亨德尔 536–7n
    and Leipzig 与莱比锡 93–4, 99, 161–2, 191–2, 255, 350, 351
    Lichtensteger engraving 利希滕斯特格尔的版画 93

Terence 泰伦提乌斯 44

Theile, Johann 约翰・泰勒 32, 143–4, 355n, 373

Thirty Years War 三十年战争 21, 22, 96, 142 and malaise in the world of music 音乐世界中的不安情绪 30–31
    and war-scarred landscape and psyche 战争影响下的地貌 24–6, 29–30

Thomas à Kempis 托马斯・肯皮斯 35

Thomas, Lewis 刘易斯・托马斯 550

Thomasius, Christian 克里斯蒂安・托马斯 97

Thomasius, Jakob 托马修斯 22

Thuringia 图林根 15, 18, 22, 24–5, 26–8, 29–30, 31–2
    and Latin Schools 拉丁学校 38–48, 167–8

Thymich, Paul 保罗・提密赫 471

Tilesius, Susanne 苏珊・提勒苏斯 147

Tinctoris, Johannes 约翰内斯・廷克托里斯 252

Tolstoy, Leo 列夫・托尔斯泰 154, 300

Tomlinson, Gary 加里・汤姆林森 102n

Totentanz paintings 死亡之舞 30

Tovey, Sir Donald Francis 唐纳德・弗朗西斯・托维 493n, 508–9, 515n

Toynbee, Arnold 阿诺德・汤因比 463

Tunder, Franz 唐德尔 32

Twain, Mark 马克・吐温 544

Ulm 乌尔姆 267

Urio, Francesco Antonio 弗朗西斯科・安东尼

奥·乌里奥 218n
Ussher, James 詹姆斯·乌雪 43

Valéry, Paul 保罗·瓦勒里 438
Velázquez, Diego 委拉斯开兹 105, 548n
Venice 威尼斯 52, 94, 106, 115n
　　opera 歌剧 94, 106, 107–9
　　Schütz in 舒茨 114–15
Verdi, Giuseppe: Requiem 朱塞佩·威尔第《安魂曲》118
Vico, Giambattista 詹巴蒂斯塔·维柯 48, 49, 91n, 138, 300
Vierdanck, Johann 约翰·斐尔当克 30
violas d'amore 柔音双簧管 287, 380–81
violoncello piccolo 高音大提琴 207, 336, 338, 339
Virgil 维吉尔 44
Vliet, Hendrick van 亨德里克·凡·瓦利特 270
Vockerodt, Gottfried 戈特弗里德·福克罗特 34
Vogler, Johann Gottfried 弗格勒 351n
Vogt, Mauritius Johann 毛里求斯·约翰·沃格特 131, 454
Voyager spacecraft 旅行者号飞船 550
Vulpius, Melchior 武尔皮乌斯 39, 368, 384, 385

Wagner, Richard 瓦格纳 xxvii, 203, 431
Walter, Bruno 布鲁诺·瓦尔特 426n, 428n
Walter, Johann 约翰·瓦尔特 42, 352
Walther, Johann Gottfried 约翰·戈特弗里德·瓦尔特 62, 132n, 177n, 183, 295n, 480, 492, 504n, 525–6
Watkin, David 大卫·沃特金 493n
Watteau, Jean-Antoine 华托 281
von Weber, Carl Maria 韦伯
　　Der Freischütz《魔弹射手》25
Webber, Geoffrey 乔弗里·韦伯 32n
Webern, Anton 安东·韦伯恩
　　on Bach 谈巴赫 286
Weckmann, Matthias 韦克曼 32

Weg zur Himmelsburg 通往天空城堡之路 182, 183, 188, 263
Weimar 魏玛 86, 89, 158, 162, 180–88, 263, 286–8, 289
　　Bach's cantatas from 巴赫在此创作的康塔塔 286–8, 298, 305, 314n, 332, 419n, 443, 463, 506
Weiss, Christian Snr 魏斯先生 206n
Weissenfels, Duke of 克里斯蒂安公爵 86
Well-Designed and Abridged Housekeeping Magazine《设计精良而简约的家居杂志》246–7
Wells, H. G. H. G. 威尔斯 137
Wender, J. F. 约翰·弗里德里希·文德尔 87
Werckmeister, Andreas 威尔麦斯特 452n, 510n, 554
Wesley, Samuel 萨缪尔·卫斯理 513
Westrup, J. A. 杰克·韦斯特鲁普 318
Whirling Dervishes 旋转舞 474n
Wilhelm Ernst, Duke of Saxe-Weimar 威廉·恩斯特 182, 183, 184, 185, 187, 188
Williams, Charles 查尔斯·威廉斯 137
Williams, Peter 彼得·威廉姆斯 xxxin
Wilson, Peter H. 彼得·威尔森 26n
Winckler, Carl Gottfried 卡尔·戈特弗里德·温克勒 240
witchcraft 巫术 37–8
Witte, Emanuel de 伊曼纽尔·德·维特 270
Wolff, Christian 克里斯蒂安·沃尔夫 36, 48, 97
　　epigraph 手稿 51
Wolff, Christoph 克里斯托夫·沃尔夫 45–6, 263n, 285n, 307n, 485n, 507, 556n
Wollny, Peter 彼得·沃尔尼 xxviii–xxix, 214n, 230, 234n, 461n
Wood, Hugh 休·伍德 210n
Worsthorne, Simon Towneley 西蒙·汤利·沃索恩 107n

Yearsley, David 大卫·耶斯利 264, 532n

Zachow, Friedrich Wilhelm 弗里德里希·威廉·查豪 96

Zedler, J. H. 约翰·海因里希·泽德勒 169, 215, 260

Zeidler, Christian 克里斯蒂安·赛德勒 46–7, 168

Zelenka, Jan Dismas 扬·迪斯马斯·泽伦卡 486, 487, 488, 494, 497, 499, 501n, 502, 520, 534

    Missa Sanctissima Trinitatis《圣三位一体弥撒》488

Zelter, Carl Friedrich 卡尔·弗里德里希·策尔特 476

Zeuner, Wolfgang 沃尔夫冈·佐伊纳 66n

Ziegler, Christiane Mariane von 克里斯蒂安妮·玛丽安·冯·齐格勒 218, 293, 333, 337, 339, 340

Zwingli, Ulrich 慈运理 130

图书在版编目（CIP）数据

天堂城堡中的音乐：巴赫传 /（英）约翰·艾略特·加德纳著；
王隽妮译．
-- 上海：上海文艺出版社，2020.02（2024.1重印）
（艺文志．人物）
ISBN 978-7-5321-7198-9

Ⅰ.①天… Ⅱ.①约… ②王… Ⅲ.①巴赫（Bach, Johann Sebastian 1685-1750）— 传记 Ⅳ.① K835.165.76

中国版本图书馆 CIP 数据核字（2019）第 092605 号

Music in the Castle of Heaven: A Portrait of Johann Sebastian Bach
Copyright © John Eliot Gardiner, 2014
First Published 2014
Simplified Chinese edition copyright © 2019 by Shanghai Translation Publishing House
First published in Great Britain in the English language by Penguin Books Ltd.
All rights reserved.
封底凡无企鹅防伪标识者均属未经授权之非法版本。

著作权合同登记图字：09-2019-1094

发 行 人：毕　胜
责任编辑：肖海鸥　邱宇同
特约编辑：张辉柠
书籍设计：梯工作室·周安迪
内文制作：梯工作室·邱江月

书　名：天堂城堡中的音乐：巴赫传
作　者：（英）约翰·艾略特·加德纳
译　者：王隽妮
出　版：上海世纪出版集团　上海文艺出版社
地　址：上海市闵行区号景路 159 弄 A 座 2 楼 201101
发　行：上海文艺出版社发行中心
　　　　上海市闵行区号景路 159 弄 A 座 2 楼 206 室　201101　www.ewen.co
印　刷：上海盛通时代印刷有限公司
开　本：1230×880　1/32
印　张：21.5
插　页：12
字　数：536 千字
印　次：2020 年 2 月第 1 版　2024 年 1 月第 4 次印刷
Ｉ Ｓ Ｂ Ｎ：978-7-5321-7198-9/K.0398
定　价：108.00 元

告读者：如发现本书有质量问题请与印刷厂质量科联系 T：021-37910000